历下年鉴

2019

中共济南市历下区委党史研究中心
（济南市历下区地方史志研究中心）编

九州出版社
JIUZHOUPRESS

图书在版编目（CIP）数据

历下年鉴．2019 / 中共济南市历下区委党史研究中心（历下区地方史志研究中心）编．-- 北京：九州出版社，2019.12

ISBN 978-7-5108-8579-2

Ⅰ．①历… Ⅱ．①中… Ⅲ．①区（城市）—济南—2019—年鉴 Ⅳ．① Z525.24

中国版本图书馆 CIP 数据核字（2019）第 272345 号

历下年鉴 2019

作　者	中共济南市历下区委党史研究中心（济南市历下区地方史志研究中心） 编
出版发行	九州出版社
地　址	北京市西城区阜外大街甲 35 号（100037）
发行电话	(010) 68992190/3/5/6
网　址	www.jiuzhoupress.com
电子信箱	jiuzhou@jiuzhoupress.com
印　刷	山东黄氏印务有限公司
开　本	889 毫米 ×1194 毫米　16 开
印　张	34
字　数	609 千
版　次	2019 年 12 月第 1 版
印　次	2019 年 12 月第 1 次印刷
书　号	ISBN 978-7-5108-8579-2
定　价	278.00 元

济南市历下区史志编纂委员会

《历下年鉴（2019）》编辑人员

撰稿单位审稿人

（以姓氏笔画为序）

于　克	马恒禹	王文利	王立刚	王　红	王若曦
王振东	王夏爽	王　锐	王　静	王　鑫	牛西照
仇文君	石逢平	田　耕	田铭南	吕治锋	吕顺利
朱雪婷	仲伟选	刘长伟	刘伟波	刘向军	刘春亮
刘思广	刘　科	刘俊刚	孙小鹏	苏凤清	李长征
李乐军	李庆山	李　克	李笃来	李素婷	李　莎
李晓峰	李　健	李　靖	杨玉宇	杨建莉	杨彩云
杨　锋	时玉峰	吴　强	何力明	辛兆岭	张　明
张文晋	张秋力	张保国	陈仕学	陈　羽	邵孟君
周长山	孟祥民	封秀焕	赵光臣	赵　虎	赵金霞
胡方秋	胡延年	侯　晓	祝伟东	贾　龙	夏武军
顾朝霞	徐希阳	徐　琳	殷保钦	栾　杰	郭　芹
曹长征	韩天颖	韩　斌	韩　蓬	路　文	蔡建杰
潘玉松	霍　涛				

（摄影：邢可锋）

（摄影：邢可锋）

（摄影：李增堂）

编辑说明

一、《历下年鉴》是中共济南市历下区委、历下区人民政府主办，由中共济南市历下区委党史研究中心（历下区地方史志研究中心）承编的地方信息资料性文献。2014年创办，每年编辑一卷。《历下年鉴（2019）》为第6卷。

二、《历下年鉴（2019）》以马克思列宁主义、毛泽东思想、邓小平理论、“三个代表”重要思想、科学发展观、习近平新时代中国特色社会主义思想为指导，围绕建设“大强美富通”现代化国际大都市目标，聚焦全省首善之区建设，全面、系统、翔实记述历下区经济、政治、文化、社会和生态文明建设的基本情况，为广大读者了解和研究历下提供信息资料。

三、本卷年鉴着重记述2018年历下区各项事业的发展情况和重大事件。资料截止日期为2018年12月31日，为完整反映某项事物的全貌，个别资料适当下延。

四、本卷年鉴采用分类编辑法，主体内容划分为栏目、分目、条目三个层次，个别条目下设子目。条目为年鉴内容的基本单位，其标题用黑体字加【 】表示，子目用楷体表示。

五、本卷年鉴正文设特载、专记、大事记、概况、组织机构及负责人、中国共产党济南市历下区委员会、济南市历下区人民代表大会及其常务委员会、济南市历下区人民政府、中国人民政治协商会议济南市历下区委员会、中国共产党济南市历下区纪律检查委员会、民主党派与工商联、群众团体、司法·军事、综合经济与管理、工业·信息产业、商务、财税·金融、城建·环保、教育·科技、文化·卫生·体育、社会生活、街道、人物、附录24个栏目。

六、本卷年鉴框架结构基本保持稳定，略有调整，新增中国共产党济南市历下区纪律检查委员会栏目，将统计资料、文件选编栏目合并为附录栏目。

七、本卷年鉴卷首与栏目页设反映“大美历下”精美图片。部分栏目末辑录了区政府报告名词解释和历下老字号等小资料。

八、本卷年鉴资料由区直各部门、各街道提供。稿件均经过本单位负责人审核。为示负责，各部门供稿人署名于文后并加注括号，各单位审稿人名列于卷首。

九、本卷年鉴的“统计资料”由历下区统计局整理提供。由于统计口径的缘故，某些数据与有关业务部门使用的或不尽一致，采用时请注意。

十、本卷年鉴编纂出版工作得到全区各部门、单位的大力支持，广大编辑人员为之付出了艰辛劳动。由于编辑人员水平所限，不足之处，敬请广大读者批评指正。

（摄影：郑炜）

（摄影：赵聿兴）

绿城全运村
山东高速集团

（摄影：邢可锋）

（摄影：张泉刚）

（摄影：王斌）

宽厚里

（摄影：张泉刚）

2018 年 7 月 2 日，区委书记马玉星在“聚历下·创未来”济南 CBD 国际投资发展大会上发言

2018 年 7 月 2 日，“聚历下·创未来”济南 CBD 国际投资发展大会

2018 年 7 月 2 日，“聚历下·创未来”济南 CBD 国际投资发展大会签约仪式

2018 年 9 月 3 日，济南百花洲传统工艺站挂牌仪式　　　　（济南名府城管理中心供稿）

2018 年 11 月 7 日，“魅力历下 创业沃土”历下区第七届创业大赛决赛暨首届山东省大学生创业文化节在山东大学成功落幕　　　　（区人力资源与社会保障局供稿）

2018 年 5 月 26 日，房泽秋志愿服务团授旗仪式暨泉城义工与房泽秋团队融合发展启动大会召开　　（区委办公室供稿）

2018 年 8 月 7 日，历下区党政代表团赴沂水县对接扶贫协作工作　　（区委办公室供稿）

2018 年 6 月 30 日，全市重点项目建设进展情况半年展示评议活动举行 历下区在历下总部商务中心设分会场

2018 年 12 月 5 日，全市“动能转换比学赶超”项目建设观摩团到历下区观摩

（区委办公室供稿）

2018 年 3 月 30 日，全市重点项目春季集中开工活动举行，区委书记马玉星在历下分会场作表态发言

2018 年 2 月 26 日，历下区举办“打赢新时代济南战役、争当‘济南第一团’青年突击队”活动

2018年11月14日，区人大常委会主任韩宏伟（左三）调研全区金融工作

2018年7月5日，区政协主席曹辛（右二）走访驻区企业

（区委办公室供稿）

2018 年 10 月 9 日，区委书记马玉星（前排右一）察看有关重点项目

2018 年 12 月 11 日，区委副书记、区长谢兆村（左二）察看全区深化全国文明城市创建工作

2018 年 4 月 26 日，市人大常委会主任殷鲁谦（前排右二）到历下区调研历史文化名城保护规划工作

2018 年 4 月 11 日，市政协主席雷杰（前排左一）到历下区调研科技成果转化工作

（区委办公室供稿）

2018年11月25日，省委常委、市委书记王忠林（中）到历下区调研棚改和老旧小区整治改造工作

2018年5月28日，市委副书记、市长孙述涛（右二）到历下区调研重点项目建设工作

（摄影：张泉刚）

2018 年 7 月 18 日，西王集团财务有限公司入驻济南落户历下

2018 年 9 月 4 日，历下区人民政府与山东国惠战略合作协议签约仪式

2018 年 9 月 10 日，历下区人民政府、章丘区人民政府产业园合作共建签约仪式

（区控股集团供稿）

2018 年 5 月 13 日，区委副书记、区长谢兆村在 2018 西雅图跨境创新周上介绍中美企业协同创新中心成立总体思路、发展理念及愿景

2018 年 5 月 13 日，2018 西雅图跨境创新周创新分论坛暨中美企业协同创新中心成立仪式

2018 年 5 月 13 日，2018 西雅图跨境创新周

（区投资促进局供稿）

2018 年 7 月 18 日，西王集团财务有限公司入驻济南落户历下

2018 年 9 月 4 日，历下区人民政府与山东国惠战略合作协议签约仪式

2018 年 9 月 10 日，历下区人民政府、章丘区人民政府产业园合作共建签约仪式

（区控股集团供稿）

2018 年 5 月 13 日，区委副书记、区长谢兆村在 2018 西雅图跨境创新周上介绍中美企业协同创新中心成立总体思路、发展理念及愿景

2018 年 5 月 13 日，2018 西雅图跨境创新周创新分论坛暨中美企业协同创新中心成立仪式

2018 年 5 月 13 日，2018 西雅图跨境创新周

（区投资促进局供稿）

历下区地图

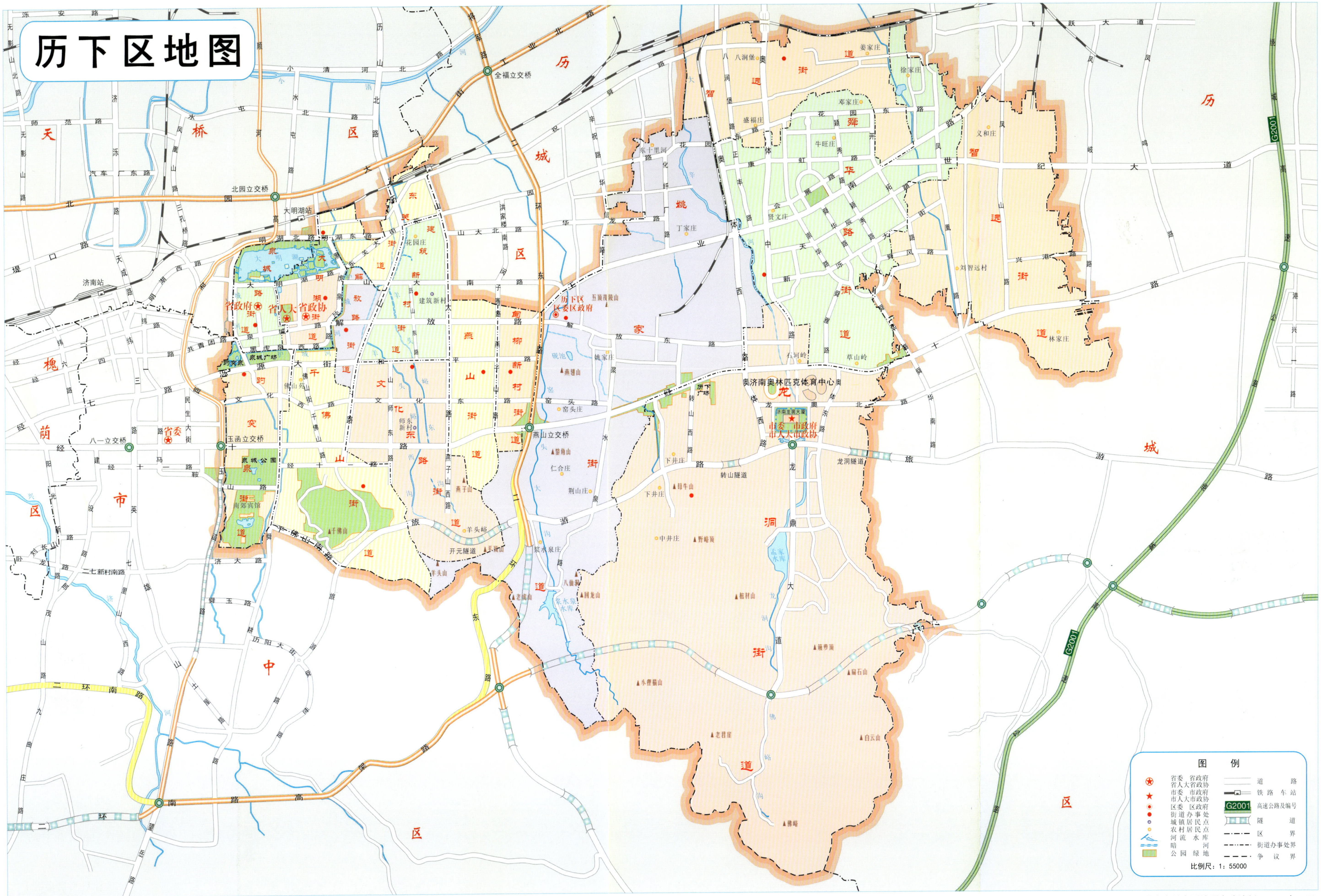

审图号：鲁SG（2018）090号

济南市勘察测绘研究院编制 2018年8月

目　录

特　载

Special Records

专　记

Special Notes

大　事　记

Chronicles of Events

历下区概况

Overview of Lixia District

组织机构及负责人名录

Organizational Structures and Leaders

中国共产党济南市历下区委员会

CPC Jinan Lixia District Committee

历下区人民代表大会及其常务委员会

The People's Congress of Lixia District and its Standing Committee

济南市历下区人民政府

The People's Government of Jinan Lixia District

中国人民政治协商会议济南市历下区委员会

CPPCC Jinan Lixia District Committee

中国共产党济南市历下区纪律检查委员会

Jinan Lixia District Commission for Discipline Inspection of the Communist Party of China

民主党派与工商联

Democratic Parties and Federation of Industry and Commerce

群众团体

Mass Organizations

司法·军事

Justice and Military

综合经济与管理

Comprehensive Economy and Management

商 务

Business

财税·金融

Finance, Taxation and Banking

城建·环保

Urban Construction and Environmental Protection

教育・科技

Education, Science and Technology

文化 · 卫生 · 体育

Culture, Health and Sports

社会生活

Social Life

街 道

Blocks

人 物

Figures

附 录

Appendices

索 引

Index

小资料—历下老字号

昔日的大华医院

大华医院创办于1930年，创始人华子修。华子修在“省立医专”读书期间，加入红十字会，热衷参与各种慈善救助活动。“五三惨案”期间，日军灭绝人性，屠戮济南人民，济南军民有6123人惨死在日军的枪炮、刺刀之下，另有几千人受伤。当时济南城的大小医院全部爆满，但仍有部分伤者因为得不到及时救治而身亡。华子修参与了红十字会组织的“博爱恤兵，救治伤残”战场救治，看到那些得不到及时救治而亡的伤者，便创办了大华医院。大华医院紧邻院西大街，也就是今日泉城路的部分路段。

旧时老城内的“医院”，多为中医堂诊，鲜少西医，更少分科，而“大华”不仅有中医，而且以西医诊疗为主，设有内科、外科、妇儿科，既有门诊也有病房，是个“小而全”的综合医院。

华子修不仅医术精湛，还颇有胆识，尤其是他强烈的爱国心，在日军沦陷济南期间，表现的尤为突出。距大华医院不远处，有处日本特务机关“泺源公馆”，借口维护社会治安，时常到大华医院寻衅滋事，华子修对此不卑不亢与之周旋，但经不住日伪特务屡屡“光临”，来看病就医的市民越来越少，严重影响到“大华”经营，医院经营日渐惨淡，华子修与另一名投资人将大华医院改名为“大华诊所”。

华子修不是共产党员，但却是一位让人敬重、医德高尚的开明进步人士。济南战役期间，他根据中共地下党指示，组织了由他担任队长的战地医疗队。同时，他还利用红十字会的影响，有效地动员和利用社会力量，在珍珠泉组织战地医院。战地医疗队和战地医院不仅抢救负伤的解放军战士和市民，还收容救治了很多国民党伤兵。

济南解放之后，“大华”在抗日战争和解放战争中对党、对民族所作的贡献，得到人民政府认可，华子修本人也得到社会各界的尊敬。1956年公私合营时，华子修主动放弃“大华”股份，将全部资产捐给人民政府。历下区人民政府以“大华诊所”为基础，组建了历下区红十字人民医院，后来发展为今天的“历下区人民医院”。

特 载

大美历下系列图片 （邢可锋 摄影）

特　　载

在区委第十二届五次全体会议上的讲话

（2019年2月2日）

中共济南市历下区委书记　马玉星

同志们：

今天召开中国共产党济南市历下区第十二届委员会第五次全体会议。主要任务是，以习近平新时代中国特色社会主义思想为指导，全面贯彻党的十九大和十九届二中、三中全会精神，深入学习贯彻市委十一届八次全体会议精神和省委常委、市委书记王忠林同志在指导区委常委会2018年度民主生活会时的重要讲话精神；听取区委常委会工作报告；审议通过《中国共产党济南市历下区第十二届委员会第五次全体会议公报》。

下面我代表区委常委会向全委会作工作报告。

2018年，是历下发展进程中极不平凡的一年。区委常委会深入学习贯彻习近平新时代中国特色社会主义思想和党的十九大精神，深入贯彻习近平总书记视察山东重要讲话、重要指示批示精神，围绕省委“走在前列”目标定位和市委建设“大强美富通”现代化国际大都市战略部署，团结带领广大党员干部群众，坚定不移抓党建、持之以恒抓项目、聚精会神抓招商、坚韧不拔抓拆迁，以创新之举、攻坚之举、突破之举，推动各项工作不断取得新进展、迈上新台阶，交出了一份不负组织重托、不负群众期待、无愧肩负使命的优秀答卷。

一年来，我们高举伟大旗帜，强化使命担当，凝聚起全省首善之区建设的强大动力。常委会始终把学习宣传贯彻习近平新时代中国特色社会主义思想和党的十九大精神作为首要政治任务，拿出争当贯彻落实“排头兵”的姿态，全方位深化学懂、弄通、做实，切实把学习成果转化为创新发展、持续发展、领先发展的新担当新作为。坚持把习近平总书记视察山东重要讲话、重要指示批示精神作为总遵循，第一时间传达学习、组织动员，第一时间制定意见、部署安排，推动历下不断创造新业绩、实现新发展。区委理论学习中心组开展专题学习19次，突出学习主题，规范学习形式，撰写心得体会，真正把习近平新时代中国特色社会主义思想融入血液、注入灵魂。深入开展“大学习、大调研、大改进”活动，带头进企业进社区，带头接访下访，带头改进作风，带动各级党员干部脚踏实地、快干实干。认真落实意识形态工作责任制，以全省新时代文明实践中心建设试点为契机，整合现有资源，建成区委党校等5个区级中心，在全区13个街道和所有村居设立基层站点，在全市打造了多个文明实践活动品牌。把巡视整改作为一项严肃的政治任务，确定了6个方面16项具体问题，建立“三本台账”，明确了责任人、责任单位、整改要求和完成时限，以钉钉子精神抓好整改落实。坚决贯彻中央东西部扶贫协作座谈会精神和省、市委工作部署，深化与湖南永顺县等4地结对帮扶，加大资金支持力度，推动干部互派交流，支持了欠发达地区脱贫攻坚。

一年来，我们解放思想再出发，改革创新再突破，区域竞争优势和发展活力持续增强。常委会大力推进体制机制创新，以实际行动纪念改革开放40周年。聚焦打造一流营商环境，全面深化“一次办成”改革，创新“一窗受理、集成服务”审批模式，扎实推进“多证合一”，企业登记注册缩短至3天，全区综合审批时限压缩43%。出台国有企业管理办法，健全运营、监管、激励机制，区属企业易通城建完成改制并在“新三板”挂牌，国有资产运作水平进一步提高。农村集体产权制度改革稳步推进，17个村完成集体经济组织登记注册，“三资”管理更加规范。创新“总部+生产基地”的区域协作发展模式，与章丘、平阴合作建设产业园区，“飞地经济”发展迈出坚实步伐。着力完善招商引资机制，加快构建以招商、安商为核心，覆盖产业金融、科技服务等八大产业的扶持政策，设立了4.2亿元专项扶持资金，聘请30名招商大使、招商专员、招商顾问，成功举办济南CBD国际投资发展大会、西雅图中美企业协同创新论坛、中央商务区香港招商推介会等大型招商活动，与英国BP石油、苏黎世保险、香港集友银行、悦榕集团等国内外知名企业达成合作意向50余项，引进注册资本过亿元企业180家，注册资本484亿元的山东铁投集团、135亿元的渤海湾港口集团、50亿元的鲁民投等大型企业和每日优鲜、优客工场等独角兽企业相继落户，实现了招商引资数量、质量和层次的全面提升，为经济发展注入了强劲动力。全面深化对外开放，主动融入“一带一路”，举办首届国际合作城市信用联盟高峰会议，泛北方区域性签证中心确定入驻，历下国际“朋友圈”日益扩大，美誉度、影响力不断提升。

一年来，我们抢抓新旧动能转换先机，奋力破解发展难题，推动高质量发展领先领跑。常委会认为，加快新旧动能转换是实现高质量发展的必然要求。坚持把产业结构调整作为新旧动能转换的重要支撑，加快新兴产业培育和引导，出台了产业金融、文化创意、大数据与新一代信息技术等八大百亿级产业发展意见，推动产业集群发展、规模增长。以中央商务区及周边高端载体为平台，大力发展总部经济和楼宇经济，全区税收亿元楼达33座，总量列全省第一位。特色园区建设步伐加快，科金大厦扩容提质，甲骨文新旧动能转换中心、高层次人才项目山东加速器顺利入驻；山东人工智能产业园引入亚马逊运营平台，签约入驻企业32家，辐射带动作用进一步增强；济南人力资源服务产业园营业额突破70亿元，引领作用更加明显，CBD核心园区启动建设。深入实施“趵突”人才强区战略，与北大、国科大等顶尖高校共建济南历下产业发展研究院，引进培养院士、“千人计划”、省市级重点人才600余人，为全区创新发展提供了智力支撑。全力打造产金融合的金融生态圈，新增恒丰银行、西王集团财务公司、渣打银行等金融机构18家，完成金融业增加值348亿元、税收67亿元，均列全市第一位。全年实现地区生产总值1494.8亿元、增长8.9%，一般公共预算收入144.19亿元、增长10.3%，总量稳居全省前列，保持了逆势而上、健康增长的良好势头。

一年来，我们突出品质引领，注重产城融合，城市承载能力和功能形象持续提升。

常委会始终把项目作为支撑经济增长、促进城市发展、提升城市品质的主抓手。全年策划实施过亿元项目68个，历下总部商务中心等17个项目开工建设，汇金大厦等24个项目主体封顶，新增商业商务载体120万平方米。中央商务区进入全面开发的快车道，“山泉湖河城”五座超高层建筑和国际金融城加快建设，中国人寿大厦、历下金融商务服务中心、华润万象城等高端载体即将投入使用。实施省粮食局宿舍等棚改项目9个，完成征收拆迁1732户，建成安置房4231套，均超额完成年度计划任务。投资2.5亿元实施零散棚户区改造，东箭道等3个地块212户居民实现整体外迁，为全市零散棚户区改造提供了历下样板。茂岭山片区城市设计方案基本确定，“一河一路”景观提升工程扎实推进，解放东路改造接近收尾，环境形象显著提升。扎实推进明府城片区保护提升，芙蓉街综合改造全面启动，圆满完成非遗博览会和文博会展示活动，千年古城焕发新的生机和活力。

一年来，我们深入践行为民宗旨，全力办好惠民实事，推动群众获得感幸福感持续增强。常委会始终坚持以人民为中心的发展思想，紧扣群众最关心最直接最现实的利益问题，投入民生和社会事业资金60多亿元，40件民生实事基本完成。社会保障精准兜底，发放低保、残疾等各类救助补贴近9000万元，落实3万多名村民征地社保补贴9000万元，给予1300多名退役士兵生活救助、推荐安置公益性岗位1500多个，多层次、广覆盖的社保体系日臻完善。坚持教育优先发展，在全市率先编制完成基础教育设施三年建设规划，首年度27所学校全面开工，历山双语、甸新佳园等5所学校、幼儿园投入使用，优质教育资源分布更加均衡。医养健康全面发力，区养老服务中心开工建设，建成街道社区养老机构29处，新建社区卫生服务机构5所，家庭医生签约覆盖人群达16万，“健康历下”品牌更加响亮。

一年来，我们坚持绿色发展理念，着力打造大美历下，推动生态人居环境显著改善。常委会坚定践行习近平生态文明思想，牢固树立“绿水青山就是金山银山”理念，让历下变得更有魅力、更富活力。积极推进“引山入城”，老虎山、老君崖等7座山体完成绿化，荆山、雪山等4座山体公园加快建设，更多市民共享绿色天然生态。以整治环境突出问题为突破口，全力做好中央环保督察“回头看”和省级环保督察反馈整改工作，有效解决了一批群众身边的污染问题。积极开展建设扬尘和渣土治理，空气质量良好以上天数增加12天，“蓝天白云、繁星闪烁”渐成常态。认真落实河长制、湖长制工作要求，全区水质监测断面全面达标。扎实开展第三次全国土地调查，加大土壤修复力度，存在多年的中井废弃物堆场问题得到彻底解决。大力开展城区绿化美化工程，对经十路、泉城路等30条主次干道进行高标准绿化提升，打造了一批城市绿地景观和街景小品，城区环境更靓更美。

一年来，我们着力加强民主法治建设，坚定文化自信，推动新风正气充盈历下。常委会高度重视民主法治建设，把党的领导、人民当家做主和依法治区有机统一起来，巩固和发展民主团结、生动活泼、安定和谐的政治局面。牢固树立政治意识、大局意识，强化责任担当，落实防范措施，圆满完成三级“两会”、青岛上合峰会等重要敏感时期安保维稳任务。全力推进扫黑除恶专项斗争，尽锐出战、重拳出击，依法严惩了一批黑恶势力，打掉有社会影响的团伙19个，抓获犯罪嫌疑人208人，社会大局始终保持了和谐稳定。积极化解历史遗留问题，用1个月时间，完成诚基、万豪、卓越时代广场5700多套商业用房退房工作，展现了历下干部队伍担当负责、务实高效的优良作风。大力弘扬社会主义核心价值观，圆满完成新一轮文明城市创建测评验收，区级融媒体中心投入使用，“两微一端一台一网多号”的政务新媒体矩阵初步形成，区文体档案中心加快建设，宣传阵地得到巩固和加强。积极支持区人大、区政协依法履职、开展工作，支持各民主党派、工商联和无党派人士参政议政，大统战格局不断完善，强化对台、民族、宗教和外事侨务工作，最大限度凝聚共识、凝聚人心、凝聚力量。全面完成工会、共青团、妇联、科协改革任务，群团联系群众的桥梁纽带作用得到进一步发挥。全面推进依法治区，扎实做好“七五”普法宣传教育，区司法局荣获司法部集体一等功。全面改善党对政法工作的领导，支持和保障政法机关依法独立公正行使职权，群众司法满意度不断提高。积极发扬拥军优属、拥政爱民光荣传统，加强国防动员和后备力量建设，军政军民团结更加巩固。

一年来，我们坚决扛起管党治党责任，倡树大抓基层的鲜明导向，推动全面从严治党向纵深发展。常委会牢固树立“抓好党建是最大政绩”的理念，坚持以最大力度抓最大政绩。带头履行主体责任，召开15次常委会、3次党建工作领导小组会议研究全面从严治党，扎实开展全面从严治党述责评议工作，强化各级主业主责意识，拧紧责任螺丝。高标准打造“历下干部大讲堂”，邀请知名专家学者，围绕新旧动能转换等专题开展8期培训，累计培训5000人次，干部素质明显提升。深入实施“一领四治”工程，重点整顿软弱涣散村居班子，基层基础不断夯实。坚持“实在实干实绩”用人导向，探索实施“四阶”递进机制选育年轻干部，一批敢于担当、做出实绩的干部被提拔重用，干部结构更加优化。主动对接市委组织部“一号工程”，组织32名优秀年轻干部赴上海培训，增强后备干部力量。落实“为担当者担当，让实干者实惠”正向激励机制，对在全区经济社会发展中作出突出贡献的先进单位和先进个人给予表彰奖励，让想干事、干成事的人劳有所得、功有所奖。严格落实中央八项规定精神和省市委实施办法，紧盯公款吃喝、公车私用等问题，共查处违反八项规定精神问题30起、给予党纪政务处分47人，形成了有力震慑。发挥巡察利剑作用，先后6轮对39个单位开展巡察，发现问题线索62条，推动了巡视监督向纵深发展、向基层延伸。坚持以零容忍态度惩治腐败，突出执法监管部门、村居等重点部位，紧盯土地征收、救济扶贫、村级“三资”管理等重点领域，严查吃拿卡要、欺压群众等恶劣行为，全年立案203起、结案194件，给予党纪政务处分191人，始终保持了惩治腐败高压态势。

区委常委会始终高度重视自身建设，保持坚定的信念、务实的作风，更好地担负起团结带领全区人民建设全省首善之区的重任。一是带头旗帜鲜明讲政治，作对党忠诚的表率。牢固树立“四个意识”，坚定“四个自信”，做到“四个服从”“两个维护”，始终在政治立场、政治方向、政治原则、政治道路上同以习近平同志为核心的党中央保持高度一致，坚决按照中央和省市委部署要求谋划推动历下工作。二是带头贯彻民主集中制，作团结共事的表率。完善常委会议事规则和决策程序，注重发挥常委会的整体作用和每位常委的积极作用，在班子内形成了团结一心干事业、齐心协力谋发展的良好局面。去年12月，根据中联部和省市委安排，俄罗斯统一俄罗斯党青年干部考察团现场观摩了区委常委会，对我们的集体领导方式和决策程序给予高度评价。三是带头冲在一线干在一线，作勇于担当的表率。常委一班人坚持在项目建设、双招双引、征收拆迁等重点工作中，身先士卒、动真碰硬，团结带领党员干部群众甩开膀子加油干，有力推动了各项工作开展。四是带头加强作风建设，作廉洁勤政的表率。带头落实党风廉政建设主体责任，模范执行中央八项规定精神，严格遵守领导干部廉洁从政各项规定，自觉接受组织和群众监督，树立了廉洁勤政的良好形象。

各位委员、同志们，回首2018年，我们付出了艰辛努力，也收获了累累硕果。让我们振奋的是，高质量发展迈上了新台阶；让我们鼓舞的是，“五大战役”取得了新战果；让我们欣喜的是，人民群众获得感得到了新提升；让我们高兴的是，党内政治生态呈现了新气象，历下继续昂首走在全省发展前列。这些成绩的取得，是以习近平新时代中国特色社会主义思想为指导的结果，是省市委坚强领导的结果，是全区上下解放思想、真抓实干、拼搏进取的结果。区几大班子和各级各部门各单位，各位区委委员、候补委员，对常委会的工作给予了大力支持。在此，我代表区委常委会表示衷心的感谢！

回顾一年来的发展历程，也有许多经验值得总结。一是必须始终坚决贯彻中央决策部署和省市委要求不动摇，深入学习贯彻习近平新时代中国特色社会主义思想和党的十九大精神，紧紧围绕省委“走在前列”目标要求和市委“1+454”体系，团结带领广大党员干部群众，坚持发展第一要务，保持永不懈怠的精神状态和一往无前的奋斗姿态，推动全省首善之区建设不断迈上新台阶。二是必须不断深化对全区现代化建设规律的认识，牢牢把握历下发展的阶段性特征，坚持“集约利用土地、向空间求发展、向楼宇要效益、以亩产论英雄”的理念，走集约化、精品化发展道路，占领产业发展制高点，实现城市精明增长。三是必须坚持以人民为中心的发展思想，紧紧围绕建设“大美历下、现代历下、幸福历下”，不遗余力地推动各项社会事业发展，最大限度地强化社会保障体系建设，竭尽所能解民忧帮民困，不断提高群众的生活水平和幸福感、自豪感、归属感。四是必须保持抢抓机遇、奋发有为的进取精神，坚持把握发展形势、明晰省市战略布局，抢抓有利时机，以快人一步、先人一拍的节奏，向创新要动力，向改革要效率，向开放要活力，赢得发展新优势，取得发展新突破。

同志们，全面发展的成绩令人欣喜，前进路上的问题也不容回避。常委会清醒地认识到，对照省市委的要求和群众的期望，我们的工作还有许多差距和不足。主要是，对习近平新时代中国特色社会主义思想的学习还不够全面到位，保持经济持续快速增长还有不小的压力，城市承载能力和管理水平有待于进一步提升，干部队伍能力素质有待于进一步增强，等等。对于这些问题，我们将认真研究，切实加以改进。同时，也希望同志们对常委会的工作提出意见建议，齐心协力把各项工作做得更好。

各位委员、同志们，经过全区上下的不懈奋斗，历下已经站在了新的起点上，我们将肩负新使命、开启新征程、实现新跨越。让我们更加紧密地团结在以习近平同志为核心的党中央周围，在省市委的坚强领导下，求真务实、担当作为，攻坚克难、开拓进取，不断开创全省首善之区建设新局面。

济南市历下区人民政府工作报告

——2019年1月19日在济南市历下区第十八届人民代表大会第三次会议上

济南市历下区人民政府区长　谢兆村

各位代表：

现在，我代表区人民政府向大会报告工作，请予审议，并请区政协委员和其他列席会议人员提出意见。

一、2018年工作回顾

刚刚过去的2018年，是全省首善之区建设全面发力、多点突破、收获满满的一年。一年来，区政府高举习近平新时代中国特色社会主义思想伟大旗帜，不忘初心、牢记使命，在市委、市政府和区委的坚强领导下，深入学习贯彻党的十九大精神，牢牢把握“走在前列”的指示要求，紧紧围绕打造“四个中心”，建设“大强美富通”现代化国际大都市目标，聚焦全省首善之区建设，凝心聚力促改革，坚定不移谋发展，一心一意惠民生，用担当诠释忠诚、凭实干扛起责任，较好地完成了区十八届人大二次会议确定的目标任务。2018年5月，在全市对2017年各区县经济社会发展综合考评中再获第一名，勇夺“十连冠”，团结拼搏、锐意进取、充满活力的现代历下在全省竞相发展新征程中继续领跑向前。

（一）全面加快动能转换，经济持续健康发展。以新旧动能转换重大工程为统领，主动适应新常态，践行新理念，推动新发展，综合实力、质量效益全面提升。

经济增长稳中有进。面对复杂多变的经济形势，综合施策、协同推进，预计实现地区生产总值1450亿元，增长8%，总量居全省第二位；规模以上工业增加值增长18%，增幅跃居全市第一位；服务业增加值1250亿元，增长8%，现代服务业比重达56%以上。完成社会消费品零售总额1028.9亿元，增长10%；一般公共预算收入144.2亿元，增长10.3%；固定资产投资330亿元，增长13%，在经济下行压力不断加大的情况下，重要经济指标均呈现了逆势而上、健康增长的良好态势。

产业结构加速调整。在稳步发展金融、商贸服务、地产和工业建筑业四大板块的基础上，结合区域产业基础，强化顶层设计，出台了加快培育产业金融、文化创意、现代商务、科技服务、大数据与新一代信息技术、医养健康、商贸流通、精品旅游等八大百亿级产业的实施意见，推动主导产业集群发展、规模增长。全力打造产金融合的金融生态圈，成立全省首家金融企业联盟，新增西王集团财务公司、济南金控国际融资租赁公司、渣打银行等金融机构18家，恒丰银行牵手历下，有望成为首家落户济南的全国性股份制商业银行，全区预计实现金融业增加值348.6亿元、税收67亿元，均占全市的42%以上。人力资源产业加速发展，燕山大厦园区引领作用更加明显，营业收入突破70亿元，CBD核心园区启动建设。传统商贸提档升级，泉城路获评中国著名商业街，宽厚里成为旅游消费新热点；大力推进“线上、线下”深度融合，电子商务交易额达1200亿元，增长37.9%。建成楼宇经济信息平台，154座

5000平方米以上商务楼宇全部纳入智能管理，着力提高楼宇的入驻率、注册率、贡献率，全区税收亿元楼达33座，月亿楼2座。

发展后劲更加充沛。坚持把项目建设作为推动发展的主引擎，实施过亿元重点项目68个，鲁勤时代广场等17个项目开工，汇金大厦等24个项目封顶，是近年来建设体量最大、投资最多、开工最密集的一年。扎实开展第四次全国经济普查，市场主体突破10万户，累计注册资本金达8828亿元，规模以上企业达816家。统筹项目建设与产业导入，大力推动新建载体招商和低效载体赋能，红尚坊国际时尚创意中心、绿地国际金融中心等18个项目纳入省市新旧动能转换项目库，支撑未来发展的基础更加坚实。

（二）全面聚焦改革创新，发展活力不断释放。大力弘扬新时代改革开放精神，坚持问题导向，落实创新举措，一批影响全局、制约发展的关键问题取得明显突破。

重点领域改革步伐加快。全面落实“放管服”改革“一次办成”部署要求，创新“一窗受理、集成服务”审批模式，扎实推进“多证合一”，企业登记注册缩短至3天，全区综合审批时限压缩43%。出台区属国有企业管理办法，健全运营、监管、激励机制，区属企业易通城建完成改制并在“新三板”挂牌，国有资产运作水平进一步提高。农村集体产权制度改革稳步推进，17个村完成集体经济组织登记注册，“三资”管理更加规范。积极应对产业溢出和企业外迁，打破行政区划局限，与章丘、平阴合作建设“总部＋基地”产业园区，“飞地经济”发展迈出实质性步伐。

对外开放水平全面提升。着力完善招商引资工作机制，召开招商碰头会9次，研究项目89个，招引服务效率进一步提高。全方位拓展招商渠道，面向国内外知名企业、专业机构聘请30名招商大使、顾问和专员，成功举办CBD国际投资发展大会、西雅图中美企业协同创新论坛等招商活动42场，引进各类项目341个，注册资本金485亿元的山东铁投集团、135亿元的渤海湾港口集团等大型省属企业顺利入驻，鲁民投、东明石化等知名民企加快聚集，BP石油等世界500强、优客工场等“独角兽”公司相继落户，实现招商引资146亿元，实际利用外资33.5亿元。坚持有诺必践，认真落实招商引资和安商稳商政策，及时为161家企业兑现奖励扶持资金2.2亿元。主动融入“一带一路”，发起成立济南国合信用研究院，举办首届国际合作城市信用联盟高峰会议，济南区域性签证中心确定入驻，对外合作交流更加广泛，历下国际“朋友圈”不断扩大。

创新驱动能力持续增强。大力推进“互联网＋实体经济”融合发展，新增“上云”企业1475家。积极推动国家科技成果转移转化示范区建设，完善“产学研”协同创新体系，加强与同济大学、大连理工大学等8家高校及科研院所合作，设立研发机构11家，认定高新技术企业93家、省级工程技术研究中心18家。全力打造科技创新服务平台，科金大厦扩容提质，甲骨文新旧动能转换中心、高层次人才项目山东加速器顺利入驻。产业特色楼宇建设步伐加快，山东人工智能产业园引入亚马逊运营平台，签约意向入驻企业32家，辐射带动作用进一步增强。深入实施“趵突”人才强区战略，引进培养“千人计划”、泰山产业领军人才等600余人，为全区创新发展提供了智力支撑。

（三）全面推进城市更新，功能形象大

幅提升。牢固树立产城融合、集约开发、品质建设的发展理念，坚持“拆、改、留、建”并举，城市功能进一步优化重塑。

棚改旧改加快推进。认真落实全市“中疏”战略，实施棚改旧改项目9个，省粮食局泺源大街片区、甸柳片区等6个项目进入拆迁扫尾阶段，累计完成征收1732户、42万平方米，开工安置房1976套。零散棚户区改造在全市率先破题、首战告捷，投入资金2.5亿元，东箭道、按察司街、运署街三个地块200余户居民实现整体外迁，搬离破旧潮湿的低矮平房，打造了零散棚户区改造的历下样板。强化“新官要理旧账”的责任担当，以对历史和群众高度负责的态度，妥善解决建设遗留问题，诚基中心、万豪中心、卓越时代广场等涉案项目商业用房退房工作基本完成，和平路西、水利厅宿舍地块征收工作重新启动，鲁艺东区600余套安置房交付问题得到破解，盛福花园3000余户居民房产证办理工作取得积极进展。

片区建设多点开花。中央商务区开发全面提速，“山泉湖河城”五座超高层建筑全部开工，中国人寿、齐鲁银行等4个项目基本完工；天辰路、茂岭三号路等5条道路临时通车，CBD文化服务中心竣工，市政配套日趋完善；历下控股自主开发的240亩地块项目进展顺利，国际金融城、历下总部商务服务中心启动建设，山东国惠、鲁信集团等一批总部企业确定入驻。毗邻中央商务区的茂岭山片区改造全力推进，城市设计方案基本确定，累计完成拆迁8.8万平方米，解放东路作为连接一主一副两个中心的中轴线交通功能大幅提升，全福河作为片区重要景观走廊整修工程开工建设，和平路东延彻底打通，老城新区加快融合，历下大厦政务中心功能更加凸显，周边环境品质显著提升。明府城保护改造进展顺利，贡院影壁、明城墙遗址完成修缮，芙蓉街整治工程全面展开，老街古巷即将华丽蝶变；全省唯一的国家传统工艺工作站在百花洲挂牌，成功承办第五届中国非遗博览会和第七届山东文博会，全面弘扬齐鲁文化、展示泉城风采、讲述历下故事。

城市更新步伐加快。围绕打造舒适宜居生活环境，广泛征求民意，为切实满足群众需求，对泺河、正觉寺等133个老旧小区实施综合整治，加装电梯83部，整修背街小巷75条，实施既有建筑节能改造150万平方米，安装双气1万余户。突出古城特色和泉水文化，完成大明湖路、趵北—黑西路街区更新，老城历史风貌、人文环境、空间特色得到充分体现。全力打好治堵攻坚战，拆除占路建筑7.6万平方米，打通山大路北段、名仕北路等9条瓶颈路，路通车畅的出行环境更加便利。

（四）全面强化精细管理，环境品质提档升级。以群众满意为标准，以“绣花”精神推进城市提升“十大行动”，持续拓展国家文明城市创建成果，外在颜值与内在气质更加彰显。

城市环境更加靓丽。拆违拆临力度不减，坚决去存量、控增量，累计拆除违建1756处、149万平方米。大力开展户外牌匾整治，清理楼体违规广告3000余处，梳理线缆550公里，拔除线杆152根，城市“天际线”更加清爽舒怡。试点推行垃圾分类处理，城市保洁水平进一步提升。精心扮靓泉城夜景，经十路、旅游路等7条道路完成亮化工程，点亮楼体89座，流光溢彩、诗画梦幻的明湖秀展演成为夜游泉城的新景点。

防霾治污成效显著。全力做好省级环保督察和中央环保督察“回头看”保障工作，办理各类转办件246件，有效解决了一批群众身边的污染问题。全面打好蓝天、碧水、净土保卫战，积极开展建设扬尘和渣土治理，新增空气质量监测微型站点110处，实时监控和日常治霾能力明显提升，空气质量良好以上天数增加12天；认真落实河长制湖长制工作要求，坚决做好小清河流域综合整治，东泺河等9条河道治理工作加快推进，全福河等3条河道完成雨污分流，全区水质监测断面全面达标。扎实开展第三次全国土地调查，义和土壤修复工作启动实施，星河北铁矿采空区加快治理，存在多年的中井废弃物堆场问题得到彻底解决。

生态建设不断加强。编制完成全区绿地系统提升三年规划，大生态建设格局初步形成。积极开展城区绿化，对山大路、经十路、千佛山西路等30余条主次干道进行了高标准绿化提升，打造精品节点10处，实施裸土覆绿10.5万平方米，全区绿化覆盖率提高到45%。积极推进“引山入城”，整治渣土山11座、1000余亩，老虎山、老君崖、大狸猫山等7座山体完成绿化，野峪顶等9处引水上山工程顺利完工，荆山、雪山、葫芦顶等4座山体公园加快建设，为市民提供了更多亲近自然、休闲健身的好去处。

（五）全面促进优质均衡，民生福祉持续改善。坚持以人为本、民生为重，更高标准、更加公平推动社会事业稳步发展，累计投入民生和社会事业资金60.4亿元，40件民生实事基本完成，群众获得感和满意度不断提升。

社会保障更加有力。发放各类救助补贴8781万元，惠及低保、残疾等困难群众3万人次。稳妥做好就业和特定群体参保工作，新增城镇就业6.7万人，城镇登记失业率控制在2%以内；为3.1万名村民落实征地社保补贴9000余万元，失地农民长远生计得到保障。严格执行退役士兵安置和各项优抚政策，给予生活救助1335人，推荐安置公益性岗位1504个。强化区域协同发展，助力重庆武隆、湖南永顺等地区打赢脱贫攻坚战，拨付各类援助资金4630万元，实施基础设施、劳务协作等援助项目17个，精准扶贫取得积极成效。

公共服务更加优化。编制完成基础教育设施三年建设规划，首年度27所学校全面开工，历山双语、甸新佳园等5所学校、幼儿园投入使用。素质教育再结硕果，全国青少年校园足球特色学校达15所，辅仁学校代表国家队荣获跳绳世界杯冠军。全面打造“健康历下”品牌，新建社区卫生服务机构5所，有效整合医疗惠民服务项目，着力做实家庭医生签约服务，覆盖人群达16万人，顺利通过省级健康促进示范区评估验收。深化医养结合服务模式，区级养老服务中心与历下三院开工建设，新增街道综合养老中心4处，改造提升社区日间照料中心25处，群众多层次养老服务需求得到更好满足。文体事业蓬勃发展，新建社区健身场所3个、健身路径30条，举办大型文体活动14场，市民精神文化生活更加丰富多彩。

社区建设持续加强。圆满完成村居“两委”换届选举，成立转山等社区居委会11个；充分发挥村居党组织政治功能，深入实施“一领四治”工程，重点整顿软弱涣散村居班子，夯实基层基础。积极推行“全科社工”服务模式，大力开展社区减负增效，制定服务事项清单，清理各类不合理证明，让社区轻装上阵，将更多精力放在协商共治、为民服务上，共建水平不断提升，为期三年的全国社区治理和服务创新实验区创建工作圆满完成。

平安基础不断夯实。建成新时代文明实践活动基地、学堂121处，积极打造文明实践活动品牌，结合国家文明城市复评，强化市民素质教育和文明行为引导，大力弘扬社会正能量。扎实开展扫黑除恶专项行动，打掉黑恶团伙19个，社会治安防控体系更加完善。严格落实领导干部大接访，成功化解积案17件。新建社区微型消防站68处，街道应急管理示范点7家，智慧消防云平台投入使用，“五位一体”的安全管理模式实现全覆盖。深入实施餐饮质量安全提升工程，我区获评省级食品安全示范区。做好“七五”普法宣传教育，区司法局荣获司法部集体一等功。全面完成工会、共青团、妇联、科协改革任务，群团组织活力明显增强。残疾人、老年人、未成年人服务保障更加有力，国防动员、双拥共建、民族宗教、外事侨务、史志档案、对台交流等工作开创新局面。

（六）全面聚焦效能提升，政府建设持续发力。始终牢记全心全意为人民服务根本宗旨，坚持不懈转变作风、严肃纪律、狠抓落实，政府自身建设有了新进步。

依法行政得到新加强。认真执行区人大及其常委会的各项决议决定，自觉接受区人大法律监督和区政协民主监督，办理各级人大代表建议、政协提案277件。完善《政府常务会议议事规则》《“三重一大”事项议事决策暂行办法》，把制度笼子扎紧扎牢。健全行政执法案件三级联审机制，推进执法公示和全过程记录，执法行为更加规范。认真做好行政复议和行政机关负责人出庭应诉，公职人员法制意识和依法履职能力进一步提高。

职能转变取得新成效。稳步推进政府机构和街道行政管理体制改革，退役军人事务局、行政审批服务局组建成立，8家行业协会商会与行政机关脱钩，区属医院和幼儿园全部实行人员总量控制管理，服务效能明显提升。全省基层政务信息公开试点工作取得积极成效，“场景式”服务体系逐步建立，邀请人大代表列席区政府常务会议参与决策，政府公信力进一步增强。理顺12345市民服务热线管理体制，办理热线14.2万件。“首善历下”移动客户端和智慧历下网络电视台试运行，区级融媒体中心投入使用，宣传阵地得到巩固，架起了与群众沟通的新桥梁。

作风建设实现新提升。深入开展“大学习、大调研、大改进”活动，全力抓好中央巡视反馈问题整改落实。不断强化审计职能，在全市率先建成大数据平台，审计监督实现信息化全覆盖。驰而不息正风肃纪，严肃查处各类违纪违法案件194起，营造了风清气正的良好氛围。面对全年招商引资、项目建设、棚改旧改、环保督察等硬任务叠加的发展形势，落实正向激励机制，引导广大党员干部心无旁骛干事业，聚精会神抓发展，在全区形成了比学赶超、争先进位的生动局面。

各位代表，回顾过去一年，我们认真贯彻党的十九大精神，在自觉服从服务省会发展大局的生动实践中，更加深化了对新时代赋予历下新定位的认识，瞄准老城核心区、中央商务区、南部生态区定向发力，百年明府城大放异彩，现代CBD活力四射，龙洞风景区生机盎然；我们面对“走在前列”“扬起龙头”的新使命、新任务，积极探索促改革、谋创新、求发展的新路径，区域综合实力实现新的提升，绘就了大美历下、现代历下、幸福历下的精彩篇章；我们不断放大历下创新引领的价值和作用，用实干和担当积极争取各方面的认同和支持，在一次次硬仗攻坚中，锻炼了队伍，增强了自信，凝聚了力量，进一步激发了全区上下干事创业的热情。这些都为历下在新的历史阶段实现更高质量、更高水平发展奠定了坚实基础。过去一年取得的成绩，是市委、市政府和区委坚强领导的结果，是区人大、区政协监督帮助和社会各方面大力支持的结果，是全区广大干部群众勠力同心、顽强拼搏，撸起袖子加油干的结果。在此，我代表区政府，向所有关心、支持和参与历下建设发展的同志们、朋友们，表示崇高的敬意和衷心的感谢！

在看到成绩的同时，我们也清醒地认识到，历下正处于高位过坎、稳中求进的关键时期，前进道路上还有不少“攻坚战”和“持久战”要打。一是与高质量发展要求相适应的产业结构还需要进一步优化。新兴产业比重亟待提高，加快新旧动能转换，紧跟创新发展的时代步伐，已成为当务之急和应有之义。二是空间资源利用还不能更好满足高品质发展需要。有限土地资源的利用还不够集约高效，部分楼宇还未发挥出应有的贡献作用，新开工项目偏少，支撑高端产业发展的优质载体相对不足。三是城市精致管理还存在短板。道路、管网等市政设施运行压力不断加大，交通治堵、拆违拆临、污染防治、环境提升任务依然繁重，精细化管理还需要下更大功夫。四是优质公共服务供给还不充分。部分区域学位仍然紧张，基层公办医疗卫生资源还需扩量提质，养老服务与群众需求还有较大差距。五是行政效能和队伍建设还需进一步提升。少数公职人员干事创业的热情有所减弱，对敢打硬仗、善打硬仗的攻坚型、专业型干部队伍需要加大培养力度。直面问题才能把准前进方向，正视差距才能继续阔步前行，我们将以敢立潮头的勇气和自我革命的魄力，踏踏实实做好各项工作，把全省首善之区建设继续推向前进。

二、2019 年工作的指导思想和主要任务

今年是新中国成立 70 周年，是全面建成小康社会关键之年，也是历下实现跨越发展，推进全省首善之区建设向更高水平迈进的重要一年，做好全年工作意义重大、影响深远。2019 年政府工作的指导思想是：高举习近平新时代中国特色社会主义思想伟大旗帜，深入贯彻党的十九大精神和习近平总书记视察山东重要讲话、重要指示精神，紧紧围绕全市打造“四个中心”，建设“大强美富通”现代化国际大都市目标，自觉对照“1+474”工作体系，聚焦打造“大美历下、现代历下、幸福历下”和全省首善之区建设，统筹做好稳增长、促改革、调结构、惠民生、防风险各项工作，让发展更有质量，改革更有成效，城市更有温度，生态更加美好，群众获得感、幸福感、安全感更加充分，以更大的智慧和勇气，在扬起省会发展龙头中实现更大作为、体现更大担当，以优异成绩庆祝中华人民共和国成立 70 周年。

今年的主要预期目标是：地区生产总值增长 8.2%；一般公共预算收入 158.61 亿元，增长 10%；固定资产投资增长 11.5%；社会消费品零售总额增长 11.4%；招商引资增长 20%；实际利用外资增长 8%；外贸出口 26.4 亿元。围绕实现上述目标，重点做好以下五方面工作：

（一）着力增强发展动力，保持经济平稳健康增长。牢固树立新发展理念，坚持向产业要质量、靠招商扩增量、抓服务优存量，推动经济向高质量发展转变。

1. 大力促进重点产业竞相发展。加快实施新旧动能转换重大工程，以咬定青山不放松的决心，持之以恒推动产业结构转型升级。认真落实八大百亿级产业发展实施意

见，建立完善“百大项目”“千家企业”数据库，进一步做实产业根基。准确把握风口先机，加快出台产业和园区定向扶持政策，实现“一业一策”“一园一策”，在全区构筑起覆盖广泛、靶向精准、扶持有力的政策体系。着眼产业集聚和区域平衡发展，编制产业布局规划，明晰重点片区功能定位和发展目标，加快推进红尚坊国际时尚创意中心、山东人工智能产业园、中央商务区人力资源服务产业园、保险中介大厦等特色楼宇项目，带动形成区域分工合理、产业特色鲜明、发展功能互补的布局体系。

2. 大力提升双招双引工作水平。切实增强开放意识，牢牢把握北京非首都功能疏解、省属优质资源战略重组、民营经济向省会聚集的重大机遇，瞄准新金融、省属大型企业、知名民企和新兴“独角兽”开展精准招商。充分发挥中央商务区招商服务中心平台作用，加大对外宣传推介，搭建政府、企业、项目合作桥梁，引导优质载体整租整售，实现优地优用、招大引强。全面梳理项目、企业、载体名录，打破部门信息孤岛，加快建立经济大数据平台，提升政策制定、招引决策的科学化水平。出台楼宇经济发展引导政策，帮助开发企业做好新建载体招商选商，鼓励产权自持和物业管理单位对低效载体腾笼换鸟，打造更多亿元楼、月亿楼和特色楼。加强高端人才聚集和本土人才培养，破除人才引进使用的体制机制障碍，让各类人才创造力竞相迸发，以人才优势支撑首善历下建设。

3. 大力增强服务企业工作实效。积极构建“亲”“清”新型政商关系，完善重点企业包联制度，举办企业家座谈会，多渠道了解发展诉求，及时解决实际困难，让企业把更多精力放在专攻主业、加快发展上。持续优化营商环境，扎实推进“一次办成”改革，以政务服务“加法”做好市场“乘法”，进一步释放发展活力。坚持一视同仁、平等对待，坚定不移促进民营经济发展，搭建政银企合作平台，着力解决中小企业融资难题；加快与章丘、平阴合作园区建设，为企业壮大提供载体空间；推动“产学研”深度合作，促进更多创新创意项目实现成果转化，培育壮大一批“小而美”“专而精”的中小公司、特色企业。

（二）着力加快项目实施，促进城市建设品质升级。弘扬工匠精神，突出精品意识，不断提升城市开发建设水平，切实增强核心城区活力魅力竞争力。

1. 高效率推动项目建设。全力抓好平安金融中心、济南万象天地等 71 个过亿元重点项目，认真落实“拿地即开工”要求，推动绿地明湖城、岚桥大厦等 14 个项目启动建设；强化服务保障，加快黄金国际广场、鲁勤时代广场等 57 个项目施工进度，确保博鳌大厦、鼎峰中心等 26 个项目交付使用。继续把中央商务区作为项目建设的主战场，加快完成土地出让，督促开发单位按照协议约定确保施工进度，跑出项目建设加速度，开创中央商务区建设新局面。

2. 高品质推进棚改旧改。狠抓重点片区拆迁，启动实施文博西、东郊饭店地块征收，完成省粮食局泺源大街片区、甸柳片区等 6 个拆迁扫尾，为项目落地奠定基础。坚持质量为本、安全第一，为实现 4231 户居民早迁新居，加快刘智远、机床四厂等安置房建设，把安置房建成经得起历史检验的精品工程、品牌工程。扎实推进零散棚户区改造，启动小南营、状元府、题壁堂、寿康楼等地块征收拆迁，消除“城市孤岛”，在全市率先趟出一条落实“中疏”战略的新路子。

3. 高质量实施城市更新。以加快片区开

发为重点，全力推动茂岭山周边改造，启动片区征收工作，完成“一河一路”特色街区提升，打造全国“城市双修”示范样板。对和平新村等96个老旧小区开展高标准整治，实施既有建筑节能改造100万平方米，继续做好老楼装电梯工作，在开放式小区逐步推广物业化管理，确保整治成果得到长效保持。以健全基础设施为重点，进一步优化路网结构，打通燕子山西路、鳌角山南路、荆山东路北延等12条瓶颈路；加快综合管网更新建设，实施佛山街等路段雨污分流工程。以恢复古城风貌为重点，启动王府池子、文庙南广场综合整治，修缮状元府、督城隍庙等文物建筑，多留精品、少留遗憾。

（三）着力强化精细管理，全面提升城市环境品质。继续以人民满意为标准，坚持精益求精，狠抓细节盲点，打造整洁靓丽、天蓝水净的城区风貌。

1. 全面提升城市管理水平。将拆违拆临进行到底，继续向最难的区域、最硬的“骨头”发力，坚决拆除占路、占绿、占压河道等侵占公共空间的违建临建，重点打造县西巷、历山名郡等37个无违建社区。坚持既拆违拆临又便民利民，新建提升早餐点、便利店100处，改造千佛山东路、棋盘街等菜市场5处。合理规划建设立体车库，规范非机动车停放，维护良好的静态交通秩序。扎实开展杆线整治，推动主干道线缆落地，坚决清理城市天空“蜘蛛网”。提高环卫机械化作业水平，腾出更多人力投入到城市边角、机械作业盲区，全面提升保洁能力。做实城市综合管理体系，充分利用12345市民服务热线、数字化城管指挥平台、第三方测评等手段，强化数据资源共享和工作力量整合，着力解决跨部门、跨区域、跨领域城管难题，提高“智慧城管”水平。

2. 大力推动绿色生态建设。开展“城市绿荫”行动，积极推进经十东路、历山路、解放东路等18条主次干道绿化提升，打造更多城市绿廊和林荫大道。统筹山水自然禀赋，完成扁石山、半边山等4座山体绿化工程，打造回龙山北、莲花山等5座山体公园；大力推进“显山露水”，结合拆违拆临，对佛慧山北入口和浆水泉风景区进行综合整治，按照城市大花园标准做好龙洞风景区保护提升，形成大尺度绿色生态景观，让更多市民走进自然、乐享山水野趣。

3. 持续提升防霾治污能力。完成第二次全国污染源普查，着力摸清环境家底，重点做好污染成因分析，为精准施策、科学治污奠定基础。重拳治理大气污染，采取最严格措施，抓好控车、减煤、降尘等各项工作，进一步改善空气质量。全面落实河长制湖长制工作要求，坚决打好小清河流域综合治理攻坚战，实施大辛河、羊头峪西沟等6条河道治理工程，消除黑臭水体，打造临水相依、绿水相间的水生态环境。

（四）着力优化公共服务，共享更高水平幸福生活。民之所望，就是施政所向。我们将始终坚持以人民为中心的发展思想，努力让民生事业既有广度、也有深度、更有温度，把历下民生金字招牌越擦越亮。

1. 提高社会保障水平。坚持就业优先，大力促进退役军人、高校毕业生、困难家庭广泛有效就业，全年新增城镇就业3万人以上。充分利用信息化、大数据手段，加强民生项目整合，对困难群体实施精准救助，不断提升民生资金使用效益。全面促进养老事业发展，改造提升文化东路等4处街道养老服务中心、十亩园等10处社区日间照料中心，加快区级养老服务中心和历下三院建设，实现资源有机整合，打造医养结合服务示范新样板。提高对口支援和东西部扶贫协作精准度，推动就业、教育、卫生、文旅领域深度对接。

2. 注重教育均衡发展。全面落实基础教育设施三年建设规划，启动刘智远配建初中等22所学校和幼儿园建设，确保龙鼎学校、盛景二幼等10所中小学、幼儿园交付使用，新增学位9600个。扩大午间配餐和课后延时服务范围，解除学生家长后顾之忧。深化大学区、集团化办学模式，促进优质教育资源在更大范围优化配置，努力打造更多的领航、特色、新优学校，争创国家优质教育均衡发展示范区。加强师德师风建设，办好校长论坛、名师沙龙等活动，组建名班主任工作室，积极推进品德高尚、业务精湛、富有情怀的教育工作者队伍建设。

3. 加快健康历下建设。全面深化医药卫生体制改革，持续完善公立医院法人治理结构，优化整合区属医院医疗资源，实现差异互补、集约发展。强化基层卫生服务机构公益属性，增加公办社区卫生服务机构数量，新建2处社区卫生服务中心（站）。深入开展爱国卫生运动，做好国家卫生城市复审工作。新建20条健身路径和2处社区健身场所。积极推动区域医疗卫生信息互联互通，搭建智慧医疗综合平台，提高家庭医生签约服务质量，为居民提供全方位全周期健康服务。

4. 促进文化蓬勃发展。深化拓展国家文明城市创建成果，引导广大群众自觉践行《文明行为促进条例》，推进社会主义核心价值观"十个一"创建工程。唱响社会主旋律，开展国庆70周年等重大主题文化活动。扎实做好全省文化消费示范区创建工作，充分发挥国家传统工艺工作站作用，将百花洲打造成"永不落幕"的非遗博览会。完成区文体档案中心建设，扩大优质公共文化服务供给。整合"山泉湖河城"自然人文资源，实施全域旅游战略，出台旅游休闲产业规划，打造明府城和"一湖一环"夜休闲旅游线路，让泉城百姓和八方来客感受历下、品味历下、欣赏历下。持续深化双拥共建，完善国防动员体系，认真做好妇女儿童、民族宗教、外侨、人防、史志等工作。

（五）着力提升治理能力，营造和谐稳定社会环境。以更大力度、更实举措推进社会治理创新，完善共建共治共享社会治理格局，让城市更加安全、有序、祥和。

1. 创新社会治理机制。持续加大投入，抓好阵地建设，对解放路、舜井等8处社区用房进行扩建提升，完善配套服务功能，开展丰富多彩的社区文化活动，让社区成为群众愿意来、经常来的温馨家园。健全资源整合机制，优化基层网格化工作力量，整合社会治安、消防安全、环保巡查等管理服务队伍，逐步实现基层治理"多网合一"。完善民主协商机制，引导更多社会组织参与社区服务，倡树文明新风，形成向上向善、孝老爱亲、与邻为善、守望互助的良好氛围。多渠道壮大专业社工队伍，大力培养"四全"社会工作人才，健全社区人员培养、评价晋升和保障制度，争创全国和谐社区建设示范单位。

2. 筑牢公共安全防线。严格落实政府监管和企业主体责任，深入开展开放式小区隐患排查和重点行业专项整治，完善智慧消防云平台，坚决防范遏制重特大安全生产事故发生。优化整合应急资源力量，做好地质灾害防治和城市防汛工作，不断提高防灾减灾救灾能力。加强食品药品安全监管，严查学校及幼儿园食堂、配餐企业等重点领域，推进农贸市场升级改造，全力保障群众“舌尖上的安全”。

3. 维护社会和谐稳定。坚决打赢扫黑除恶专项斗争攻坚战，重点针对工程建设、金融经济、信访治安等十大领域，严厉打击各类违法犯罪活动，铲除黑恶势力滋生土壤，切实维护良好的社会秩序。继续做好“七五”普法，打造全市宪法宣传教育基地，进一步提高居民法治素养，营造尊重宪法、崇尚法治的社会氛围。健全完善常态化矛盾纠纷排查化解机制，推进信访积案解决，最大限度预防和化解社会矛盾。

三、全力建设人民满意的服务型政府

进入新时代，实现新作为，对政府自身建设提出了更高要求。全区政府系统必须始终保持政治定力，积极进取，埋头苦干，在披荆斩棘中锤炼过硬队伍，在攻坚克难中推进历下发展，做合格的新时代答卷人。

（一）忠诚坚定、从严治政，坚持党的领导。牢固树立“四个意识”，始终坚定“四个自信”，严守政治纪律和政治规矩，自觉在思想上政治上行动上同以习近平同志为核心的党中央保持高度一致，坚决做到“两个维护”。认真贯彻“走在前列”的指示要求，全力落实好上级党委、政府和区委的各项决策部署，把全面从严治党要求落实到从严治政中，落实到公务人员能力和作风建设中。

（二）尊崇法治、依法行政，建设法治政府。将政府活动全面纳入法治轨道，严格按程序决策、按规矩办事。依法接受区人大及其常委会的工作监督和法律监督，认真落实各项决议决定并定期报告工作，自觉接受区政协民主监督，办好人大代表建议和政协提案。全面落实政府法律顾问制度，鼓励公民参与政策制定和社会治理，提高决策科学化、民主化、法治化水平。严格落实行政执法责任制，规范行政执法行为，让权力公开透明、阳光运行。

（三）务实创新、高效施政，建设服务政府。积极推进政府机构和事业单位改革，促进职能优化，提高运转效率。强化政府系统干部职工负责担当精神，提升创新实干能力，发挥真抓的实劲、敢抓的狠劲、常抓的韧劲，进一步提升执行力和落实力。积极听取群众呼声，全力办好12345市民服务热线，加强政府信息公开，不断提升群众对政府工作的满意度。

（四）干净自律、勤勉为政，建设廉洁政府。认真落实党风廉政建设主体责任和“一岗双责”，严格贯彻中央八项规定精神，持之以恒反“四风”。强化政府督查，健全问责机制，激励广大政府工作人员始终保持奋发有为的精神状态，做出让群众满意的实绩。加大对财政资金、国有资产的监管力度，强化政府债务管理和预算支出绩效考核，严查重点领域、关键环节及群众身边的腐败问题，推动形成正气充盈的政治生态。

各位代表，使命考验担当，实干铸就梦想。让我们紧密团结在以习近平同志为核心的党中央周围，在市委、市政府和区委的坚强领导下，凝心聚力，激情实干，奋力谱写全省首善之区建设新篇章！

《政府工作报告》名词解释

1. 城市提升“十大行动”：2018年5月，全市城市提升工程动员大会提出，要突出抓好“十大行动”，分别指：城市生态绿化提升行动、城市环境卫生提升行动、市容秩序整治提升行动、居民居住环境整治提升行动、城市出入口提升行动、“三高”沿线环境整治提升行动、重点企业提升行动、农业农村提升行动、和谐稳定提升行动和文明素质提升行动。

2.“一领四治”工程：即坚持以党建为统领，自治、法治、德治、共治一体化推进的村居基层治理模式。

3.“全科社工”服务模式：将社区为民服务事项，统一制定《服务标准》《工作制度》《指导手册》《服务指南》，使每名社区工作人员全面掌握所有业务，实现“全科全能”，努力做到居民群众到社区办事“进一次门、找一个人、办所有事”“即来即办、即办即走、快速办结”。

4.“五位一体”安全管理模式：在全区88个社区全部建立由微型消防站、微型消防车、专职安监消防员、水压电气监测系统和无线烟感报警设备构成的“五位一体”安全管理模式，不断提升社区安全监管水平。

5.“场景式”服务体系：根据自然人生命历程和法人运行周期特点，通过系统化设计、整体化布局、模块化展示、项目化推进，引导公众在不同的场景中高效获取所需信息和服务，提升政务公开的针对性、实用性和精准性。

6.社会主义核心价值观“十个一”创建工程：打造一批社会主义核心价值观主题公园、主题学校、主题社区、主题教材、文艺精品、宣讲队伍、优秀传统文化弘扬工程、志愿服务品牌、群众性精神文明创建活动品牌、“我们的节日”节庆活动品牌。

7.“四全”社会工作人才：即具有全新理念、全新技术、全科服务、全能组织的专业化工作人才。

（区委办公室、区政府办公室）

小资料—历下老字号

新华电影院

南门外的山东科技馆，前身是济南剧院，而济南剧院的前身则是从旧军门巷搬迁而至的新华电影院，时间是1981年。

民国初年，新华电影院的旧址为钱业会馆，1924年，部分会馆业主合资在此建济南电影院。建筑为上下两层楼，设观众座席900个。1929年，投资人将它转卖给王姓资本家，次年王某便将其更名为大华电影院。1945年，大华电影院改名为胜利电影院。1948年，又改称为新华剧院，先是由山东省政府接管，后交由济南市影管会所辖。1952年改名为新华电影院，至1981年停止使用，同年元月移址新建，改名为济南剧院。

济南的电影放映活动，起始于1904年的钟楼寺街的闻善茶园。闻善茶园原本是经营戏曲演出娱乐场所，后来增加电影放映业务。济南最早的专业电影院是建成于1906年的“小广寒”，济南电影院则是继“小广寒”之后较早建成的专业影院之一。那时候电影还是无声电影，到了20世纪30代末期，时任大华电影院经理的张希元，从上海强华公司购买了德国放映设备，使“大华”成为继“大观”之后济南第二家能够放映有声电影的专业影院。

民国年间的大华电影院，两层建筑，拱形大门，面向西开，铁栅栏活动门，穿过过道是天井，院内西屋是票房，售票口朝向旧军门巷。天井北面是放映大厅，观众可以从东、西两个小门进入。大厅南北向布置，四个角落各有木质楼梯供观众上下。厅内有宽阔的弧形戏台可供剧团演戏，被市民称之为“影剧院”或是“剧院”。台下中间部分放置有木质靠背椅，两侧是八仙桌，每桌四周各有一条长凳。二楼铺有木地板，前半部分是八仙桌排列，每桌周边放有八个凳子；后半部为阶梯式楼座。此外，在大厅西门内里侧旁，还有个小卖部，经营茶水和小吃，供观众随意选择购买。

济南市影管会接管胜利电影院之后，将其更名为新华电影院，并对原有建筑进行翻建。翻建后没了天井，进门便是大堂。放映大厅内没有了八仙桌和条凳，一律变成了前低后高的联排光板座席，座席数量也由原来的900个增加至1500个以上。

改革开放后，新华电影院火爆了几年，直至搬迁到南门外，更名为济南剧院几年后，随着人民生活水平的提高和娱乐活动的多样化，渐渐冷寂下来，并最终退出历史舞台，让位于山东科技馆，时间是2001年。

责任编校：王海燕　李　燕

专 记

大美历下系列图片 （邢可锋 摄影）

专　记

2018 年十大亮点

2018 年，历下区高举习近平新时代中国特色社会主义思想伟大旗帜，不忘初心、牢记使命，在市委、市政府坚强领导下，深入学习贯彻党的十九大精神，牢牢把握“走在前列”的指示要求，紧紧围绕打造“四个中心”，建设“大强美富通”现代化国际大都市目标，聚焦全省首善之区建设，在全省竞相发展新征程中继续领跑向前，在济南市经济社会发展综合考核中，历下区获一等奖，实现“十一连冠”。

一般公共预算收入 144.19 亿元
经济保持健康发展

2018 年实现地区生产总值 1494.8 亿元，增长 8.9%，总量居全省第二位；服务业增加值 1261.7 亿元，增长 8%，现代服务业比重达 56% 以上；完成社会消费品零售总额 1057.1 亿元，增长 10.4%；一般公共预算收入 144.2 亿元，增长 10.3%；固定资产投资 330 亿元，增长 13%。

全区“亿元楼”达 33 座
产业结构加速调整

全力打造产业金融生态圈，成立全省首家金融企业联盟，新增金融机构 18 家，全区实现金融业增加值 350.6 亿元、税收 67 亿元，均占全市的 42% 以上。人力资源产业加速发展，燕山大厦园区营业收入突破 70 亿元，CBD 核心园区启动建设。泉城路获评中国著名商业街。154 座 5000 平方米以上商务楼宇全部纳入智能管理。全区税收亿元楼达 33 座，月亿元楼 2 座。

招商引资 146 亿元
发展活力不断释放

面向国内外知名企业、专业机构聘请 30 名招商大使、顾问和专员，成功举办招商活动 42 场，引进各类项目 341 个。山东铁投集团、渤海湾港口集团等大型省属企业顺利入驻，鲁民投、东明石化等知名民企加快聚集，BP 石油等世界 500 强、优客工场等“独角兽”公司相继落户，实现招商引资 146 亿元，实际利用外资 33.5 亿元。为 161 家企业兑现奖励扶持资金 2.2 亿元。

五座超高层建筑全部开工
中央商务区开发全面提速

“山泉湖河城”五座超高层建筑全部开工；中国人寿、齐鲁银行等 4 个项目基本完工；历下控股自主开发地块项目进展顺利，国际金融城、历下总部商务服务中心启动建设，山东国惠、鲁信集团等一批总部企业确定入驻。茂岭山片区改造设计方案基本确定，累计完成拆迁 8.8 万平方米；解放东路作为连接一主一副两个中心的中轴线交通功能大幅提升；全福河整修工程开工建设；和平路东延彻底打通。

实施过亿元重点项目 68 个
发展后劲更加充沛

2018 年是历下区近年来建设体量最大、投资最多、开工最密集的一年。实施过亿元重点项目 68 个，鲁勤时代广场等 17 个项目开工，汇金大厦等 24 个项目封顶，18 个项目纳入省市新旧动能转换项目库。明府城保护改造进展顺利，贡院影壁、明城墙遗址完成修缮，芙蓉街整治工程全面展开；全省唯一的国家传统工艺工作站在百花洲挂牌。

建成活动基地、学堂 121 处
积极打造文明实践活动品牌

建成新时代文明实践活动基地、学堂 121 处，结合国家文明城市复评，强化市民素质教育和文明行为引导。"首善历下"移动客户端和智慧历下网络电视台试运行，区级融媒体中心投入使用，宣传阵地得到巩固。成功承办第五届中国非遗博览会和第七届山东文博会，全面弘扬齐鲁文化、展示泉城风采、讲述历下故事。

40 件民生实事基本完成
民生福祉持续改善

累计投入民生和社会事业资金 60.4 亿元，40 件民生实事基本完成。发放各类救助补贴 8781 万元，惠及低保、残疾等困难群众 3 万人次；新增城镇就业 6.7 万人；为 3.1 万名村民落实征地社保补贴 9000 余万元。编制完成基础教育设施三年建设规划，首年度 27 所学校全面开工，历山双语、甸新佳园等 5 所学校、幼儿园投入使用。新建社区卫生服务机构 5 所，家庭医生覆盖人群达 16 万人，顺利通过省级健康促进示范区评估验收。区级养老服务中心与历下三院开工建设，新增街道综合养老中心 4 处，改造提升社区日间照料中心 25 处。深入实施"一领四治"工程，重点整顿软弱涣散村居班子；积极推行"全科社工"服务模式，全国社区治理和服务创新实验区创建工作圆满完成。

企业登记注册缩短至 3 天
营商环境优化升级

全面落实"放管服"改革"一次办成"部署要求，创新"一窗受理、集成服务"审批模式，扎实推进"多证合一"，企业登记注册缩短至 3 天，全区综合审批时限压缩 43%。稳步推进政府机构和街道行政管理体制改革，退役军人事务局、行政审批服务局组建成立。全省基层政务信息公开试点工作取得积极成效，"场景式"服务体系逐步建立。理顺 12345 市民服务热线管理体制，办理热线 14.2 万件。

与 8 家高校及科研院所合作
为全面发展提供智力支撑

推进"互联网 + 实体经济"融合发展，新增"上云"企业 1475 家。加强与同济大学等 8 家高校及科研院所合作，设立研发机构 11 家，认定高新技术企业 93 家、省级工程技术研究中心 18 家。全力打造科技创新服务平台，科金大厦扩容提质，甲骨文新旧动能转换中心、高层次人才项目山东加速器顺利入驻。产业特色楼宇建设步伐加快，山东人工智能产业园引入亚马逊运营平台，签约意向入驻企业 32 家。深入实施"趵突"人才强区战略，引进培养"千人计划"、泰山产业领军人才等 600 余人。

零散棚户区改造全市率先破题
城市更新加快推进

零散棚户区改造在全市率先破题，东箭道、按察司街、运署街三个地块200余户居民实现整体外迁。实施棚改旧改项目9个，累计完成征收1732户、42万平方米，开工安置房1976套。全年拆除违建1756处、149万平方米。编制完成全区绿地系统提升三年规划，高标准绿化提升30余条主次干道，全区绿化覆盖率提高到45%。对133个老旧小区实施综合整治。完成大明湖路、趵北—黑西路街区更新，打通山大路北段、名仕北路等9条瓶颈路。

（摘自《历下头条》）

小资料—历下老字号

泉祥茶庄茶飘香

泉祥茶庄创办于光绪二十二年（1896年），投资人孟洛川。初创时的“泉祥”店址在院东大街，后迁至西关的估衣市街（今共青团路），并在经二纬三路开设泉祥西号。

旧时济南无专门营销茶叶的茶庄，经营茶叶的多是些杂货铺兼营生意，初创时的“泉祥”也是如此。后来，看到茶叶行情渐长，“泉祥”才逐渐改为专营茶叶生意。当年的“泉祥”，由于资金较为厚实，进货都是派专人到安徽、浙江、福建等茶叶产地直接去采购，就近加工，再运往济南，货色纯正且成本低廉，颇得茶客们青睐。

就国人喝茶习俗而言，南方人喜欢喝清茶、绿茶和红茶，北方人喜欢喝花茶，如茉莉花茶、玉兰花茶、玫瑰花茶等，为此，“泉祥”便在花茶上下足功夫，经销的花茶名为“三窨一提”或是“四窨花茶”。窨，就是将茶坯与刚刚采摘的鲜花混合在一起，利用鲜花吐芳让茶坯吸香，使得茶香与花芳完美融合。由于济南人尤其喜好喝茉莉花茶，茉莉花茶就成为当年济南“泉祥”经销的拳头产品，每年的批发、零售量达到50万斤以上，在济南茶叶市场形成垄断态势。

侵华日军沦陷济南期间，日伪当局为倾销日本茶和台湾茶，进而形成市场垄断，想方设法限制江南茶叶输入济南市场，他们冻结“泉祥”在银行的巨额存款，规定其每周只能提现500元，使“泉祥”资金周转困难，导致货源减少，经营日渐衰微颓势。抗战胜利后的国民政府，横征暴敛，滥发纸币，引发物价暴涨，加之其“限价”高压，使“泉祥”的资本逐渐消耗殆尽，到济南解放前，仅勉强维持经营而已。

新中国成立后，在人民政府保护民族工商业政策的扶植下，“泉祥”业务才逐渐恢复。1956年公私合营后，“泉祥”成为济南烟酒公司所属的门市部。改革开放后，“泉祥”字号虽还保留，但此与最初投资的孟氏家族已无传承关系。

责任编校：王海燕　李　燕

大事记

大美历下系列图片　（邢可锋　摄影）

大 事 记

2018 年大事记

1 月

2 日 区委副书记、区长谢兆村到包挂的智远街道督导村、社区“两委”换届选举工作，对街道前期换届选举工作给予充分肯定，对下步工作提出明确要求。

3 日 区委副书记、区长谢兆村先后会见农业银行济南分行、交通银行山东省分行客人。

4 日 区第十八届人大常委会第八次会议召开。会议初审《关于历下区 2017 年国民经济和社会发展计划执行情况及 2018 年计划草案的报告》；初审区政府《关于历下区 2017 年预算执行情况和 2018 年预算草案的报告》；审议通过《关于区十八届人民代表大会代表资格审查情况的报告》；审议通过区十八届人大二次会议有关事项。

同日 区委副书记、区长谢兆村主持召开全区招商引资碰头会。

同日 历下区首家街道商标品牌指导站在甸柳新村街道吉祥苑社区正式挂牌成立。

5 日 济南市委讲师团“中国特色社会主义理论体系宣教基地”落户明府城百花洲泉水人家民俗馆。

6 日 济南市经济工作暨“四个中心”建设推进大会召开。大会传达全国精神文明建设工作表彰大会精神，表扬济南市创建第五届全国文明城市工作先进集体和先进个人。2017 年，济南以省会城市第一名的成绩成功摘得全国文明城市桂冠，其中，历下区委、区政府获评“创建全国文明城市工作突出贡献单位”；区委宣传部等 40 个部门单位获评“创建全国文明城市工作先进单位”；闫立彬获评“创建全国文明城市工作先进个人”称号并记一等功；马宏展等 6 人获评“创建全国文明城市工作先进个人”并记二等功；王红等 15 人获评“创建全国文明城市工作先进个人”并记三等功；孟庆慧等 54 人被评为“创建全国文明城市工作先进个人”并记嘉奖；董继红等 120 名市民群众获评“创建全国文明城市工作模范市民”。

同日 山东丰泽海峡两岸（济南）青年创业发展中心启动仪式在华兴大厦举行。这是历下区成立的首个为台湾青年在历下创业发展提供全方位服务的平台，也是省市台湾事务办公室重点支持的海峡两岸青年创业基地。

7 日 济南市第十六届人民代表大会第二次会议历下区代表团举行建团会议。审议市人大十六届二次会议主席团、秘书长名单（草案）和大会会议议程（草案），推选区人大常委会主任韩宏伟为历下区人大代表团团长，区委副书记、区长谢兆村为副团长。

同日 济南市委、市政府召开全市经济工作暨“四个中心”建设推进大会。通报

2018年“四个中心”建设及“五项重点工作”“四大攻坚战”完成情况。历下区2017年项目建设考核居全市首位、区域性经济中心建设居全市第三。

8—9日 历下区人大代表团出席市十六届人民代表大会第二次会议开幕式，参加分组讨论，看望慰问值勤公安干警。

10日 市委常委、组织部部长李刚到历下区调研人力资源服务产业工作。区委书记马玉星，区委常委、组织部部长续明陪同调研。

15日 区委民主协商会召开，通报区“两会”议程及人事安排，参会人员围绕区“两会”议程、推荐区监察委员会主任人选等问题进行民主协商。会议书面印发《历下区2018年度政党协商计划（征求意见稿）》并征求有关方面意见。

16日 副市长王桂英到历下区调研民政工作，察看甸柳街道第三社区、建新街道和平新村社区、历下创益园，实地察看全科社工、公益银行等工作开展情况，召开座谈会。

同日 政协济南市历下区第九届委员会第二次会议开幕。区政协主席、党组书记曹辛代表政协济南市历下区第九届委员会常务委员会做工作报告，副主席曾素燕做政协济南市历下区第九届委员会常务委员会提案工作报告。曹辛总结区政协2017年工作，对新一年工作提出明确要求。

17日 济南市历下区第十八届人民代表大会第二次会议开幕。大会由区人大常委会主任韩宏伟主持。区委副书记、区长谢兆村代表区政府向大会做政府工作报告。区法院院长牟宗伟、区检察院检察长曲立春分别做工作报告。大会书面印发《历下区2017年国民经济和社会发展计划执行情况及2018年计划（草案）的报告》《历下区2017年国民经济和社会发展计划执行情况及2018年计划（草案）的报告》《历下区2017年国民经济和社会发展计划执行情况及2018年计划（草案）的报告》。

18日 济南市历下区第十八届人民代表大会二次会议召开第二次全体会议。区委书记马玉星主持会议。区人大常委会主任韩宏伟向大会作区人大常委会工作报告。会议表决通过《历下区第十八届人民代表大会第二次会议选举办法（草案）》。

同日 区委书记马玉星，区委副书记、区长谢兆村会见济南移动公司总经理张磊一行。

同日 政协济南市历下区第九届委员会第二次会议闭幕。会议审议通过区政协九届二次会议提案审查情况报告和区政协九届二次会议决议。区政协主席、党组书记曹辛讲话。

19日 历下区监察委员会挂牌成立。区委书记马玉星，区人大常委会主任韩宏伟，区委常委、区纪委书记、区监察委员会主任刘海峰为区监察委员会挂牌。

同日 历下区第十八届人民代表大会第二次会议闭幕。会议由区委书记马玉星主持。会议表决通过总监票人、监票人名单。选举刘海峰为历下区监察委员会主任。表决通过历下区第十八届人民代表大会第二次会议关于政府工作报告的决议、关于历下区2017年国民经济和社会发展计划执行情况与2018年计划的决议、关于历下区2017年预算执行情况和2018年预算的决议、关于历下区人民代表大会常务委员会工作报告的决议、关于历下区人民法院工作报告的决议、关于历下区人民检察院工作报告的决议。

同日 区第十八届人大常委会举行第九次会议。会议审议通过2018年历下区人大常委会工作要点，听取审议并表决通过区监察委员会提请的有关人事事项。区人大常委会主任韩宏伟向新任命的历下区监察委员会副主任石逢平、曹媛，委员李峰、谢伟、罗振全、贺冰洁颁发任命书。新任历下区监察委员会主任、副主任、委员进行宪法宣誓。

同日 全区烟花爆竹禁放工作推进会议召开。会议传达全市烟花爆竹禁放工作推进会议精神，解放路、智远街道表态发言，区政府与部分街道办事处签订目标责任书。区委副书记、区长谢兆村就贯彻落实全市烟花爆竹禁放工作推进会议精神，做好全区烟花爆竹禁放工作提出明确要求。

21日 历下区设立分会场，收听收看省委、省政府重点工作推进落实情况视频会议实况。

同日 区委书记马玉星，区委副书记、区长谢兆村到中央商务区安置房建设工地、丁家村拆迁工地、龙鼎学校建设工地和机床四厂拆迁安置房工地暗访大气污染防控工作。

23日 市委常委、副市长卢江到历下区走访慰问“两癌”患者和计生困难家庭，为他们送去慰问金和慰问品，带去新春祝福。

同日 市政协副主席段青英带领部分市政协委员到历下区解放阁片区调研“1+5”特色街区综合更新项目工作。

同日 全区村“两委”换届选举工作调度会召开。

24日 历下区台属联谊会第四届会议召开。会议听取区台属联谊会第三届理事会工作报告，选举产生第四届理事会，王新敏当选新一任台属联谊会会长。

24—26日 全市举行基层党建重点项目观摩评议活动。市委常委、组织部部长李刚带队到10个县区和济南高新区、南部山区实地观摩党建项目，对各县区进行评议打分，历下区以97.8分的成绩获得第一名。

同日 市妇联主席刘勤率调研组到历下区调研女性进“两委”和社区妇联换届工作开展情况。

29日 区委书记马玉星到解放路街道调研。

31日 市委副书记苏树伟带队到历下区检查2017年度全面从严治党主体责任落实情况。

同日 区人大召开区十八届人大二次会议代表建议交办会。区人大常委会主任韩宏伟参加会议，就做好下步工作提出明确要求。

同日 全区2017年度街道党工委书记抓基层党建工作述职评议会议召开。

2月

5日 区委副书记、区长谢兆村到泉城路街道参加指导民主生活会，并走访慰问辖区老党员和困难党员。

6日 区委副书记、区长谢兆村走访慰问颐乐老年公寓、百岁老人和困难群众。

7日 市委常委、宣传部部长杨峰到历下区万科海晏门项目工地现场等实地检查督导烟花爆竹禁放工作任务落实情况。

同日 区委书记马玉星走访慰问辖区困难群众、鲁商福瑞达国际颐养中心和百岁老人。

同日 马玉星还到大明湖街道察看烟花爆竹禁放工作。

同日 区委副书记、区长谢兆村走访慰问历下区消防大队和武警山东省总队驻区部队。

同日 区人大常委会主任韩宏伟调研全区烟花爆竹禁放工作。

同日 区领导尹红梅、周雷、朱俊如出席“益满泉城 情暖历下”青少年暖冬行动。

8 日 市委副书记苏树伟到历下区参加指导区委常委班子民主生活会。

9 日 区委书记马玉星到甸柳新村街道参加指导民主生活会并到甸柳新村街道第三社区看望慰问老党员和困难党员。

11 日 区委书记马玉星先后到山东省军区、济南警备区走访慰问驻区部队官兵。

同日 区人大常委会主任韩宏伟到山东云媒软件股份有限公司走访慰问。

同日 区政协主席、党组书记曹辛先后到山东省公安厅济南警卫处、济军疾病预防控制中心、山东省军区军职干部休养所、山东省边防总队医院看望慰问驻区部队官兵。

同日 历下区组织收听收看中央环保督察反馈意见整改落实工作电视会议。

12 日 副省长任爱荣到历下区吉祥苑集贸市场检查节日市场供应情况。

同日 区委书记马玉星主持召开区委全面深化改革领导小组 2018 年第一次会议。审议通过《关于贯彻落实中央八项规定精神进一步加强作风建设的实施意见》《关于大兴调研之风深入开展调查研究的意见》。马玉星就做好下步工作提出明确要求。

同日 马玉星还主持召开十二届区委第 29 次常委会（扩大）会议。会议听取全区“打赢新时代济南战役、争当‘济南第一团’青年突击队”活动和全区领导干部会议暨重点工作推进会筹备情况汇报；2018 年区委、区政府与各街道、区直有关部门签订目标责任书情况汇报；2017 年全区重点工作考核情况汇报；全区村、社区“两委”换届选举工作情况汇报；关于加强党（工）委（党组）意识形态工作责任制考核督查工作的汇报；关于民进历下区总支委员会班子增补副主委的汇报；关于 2018 年政治协商计划安排的汇报；关于拨付办事处补助保障资金的汇报。会议还传达上级纪委全会精神，并研究有关贯彻落实意见。区委书记马玉星就做好下步工作提出明确要求。会议还研究了其他事项。

同日 马玉星还主持召开书记专题会，听取区委巡察工作汇报。

同日 历下区组织开展“拒绝烟花爆竹，捍卫泉城蓝天，迎春送福在历下”签名活动。

同日 区委副书记、区长谢兆村到山东赛蒙斯生物技术有限公司走访调研。

13 日 市委常委、宣传部部长杨峰到历下区走访慰问道德模范。

同日 区委书记马玉星，区委副书记、区长谢兆村走访慰问历下公安分局和历下交警大队。

同日 区委副书记、区长谢兆村察看节日期间安全生产、食品安全及市场供应情况。

21 日 市委常委、宣传部部长杨峰率督导组到历下区督导检查烟花爆竹禁燃禁放工作。

22 日 区委、区政府组织收听收看全省新旧动能转换重大工程推进动员大会。

23 日 区委书记马玉星，区委副书记、区长谢兆村带队到东箭道零星棚户区、文博西和历下大厦片区、十里河片区、机床四厂棚改项目和区文体中心项目现场，了解片区改造规划策划、拆迁安置、项目建设、招商引资等方面的有关情况，详细询问改造中遇到的困难和问题。就下步工作提出明确要求。

同日 区委副书记、区长谢兆村主持召开全区特色街区综合更新工作调度会议。

24日 全区领导干部会议暨重点工作推进会召开。会议通报2017年度重点工作考核情况，宣读区委、区政府关于表扬十九大安保维稳先进集体和个人、“创城”工作先进个人的决定；区委、区政府与“四个中心”建设4个责任单位和13个街道签订目标责任书；姚家街道、东关街道，历下控股集团、区投资促进局、区住房和城市建设局、区发改委、历下公安分局7个单位大会发言；区委书记马玉星就做好下步工作提出明确要求；区委副书记、区长谢兆村就落实好会议精神讲话。

25日 山东省委副书记、济南市委书记王文涛到大明湖街道办事处，实地察看省政协机关宿舍区禁燃禁放工作。市委副书记、市长王忠林，市委常委、秘书长蒋晓光，区委书记马玉星等陪同调研。

26日 历下区举办“打赢新时代济南战役、争当‘济南第一团’青年突击队”活动。“济南第一团”部队首长，区委书记马玉星，区委副书记、区长谢兆村等区领导出席活动。活动举行誓师大会暨授旗仪式，谢兆村致辞，“济南第一团”部队首长讲话，全区各行各业、各条战线共300余名青年突击队突击手代表发表青春宣言，与会领导向青年突击队授旗，全体青年代表宣誓。仪式结束后，参观解放济南纪念馆，举办“济南第一团”精神专题辅导报告会。

同日 区委副书记、区长谢兆村带队到山东国惠投资有限公司对接有关工作。

同日 全区公园景区安保工作调度会召开。区委书记马玉星出席会议并讲话，区委副书记、区长谢兆村主持会议。

27日 中共济南市历下区纪委十二届四次全体会议召开。会议传达十九届中央纪委二次全会、省纪委十一届三次全会和市纪委十一届三次全会精神，区委书记马玉星讲话。区委常委、区纪委书记刘海峰代表区纪委常委会做题为《深入贯彻落实党的十九大战略部署，坚定不移推动全面从严治党向基层延伸》工作报告，学习讨论有关会议材料，审议并通过区纪委工作报告和全会公报。

28日 市人大代表第二小组到燕山街道和平路社区调研居家和社区养老工作。

3月

1日 区委书记马玉星主持召开十二届区委第30次常委会（扩大）会议，传达党的十九届三中全会公报，与会人员集体学习大会精神。马玉星就贯彻落实好会议精神提出要求。

1—3日 历下区举办第十六届元宵花灯会。

同日 区几大班子领导到历下控股集团调研。

2日 区政协召开九届十二次主席会议。区政协主席、党组书记曹辛主持会议，会议审议通过《2018年度政协协商工作计划》《关于加强和改进调查研究工作的意见》《关于开展“三联系三服务”活动的实施意见》《区政协九届六次常委会议方案》。曹辛对下步工作提出要求。

同日 区人大常委会主任韩宏伟调研全区园林绿化工作。

6日 全区安全生产大会召开。会议通报2017年全区安全生产工作情况，对省安委会驻区巡查工作进行安排部署，并与部分街道办事处签订《2018年度安全生产目标责任书》。区委副书记、区长谢兆村就做好下步工作提出要求。

7 日 区委书记马玉星到龙洞街道调研。

同日 区委副书记、区长谢兆村到中国银行山东分行、山东金融资产交易中心走访调研。

同日 区政协主席、党组书记曹辛到历下区环保局调研。

8 日 区委书记马玉星，区委副书记、区长谢兆村到济南日报报业集团走访。

同日 区人大常委会主任韩宏伟带队到济阳县学习考察重点项目建设、新旧动能转换工程等工作。

同日 历下区各界妇女纪念“三八”国际劳动妇女节108周年暨“巾帼心向党 建功新时代”故事汇举行。

同日 历下区举办学习贯彻党的十九大精神暨新旧动能转换专题讲座。山东省发展和改革委员会发展规划处处长胡薄做题为《以新旧动能转换重大工程为统领，推动山东创新发展持续发展领先发展》专题辅导报告。

9 日 区政协召开九届六次常委会议。会议传达学习中共十九届三中全会精神和全区领导干部会议精神；审议通过《区政协常委会2018年工作要点》《关于加强和改进调查研究工作的意见》《关于开展“三联系三服务”活动的实施意见》。区政协主席、党组书记曹辛讲话。

同日 区委书记马玉星到华强广场硅谷产业基地对接党委联系专家工作，与山东大学信息学院教授、博士生导师、泰山学者海外特聘专家卢景琦亲切交流，实地察看实验室、工作室等科研场所，并就有关问题与赛蒙斯生物、华唐环保、镭射光电、梅曼激光等科技企业负责人座谈交流。

同日 区委副书记、区长谢兆村调研人工智能产业园建设情况。听取规划设计单位改造方案介绍，与会人员分别就规划设计方案发表意见建议，会议初步确定规划设计方案，谢兆村就做好人工智能产业园建设提出明确要求。

12 日 区委书记马玉星主持召开十二届区委第31次常委会（扩大）会议，传达学习习近平总书记在参加十三届全国人大一次会议山东代表团审议时的重要讲话精神。

同日 马玉星还主持召开会议听取宽厚里景观提升工作情况汇报。

同日 全区民兵工作会议召开。市委常委、济南警备区政委李怀林，区委书记马玉星等区领导参加会议。

同日 区委副书记、区长谢兆村到龙洞街道办事处调研。

同日 谢兆村还到明府城管理中心调研。听取相关工作情况汇报和各部门发言，对下步工作提出要求。

同日 区几大班子领导参加义务植树活动。

14 日 区委书记马玉星调研全区教育工作。

同日 区委副书记、区长谢兆村会见台湾脱普日用化学品有限公司副总裁蔡雅敏一行。

15 日 市人大常委会副主任巩宪群带领金融中心建设重点项目专项监督工作组到历下区开展金融中心建设专项监督检查活动。区委副书记、区长谢兆村陪同检查。

同日 区委书记马玉星到泉城路街道调研。

同日 区委副书记、区长谢兆村会见腾讯集团金融科技部总监李寒峰一行。双方就金融科技服务产业转型升级等问题进行深入交流，并初步达成合作意向。

同日 区委党校2018年举行开学典礼。

对全区第十六期优秀中青年干部培训班和新一届村“两委”成员培训班进行开班动员。区委副书记尹红梅出席活动并讲话，区领导续明、丁晓红、侯晓参加活动。

同日 全区政务服务“一窗受理、集成服务”改革工作部署会议召开。区委副书记、区长谢兆村，市政务服务中心管理办公室巡视员段明心出席会议并讲话，会议宣读《历下区人民政府关于全面推行政务服务大厅“一窗受理、集成服务”工作实施方案》，区人社局、区市场监管局、燕山街道表态发言，段明心对历下区做好下步工作提出希望和要求。

16日 区人大常委会主任韩宏伟到济南热力集团调研。

同日 司法部下发《关于为山东省济南市历下区司法局记集体一等功的决定》（司发通〔2018〕27号），历下区司法局记集体一等功。

19日 区委副书记、区长谢兆村到历下区信访局调研，听取区信访局关于全区信访维稳工作情况汇报，对下步工作提出要求。

20日 济南市曲艺团团长阎军、副团长李洋率领陈叶翠同志先进事迹展演创作团队到历下区甸柳新村街道第一社区开展采风座谈。

21日 区委副书记、区长谢兆村主持召开全区招商引资碰头会。

同日 区政协主席、党组书记曹辛到区民政局调研。

同日 区委、区政府组织收听收看全省领导干部会议。

同日 区人大常委会党组召开扩大会议，学习贯彻全国两会精神和宪法修正案。

同日 历下区与山东政法学院举行战略合作协议签订仪式。山东政法学院党委书记李玉福、副院长亓宗宝，区委书记马玉星，区委副书记、区长谢兆村出席签约仪式。

23日 全区领导干部会议召开。区委书记马玉星，区委副书记、区长谢兆村，区政协主席、党组书记曹辛，区委副书记尹红梅和区委常委出席会议。会议由马玉星主持。谢兆村传达全市领导干部会议精神，马玉星讲话。

同日 全区“大学习、大调研、大改进”工作会议召开。

同日 区政府第12次常务会议召开，区委副书记、区长谢兆村主持会议并讲话。

26日 市人大常委会副主任李胜利到历下区调研城市更新工作。

同日 河南省汝州市委书记、市长陈天富率考察团到历下区学习考察全国文明城市创建及城市建设管理。

27日 区委书记马玉星在全市招商引资工作大会上做典型发言。历下区以招商引资专项考核100分的好成绩，获全市2017年招商引资第一名。

同日 区政协主席、党组书记曹辛到区城管局调研。

28日 市委副书记、市长王忠林到历下区调研中央商务区建设。市委常委、副市长徐群，区委书记马玉星，区委副书记、区长谢兆村陪同调研。

29日 区委书记马玉星主持召开十二届区委第32次常委会议，会议传达市委副书记、市长王忠林调研中央商务区建设工作时的讲话精神，研究贯彻落实意见；听取关于购买泰府广场、红尚坊项目汇报；传达上级统战部长会议精神，研究区贯彻意见；听取关于全区意识形态工作情况汇报。会议书面印发《习近平在党的十九届一中全会上的讲话》《习近平在党的新闻舆论工作座谈会上的讲话》，作为区委理论学习中心组学习材料。马玉星讲话。

同日 区委副书记、区长谢兆村主持召开重点项目调度会。会议听取有关部门和街道关于重点项目推进情况的汇报，对做好项目征收拆迁工作进行安排部署，谢兆村就下步工作提出明确要求。

同日 区第十八届人大常委会第十一次会议召开。会议传达学习习近平总书记在参加十三届全国人大一次会议山东代表团审议时的重要讲话精神，以及十三届全国人大一次会议精神。

30 日 2018 年全市重点项目春季集中开工活动举行，历下区在历下总部商务中心设分会场。区委书记马玉星，区委副书记、区长谢兆村，区政协主席、党组书记曹辛参加历下分会场活动。马玉星作表态发言。重点建设项目单位主要负责人，投资方、施工方代表和施工人员代表参加历下分会场活动。

同日 全市城市保洁标准化作业现场观摩会在历下区召开。

31 日 副市长李自军到历下区走访调研，实地走访历下大润发商贸有限公司、济南梦金园黄金珠宝有限公司、中国石油天然气股份有限公司济南销售分公司等企业，听取企业相关情况汇报，询问企业在生产经营中存在的困难和问题，就企业面临的困难提出相应解决办法。区委副书记、区长谢兆村陪同调研。

4 月

1 日 济南市首个以劳模个人命名的“张现水劳模城管工作室”揭牌仪式在红尚坊举行。

2 日 市人大常委会主任殷鲁谦到历下区调研城市精细化管理工作。实地查看山大路和花园路交叉路口城市道路移交管理情况、工业南路茂陵山路路口拆违拆临情况，听取有关情况汇报，对区城市精细化管理工作取得的成绩给予充分肯定，并对下步工作提出明确要求。市委常委、副市长徐群，区委书记马玉星，区人大常委会主任韩宏伟陪同调研。

同日 副市长孙斌到历下区调研，实地察看科技金融大厦，详细了解已入驻企业和机构的运营发展状况，对历下区在产业金融中心建设方面的创新做法给予充分肯定。区委副书记、区长谢兆村陪同调研。

同日 区人大常委会主任韩宏伟调研全区审计工作。

同日 天桥区委书记刘程华率党政考察团到历下区参观考察招商引资工作。

3 日 区委副书记、区长谢兆村主持召开区招商引资快速决策领导小组会议。会议听取区投促局关于区招商大使、招商专员、招商顾问选聘情况的汇报，关于全区 2017 年度招商引资专项考核结果的通报，与会人员讨论发言，谢兆村对做好下步工作进行安排部署。

同日 区委统一战线工作领导小组 2018 年第一次会议召开，学习贯彻落实全国、全省、全市统战部长会议和市委统一战线工作领导小组会议主要精神以及区委书记、区委统一战线工作领导小组组长马玉星对全区统战工作的重要指示精神，听取 2017 年全区统战工作情况汇报，审议通过《区委统一战线工作领导小组 2018 年工作要点》。

4 日 区委副书记、区长谢兆村先后到历下区人才公寓、科金大厦二期和文博西片区项目指挥部调研，详细了解前期工作开展情况，并对下一步工作提出要求。

9日 全区招商引资工作大会召开。区委书记马玉星，区委副书记、区长谢兆村，区人大常委会主任韩宏伟，区政协主席、党组书记曹辛等区领导出席会议。会议由谢兆村主持。会议通报2017年度全区招商引资工作情况和考核结果；宣读关于聘请历下区招商大使、招商专员和招商顾问的通知；与会领导为2017年度招商引资先进单位颁奖，向招商大使、招商顾问、招商专员代表颁发聘书；燕山街道、区财政局、历下控股集团、每日优鲜公司和招商大使代表分别发言；马玉星讲话，就做好招商引资工作作出安排部署，谢兆村就贯彻好会议精神提出意见。

同日 全区轨道交通建设保障工作调度会召开。会议传达市委副书记、市长王忠林调研轨道交通工程建设工作时的讲话精神，研究历下区贯彻落实意见。区委书记马玉星，区委副书记、区长谢兆村，市轨道交通集团党委副书记、总经理修春海出席会议。

10日 区委理论学习中心组集体学习宪法修正案专题辅导报告会召开。报告会邀请山东大学教授、博士生导师肖金明作专题辅导报告。

同日 区委副书记、区长谢兆村主持召开专题会议研究调度中井村、义和村城中村改造工作。

10—12日 区委书记马玉星带队赴湖南省永顺县对接考察扶贫协作工作。永顺县委副书记、县长陈海波，县委副书记周建武，县人大常委会主任张开国，县政协主席曾维秀等县领导陪同考察。马玉星一行到永顺县司城村察看全国扶贫示范项目——老司城遗址，详细了解贫困群众收入和生活改善情况，察看溪州新城建设项目，历下区援建的溪州芙蓉小学项目、塔卧镇中心卫生院项目，参观湘鄂川黔革命根据地旧址，并召开历下区—永顺县扶贫协作座谈会，就进一步深化扶贫协作进行深入交流。马玉星代表历下区委、区政府向永顺县捐赠扶贫协作资金500万元。

11日 市政协主席、党组书记雷杰率调研组到历下区调研科技成果转化工作。市政协副主席李继民，区委副书记、区长谢兆村，区政协主席、党组书记曹辛陪同调研。

同日 区人大常委会主任韩宏伟到姚家街道调研重点项目工作。

同日 全区老龄工作会议召开。会议总结全区2017年老龄工作，安排部署2018年各项任务，通报2017年度区老龄工作先进单位，区委副书记、区老龄委主任尹红梅就做好全年老龄工作讲话。

12日 市委副书记、市长王忠林到历下区调研重点道路工程建设工作。王忠林一行到和平路东延工程警官学院节点察看施工现场，到山大路与花园路路口北段察看山大路北段道路建设情况。王忠林对道路敷设雨污水管线举措给予肯定，希望建设单位加快速度，为治堵作出贡献。市委常委、副市长徐群，区委副书记、区长谢兆村陪同调研。

同日 市人大常委会副主任谭延伟到历下区调研，实地察看文化东路街道和平路社区人大工作站和趵突泉街道舜耕路社区人大工作站，区人大常委会主任韩宏伟汇报历下区人大代表工作。

同日 区政协主席、党组书记曹辛到历下区政协委员单位——浙商银行济南分行调研。

13日 区委书记马玉星察看扬尘污染治理及环保督察有关工作。

同日 区政协主席、党组书记曹辛到历

下区食品药品监督管理局调研。

同日 由市委宣传部、市文广新局、区委区政府联合出品，济南市吕剧院创作演出的以陈叶翠同志为人物原型的现代吕剧《生命日记》举行首场汇报演出。区委书记马玉星，区人大常委会主任、党组书记韩宏伟，区政协主席、党组书记曹辛等区领导观看演出。

同日 济南市市民代表团“走进民政看民生”活动走进历下区历山名郡社区。区委副书记、区长谢兆村陪同察看。

同日 2018年微软“创新杯”全球学生科技大赛山东区总决赛开幕式在济南科金大厦开幕，会上为创业导师颁发聘任书。区委副书记、区长谢兆村出席开幕仪式。

同日 历下区新的社会阶层人士联谊会实践锻炼基地揭牌仪式在泉城路街道红尚坊广场举行。

16—22日 区委副书记尹红梅率社区交流参访团赴台学习交流。参访团一行实地参观基隆、嘉义、高雄、台东及台北等地的社区、文创园区及金融科技园，围绕两岸社区管理、文化传承、日间托老中心、扶弱救助、金融科技等领域与各界人士进行深入探讨与交流。

17日 区人大常委会主任韩宏伟调研人大代表活动室和社区人大代表工作站建设工作。

同日 解放东路特色街区综合更新规划方案论证会召开。区委副书记、区长谢兆村出席会议。会议听取相关设计单位关于解放东路综合更新设计方案情况介绍，与会人员进行讨论发言，并就下步街区提升方案达成一致意见。谢兆村对解放东路特色街区建设提出明确要求。

18日 区委书记马玉星察看二环东路高架桥两侧城市出入口环境综合整治和重点道路工程建设工作。

同日 区委副书记、区长谢兆村调研全区教育工作。

同日 济南报业集团董事长、党委书记，济南日报社社长马利率考察团到历下区考察。

同日 首届济南三月三曲水流觞文化节在历史文化街区百花洲流杯池畔开幕。

19日 重庆市武隆区委书记黄宗华一行到历下区考察对接扶贫协作工作。

同日 区人大常委会主任韩宏伟到济南永泰祥和商贸有限公司走访区人大代表汪晓梅女士。

20日 区委书记马玉星，区委副书记、区长谢兆村到济南广播电视台走访调研。

同日 历下区与平阴县签订战略合作协议。区委书记马玉星，区委副书记、区长谢兆村；平阴县委书记朱云生，县委副书记、县长焦卫星，县政府党组副书记、工业园区管委会主任范嘉池等出席活动。

同日 区委副书记、区长谢兆村调度产业园区建设运营工作。

23日 区委书记马玉星调研全区司法行政工作。

24日 区委副书记、区长谢兆村到文东街道办事处调研。

25日 区政协召开九届十三次主席会议。会议审议通过《区政协双月协商座谈会工作办法（暂行）》《区政协机关纪律和作风建设规定》，听取新旧动能转换协商专题调研组调研情况汇报。区政协主席、党组书记曹辛就做好政协工作提出意见。

26日 全市2018年第一季度城市管理综合考评结果公布，历下区以总分882.91分获得第一名。

同日 中央统战部八局局长张明率调研组到历下区调研，实地察看大智教育集团

“新智聚济·党旗红”工作品牌创建活动示范点建设情况，对历下区新的社会阶层人士统战工作给予充分肯定，对下步工作提出要求。省委统战部副部长张静，市委常委、统战部部长王拥华，市委统战部常务副部长王国顺，区委书记马玉星陪同调研。

同日 市人大常委会主任殷鲁谦率调研组到历下区调研历史文化名城保护规划工作。

同日 济南市第十六届人大代表第三小组与历下区第十八届人大代表智远代表组到山东政法学院调研，区人大常委会主任韩宏伟参加调研。

同日 重庆市武隆区委副书记、党校校长王频率乡村振兴战略专题培训班学员到历下区参观学习社区治理工作。

同日 区委书记马玉星，区委副书记、区长谢兆村带队到市政府热线运行中心接听市民电话。

同日 区委副书记、区长谢兆村主持召开全区招商引资碰头会。

27 日 区委副书记、区长谢兆村会见山东国瑞能源集团有限公司杨列军董事长一行。

同日 谢兆村还主持召开全区城市管理考核一季度点评会。

同日 历下区举办学习贯彻党的十九大精神暨提升调研能力专题讲座。会议邀请中共山东省委全面深化改革领导小组办公室专职副主任杨占辉作题为《开展“大学习大调研大改进”推进重大决策部署落实落地》的专题辅导报告。

同日 历下区“优化营商环境、助推新旧动能转换”座谈会召开。省、市有关部门负责人，区人大常委会主任韩宏伟出席会议。

同日 历下区设立分会场组织收听收看省委、省政府重点工作推进落实情况视频会议。

同日 历下区第二届文明旅游志愿服务“蝴蝶行动”启动。

28 日 区委书记马玉星主持召开座谈会专题听取宽厚里景观提升工作情况汇报。

同日 马玉星还主持召开十二届区委第33次常委会（扩大）会议。召开区委全面深化改革领导小组会议，审议通过《区委全面深化改革领导小组和专项小组组成人员调整方案》《区委全面深化改革领导小组2018年工作要点》，听取关于部分事业单位改革有关情况的汇报。马玉星就有关工作提出意见。召开区委党的建设工作领导小组会议，听取关于区委党的建设工作领导小组2018年工作要点汇报。召开区委常委会会议，听取关于增补区工商联副主席的汇报，听取关于全区“扫黑除恶”专项斗争有关情况的汇报，传达全国、全省、全市宣传部长会议精神。召开区委“大学习、大调研、大改进”务虚会。与会人员按照“大学习、大调研、大改进”要求，结合历下发展实际，聚焦新旧动能转换、推动高质量发展等主题积极发言，针对调研查摆到的问题提出具体办法和措施。马玉星讲话。

同日 区委副书记、区长谢兆村主持召开区政府常务会议研究调度全区一季度经济运行情况。

29 日 历下区第八届全民健身运动会2018CIDU中联艺术山东第九届国际舞蹈（体育舞蹈）锦标赛在济南皇亭体育馆举行。来自全国各地的80支代表队、2700余名选手参加了拉丁舞、摩登舞、中国舞、流行舞等项目的角逐。

5 月

2 日 区委书记马玉星会见工商银行山东省分行副行长、济南分行行长朱岩峰一行。

同日 区政协、区委统战部组织部分政协委员和区级民主党派负责人开展“勿忘历史·牢记使命”主题纪念活动。区政协主席、党组书记曹辛代表全体人员向“五·三惨案”纪念碑敬献花篮，区委常委、区统战部部长杜宝现致辞，随后参观蔡公时纪念馆。

同日 区政协主席、党组书记曹辛到区园林局调研。

4 日 市人大常委会主任殷鲁谦到历下区察看裸土覆绿及飘絮治理工作。

同日 历下区纪念“五四”主题活动暨2018“首善之区青年榜样”颁奖典礼举行。区委书记马玉星会见2018“首善之区青年榜样”代表。会议公布50名青年榜样、4个榜样群体获奖名单，采取故事短片及现场对话访谈相结合的形式分享青年榜样和群体的奋斗经历及青春故事；并对建功夺标、奉献社区、创业创富、创新创优、公益向善5大类50名青年榜样代表进行颁奖；青年榜样代表表演诗朗诵及歌曲演唱等节目。

同日 历下区组织收听收看马克思诞辰200周年纪念大会。

5 日 历下区城市提升工程动员大会召开。

6 日 区委副书记、区长谢兆村带队实地察看龙洞片区山体公园建设及破损山体治理工作。

7 日 历下区设立分会场组织收听收看省、市农村集体产权制度改革工作会议。

同日 区委书记马玉星，区委副书记、区长谢兆村察看“三高”沿线等重点区域环境综合整治工作。

同日 区委副书记、区长谢兆村主持召开全区“三高”沿线环境整治提升工作推进会议。

10 日 区人大常委会主任、党组书记韩宏伟调研全区教育工作。

10—17 日 区委副书记、区长谢兆村率历下区代表团赴美国、墨西哥进行交流访问，与当地政府及有关企业围绕新旧动能转换科技创新、招商引资和重点项目合作进行深入交流。谢兆村一行在旧金山参观考察中关村硅谷创新中心和浪潮美国公司，在西雅图考察微软公司总部创新研发中心，拜访西雅图华人生物医学协会，见证历下控股集团与医学协会战略合作协议的签订，并会见协会理事长田强先生。在墨西哥期间，代表团一行与墨西哥城贸促局及相关企业进行洽谈，双方一致同意进一步扩大企业交流合作，争取更多墨方企业到历下区投资兴业。

11 日 全市城乡社区老年协会建设推进会在历下区召开。

12 日 历下区第五届机关职工运动会在济南奥体中心体育场举办。

13 日 市委常委、宣传部部长杨峰带队检查历下区主题公益广告宣传设置情况。

同日 由市委宣传部、济南日报报业集团、济南文化广电新闻出版局、济南广播电视台、济南市文学艺术界联合会联合主办的“放歌新时代”系列文化活动——“揽阅湖光山色·抒怀天下泉城”中国作家济南行启动仪式在明府城北广场举行。市委常委、宣传部部长杨峰，区委书记马玉星出席活动。

14 日 2018年度全国“最美家庭”揭晓专题节目在京举办，历下区杨洋家庭和

杨连远家庭分别获评全国“五好家庭”和“最美家庭”称号。

15日 全国政协常委、河南省政协副主席、农工党河南省委主委高体健率调研组到历下区就“促进学前教育健康发展”进行专题调研。

同日 山东民营联合投资控股股份有限公司揭牌签约仪式举行。省人大常委会副主任、省工商联主席王随莲，省委统战部副部长、省工商联党组书记周云平，区委书记马玉星，区委常委出席签约仪式。

同日 副市长王桂英到山东济南人力资源服务产业园调研。

同日 历下区加强城郊村居基层治理工作会议召开。区委书记马玉星出席会议并讲话。

17日 省侨联主席、党组书记李兴钰到历下区调研。市委常委、统战部部长王拥华，市侨联主席、党组书记李中赋，区委书记马玉星陪同调研。

同日 区委书记马玉星会见中智山东公司总经理伦念红一行。

同日 区人大常委会主任、党组书记韩宏伟到历下区残联调研，看望慰问特殊儿童。

18日 区委书记马玉星分别会见洪泰基金董事长李文峰、京博控股总经营师张云静一行及原中国驻德国慕尼黑、汉堡总领事，济南市中德交流合作协会（筹）名誉会长马晋生，副会长兼秘书长王勇一行。

同日 区委副书记、区长谢兆村一行到北京优客工场项目考察调研。

同日 区政协主席、党组书记曹辛到历下区市政局调研。

20日 区委书记马玉星，区委副书记、区长谢兆村调研全区“三高”沿线、重点道路和重点片区环境综合整治工作。

21日 龙口市委书记韩世军率党政考察团一行到历下区参观考察。

同日 全区城郊村居基层治理工作领导小组“自治”工作推进组联席会议召开。

22日 区政协主席、党组书记曹辛调研全区棚改旧改工作。

同日 共青团重庆市委书记张继军率考察组到历下区考察基层团建和志愿服务工作。

23日 人力资源和社会保障部副部长邱小平到历下区调研农民工工资支付和劳动保障监察执法能力建设工作情况。省委组织部副部长、省人社厅厅长于富华、副市长王桂英，区委副书记、区长谢兆村陪同调研。

同日 区委书记马玉星，区委副书记、区长谢兆村会见农业银行山东省分行副行长、济南分行行长耿曙明一行。

同日 马玉星还察看“三高”沿线及经十路周边环境综合整治工作。主持召开十二届区委第34次常委会议。听取关于城区和东南二环延长线山体绿化提升工作情况的汇报；关于“一湖一环”“明湖秀”活动保障工作情况的汇报；关于2017年度考核工作情况的汇报；关于开展干事创业好团队及过硬党支部、担当作为好干部及最美党员、优秀党建工作法推荐评选活动的汇报。区委理论学习中心组进行集体学习，学习《习近平谈治国理政》第二卷部分章节、习近平总书记在全国生态环境保护大会上的重要讲话精神。马玉星讲话。

同日 区人大常委会主任、党组书记韩宏伟到区统计局调研。

同日 全区城郊村居基层治理“德治”工作推进组联席会议召开。

同日 历下区庆祝“全国科技工作者日”慰问科技工作者座谈会举行。

24 日 市委副书记、代理市长孙述涛到历下区察看拆违拆临及环境综合整治工作。市委常委、济南高新区管委会主任王宏志，副市长王京文，区委书记马玉星，区委副书记、区长谢兆村陪同。

同日 区政协主席、党组书记曹辛到历下区侨届政协委员单位山东电力工程咨询院有限公司调研。

25 日 区委书记马玉星，区委副书记、区长谢兆村会见济南日报报业集团副董事长、党委副书记、总编辑张楠一行。

同日 马玉星还会见《陈叶翠》剧组监制李耕一行。

同日 区委宣传部组织召开《陈叶翠》电影创作座谈会。会议围绕前期已完成的电影脚本大纲初稿内容进行座谈交流，就后续剧本创作进行积极讨论，集思广益，为提高电影剧本创作水平，更加生动鲜活地再现陈叶翠的先进事迹，提出宝贵意见。

同日 房泽秋志愿服务团授旗仪式暨泉城义工与房泽秋团队融合发展启动大会在历下区召开。市委常委、宣传部部长杨峰，市委宣传部副部长、市文明办主任周鸿雁，济南日报报业集团董事长、党委书记、济南日报社社长马利，区委书记马玉星出席活动。区文明办与舜网签订泉城义工与房泽秋志愿服务团融合发展共建协议书，率先在全区组织开展系列志愿服务活动；全国道德模范房泽秋、泉城义工代表陈钟鸣先后发言；杨峰向志愿者代表授予“济南市房泽秋志愿服务总团”团旗。

26 日 区委书记马玉星察看经十路沿线环境整治工作。

26—27 日 市委常委、宣传部部长杨峰带队到历下区察看城市提升工程和公益广告宣传工作。

27 日 区委书记马玉星察看重点道路绿化提升工作。

同日 区委副书记、区长谢兆村做客济南电视台《作风监督面对面》直播电视问政节目。

28 日 市委副书记、代理市长孙述涛到历下区调研。孙述涛一行先后到绿地山东国际金融中心、中央商务区地下环路项目现场、济南科技金融大厦，察看中央商务区规划及绿地项目建设情况、地下环路项目建设情况、济南科技金融大厦项目建设及服务平台运行情况，随后召开座谈会，听取历下区经济社会发展情况汇报，对历下区经济社会发展给予肯定，并对下步工作提出明确要求。市政府有关领导、市直相关部门单位主要负责人陪同调研；区委书记马玉星，区委副书记、区长谢兆村，区人大常委会主任、党组书记韩宏伟，区政协主席、党组书记曹辛参加活动。

同日 市政协副主席、农工党山东省委、农工党济南市委主委段青英到历下区调研基层老年协会建设和老年人文体活动开展情况。

29 日 济南市发改委公示“济南市2018年市级工程实验室（工程研究中心）名单”，历下区山东省冶金科学研究院、山东省环保产业股份有限公司等4家企业榜上有名，获评企业数量居市内四区首位、全市第三，申报通过率居全市首位。

30 日 全区重点工作推进大会召开。区委书记马玉星，区委副书记、区长谢兆村，区人大常委会主任、党组书记韩宏伟，区政协主席、党组书记曹辛，区委副书记尹红梅和区委常委出席会议。会议由谢兆村主持，尹红梅宣读表彰决定，与会领导为先进单位代表颁奖，韩宏伟、曹辛先后讲话。马玉星对下步工作提出要求。谢兆村就贯彻好这次会议精神讲意见。

30—31日 历下区组织收听收看全省生态环境保护大会暨“四减四增”三年行动动员大会。

31日 区委书记马玉星主持召开十二届区委第35次常委会议。会议听取关于中央环保督察整改工作落实情况的汇报和关于追加财政预算资金情况的汇报，马玉星就抓好有关工作提出明确要求。

6月

1日 省委常委、组织部部长杨东奇到历下区走访看望少年儿童。

同日 市委常委、宣传部部长杨峰到今日头条山东分公司调研。

同日 区委书记马玉星察看铁路沿线环境提升工作。

同日 区委副书记、区长谢兆村察看经十路周边重点道路环境提升工作。

同日 谢兆村还主持召开全区招商引资碰头会。

同日 区几大班子领导“六一”儿童节走访慰问少年儿童。

3日 世茂宽厚里获全国第四届“中国商旅文产业发展示范街区”授牌仪式在济南世茂宽厚里举行。

5日 区委书记马玉星察看经十路、马鞍山路沿线环境整治提升工作。

同日 区委副书记、区长谢兆村到解放路街道调研安保维稳和安全生产工作。

同日 区人大常委会主任、党组书记韩宏伟调研历下区人才工作。

同日 区政协主席、党组书记曹辛到国家开发银行山东省分行走访。

6日 市委常委、市纪委书记、市监察委主任程德智到历下区督导巡察工作。

同日 区委副书记、区长谢兆村研究调度教育设施建设有关工作。

同日 区政协主席、党组书记曹辛调研历下区卫生和计划生育局及科技企业新旧动能转换工作。

7日 区委书记马玉星到趵突泉、千佛山街道调研。

同日 历下区首个智能垃圾分类设备落户甸新佳园和平里小区。

同日 区委副书记、区长谢兆村察看二环东路绿化美化工作。

8日 区委副书记、区长谢兆村会见济南市产业发展投资集团董事长史同伟一行。

10日 省委常委、市委书记王忠林到历下区检查大气污染联防联控和城市提升工作。

同日 副市长孙斌到历下区山大路云媒科技有限公司走访调研。

同日 区委书记马玉星到山东国际信托股份有限公司和山东济华燃气有限公司两家企业走访调研。

12日 历下区举办学习贯彻党的十九大精神暨围绕民生改善加强社会治理制度建设专题讲座。会议邀请上海大学社会学院顾骏教授作专题辅导报告。

13日 市委常委、副市长卢江到历下区调研基层卫生工作。

同日 区政协主席、党组书记曹辛到历下区经济与信息化局调研。

14日 市人大常委会主任殷鲁谦到历下区调研司法改革工作。

同日 省审计厅副厅长栾心勇率调研组到历下区专题调研审计信息化建设和大数据审计情况。

15日 区委书记马玉星察看中央环保督察整改工作落实情况。先后察看芙蓉街、千佛山路、浆水泉路等路段油烟扰民整改工作情况和龙洞渣土山整治情况，听取相关工作汇报，对下步工作提出明确要求。

同日 马玉星还察看城市提升工作。

同日 区人大常委会举办学习贯彻十九大精神暨宪法修正案专题讲座。邀请山东政法学院民商法学院院长、教授窦衍瑞授课。

同日 陈叶翠先进事迹情景剧《初心》在历山剧院上演。省委组织部、市委组织部、市民政局、市文广新局有关领导；区委书记马玉星，区委副书记、区长谢兆村，区人大常委会主任、党组书记韩宏伟，区政协主席、党组书记曹辛等区几大班子领导以及全区各街道、部门近千名党员干部共同观看演出。

20日 区人大常委会主任、党组书记韩宏伟调研全区城市管理工作，察看甸柳一居生活垃圾分类进社区实施情况，详细了解分类智能投放箱等设备的功能和使用情况。

同日 中央黑臭水体专项督查组到历下区察看黑臭水体治理工作。

同日 历下区召开会议传达全市优化营商环境动员大会精神。会议传达市委、市政府深化"一次办成"改革进一步优化营商环境的若干措施和市政府办公厅关于公布市级政务服务"零跑腿""只跑一次""你不用跑我来跑"事项清单的通知，区委书记马玉星传达全市动员大会精神，并就抓好贯彻落实讲意见。

21日 市政协副主席、民进济南市委主委金德岭到历下区走访企业。

同日 区委书记马玉星调研全区重点项目建设工作。马玉星一行察看东郊饭店改造、香格里拉、中央商务区4-36和A9地块以及黄金时代广场A座建设和招商情况，听取相关工作汇报，对下步工作提出明确要求。

22日 区委书记马玉星率队到历城区港沟街道，观摩学习旅游路与港九路交叉口道路改造提升工作。

同日 全区优化营商环境动员大会召开。区委书记马玉星，区人大常委会主任、党组书记韩宏伟，区政协主席、党组书记曹辛和区委常委出席会议。与会人员集中观看市纪委、市监察委组织拍摄的《济南市发展环境明察暗访纪实》专题片；马玉星讲话，就抓好问题整改，优化营商环境提出要求。

22—23日 区委副书记、区长谢兆村随济南市党政代表团赴武隆区对接扶贫协作。

同日 市农村集体产权制度改革督导组到历下区开展督导工作。

25日 区委书记马玉星主持召开十二届区委第37次常委会会议。会议传达学习习近平总书记在山东考察时的重要讲话精神，听取关于全区扶贫协作工作、宗教工作情况的汇报，以及关于设立区法学会党组和庆祝建党97周年有关工作的汇报。马玉星讲话。会议书面传达学习党的宗教政策法规宣讲提纲，并研究其他事项。

同日 马玉星还主持召开十二届区委第38次常委会。围绕深入学习习近平新时代中国特色社会主义思想、学好用好《习近平新时代中国特色社会主义思想三十讲》进行集体学习研讨。与会人员集体学习《习近平新时代中国特色社会主义思想三十讲》第一讲的内容，马玉星就确保学习贯彻扎实推进、不走过场讲意见。

26日 区委书记马玉星到历下区防汛指挥中心调度全区防汛工作。

同日 区人大常委会主任、党组书记韩宏伟到大明湖街道调研。

同日 大众日报济南站站长申红到历下区采访。区委书记马玉星会见采访组一行并接受专访。

28日 历下区组织开展城市基层党建项目观摩活动。区委书记马玉星，区领导刘海峰、纪亮、续明、丁晓红、侯晓出席活动。

同日 陈叶翠精神实景教育基地开放，全区城市基层党建工作现场观摩团到甸柳新村街道观摩陈叶翠精神实景教育基地。区委书记马玉星等区领导参加观摩。

同日 历下区第三十五届消夏晚会开幕式在山东省博物馆南广场举行。

同日 区委书记马玉星，区委副书记、区长谢兆村召开专题调度会，总结分析上半年全区主要经济指标完成情况，安排部署下步工作。

30日 2018年全市重点项目建设进展情况半年展示评议活动举行，历下区在历下总部商务中心设分会场。省委常委、市委书记王忠林，市委副书记、市长孙述涛，市人大常委会主任殷鲁谦，市政协主席雷杰，市委副书记苏树伟和副市级领导干部出席主会场活动；区委书记马玉星，区委副书记、区长谢兆村，区人大常委会主任韩宏伟，区政协主席曹辛和区委常委参加历下分会场活动。会上，孙述涛介绍2018年上半年全市重点项目建设进展情况半年展示评议活动有关情况，马玉星在分会场汇报全区重点项目有关情况，并播放重点项目视频专题片。王忠林、孙述涛分别讲话。

7月

2日 区委、区政府主办的“聚历下·创未来”济南CBD国际投资发展大会召开。副市长李自军，区委书记马玉星，区委副书记、区长谢兆村等区领导出席大会。

同日 区委书记马玉星会见启迪桑德高级副总裁、华东大区负责人丁曼如一行。

同日 市规划局副局长王科率调研组到历下区就《济南城市发展战略规划》进行专题调研。

3日 区委副书记、区长谢兆村到山东影视传媒集团有限公司和上海外服（山东）人力资源有限公司走访调研。

4日 区委书记马玉星主持召开十二届区委第40次常委会议，听取关于区委十二届四次全体会议筹备情况汇报、关于全区意识形态工作情况汇报、关于建立干部职工疗休养制度情况汇报、关于加强年轻干部培养锻炼工作情况汇报以及关于全区扫黑除恶工作情况汇报。马玉星讲话。

5日 区委书记马玉星主持召开专题会议，研究重点片区改造工作。区委副书记、区长谢兆村，出席会议。会议听取明府城片区、泰府广场红尚坊片区和茂岭山片区改造情况以及科金公司有关工作情况，与会人员就有关问题进行讨论，马玉星、谢兆村分别讲话。

同日 区政协主席、党组书记曹辛到山东云天安全技术有限公司走访。

6日 中国共产党济南市历下区第十二届委员会第四次全体会议举行。区纪委常委、区监察委委员和有关方面负责人列席会议。会议深入学习习近平总书记视察山东重要讲话精神，学习贯彻省委十一届五次全体会议精神、市委十一届五次全体会议精神，审议通过《中共济南市历下区委关于深入学习贯彻习近平总书记视察山东重要讲话精神，奋力谱写新时代全省首善之区建设新篇章的意见》。区委书记马玉星讲话。

同日 区直机关组织开展“精准扶贫慈善捐款”主题党日活动。区委书记马玉星，区人大常委会主任、党组书记韩宏伟，区政协主席、党组书记曹辛，区委副书记尹红梅等区几大班子领导参加活动。区领导率先将自己的爱心款投入捐款箱，区直机关干部职工积极响应，无私奉献爱心，活动现场共捐善款24万余元。

9日 历下区金融企业联盟成立大会在科技金融大厦举行。省金融办副主任初明锋、市金融办主任张华、区委书记马玉星出席会议。区金融企业联盟主席单位国家开发银行山东省分行党委委员、副行长王磊介绍金融企业联盟成立背景及相关情况；马玉星、初明锋致辞；与会领导和金融企业联盟成员代表共同参加联盟启动仪式，并进行现场授牌；腾讯支付和亚信数据有关负责人分别进行主题演讲。

10日 市人大常委会副主任谭延伟到山东能源集团开展走访调研。

同日 区委书记马玉星到历下区政务服务中心调研。先后察看市场监管、卫计、食药监、民政等区直部门、单位和国税、地税办事窗口运行情况，与工作人员及办事群众现场交流，认真听取对优化营商环境的意见建议。随后召开座谈会，听取区政务服务中心管理办公室和区市场监管局有关工作情况汇报，马玉星讲话。

同日 马玉星还会见西王集团副董事长、财务有限公司总经理裴建光一行。

同日 区委副书记、区长谢兆村察看全区城市防汛工作。分别察看山大路边沟整治改造现场、历山路泵站、县西巷北口、泉城路街道基层防汛建设情况、韩国城地下人防工程，听取各单位防汛工作汇报，对下步防汛工作提出要求。

同日 山东优客工场创业咨询服务有限公司成功注册，正式落户历下。

11日 全省招商引资招才引智工作视频会议召开，历下区设分会场组织收听收看。

12日 区人大常委会主任、党组书记韩宏伟调研全区养老服务工作。

同日 区政协主席、党组书记曹辛到历下区金融办调研。

同日 历下区首个园区科协组织在大东科技城成立。

同日 区司法局荣立集体一等功事迹报告会在济南龙奥大厦隆重召开。市委常委、政法委书记秦传滨，市司法局党委书记、局长谢圣仁，区委副书记、区长谢兆村出席会议。会议宣读《中共济南市委政法委员会关于开展向历下区司法局学习活动的决定》。

18日 西王集团财务有限公司入驻济南揭牌签约仪式在历下区银丰财富广场举行。省委常委、市委书记王忠林，市委常委、秘书长蒋晓光，副市长王京文；西王集团董事长王勇，副董事长、总裁王棣，副董事长、财务有限公司总经理裴建光；区委书记马玉星，区委副书记、区长谢兆村等出席活动。

19日 区委书记马玉星调研山东济南人力资源服务产业园。

20日 区委理论学习中心组集体学习暨“舆情应对与舆论引导”专题讲座举行。会议邀请人民网《网络舆情》杂志总编辑祝华新作专题辅导报告。

同日 国家税务总局济南市历下区税务局顺利挂牌，标志着历下区国税、地税正式合并。

21日 区委副书记、区长谢兆村主持召开茂岭山片区城市规划设计方案会议。

同日 区委副书记、区长谢兆村专题调度有关拆迁改造项目推进工作。

23—25日 区委书记马玉星，市城投集团副总经理武伟带队赴广州、深圳考察学习中央商务区建设工作。

25日 区政协主席、党组书记曹辛到历下区财政局调研。

26日 区领导带队开展“夏送清凉”走访慰问活动。区委副书记尹红梅、区委常委周雷先后到历下区城管局、区园林局车队驻地、汇金大厦和历下总部商务中心项目工地，为坚守在一线的执法队员、园林绿化工人、市政环卫工人、建筑工人等户外人员送去防暑降温物资，将党和政府的关心关爱送到广大职工心中。

27日 区政协主席、党组书记曹辛走访山东省公安厅警卫局、山东省军区济南第二离职干部休养所和山东省军区济南第三离职干部休养所等单位，看望慰问驻区部队官兵，向子弟兵致以节日问候。

30日 区委书记马玉星先后到济南警备区、山东省军区走访慰问。

同日 区委副书记、区长谢兆村主持召开区长办公会，对近期重点工作进行安排部署。

同日 历下区获山东省文化消费示范县（市、区）创建资格。

同日 全区落实基础教育设施三年建设规划工作会议召开。区委副书记、区长谢兆村主持召开会议，专题研究全区基础教育设施三年建设规划落实推进工作。

31日 区委副书记、区长谢兆村走访慰问武警山东总队、历下消防大队和区人武部，向驻区部队官兵致以节日祝福，赠送慰问金及慰问品，并与部队领导进行座谈交流。

是月 永顺县委副书记、县长陈海波带领永顺县党政考察团到历下区对接扶贫协作工作。区委副书记、区长谢兆村，区人大常委会主任韩宏伟陪同考察。考察团一行先后实地考察燕山大厦人力资源产业园、济南科技金融大厦和绿地国际金融中心，在随后召开的扶贫协作联席会上，谢兆村、陈海波分别讲话。

8月

1日 区委书记马玉星主持召开十二届区委第42次常委会议。会议传达中央第七巡视组关于巡视济南市专题情况的反馈意见，听取关于中央巡视组反馈意见整改落实工作有关情况的汇报，传达学习全市生态环境保护大会暨“四减四增”三年行动动员大会及全市招商引资招才引智工作会议精神，听取关于济南易通城市建设集团在全国中小企业股份转让系统挂牌汇报、关于山东人工智能产业园有关情况汇报、关于《济南市历下区区属国有企业管理办法（试行）》起草工作的汇报、关于推荐拟受省委组织部表彰的城市社区“担当作为好书记”“干事创业好班子”有关情况汇报。马玉星对下步工作提出要求。

同日 区委理论学习中心组进行集体学习，学习研讨习近平总书记有关重要讲话精神。区委书记马玉星主持会议，区委副书记、区长谢兆村，区人大常委会主任、党组书记韩宏伟，区政协主席、党组书记曹辛和区委常委出席会议。

2日 历下区召开党外代表人士2018年上半年重点工作情况通报会。区委书记马玉星出席会议并讲话，会议向党外人士通报2018年上半年全区经济运行情况及全区招商引资工作有关情况，并征求了党外人士的意见建议。马玉星代表区委，对各民主党派、工商联、各统战团体、无党派人士，为全区经济社会发展作出的贡献表示感谢，就进一步发挥好参政党作用、共同推动历下加快发展讲意见。

同日 区委召开书记专题会，听取十二届区委第五轮巡察工作情况汇报。区委书记马玉星主持会议并讲话。

同日 区政协召开九届十四次主席会议。传达学习省政协召开的习近平总书记关于加强和改进人民政协工作的重要思想理论研讨会精神和市政协党组理论学习中心组集体学习研讨精神。审议通过《区政协九届七次常委会议暨专题议政性常委会议方案》，听取专题议政性常委会筹备工作情况。曹辛讲话。

同日 区委副书记、区长谢兆村到山东家家悦集团股份有限公司走访调研。

同日 设立中国共产党济南市历下区委教育工作委员会，为区委派出机构，与区教育局一个机构两块牌子。

3日 区委书记马玉星，区委副书记、区长谢兆村召开会议，专题听取区文体档案中心内部设计工作情况汇报。

7日 区委书记马玉星率党政代表团赴沂水县对接扶贫协作工作。代表团一行察看历下区扶贫协作援建项目——四十里堡镇智能恒温冷库项目、长山公墓、济南—临沂扶贫协作招商项目——山东雪源昌盛洗涤制品有限公司，召开历下区—沂水县扶贫协作联席会议，就扶贫协作有关工作进行深入沟通交流。观看沂水县脱贫攻坚专题片，双方分别介绍扶贫协作情况。马玉星代表历下区委、区政府向沂水县捐赠扶贫协作资金1000万元。

同日 区政协召开九届七次常委会暨专题议政性会议。围绕“抢抓机遇、找准定位，在新旧动能转换中提升全区经济发展质量和效益”专题开展协商议政。

同日 湘西州妇联党组书记、主席邓建英一行到历下区考察调研妇女儿童工作。

8日 全市担当作为“出彩型”好干部先进事迹巡回报告团到历下区作宣传报告。历城区鲍山街道党工委书记刘春强、市财政局办公室副主任杨绍媛、市公安局特警支队作训处副调研员张保国等8位报告团成员依次作报告。

同日 山东源生制药有限公司入驻历下签约仪式举行。

同日 全区扫黑除恶工作座谈会召开。区委副书记、区长谢兆村出席会议并讲话。

9日 省委宣传部副部长、省文明办主任刘宝莅率调研组到历下区调研新时代文明实践中心建设试点工作。

同日 全市工会“争做泰山挑山工，建功出彩新时代”重点工作双述双评现场会在历下区召开，各区县总工会对上半年工作进行总结交流，并研究部署下半年工作。市委常委、市总工会主席雷天太，市总工会副主席傅金峰，区委副书记尹红梅参加活动。

同日 市委常委、政法委书记秦传滨到历下区调研开展扫黑除恶专项斗争工作。

10日 历下区召开新时代文明实践中心建设试点工作推进会。

同日 全区政府系统廉政建设暨扫黑除恶工作会议召开。

同日 区政协主席、党组书记曹辛走访慰问历下交警和环卫工人。

13日 省委常委、市委书记王忠林到历下区调研拆违拆临后便民服务设施建设工作。市委常委、副市长徐群，市委常委、秘书长蒋晓光；区委书记马玉星陪同调研。王忠林先后到茂陵菜市场、燕山社区大食堂、冶金宾馆路、东源路察看拆违拆临、建绿透绿工作情况和便民菜市场建设情况，对下步工作提出要求。

14日 区委书记马玉星督导扫黑除恶

专项斗争工作，先后察看建筑新村派出所、建筑新村街道、历山东路社区和鞭指巷社区、泉城路街道、泉城路派出所，听取相关工作汇报，对下步工作提出明确要求。

同日 马玉星还到联系包挂的龙洞街道龙洞村专题调研扫黑除恶专项斗争工作开展情况。

15日 区委副书记尹红梅到姚家街道督导农村集体产权制度改革工作。尹红梅先后听取姚家街道、丁家村农村集体产权制度改革工作进展情况，就改革中遇到的问题与街道、村干部进行深入交流和探讨。

16日 历下区召开北大博士生服务团挂职锻炼座谈会。区委书记马玉星会见服务团成员，区委副书记尹红梅出席会议。北大博士生服务团成员结合专业特长和挂职岗位分享实践锻炼体会，对历下区发展规划提出意见建议，尹红梅作总结讲话。

同日 淄博市委副书记、张店区委书记马晓磊率张店区党政考察团到历下区参观考察。市委副书记、市长孙述涛在舜耕山庄会见考察团一行，副市长李自军参加会见。市委常委、秘书长蒋晓光，区委书记马玉星陪同考察。

17日 全区扫黑除恶专项斗争推进大会召开。区委书记马玉星，区领导纪亮、李乐军、栾杰、石永先、牟宗伟、胡秀成、云廷华出席会议。会议由李乐军主持。历下公安分局、燕山街道、龙洞街道分别作大会发言，马玉星讲话。

19日 区委书记马玉星到历下区防汛指挥中心调度全区防汛工作，看望慰问防汛工作人员。

20日 区委副书记、区长谢兆村到泉城路街道督导相关工作。

同日 历下区组织收听收看山东省第一环境保护督察组对济南市开展环境保护督察动员汇报会。

同日 全区迎接山东省第一环境保护督察组督察济南市工作动员会议召开。区委副书记、区长谢兆村主持会议并讲话。

22日 区委理论学习中心组进行集体学习，深入学习研讨《习近平谈治国理政》第二卷。区委副书记、区长谢兆村主持会议并讲话，区人大常委会主任、党组书记韩宏伟，区政协主席、党组书记曹辛出席会议。

同日 市委副书记苏树伟到历下区督导调研扫黑除恶专项斗争工作开展情况。

同日 区委副书记、区长谢兆村主持召开会议专题听取历下控股集团有关工作情况汇报。

23日 区政协召开2018年全区上半年工作情况通报会。

24日 历下区第十八届人大常委会召开第十四次会议。会议审议通过关于济南市历下区2017年区级财政决算草案的报告；审议通过关于济南市历下区2017年度区级预算执行和其他财政收支审计的报告；审议通过关于济南市历下区2018年上半年国民经济和社会发展计划执行情况的报告；审议通过关于2018年上半年财政预算执行情况的报告。表决通过相关人事任免事项。

同日 区委副书记、区长谢兆村主持召开会议，听取茂岭山片区城市设计方案汇报。

同日 区委副书记、区长谢兆村主持召开全区招商引资碰头会。

27日 区委书记马玉星调研泰府广场红尚坊片区改造项目。

同日 区人大常委会主任、党组书记韩宏伟调研全区防汛工作。

同日 市审计局党组书记、局长黄厚安率济南市审计局党组理论中心组学习扩大会议成员考察团到历下区参观考察。

30—31 日 全区机关党员干部学习党的十九大报告考试举行。区委书记马玉星，区委副书记、区长谢兆村，区人大常委会主任、党组书记韩宏伟，区政协主席、党组书记曹辛，区委副书记尹红梅和副区级以上领导以普通党员身份参加考试。全区各街道，区直各部门、单位在职党员干部1600余人参加考试。

31 日 历下区组织收听收看中央扫黑除恶第5督导组督导山东省工作动员会。

同日 区委常委班子巡视整改专题民主生活会召开。区委书记马玉星主持会议并代表区委常委班子作对照检查。

同日 区委书记马玉星主持召开十二届区委第46次常委会会议。会议听取关于省级环保督察有关工作情况的汇报、关于全区扫黑除恶工作情况的汇报、关于成立区委意识形态和宣传思想工作领导小组的汇报、关于制定《区委网络意识形态工作责任制实施细则》的汇报、关于成立区委网络安全和信息化领导小组的汇报。马玉星讲话。

9 月

3 日 市委常委、市纪委书记、市监察委主任程德智到山大辅仁学校出席开学典礼。

同日 区委书记马玉星到历下公安分局督导调研扫黑除恶专项斗争工作开展情况。

同日 区委副书记、区长谢兆村调度省级环保督察保障工作。

4 日 历下区人民政府、历下控股集团与山东国惠战略合作协议签约仪式举行。山东国惠党委书记、董事长于少明；区委书记马玉星，区委副书记、区长谢兆村等区领导出席签约仪式。签约仪式由谢兆村主持，马玉星致辞，于少明作介绍。

5 日 区委书记马玉星察看省级环保督察及工业南路环境整治提升工作。

同日 马玉星还专题听取明湖湾、宽厚里区域提升项目推进情况。

同日 区人大常委会主任、党组书记韩宏伟调研全区扫黑除恶工作。

同日 全区农村集体产权制度改革工作会议召开。区委副书记尹红梅主持会议并讲话，区委副书记、区长谢兆村出席会议并讲话。区农村集体产权制度改革领导小组办公室传达全市农村产权制度改革工作会议精神并通报历下区进展情况，姚家、智远、龙洞街道汇报产权改革工作进展情况及下步工作措施，谢兆村对做好下步工作提出明确要求。

同日 全区第四次经济普查暨“四上”企业培育入库工作动员部署会议召开。

同日 西藏自治区白朗县人大考察团到历下区考察人大监督工作和代表履职工作开展情况。白朗县委副书记、人大常委会党组书记、人大常委会主任尼玛顿珠，县委副书记、常务副县长何继文，县人大常委会副主任米玛次仁等一行参加考察。区人大常委会主任、党组书记韩宏伟陪同考察。考察团一行参观考察明府城历史文化街区和大明湖街道党群服务中心，听取相关工作介绍，并召开座谈会。

7 日 历下区新时代文明实践中心传统文化主题实践基地暨世茂宽厚里孔子学堂揭牌仪式在世茂宽厚里举行。

10 日 历下区服务保障全市四项重点任务专题推进会议召开。区委副书记、区长谢兆村等区领导出席会议。区投促局、区工商联、明府城管理中心、区委宣传部分别汇报儒商大会、首届全国工商联主席高端峰会、第五届中国非物质文化遗产博览会、第七届山东文化产业博览交易会等四项重点活动相关筹备情况，谢兆村讲话。

同日 副省长于杰到历下区走访慰问教育工作者。

同日 历下区与章丘区举行产业园合作共建签约仪式。

同日 举办“历下干部大讲堂”，邀请全国著名心理学专家、国家心理咨询师、中央电视台客座心理专家马健到历下区辅导授课。

同日 历下区召开庆祝第34个“教师节”大会。

11日 部分驻鲁全国人大代表到历下区开展专题调研。市人大常委会主任殷鲁谦；区委书记马玉星，区人大常委会主任、党组书记韩宏伟陪同调研。调研组一行实地察看济南科金大厦、山东省技术成果交易中心、微软济南孵化平台，听取有关工作情况汇报，对历下区产业升级、科技创新等工作给予充分肯定，对下步工作提出明确要求。

同日 区委副书记、区长谢兆村到中国非遗博览会百花洲分会场调研会场筹备和保障工作情况。

同日 区政协主席、党组书记曹辛调研全区学前教育工作。

12日 市外侨办党组书记、主任刘艳秋率调研组到历下区山东济南人力资源服务产业园、国际金融城南区一期工程（山东济南人力资源产业园核心园区）调研。区委书记马玉星陪同。

13日 济南百花洲传统工艺工作站在济南明府城百花洲正式成立，文化和旅游部副部长项兆伦等领导参加开幕仪式。

14日 区委书记马玉星会见北京闪联信息工程公司董事长孙育宁一行。

同日 马玉星还察看格兰百克医药公司地块，浆水泉路13号地块，洪山路南首龙泉山庄34、35、36号地块，财富中心配建教育设施等零星地块开发建设工作。

16日 区委书记马玉星主持召开十二届区委第49次常委会会议。会议听取关于信访工作有关情况汇报，关于扫黑除恶工作情况汇报，关于历下区农村集体产权制度改革工作汇报。马玉星讲话。会议同时研究其他事项。

同日 区委副书记、区长谢兆村到龙洞街道研究调度龙鼎大道沿线环境综合整治提升工程并在孟家庄村委会召开座谈会。

18日 市人大常委会主任殷鲁谦和部分市人大常委会成员到历下区开展集中联系代表活动。

同日 区委理论学习中心组第十三次集体学习暨廉政专题辅导报告会举行。报告会邀请中央纪委中国纪检监察学院副研究员、法学博士、党的纪律建设教研室主任王希鹏作专题辅导。

同日 山东铁路投资控股集团入驻历下区签约仪式举行。山东铁路投资控股集团党委书记、董事长姜长兴，党委副书记、董事李现实，济青高速铁路有限公司党委委员、副总经理张宗旺，区委副书记、区长谢兆村出席活动。

19日 全省厅局级领导干部政务公开工作培训班全体学员到山东济南人力资源服务产业园调研。

20日 历下区第十八届人大常委会召开第十五次会议。会议听取审议区政府关于环境保护情况的汇报；听取审议区政府关于区十八届人大二次会议代表意见建议办理情况的汇报；表决通过相关人事任免事项，新任命人员向宪法宣誓。

同日 区委书记马玉星察看解放东路拓

宽改造项目，详细了解道路两侧建筑物拆除和整治工作情况，重点察看解放东路西首南侧、茂陵山路路口西南角、姚家旧货市场等建筑拆除情况和历下公安分局有关建筑物清理情况，听取相关工作汇报，对下步工作提出明确要求。

同日 区委副书记、区长谢兆村召开区属教育设施建设工作调度会。

同日 省总工会党组成员、副主席魏勇率调研组到历下区开展“担当作为、干事创业”专题调研。

同日 全市优化营商环境和作风建设现场观摩交流会在历下区召开。观摩团一行先后到绿地山东国际金融中心项目、区政务服务中心、大明湖街道党群服务中心、明府城百花洲一期工程进行实地考察，听取有关工作情况介绍，对历下区在优化营商环境和作风建设、老城保护和特色街区建设、党建引领民生事业发展、楼宇经济和金融业发展等方面取得的成绩给予高度评价。区直机关工委负责人汇报历下区营商环境和作风建设有关情况，各县区工委、市直机关党组织负责人进行交流发言。

21 日 区委书记马玉星主持召开十二届区委第 50 次常委会会议。会议听取关于全区基础教育设施三年建设规划工作情况的汇报，关于市总工会、团市委、市妇联、市科协换届工作历下区有关情况的汇报，关于宗教工作自查督查有关情况的汇报，关于全省组织部门推进扫黑除恶专项斗争专题视频会议精神的汇报，关于设立国家税务总局济南市历下区税务局党委的汇报。马玉星讲话。会议还研究其他事项。

25 日 区委副书记、区长谢兆村察看全区夜景亮化工作进展情况。

26 日 山东省经济和信息化委员会、济南市人民政府主办，济南市历下区政府、山东省纺织服装行业协会、山东好品网络科技有限公司承办的山东时尚产业高峰论坛召开。区委书记马玉星，区委副书记、区长谢兆村出席高峰论坛。

27 日 市政协副主席段青英率调研组针对加大培育扶持科技创新型中小企业发展力度，大力推进实体经济发展到历下区进行专题调研。

同日 区委副书记、区长谢兆村召开“一河一路”改造工程调度会。会议听取设计单位关于解放东路园林绿化及全福河改造方案的有关汇报，就当前重点难点问题进行深入研究，谢兆村就做好下步工作提出明确要求。

28 日 区政协召开“加强生态环境治理，加快建设大美历下”双月协商座谈会。

同日 市委组织部副部长、市编办主任张强率市委组织部督导组到历下区督导调研基层组织建设领域扫黑除恶专项斗争工作开展情况。

同日 区委副书记、区长谢兆村现场察看千佛山西路和龙鼎大道等重点道路环境综合整治提升工作。

29 日 全区考评暨人才工作会议召开。区委副书记尹红梅主持会议，区委副书记、区长谢兆村出席会议并讲话，区领导纪亮、续明、王海清出席会议。会议听取全区考评工作及人才工作有关情况汇报，区发改委、区统计局、区金融办、区科技局分别发言，谢兆村进行总结讲话。

同日 历下区组织收听收看全省儒商大会 2018 开幕式。

30 日 区委书记马玉星主持召开十二届区委第 51 次常委会会议。会议传达学习《习近平总书记关于请示报告重要论述摘编》，传达全市组织工作会议精神及全市组织部门推进扫黑除恶专项斗争专题会议精神，研究全区考核工作有关事项和全区人才工作有关文件，听取关于领导干部离任交接监督管理办法情况汇报。马玉星讲话。会议同时研究其他事项。

同日 区委理论学习中心组进行集体学习，学习研讨《习近平总书记在山东省考察工作结束时的讲话》。

同日 历下区举办魅力历下——儒商考察交流活动。活动邀请23位儒商大会企业嘉宾到济南中央商务区考察交流。区委副书记、区长谢兆村出席活动。

同日 历下区组织收听收看山东省抗灾救灾工作表彰大会。

10月

2日 省委常委、市委书记王忠林到历下区调研节日旅游和安全工作。王忠林先后察看宽厚里、千佛山景区，市委常委、秘书长蒋晓光，区委书记马玉星，区委副书记、区长谢兆村等领导陪同察看。

8日 区委书记马玉星察看有关重点项目建设情况。马玉星先后到鲁勤时代项目、山东国际时尚创意中心项目、黄金国际广场项目、中央商务区国际金融城南区项目、历下总部商务中心项目、黄金时代广场A座项目、刘智远村城中村改造项目和机床四厂安置房项目现场，看望慰问一线建设者，察看各项目施工进度，听取有关工作情况汇报。马玉星对各项目前期工作给予充分肯定，就下步工作提出明确要求。

9日 区委书记马玉星，区委副书记、区长谢兆村会见山东国惠投资有限公司党委书记、董事长于少明一行。

同日 区人大常委会主任、党组书记韩宏伟到甸柳街道走访慰问老年人。

10日 区政协主席、党组书记曹辛到历下区残联调研。

11日 区委副书记、区长谢兆村参加第七届山东省文化产业博览交易会活动。

同日 全区学习贯彻《中国共产党纪律处分条例》暨警示教育大会召开。区委书记马玉星出席会议并讲话，区人大常委会主任、党组书记韩宏伟，区政协主席、党组书记曹辛和区委常委出席会议。会议以习近平新时代中国特色社会主义思想为指导，认真贯彻市委理论学习中心组集体学习会议精神，集中观看警示教育片，以违纪违法案件为镜鉴，汲取教训，警钟长鸣；对学习贯彻《中国共产党纪律处分条例》作出安排部署。马玉星讲话。

同日 区委副书记、区长谢兆村调度全福河及历下广场改造工程。

同日 区政协主席、党组书记曹辛走访慰问老年人。

12日 全区招商引资招才引智工作会议召开。会议向7名到有关部门、单位担任科技副职人员颁发聘书。区委书记马玉星讲话，区委副书记、区长谢兆村就做好全区招商引资招才引智工作讲意见。

同日 国家卫生健康委员会党组成员、全国老龄办常务副主任王建军到历下区调研养老服务工作。

同日 广州市天河区政协主席、党组书记林赛龙一行到历下区学习考察。

同日 全区妇联干部业务培训班开班仪式在区委党校举行。

同日 区委副书记、区长谢兆村走访慰问辖区百岁老人。

16日 市委副书记苏树伟到历下区开展“敬老月”走访慰问活动。

同日 区委书记马玉星到福瑞达国际颐养中心走访慰问。

同日 “历下干部大讲堂”举办。邀请上海交通大学公共安全研究中心主任、上海紫德公共战略科技研究院院长、博士生导师刘霞教授授课。

同日 区政协召开九届十五次主席会议。审议通过《政协济南市历下区委员会大会发言工作规则》《关于加快新旧动能转换提升全区经济发展质量和效益的建议案》《关于做强产业园区培育历下动能新引擎的建议案》《关于创新体制机制扶持中小企业发展的建议案》，审议通过九届区政协常务委员、委员调整名单和区政协九届八次常委会议方案。区政协主席、党组书记曹辛就学习贯彻全国、全省政协系统党的建设工作会议精神，认真筹备区政协九届三次会议和切实加强政协机关建设提出明确要求。

同日 全区实施“一统四治”工程加强村居基层治理工作推进会召开。

17日 区委书记马玉星，区委副书记、区长谢兆村到省商业集团走访调研。

同日 区人大常委会主任、党组书记韩宏伟到历下区行政审批中心调研工作。

同日 区政协举办“纪念改革开放40周年”书画展。

18日 区委书记马玉星，区委副书记、区长谢兆村到山东高速集团走访。

同日 区委书记马玉星主持召开十二届区委第52次常委会会议。会议传达全市人大工作座谈会暨人大领导干部学习班精神；听取关于开展区人大代表补选工作的汇报。马玉星讲话。

同日 区委理论学习中心组进行集体学习，学习研讨《中国共产党纪律处分条例》。

同日 区人大常委会主任、党组书记韩宏伟调研历下区扫黑除恶专项斗争工作。

19日 省委常委、市委书记王忠林到历下区调研供热准备工作。王忠林到鲁艺小区察看加入集中供热工程施工现场，听取城区老旧小区集中供热改造情况汇报，对冬季取暖提出要求。市委常委、副市长徐群，市委常委、秘书长蒋晓光，区委书记马玉星等领导参加活动。

同日 区政协召开九届八次常委会议。区政协主席、党组书记曹辛主持会议并讲话。

19—20日 国家发改委国合中心、济南市政府主办，市发改委、历下区等单位承办的“一带一路”国际合作城市信用联盟高峰会议在历下区举办。省委常委、市委书记王忠林，国家发改委秘书长丛亮参会并致辞，市委副书记、市长孙述涛参会并主持，蒙古、泰国等8个“一带一路”国外城市，重庆、西宁、成都等31个国内城市参加会议，国际城市合作正式进入信用合作新时代。

22日 全省社区居家养老服务现场观摩组到历下区观摩社区居家养老服务设施建设情况。省民政厅副厅长冯建国，副市长王桂英，区委副书记、区长谢兆村陪同观摩。

23日 省妇联挂职副主席孙应琢、省妇联兼职副主席高淑贞、部分出席全国妇女十二大代表到历下区调研“出彩人家”创建工作。

同日 历下区获“山东省健康促进示范县（市、区）”称号。

24日 历下区第24届环卫工人节庆祝大会在南郊宾馆礼堂举行。

同日 区委副书记、区长谢兆村分别到阳光财产保险济南中心支公司、山东省实验初级中学调研。

同日 区人大常委会主任、党组书记韩宏伟到历下区卫生与计划生育局调研全区医养结合工作。

25 日 在第十六届2018年中国（合肥）商业街区行业年会上，泉城路商业街获“中国著名商业街”称号。

26 日 区人大常委会主任、党组书记韩宏伟到历下区文化局调研文化旅游工作。

29 日 区委副书记、区长谢兆村主持召开全区产业政策座谈会，听取区发改委《关于加快培育八大百亿级产业的实施意见》（送审稿）的编制情况汇报，各相关部门结合自身工作职能发言，就尽快完善产业政策实施意见的相关工作进行安排部署，谢兆村就培育壮大全区重点产业提出明确要求。

30 日 区委副书记、区长谢兆村察看引水上山和山体绿化工作。

同日 市扫黑除恶第五督导组到历下区对扫黑除恶专项斗争督导情况进行反馈。区委书记马玉星，区委副书记尹红梅出席会议。

31 日 区委副书记、区长谢兆村主持召开全区城市管理工作座谈会。

同日 中共湘西土家族苗族自治州永顺县考察团到历下区对接东西部扶贫协作工作。

同日 市妇联副主席王萍率市督导组对历下区妇儿发展“十三五”规划中期实施情况进行评估检查。

11 月

1 日 区委书记马玉星察看重点项目建设情况。马玉星到鲁勤时代广场、黄金国际广场、济南中央商务区国际金融城南区、历下总部商务中心、刘智远村城中村改造项目建设现场，详细了解项目进度和招商引资等工作情况，对下步工作提出明确要求。

同日 区人大常委会主任、党组书记韩宏伟调研全区安全生产工作。

2 日 新华社《半月谈》副总编辑丁玫率调研组到历下区调研村居基层社会治理工作。

5 日 区人大常委会主任、党组书记韩宏伟专题听取全区重点物流项目建设情况汇报。

6 日 区委副书记、区长谢兆村带队察看2018年全市重点项目建设情况，观摩评议历下区有关项目。

7 日 区委书记马玉星察看重点道路改造提升工作。

同日 区委副书记、区长谢兆村主持召开全区民生社会事业工作座谈会。

同日 谢兆村还主持召开全区城市建设工作座谈会。

同日 区人大常委会主任、党组书记韩宏伟调研全区综合执法工作。

同日 由历下区人力资源和社会保障局、山东大学、山东师范大学、山东财经大学等共同主办的“魅力历下·创业沃土”第七届创业大赛决赛暨首届山东省大学生创业文化节在山东大学落幕。

8 日 区委副书记、区长谢兆村主持召开全区经济工作座谈会。

同日 区政协召开“提高对民族宗教港澳台侨界群众服务水平，构建大团结大联合新格局”双月协商座谈会。

9 日 全国政协常委、西藏自治区政协副主席、工商联主席、总商会会长阿沛·晋源带领全国工商联主席高端峰会部分嘉宾到历下区考察。区政协主席、党组书记曹辛，市投资促进局副局长王喜东，区委常委、统战部部长杜宝现，济南明府城管理中心主任朱俊如陪同考察。

同日 区委副书记、区长谢兆村调研全区民政工作。

11日 区委书记马玉星对芙蓉街改造提升工作进行暗访，并召开座谈会就芙蓉街改造提升工作提出明确要求。

12日 历下区组织收听收看山东省第一环境保护督察组督察济南市情况反馈电视电话会。

同日 区委副书记、区长谢兆村主持召开泉城路商业街更新提升工作座谈会。

同日 区人大常委会主任、党组书记韩宏伟调研全区金融工作。

同日 区政协主席、党组书记曹辛到历下区审计局调研。

13日 历下区组建历下区退役军人服务中心，明确街道、社区（村）退役军人事务服务职责。

同日 山东省退役军人事务厅厅长时培伟到历下区实地察看退役士兵和其他优抚对象信息采集工作。

14日 历下区“12345”市民服务热线工作会议召开。市政府办公厅巡视员赵国钧，区委副书记、区长谢兆村出席会议。

同日 市政协副主席李继民带队到历下区督办“关于加强明府城保护与更新的建议”重点提案办理情况。

15日 市委副书记、市长孙述涛到历下区调研棚户区改造工作。市委常委、副市长徐群，市政府秘书长尹清忠，区委书记马玉星，区委副书记、区长谢兆村参加活动。

同日 省政协副主席郭爱玲一行到历下区调研民办幼教工作。

同日 区委书记马玉星主持召开十二届区委第53次常委会会议。会议听取全市综治三项重点工作现场推进会精神及历下区贯彻落实意见的汇报，关于2018年房屋征收计划调整的汇报，关于全市国有企业党建专项考核工作有关事项的汇报。马玉星讲话。会议还研究其他事项。

同日 区委理论学习中心组进行第十七次集体学习，学习研讨习近平总书记在全国宗教工作会议上的讲话精神。

同日 “承诺在基层 亮剑在一线”济南日报报业集团百名年轻记者实践锻炼活动启动仪式在历下区举行。

16日 区委副书记、区长谢兆村调研浆水泉片区整治提升工作。

同日 谢兆村还到浙商银行济南分行、恒丰银行济南分行走访调研。

同日 区人大常委会主任、党组书记韩宏伟主持召开主任会议听取国有资产管理和国有资本经营情况汇报。

20日 聊城市、菏泽市部分省人大代表、政协委员到历下区检察院开展“体验检察新担当、共话跨越新发展”为主题的视察调研工作。

同日 黑西路、趵北路特色街区综合更新项目专题调度会召开。市城市更新局局长徐春华，区委副书记、区长谢兆村参加活动。

21日 济南广播电视台党委书记、台长孙世会一行9人到历下区开展学习调研采风活动。

同日 “历下干部大讲堂”举办，邀请著名经济学家熊秉元教授以“社会治理与法治思维”为题进行专题辅导讲座。

同日 重庆市武隆区委副书记、区长卢红一行到历下区考察对接扶贫协作工作。

22日 区第十八届人大常委会召开第十六次会议。会议听取审议区政府关于国民经济与社会发展计划调整草案的报告、区政府关于2017年区级财政预算和其他财政收支审计查出问题整改情况的报告、区政府关于老旧小区整治改造情况的汇报、区法院关于诉讼与调解对接工作情况的报告、区检察院关于历下区刑事执行工作情况的汇报。会议表决通过相关人事任免事项。

同日 区委书记马玉星督导全区中央环保督察“回头看”整改工作。

同日 区委副书记、区长谢兆村主持召开历下区基础教育设施三年建设规划工作领导小组第一次全体会议。

同日 区政协主席、党组书记曹辛到区司法局调研。

同日 历下区监察委13个派出街道监察室全部挂牌成立。区委书记马玉星，区委副书记尹红梅，区委常委、区纪委书记、区监委主任刘海峰，以及社会特邀监察员参加集中挂牌仪式。

23日 省委常委、市委书记王忠林调研督导中央环保督察“回头看”交办信访件整改工作，实地察看历下区名士豪庭小区垃圾收集站治理情况。市委常委、秘书长蒋晓光，区委书记马玉星参加活动。

同日 区政协主席、党组书记曹辛调研历下区扫黑除恶专项斗争工作。

同日 全区深化全国文明城市创建工作推进会召开。

同日 淮北市委常委、宣传部部长顾文率领考察组到历下区调研。

同日 市青年宣讲团到历下区开展“锤炼‘英雄气’建功新泉城”主题宣讲活动。

25日 省委常委、市委书记王忠林到历下区调研棚改和老旧小区整治改造工作。市委常委、副市长徐群，市委常委、秘书长蒋晓光，区委书记马玉星，区委副书记、区长谢兆村参加活动。

26日 区人大常委会主任、党组书记韩宏伟主持召开主任会议，听取区投资促进局关于双招双引工作汇报。

同日 历下控股集团与雅高、悦榕酒店管理集团签约仪式举行。

27日 市委常委、组织部部长李刚带队到历下区观摩基层党建重点项目。实地察看陈叶翠精神实景教育基地项目和泉城路街道党群服务中心项目，听取项目情况汇报，查阅相关资料，对历下区基层党建重点项目给予充分肯定。区委书记马玉星等区领导陪同观摩。

同日 区人大常委会主任、党组书记韩宏伟到区体育局调研全区体育工作。

同日 区委书记马玉星主持召开专题会议，研究教育基础设施三年规划及相关地块开发建设工作。

28日 历下区星级人大代表工作站命名观摩活动现场会召开。

同日 区委副书记、区长谢兆村主持召开全区招商引资碰头会。

29日 历下区组织收听收看全省推进新旧动能转换项目落地现场观摩会集中交流视频会议。

同日 历下区信访局首次接入国家信访局信访视频系统。

30日 区委书记马玉星察看道路改造提升和重点项目建设工作。

同日 区委副书记、区长谢兆村主持召开专题会议，研究调度河道棚盖整治工作。

12月

5日 2018年全市“动能转换比学赶超”项目建设观摩团到历下区观摩。观摩团分别察看历下区刘智远城中村改造项目、历下总部商务中心项目、中央商务区国际金融城南区项目、黄金国际广场项目和鲁勤时代广场项目，听取有关项目建设情况汇报，对历下区在加快项目建设、推动新旧动能转换方面取得的成绩给予充分肯定。省委常委、市委书记王忠林，市委副书记、市长孙述涛，市人大常委会主任殷鲁谦，市委副书记苏树伟，区委书记马玉星，区委副书记、区长谢兆村参加活动。

6日 市区两级人大代表视察历下区重点民生项目。实地察看“一河一路”改造、砚泉周边绿化改造提升、和平路东延线和解放东路市政道路整治等工程项目，代表们对历下区近年来经济社会发展取得的成绩给予高度评价。

7日 区政协主席、党组书记曹辛到区文化局调研。

同日 市投资促进局局长张军到历下区山东优客工场创业咨询服务有限公司走访调研。

10日 区委副书记、区长谢兆村察看全区深化全国文明城市创建工作。

11日 省委常委、市委书记王忠林带队到历下区调研督导安全生产工作。王忠林一行到黄金时代广场A座项目现场，察看安全体验区，听取建筑行业安全管理情况汇报。省应急管理厅有关负责人，市委常委、秘书长蒋晓光，副市长孙斌，区委书记马玉星等领导参加活动。

同日 区委书记马玉星到区税务局调研。马玉星听取区税务局负责人关于机构改革、组织收入、党的建设工作开展情况汇报，对税务部门付出的艰辛努力和取得的优异成绩表示肯定，对下步工作提出要求。

同日 区委副书记、区长谢兆村主持召开会议，专题研究调度中央商务区开发建设和招商引资等重点工作。

12日 区养老服务中心、历下三院暨盛华学校开工奠基仪式举行。副市长王桂英，市政府副秘书长韩振国，区委书记马玉星，区委副书记、区长谢兆村参加活动。

同日 长清区委书记王勤光率党政考察团到历下区参观考察。

同日 区人大常委会主任、党组书记韩宏伟主持召开座谈会专题听取全区农村集体产权制度改革工作情况汇报。

13日 副市长李自军会见太平投资控股有限公司党委书记、总经理吴松一行。市投促局局长张军，区委副书记、区长谢兆村陪同参加。

同日 区委副书记、区长谢兆村主持召开十八届区政府第22次常务会议，会议邀请部分群众代表参加，听取关于追加老年人高龄津贴预算的汇报，研究通过追加2018年预算资金用于发放辖区老年人高龄津贴。谢兆村讲话。

同日 区政协主席、党组书记曹辛到区体育局调研。

14日 组建历下区行政审批服务局，作为区政府工作部门。不再保留区政务服务中心管理办公室。

同日 区委书记马玉星主持召开十二届区委第55次常委会会议。会议听取关于解决舜井商厦项目遗留问题有关情况的汇报，关于人力资源产业园有关情况的汇报，关于支持历下—平阴科技产业园有关情况的汇报。马玉星讲话。

同日 区委书记马玉星，区委副书记、区长谢兆村召开会议，专题听取明府城有关工作情况汇报。

同日 全区扶贫协作推进会召开。会议听取历下区扶贫协作工作的推进情况、存在的困难和问题，明确下步重点工作。区委副书记尹红梅主持会议并讲话。

16日 陈叶翠被评为“庆祝改革开放四十周年感动山东人物”。

17日 历下区召开行政审批服务局组

建工作会议。会议通报区行政审批服务局改革方案情况，宣读组建工作分工方案，区城管局、区行政审批服务局负责人作表态发言。区委副书记、区长谢兆村就做好行政审批服务局的组建工作提出明确要求。

17—18日 “自豪吧，济南”全市统一战线纪念改革开放40周年暨济南解放70周年摄影图片展历下区专场在历下大厦成功举办。

18日 区委书记马玉星主持召开十二届区委第56次常委会会议。会议听取关于泰府广场——红尚坊街区改造工程的汇报、关于芙蓉街改造提升和业态调整的汇报、关于全区教育基础设施三年规划建设情况的汇报。马玉星对下步工作提出要求。

同日 历下区组织收听收看庆祝改革开放40周年大会。

同日 俄罗斯统一俄罗斯党青年干部考察团到历下区观摩。中联部六局处长张振坤，省委党校副校长张明福，市外办副主任刘学东，区委书记马玉星，区委副书记、区长谢兆村，区人大常委会主任、党组书记韩宏伟，区政协主席、党组书记曹辛和区委常委陪同观摩。

19日 区委书记马玉星察看芙蓉街改造提升工作。

20日 区委理论学习中心组进行第十八次集体学习。深入学习研讨习近平总书记在庆祝改革开放40周年大会上的讲话精神。

同日 区委理论学习中心组以学习研讨《中国共产党支部工作条例（试行）》为主题，进行第十九次集体学习。

同日 全区重点工作情况通报会召开。区委副书记、区长谢兆村出席会议并向各民主党派、工商联和无党派人士介绍今年以来历下区民生社会事业发展情况和城市提升工作，区发改委和区民政局负责人分别通报2018年全区经济运行、民生工作进展情况，听取区级各民主党派、工商联、无党派代表人士和各统战团体的意见建议。

同日 历下区开展“冬送温暖”慰问一线职工活动。为坚守在一线的园林绿化工人、建筑工人等户外人员送去防寒保暖物资，将党和政府的关心关爱送到广大职工心中。

同日 市中区委副书记、区长韩永军率党政考察团到历下区参观考察。

21日 历下区银座云生活电子商务有限公司、山东二五六网络电子商务有限公司通过市发改委专家评审，获评全市第一批“十大千亿产业”重点平台型企业。

24日 中央商务区“百日会战”攻坚行动正式启动，市城投集团与六家中央商务区开发建设企业签订“百日会战责任状”，进一步明确“会战”目标。启动仪式后，举行中信泰富集团济南中央商务区330米超高层项目开工奠基仪式。市人大常委会主任殷鲁谦、副市长李自军等市领导，区委书记马玉星，区委副书记、区长谢兆村，区委常委参加活动。

同日 历下区设立分会场收听收看山东省学习贯彻习近平总书记庆祝改革开放40周年重要讲话精神大会。

25日 区委书记马玉星，区委副书记、区长谢兆村会见市外侨办主任刘艳秋、市公安局巡视员王涛一行。

同日 区委副书记、区长谢兆村到区行政审批服务局调研。

同日 全区经济普查暨有关经济指标推进会召开。

26日 区第十八届人大常委会召开第十七次会议。会议学习习近平总书记在庆祝改革开放40周年大会上的讲话精神，听取审议区政府关于2018年区级财政预算调整方案的报告。韩宏伟讲话。

同日 市城管局副局长韩军带队到历下区调研城市管理综合考评工作。

同日 历下区通过“全国基层中医药工作先进单位”复审。

28日 天桥区委书记刘程华，区委副书记、区长窦虎率考察团到历下区考察投资控股平台运作情况。

同日 区政协召开九届九次常委会议暨纪念改革开放40周年座谈会。会议学习习近平总书记在庆祝改革开放40周年大会上的重要讲话精神，动员各民主党派、工商联，各族各界人士，牢牢把握大团结大联合主题，进一步凝聚起致力于改革发展的磅礴力量，为建设全省首善之区努力奋斗。民盟、民建、致公党、九三学社4个区级民主党派和工商联、经济界、港澳台侨界、少数民族界4个界别代表先后发言。区政协主席、党组书记曹辛讲话。

31日 省委常委、市委书记王忠林到历下区调研芙蓉街、府学文庙、明府城百花洲非遗工作站等历史文化街区保护提升工作。市委常委、秘书长蒋晓光，区委书记马玉星，区委副书记、区长谢兆村参加活动。

（区委办公室、区委党史研究中心）

责任编校：王海燕　李　燕

小资料——历下老字号

正其谊不谋其利的“正谊中学”

正谊中学创办于1913年9月，创办人是鞠思敏、蒋衍升、高彭年、王祝晨等六十多人。正谊中学之校名取自于《汉书·董仲舒传》，“正其谊不谋其利，明其道不计其功”，语意为做任何事情都是为了匡扶正义，而不是为了个人的利益。

正谊中学校址在大明湖畔的阎公祠内。创办之初，仅有两间教室，办学条件简陋。开办经费由创办人捐助，以学费收入支付日常费用。鞠思敏虽然被推任为校长，但却没有分文报酬，不仅如此，他还从在“高等师范学堂”所得的薪金中，挤出大半捐助给学校。正谊中学的教师是从其他学校和社会上延聘的，同样是义务执教，没有任何报酬，校务杂务均由教师分工负责。就这样，靠着创办者们的志同道合，靠着延聘教师们的齐心办学，正谊中学办起来，而且越办越好。

当时的正谊中学很有气派，校门面南，门楼硬山灰瓦屋顶，宽敞庄严的两扇红漆大门，门楣上悬挂着著名书法家于右任先生题写的“正谊中学”匾额。当年在校门口，有一对大石狮子，校园内亭台楼阁错落有致，嶙峋假山、小河石桥。校园亭子内有口大钟，每逢上下课，悠扬浑厚的钟声方圆几里都能听见。站在北楼潜亭上向北望去，大明湖内的历下亭、北极庙、铁公祠等尽收眼底。因优美独特的校园风情与北京燕京大学的燕园有些相近，曾有人把这里称之为小燕园。

随着教育质量的不断提高和教学设备的不断完善，正谊中学的招生规模不断扩大，从最初的两个补习班，73名学生，到1920年发展为旧制中等教育4个班，两个补习班，学生385人；1924年实行新学制以后，设立高中部，全校共有9个班，学生496人。1937年末，日伪统治期间，学校开始只有小学设置，后来又招录初中生4个班，1945年发展到6个班。抗战胜利之后，学校恢复高中部5个班，初中部11个班，在校生844人，教职工40人。1956年，正谊中学在校生达1800多人，是济南办学规模较大的私立中学。从创办之初正谊中学的历届毕业生约有3000余人。

1956年，正谊中学由私立改为公办，并改称济南第十七中学。1985年5月，更名为济南第一职业中等专业学校；1998年4月，更名为济南艺术中学。2005年，与济南艺术学校合并，成为新的济南艺术学校。2007年，大明湖景区扩建，学校搬迁舜耕路68号，旧址成为今天的正谊广场。

责任编校：王海燕　李　燕

历下区概况

大美历下系列图片 （邢可锋 摄影）

历下区概况

地理 历史

【位置 面积】 历下区位于济南市东部，地理位置介于北纬36° 35 ' 34 "～ 36° 42 ' 30 "，东经 117° 0 ' 16 "～117° 10 ' 24 "，东与济南市高新技术开发区相接，南北与历城区相接，西、西北与市中区和天桥区相邻。总面积 100.89 平方公里。

【自然条件】 ①地质。历下区大地构造单元，位于山东地块泰山隆起北侧，北临济阳坳陷。地质情况比较简单，历下区南部即黑虎泉以南至千佛山一带，分布着古生界奥陶系下统和中统的海项沉积的碳酸盐地层。下统为白云质灰岩和白云岩，它的上部含燧石结核和条带，地层厚度为 106.63 米；中统按照沉积旋回划分为 3 组 6 段，每组的下段岩性为薄层状泥灰岩、泥质灰岩夹角砾状泥灰岩和白云质灰岩，厚度为 31.63 ～ 46.70 米，每组的上段为深灰色厚层石灰岩和豹皮状石灰岩，厚度为 121.09 ～ 226.46 米，产珠角石化石，中统厚度为 678.64 米。这些地层呈单斜构造，东西走向，倾向北，倾角平缓，一般 8 度左右。在千佛山西南侧发育的是千佛山断层，长约 25 公里，呈 320 ～ 350 度走向，倾向南西，倾角 78 度，上盘下降，断层带内构造角砾岩带宽度不一，宽者五六米，窄者仅数十厘米。千佛山断层沿北西方向通过趵突泉附近，至今仍有活动。历下区中、北部为第四系松散层。松散层之下即为隐伏的济南辉长岩体，岩体平面形态近东西向椭圆状，西头周边呈月形弯曲，东头分成两叉、形似鱼尾、岩体东西长 30 公里，南北宽 15 公里，分布面积 430 平方公里。主要岩性为橄榄苏长辉长岩、橄榄辉长岩、苏长辉长岩等。岩体属于浅成至半深成相，产状为向北倾伏的复杂岩盖，它的侵入时代是晚白垩纪燕山期。②地貌。区内地势南高北低，南部为底山丘陵，属泰山山地北支，由罗袁寺顶、金刚垛、将军帽等山峰组成了东西向的主山脉，主山脉又向北伸出南北走向的侧支，如燕子山、洄龙山、野峪顶等。北部为山前洪积、冲积平原，其上分布有五顶茂岭山、鳌角山、波萝山等五座孤峰。区内平均海拔 102 米，最高为白云山、海拔 545.4 米，最低处海拔 24 米。③气候。2018 年全市平均气温 14.8℃，是 1951 年有气象记录以来第 3 位高值，较常年偏高 0.9℃，较 2017 年偏低 0.2℃。全市平均降水量 801.1 毫米，是 1951 年有气象记录以来第 9 位多值，较常年多 178.1 毫米，偏多 29%；较 2017 年多 241.5 毫米，偏多 43%。全市平均日照时数 2416.9 小时，较常年多 11.2 小时，较 2017 年多 29.0 小时。2018 年降水偏多、气温偏高、日照偏多，年内出现雾霾、大风、寒潮、台风、强对流、春旱、高温等灾害天气。1 月 1—2 日、13—21 日，11 月 24 日—12 月 3 日济南市出现范围广、持续时间长、能见度低、空气质量持续重度污染的雾霾天气。5 月 17 日出现能见度不足 500 米的大雾，局部地区不足 200 米，个别时段能见度小于 50 米，大雾天气导致部分高速封闭。1 月 22—25 日、12 月 5—8 日、12 月 26—29 日寒潮过程造成降温幅度 8 ~ 12℃，过程最低气温市区为 −10.7℃、−8.2℃、−11.6℃。7—8 月先后有 3 次台风影响济南。全市共出现 6 次冰雹天气，高温日数 34 天，7 月 13—22 日，市区出现长达 10 天的连续高温天气，期间平均气温 31.0℃，是历史同期第 1 位高值。综合评价 2018 年气象条件总体属于平年。（根据济南市气候影响评价整理）④水文。历下区地表水属小清河支流水系，境内有东泺河、柳行河、全福河、大辛河以及护城河（人工）等 5 条主要河流。地下水按照自然因素和水文地质条件划分，属鲁中低山丘陵北麓山前平原水文地质区双重结构，上部为第四系孔隙水含水组，其下隐伏有基岩裂隙水、岩溶水含水岩组，是熔岩水的径流排泄区，由此形成泉群地带，济南市著名泉水多汇集于此地。境内有趵突泉、黑虎泉、珍珠泉三大泉群。湖泊有大明湖、百花洲等。

【自然资源】 ①土地资源。2018 年末历下区各地类土地面积为：行政区域总面积 8906.03 公顷，其中：国有土地 6101.8 公顷，集体土地 2804.23 公顷，按照地类细分：其中耕地面积 269.1 公顷，园地面积 21.92 公顷，林地面积 1874.04 公顷，草地面积 425.89 公顷，城镇村及工矿用地面积 6101.8 公顷，交通运输用地面积 54.4 公顷，水域及水利设施用地面积 38.04 公顷，其他土地面积 120.84 公顷。②矿产资源。矿产资源有铁、钴、水泥石灰岩等。③水资源。水资源无过境客水，只有大气降水，水资源供不应求，且分布不均衡，山前平原水源相对充裕，山区水源贫乏。水资源总量的年际、季节变化较大，一年中，夏季富足，秋季次之，春季最缺。④生物资源。野生植物有 570 余种，栽培植物包括粮食蔬菜、经济作物、林果等 700 余种。⑤动物资源。系华北黄淮平原区类型，野生鸟兽 350 余种，天敌昆虫 500 余种，还有家畜、家禽、水生动物等品种繁多的养殖动物。

【建置沿革】 因在历山（今千佛山）之下故名历下。春秋战国属齐国。秦属济北郡，称历下邑。西汉景帝四年（前 153 年）设历城县，治所在历下。晋永嘉（307—312 年）后，济南郡治所由平陵城迁至历城县。隋唐属齐州历城县，宋代属济南府历城县，元代属济南路历城县。明朝洪武九年（1376 年），历下古城为省、府、县三级官府所在地。清代属济南府历城县。1913 年属岱北道历城县，1914 年属济南道历城县。1929 年设立济南市，现辖区为 1948 年 9 月济南解放时济南市第一、二、三区的全部，第四、八、十区及历城县的一部分。1951 年 1 月，城区改称第二区，第三区改称第一区；同年 6 月，区公所改称区人民政府。1955 年 1 月，第一区与第二区合并，称第一区，区机关驻舜井街和宽厚所街 44 号，辖 9 个街道办事处；同年 9 月，第一区改称历下区。1966 年 8 月，历下区改称红卫区；1970 年 1 月，成立中共红卫区革命委员会核心领导小组。1973 年 7 月，济南市红卫区复称历下区。

（区委党史研究中心）

政区　人口　民族

【行政区划】 历下区辖 14 个街道，99 个社区，21 个村。14 个街道分别是：泉城路街道、大明湖街道、东关街道、建筑新村街道、千佛山街道、趵突泉街道、解放路街道、文化东路街道、燕山街道、甸柳新村街道、姚家街道、智远街道、龙洞街道、舜华路街道（由济南市高新技术开发区管理）。

历下区各街道办事处所属社区居委会、村一览表

街道	社区居委会、村
泉城路街道	芙蓉街社区　贡院墙根社区　鞭指巷社区　临湖社区
大明湖街道	县东巷社区　县西巷社区　曲水亭街社区　按察司街社区　舜井社区　南北历山社区
东关街道	泺河社区　菜市新村社区　长盛小区北区社区　长盛小区南区社区　东仓社区　历山社区　历园新村社区
建筑新村街道	和平新村社区居委会　历山东路社区居委会　花园路社区居委会　绿景嘉园社区居委会　解放路社区居委会
千佛山街道	佛山苑社区　棋盘街社区　千佛山社区　济柴社区　历山名郡社区　千佛山西路社区　千佛山东路社区
趵突泉街道	趵突泉社区　朝山街社区　泺文路社区　青年东路社区　文化西路社区　舜耕路社区
解放路街道	十亩园社区　后坡街社区　历山路社区　解放桥社区　青龙街社区
文化东路街道	和平路社区　山师东路社区　师东新村社区　山大路社区　环山路社区　科院路社区　文化东路社区　羊头峪社区　山师大社区　中创开元山庄社区　清华园社区　建达南苑社区　万豪社区　建达北苑社区
燕山街道	燕子山小区社区　燕文社区　燕山路社区　燕南社区　燕北社区　和平路北社区　益寿路社区
甸柳新村街道	第一社区　第二社区　第三社区　第四社区　第五社区　甸北社区　吉祥苑社区　甸南社区
姚家街道	友谊苑社区　三箭平安苑社区　中润世纪城社区　名士豪庭社区　现代逸城社区　浆水泉路社区　华阳社区　解放东路社区　名士豪庭第二社区　蓝天苑社区　万科城社区　化纤厂路社区　华能嘉苑社区　浆水泉西路社区　姚家村　丁家村　窑头村　十里河社区（改名但体制没改）　荆山村　浆水泉村　仁合社区（改名但体制没改）
智远街道	盛福花园社区　济炼社区　中海紫御东郡社区　盛景家园社区　盛福百合社区　盛福明城社区　中奥社区　刘智远村　义和庄　林家庄　盛福庄　八涧堡村　姜家村　邓家庄
龙洞街道	燕山新居社区　银座花园社区　全运村社区　转山西路社区　奥体西苑社区　和苑社区　龙鼎社区　转山社区　辅仁社区　龙洞庄　孟家庄　老石沟村　西蒋峪村　石河岭村　中井庄　下井庄

（各街道）

【人口】 全区总人口近75万人，出生人口6335人，合法生育率99.98%，性别比稳定在107.495以内。

（各街道　区卫计局）

【民族】 历下区有汉族、回族、满族、蒙古族、朝鲜族、土家族、苗族、壮族、维吾尔族、侗族、白族、彝族、藏族、瑶族、锡伯族、布依族、畲族、纳西族、俄罗斯、达斡尔、黎族、仫佬族、土族、仡佬族、鄂伦春、哈萨克、傈僳族、鄂温克、傣族、赫哲族、佤族、羌族、赫哲族、拉祜族、哈尼族、东乡族、毛南族、保安族等民族。汉族人口占大多数，其他民族人数较少。没有少数民族聚居区，是典型的散居区。

（区民宗局）

国民经济和社会发展综述

2018年，全区地区生产总值1494.8亿元，同比增长8.9%，总量居全市首位，增幅较上年同期提高0.9个百分点，居全市第五位（市内四区第二位），为近年来的较高增长水平。其中，第二产业增加值233.1亿元，同比增长15.5%；第三产业增加值（服务业增加值）1261.7亿元，同比增长8.0%。

财税收入增长较好。全区一般公共预算收入完成144.19亿元，同比增长10.3%，总量居全市首位，增幅居全市第八位（市内四区第二位）。区域总税收完成297.97亿元，同比增长6.5%，总量居全市首位，增幅居全市第十位（市内四区第三位）。

居民收入不断提高。全区城镇居民人均可支配收入56586元，同比增长8.2%，总量和增幅均居市内四区首位。

工业经济发展良好。全区规模以上工业增加值同比增长20.8%，增幅高于全市13.7个百分点（全市增幅7.1%），较上年同期提高33.93个百分点，居全市首位。实现工业总产值313.17亿元，同比增长33.13%；完成主营业务收入317.38亿元，同比增长32.4%；利润总额7.51亿元，同比增长13.2%；利税78.91亿元，同比增长15.5%。高新技术产业产值占规模以上工业比重11.80%。

建筑业增长稳定。全区建筑业实现增加值108.0亿元，同比增长11.6%。

全区服务业增加值总量居全市首位。服务业各行业所占的比重分别是：金融业（27.8%）、非营利性服务业（19.9%）、批发零售业（16.2%）、营利性服务业（15.3%）、房地产业（10.7%）、住宿餐饮业（5.6%）、交通运输业（4.5%）。从服务业行业内部结构看，对服务业增长贡献率排名前三的行业为：营利性服务业增加值192.4亿元，同比增长21.4%，对服务业增加值增长的贡献率45.2%；非营利性服务业增加值251.0亿元，同比增长17.9%，对服务业增加值增长的贡献率38.2%；金融业增加值350.6亿元，同比增长3.6%，对服务业增加值增长的贡献率13.2%。

固定资产投资增长平稳。全区固定资产投资同比增长15.4%，增幅高于全市5.8个百分点（全市增幅9.6%），居全市第五位（市内四区第二位）。其中，房地产开发完成投资275.76亿元，同比增长16.2%。

消费品市场发展平稳。全区社会消费品零售总额完成1057.10亿元，同比增长10.4%，总量居全市首位，增幅高于全市0.4个百分点（全市增幅10.0%），居全市第四位（市内四区第三位）。其中，限额以上单位实现零售额511.25亿元，同比增长9.7%，总量居全市首位，增幅高于全市

2个百分点（全市增幅7.7%），居全市第四位（市内四区第三位）。限额以上销售额907.56亿元，同比增长1.0%。

外贸出口增幅下降。全区进出口总额完成67.18亿元，同比增长5.5%。其中，出口总额完成25.03亿元，同比下降28.9%，总量居全市第六位（市内四区第二位），增幅居全市末位；进口总额完成42.15亿元，同比增长48.2%。

实际利用外资增势较好。全区实际利用外资额33.92亿元，同比增长51.09%，总量居全市第二位（市内四区首位），增幅居全市第五位（市内四区第二位）。

基础设施更加完善。完成100余条道路养护提升，打通和平路东延等9条瓶颈路，整治提升9条河道。完成人防工程维护4处、双气安装1万余户。城市环境持续优化。“城市双修”工作有序开展，解放东路拓宽工程顺利实施，茂岭山片区城市设计方案基本完成。积极推进“引山入城”，完成7座山体绿化，推进4座山体公园建设。绿化提升30余条主次干道，实施裸土覆绿10.5万平方米，绿化覆盖率提高到45%。完成89栋楼宇、80万平方米绿化带的亮化任务。万元GDP能耗、主要污染物减排指标顺利完成了市下达目标任务。

民生工作扎实开展。新增城镇就业6.7万人，城镇登记失业率控制在2%以内。居民基本养老保险参保人数达3.06万人，城乡居民医疗保险参保人数达16.65万人，社会保险覆盖面不断延伸。累计发放低保金845万元，困难特殊群体帮扶力度持续加大。历山双语、甸新佳园等5所学校、幼儿园投入使用，增加学位7470个，全面化解“大班额”问题。推进“健康历下”建设，新增社区卫生服务机构5所，养老补助、大病救助等民生工作深入推进。文体设施进一步完善，新增社区健身场所3个、健身路径30条，区文体档案中心项目正在加速建设。对重庆武隆、湖南永顺等地区进行点对点结对帮扶，拨付各类援助资金4630万元。社会治理、平安法治等各项事业再上新台阶，济南历下医养结合中心开工建设，新增4处街道综合养老中心，社区服务日益完善。

（区统计局）

责任编校：王海燕　李　燕

历下年鉴

2019 LIXIA YEARBOOK

组织机构及负责人名录

大美历下系列图片 （邢可锋 摄影）

组织机构及负责人名录

中共济南市历下区委

书　　记　马玉星
副 书 记　谢兆村
　　　　　尹红梅（女）
常　　委　马玉星
　　　　　谢兆村
　　　　　尹红梅（女）
　　　　　刘海峰
　　　　　纪　亮
　　　　　杨传军
　　　　　续　明（回族）
　　　　　杜宝现
　　　　　李乐军
　　　　　王海清
　　　　　李　克
　　　　　周　雷（挂职）*
　　　　　靳祥锋（10 月挂职）

济南市历下区人大常委会

主　　任　韩宏伟（女）
副 主 任　邓向东
　　　　　栾　杰（女）
　　　　　郭向平（女）
　　　　　郭宝龙
　　　　　荆甫荣
党组书记　韩宏伟（女）
副 书 记　邓向东
　　　　　栾　杰（女）

济南市历下区人民政府

区　　长　谢兆村
副 区 长　杨传军
　　　　　刘　佳（女，满族）
　　　　　张　涛
　　　　　丁晓红（女）
　　　　　石永先
　　　　　霍建平（挂职）*
　　　　　于　超（挂职）*
　　　　　徐爱田（挂职）*
　　　　　王禄山（9 月挂职）
党组书记　谢兆村
副 书 记　杨传军

政协济南市历下区委员会

主　　席　曹　辛
副 主 席　胡秀成
　　　　　房玉萍（女）
　　　　　刘　岩（女）
　　　　　刘　军（回族）

注：组织机构和部门负责人由各单位提供，截至时间为2018年末。*表示2018年内离任，△表示部门直属和所属副处级以上单位。

郭振南
曾素燕（女）
秘书长 王崇国
党组书记 曹　辛
副书记 胡秀成

中共济南市历下区纪律检查委员会（区监察委员会）

区纪委

书记 刘海峰
副书记 石逢平
曹　媛（女）
常委 谢万清
李　峰
孟昭轶
谢　伟

区监察委员会

主任 刘海峰
副主任 石逢平
曹　媛（女）
委员 李　峰
谢　伟
罗振全
贺冰洁

历下区人民法院

党组书记、院长 牟宗伟
副书记 沈正义
纪检组长 赵学强
副院长 刘　岩（女）
孟令昌
颜承奎*
姚文辉（女）

历下区人民检察院

党组书记、检察长 曲立春
副书记 李玉国
杜晓涛
纪检组长 李海洪
副检察长 李玉国
杜晓涛
李金明
侯任远

历下区人民武装部

部长 刘　雷*
苏圣泳（8月任职）
政委 李　克
副部长 夏冬冬

区委工作机构

区委办公室

主任 纪　亮
副主任 李守刚
曹长征
王辉勇（女）
王　新

△区委政策研究室
主任 曹长征
副主任 （空缺）

△区委督查室
主任 王辉勇（女）
副主任 李　刚

△区委保密委员会办公室（区保密局）
局长 王　新
副局长 杨建莉（女）

△区委机要局（区密码管理局）

局　　长　胡春燕（女）

△区全面深化改革领导小组办公室

主　　任　纪　亮

副 主 任　王辉勇（女）

区委组织部

部　　长　续　明（回族）

副 部 长　邵孟君（兼）

张　明（兼）

李素婷（女，兼）

王　鑫

孙卓元

△区干部下派办公室

主　　任　（空缺）

△区委组织员办公室

主　　任　王　鑫（兼）

△区党员干部现代远程教育管理中心

主　　任　（空缺）

△区考评办公室

主　　任　于艳文（女）

区委宣传部

部　　长　王海清

副 部 长　马宏展

王　磊

田铭南（女）

△区精神文明建设委员会办公室

主　　任　马宏展

△区互联网信息办公室

主　　任　王　磊

区委统战部

部　　长　杜宝现

副 部 长　马士宝

胡延年

△区委台湾工作办公室（区政府对台湾事务办公室）

主　　任　祝伟东

△区民族宗教事务局

局　　长　胡延年

区委政法委

书　　记　李乐军

副 书 记　时玉峰*

张金成

王凤祥

△区社会治安综合治理委员会办公室

主　　任　时玉峰*

△区维护社会稳定工作办公室

主　　任　夏　杨

副 主 任　刘建平*

区委党校

校　　长　马玉星

党委书记、常务副校长　侯　晓

纪委书记　房润芝（女）

副 校 长　王焕书

王公泽*

杨中强

区行政干部学校

校　　长　杨中强

区社会主义学院

院　　长　侯　晓

副 院 长　高振华

区机构编制委员会办公室

主　　任　张　明

副 主 任　罗　茜（女）

陈　晨（女）

△区事业单位监督管理局

局　　长　（空缺）

△区机构编制电子政务中心

主　　任　（空缺）

区委老干部局

局　　长　邵孟君

副 局 长　周　瑛（女）

△中共历下区委离退休干部工作委员会

书　　记　邵孟君

副 书 记　杜庆姝（女）

△区老年人大学

校　　长 高丽景（女）

△区关心下一代工作委员会办公室

主　　任 杜庆姝（女）

区委区直机关工作委员会

书　　记 赵金霞（女）

副 书 记 朱晓红（女）

吴作禄

纪工委书记 王长献

区委党史研究室

主　　任 刘向军

副 主 任 张晓茜（女）

区委、区政府信访局

局　　长 吕顺利

副 局 长 李新民

王贵文

赵相军

△区信访信息中心

主　　任 （空缺）

区档案局（馆）

局　　长 李守刚

副 局 长 毕晓娟（女）

刘春亮

吕喜乐

△区档案馆

馆　　长 （空缺）

副 馆 长 毕晓娟（女）

周晓蕾（女）

吕喜乐

区人大专委会及其常委会工作机构

区人大专门委员会

城乡建设环境保护委员会

主任委员 邓向东

副主任委员 朱俊如（满族）

张文晋

法制委员会

主任委员 栾　杰（女）

副主任委员 阳文勇

张照久

财政经济委员会

主任委员 郭向平（女）

副主任委员 王一文（女）

何力明（女）

教育科学文化卫生委员会

主任委员 郭宝龙

副主任委员 王传民

民族侨务外事委员会

主任委员 荆甫荣

副主任委员 吴兆祥

来彦汝（女）

区人大常委会工作机构

办公室主任 辛兆岭

人事代表联络处

处　　长 田欣辉*

李云鹏（9月任职）

法制工作处

处　　长 张照久

财政经济工作处

处　　长 王一文（女）

副 处 长 吕振玉

城市建设管理工作处

处　　长 张文晋

副 处 长 李　哲

科教文卫工作处

处　　长 张璞松

信访工作处

处　　长 冷海华（女）

副 处 长 王志红（女）

调研室

主　　任 来彦汝（女）

预算工作处

处　　长 赵世海

△区人大服务中心

主　　任　邵宏生（女）

各街道人大工作室

泉城路街道人大工作室

主　　任　闫成明

大明湖街道人大工作室

主　　任　杨　亮

东关街道人大工作室

主　　任　马继峰

建筑新村街道人大工作室

主　　任　李红军

千佛山街道人大工作室

主　　任　何登俊

趵突泉街道人大工作室

主　　任　张荣民

解放路街道人大工作室

主　　任　胡　忠

文化东路街道人大工作室

主　　任　张宪武

燕山街道人大工作室

主　　任　王广建

甸柳新村街道人大工作室

主　　任　田化兵

姚家街道人大工作室

主　　任　陈宪印

智远街道人大工作室

主　　任　张志华

龙洞街道人大工作室

主　　任　朱凤林

区政府各工作部门、区政府派出机构、副处级以上机关事业单位

区政府办公室

主　　任　殷保钦

副 主 任　刘效利

纪宏伟

董玉竹（女）

△区政府督查室（挂区12345市民服务热线办公室、区人民政府城市管理综合考评办公室牌子）

主　　任　曲旭东

△区政府法制办公室（挂区人民政府行政执法监督局牌子）

主　　任　吕治锋

副 主 任　胡敏敏（女）

△区应急管理办公室（挂区政府总值班室牌子）

主　　任　刘效利

△区政务信息中心

主　　任　（空缺）

△区12345市民服务热线运行中心

主　　任　（空缺）

△区政府外事侨务办公室

主　　任　赵　虎

副 主 任　王志强

区发展和改革委员会

党委书记、主任　封秀焕（女）

纪委书记　袁　明

副 主 任　王　娟（女）

吴　伟

张　铎（3月任职）

△区物价局

局　　长　范万寿

△区农业经济办公室

主　　任　韩黎光

△区现代服务业发展中心

主　　任　（空缺）

区经济和信息化局

党组书记、局长　杨玉宇（女）

副 局 长　岳　红（女）

杨东斌

△区信息产业服务中心

主　　任 岳　红（女）

副 主 任 宋　震

区财政局

党委书记、局长 栾　杰（女）

副 书 记 商和俊

纪委书记 李长玉

副 局 长 张　延（女）

滕　燕（女）

△区财政国库支付中心

主　　任 栾　杰（女）

副 主 任 李玉民

王　义

△区财政投资评审中心（挂区非税收入管理中心牌子）

主　　任 商和俊

副 主 任 傅　强

赵武英（女）

△区政府项目资金管理中心

主　　任 （空缺）

△区工资发放管理中心

主　　任 郝金海

区商务局

党委书记、局长 田　耕

副 书 记 鲍荣洲

纪委书记 王利民

副 局 长 马晓茜（女）

杨世伟

李剑波

△区商贸服务中心

主　　任 鲍荣洲

副 主 任 郭孝平

王诗虹（女）

黄晓兵

△历下区对外劳务合作与投资服务中心

主　　任 郭孝平

区审计局

党组书记、局长 李　靖

副 局 长 刘保顺

李　菁（女）

郑家成

丛　敏（女，挂职）

△区经济责任审计办公室

主　　任 （空缺）

区统计局

党组书记、局长 仇文君

副 局 长 马　彬（女）

孙　磊

△区综合调查队

队　　长 （空缺）

区安全生产监督管理局

党组书记、局长 邵　慧*

时玉峰（9月任职）

副 局 长 李友龙

张加亮

孙少军

徐　振

△区安全生产监察大队

大 队 长 傅传海

泉城路商业街管理委员会办公室

主　　任 朱俊如（满族）

党工委书记 （空缺）

副 书 记 李庆山*

纪工委书记 于传春

副 主 任 李庆山*

戚林波

于传春*

鲁　原

△泉城路商业街国有资产管理服务中心

经　　理 杨　戈（7月任职）

副 经 理 王业椿*

刘庆太

区行政审批服务局（12 月份组建）

党组书记、局长　王　静（12 月任职）
副　局　长　孟宪法（12 月任职）
△区政务服务中心
主　　任　李剑涛（9 月任职）
副　主　任　李延虹（女，朝鲜族）
　　　　　　沙　滢

区市场监督管理局

党委书记、局长　谭世民*
　　　　　　　　杨彩云（8 月任职）
纪 委 书 记　李　凡（女）
副　局　长　王启升
　　　　　　李建新（女）
　　　　　　张继顺
　　　　　　罗　季
△区企业注册局（挂行政审批办公室牌子）
局　　长　术守萍（女）
△区市场监管综合行政执法大队
大　队　长　（空缺）

区食品药品监督管理局（挂区食品安全委员会办公室牌子）

党委书记、局长　杨彩云
纪 委 书 记　李　芳（女）
副　局　长　张学成
　　　　　　李兆凰（2 月任职）
　　　　　　于　梅（女）*
　　　　　　孙　东
△区食品药品稽查大队
大　队　长　王立海*
　　　　　　张学成（2 月任职）

区人民政府金融工作办公室（挂历下区地方金融监督管理局牌子）

主　　任　李长征
副　主　任　方喃喃（女）

区投资促进局

党组书记、局长　王文利*
　　　　　　　　李　莎（女，9 月任职）
副　局　长　李丕文
　　　　　　孙鲁杰（女）
△区投资促进服务中心
主　　任　李丕文
副　主　任　孙　蕾（女）
　　　　　　孙　宁

区民政局

党委书记、局长　苏凤清（女）
纪 委 书 记　刘德东
副　局　长　宋子训
　　　　　　王增海
△区双拥办
副　主　任　叶军敏*
△区军休办
主　　任　贾　勇*
△区民间组织管理局
局　　长　柴　勇（女）
△低收入家庭经济状况核对中心
主　　任　刘　馨（女，回族）
△区人民政府婚姻登记处
主　　任　刘　刚
△区老龄工作委员会办公室
主　　任　霍　涛

区退役军人事务局（11 月份成立）

局　　长　吕顺利（11 月任职，兼）
副　局　长　叶军敏（12 月任职）
　　　　　　刘建平（12 月任职）
△区山大路军休所
所　　长　巩少华
△区文化东路军休所
所　　长　李井田
△区菜市新村军休所
所　　长　李咏梅（女）

区司法局（挂社区矫正管理局牌子）

党组书记、局长　潘玉松
副　局　长　郎志宽

吴庆学

区普法办公室

主　　任　潘玉松

副 主 任　王延忠

△济南市历下公证处

主　　任　（空缺）

△区法律援助中心（区“148”协调指挥中心）

主　　任　王红霞（女）

区住房和城市建设局（挂区水务局、区城市更新局牌子）

党委书记、局长　王　锐

副 书 记　郭忠波

纪委书记　杨忠奎

副 局 长　吴贵千

李贵强

△区城市规划协调服务中心

主　　任　王中琦

△区城市建设发展服务中心

主　　任　张　凯（2 月任职）

△区房屋征收服务中心

主　　任　牛西照

△区排水管理服务中心

主　　任　徐庆田

△区房屋管理服务中心

主　　任　郭忠波

△区人民防空办公室

主　　任　杜景民

△区人防工程管理服务中心

主　　任　王　晋

△区工程质量与安全生产监督站

站　　长　赵玉春

△区建筑节能改造服务中心

主　　任　（空缺）

△区房地产综合开发公司

书　　记　于红卫（女）

区城市管理局

党委书记、局长　徐　琳

副 书 记　郭　芹（女）

纪委书记　皇甫丰菽（女）

副 局 长　郭　芹（女）

俞显平

△区环境卫生管护中心

主　　任　郭　芹（女）

副 主 任　黄黎明

温洪木

△区数字化城市管理中心

副 主 任　温立群

区综合行政执法局

党委书记、局长　李笃来

纪委书记　赵洪江

副 局 长　毕伟东（2 月任职）

赵洪江 *

李兆凰 *

于　梅（女，2 月任职）

徐治元（12 任职）

△区综合行政执法大队

大 队 长　毕伟东（2 月任职）

区环境保护局

党组书记、局长　夏武军

副 局 长　贺　军

穆智广

王　勇

△区环境监察大队

大 队 长　昝　凯（2 月任职）

区市政工程管理局

局　　长　李少宇 *

李庆山（7 月任职）

副 局 长　王兆力

吕　华（女）

区园林绿化管理局

局　　长　周长山

副 局 长　房立平

张忠旺
李　强
△区广场管理处
主　　任　吕洪森
△区绿化委员会办公室
主　　任　房立平

济南中央商务区管理委员会

主　　任　（空缺）
副 主 任　张丕杰
张　凯*
卢剑锋*
苏　刚*

区浆水泉风景住宅区管理委员会

主　　任　杨　戈（回族）*
李少宇（7月任职）
副 主 任　李光岩
侯振华*
刘洪强*

济南明府城管理中心

党工委书记、主任　朱俊如（满族）
副 主 任　王　虎

区教育局

党委书记、局长　顾朝霞（女）
副 书 记　孟　薇（女）
纪委书记　李　颖（女）
副 局 长　孟　薇（女）
彭汝平
康玉平
△区人民政府教育督导室
正处级督学　彭汝平
丁　宇（女）
△区教育教学研究中心
主　　任　（空缺）
△区社区教育中心
主　　任　林博华
△区素质教育实践中心
主　　任　冯　辉

区科学技术局

党组书记、局长　杨　锋
副 局 长　刘红梅（女）
陈立序
△区知识产权服务中心
主　　任　李晓峰

区文化局（挂旅游局牌子）

党组书记、局长　李　江
副 局 长　田照河
刘兆兴
刘　娟（女）
△区文化馆
馆　　长　（空缺）
△区图书馆
馆　　长　张　雨（女）
△区文化旅游综合行政执法大队（挂济南市文化市场综合行政执法局历下大队牌子）
大 队 长　王　松（2月任职）
△区旅游公共服务中心
主　　任　王立海（2月任职）

区卫生和计划生育局

党委书记、局长　陈仕学
纪委书记　尚宏伟
副 局 长　任　群（女）
王振东
孙　东（兼）
△区爱卫会办公室
主　　任　牛占勇
△区中医药管理局
局　　长　张　文
△区计划生育协会
会　　长　马丽彬（女）
副 会 长　闫培叶（女）
宁希波（女）

区红十字会

会　　长　刘　佳（女，满族）
常务副会长　刘文罗

副 会 长 董淑丽（女）
徐 红（女）

△区卫生和计划生育监督所

所 长 赵 玲（女）

△区疾病预防控制中心（挂区健康教育所牌子）

主 任 郭子晨*

△区妇幼保健计划生育服务中心

主 任 李爱华（女）

区人民医院

党委书记 刘文罗
副 书 记 杨新平（女）
院 长 王振东
副 院 长 杨新平（女）
孙兴英（女）

区第二人民医院

院 长 王 骏

区第三人民医院

院 长 潘德宝

区体育局

党组书记、局长 胡方秋
副 局 长 张道珍（女）
杨世存

△区体育馆

馆 长 王 松*
张玉生（2月任职）

△区运动项目管理中心

主 任 （空缺）

区史志办公室

主 任 赵光臣
副 主 任 王海燕（女）
张新林

济南山大路科技商务区管理委员会

主 任 刘红梅（女）
副 主 任 于振连

区人力资源和社会保障局

党委书记、局长 李素婷（女）
副 书 记 张少国
纪委书记 陶恩和
副 局 长 苗海光
周海霞（女）
王京库

△区考试中心

主 任 张少国

△区劳动就业办公室

主 任 周海霞（女）

△区人才交流服务中心

主 任 宋俊君（女）

△区机关事业单位社会保险事业办公室

主 任 张玉萍（女）

△区医疗保险管理办公室

主 任 王 辉（女）

△区劳动保障监察大队

队 长 （空缺）

△区劳动人事争议仲裁院

院 长 薛 峰（女）

△区居民养老保险服务中心

主 任 （空缺）

区机关事务管理局

局 长 陈 羽
副 局 长 俞 潜（女）
李 牧（女）

△区财政集中支付管理中心区直机关分中心

主 任 杨学峰

区政协专委会设置

委员联络（文史资料）委员会

主 任 胡秀成
副 主 任 王焕书
李素婷（女）
黄 斌
车玉林

社会文教委员会
主　　任　房玉萍（女）
副 主 任　孙秋玲（女）
　　　　　周国江
　　　　　窦　岩

人口资源（法制）委员会
主　　任　刘　岩（女）
副 主 任　王风亭
　　　　　汪颖春（女）

经济科技（城建）委员会
主　　任　刘　军（回族）
副 主 任　杜智勇
　　　　　张志勇
　　　　　张健军
　　　　　李洪伟

港澳台侨（民族宗教）委员会
主　　任　郭振南
副 主 任　张继新
　　　　　曲　芳（女）
　　　　　顾广梅（女）

提案委员会
主　　任　曾素燕（女）
副 主 任　张丕杰
　　　　　王宝文
　　　　　毛爱军（女）*

区政协工作机构

办公室
主　　任　蔡建杰
副 主 任　戴元红

学习提案工作处
处　　长　王宝文
副 处 长　程　玮（女）

经济科技工作处
处　　长　张志勇
副 处 长　张　娟（女）

社会文教工作处
处　　长　周国江
副 处 长　杨　岭（女，回族）

服务中心
主　　任　王　美（女）

区委巡察机构

区委巡察工作领导小组办公室
主　　任　谢万清
副 主 任　何传武

区委巡察组
第一巡察组
组　　长　王桂兰（女）
副 组 长　李学东
第二巡察组
组　　长　鲁秀英（女）
副 组 长　王　群（女）
第三巡察组
组　　长　迟增良
副 组 长　韦　涛（女）
第四巡察组
组　　长　（空缺）
副 组 长　吴平托
第五巡察组
组　　长　（空缺）
副 组 长　冯　洁（女）

区纪委工作机构

办公室
主　　任　孟昭轶

组织部
部　　长　庞光亮

党风政风监督室
主　　任　魏　静（女）

信访室

主　　任　谢　伟

案件监督管理室

主　　任　王冬冬（女）

第一纪检监察室

主　　任　咸　国

第二纪检监察室

主　　任　常　宁

第三纪检监察室

主　　任　李华勇（3月任职）

第四纪检监察室

主　　任　温　然（3月任职）

第五纪检监察室

主　　任　（空缺）

案件审理室

主　　任　李　峰

归口派驻机构

第一纪工委

书　　记　刘英军

副 书 记　李　健

第二纪工委

书　　记　韩立军

副 书 记　于闽榕

第三纪工委

书　　记　王荣金

副 书 记　张永祯

第四纪工委

书　　记　李华明

副 书 记　吴　虹（女）

区法院工作机构

△政治处

主　　任　韩　诚

副 主 任　邓艳红（女）

△执行局

局　　长　周广军

副 局 长　许　莉（女）

　　　　　王　东

△审判委员会专职委员　张美丽（女）

区检察院工作机构

△政治处

主　　任　韩　蓬

副 主 任　魏　华

群众团体

区总工会

党组书记、常务副主席　张秋力

副 主 席　王先怀

　　　　　杨　芳（女）*

　　　　　何国丽（女，挂，3月任职）

　　　　　张　芳（女，兼，3月任职）

　　　　　周海霞（女，兼，3月任职）

△区总工会困难职工帮扶中心

主　　任　崔跃平

共青团历下区委

党组书记　赵　鲁

书　　记　赵　鲁

副 书 记　杜庆姝（女，挂职）*

　　　　　徐峻涛（兼）

　　　　　卜德龙（兼）

　　　　　田铭南（女，挂，12月任职）

区妇女联合会

党组书记、主席　李　健（女）

副 主 席　张　芳（女）

△区妇女儿童工作委员会办公室

主　　任　李　晶（女）

△区妇女儿童活动中心

主　　任　（空缺）

区科学技术协会

党组书记、主席　李云鹏*

副　主　席　宋玉娟（女）

区归侨侨眷联合会

名誉主席　郭向平（女）
党组书记、主席　朱雪婷（女）
副　主　席　高成江
孙玉琴（女）
常金月
罗　齐
秘　书　长　朱雪婷（女，兼）

区工商业联合会

党组书记　刘长伟
主　　席　刘思广
常务副主席　刘长伟
副　主　席　王颂阳
秘　书　长　李庆兴（蒙古族）

△区非公有制经济组织党工委

书　　记　刘长伟
副　书　记　王京宝

区残疾人联合会

理　事　长　何力明（女）
副理事长　徐功钦

区文学艺术界联合会

党组书记、主席　王亚非
副　主　席　王　健（女）
陈亦尘

区贸促会

会　　长　张继新
副　会　长　姜国培
张金霞（女）

民主党派

民革历下区总支委员会

主　　委　黄　斌
副　主　委　林　明（女）
周雅彬（女）
袁　竞（女）

民盟历下区基层委员会

主　　委　毛爱军（女）*
副　主　委　王振东
雷　萍（女）
王春国

民建历下区总支委员会

主　　委　刘　岩（女）
副　主　委　曾　伟
杨东斌
李大中

民进历下区总支委员会

主　　委　荆甫荣
副　主　委　张宁宁（女）
巫　玫（女）
孙学军（女）

农工党历下区总支委员会

主　　委　窦　岩
副　主　委　孙　蓉（女）
李　甦
刘　军

致公党历下区总支委员会

主　　委　曲　芳（女）
副　主　委　李剑波
刘　爽（女）

九三学社历下区委员会

主　　委　张健军
副　主　委　刘　军（回族）
王　敬（女）
孙　东
洪之旭
肖东杰（女）

区属企业

济南历下控股集团有限公司

董事长、总经理　刘思广
党委书记　王业椿*

李少宇（5 月任职）
纪委书记 马　丽（女）
常务副总经理 荆向东
王　震
卢启财
殷清芳（女）

济南市垂直机构

历下区公安分局

局　　长 云廷华
政　　委 初吉兵
副 局 长 田建克
石蜀东
韩少鹏
宋心河
陶立冬（挂职）*
李　新（挂职）*
副 政 委 张德慧
纪委书记 张　跃
办公室主任 毛伟杰
政治处主任 郭绍文
△警务督察大队
大 队 长 苏艳军（女）
副大队长 郭　颖（女）
△国内安全保卫大队
大 队 长 鲁建兴
政　　委 董天才
副大队长 姬建华（女）
△经济犯罪侦查大队
大 队 长 王立刚
政　　委 殷昌军
副大队长 彭　伟
朱士水
△治安警察大队
大 队 长 李本胜
政　　委 孙连友
副大队长 黄福东
魏　强
陈义宝
寿　霞（女）
△刑事警察大队
大 队 长 朱玉杰
政　　委 张亚东
副大队长 陈雪峰
张克杰
李　刚
武延兵
△特警大队
大 队 长 刘卫东
副大队长 金继业
曹永超
△巡警大队
大 队 长 李　群
政　　委 张永成
副大队长 宋贵珍（女）
江　健
△网络警察大队
大 队 长 王元宝
政　　委 卢文强
副大队长 游其秀（女）
△禁毒大队
大 队 长 韩　超
政　　委 段谋宏
副大队长 孙晓鹏

国家税务总局济南市历下区税务局

党委书记、局长 张鹤华（7 月任职）
党委副书记 孙　静（女，7 月任职）
副 局 长 孙　静（女，7 月任职）
吕洪锐（7 月任职）
杨继云（女，7 月任职）
李善刚（7 月任职）
王学军（7 月任职）
高在胜（7 月任职）

宋永良（7 月任职）
张　毅（7 月任职）
纪检组长　王思斯（7 月任职）
总经济师　刘利群（7 月任职）
总会计师　郭云峰（女，7 月任职）

历下区交警大队

党组书记、大队长　孙小鹏
政委、党组副书记　王　磊
副大队长　孙衍虎
林　松
高殿涛
崔明尧

济南市国土资源局历下分局

党组书记、局长　仲伟选
纪检组长　宁　宁（女）
副局长　李中海
周全生

△济南市国土资源局历下分局国土资源征地收购中心

主　任　谷士朋

△济南市国土资源局历下分局国土资源执法监察大队

大队长　李晓明

△济南市不动产登记中心历下分中心

主　任　（空缺）

街　道

泉城路街道

党工委

书　记　马恒禹
副书记　路　文（女）*
张旭刚（9 月任职）
毛群虎
张　亮

办事处

主　任　路　文（女）*
张旭刚（9 月任职）
副主任　马兴法
汪颖春（女）
桂　龙（2 月任职）

人大工作室

主　任　闫成明

政协委员联络室

主　任　毛群虎

纪工委

书　记　武怀亮

武装部

部　长　闫成明（兼）

△社区服务中心（人力资源和社会保障服务中心）

主　任　（空缺）

大明湖街道

党工委

书　记　闫立彬
副书记　赵　菲（女）
张保国
李　华

办事处

主　任　赵　菲（女）
副主任　张健军
范小龙

人大工作室

主　任　杨　亮

政协委员联络室

主　任　张保国

纪工委

书　记　刘延东

△社区服务中心（人力资源和社会保障服务中心）

主　任　王迎宾

东关街道

党工委

书　记　赵冬梅（女）

副　书　记　田欣辉（9月任职）
胡　军
李剑涛*
潘东峰

办事处

主　　　任　李剑涛*
田欣辉（9月任职）

副　主　任　朱欲晓（女）
孔　亮

人大工作室

主　　　任　马继峰

政协委员联络室

主　　　任　胡　军

纪工委

书　　　记　李春来

武装部

部　　　长　潘东峰

△社区服务中心（人力资源和社会保障服务中心）

主　　　任　王　刚

建筑新村街道

党工委

书　　　记　包　昆（女）*
王若曦（9月任职）

副　书　记　王若曦*
田　冲（9月任职）
胡新梅（女）
殷　静（女）

办事处

主　　　任　王若曦*
田　冲（9月任职）

副　主　任　王洪磊
王　炜

人大工作室

主　　　任　李红军

政协委员联络室

主　　　任　胡新梅（女）

纪工委

书　　　记　郑　爽

武装部

部　　　长　王洪磊

△社区服务中心（人力资源和社会保障服务中心）

主　　　任　宋　哲

千佛山街道

党工委

书　　　记　徐希阳

副　书　记　刘　林
高　媛（女）
孟昭轶（4月挂职）

办事处

主　　　任　孟昭轶（7月挂职）

副　主　任　邓　青（女）
董　正（2月任职）

人大工作室

主　　　任　何登俊

政协委员联络室

主　　　任　高　媛（女）

纪工委

书　　　记　苏景海

武装部

部　　　长　刘　林（5月任职）

△社区服务中心（人力资源和社会保障服务中心）

主　　　任　刘宝礼

趵突泉街道

党工委

书　　　记　刘伟波

副　书　记　赵中建（4月挂职）
郭晓晨
顾承杆

办事处

主　　　任　赵中建（7月挂职）

副　主　任　乔小松

孙　玲（女）

人大工作室

主　　任　张荣民

政协委员联络室

主　　任　顾承杆

纪工委

书　　记　张才敏

武装部

部　　长　乔小松

△社区服务中心（人力资源和社会保障服务中心）

主　　任　任保金

解放路街道

党工委

书　　记　仵爱之（女）

副 书 记　贾　龙

李　忠

高　红

纪工委

书　　记　张文志

办事处

主　　任　贾　龙

副 主 任　刘彦岭

刘　伟

人大工作室

主　　任　胡　忠

政协委员联络室

主　　任　李　忠

武装部

部　　长　刘　伟

△社区服务中心（人力资源和社会保障服务中心）

主　　任　马继海

文化东路街道

党工委

书　　记　吴　强

副 书 记　车金星

樊　妍（女）

谭国辉

办事处

主　　任　车金星

副 主 任　尹明贵

李华东

马彦宁（12月任职）

人大工作室

主　　任　张宪武

政协委员联络室

主　　任　樊　妍（女）

纪工委

书　　记　汪　奕（女）

武装部

部　　长　谭国辉

△社区服务中心（人力资源和社会保障服务中心）

主　　任　王桂芹（女）

燕山街道

党工委

书　　记　刘俊刚

副 书 记　李　莎（女）*

张　源（女，9月任职）

王　慧（女）

谷长夫

办事处

主　　任　李　莎（女）*

张　源（女，9月任职）

副 主 任　张希永

邵明英（女）

常　亮（2月任职）

人大工作室

主　　任　王广建

政协委员联络室

主　　任　王　慧（女）

纪工委

书　　记　马现荣

武装部

部　　长　谷长夫

△社区服务中心（人力资源和社会保障服务中心）

主　　任　王冬梅（女）

甸柳新村街道

党工委

书　　记　张鲁宁*

潘欣（9月任职）

副 书 记　刘志勇

王　红（女）

李玉靖

办事处

主　　任　刘志勇

副 主 任　王连强

孔爱华（女）

人大工作室

主　　任　田化兵

政协委员联络室

主　　任　王　红（女）

武装部

部　　长　田化兵

纪工委

书　　记　黄立章

△社区服务中心（人力资源和社会保障服务中心）

主　　任　高雷键

姚家街道

党工委

书　　记　冯　毅*

王文利（9月任职）

副 书 记　王荣文

赵中建

杜庆华

办事处

主　　任　王荣文

副 主 任　谭海丽（女）

刘相国（7月挂职）

张传旻（7月挂职）

丁建平（7月挂职）

武延波（挂职）

人大工作室

主　　任　陈宪印

政协委员联络室

主　　任　赵中建

纪工委

书　　记　陈　泉

武装部

部　　长　杜庆华

△社区服务中心（人力资源和社会保障服务中心）

主　　任　范　彬

智远街道

党工委

书　　记　孟祥民

副 书 记　付延华

韩天颖

雷国胜

办事处

主　　任　付延华

副 主 任　王　磊（女）

李本刚

马　骥（2月任职）

人大工作室

主　　任　张志华

政协委员联络室

主　　任　韩天颖

纪工委

书　　记　林玉开

武装部

部　　长　雷国胜

△社区服务中心（人力资源和社会保障服务中心）

主　　任　周绍惠（女）

龙洞街道

党工委

书　　记　解　伟

副 书 记　潘　欣*

路　文（9月任职）

谷长荣

吴　亮

邱长文

办事处

主　　任　潘　欣*

路　文（女，9月任职）

副 主 任　巩　锐

韩孝功

人大工作室

主　　任　朱凤林

政协委员联络室

主　　任　谷长荣

纪工委

书　　记　李　娟（女）

武装部

部　　长　谷长荣

△社区服务中心（人力资源和社会保障服务中心）

主　　任　王平祥

（各单位提供）

责任编校：王海燕　李　燕

中国共产党济南市历下区委员会

大美历下系列图片 （邢可锋 摄影）

中国共产党济南市历下区委员会

综　述

【概况】 2018年，历下区委坚持以习近平新时代中国特色社会主义思想和党的十九大精神为指导，贯彻落实习近平总书记视察山东重要讲话精神，紧紧围绕打造“四个中心”、建设“大强美富通”现代化国际大都市目标，加快推进大美历下、现代历下、幸福历下建设，全省首善之区各项事业又迈上新台阶。

【学习贯彻习近平新时代中国特色社会主义思想】 2018年，学习贯彻习近平新时代中国特色社会主义思想和党的十九大精神，维护习近平总书记在党中央和全党的核心地位，维护以习近平同志为核心的党中央权威和集中统一领导。习总书记视察山东活动结束后，召开常委会、全委会进行传达学习，出台《关于深入学习贯彻习近平总书记视察山东重要讲话精神，谱写新时代全省首善之区建设新篇章的意见》，提出要在高举旗帜、实现高质量发展、提升城市功能形象等4个方面走在前列的要求，进一步凝聚起建设全省首善之区的强大合力。开展“大学习、大调研、大改进”活动，班子成员带头进企业进社区，带头接访下访，带头改进作风，带动各级干部雷厉风行、快干实干。省委提出全面展开新旧动能转换重大工程，市委提出争创国家中心城市、建设“大强美富通”现代化国际大都市目标后，主动对标省市委新思路、新目标、新要求，发挥中心城区优势，加快改革创新、推进产业升级、实施动能转换，确保上级部署要求在历下不折不扣落到实处。

【“1+454”体系落实】 **经济实现量质齐升。**加快构建以招商安商为核心，覆盖产业金融、科技服务等八大产业的扶持格局，设立4.2亿元专项扶持资金，聘请30名招商大使、招商专员、招商顾问，成功举办济南CBD国际投资发展大会、西雅图中美企业协同创新合作论坛等大型招商活动，与英国BP石油、苏黎世保险等知名企业达成合作意向37项，累计引进过亿元企业160家，10亿元以上企业15家，100亿元以上企业2家，世界500强项目7个，注册资本484亿元的山东铁投集团、135亿元的渤海湾港口集团、50亿元的鲁民投等大型企业和每日优鲜、优客工场等独角兽企业相继落户，为经济发展注入强劲动力。全年完成地区生产总值1494.8亿元，增长8.9%；完成一般公共财政预算收入144.19亿元，增长10.3%，总量继续保持全省前列。

项目建设提速增效。坚持向空间求发展、向楼宇要效益、以亩产论英雄，全年策划实施过亿元项目68个，历下总部商务中心等19个项目开工建设，汇金大厦等21个项目主体封顶，新增商业商务载体120万平方米。中央商务区进入全面开发的快车道。“山泉湖河城”五座超高层建筑和国际金融城加快建设，中国人寿大厦、历下金融商务中心、华润万象城等高端载体即将投入使用。

城市更新步伐加快。实施省粮食局宿舍等棚改项目9个，完成征收拆迁1732户，建成安置房4231套，均超额完成年度计划任务。投资2.5亿元，实现东箭道等3个地块212户居民整体外迁，为零散棚户区改造提供“历下样板”。化解项目历史遗留问题，诚基、万豪、卓越时代广场商业用房退房工作进展顺利。扎实推进明府城片区保护提升，完成非遗博览会和文博会展示活动，芙蓉街综合整治全面启动，千年古城焕发新的生机和活力。

2018年12月19日，区委书记马玉星（前排中）察看芙蓉街改造提升工作

城区环境更加整洁靓丽。坚持拆违拆临力度不减、标准不降，累计拆除违建150万平方米；加快推进解放东路特色街区更新，完成道路两侧5.3万平方米建筑物征收，实施全福河整治提升，着力打造“城市双修”样板工程。大力实施绿化美化工程，完成老虎山、长岭山等7座山体绿化，打造经十路、泉城路等高品质景观大道，扮靓城市形象。

社会事业全面进步。年初确定的40件民生实事顺利完成，群众获得感和满意度不断提升。编制完成基础教育设施三年建设规划，首年度27所学校建设任务全部启动，历山双语、甸新佳园等5所学校、幼儿园投入使用，教育资源分布更加均衡。区级养老服务中心开工建设，8处街道养老中心、23处社区中心完成升级改造，养老服务设施更加完善。落实退役士兵安置政策，生活救助1300人，推荐安置公益性岗位1400余个，退役士兵权益得到有效保障。完成“三级两会”、上合青岛峰会、全市四项重点任务等安保维稳和服务保障工作。深入推进扫黑除恶专项斗争，全区上下尽锐出战、重拳出击，依法严惩黑恶势力，打掉有社会影响的团伙19个，抓获犯罪嫌疑人208人，社会大局始终保持和谐稳定。

【干部队伍建设】 把新时期好干部标准作为干部工作重要遵循，旗帜鲜明地提出“决不亏待苦干实干的干部、决不亏待敢于担当的干部、决不亏待攻坚克难的干部”，注重在项目建设、双招双引等工作一线发现干部、考察干部，全年调整处级干部54人，一线干部占比70%以上，干部队伍结构更加优化，干事创业氛围更加浓厚。主动对接市委组织部“一号工程”，探索能力普选、政治筛选、适岗遴选、综合比选的“四阶”干部递进选育机制，选调28名中青年干部进行部门、街道双向互挂，组织32名年轻干部赴上海培训锻炼，一批优秀干部脱颖而出。坚持问题导向，以高度政治责任感，坚决抓好“一报告两评议”、选人用人专项检查反馈问题整改。强化专业培训，高标准打造“历下干部大讲堂”，邀请知名专家学者，围绕新旧动能转换等专题开展7期培训，累计培训4000人次，干部素质明显提升。大力推进城郊村居“一领四治”工程，对薄弱党组织进行集中整顿，筑牢基层战斗堡垒。激励担当作为，深入开展“干事创业好团队、担当作为好干部”评选，组织一线干部职工疗休养，对年度考核优秀的单位和个人落实物质奖励。

【全面从严治党】 **带头落实管党治党主体责任**。坚持逢会必讲全面从严治党责任落实，常委会15次听取党风廉政建设情况汇报，19次督办重要案件，努力把责任落实好、把职责履行好。区委区政府与区直部门、街道逐级签订责任书，层层传递全面从严治党强烈信号。落实领导干部述职述廉、廉政谈话、预警谈话等制度，开展区级党政班子成员向纪委全委会述廉述责，2018年扩大到区直部门一把手。区委和区纪委主要负责同志分别与街道、部门负责人开展廉政谈话、提醒谈话40人次，诫勉谈话18人次。

落实意识形态工作责任制。强化属地管理，抓好阵地建设，牢牢把握意识形态工作领导权。成立区委意识形态和宣传思想工作领导小组，出台考核督查意见，确保责任落实落细。区委理论学习中心组就《习近平谈治国理政》等专题组织学习19次，以理论上的清醒确保政治上的坚定。加强阵地建设和管理，对标习总书记“融为一体，合而为一”的要求，高标准建设历下融媒体中心，打造全媒体新闻采编“中央厨房”。扎实推进新时代文明实践中心试点工作，建设区委党校等5个区级中心，在街道、村居设立分中心和站点，打造形式多样、丰富多彩的文明实践活动品牌。

驰而不息抓党风廉政建设。用好监督执纪“四种形态”，抓早抓小，咬耳扯袖，前两种形态运用占到70%以上，让防微杜渐、治病救人成为常态。先后6轮对39个单位开展巡察，发现问题线索62条，立案审查55人，给予党纪政务处分55人。密切关注“四风”问题新动向新表现，紧盯公款吃喝、私车公养等问题，查处违反八项规定精神问题30起、处理47人。坚持以零容忍态度惩治腐败，突出土地征收、村级“三资”管理等重点领域，立案203起，给予党政纪处分191人，移送司法11人，始终保持惩治腐败高压态势。

全面加强班子自身建设。高度重视加强和改进自身建设，带头作维护核心对党忠诚的表率，维护以习近平同志为核心的党中央集中统一领导。带头严格执行民主集中制，严格遵守领导班子各项规章制度，区几大班子团结协作、求真务实，形成良好的政治生态。带头真抓实干，坚持在狠抓落实上身先士卒、动真碰硬，团结带领党员干部撸起袖子加油干。带头严格自律、廉政勤政，落实党风廉政建设主体责任，自觉接受全体党员和人民群众监督，以实际行动立好标杆、作好表率。

重要会议

【中国共产党济南市历下区第十二届委员会第四次全体会议】 7月6日举行。出席全会的有区委委员38人，候补区委委员7人。区纪委常委、区监察委委员和有关方面负责人列席会议。全会由区委常委会主持。区委书记马玉星讲话。

全会审议通过《中共济南市历下区委关

于深入学习贯彻习近平总书记视察山东重要讲话精神，奋力谱写新时代全省首善之区建设新篇章的意见》。

全会一致认为，在开启新时代、迈上新征程的关键历史节点，习近平总书记亲临山东主持上海合作组织青岛峰会并视察指导工作，对新时代山东工作作出全方位重要指示，进一步明确“在全面建成小康社会进程中走在前列，在社会主义现代化建设新征程中走在前列，全面开创新时代现代化强省建设新局面”的目标定位，充分体现以习近平同志为核心的党中央对山东工作的高度重视和对山东人民的深情厚意。全区各级党组织和广大党员干部要深入学习习近平总书记重要讲话精神，进一步树牢“四个意识”，坚定“四个自信”，做到“两个维护”。

全会指出，要切实强化对贯彻落实习近平总书记重要讲话精神的责任担当，在全省首善之区建设中展现新作为。要继续解放思想、提升境界，坚持改革创新，以首善标准谋划发展，以首善标准推动工作，以首善标准检验成效。要坚持敢于担当、勇于作为，把发展的重担牢牢扛在肩上，迎着矛盾上、顶着压力干，努力战胜各方面的困难和挑战，推动工作再上新台阶。要不断提升能力、增强本领，始终做习近平新时代中国特色社会主义思想的坚定信仰者和忠实实践者，努力做所在领域的专家、行家、实干家。要加强考核督导力度，完善综合考评机制，发挥问责利器作用，形成守土有责、守土负责、守土尽责的良好氛围。

全会号召，全区各级党组织和广大党员干部要更加紧密地团结在以习近平同志为核心的党中央周围，深入学习贯彻习近平新时代中国特色社会主义思想和党的十九大精神，落实党中央决策部署和省市委工作要求，不忘初心、不辱使命、不负重托，团结奋进、只争朝夕，奋力开创全省首善之区建设新篇章。

【常委会】 **十二届区委第29次常委会（扩大）会议** 2月12日召开。区委书记马玉星主持并讲话，区委副书记、区长谢兆村，区人大常委会主任、党组书记韩宏伟，区政协主席、党组书记曹辛，区委副书记尹红梅和区委常委出席会议。区政府副区长列席有关议题。会议听取全区“打赢新时代济南战役、争当‘济南第一团’青年突击队”活动和全区领导干部会议暨重点工作推进会筹备情况汇报；2018年区委、区政府与各街道、区直有关部门签订目标责任书的情况汇报；2017年全区重点工作考核情况汇报；全区村、社区“两委”换届选举工作情况的汇报；关于加强党（工）委（党组）意识形态工作责任制考核督查工作的汇报；关于民进历下区总支委员会班子增补副主委的汇报；关于2018年政治协商计划安排的汇报；关于拨付办事处补助保障资金的汇报。会议传达上级纪委全会精神，并研究有关贯彻落实意见。

十二届区委第30次常委会（扩大）会议 3月1日召开。区委书记马玉星主持，区人大常委会主任、党组书记韩宏伟，区政协主席、党组书记曹辛，区委副书记尹红梅和区委常委出席会议。区政府副区长列席会议。尹红梅传达党的十九届三中全会公报，与会人员集体学习大会精神。马玉星就贯彻落实好会议精神提出要求。

十二届区委第31次常委会（扩大）会议 3月12日召开。区委书记马玉星主持，区委副书记、区长谢兆村，区政协主席、党组书记曹辛，区委副书记尹红梅和区委常委出席会议。区政府党组成员、副区长参加会议。谢兆村传达习近平总书记在参加十三届全国人大一次会议山东代表团审议时的重要讲话，马玉星就深入贯彻落实讲话精神，确保习近平总书记的重要指示要求落到实处、见到实效讲意见。

十二届区委第32次常委会议 3月29日召开。区委书记马玉星主持，区委副书记、区长谢兆村，区人大常委会主任、党组书记韩宏伟，区政协主席、党组书记曹辛和区委常委出席会议。会议传达市委副书记、市长王忠林调研中央商务区建设工作时的讲话精神，研究历下区贯彻落实意见；听取关于购买泰府广场、红尚坊项目的汇报；传达上级统战部长会议精神，研究历下区贯彻意见；听取关于全区意识形态工作的情况汇报。会议书面印发《习近平在党的十九届一中全会上的讲话》和《习近平在党的新闻舆论工作座谈会上的讲话》，作为区委理论学习中心组学习材料。马玉星讲话。

十二届区委第34次常委会议 5月23日召开。区委书记马玉星主持并讲话，区委副书记、区长谢兆村，区人大常委会主任、党组书记韩宏伟，区政协主席、党组书记曹辛，区委副书记尹红梅和区委常委出席会议。听取关于城区和东南二环延长线山体绿化提升工作情况的汇报；关于“一湖一环”“明湖秀”活动保障工作情况的汇报；关于2017年度考核工作情况的汇报；关于开展干事创业好团队及过硬党支部、担当作为好干部及最美党员、优秀党建工作法推荐评选活动的汇报。

十二届区委第35次常委会议 5月31日召开。区委书记马玉星主持，区委副书记、区长谢兆村，区人大常委会主任、党组书记韩宏伟，区政协主席、党组书记曹辛，区委副书记尹红梅和区委常委出席会议。副区长石永先列席有关议题，区发改委、区园林局、区卫生和计划生育局、区人力资源社会保障局主要负责人列席会议。会议听取关于中央环保督察整改工作落实情况的汇报和关于追加财政预算资金情况的汇报，马玉星就抓好有关工作提出明确要求。

十二届区委第37次常委会 6月25日召开。区委书记马玉星主持，区委副书记、区长谢兆村，区人大常委会主任、党组书记韩宏伟，区政协主席、党组书记曹辛，区委副书记尹红梅和区委常委出席会议。马玉星传达学习习近平总书记在山东考察时的重要讲话精神，听取关于全区扶贫协作工作、宗教工作情况的汇报，以及关于设立区法学会党组和庆祝建党97周年有关工作的汇报。

十二届区委第40次常委会议 7月4日召开。区委书记马玉星主持，区委副书记、区长谢兆村，区人大常委会主任、党组书记韩宏伟，区政协主席、党组书记曹辛，区委副书记尹红梅和区委常委出席会议。会议听取关于区委十二届四次全体会议筹备情况的汇报，关于全区意识形态工作情况的汇报，关于建立干部职工疗休养制度情况的汇报，关于加强年轻干部培养锻炼工作情况的汇报以及关于全区扫黑除恶工作情况的汇报。

十二届区委第42次常委会议 8月1日召开。区委书记马玉星主持，区委副书记、区长谢兆村，区人大常委会主任、党组书记韩宏伟，区政协主席、党组书记曹辛和区委常委出席会议。会议传达中央第七巡视组关于巡视济南市专题情况的反馈意见，听取关于中央巡视组反馈意见整改落实工作有关情况的汇报，传达学习全市生态环境保护大会暨“四减四增”（减少过剩和落后产业，增加新的增长动能；减少煤炭消费，增加清洁能源使用；减少公路运输量，增加铁路运输量；减少农药化肥使用量，增加有机肥使用量）三年行动动员大会及全市招商引资招才引智工作会议精神，听取关于济南易通城市建设集团在全国中小企业股份转让系统挂牌的汇报、关于山东人工智能产业园有关情况的汇报、关于《济南市历下区区属国有企业管理办法（试行）》起草工作的汇报、关于推荐拟受省委组织部表彰的城市社区“担当作为好书记”“干事创业好班子”有关情况的汇报。

十二届区委第49次常委会会议 9月17日召开。区委书记马玉星主持，区委副书记、区长谢兆村，区人大常委会主任、党组书记韩宏伟，区政协主席、党组书记曹辛，区委副书记尹红梅和区委常委出席会议。会议听取关于信访工作有关情况汇报、关于扫黑除恶工作情况汇报、关于历下区农村集体产权制度改革工作汇报。

十二届区委第50次常委会会议 9月21日召开。区委书记马玉星主持，区人大常委会主任、党组书记韩宏伟，区政协主席、党组书记曹辛，区委副书记尹红梅和区委常委出席会议。会议听取关于全区基础教育设施三年建设规划工作情况的汇报，关于市总工会、团市委、市妇联、市科协换届工作历下区有关情况的汇报，关于宗教工作自查督查有关情况的汇报，关于全省组织部门推进扫黑除恶专项斗争专题视频会议精神的汇报，关于设立国家税务总局济南市历下区税务局党委的汇报。

十二届区委第51次常委会会议 9月30日召开。区委书记马玉星主持，区政协主席、党组书记曹辛，区委副书记尹红梅和区委常委出席会议。会议传达学习《习近平总书记关于请示报告重要论述摘编》；传达全市组织工作会议精神及全市组织部门推进扫黑除恶专项斗争专题会议精神；研究全区考核工作有关事项和全区人才工作有关文件；听取关于领导干部离任交接监督管理办法的情况汇报。

十二届区委第53次常委会会议 11月15日召开。区委书记马玉星主持，区委副书记、区长谢兆村，区人大常委会主任、党组书记韩宏伟，区政协主席、党组书记曹辛，区委副书记尹红梅和区委常委出席会议。会议听取全市综治三项重点工作现场推进会精神及历下区贯彻落实意见的汇报、关于2018年房屋征收计划调整的汇报、关于全市国有企业党建专项考核工作有关事项的汇报。

十二届区委第55次常委会会议 12月14日召开。区委书记马玉星主持并讲话，区委副书记、区长谢兆村，区人大常委会主任、党组书记韩宏伟，区政协主席、党组书记曹辛，区委副书记尹红梅和区委常委出席会议。会议听取关于解决舜井商厦项目遗留问题有关情况的汇报、关于人力资源产业园有关情况的汇报、关于支持历下—平阴科技产业园有关情况的汇报。

十二届区委第56次常委会会议 12月18日召开。区委书记马玉星主持并讲话，区委副书记、区长谢兆村，区人大常委会主任、党组书记韩宏伟，区政协主席、党组书记曹辛和区委常委出席会议。会议听取关于泰府广场—红尚坊街区改造工程的汇报、关于芙蓉街改造提升和业态调整的汇报、关于全区教育基础设施三年规划建设情况的汇报。

【全区领导干部会议暨重点工作推进会议】 2月24日召开。区委书记马玉星出席会议并讲话，区委副书记、区长谢兆村主持会议，区人大常委会主任、党组书记韩宏伟，区政协主席、党组书记曹辛，区委副书记尹红梅和区委常委出席会议。尹红梅通报2017年度重点工作考核情况，宣读区委、区政府关于表扬十九大安保维稳先进集体和个人、“创城”工作先进个人的决定；区委、区政府与“四个中心”建设4个责任单位和13个街道签订目标责任书；姚家街道、东关街道，历下控股集团、区投资促进局、区住房和城市建设局、区发改委、历下公安分局7个单位发言。

【全区领导干部会议】 3月23日召开。会议深入学习习近平总书记重要讲话精神、传达学习全国两会精神和省、市领导干部会议精神，动员全区上下迅速把思想统一到全国两会精神上来，确保中央的各项决策部署和省、市委的安排要求在历下落地生根。区委书记马玉星出席会议并讲话，区委副书记、区长谢兆村，区政协主席、党组书记曹辛，区委副书记尹红梅和区委常委出席会议。

【全区招商引资工作大会】 4月9日召开。会议深入贯彻党的十九大和全国“两会”精神，贯彻全市招商引资工作会议精神，总结2017年招商引资工作，部署全年任务，动员全区上下进一步解放思想、鼓足干劲、拉高标杆、开拓创新，推动招商引资工作实现全面突破，为加快新旧动能转换、实现高质量发展提供强有力的支撑。区委书记马玉星，区委副书记、区长谢兆村，区人大常委会主任、党组书记韩宏伟，区政协主席、党组书记曹辛，区委副书记尹红梅，区领导纪亮、续明、王海清出席会议。会议由谢兆村主持。会议通报2017年度全区招商引资工作情况和考核结果；宣读关于聘请历下区招商大使、招商专员和招商顾问的通知；与会领导为2017年度招商引资先进单位颁奖，向招商大使、招商顾问、招商专员代表颁发聘书；燕山街道、区财政局、历下控股集团、每日优鲜公司和招商大使代表分别发言；最后，马玉星讲话，就做好招商引资工作作出安排部署。

【全区优化营商环境动员大会】 6月22日召开。区委书记马玉星，区人大常委会主任、党组书记韩宏伟，区政协主席、党组书记曹辛，区委副书记尹红梅和区委常委出席会议。会议由尹红梅主持。与会同志集中观看市纪委、市监察委组织拍摄的《济南市发展环境明察暗访纪实》专题片；马玉星就抓好问题整改，优化营商环境提出要求。

【全区招商引资招才引智工作会议】 10月12日召开。区委书记马玉星主持会议并讲话，区委副书记、区长谢兆村，区人大常委会主任、党组书记韩宏伟，区政协主席、党组书记曹辛和区委常委出席会议。智远街道、区投促局、区科技局、历下控股集团分别发言，区领导向山东大学教授卢景琦、王海华，北京大学博士生王伟、邹文博、李东、季宇、马玥等7名同志颁发到区有关部门、单位担任科技副职的聘书。

（赵文溪）

区委办公室工作

【概况】 2018年，贯彻党的十九大和习近平总书记系列重要讲话精神，围绕建设全省首善之区中心任务和区委、区政府一系列重大决策部署，推进“两学一做”学习教育常态化制度化，打造坚强有力的班子队伍，完成各项综合文字工作，推进新时期党的督促检查，深化改革协调服务，规范保密机要安全管理，组织协调区委会议及活动，加强廉政建设，树立清正为民良好形象。

【综合文字起草】 2018年，高标准起草撰写领导讲话、工作总结等重要文献200余篇、50余万字。在全市重点项目建设督查评议活动准备过程中，从区委主要领导的大会发言稿到巡视沿线的广播解说稿、现场讲解稿，展示区委、区政府加快推进全省首善之区建设的思路、措施和工作成绩，得到各级领导的好评。注重加强对区委重要工作的总结和提炼，突出营商环境、征地拆迁、项目建设和双招双引等重点工作，向省委、市委领导及有关内部刊物报送相关经验材料，得到上级领导的高度重视和充分肯定。

【督查工作】 推进新时期党的督促检查工作。围绕全市“1+454”工作体系和全区中心任务，从严从实推动各项决策部署落地生根。扎实做好领导批示交办事项，确保“件件有回音，事事有着落”。全年办理各类领导批示交办事项141件，办结率100%；撰写督查报告、呈阅报告等136件，形成“逢批必查、凡查必果、有果必报”的督查运行体系。扎实做好决策督查和专项督查，确保省市区委各项部署落实到位。年初组织13个街道和有关部门签订任务责任书，实行月调度、季通报，营造赶学比超的浓厚氛围，推动“四个中心”建设和五项重点工作落实落细；着力抓好中央巡视反馈意见整改，省环保督察反馈意见整改，优化营商环境、深化“一次办成”改革以及农村集体产权制度改革等专项工作的督促检查，以督查实效推动各类反馈问题整改彻底、各项任务部署落地见效。扎实做好督查调研，充分发挥参谋助手作用。瞄准历下空间狭小的实际，对标高质量发展要求，以新旧动能转换为契机，广泛搜集资料、征求意见，撰写《以新旧动能转换为抓手，推动历下区高质量发展的调研报告》，围绕全区如何拓展发展空间提出建议，为领导科学决策提供有效依据，得到区委主要领导充分认可；调研中发挥主观能动性，在《大众日报》《济南日报》、省委办公厅《督查工作》等刊物刊发多篇督查调研文章，进一步营造全区真抓实干的务实作风。扎实做好督查服务，主动深入基层破解难题。在常委办公室主任带领下，着力做好历史遗留问题的解决，经过不懈努力，停滞十余年的廻龙苑项目重新启动，林溪花园“高价水”问题得到有效解决，八涧堡征地拆迁后续工作稳步推进，全区事业单位改革实现突破性进展。在全市督查干部专业能力提升班上，历下作为全市11区县唯一代表作典型发言。

【会议和活动组织协调】 完成区委会议、活动组织协调。充分发挥办公室承上启下、协调各方的作用，按照程序科学、组织周密、服务细致、准备充分的原则，精心组织筹备各项工作。严格做好区委重大活动方案制定、通知拟发、材料准备、会场布置、会议服务等各方面工作，将严谨细致的要求和作风贯穿于各个环节，确保重要会议、活动组织顺利进行。组织好各种动员会、部署会、协调会、调度会，深入实地调研、周密准备策划，全力以赴迎接全市重点项目建设督查评议活动。勤俭节约、周密高效地做好上级视察、领导调研和兄弟区县的考察学习活动，做到既热情周到，又节俭规范。组织好区委领导到基层的视察调研活动，注意轻车简从，最大限度地减轻基层负担。大力精简会议，严格控制会议数量和规格，精简会议数量，提高会议实效。全年组织各类会议、活动、领导视察调研 170 余次。

【保密机要】 抓好保密教育培训工作，在南京大学保密学院举办全区保密干部轮训班，组织 50 余名保密干部参加，全区保密专兼职干部业务能力有效提升；为全区 2800 余台计算机安装保密宣传计算机屏幕保护程序，做到时时宣传、刻刻提醒，构建起警钟长鸣的保密宣传环境。抓好保密检查工作，开展“互联网保密专项检查”等 3 次保密督查检查，抽查内外网计算机 200 余台，及时发现并处置泄密隐患；抓好技术防范工作，升级违规外联报警平台，配备保密自查自评检查系统等科技装备，提高工作效率，阻断违规行为，堵住泄密漏洞。抓好制度建设工作，健全公文管理制度，明确公文接收等各环节职责和办理程序，实现对密级文件电报从接收、传阅到收回的全程管理，累计办理中央和省市委文件 580 余份、电报 400 余份，转办市委电子公文 800 余份，确保中央和省市委工作部署高效运转。

【深化改革】 2018 年，区委改革办按照区委全面深化改革领导小组统一部署，全力做好全面深化改革协调服务各项工作，定期组织召开领导小组会，在全市率先召开改革推进会和考核会，出台《全面深化改革 2018 年工作要点》《历下区全面深化改革督察工作实施办法》等改革文件，对全区全面深化改革工作作出总体部署和具体安排。在全区共同努力下，服务业综合改革、全国社区治理和服务创新实验区建设等试点工作成效显著，民主法制和社会治理体制改革、行政体制改革等各重点改革领域均取得新突破。

【信息编报】 围绕全区经济社会发展中的大事要事，搜集、选报各类信息，编发《历下工作》20 余期；上报信息 600 余篇，其中中央办公厅采用 6 篇，省委办公厅采用 95 篇，市委办公厅采用 166 篇；市政府主要领导批示 1 篇，区委主要领导批示 3 篇。组织召开全区文秘骨干业务培训会，培训各级各部门从事公文起草和信息工作人员共计 200 余人次。做好区委网站的运行维护，及时更新信息、公布政策，宣传的广度和深度不断扩大。充分发挥历下大厦门厅电子显示屏作用，循环播放学习宣传贯彻党的重大会议及政务活动、重点项目建设等内容，打造新的舆论宣传阵地。

（赵文溪）

组织工作

【概况】 至 2018 年底，全区基层党组织 1707 个，其中各级党委 144 个、党总支 48 个、党支部 1515 个。共有党员 35468 名。其中，预备党员 239 名，占 0.67%；女党员 15175 名，占 42.79%；少数民族党员 514 名，占 1.45%；35 岁以下的 7103 名，占 20.03%；36 岁至 60 岁的 14851 名，占 41.87%；61 岁以上的 13514 名，占 38.10%。大专以上文化程度的 22390 名，占 63.13%；高中（中专）文化程度的 8928 名，占 25.17%；初中以下文化程度的 4150 名，占 11.70%。1937 年 7 月至 1949 年 9 月入党的 118 名，占 0.33%；1949 年 10 月至 1978 年 12 月入党的 5908 名，占

16.64%；1979 年 1 月至 2002 年 10 月入党的 16296 名，占 45.95%；2002 年 11 月及以后入党的 13146 名，占 37.06%。公有制经济单位在岗职工党员 8457 名，占 23.84%；非公有制经济单位在岗职工党员 4726 名，占 13.32%；农牧渔民党员 1443 名，占 4.07%；离退休党员 14791 名，占 41.70%；其他人员 6048 名，占 17.05%。

【干部选拔任用与监督管理】 **科学选任**。对接市委“一号工程”，探索实施“四阶”递进选育机制，选调 28 人进行双向交流互挂。聚焦“科学精准、务实管用”，构建干部调研、评估、年度考核“三位一体”日常考察模式，与 83 个单位 2000 余名干部逐一谈话，一批担当作为、实绩突出的一线干部进入视野，全年调整处级干部 94 人，“实在实干实绩”导向更加鲜明。

从严管理。开展企业兼职、“吃空饷”“圈子文化和码头文化”等 11 项问题专项整改，对发现的问题应改尽改。开展个人有关事项报告查核，随机抽查核实 83 人次，对漏报、瞒报人员严肃处理，其中批评教育 11 人、责令作出检查 7 人、诫勉 13 人。出台《领导干部离任交接监督管理办法》《机关事业单位借调人员管理办法》等，建立“七必谈两必听”制度，对 36 名干部及时提醒函询，防止小毛病演化成大问题。

教育培训。围绕中心、瞄准前沿，高标准打造“历下干部大讲堂”品牌，邀请专家学者和业界权威举办 8 期专题讲座，累计培训 4000 余人次，举办第十六期中青班，联合上海交大开展为期 5 个月的经济管理研修班，选调 30 名具有经济工作基础的“85 后”干部参加，提升专业素养。

正向激励。开展“干事创业好团队、担当作为好干部”评选工作，10 个团队和个人受到表彰，组织 40 余名一线干部职工疗休养，干部活力持续激发。改进考核评价机制，突出考核导向激励作用，加大考核奖惩力度，对考核成绩优秀单位和个人给予物质和精神奖励，将考核结果作为领导班子调整和领导干部使用的重要依据，形成劳有所得、功有所奖、崇尚实干的浓厚氛围。

【基层党组织建设】 落实“党建首善之区建设三年行动计划”，完善党内组织生活“1+6”制度体系，以提升组织力为重点，突出政治功能，加强党员教育管理，夯实基层党建力量 。

提升城市社区党建工作品牌。推行“工委 + 专委”工作模式，深化区域融合共治，有关做法在全省相关会议上做交流发言；继续实施社区党组织星级评定，星级实行动态管理，全年共确定晋升“五星级”社区党组织 7 个、“四星级”社区党组织 5 个，新评定“四星级”社区党组织 1 个、“三星级”社区党组织 2 个，其余社区党组织保持原有星级不变；传承发扬陈叶翠精神，精心组织创作情景剧《初心》、现代吕剧《生命日记》，重点打造的陈叶翠精神实景教育基地成为全市党员干部学习教育的重要阵地。

构建党建引领村居共建新格局。牵头实施“一领四治”工程，发挥党组织领导核心作用，构建党建引领自治、法治、德治、共治并进的村居治理新体系，相关工作得到国家民政部、省委组织部充分肯定，新华社以《城郊村基层治理的“历下探索”》为题进行专题报道；强力整顿软弱涣散基层党组织，对“两委”干部进行“二次体检”，落实好“小微权力清单”“三务”公开、“三资”管理等工作制度，结合基层组织领域扫黑除恶行动，打造坚强堡垒。

推动“两新”组织党建融合发展。实施“扩覆盖攻坚行动”，推动党组织覆盖率提升43个百分点，全区6家单位被评为市级“两新”组织党建工作示范点；领办“实施‘双培双带’工程，提升社会组织党建工作科学化水平”突破项目，“双培双带”模式参评全国城市基层党建创新案例。

提升机关党建和国有企业党建工作水平。推行机关党组织星级管理，引导党组织创先争优、比学赶超，整治机关党建“灯下黑”问题；组织60家区直部门单位党组织与社区党组织建立结对联系，推动4000余名在职党员到社区报到；出台《国有企业党建标准化实施意见》，分别明确区属国有企业党委建设5大类32条具体标准和区属国有企业基层党支部建设5大类23条具体标准，强化党组织政治功能和在法人治理结构中的法定地位。

持续强化党员教育管理。开展“大学习、大调研、大改进”，结合“六个一”主题拓展全区重点工作和党员教育的优化融合，通过落实“三照三转三改三推”要求，实现党建工作助力城市发展提升；完善发展党员工作跟踪督查机制，对262名发展对象进行党的基本知识培训和结业测试，取消27名考试成绩不合格、政审不配合、不符合发展条件发展对象资格，全年发展235名党员；拨付110万元用于走访老党员、困难党员群众、下岗失业党员及老党员生日慰问；不断加强在京流动党员党委教育管理水平，加强对150名在京流动党员的管理服务。

【人才工作】实施“趵突”人才强区战略，深化“一核三优”工作模式，强化人才引进、培养和作用发挥。

坚持产业选才，人才集聚效益日益凸显。开展人才基础信息采集统计工作，梳理高层次人才信息1000余条，企业人才需求270条、技术需求190条，为摸清全区人才资源状况、实现产业集聚与人才荟萃的良性互动提供决策依据。立足区域实际，出台《高端人才引进一事一议办法》《社会化引才奖励办法》等相关政策，在高端人才创新创业和鼓励社会引才方面先行先试，构筑人才集聚强磁场。

坚持平台引才，产学研用实现良性互动。成立济南历下产业发展研究院，集聚北京大学社会学部部长龚六堂教授、中国科学院大学双创学院院长董纪昌教授等国家级人才工程人选10余人，推动形成新的创新熟地。拓宽海外招才引智新渠道，成立济南西雅图协同创新中心、济南历下引进海外人才法国联络处，设立创新项目孵化器、双创中心，邀请20余个海外项目到区路演，吸引海外高层次人才回国发展，构建高科技资源对接的“绿色通道”。

坚持服务留才，人才发展环境不断优化。深化党委联系专家和人才服务专员制度，建立领军人才创业项目跟踪对接机制，定期走访、电话联系、网络沟通，提升“精准、精细、精品”服务能级。加强人才梯队建设，开展“企业家素质提升工程”，组织入选企业家到浙江大学进行培训，全面提升全区经营管理人才综合素质。加大政策宣讲力度，探索人才政策进高校、进企业、进平台“三进”活动，印制政策汇编2000余册，召开政策宣讲会20余场，帮助人才享受政策红利。大力开展“弘扬爱国奋斗精神、建功立业新时代”主题活动，组织高层次人才赴湖南开展爱国主题教育，赴湘西开展产业扶贫活动，提升各类人才的获得感。

（路川荣）

编制工作

【概况】 2018年，历下区机构编制委员会办公室围绕首善之区建设，推进“放管服”改革促进营商环境优化，协同推进机构改革和重点领域改革，强化体制机制保障，加强机构编制管理推进科学精细化，各方面工作都取得进展，为持续深化改革、服务发展奠定坚实基础。至年底，全区行政机关64家、事业单位281家。深化放管服改革，优化营商环境。按照国务院、省市推进审批服务便民化的有关部署，以“一次办成”为目标，落实改革举措，助推新旧动能转换，实现营商环境更优、办理流程更简、服务效率更高。统筹推进综合改革。围绕服务社会民生的焦点、难点问题，按照省市的相关部署，推进综合行政执法体制改革，调整12345市民服务热线管理体制，统筹推进事业单位改革，为服务民生、促进发展提供机构编制保障。加强机构编制管理，提升精细水平。结合党政机构改革重大部署，从加强机构编制精细化入手，持续完善职责管理、编制管理、实名制管理，提高机构编制服务效能，为下一步改革创新做好准备。

【调整“三张清单”】 涉及新增、取消、优化整合、调整要素的行政权力事项共计401项，重新公布区安监局、区环保局、区综合行政执法局的行政权力清单，调整后区级行政权力清单事项共计2503项。对区政务服务事项中介服务项目进行梳理，重新公布保留的区发改委等10个部门政务服务事项中介服务项目19项。区发改委72项行政处罚、5项行政强制，区住建局44项行政处罚、9项行政强制，区经信局20项行政处罚，共计150项行政权力事项划转至市级相关部门，不再纳入区级行政权力清单，实现减少执法层级、相对集中执法权和优化执法力量的目的。

【“双随机、一公开”】 至年底，各部门共建立事中事后监管制度241项。历下区32个具有执法主体资格的部门（单位）编制公布随机抽查事项清单，随机抽查事项共计160项。有8个部门（单位）公布抽查计划数16个、抽查结果信息数192条。

2018年3月15日，全区政务服务“一窗受理、集成服务”改革工作部署会议

【推行“一次办好”】 制定历下区贯彻落实“一次办成”深化“放管服”改革实施方案，包含就业创业降门槛、市场主体减负担、有效投资拓空间、营商环境优服务、群众办事提效能、政务平台强功能、窗口队伍

塑形象、改革效果评价实、体制机制抓保障、督查问责措施严等10类、40项主要内容、72项具体任务，明确历下区17个牵头部门任务，责任部门涉及全区40余个部门、单位。制定《全面深化“零跑腿”“只跑一次”“你不用跑我来跑”改革实施方案》，最终向社会公布区级39个部门（单位）和13个街道“三跑”清单共计1847项，其中“零跑腿”48项、“只跑一次”1797项、“你不用跑我来跑”2项。

【调整12345热线管理体制】由区政府督查室挂济南市历下区人民政府城市管理综合考评办公室牌子，划入区城市管理局“承担区城市管理委员会的日常工作，组织开展城市管理综合考评工作”职责。将历下区城市管理监督指挥中心隶属关系由区城市管理局所属调整为区政府办公室所属，更名为济南市历下区12345市民服务热线运行中心。设立济南市历下区数字化城市管理中心，为区城市管理局所属事业单位。

（徐好言）

宣传思想工作

【概况】区宣传思想文化工作坚持正确的政治方向和舆论导向，围绕“五区共筑”发展战略和“大美历下、现代历下、幸福历下”目标，唱响主旋律、打好主动仗、传播正能量，工作有创新、有亮点、有突破、有成效，为加快推进全省首善之区建设提供坚强思想保证和强大精神力量。全面落实意识形态工作责任制，深入推进理论教育学习和主题宣讲活动。超前谋划启动历下区融媒体中心建设，搭建起全省首个区级“一次采集、多种生成、多元传播”的中央厨房系统和网络舆情、社情民意监测平台。依托爱济南新闻客户端和山东广电网络开发建设开通“首善历下”APP和智慧历下网络电视台，改版升级历下头条微信公众号，全年在各级各类媒体刊发（播）稿件近万篇（条）次。加强网络平台监管和网评员队伍建设，“两会”、上合峰会等重要节点和村两委换届、扫黑除恶敏感时期舆情管控扎实有力。扎实推进新时代文明实践中心建设，构建起覆盖“区、街道、社区（村居）”三级文明实践工作体系，建成13个街道分中心、108个社区村居文明实践站，组建133支文明实践志愿服务队伍，打造社区公益银行、房泽秋孝老爱亲志愿服务驿站、小院茶摊、开心益课等多个文明实践活动品牌和和平北社区、历山路社区、甸柳三居等文明实践先进典范。启动社会主义核心价值观创建“十个一”工程，策划组织“小手拉大手文明一起走”活动，“文明交通大篷车”走进28所小学，交通安全和文明出行宣传初显成效。推荐及评选“山东好人”“济南好人”共13名，入选“济南十大榜样”1人、“历下榜样”10人，报告文学《小巷总理陈叶翠》出版发行。深化文化体制改革发展工作，文化产业增加值84.9亿元，占GDP比重6.7%，稳居全市首位，群众性文艺汇演、非遗项目展、全民阅读等文化惠民活动深入开展。

“山东好人”

姓名	单位
潘道慧	甸柳新村街道第五社区第二支部书记
张　琳	区公安分局科院路派出所社区民警

“济南好人”

姓名	单位
刘庆祥	历下区银座花园社区居民
刘元用	区城管局外环路环卫所环卫工人
梁光林	山东省漫画家协会理事
刘晓芹	济南鲁派刘式修脚店总经理
潘道慧	甸柳新村街道第五社区第二支部书记
郭永赞	泉城路街道贡院墙根社区党委书记、居委会主任
张　琳	区公安分局科院路派出所社区民警
李学云	千佛山街道千西社区居民
陈顺利	区城管局经十东路环卫所保洁员
卢松翠	燕山街道益寿路社区党委书记
刘建波	解放路街道十亩园社区下河涯街党支部书记

“济南十大榜样”

荣誉名称	姓名	单位
公益济南榜样	李晓康	济南市燕翔小学老师

“历下十大榜样”

荣誉名称	姓名	单位
荣耀历下榜样	李义开	济南科金投资管理有限公司总经理
诚实守信榜样	颜世睿	济南市燕柳小学学生
公正法治榜样	闫　勇	区法院燕山法庭庭长
创新创业榜样	王永上	山东禾言己餐饮管理有限公司总经理

续表

荣誉名称	姓名	单位
仗义担当榜样	郝俊美	济南丽人花艺商行总经理
	于　丽 李大琳 李　静 张　涛	建设银行济南分行职员
爱岗敬业榜样	张　琳	区公安分局科院路社区民警
	杨　珂	大明湖街道城管科科长
孝老爱亲榜样	刘桂香	东关街道长南社区居民
助人为乐榜样	潘道慧	甸柳新村街道第五社区居民
基层干部榜样	刘永海	文化东路街道和平路社区党委书记
公益责任榜样	李晓康	济南市燕翔小学教师

【意识形态工作】 制定印发《关于加强党（工）委（党组）意识形态工作责任制考核督查工作的实施意见》和《历下区党（工）委（党组）网络意识形态工作责任制实施细则》，就“工作职责、目标任务、督查考核、责任追究”等进一步细化和量化。具体工作中，自觉把意识形态工作纳入重要议事日程，纳入党建工作责任制，纳入领导班子、领导干部目标管理，始终坚持与经济建设、政治建设、文化建设、社会建设、生态文明建设和党的建设工作紧密结合，一同部署、一同落实、一同检查、一同考核。

2018年9月，历下区新时代文明实践中心传统文化主题实践基地暨世茂宽厚里孔子学堂揭牌仪式

【理论学习】 制定印发《历下区各级党委（党组）理论学习中心组2018年理论学习安排意见》，发放《习近平谈治国理政》（第二卷）、《新时代面对面》《宪法》（修订版）、《习近平新时代中国特色社会主义思想三十讲》等各种理论学习书籍近万册。邀请山东大学教授、博士生导师肖金明，中共山东省委全面深化改革领导小组办公室专职副主任杨占辉，上海大学社会学院教授顾骏，人民

网《网络舆情》杂志总编辑祝华新教授，中央纪委中国纪检监察学院副研究员、党的纪律建设教研室主任王希鹏等专家到历下区作专题辅导报告，全年组织区委中心组集中学习19次。组织全区1600余名党员干部参加党的十九大报告考试，举办全区宣传思想文化骨干培训班，提高党员干部理论素质；组织全区党员干部群众参与“学习十九大、奋进新时代”百题知识竞答，三期活动收到答题卡近9万张。市委讲师团“中国特色社会主义理论体系宣教基地”落户历下区明府城百花洲泉水人家民俗馆。举办“放飞青春筑梦想 建功历下谱华章——历下区践行党的十九大精神主题演讲比赛”和2018“首善之区青年榜样”评选活动，以赛促学、以评导学，掀起理论学习新热潮。深入开展陈叶翠同志先进事迹巡回宣讲，发动文艺创作生产单位和全区广大文艺工作者创作以陈叶翠同志先进事迹为题材的戏剧、歌曲、演出等多种形式的文艺作品，成功将现代吕剧《生命日记》、情景剧《初心》搬上舞台，创作先模人物长篇报告文学。深入开展“中国梦·新时代”百姓宣讲活动故事类、曲艺类和视频类选拔赛，全区各行各业的近百名选手运用相声、小品、快板、三句半等丰富的表现形式，说唱中国梦，讴歌新时代。

【新闻宣传】 围绕区委、区政府中心工作和重大决策部署，结合新旧动能转换、招商引资项目建设、保障改善民生、拆违拆临、扫黑除恶专项斗争、环保督查等全区性重点工作，精心组织策划系列重大主题宣传报道活动，讲好历下故事、传播历下声音、汇聚发展合力。在各级新闻媒体刊发《历下：坚定首善标准 开启崭新篇章》《历下区绘就精彩纷呈的首善画卷》《奋力书写“全省首善之区”华美篇章》等重点稿件，全年在各级各类媒体刊发（播）稿件5200余篇（条）。其中，老旧小区居民楼加装电梯的经验做法在中央电视台新闻频道播出，引起强烈反响。挖掘历下区各行各业涌现出的重大典型、经验做法，集中展示历下区对标全市“1+454”体系、勇当夺标“突击队”、誓做济南“第一团”、担当作为“出彩型”好干部的精神风貌和生动实践，充分展现历下区打造“大美历下、现代历下、幸福历下”的进展和最新成就。对标习近平总书记“融为一体，合而为一”要求，高标准规划建设历下区融媒体中心，打造“一次采集、多种生成、多元传播”的全媒体新闻采编“中央厨房”。整合各类媒体资源，建设开通“首善历下”移动客户端和历下网络电视台，建立起全区统一的融媒矩阵。

【舆情引控】 拟定《历下区党委（党组）网络意识形态工作责任制实施细则》，明确党委（党组）领导班子、领导干部网络意识形态工作责任，把网络意识形态工作情况列入领导班子民主生活会、巡视巡察、干部考核、述责述廉的重要内容。成立区网络安全工作领导小组，健全完善《历下区网络舆情应急处置方案》，建立健全重大网络舆情事件主体责任制度，建立联席会议制度，提高处置网络突发事件的效能，及时妥善应对各类网络突发事件。加强网络评论员队伍建设，确立《网络评论员考核办法》，对全区网评员统一管理、统一培训，完善网评工作考核激励制度，全年评选区级优秀网评员10名、市级优秀网评员5名。部署开展全区网络安全检查工作，结合宣传干部培训班，组织全区各单位相关人员就网络安全及舆情处置相关知识进行培训。落实网络舆情周报、日报、月报、专报制度，编发涉及教育、环保、维稳等舆情专报3期,《网络舆情动态》周报50期,《信访月报》12期并及时转发相关单位处置。下达《网络舆情督办单》1期，对连续多次登上舆情周报还未解决的问题进行现场督导；处置市网信办舆情提示单7条舆情线索，避免网络负面情绪累积形成热点。两会、上合峰会、中高考和扫黑除恶任务期间执行24小时值班制度，建立历下区网信办涉黑涉恶案件线索监测处理工作机制、实时监测网络舆情动态，上合峰会期间编报《历下网络舆情每日动态》4期。继续与人民网、大众网合作，对涉及历下区的网络舆情进行24小时实时动态监测，并及时汇总网舆活跃账号情况，定期更新近期活跃账户，密切追踪，确保重大舆情第一时间发现，及时化解。

【文化产业事业】 研究起草历下区文化产业发展三年行动计划和鼓励文化产业发展的政策意见，做好文化企业跟踪服务工作，督促大型规上企业上规入库，继续做好国家、省、市文化企业文化专项扶持资金的申报审核工作，重点对近三年15家企业文化发展专项资金支持项目的管理使用情况进行专项检查。国家传统工艺工作站在济南百花洲挂牌，组织非遗社区行活动20余场次，完成第五届中国非遗博览会百花洲分会场的各项工作任务。成功举办历下区第十六届元宵灯会、文化旅游特色街区文化节暨第三届非遗保护成果展示、第三十五届消夏晚会等系列品牌活动，全年举办大型群文活动100余场次。围绕济南解放70周年、建党97周年等重要时间节点，加强选题策划，实施项目化推进，全区文艺界创作主题作品近百件。研究制定鼓励文艺精品创作的政策办法，《历下倾城》图书荣获济南市第十一届精神文明建设“文艺精品工程”称号。

（王一雯）

精神文明建设

【概况】 历下区精神文明建设工作坚持以习近平新时代中国特色社会主义思想为指导，全面落实省市区委各项决策部署，围绕建设全省首善之区中心任务，以培育和践行社会主义核心价值观为主线，以巩固提升创建全国文明城市成果为契机，推动新时代文明实践中心建设，大力弘扬中华优秀传统文化，不断深化群众性精神文明创建活动，突出志愿服务、文明交通、典型选树，推进各级各类文明创建工作制度化规范化，全面加强未成年人思想道德建设，城市文明程度和市民文明素质不断提升。

【社会主义核心价值观建设】 启动培育和践行社会主义核心价值观“十个一”工程，即打造社会主义核心价值观主题公园，打造社会主义核心价值观主题学校，打造社会主义核心价值观主题社区，编印社会主义核心价值观主题教材，打造社会主义核心价值观文艺精品，打造学雷锋志愿服务品牌，打造群众性精神文明创建活动品牌，打造核心价值观宣讲队伍，打造优秀传统文化弘扬工程，打造“我们的节日”节庆活动品牌。强调注重创新方式方法，探索有效形式，在贯彻结合融入上下功夫，在落细落小落实上下功夫，把“三个倡导”融入国民教育全过程，融入各行各业发展实践，融入人们日常生活，贯穿精神文明建设全过程。从记住24个字的基本内容开始，把社会主义核心价值观渗透到课堂教学、家庭生活和社会实践的各个环节，全面落实社会主义核心价值观“进教材，进课堂，进学生头脑”要求。

【全国文明城市复查】 12月27日至28日，中央文明办测评组对济南市全国文明城市创建工作进行复查测评。经过全区上下共同努力，历下区完成市委、市政府交办的创城复查迎评和后勤保障服务工作。据统计，中央文明办测评组在济两天实测点位49个，其中历下区点位31个，占63.3%；12个社区入户调查，历下区4个，占33.3%，完成创城复查测评任务。

2018年11月23日，历下区深化全国文明城市创建工作推进会

【新时代文明实践中心建设】 依托区委党校、历下大厦、百花洲、浙闽会馆、历下创益园，初步构建“五位一体”的区级文明实践阵地体系。整合利用现有资源载体，在全区13个街道建立文明实践活动阵地、88个社区及20个村设立文明实践学堂。按照政治理论、行业政策、典型事迹、文明礼仪、传统文化、科普法治等六方面文明实践活动需要，组建区级文明实践队伍。各街道、社区从群众身边、驻区单位中吸收文明实践宣讲员，组建特色文明实践队伍。融汇理论、政策、文化、美德、法律、知识等内容，采取讲、评、帮、乐、庆、融六种方式，组织开展各具特色的文明实践活动，打造多个街道、社区文明实践活动品牌。

【群众性精神文明创建活动】 以“弘扬核心价值，讲述道德故事”为主题，做好道德模范、身边好人选树宣传工作，大力推进社会公德、职业道德、家庭美德、个人品德建设。以“历下好人”评选为总抓手，深入开展“我推荐、我评议身边好人”活动，使历下区更多的“身边好人”入围“中国好人榜”“山东好人榜”“济南身边好人”。探索成立“历下区志愿服务联合会”，统筹推进志愿者注册管理、志愿服务组织孵化、志愿服务项目策划推广等工作。联合“泉城义工”举办“房泽秋志愿服务团组建暨与泉城义工融合发展”启动仪式，促进社区志愿服务站点建设，鼓励支持各类志愿服务组织与社区站点结成对子，为广大群众参与或享有志愿服务提供便利条件。引导和扶持“历下群众”“旅游啄木鸟”等志愿服务组织，在城市环境维护、生态保护、移风易俗、弘扬时代新风行动等重点领域开展志愿服务活动。

【“文明交通”专项行动】 深入开展交通安全宣传教育，对闯红灯、不礼让斑马线、不文明驾驶、车辆乱停乱放等交通陋习进行整治。6月上旬，召开全区文明交通行动工作动员会，以区文明办、区交警大队总牵头，各有关部门分头负责，动员全区上下迅速行动，以文明城市创建常态化建设为抓手，以推动市民群众文明出行为重点，抓好责任落实，掀起城市提升工程中文明素质提升行动的新高潮。继续开展“我爱泉城 文明出行”文明交通志愿服务活动，完善宣传发动、督导考核、表彰奖励机制，自主开发启动“互联网+”移动终端考核模式，提升志愿服务水平。至年底，历下区在33个高峰期易拥堵路口组织文明交通志愿者上岗执勤，维护路口交通秩序。

【未成年人思想道德建设】 以“扣好人生第一粒扣子”为主题，广泛组织开展“新时代好少年”学习宣传、“传承红色基因”系列教育、中华优秀传统文化传承、学雷锋志愿服务、“劳动美”社会实践、“阳光成长”心理健康教育等思想道德教育实践活动，引导未成年人忠于祖国、忠于人民，从小立志向、有梦想，爱学习、爱劳动、爱祖国，努力成长为担当民族复兴大任的时代新人。3月，根据《关于组织参加山东省第四届“国学小名士”经典诵读电视大赛观后感征文活动的通知》要求，历下区择优挑选20篇征文报送至市文明办，其中3篇获优秀征文奖，并向省文明办推荐。5月，完成2018年度“国学小名士”县区海选。策划组织全区中小学开展以“文明交通，携手同行”为主题的“文明交通进校园”活动，开展丰富多彩的交通安全教育活动，增强广大师生文明出行意识，培养良好行为习惯，共同为建设全省首善之区创造安全畅通、文明和谐的道路交通环境。

（王一雯）

统战工作

【概况】 2018年，坚持习近平新时代中国特色社会主义思想为指导，按照市委统战部“1353”工作思路和全区“围绕一条主线、实现六大提升”的总体要求，破解重点难点问题，创建工作品牌，各领域统战工作实现新突破。

【凝聚思想共识】 举办2期党外代表人士培训班、2期同心大讲堂，选送3名年轻党外干部参加全区中青年干部培训班，选送5名优秀党外年轻干部参加全区2018年经济管理研修班，赴先进地区学习。引导统一战线成员进一步增强“四个意识”，坚定“四个自信”，坚决维护习近平总书记核心地位、领袖权威，牢牢把握新时代统一战线的正确政治方向。举办纪念改革开放40周年书画展和纪念中共中央发布“五一口号”70周年主题座谈会、书画展、趣味运动会、革命传统教育、主题征文活动等“五个一”系列庆祝活动，400余名党外人士参加，凝聚思想共识，收到良好效果。

【多党合作】 按照市委统战部《关于打造“7+”支持平台更好发挥民主党派职能作用的实施意见》的要求，支持和组织各民主党派、工商联、无党派代表人士围绕中央商务区建设、新旧动能转换、拆违拆临建绿透绿、民生项目和基层建设等，深入开展调查研究，为党委政府科学决策提供依据。通过“建议直报”制度，向区委、区政府主要领导报送建议6篇，并给予批示。打造“1+7+N”社会服务品牌，由7个民主党派牵头组建七支统一战线社会服务专业团队，举办“同心社会服务专业团队助力首善之区建设行动”启动仪式，并开展义诊活动，发放各类宣传手册200余份，为350余人义诊，受到社会各界一致好评。召开8次政治协商和情况通报会，为民主党派、无党派人士参政议政和民主监督打造平台。制定并实施《关于支持各民主党派区级组织开展优化营商环境民主监督工作的实施方案》，各民主党派区级组织分别对口7个街道办事处和7个区直部门，开展优化营商环境民主监督。围绕优化营商环境中的重点难点问题深入考察调研，及时发现和反映存在的问题，提出意见建议和批评，帮助对口街道办事处和区直有关部门加强改进工作。

【新的社会阶层人士统战工作】 区委统战工作领导小组相继印发《推进全区新的社会阶层人士统一战线重点工作分工方案》和《新的社会阶层人士统战工作三年行动计划》。召开新的社会阶层人士统战工作联席会议和“新智聚济·党旗红”工作品牌创建活动推进会，对“新智聚济·党旗红”工作品牌创建活动进行安排部署。至年底，符合条件的新的社会阶层组织全部建立党组织。其中，建立党委5家、党总支6家、党支部19家，建立楼宇党组织5家、园区党组织3家、商圈党组织2家。大智教育、百丞税务被市委统战部命名为“新智聚济·党旗红”工作品牌创建活动示范点。市级新的社会阶层人士实践创新基地利宝产业园建立200平方米的集党建、统战为一体的工作室，发挥示范引领作用，推进新的社会阶层组织党建和统战工作从“一点红”到“一片红”，促进统战工作质量和党组织标准化建设同步提高。注重多元化搭建平台载体，依托“1+13+N”工作格局，广泛团结凝聚新的社会阶层人士。为新的社会阶层人士提供交流互动、展示成果、施展才华的舞台。

【街道社区统战工作】 将2018年确定为“街道社区统战工作提升年”，印发《关于开展“街道社区统战工作提升年”活动的实施方案》和《2018年街道统战工作考核评价细则》，围绕“基层基础更扎实、工作机制更健全、阵地建设更规范、作用发挥更有效”的要求，重点强化人员队伍、活动阵地、机制制度、工作载体建设，使街道社区统战工作达到“组织机构网络化、基础管理信息化、运行机制规范化、阵地建设一体化、活动开展经常化”的目标。依托街道社区，探索开展商务楼宇统战工作，建立楼宇统战机构，完善楼宇统战工作组织网络。通过建立和完善组织协调机制、服务运行机制、发展培育机制等三项机制，形成“楼宇统战党建引领，互通交流渠道畅通，同心合作双向共赢”的良好局面。

【调研宣传】 制定并实施《关于开展全区统战系统“调研宣传月”活动实施意见》和《关于做好2018年全区统战调研宣传信息工作的通知》，围绕统一战线的新情况新问题、统战工作创新以及统战工作中存在的热点、难点问题制定方案，印发调研参考题目，明确工作任务。通过“历下统战”微信公众平台，编发信息160条，宣传统战政策理论和全区统战工作亮点。持续开展QQ群、微信群交流信息活动，提升统战信息员的整体素质，提高信息质量。密切与新闻媒体、中央、省市委统战部联系，至年底，上报理论调研宣传文章、社情民意和信息112篇，被采用74篇，其中省委统战部微信公众号和网站采用7篇、《联合日报》采用1篇、市委统战部网站和微信公众号采用66篇。

【“1+7+N”历下模式社会服务品牌】 为认真

贯彻落实市委统战部《关于在全市统一战线开展“聚合力促发展助力行动”的实施方案》的部署要求，充分发挥全区统一战线人才荟萃、智力密集、联系广泛、资源丰沛的优势，助力全省首善之区建设，区委统战部确定在全区统一战线创建“1+7+N”历下模式服务品牌，“1”是指各民主党派和统战团体分别建立的一个“同心·服务社区在行动”活动基地，“7”是指由7个民主党派牵头组建七支统一战线“同心·社会服务专业团队”，涵盖文化艺术、教育提升、法律援助、民营经济、医疗保健、政策咨询、科学技术七个方面，“N”是指各民主党派、各统战团体和各街道社区建立若干统战成员志愿者服务队。将民主党派和统战团体的优势要素进行重新排列组合，找准能量释放点，实现社会服务模式的集成创新，更好地发挥统一战线成员参与社会服务的作用，打造一批叫得响、推得开、影响大的社会服务品牌项目，最大限度地为推进全省首善之区建设贡献智慧和力量。

【优化营商环境民主监督】 为更好地开展优化营商环境民主监督工作，不断拓宽民主监督渠道，区委统战部积极支持各民主党派区级组织与对口单位开展优化营商环境民主监督工作。民革历下区总支委员会对口千佛山街道办事处和市场监管局、民盟历下区基层委员会对口建新街道办事处和区卫计局、民建历下区总支委员会对口解放路街道办事处和历下区政务服务中心、民进历下区总支委员会对口甸柳街道办事处和区人社局、农工党历下区总支委员会对口东关街道办事处和区住建局、致公党历下区总支委员会对口文化东路街道办事处和区民政局、九三学社历下区委员会对口大明湖街道办事处和区城管局结成对口单位。通过开展考察调研，提出意见建议，加强日常联系，进行政策宣讲等活动，努力营造务实高效的政务环境、公平正义的法治环境、重商亲商的人文环境、人尽其才的创新环境、整洁靓丽的城市环境。

【新的社会阶层人士实践锻炼】 9月29日，历下区新的社会阶层人士实践锻炼基地授牌仪式举行，区委常委、统战部部长杜宝现出席仪式并讲话。仪式传达学习市委统战部首批新的社会阶层人士实践锻炼基地授牌仪式会议精神，印发《关于建立历下区新的社会阶层人士实践锻炼基地的实施意见》和《历下区新的社会阶层人士实践锻炼基地工作管理办法》，宣读中共历下区委关于新的社会阶层代表人士挂职任命文件，与会

2018年5月31日，历下区新的社会阶层人士统战工作联席会议

领导为千佛山街道和姚家街道两个区级新的社会阶层人士实践锻炼基地授牌，挂职接收单位和挂职人员就如何做好挂职工作进行交流发言。新的社会阶层人士实践锻炼是从全区新的社会阶层代表人士中，选拔政治立场坚定、业务能力强，在本领域有影响、代表性强的党外专业人士，挂职实践锻炼基地所在单位副职。挂职期限为1年，每周在挂职单位工作不少于2个工作日。通过挂职锻炼，加强对新的社会阶层人士的教育培养，搭建新的社会阶层人士与党委政府直接沟通的工作平台，增进他们对党的方针政策的学习和把握，深化他们对政府工作的了解和理解，增加他们的政治历练和工作阅历，帮助他们在实践中不断提高政治把握能力、参政议政能力、组织协调能力、合作共事能力解决问题能力，推动新的社会阶层代表人士队伍建设，进一步促进新的社会阶层代表人士健康成长。

（刘明信）

老干部工作

【概况】 2018年，全区有离休干部191人、退休干部3844人，离退休干部中有中共党员2330人，党员人数占全部离退休干部总人数的57.7%。其中省属移交企业离休干部11人，市属移交企业离休干部34人，军队移交地方管理离休干部1人，易地安置离休干部21人。离退休干部党支部45个，其中单独建立的离退休干部党支部（离退合建、退休单建、离休单建）共计40个；与在职混建的党支部5个。党员50人及以上的党支部12个，党员20—50人的党支部21个，党员20人以下的党支部12个。

【离退休干部思想政治教育】 组织引导全区离退休干部认真学习宣传贯彻习近平新时代中国特色社会主义思想和党的十九大精神。组织举办三期离退休干部党支部书记学习培训班，聘请省委党校教授王立新和区委党校原常务副校长冯传海，分别做习近平新时代中国特色社会主义思想专题辅导和不忘初心坚定理想信念等方面讲座，100余人参加学习。动员组织老干部参加省市老干部局组织的十九大知识竞赛，300余人参与答题，其中12名老干部获奖，获奖人数居全市第一。督促指导离退休干部党组织推进“两学一做”学习教育常态化制度化，持之以恒抓好离退休干部学习教育。同时，突出抓好《准则》和《中国共产党纪律处分条例》的学习，使广大离退休干部牢记党员身份、坚定理想信念，严守政治纪律和政治规矩，牢固树立“四个意识”，特别是核心意识、看齐意识，在思想上政治上行动上同党中央和省、市、区委保持高度一致。开展红色教育，强化党性锻炼。组织全区64名离退休干部党支部书记、骨干赴荣成郭永怀纪念馆参观学习（现场教学），强化党性锻炼，接受理想信念、红色教育。组织全区离退休干部党组织参加全市“特色党日”创评活动。筛选推荐9个“特色党日”参加全市展评，其中趵突泉、大明湖等三个街道离退休干部党支部“特色党日”获市局表扬，占全市所有部门、区县总数的20%。党建助理员工作常态化。按照《关于进一步深化党建助理员工作意见》，继续加强助理员队伍建设并进行适时更新调整，把党务工作经验丰富、业务素质能力强的党务领导干部充实到助理员队伍中来，组织覆盖率达到100%。

【离退休干部基层党组织建设】 理顺党工委

工作机制，经组织部门批准，及时对区离退休干部党工委班子进行调整，制定完善议事规则等。充分发挥离退休干部党工委的指导协调服务职责，对全区离退休干部党支部进行全面梳理和界定，按照要求建立规范统一的“离退休干部党组织信息台账”和“离退休干部党组织统计台账”。督导完成基层党组织换届任务，选取一批党性修养好，服务意识强，发挥作用好，有一定领导能力和党务工作经验的年轻退休干部党员充实到党支部书记和支部委员的岗位上，实现支部成员年轻化。以建立完善党组织活动保障经费为契机，抓好离退休干部基层党组织建设，率先在全市建立起离退休干部党组织工作经费保障机制和离退休干部党组织书记工作补助政策，并及时将2018年经费拨付到位，确保离退休干部党组织工作有序运转、充分发挥作用。

【载体建设】 建设“共享式”离退休干部党员活动室。按照市级标准先后打造大明湖街道党群服务中心、东关街道长北社区、趵突泉街道舜耕社区、解放路街道历山路社区、文东街道和平社区等6个“共享式”离退休干部党员活动室。“共享式”离退休干部党员活动室的建立有效解决基层离退休干部党建活动阵地不足的问题，确保每一个离退休干部党组织、每一名离退休干部党员都有学习活动场所。建设“开放式”老干部活动中心。推进区域性“开放式”老干部活动中心创建、巩固、提升工程，全区13个街道40个社区达到市级“开放式”老干部活动中心建设标准。其中和平路社区、长北社区和甸柳第一社区被认定为市级区域性“开放式老干部活动中心”，每年获得市委老干部局奖励补助15万元。至年底，全区老干部活动场地总面积1.4万平方米。建设党支部网上平台。做好山东省离退休干部党建网四级平台建设，全区45个离退休支部全部顺利“落户”老干部之家网站。同时借助支部培训、老年大学课程、远程教育系统等方式，引导离退休老同志使用QQ、微信、微博等现代通信工具为老同志提供发挥作用的载体平台。

【社区老年教育】 根据新时代发展要求，协调区委组织部、财政局等六部门，制定《关于推进社区老年教育事业发展的实施意见》，明确组织管理体系、设立社区老年教育专项扶持资金，推进老年教育标准化、规范化建设。全区各街道开设社区老年大学45处，参加学习3500余人。其中，协调指导开办的甸柳一居社区、和平社区、长北社区等三所济南市老年大学社区学校，均按市老年大学教学大纲实现学制化、规范化教学，共开设葫芦丝、舞蹈、声乐、钢琴等6个专业8个班次，在校学员350余人，以点带面，促进社区老年教育的全面发展。文东街道和平路社区还在老年大学和老干部艺术团等组织中成立党支部和若干个党小组。各社区党组织把对老干部活动中心和老年大学的政治思想引领放在第一位，选拔政治素质过硬的老党员担任团体或兴趣小组负责人，引导老同志积极发挥正能量。

【服务保障】 做好离休干部政治生活待遇保障工作，同时为省属、市属移交企业离休干部、军队移交地方管理和易地安置离休干部落实好两项待遇。发挥历下社区服务优势，构建以社区“十分钟服务圈”项目为服务内容的点、线、面相结合的老干部社区“四就近”综合服务体系，针对老干部“空巢”、独居、失能等现象增多情况，协调指导社区服务网络和志愿者团队有针对性地开展好服务工作，加强个性化、精细化服务，提供更多更好的生活照顾、人文关怀和精神慰藉。加强政治引领，在全区广泛开展“展示阳光心态、体验美好生活、畅谈发展变化”“凝聚正能量、共筑中国梦”等系列主题教育活动，坚持每年举办两期老干部党校学习培训班。开展离休干部走访慰问活动。督促各相关部门、街道利用重大节假日对全区所有离休干部逐家逐户进行走访慰问，切实让每名老干部都体会到组织关怀。精心组织、顺利完成副区级以上离退休干部赴威海集中学习疗养活动。及时协调解决老干部的合理诉求，以确保老干部队伍的和谐稳定。生活待遇方面。加强协调督导，确保离休干部“三个机制”有序运转，保证离休费按时足额发放，特需经费、护理费等标准及时调整，医药费按规定据实报销，使离休干部待遇政策及时落地。加大经费投入，增加保健干部健康查体项目，确保查体质量，组织完成全区离休干部和副区级退休干部的健康查体。对离休干部及遗属进行困难救助，全年对 24 名生活有特殊困难的离休干部及遗属进行救助，切实解决这部分老同志生活上的实际困难。另外，按照省局部署启动《山东省离休干部名录》历下卷的编纂、老战士历史资料征集等工作。

【关心下一代工作】 以学校、社区为重点，组织实施“三爱两史”工程，在青少年中具体开展爱学习、爱劳动、爱祖国“三爱活动”和党史国史“两史”教育活动。结合“六一”节点，通过寓教于乐的形式，举办第三届“童话伴我成长，放飞童年梦想”儿童剧进校园活动。强化青少年法制教育，开展青少年法治教育系列活动，进一步提升中小学生的法治观念、法律素质和维权能力。开展形式多样的志愿服务活动，继续做好“五老”网吧义务监督工作，对全区 89 个网吧进行全覆盖无缝隙监管，确保无未成年人进入。开展困难儿童救助工作，共发放救助金 2 万元。

【老干部活动】 开展“争做乐龄有为·共建现代化泉城”主人翁活动。开展“我看改革开放新成就”系列主题活动，组织老同志“走基层、观变化、谈发展”，以座谈会等形式鼓励广大老同志为现代泉城和首善之区建设鼓劲点赞。在全市组织的“纪念改革开放 40 周年、济南解放 70 周年”诗词征文活动中，历下区征集上报诗词 40 余篇；在省委老干部局和《老干部之家》“我亲历的改革”征文活动中，征集筛选上报《从我家住房变迁看改革开放四十年》《从衣食住行看改革四十年》等 5 篇优秀文章。

2018 年 12 月 12 日，举办历下区“纪念改革开放四十周年老干部书画展”

建立“老干部之家”QQ群、“老干部工作”微信群等移动网络互动平台，引导老干部弘扬主旋律，为党和政府发声点赞。组建由52名离退休干部组成的老干部网宣队伍，全区老干部党员在网上党建平台共发表文章2304篇，总帖数7575条。开展“我看泉城新发展”网络寄语活动，组织引导广大离退休干部以亲历者、实践者和主人翁身份为济南发展寄语点赞。寄语活动以“文稿征集+线上发布”相结合、“分批组织+常态参与”相结合的形式面向全区广大离退休老同志征集“寄语卡”。至年底，全区向市局报送四个时段共计50余篇“寄语卡”，并在市老干部工作网站和“泉城老干部”微信公众号等网络平台上发布。开展“泉韵晚风·银龄送暖”志愿服务活动。以离退休干部党组织、关工委和志愿服务组织为平台，在创建文明城、拆违拆临、扶危济困、法制宣讲等方面弘扬志愿服务精神，释放老干部正能量。开展“点亮微光·老干部在行动”活动。组织引导广大老同志从个人、家庭、社区做起，当好城市文明的宣传者，带头普及文明知识，传导文明理念，争做遵德守礼的泉城市民；当好优秀家风的传承者，教育好子女、管理好家庭，营造崇德向善、德行天下的家庭氛围；当好文明风尚的引导者，在全社会大力弘扬和践行社会主义核心价值观，讲好济南故事，传播济南好声音。开展“增添正能量·共筑中国梦”活动。充分发挥老干部书画研究会、区老年体协、老教协和老干部艺术团等老干部和老年社团的带动作用，联合街道、社区以及文化、体育等部门，广泛开展“泉城乐”系列文体活动、“纪念改革开放40周年”文艺汇演及“庆祝建国69周年”廉政文化书画展等活动，组织50余人次参加全市“泉城乐”老干部运动会并取得1项团体第一名和两项个人前三名的好成绩；选拔文东老干部艺术团代表历下区参加全市纪念改革开放40周年“大美泉城、弘歌芳华”老干部合唱汇演，获得最佳表演奖。通过丰富多彩的文体娱乐活动，让离退休干部在文化活动中释放正能量，不断推进文化养老工作健康持续发展。

（吴倩倩）

机关党务工作

【概况】 2018年，区直机关工委坚持思想引领，持续推进“两学一做”学习教育常态化制度化，开展“大学习、大调研、大改进”活动，突出从严治党，强化思想建党、制度治党，坚持问题导向、结果导向，着力加强区直机关党的思想建设、组织建设、作风建设和反腐倡廉建设，提升机关党建工作效能。至年底，区直机关工委辖机关党委2个、党总支6个、党支部67个，党员1541人。发展党员5人，组织入党积极分子培训班1期、党务培训班1期、纪检干部培训班1期。

【基层党组织和党员队伍建设】 区直机关工委牵头组织67个机关党支部、1541名机关党员，推进“两学一做”学习教育常态化、制度化，开展“大学习、大调研、大改进”活动，突出常态长效，以尊崇党章、遵守党规为基本要求，用习近平总书记系列重要讲话精神武装全党，发挥党组织教育管理党员的主体作用，把学习教育融入日常、抓在经常，长期坚持、形成常态。

探索党员教育新模式，组织3期区直机关“先锋讲堂”报告会，邀请专家教授授课，创新机关党员干部教育培训举措。组织部分党员干部，对习近平新时代中国特色社会主义思想和党的十九大精神学习情况，采取集中闭卷答题的形式抽考，以考促学，巩固学习成果。组织党务、纪检干部培训班，提高区直机关党务、纪检干部工作水平。推动党建活动常态化。充分发挥4个督导组的作用，形成常态化管理，集中力量对区直机关67个党支部开展“大学习、大调研、大改进”活动情况进行督导检查，通过听汇报、查看资料、现场观摩等形式，查找各党支部工作薄弱环节，督促整改落实，机关工委各单位党组织召开务虚会43次，开展主题党日活动500余次，组织调研活动137次，形成调研报告126篇，查找问题并制定整改措施198项。按照“三照三转三改三推”活动要求，制定实施方案，组织各单位党组织召开组织生活会，进一步找准突出问题，明确整改方向。

开展先进典型评选活动，表彰5个过硬党支部、10名最美党员、3个优秀党建工作法，以身边人说身边事，引领带动广大机关干部向先进看齐，营造“比、学、赶、超”的良好氛围。

学习贯彻区委《关于严格规范基层党的组织生活的意见》，严格落实“1+6”工作体系，统一印发“三会一课”记录簿，做到学习有记录，活动有痕迹，切实严肃党内政治生活，不断夯实工作基础。8月，机关工委分2组，对43个基层党组织党建工作情况进行集中调研督导，查找问题，限时整改，提升各基层党组织党内生活规范化水平。明确主题党日内容，组织全体党员扎实开展“勇做夺标突击手，争当‘济南第一团’”“发挥先锋模范作用，助力城市提升‘十大行动’”等8次主题党日活动，切实把基层党内组织生活落到实处。11月，组织18个单位党组织负责人分两批赴深圳南山区、宝安区，杭州上城区、拱墅区，上海徐汇区等地考察学习机关党建工作。

规范运用“灯塔——党建在线”综合管理服务平台。将机关1541名党员全部纳入管理，党员录入率100%。切实组织好党的十九大精神学习竞赛活动，区直机关工委党支部进入全省所有基层党支部前500名。做好党员组织关系转接平台启动工作，全年转接组织关系90人次。

组织三八节登山比赛，“清明节”祭扫革命烈士墓，全区趣味运动会，乒乓球和羽毛球比赛，拓展训练，动员广大党员干部参加太极拳、工间操等文体活动，组织参加全区“中国梦·新时代”百姓宣讲，与团委共同举办纪念“五四”青年节2018首善之区青年榜样评选等。开展机关党组织联系社区党组织工作，完善联系和服务群众工作体系，签订共驻共建工作目标，加强配合联动，做好线上联系和线下互动，组织志愿服务，多次组织党员干部参与社区活动，带动社区工作，拉近干群关系。稳步实施“一统四治”工程，制定推进城郊村居基层治理工作方案，选派工作经验丰富、能力素质强的骨干力量开展联系帮带，促进城郊村居党建工作统筹发展、全面提升。进一步规范发展党员程序，加强入党积极分子的教育培养，确定5名党员发展对象，确保优中选优，吸纳新鲜血液。开展党内关爱活动，走访慰问老党员、生活困难党员88人次，发放救助金8.8万元。关爱80岁以上老党员，发放生日蛋糕券58张1.16万元。为区直8名机关干部职工申请互助保障金1万余元。

【机关党风廉政建设】 提高党员干部廉洁自律意识，抓好教育督导，力促提高党员干部党纪政纪意识。开展理想信念教育、宗旨教育和廉政法规教育，重点抓好从政道德教育和岗位廉政教育，营造反腐倡廉良好氛围，教育引导干部筑牢思想防线，教育引导党员干部自觉净化生活圈、工作圈、社交圈，正确处理亲情友情，切实做到淡泊名利、干净干事、依法用权。抓责任监督。加强对监管部门纪检监察工作的监督，涉及“三重一大”（重大事项决策、重要干部任免、重要项目安排、大额资金的使用，必须经集体讨论做出决定）事项的重点监督。抓好责任制落实，力促勤政廉政建设。狠抓责任追究环节，把执行党风廉政建设责任制和反腐败工作，作为考核基层党组织、教育党员干部和惩治问题党员的重要内容。

着力转变作风，营造勤廉双优的从政环境。组织开展“机关作风效能建设提升年”活动，巩固“严纪律、转作风、抓落实”专项整治活动成果，评选“十大创标服务举措”和“十大创标服务实事”，转变机关作风，增强服务意识，提高行政效能。强化机关作风检查督导力度。结合“机关作风效能建设提升年”活动，施行一系列作风建设新举措，不定期检查党员干部不在岗在位、迟到早退等问题，组织大会时，对会议秩序情况进行登记通报，从严执纪，严肃问责，提高党员干部的作风意识，为各项工作高质高效开展提供坚强作风保障。

抓长效管理，力促构建风险防范循环工作机制。进一步完善防控机制，实现廉政风险防范的长效管理，实现教育倡廉和制度管廉的有机结合，形成自律与他律相结合、组织监督与群众监督相结合的良好工作格局，确保党员干部清廉从政、健康发展。抓监督检查，力促实现对权力运行全方位的监督。完善民主监督机制，健全充分反映党员和党组织意愿的党内民主制度，完善党委会的议事规则和决策程序，形成民主化、科学化的决策机制。加强对领导班子及其成员行使权利情况，特别是对涉及“三重一大”事项的监督，将监督引入领导班子决策的全程，把监督贯穿于科学决策的各环节，把执行党风廉政建设责任制情况，作为考核领导干部的重要内容。

（赵　勇）

信访工作

【概况】 2018 年，信访稳定工作紧紧围绕全区中心工作，以建设全省首善之区为主线，扎实开展习近平新时代中国特色社会主义思想学习贯彻活动，推动群众诉求解

2018 年 9 月 27 日，全区信访维稳工作会议

决，推进信访法制化建设，维护社会和谐稳定。实现辖区进京零非访（非正常上访），到省市集体访同比下降55.6%；到区访同比下降17.2%；网信总量同比上升20.8%，到省、到市集体访连年下降，全区信访形势持续保持平稳。

【“大信访”工作格局构建】 区委、区政府把做好新时期信访工作作为保障经济社会发展，维护群众合法权益，加快全省“首善之区”建设的一项重要内容摆上议事日程。区委常委会、政府常务会5次专题听取信访工作汇报，分析研判形势，安排部署工作。逐步建立多部门参加的常态化信访形势会商研判工作机制，把信访工作放到全区经济社会发展大局中去谋划、去推进。同时，信访局坚持“跳出信访看信访，跳出信访抓信访”，落实上级部署，首当其冲推进构建大信访工作格局，为全区经济社会发展保驾护航。

【“大接访”工作规范建立】 制定印发《历下区委区政府关于进一步规范区级领导干部定期公开接待群众来访工作的通知》，以流程图和明白纸的形式，细化内容、规范流程、明确要求。区委、区政府党政主要领导及班子成员到信访局公开接待上访群众97起506人次，现场解决群众合理诉求13起53人次，把一批矛盾纠纷化解在基层和萌芽状态，避免矛盾纠纷上行。

【越级访及非访治理】 扎实做好属地稳控工作，在做好平常思想教育、法规解释、政策宣讲的同时，敏感时期加强值班备勤，细化稳控措施，严防重点人员在敏感时期丢丑滋事；及时做好维稳预警工作，在上情下达、下情上报中做到及时细致，及时启动应急预案，分头跟进做上访人的工作，保证工作有的放矢。强化进京接访效果，驻京工作人员尽职尽责，把任务当使命，把要求当职责，从车站劝导、敏感部位守候、各部委接访点劝返，驻京办严密守护等各个环节丝丝入扣，反应迅速，后续工作跟得紧，处理得当。

【畅通救济渠道】 对全区40余起申请复查的信访案件进行复查，为保证复查复核工作依法有序开展，在主动告知权利义务的基础上，强力推行依法组织召开信访听证会，凡不支持信访人诉求的事项，80%以上强制要求初级办理机关依法赋予信访人听证权利，组织召开听证会，依法维护信访人的法定权利；严肃区政府复查意见行政法律效力，对初级办理机关逾期不执行复查意见的行为，坚决100%下达责令限期履行决定文书；结合开展的依法分类处理信访诉求工作，对提出复查的事项进行严格甄别和依法分类，对涉法涉诉类、行政复议类、劳动人事仲裁类以及不属于求决类的事项，坚决不允许进入信访法定处理程序，维护法律法规的严肃性，引导信访人通过法定的救济渠道依法维权。

【信访形势分析研判】 根据工作实际和信访形势需要，定期召开信访形势分析研判会议，对近期信访苗头、代表性群体、下一步的工作预判等工作进行分析和研究；区分季度、月、周三个时间段，综合来信和走访工作情况，定期形成信访形势分析和研判报告并报送党委、政府，为党委、政府重大决策部署提供现实依据和有力抓手；同时将有关情况通报区直部门和属地办事处，有针对性地指导工作，促使其提前部署、预先摸排，将矛盾纠纷化解在萌芽状态。局班子成员为更好地掌握分管领域的形势任务，结合在全区开展的“大学习、大调研、大讨论”活动，以各自主管和分管的领域进行实地调研，撰写专题调研报告，在局办公会上进行专题交流和研讨，促进信访工作的良性发展。

【以考促建机制完善】 结合全区年度综合考评工作，制定《信访工作综合考核指标计分办法》，将年度考核工作纳入全区综合考评指标，使考核考评工作贯穿全年，细化、量化考核指标，做到考核工作有据可依、有章可循。年底，对各街道、区有关部门处理信访事项办理“六率”、矛盾纠纷排查化解、信访积案化解、复查听证、风险评估等情况进行量化评分。实行“加”“减”得分与“高”“低”赋分相结合的方式，突出重点指标，突出案件化解，强调问题解决，严肃考核考评，不断增强考评工作的指导性、针对性和可操作性，真正发挥考核考评抓工作、促发展、带队伍的指挥棒作用。

【社会秩序稳护】 四级“两会”“上合组织青岛峰会”“中非论坛”、首届“中国国际进口博览会”等重大会议相继召开，元旦、春节、清明、端午等重大节日较为集中，加之中央扫黑除恶专项斗争、环保督查回头看、中央巡视组回头看等大项工作，信访维稳工作压力较大。全区信访维稳战线的工作人员，贯彻落实中央、省、市、区关于信访稳定工作的重要部署，周密安排，深入排查、稳控到位，密切协作、形成合力，未发生被省市通报的进京上访及非正常上访事件，完成各重要敏感时期信访维稳任务。

【涉稳隐患化解】 加大矛盾纠纷排查化解力度，每月组织一次拉网式排查，落实领导包案，切实做到情况清、底数明。畅通预警信息报送体系，密切与有关工作平台的沟通联系，对于重大群体性事件，在做好疏导稳控工作的同时，及时向区领导报送有分析、有建议的报告，并按照“一岗双责”的要求，由区分管领导召开专门协调会，推动问题解决。重要敏感时期实行领导班子成员值班制度，第一时间发现涉稳隐患，第一时间靠上去处理。

【举办专题培训班】 根据《2018年全区干部教育培训计划》安排，7月16日至20日，信访局在重庆大学法学院举办“全区信访干部法治理念与素质能力提升专题培训班”。区直有关部门、各街道分管负责人及政法办主任参加培训。培训坚持理论联系实际、学用一致、讲求实效的原则，从提高运用法治思维和法治方式的能力、当前信访工作存在的难点和存在的问题、领导干部情绪管理与心理解压、群体暴力抗法的应急处置等方面对参训人员进行培训，进一步提升了领导干部在信访事项办理中的法治理念与综合能力。

【信访局接入国家信访局信访视频系统】 11月29日，区信访局首次接入国家信访局信访视频系统并借此平台参加信访业务大讲堂，听取有关专家授课。

【信访政策专项培训班举办】 12月27日，区信访局在区委党校召开信访政策专项培训班。会议由区信访局局长吕顺利主持，针对部分重点信访案件所涉及政策进行专项培训学习。区委副书记尹红梅，区委常委、政法委书记李乐军出席培训班。区信访局主要领导，区法院、公安分局等部门有关负责同志，有关街道分管负责同志参加培训。

（韩　伟）

党校教育

【概况】坚持党校姓党，以党的政治建设统领党校各项工作，规范党内政治生活，健全完善党委有关工作制度，继续推进“两学一做”学习教育常态化、制度化，坚持党委理论中心组学习、集体学习和“全体党员讲党课”工作机制，深入开展“大学习、大调研、大改进”活动，聚焦主业主责，突出理论和党性教育，发力创新提升。把研深吃透马克思主义基本原理，学懂弄通习近平新时代中国特色社会主义思想和党的十九大精神等作为重要政治任务，把习近平新时代中国特色社会主义思想专题列为各班次的必修课。全年“党的理论教育和党性教育”专题课，在主体班次课程设置中占比达 75%。全年举办各类培训班 40 余期，培训学员 5000 余人次。初步探索形成中青年干部教育“三堂合一”（室内课堂 + 室外课堂 + 实战课堂）的培训模式。根据基层和社区的实际需求，构建自主选学、按需施教、送教上门的“点单式”宣讲模式。全年共完成宣讲任务 32 场次，受众 2500 人次。开辟云端阵地，全年录制“习语习听”系列云党课 6 期，播出 4 期。推进新时代文明实践中心建设，形成三级联动、资源共享、统筹推进、融合发展的传习工作格局。

【教学科研】深化教学改革，优化课程设置，探索“1+X”选课体系，引导教师守好主业主课这块“责任田”；探索“用学术资政事”的体制机制，成立课题组，围绕区委中心工作开展区情研究。CBD 建设、社区治理、明府城改造三个重点课题的研究成果得到区领导的肯定性批示，举办“以人民为中心的村居治理现代化理论与实践”论坛，汇智基层治理的实践经验和治理理论，为推进村居治理工作搭建平台。年内 1 项省社科联课题结项，4 项全省党校系统课题立项，在《领导科学》《中共济南市委党校学报》等刊物上发表论文 11 篇，3 篇论文被山东人民出版社出版的《构建全民共建共享的社会治理格局》一书收录，多篇研讨会论文获奖。

2018 年 4 月 26 日，市委党校党委委员、副校长孔祥敏（前排右一）到区委党校调研基层党员干部教育培训工作

【信息宣传】继续实行宣传工作量化分解制度。坚持领导班子带头，全员参与，宣传党校工作新经验、新亮点。年内在各级各部门发表信息稿件 99 篇，其中被中央办公厅采用 1 篇、市

委办公厅采用 4 篇、市委党校网站采用 14 篇，在区委信息工作排名中，名列部门前茅。全年编辑校报 5 期。

【管理服务】 加强制度建设，制定《教职工考勤管理规定》《教学科研量化考核办法》《学员管理暂行办法》《采购管理暂行办法》《物业服务质量管理标准》和《物业服务监督管理办法》，以制度化建设推动党校各项工作的标准化、规范化、高效化和有序运行。执行工作人员考勤和请假制度，执行作风建设各项规定。实施校园绿化美化和零星改造提升工程，进行综合楼和校园安全隐患排查整改，加强食品、电梯、消防等方面的安全风险管控，办学环境进一步提升；开展丰富多彩的文体活动，组织教职工参加全区机关职工运动会、校内趣味运动会、秋游、端午节包粽子等活动，团队协作氛围更加浓厚。

【基层党校建设】 为全面提高基层党员干部队伍素质，破解普通党员干部，特别是农村和社区党员干部受训覆盖面不广的难题，打通基层党员干部受教育“最后一公里”，区委党校在 13 个街道设立基层党校暨区委党校分校和分校教学点，有针对性地开展培训、宣讲、调研等工作。通过分校和分校教学点建设，使党校“触角”延伸至最基层，构建起分校教育全覆盖的体制机制。各街道设立分校，加挂“中共济南市历下区委党校 XX 街道分校”牌子。各城区街道分别选择 1 处基础条件完备的社区，设立分校教学点；姚家、智远、龙洞街道选择 1 处基础条件完备的村，设立分校教学点。教学点挂“中共济南市历下区委党校 XX 街道分校教学点”牌子。各分校由街道党工委主管，接受区委党校业务指导，建立区委党校教师联系街道制度。分校建设不单设机构，不增加人员编制，原则上党工委书记兼任分校校长，副书记兼任常务副校长。分校设综合办公室，办公室主任由街道党办（党建办）主任兼任，负责各项工作的具体落实。分校主要职责是根据区委组织部要求，接受区委党校业务指导，围绕街道中心工作和基层需求，做好基层党员教育培训工作；做好党和国家重大方针政策、区委区政府重点工作的解读宣讲工作；承担村（社区）党组织书记、主任，村（社区）“两委”干部，入党积极分子和街道机关干部等教育培训；发挥身在基层、贴近基层优势，参与街道经济社会发展中重要问题的调查和研究，举办各类专题研讨班，为街道领导决策提供资政服务；完成街道交办的其他工作。村（社区）教学点主要职责是抓好党员培训，提升村（社区）党员素质；做好上级政策措施的宣传，使基层党员群众及时了解政策、落实政策；深入一线调查研究，通过举办热点问题研讨班等方式，及时收集社情民意，当好参谋助手，发挥好决策咨询作用。

【云端阵地】 区委党校和区委宣传部、区委组织部联手依托“历下头条”微信公众号“云党校”栏目，打造“指尖上的思想阵地”——“习语习听”专题“云党课”。课程内容以习近平新时代中国特色社会主义思想为主题，重点对党的十九大以来的一系列新观点、新论断、新部署、新要求进行精准解读，把“大主题”转化为短、专、新的系列微党课。每月 1 期，每期 5 分钟左右。“云党课”从选题、试讲到录制环节，始终坚持“质量第一，内容至上”的原则，边学习边研讨边实践，成熟一个推出一个，为党员群众的日常学习，提供高质量的“云”服务。全年录制“习语习听”系列专题云党课 6 期，播出 4 期。云端阵地的开辟是区委党校探索理论宣讲“互联网 + 党校”模式的新尝试。

【新时代文明实践中心建设】 充分发挥党校资源优势，推进新时代文明实践中心建设，依托党校分校和教学点建设，以点带面，辐射延伸，形成三级联动、资源共享、统筹推进、融合发展的传习工作格局。制作反映历下区历史文化的宣教片——《泺水棹歌》，片长 12 分钟，重点展示历下的古城文化、名人文化、革命文化，旨在增强广大干部群众爱党爱国情怀和爱历下爱家乡意识，努力把党校建成开展国家观、民族观、历史观、文化观教育的坚实阵地和基层干部群众的精神家园。

【“历下区与济南 CBD 融合发展”专题研讨会】 1 月 31 日，区委党校召开“历下区与济南 CBD 融合发展”专题研讨会。区委党校常务副校长、党委书记侯晓参加会议并讲话。山东大学和济南市委党校的有关专家、区有关部门领导、区委党校课题组全体成员参加研讨会。会上，与会人员就“历下区与济南 CBD 融合发展存在的问题及建议”展开研讨，提出许多中肯的、有建设性的意见和建议，对进一步做好资政课题提供有益参考。

【春季开学典礼】 3 月 15 日，区委党校举办 2018 年春季开学典礼，对全区第十六期优秀中青年干部培训班和新一届村“两委”成员培训班进行开班动员。区委常委、组织部部长续明主持开学典礼，区委副书记尹红梅出席活动并讲话，副区长丁晓红，区委党校常务副校长、党委书记侯晓参加活动。尹红梅以“加强村级社会治理”为主题讲话，续明对办好两个培训班提出明确要求。姚家、智远、龙洞街道党工委书记，分管副书记、副主任，党办主任、社事科长；区委组织部、区民政局有关负责同志；区委党校领导班子成员和部分教师代表参加开班培训。

【社区“两委”主职干部培训班】 4 月 17 日，全区新一届社区“两委”主职干部培训班开班式举行。副区长丁晓红主持开班式，通报全区 2017 年度社区党组织星级评定结果，并为五星级社区党组织颁发“星级社区党组织标识牌”。区委常委、组织部部长续明出席开班式并讲话，参训学员提出要求和希望。区委党校常务副校长侯晓参加活动。培训班学制 3 天，参训学员 160 名。培训分两阶段进行，4 月 17 日，听取甸柳街道第一社区居委会副主任张梦尧的陈叶翠先进事迹宣讲，到济南市文化馆群星剧场观看根据陈叶翠服务社区的 69 本工作日记改变的现代吕剧《生命日记》的首场公演；4 月 18—19 日，在党校开展十九大精神和社区治理、党建理论和业务知识学习并进行座谈交流。

【中青年干部培训班】 3 月 15 日，历下区第十六期中青班开班。学制 45 天，参训学员 44 名。培训班分五个阶段：第一阶段，3 月 15—20 日，在党校进行理论和区情教育，到省监狱进行警示教育，到历下政务服务中心、绿地金融中心实地考察学习；第二阶段，3 月 21—24 日，到山青世界进行军训拓展训练；第三阶段，3 月 26 日—6 月 30 日，到姚家街道文博西片区项目、大明湖街道零散棚户区改造项目等拆迁一线挂职锻炼；第四阶段，5 月 19—25 日，到浙江大学进行异地培训；第五阶段，7 月 7—9 日，到

2018年12月6日，区委党校举办以人民为中心的村居治理现代化理论与实践论坛

威海党性教育基地进行党性锻炼。

【全区宣传思想文化干部培训班】 9月17日，举办全区宣传思想文化干部业务培训班开班式。区委常委、宣传部部长、区政府党组成员王海清出席开班仪式并讲话，区委党校常务副校长侯晓主持开班仪式。培训班学制6天，120余名学员首先在党校进行宣传理论业务知识学习，后到威海党性教育基地进行党性锻炼。

【离退休干部党支部书记暨老干部工作人员培训班】 10月17—19日，举办全区离退休干部党支部书记暨老干部工作人员培训班，学制3天，76名学员参加培训。17日在校内学习习近平新时代中国特色社会主义思想和十九大精神，18—19日赴郭永怀红色教育基地开展党性教育活动。

【“以人民为中心的村居治理现代化理论与实践”论坛举办】 12月6日，区委党校与区委组织部联合举办“以人民为中心的村居治理现代化理论与实践”论坛。论坛由党校副校长杨中强主持，党委书记、常务副校长侯晓出席会议并介绍党校有关情况，区委组织部副部长孙卓元致辞，山师大、山财大等驻济高校，省、市委党校，新闻媒体的专家学者以及区属有关部门、街道、村（居）的相关负责同志，党校教师等39人参加了论坛交流。此次论坛采取以文参会方式，收到论文25篇。经论文评审委员会评审，评出一等奖7名、二等奖10名、纪念奖若干名。分理论、实践和借鉴三部分结集成册。

（林铭芳）

对台工作

【概况】 区委台办坚持以习近平新时代中国特色社会主义思想为指导，按照中央、省、市对台工作精神和区委、区政府工作指示要求，坚持以台胞、台企、台属为中心，突出做好对台招商引资，协调服务好台企台属，扩大两岸经济合作和人文交流，完成所承担的各项工作任务。

【为台商台企台属服务】 按照省市台办工作布置，组织开展“平安台企建设年”活动，对辖区内台资企业进行走访调研，全面了解台资企业的经营情况和服务诉求。按照全区开展的“大学习、大调研、大改进”活动安排，区委台办组织调研人员，对驻区台资企业进行走访调研，并组织辖区12家台资企业负责人在沈阳拓普生活用品服务有限公司济南分公司会议室召开恳谈会，在会上，通报有关台资企业在生产经营中遇到的困难问题及协调处理落实情况。台商代表分别介绍企业经营发展情况，并对台办的关心与支持表示感谢。

【第四届台属联谊会换届】 2月14日，在历下大厦三楼会议室组织台属代表选举产生第四届理事会成员15人，王新敏当选会长。进一步加强与台胞台属的联络沟通，提高为台属台胞服务水平。开展台属精准调查统计，增进两岸同胞心灵契合，贯彻落实“两岸一家亲”理念，发挥广大台属与岛内亲属血脉相连的特殊优势，做好鲁籍台胞影响和争取工作。

【对台招商引资】 加强两岸青年创业中心扶持力度。1月6日，山东丰泽海峡两岸青年创业发展中心启动仪式在历下区华兴大厦举办，标志着在市台协会与企业合作共同打造的两岸青年创业孵化基地取得阶段性成果。做好台商投资考察接待工作。接待台湾台中市卓越青工总会参访团到历下区开展投资考察，与历下区部分工商界企业负责人进行座谈交流，并实地考察济南市中央商务区绿地国际金融中心和华润商务中心项目建设情况。

【社区交流团赴台交流】 4月16日至22日，由区委副书记尹红梅率社区交流参访团一行9人应邀参加第六届“济南—基隆邻里节”活动，参观基隆、嘉义、高雄、台东及台北等地的社区、文创园区及金融科技园，围绕两岸社区管理、文化传承、日间托老中心、扶弱救助、金融科技等领域与各界人士进行全方位深入探讨与交流，并与台湾基隆社区居民开展第六届“济南—基隆邻里节”活动，取得成功。邻里节是山东省确定的“全省优秀对台交流项目”，每年一届，得到国台办高度评价。4月20日，历下区参访团在区委副书记尹红梅带领下，在台北南港软件园区参加丰泽海峡两岸青年创业中心揭牌仪式。同时，就海峡两岸生物科技与金融科技产业进行交流，区台办就金融科技领域做展望与分析，并同台湾科技金融专家进行广泛交流和探讨。创业中心的成立将有力推动两地科技、金融、招商引资、技术引进和人才培养等方面的交流与合作。

【接待台湾参访交流团】 4月16日和5月8日，接待台湾工商统一促进会会务干部参访团和台湾高雄市基层参访团共计60余人，分别参观解放路街道办事处历山路社区和姚家街道办事处名仕豪庭居委会。通过交流，两岸同胞加深相互了解，增进两岸一家亲的同胞情谊。

【两岸青年创业】 迎接市台办主任薛兴海到历下区调研对台工作。薛兴海对历下区对台工作给予充分肯定，并就做好下一步工作提出明确要求，同时调研山东丰泽海峡两岸青创中心，与台湾创业青年进行座谈交流，给予青创平台以充分肯定。5月16日和10月24日，区委副书记尹红梅在相关领导陪同下，分别调研山东丰泽海峡两岸青创中心和山东统一银座商业有限公司、济南杏恩生物科技有限公司，尹红梅对丰泽青创中心所做的工作给予认可，并对台湾青年创业面临的困难提出指导意见。在调研台资企业时，尹红梅表示将一如既往地为台资企业发展创造良好环境和条件。要求相关部门与台资企业保持有效沟通，拿出更加有效的措施为企业破解难题，支持台资企业在历下做大做强。

2018年1月6日，山东丰泽海峡（济南）青年创业发展中心启动仪式

【对台宣传】 台办充分利用各种对台宣传媒体，加大对台工作宣传力度，及时对外报道历下区经济、城市建设和对台工作情况开展，连续四年区对台宣传报道工作获得全市区县第一名，对台宣传报道再上一个新的台阶，多个对台工作的活动宣传在国台办和省台办网站登载，得到省市委台办领导的高度任可。

【历下成立首个台湾青年创业发展中心】 1月6日，山东丰泽海峡两岸（济南）青年创业发展中心启动仪式在历下区举行，这是历下区成立的首个为台湾青年在历下创业发展提供全方位服务的平台，也是省市台湾事务办公室重点支持的海峡两岸青年创业基地。启动仪式上，山东丰泽海峡两岸（济南）青年创业发展中心向聘请的专家颁发聘书，同时与优客工场台湾地区负责人签订战略合作协议，并与6位台湾创业代表签订入住协议。山东丰泽海峡两岸（济南）青年创业发展中心以台湾青年创业孵化、台湾人才引进、台湾青年大陆就业、台湾技术和产品的市场拓展为服务内容，优化配置资本、人才、技术、信息、物流等要素资源，重点在智能制造、金融服务、经贸合作、文化创意、生物科技、大健康等领域突破发展。中心聘请来自台湾的资深权威青创导师团队，并由台湾著名生物学家夏尚樸博士以及台湾资深经济学家李俊德担当首席导师顾问，带领专业服务团队为入驻的青创企业提供创业辅导服务。同时青创中心还提供免费工商注册、税务登记、代理记账、法律咨询等零距离、全方位服务，为济南台湾两地的融合发展尤其是带动青年人才创业创新提供稳定、可持续发展的大平台。山东丰泽海峡两岸（济南）青年创业发展中心自2017年10月中旬筹备以来，已完成台湾新注册企业21家，另有10余家个人创业团队正在洽谈入驻。山东大学、山东中医药大学等高校台湾大学生联络处也在青创中心落地，为以后在山东高校就读的台湾大学生创业就业提供全方位的一站式服务。

（陈秀军）

党史研究

【概况】 2018年，党史研究室围绕历下中心工作，履行党史管理指导和研究两大职责，用“两强、两守”（强意识，强党建，守纪律，守规矩）推动工作开展，在学习、研究、宣传、服务等方面不断前行，发挥党史“存史、资政、育人”的作用。完成《中共历下历史大事记（2018年）》初稿收集整理，推进《中共历下区组织史资料（2002—2017）》、《历下区改革开放专题》（第二辑）征集整理工作，《中共济南市历下区历史大事记（2012—2017）》10月出版发行，完成《中共山东年鉴》（历下篇）组稿任务。

【《中共济南市历下区历史大事记（2012—2017）》发行】 10月，《中共济南市历下区历史大事记（2012—2017）》合订本由中共党史出版社出版发行，全书共61万字。本书遵循“求真存实，立准立好”的方针，本着“广征、核准、精编”的原则，广泛收集2012—2017年全区党政工作活动和重大事件，记述这一时期历下区经济社会发生的深刻变化和取得的巨大成就，实事求是反映建设美好家园的伟大实践，为社会各界认识、了解历下提供基础资料。

【党史宣传教育】 2018年，把党史宣教室作为传承和弘扬党的历史和红色文化的重要载体，成为提供全面、直观、便捷的党史文化学习途径。配合全区各部门党组织学习教育工作，开展党史宣传教育活动5次，200余人参加，由党史研究室工作人员进行讲解引导，重温学习党的辉煌历史，党史宣教室更好发挥政治强党、理论学习、方向引领、教育宣传的主阵地作用。

（孙寿昌）

档案管理

【概况】 至2018年底，馆藏档案96个全宗，案卷87767卷。案卷目录841册，全引目录2004册，归档文件目录47册，排架长度1384米，馆藏资料15000册，录音、录像带82盘，照片1406张，缩微胶片192514张。有216家档案室、面积1944平方米，专兼职档案员268人，室藏档案123440余卷，284495件。

【档案利用】 不断细化窗口管理，打造“办事高效、服务优质、行为规范、群众满意”的省、市局档案利用最佳服务窗口。落实“放管服”改革，推进“最多跑一次腿”改革，打造“十佳”政务环境，梳理确定4项依申请行政权力和公共服务事项清单，并针对每个事项编写《服务指南》，优化办事流程。至年底，接待档案查阅人员1800余人次，利用卷数2207卷次；利用济南市民生档案共享服务平台跨馆服务89人次，电话查档500人次。12345热线网上办理件群众满意率100%。

【档案资源体系建设】 至年底，区机关工委进馆档案780件，共3105页；区人社局进馆死亡干部档案63卷；全年共收集、整理、编目、装订报刊、杂志279本。完成2018年度第三期CBD中央商务区航拍任务，并制作画册。针对历下大厦周边环境提升、百花洲建设等全区重点工作，进行应急航拍，确保珍贵历史档案收集的完整性和连续性，共拍摄视频资料240分钟，照片3500余张。发挥“城市记忆工程”小组作用，重点收集、整理、拍摄CBD核心区及护城河周边照片共计1960张。

【档案业务】 2015—2018年，指导区法院、泉城路街道办事处等5家单位顺利通过档案工作科学化评估省级示范测评；姚家街道办事处、济南市东方双语等46家被评为山东省档案工作科学化管理先进单位。3月，深入到三家街道的10余个社区进行档案业务指导，总结创建示范社区的经验，做好社区“两委”换届档案的收集管理工作。4月，开展“档案集中立卷归档月”活动，完成90余家机关单位、80余家社区集中立卷工作，机关单位立卷率为85%，街道社区立卷率为82%，平均立卷率达到90%以上。5月14日至18日，历下区档案局联合苏州大学共同举办全区档案领导干部管理技能提升培训班，50名档案从业人员参加培训。

【档案科学化管理】 深入13家街道的80余家社区进行档案业务指导。完成81个社区100%规范建档；并有75个社区达到济南市档案工作示范社区标准，达标率90%。10月23日，市档案局对泉城街道办事处芙蓉街社区和燕山街道办事处和平路北社区换届选举期间档案工作进行执法检查。至10月底，完成50余家单位的统计验收，发现相关问题逐一登记备案。

【档案集中宣传展览】 为深入学习宣传贯彻习近平新时代中国特色社会主义思想和党的十九大精神，庆祝改革开放40周年，增强公众档案意识、宣传档案工作价值，6月7—12日，以“档案见证改革开放”为主题开展宣传活动。宣传活动充分展现档案工作者为党管档、为国守史、为民服务的风采，不断增强社会各界的档案意识，档案工作的社会影响力进一步提高。展览分三个板块即20世纪70和80年代粮食票证展、“新时代、新历下、新发展主题照片展”“吕慎仑——文房清供个人珍贵收藏展”。展览形式多样、内容丰富，吸引更多公众关注档案、走进档案，帮助大家认识档案价值、增强档案意识，受到参观的群众欢迎。《济南日报》《济南时报》《大众网》《新华网》《山东商报》《爱济南APP》等10余家媒体进行报道，参观人员500余人次。

【行政执法】 制定适合全区的档案工作方案，对本局涉及的档案行政处罚事项进行梳理，确保行政处罚与行政强制权力网上运行信息数据准确、合法。配合市档案局对社区“两委”换届工作档案进行档案行政执法检查，完成行政执法人员专项清理和执法主体资格审查及执法人员证件年审。全年无需要查处的档案违法案件发生，无涉及档案行政诉讼、行政复议案件发生。

（刘浩杨）

责任编校：王海燕　李　燕

历下区人民代表大会及其常务委员会

大美历下系列图片　（邢可锋　摄影）

历下区人民代表大会及其常务委员会

组织机构

【常务委员会】 历下区第十八届人民代表大会应有代表249名。区人大常委会组成人员28人，其中主任1人、副主任5人、委员22人；设有城乡建设环境保护委员会、法制委员会、财政经济委员会、教育科学文化卫生委员会、民族侨务外事委员会5个专门委员会。

重要会议

【代表大会】 1月17—19日，区第十八届人民代表大会第二次全体会议，在历下大厦四楼礼堂召开，应到代表245名，实到237名。大会主席团常务主席马玉星、韩宏伟、邓向东、栾杰、郭向平、郭宝龙、荆甫荣在主席台前排就座。区领导谢兆村、曹辛、尹红梅、纪亮、杨传军、续明、杜宝现、李乐军、王海清、王晓军、牟宗伟、曲立春以及正区级离退休老同志和大会主席团成员在主席台就座。不是区十八届人大代表的区级有关领导，部分往届区级领导，区属有关部门主要负责人，街道办事处主任、人大工作室主任或负责人，驻区有关部门、企业负责人；出席区政协九届二次会议的全体委员列席会议。大会听取、审议并批准区人民政府工作报告，区人大常委会工作报告，区人民法院工作报告和区人民检察院工作报告；审查并批准《关于济南市历下区2017年国民经济和社会发展计划执行情况及2018年计划（草案）的报告》《关于济南市历下区2017年预算执行情况和2018年预算草案的报告》。大会选举刘海峰为历下区监察委员会主任。

【常委会议】 **第十八届人大常委会第八次会议** 1月4日召开。区人大常委会主任韩宏伟，副主任邓向东、栾杰、郭宝龙、荆甫荣出席会议。区委常委、副区长杨传军，区检察院检察长曲立春，区政协副主席、法院副院长刘岩列席会议。会议初审关于历下区2017年国民经济和社会发展计划执行情况及2018年计划草案的报告；初审区政府关于历下区2017年预算执行情况和2018年预算草案的报告；审议通过关于区十八届人民代表大会代表资格审查情况的报告；审议通过区十八届人大二次会议有关事项。

第十八届人大常委会第九次会议 1月19日召开。区人大常委会主任韩宏伟，副主任邓向东、栾杰、郭向平、郭宝龙、荆甫荣出席会议。区委常委、区监察委员会主任刘海峰，区委常委、副区长杨传军，区法院院长牟宗伟，区检察院检察长曲立春列席会议。会议审议通过2018年历下区人大常委会工作要点。会议听取审议并表决通过区监察委员会提请的有关人事事项。韩宏伟向新任命的历下区监察委员会副主任石逢平、曹媛，委员李峰、谢伟、罗振全、贺冰洁颁发任命书。在随后举行的宪法宣誓仪式上，新任的历下区监察委员会主任、副主任、委员进行宪法宣誓。

第十八届人大常委会第十次会议 2月5日召开。区人大常委会主任韩宏伟，副主任邓向东、栾杰、郭向平、郭宝龙、荆甫荣出席会议。会议决定：确认主任会议《关于提请许可对区十八届人大代表李守兴依法采取刑事拘留强制措施和暂时停止其执行代表职务的决定》。

第十八届人大常委会第十一次会议 3月29日召开。区人大常委会主任韩宏伟，副主任邓向东、郭向平、荆甫荣出席会议。副区长丁晓红、区法院院长牟宗伟、区检察院检察长曲立春列席会议。会上传达学习习近平总书记在参加十三届全国人大一次会议山东代表团审议时的重要讲话精神；传达学习十三届全国人大一次会议精神。

第十八届人大常委会第十二次会议 5月31日召开。区人大常委会主任韩宏伟，副主任邓向东、栾杰、郭向平、郭宝龙、荆甫荣出席会议。区委常委、区纪委书记、区监察委员会主任刘海峰，区政府副区长丁晓红，区法院院长牟宗伟列席会议。会议传达学习习近平在纪念马克思诞辰200周年大会上的讲话精神和习近平在全国生态环境保护大会上的讲话精神。会议批准关于2018年区级预算调整方案的报告；审议通过关于历下区星级人大代表工作站的实施方案；表决通过相关人事任免事项。

第十八届人大常委会第十三次会议 6月15日召开。区人大常委会主任韩宏伟，副主任邓向东、栾杰、郭向平、郭宝龙、荆甫荣出席会议。会议举办学习贯彻十九大精神暨宪法修正案讲座。

第十八届人大常委会第十四次会议 8月24日召开。区人大常委会主任韩宏伟，副主任邓向东、栾杰、郭向平、郭宝龙出席会议。区委常委、区政府副区长杨传军，区法院院长牟宗伟列席会议。会议审议通过关于济南市历下区2017年区级财政决算草案的报告；审议通过关于济南市历下区2017年度区级预算执行和其他财政收支审计的报告；审议通过关于济南市历下区2018年上半年国民经济和社会发展计划执行情况的报告；审议通过关于2018年上半年财政预算执行情况的报告。会议还表决通过相关人事任免事项。

第十八届人大常委会第十五次会议 9月20日召开。区人大常委会主任韩宏伟，副主任邓向东、栾杰、郭向平、郭宝龙、荆甫荣出席会议。副区长刘佳列席会议。会议听取审议区政府关于环境保护情况的汇报；听取审议区政府关于区十八届人大二次会议代表意见建议办理情况的汇报。会议还表决通过相关人事任免事项，并进行新任命人员向宪法宣誓。

第十八届人大常委会第十六次会议 11月22日召开。区人大常委会主任韩宏伟，副主任邓向东、栾杰、郭宝龙、荆甫荣出席会议。区委常委、副区长杨传军，区法院院长牟宗伟，区检察院检察长曲立春列席会议。会议听取审议区政府关于国民经济与社会发展计划调整草案的报告、区政府关于2017年区级财政预算和其他财政收支审计查出问题整改情况的报告、区政府关于老旧小区整治改造情况的汇报、区法院关于诉讼与调解对接工作情况的报告、区检察院关于历下区刑事执行工作情况的汇报。会议还表决通过相关人事任免事项。

第十八届人大常委会第十七次会议 12月26日召开。区人大常委会主任韩宏伟，副主任邓向东、栾杰、郭向平、郭宝龙、荆甫荣出席会议。区委常委、副区长杨传军，区法院院长牟宗伟，区检察院检察长曲立春列席会议。会议学习习近平总书记在庆祝改革开放40周年大会上的讲话精神，听取审议区政府关于2018年区级财政预算调整方案的报告。

重大决定

【重要决议决定】 1月4日，区第十八届人大常委会第八次会议通过《关于济南市历下区第十八届人民代表大会第二次会议列席人员的决定》。

1月19日，区第十八届人大常委会第九次会议通过《历下区人大常委会2018年工作要点》。

2月5日，区第十八届人大常委会第十次会议通过《历下区人大常委会关于确认主任会议〈关于提请许可对历下区第十八届人大代表李守兴依法采取刑事拘留强制措施和暂时停止其执行代表职务的决定〉的决定》。

3月29日，区第十八届人大常委会第十一次会议通过《历下区人大常委会专项工作评议暂行办法》《历下区人大常委会关于邀请部分代表列席常委会会议的决定》。

5月31日，区第十八届人大常委会第十二次会议通过《济南市历下区第十八届人民代表大会常务委员会关于批准2018年区级预算调整方案的决议》《历下区人大常委会关于评选星级人大代表工作站实施方案》。

8月24日，区第十八届人大常委会第十四次会议通过《济南市历下区第十八届人民代表大会常务委员会关于批准2017年区级财政决算的决议》。

11月22日，区第十八届人大常委会第十六次会议通过《济南市历下区第十八届人民代表大会常务委员会关于批准历下区2018年国民经济和社会发展计划调整的决议》。

12月26日，区第十八届人大常委会第十七次会议通过《济南市历下区第十八届人民代表大会常务委员会关于批准2018年区级预算调整方案的决议》。

【人事任免】 2018年，区人大常委会依法任免国家机关工作人员共45人（次），实现区委人事安排意图，为全区经济社会发展提供组织保障。

1月19日，区十八届人大常委会第九次会议决定：任命石逢平、曹媛为济南市历下区监察委员会副主任，李峰、谢伟、罗振全、贺冰洁为济南市历下区监察委员会委员。

3月29日，区十八届人大常委会第十一次会议决定：免去周雷的济南市历下区人民检察院副检察长、检察委员会委员职务，黄建强的济南市历下区人民检察院检察委员会委员、检察员职务，李艳玲、程金林的济南市历下区人民检察院检察员职务。

5月31日，区十八届人大常委会第十二次会议决定：免去霍建平的济南市历下区人民政府副区长职务，颜承奎的济南市历下区人民法院副院长、审判委员会委员、审判员职务，刘群声的济南市历下区人民法院审判员职务；任命林清梅为济南市历下区人民法院民事审判第三庭审判员。

8月24日，区十八届人大常委会第十四次会议决定：免去谭世民的济南市历下区市场监督管理局局长职务，温然、贺冰洁的济南市历下区人民检察院检察委员会委员、检察员职务，李华勇、范玉华、张少锐、张亚东、刘博强、陈韦、郭伟、潘广胜、田政政、刘鹤瞻的济南市历下区人民检察院检察员职务；任命杨彩云为济南市历下区市场监督管理局局长，张运通为济南市历下区人民法院副院长、审判委员会委员、审判员，郑元文为济南市历下区人民法院民事审判第一庭副庭长、审判员。

9月20日，区十八届人大常委会第十五次会议决定：接受田欣辉辞去济南市历下区第十八届人民代表大会常务委员会委员职务的请求；免去田欣辉的济南市历下区人大常委会人事代表联络处处长职务，邵慧的济南市历下区安全生产监督管理局局长职务，王文利的济南市历下区投资促进局局长职务；任命李云鹏为济南市历下区人大常委会人事代表联络处处长，时玉峰为济南市历下区安全生产监督管理局局长，李莎为济南市历下区投资促进局局长。

11月22日，区十八届人大常委会第十六次会议决定：任命王禄山为济南市历下区人民政府科技副区长（挂职）。

重要工作

【代表工作】 为代表订阅《中国人大》《人民权利报》《山东人大》等刊物，让代表知晓人大最新工作动态。举办2期代表学习班，邀请全国人大、省人大相关专家授课，专题学习十九大精神。组织部分人大代表到全国人大培训基地和高等院校，学习有关法律法规和人大知识，增强代表的责任意识和履职能力。建立代表活动阵地品牌创建机制，开展星级工作站评定，坚持“一室一特色、一站一亮点”，完成17个市、区代表活动室和21个社区人大代表工作站建设，为代表履职提供优质平台。密切常委会与代表的联系，先后邀请30名代表列席常委会会议，55人次参加常委会视察调研和执法检查。落实代表述职制度，组织65名代表向选民报告履职情况，自觉接受选民监督。组织开展“双联”活动，主任会议成员和常委会专职委员与128名一线代表建立直接联系，走访联系人大代表或代表单位48次，收集代表意见建议186条。围绕激发代表履职热情，组织开展“双争”活动，鼓励争创先进代表小组、争当优秀代表。组织代表围绕动能转换、双招双引、扫黑除恶、扶贫协作、全国文明城市复评迎检等工作，开展主题活动，引导代表当好中心工作的参与者、推动者、监督者。组织代表旁听庭审，提出意见建议，促进阳光办案、公正司法。拓展代表知政知情渠道，组织代表参加党政机关行风评议、听证会等活动。开展代表小组活动84次、专业组活动20次，收集群众意见、建议169条，形成代表意见、建议121件。

【建议办理】 区人大常委会以解决问题为根本，严格办理程序，研究制定《代表重点建议督办办法》，把群众反映突出、涉及面广的建议列为重点建议，进行重点督办。办理前，组织重点建议督办会，召集提建议的代表与承办单位负责人见面，由代表“面对面”地向承办单位阐述建议内容和办理要求，承办部门现场说明情况、表明态度。办理中，成立由常委会领导牵头、专委会人员为主的督办小组，对每件重点建议实行全程督办。办理后，组织建议办理答复会，由承办部门向代表汇报办理情况，征询代表对建议办理的意见。一年间，共组织100余位代表与20余个承办单位负责人见面，区十八届人大二次会议130件代表建议，全部依法按时办理完毕，代表满意和基本满意率100%。

【自身建设】 强化党建引领，常委会党组充分发挥领导核心作用，制定党组工作规则，规范党组议事决策程序。把学习贯彻习近平新时代中国特色社会主义思想和党的十九大精神，作为2018年工作主线，按照“学懂弄通做实”要求，组织各个层面研讨学习。完善“4+1”学习制度，组织集中学习20次，专题讲座4次，异地培训2批100余人次。强化廉政建设，自觉履行管党治党责任，全面落实从严治党要求。抓好党规党纪的学习，筑牢机关党员干部的思想防线。组织全体党员干部进行廉政测试，进一步增强机关党员干部廉洁自律意识。严格执行中央八项规定精神和省、市委有关规定，全方位落实廉洁自律各项要求。完善“三重一大”决策机制，细化决策范围和决定程序，确保决定决议更加科学民主。强化作风效能，根据省市区委部署要求，深入开展“大学习、大调研、大改进”活动。常委会牵头组成6个调研组，深入开展访企业、访社区、访项目、访代表活动。共走访38家企业、8个重点项目（工地）、9个街道、16个社区、21个人大代表工作站，收集梳理建议200余条，撰写调研报告26篇。各级各类媒体报道历下区人大工作200余篇，其中获省市人大好新闻奖5篇、优秀调研论文3篇，充分反映历下区人大工作新气象新作为新风貌。强化组织和工作机构建设，充分发挥专委会作用，依托专委会实施常委会重点任务。各专委会完善工作制度，健全运行机制，履行职责，有力配合常委会中心工作。各街道人大工作室均制定工作计划，围绕街道中心工作，组织代表活动。

监督调研

【法律监督】 听取和审议2017年财政决算、2018年上半年财政预算执行和2018年财政预算调整等报告，提出相关审议意见，及时作出决定，重点加强对项目经费和民生资金使用的监管，推动财政资金投入向民生领域倾斜。专题听取和审议历下区2018年地方政府债务限额的报告，向区政府提出严格执行地方政府债务限额和预算管理，切实加强地方政府债务风险防控，有效防范和化解财政金融风险的建议。健全审计查出问题整改情况报告机制，强化审计查出问题整改工作，相继听取审议2017年审计工作和审计查出问题整改情况的报告，要求有关部门利用大数据监督平台，把问题整改与预算管理结合起来，促进预算编制

2018年5月11日，区人大常委会主任、党组书记韩宏伟（中）调研全区教育工作

及预算执行的法治化、规范化。听取审议“十三五”规划纲要中期评估和2018年上半年计划执行情况报告，提出要抢抓新旧动能转换重大机遇，主动与国家重大发展战略对接，加强规划引导和载体建设，增强历下经济创新力和竞争力。视察黄金时代广场、华润万象城等重点项目建设情况，督促有关街道、部门，强化协调配合，聚力项目建设，以优质项目促高质量发展。开展优化营商环境专项监督，调研行政审批、人才服务工作，听取双招双引、市场监管工作汇报，提出创新思路、优化流程，提高效率、靠上服务的建议。聚焦新旧动能转换，实地察看科技创新和电子商务企业以及金融机构，强调要优化政策措施，改善创新环境，加快平台建设，增强发展活力与后劲。高度关注安全生产工作，深入企业、城市人员密集区专题视察，提出突出企业主体责任、加大隐患排查，强化执法检查、严格责任追究，加强应急演练、提高处置能力的建议。针对生源持续增长、东部新城学校配建不足问题，深入调查研究，并向市有关部门提出配套学校要与城市建设同步规划、同步建设、同步交付使用的意见，推动基础教育设施三年建设规划出台与实施。关注养老服务业发展，对养老服务促进条例的贯彻实施情况开展执法检查，提出发挥政府主导作用、加大资金投入，落实医养融合政策、引导社会力量参与的建议。调研全区食药安全监管工作，深入生产企业，听取专题汇报，督促监管部门各司其职，加强日常监管，严控安全风险，筑牢安全防线。针对生态绿化提升工作，指出要提高规划水平、绿化品质和管理成效。针对城市管理和执法工作，提出提高“人性化、法治化、数字化、精细化、常态化”管理水平的建议。针对老旧小区综合整治工作，专题听取汇报，指出要落实工作责任、聚力齐抓共管，健全管理制度、引导居民参与。针对河道整治工作，从规划、建设、管理等方面，提出补短板、强弱项、夯基础的建议。针对环境保护工作，开展执法检查、听取工作汇报、进行专项评议，提出要重点围绕影响目标完成、上级交办督办、群众反映强烈、中央环保督察发现的问题，加大工作力度，提升整改实效。各部门单位落实意见建议，聚焦薄弱环节，突出工作重点，改进工作措施，城市治理水平显著提升。听取审议区法院诉调对接工作情况的报告，要求区法院完善诉调对接机制、前移处理纠纷关口，精减诉调对接流程、做好有效衔接。听取审议区检察院刑事执行检察工作情况的报告，指出要健全工作机制、实现信息共享，提高规范化、信息化建设水平。调研扫黑除恶专项斗争工作，强调要坚持问题导向、依法办案，深挖彻查、重拳出击，严厉打击黑恶势力犯罪行为。完善工作制度，规范审查流程，对区政府报备的5件规范性文件，进行备案审查。密切关注群众来信来访，受理信访件103件，接待人民群众62批113人次，上级人大转办信访件38件，全部依法按程序进行处理，群众合理诉求得到有效解决。

【重要活动】 3月2日，区人大常委会调研全区园林绿化工作，分别实地察看历山路南头和霞景路拆违建绿现场，小洪山山体绿化工程，详细了解施工进展情况，听取区园林局主要负责人的工作汇报。在对区园林局工作给予充分肯定的同时，对下步工作提出要求：要科学编制好规划；要加强精细化管理；要加大宣传力度；要高标准做好人大代表意见、建议办理工作。8日，区人大常委会带领全体机关干部赴济阳县，就重点项目建设、新旧动能转换工程等工作开展学习考察。考察组一行先后考察济南中通吉物流有限公司、山东紫燕食品有限公司、济南统一企业有限公司等重点企业和济北智造小镇等重点项目。在考察过程中，双方还就新形势下如何加强人大工作等问题进行交流。16日，区人大常委会到济南热力集团调研工作，察看济南热力集团客户服务大厅、流动服务车、综合数字化供热指挥调度中心，观看中央商务区区域能源项目推介片，听取相关工作介绍，对济南热力集团多措并举提高供热运行服务质量上所作出的成绩给予充分肯定，并提出几点建议：要提高供热保障能力；要坚持统筹协调；要科学安排施工；要加大宣传力度。22日，区人大常委会召开党组（扩大）会议，学习贯彻全国两会精神和宪法修正案。区人大常委会主任、党组书记韩宏伟主持会议并讲话。会议深入学习习近平总书记在全国两会期间的重要讲话，传达学习《中共山东省委关于学习宣传贯彻宪法的通知》和宪法修正案。会议强调，区人大常委会各项工作要以习近平总书记重要讲话精神为指导，要学习栗战书同志对做好人大工作提出的要求，坚定坚持党的领导，切实保证宪法实施，深入开展学习宣传和贯彻实施宪法的活动，与十三届全国人大一次会议精神相衔接，不断提高人大工作质量和水平，不断开创新时代人大工作新局面，努力为全省首善之区建设作出更大贡献。

4月2日，区人大常委会调研全区审计工作，实地察看数字化云审计平台建设情况，听取区审计局主要负责人的工作汇报，对区审计局工作给予充分肯定，并对下步工作提出要求。同月3日，调研龙洞街道金融企业工作，实地察看北京银行、农商银行金融工作情况，听取两家金融企业主要负责人的工作汇报，详细了解金融企业发展面临的问题和困难，对金融企业工作给予充分肯定，对金融企业为历下区经济社会发展做出的贡献表示感谢，并对企业下步发展提出建议：金融企业要创新发展，争取政策支持，推动新旧动能转换，促进历下区经济健康发展。11日，到姚家街道调研重点项目工作，实地察看工业南路山东外运违建拆除项目、十里河旧村改造项目以及姚家村旧货市场片区拆迁项目，在东部片区综合建设指挥部会议室座谈，听取主要负责人工作汇报，对姚家街道工作给予充分肯定，并对下步工作提出要求：加大与上级规划部门协调力度，使项目设计更美、功能更全，更贴近历下发展实际；做好产业规划工作，加大项目配套设施建设力度，为未来历下发展拓宽空间；要抓好社区建设，为辖区居民生活提供更方便的服务；进一步加强人大工作，力争再出新亮点，创立新品牌，保持人大工作走在全区前列。16日，区人大常委会召开党组（扩大）会议，学习贯彻中华人民共和国监察法。区人大常委会主任、党组书记韩宏伟，党组副书记、副主任邓向东，副主任郭向平、郭宝龙、荆甫荣出席会议。会议深入学习第十三届全国人民代表大会第一次会议上通过的中华人民共和国监察法。韩宏伟强调，人大机关干部在学好监察法的同时，更要落实好监察法，进一步增强贯彻监察法的思想自觉和行动自觉，恪守廉洁底线，牢固树立政治意识和纪律意识，把好用权“方向盘”，系好廉洁“安全带”。17日，区人大常委会调研人大代表活动室和社区人大代表工作站建设工作，现场察看甸柳街道人大代表第一工作站、第二人大工作站、千佛山街道千佛山东路社区人大工作站和千佛山街道人大代表活动室，仔细查阅相关工作台账、工作资料，详细了解各活动室、工作站运转情况，并与有关街道负责人和街道人大工作室主任座谈交流，听取有关工作汇报，并对下步工作提出要求：要加强联系、注重引导、组织活动。19日，到济南永泰祥和商贸有限公司，走访区人大代表汪晓梅女士，参观济南永泰祥和商贸有限公司办公场所，详细了解公司业务拓展、项目开发和代表履职情况，就建议办理等方面征求对区人大常委会的意见，并就进一步发挥代表作用和代表履职工作提出要求。要忠诚履职、依法履职；要恪尽职守、服务群众；要树立典型、再创品牌。

5月10日，区人大常委会调研全区教育工作，察看济南市历下区弘毅小学、山东省济南砚泉学校、济南市历下区俊德学校，详细了解各学校办学理念、办学情况、师资队伍建设及教育教学等情况，听取工作汇报，对历下教育工作给予充分肯定，就如何做好下步工作提出具体的指导意见。区人大常委会主任、党组书记韩宏伟强调要在市教育局提出的“强资源”“强质量”“强服务”“强队伍”的基础上，要再加码、再提升，做到“强管理”“强氛围”，切实展现历下作为首善之区的风采。要加强对社会办学的管理，严厉打击非法办学，切实规范办学行为，维护人民群众利益；要切实增强教育工作的责任感和紧迫感，以“开门办教育”的态度解决历史遗留问题，以及社会发展带来的新的教育问题；要结合历下区域优势和区域特色，办人民满意的教育，切实实现十九大报告提出的“努力让每个孩子都能享有公平而有质量的教育”的要求；要加强宣传，树立典型，鼓励先进，形成全社会关心教育、支持教育、参与教育的良好氛围。同月17日，到区残联调研，看望慰问特殊儿童，到历下区特殊儿童康复训练中心，向正在进行康复训练的儿童赠送慰问品并向他们及其亲属致以亲切问候，察看历下区特殊儿童康复训练中心，详细了解教学设施、设备的用途和特殊儿童学习、生活、训练情况，听取区残联负责人关于全区残联工作的汇报，对区残联工作给予充分肯定，并对今后工作提出针对性意见和明确要求：要坚持首善标准；要坚持惠民原则；坚持问题导向；要加强队伍建设。23日，到区统计局调研，听取区统计局主要负责人关于全区统计工作的汇报，对区统计局工作给予充分肯定，并提出具体要求：要严格执行《统计法》，依法统计，数据真实准确，维护统计工作的科学性、严肃性；要拓宽思路，创新方法，增强大统计意识；要科学分析，用好数据，做好参谋，为历下区的经济发展提供数据支撑；要深入调研，服务基层，加强基层基础工作，提高责任感、使命感；要加强培训，提升业务能力，全面掌握全区工作，并用数据引领各部门做好全区各项工作，切实做到首善之区的排头兵。

6月5日，区人大常委会调研人才工作，察看山东济南人力资源服务产业园社保服务中心、综合招聘大厅和就业、医保、监察、仲裁综合大厅的建设情况，考察山东铭源人力资源管理有限公司、山东华杰人力资源管理有限公司、中智山东人力资源服务有限公司，详细了解园区入驻企业人力资源服务业务开展情况，听取区人社局主要负责人关于全区人才工作的汇报。区人大常委会主任、党组书记韩宏伟强调，区政府有关职能部门下步要不断按照区委、区政府要求，强化首善意识，坚持首善标准，奋勇争先，争创一流，进一步推动全区人才工作再上新水平。同月20日，调研全区城市管理工作，察看甸柳一居生活垃圾分类进社区实施情况，听取区城管局主要负责人关于全区城管工作的汇报，对区城管局工作给予充分肯定，对广大城管干部职工在城市提升中付出的艰辛劳动表示慰问，并就如何做好下步工作，强调几点要求：要加强宣传，注重引导；要统筹协调，形成合力；要全面推进，均衡发展；要严格管理，提高绩效。26日，到大明湖街道调研，察看东箭道片区棚户区改造工作进展情况、街道党群服务中心和在建的街道综合养老服务中心，听取街道主要负责人工作汇报，对街道各项工作给予充分肯定，并提出要求：要强化标准引领；要加强调研论证；要加强上下协调。

7月5日，区人大常委会到东关街道调研，察看利宝互助创新产业园党群工作情况，走访部分企业，察看孟家巷、报施后街老旧小区整治及城市提升工作，听取街道主要负责人工作汇报，对街道各项工作给予充分肯定，就下步工作提出具体要求：要结合全区总体规划和CBD建设、明湖秀工程，对区域发展找准定位，明确目标，进行科学规划，谋划长远，切实增强区域经济发展后劲。要加强载体建设，对在建项目要加大招商引资力度，对拟建项目要加强规划和引导，推进项目建设和招商引资工作快速提升。要结合辖区实际，大胆创新，寻求突破，打造在全区乃至全市具有一定知名度的工作亮点和新品牌。区人大常委会主任、党组书记韩宏伟还对部分重点项目提出具体要求。12日，调研全区养老服务工作，实地察看鲁商·福瑞达颐养中心、历下创益园和养老服务综合信息平台，详细了解历下区养老服务工作开展情况，听取区民政局主要负责人关于全区养老服务工作的汇报，对民政局工作给予充分肯定，并对做好下步工作提出具体要求：要进一步加大宣传力度，提高全区各级各部门对养老服务工作的认识；要进一步加强调查研究，准确把握全区的老龄化趋势和不同层次的养老服务需求；要加强养老机构监督管理、服务和扶持，形成规范化养老服务标准；加强对特殊群体的服务，从政策层面给予倾斜。

8月27日，区人大常委会调研全区防汛工作，察看区防汛指挥中心，详细了解历下区防汛工作采取的主要措施，听取区住建局关于全区防汛工作的汇报，对区住建局立足于防汛、抗灾，坚持早谋划、早部署，扎实地做好各项防汛工作取得的成绩给予充分肯定，对坚守在防汛一线的工作人员表示亲切慰问，并就如何做好下步工作提出几点要求：要认清防汛形势；加大舆论宣传；加强排洪基础设施建设；科学编制规划。

9月5日，区人大常委会调研全区扫黑除恶工作，听取扫黑除恶专项斗争领导小组办公室的工作汇报后，区人大常委会主任、党组书记韩宏伟对全区扫黑除恶专项斗争工作给予充分的肯定，并对下一步工作提出要求：要进一步加大宣传力度；要进一步提高政治站位，切实把思想和行动统一到中央、省市区委的要求部署上来；政法机关和相关职能部门要各司其职、齐抓共管，建立协作配合的长效工作机制，形成工作合力；要加强队伍建设，提高司法干警打击黑恶犯罪的能力。

10月17日，区人大常委会到区行政审批中心调研工作，察看行政审批中心办事大厅，详细了解办事服务流程，对行政审批工作各项工作给予充分肯定，并对下步工作提出要求：要对标先进，查找不足；要加大行政审批正面宣传力度，通过多种渠道与媒体多交流、多沟通，争取宣传的主动权；要以行政审批工作改革为契机，理顺与各部门的关系。同时加大行政审批和各部门工作人员的培训力度，切实转变思想观念，提高工作能力，适应改革需要。同月18日，调研历下区扫黑除恶专项斗争工作，到东关派出所和刑警三中队，详细了解具体情况，听取区公安分局主要负责人关于全区扫黑除恶专项斗争工作的汇报，对全区扫黑除恶专项斗争工作给予充分的肯定，并对下一步工作提出要求：要切实提高思想认识；要切实讲究工作方法；要切实强化队伍建设。24日，到区卫计局调研全区医养结合工作，详细了解历下区第二人民医院老年公寓的工作运转情况，听取区卫计局主要负责人关于全区医养结合工作的汇报。区人大常委会主任、党组书记韩宏伟对下步工作提出要求：要加大投入，提高历下区医养软硬件建设水平；要加大整合力度，吸引社会资源建立共建通道，探索有利于医养结合事业发展机制；要加大宣传力度，让全社会都形成关爱老年人，重视医养结合事业氛围，把这个与千家万户息息相关的工作做好、做实、做大。26日，到区文化局调研文化旅游工作，察看区图书馆、文化馆等场馆，详细了解群众文化活动和各场馆使用情况，听取区文化局主要负责人关于全区文化旅游工作的汇报。韩宏伟对下步工作提出要求：扎实做好基层基础工作，加大基层文化设施建设；抓好文化品牌创建，着力打造具有历下特色的文化品牌；整合全区文化资源，加强与驻区艺术院校、文化艺术机构的沟通联系；加强队伍建设，提高队伍专业化水平，更好地服务全区人民群众，服务经济社会发展。

11月1日，区人大常委会调研全区安全生产工作，实地察看中国石油济南销售分公司第18加油站和玉函银座购物店，详细了解单位安全生产状况和消防安全、安全生产双体系建设工作，听取区安监局、区消防大队、趵突泉街道主要负责人的工作汇报，对历下区安全生产工作给予充分肯定，并对下步工作提出具体要求：要加大基层设施投入，扎实做好基层基础工作，切实满足群众生产生活需求；要加强重点领域监管，对人员密集场所、老旧小区等易发生事故领域实施全方位、全时段管控，坚决杜绝事故发生；要加强队伍建设，进一步抓好班子、带好队伍，提高从业人员业务素质和思想认识，建设一流的安全管理工作队伍；要加大执法检查力度，要注重奖罚结合，严格落实企业主体责任和目标考核责任，提高执法效能。同月7日，调研全区综合执法工作，实地察看佛山街北口和济南军休二所拆违拆临现场，听取区综合执法局有关工作情况汇报，对下步工作提出几点要求：凝聚共识，整合融合；学法守法，文明执法；以人为本，心系民生；强化宣传，展示良好形象；打造样板，创建综合执法品牌。13日，调研全区金融工作，实地察看西王集团财务有限公司、泰安银行济南分行等金融机构，详细了解历下区金融业发展状况，随后召开座谈会，听取区金融办关于全区金融工作的汇报。区人大常委会主任、党组书记韩宏伟对下步工作提出要求：要巩固好、服务好现有的金融企业，使他们有更大的发展空间，着力打造代表未来方向的新的金融企业，促进金融企业健康发展；要加大新的金融企业招商力度，解决好金融企业的共性需求和个性需求，为他们提供多元化的服务，加快金融集聚区建设；要继续加强业务学习，提高业务能力，为企业提供专业化服务，展示首善形象，传导历下精神。27日，调研历下区体育工作，实地察看姚家雁翔苑体育健身设施和中健银座健身索菲特店，对场馆建设、设施的使用等情况进行详细了解，听取区体育局主要负责人关于全区体育工作的汇报。韩宏伟对如何抓好设施、活动、产业三个方面工作提出具体要求和建议。

12月6日，区人大常委会组织部分市、区两级人大代表视察历下区重点民生项目，代表们一行实地察看“一河一路”改造、砚泉周边绿化改造提升、和平路东延线和解放东路市政道路整治等工程项目，代表们对历下区近年来经济社会发展取得的成绩给予高度评价，并就设置公交车站、道路绿化维护等工作提出具体的意见和建议。代表们表示，要充分利用市、区两级人代会召开前的这段时间，着眼历下区发展大局，凝心聚力、履职有为，多建务实之言、多献发展之策、多助发展之力，为全省首善之区建设贡献力量。同月14日，为全面贯彻落实习近平总书记在民营企业座谈会上的讲话精神，准确理解和把握中央重大决策部署和省委、市委工作要求，济南市人大代表历下代表团第三小组代表、历下区人大代表智远代表小组的代表们紧紧围绕新旧动能转换、民营企业发展等涉及市经济社会发展的重大问题开展会前集中视察，也同时为参加人代会，审议各项报告，提出高质量的议案和建议做好充分准备。代表们走进济南市黄台煤气炉有限公司商河厂区进行视察调研，实地考察厂区建设情况，召开座谈会并提出有关建议。

（翟　新）

责任编校：王海燕　李　燕

历下年鉴

2019 LIXIA YEARBOOK

济南市历下区人民政府

大美历下系列图片　（邢可锋　摄影）

济南市历下区人民政府

概 述

2018年，经济持续健康的增长势头更加强劲。全年实现地区生产总值1494.8亿元，增长8.9%，总量居全省第二位，增幅创近5年来最高水平；完成一般公共预算收入144.19亿元，增长10.3%，在百亿规模基础上连年保持两位数的增幅；实现金融业增加值350.6亿元、税收67亿元，均占全市的42%以上，历下作为全市经济中心、金融中心的地位更加巩固。出台加快培育八大百亿级产业的实施意见，明确产业结构优化升级的用力方向。健全完善政策、队伍、服务、决策“四位一体”招商引资工作机制，不断优化营商环境，引进各类项目341个，实现招商引资146亿元，全区市场主体突破10万户，铁投集团、渤海湾港口集团、西王集团财务公司等一批实力巨头相继落户。突出项目导向，加快推进68个过亿元重点项目，累计完成投资330亿元，增长13%。中央商务区“山泉湖河城”五座超高层全部开工，历下区自主开发的国际金融城、历下总部商务服务中心等300万平方米高端载体全面启动。实施棚改旧改项目9个，累计完成征收1732户、42万平方米，零散棚户区改造成为全市棚改旧改的新亮点。茂岭山片区“城市双修”工作全力推进，全福河整修加快实施，解放东路拓宽通车，历下大厦周边环境焕然一新。拆违拆临扎实开展，打通瓶颈路9条，整治老旧小区133个，绿化提升主次干道30余条，建成山体公园4座，空气质量持续改善，水质断面全部达标，城区环境显著提升。牢固树立“以人民为中心”的发展思想，聚焦教育、医疗、养老等重点领域，全力加快社会事业发展，制定基础教育设施三年建设规划，27所学校启动建设；新建社区卫生服务机构5所、街道综合养老中心4处，改造提升社区日间照料中心25处，区级养老服务中心与历下三院全面开工。完成村居“两委”换届选举，深入实施“一领四治”工程，基层服务能力和战斗堡垒作用进一步增强。扎实开展扫黑除恶专项斗争，妥善化解各类社会矛盾，社会环境更加和谐安定。

重要会议

【常务会议】 2月9日召开，区长谢兆村主持。会议研究“四个中心”建设及各重点工作任务分解情况，提高造血干细胞捐献者奖励标准，安康医院挂牌历下区人民医院分院，全区消防安全、安全生产、环保等工作。

3月23日召开，区长谢兆村主持。会议研究选聘招商大使、招商专员和招商顾问问题，学生校外托管机构管理等工作。

4月20日召开，区长谢兆村主持。会议研究城区和东南二环延长线山体绿化提升、新设立社区居民委员会工作进展情况等工作。

4 月 28 日召开，区长谢兆村主持。会议研究一季度全区经济运行情况和教育系统安全管理工作。

5 月 29 日召开，区长谢兆村主持。会议研究对全区低保、低保边缘居民购买清洁燃煤进行再补贴工作，“零跑腿”“只跑一次”事项清单审定工作，区级行政权力事项和区政务服务事项中介服务项目调整情况和扶贫协作等工作。

7 月 12 日召开，区长谢兆村主持。会议研究明府城保护改造、《济南市历下区区属国有企业管理办法（试行）》起草工作、“三重一大”事项议事决策暂行办法和 2017 年度区级预算执行和其他财政收支情况审计结果等工作。

8 月 10 日召开，区长谢兆村主持。会议研究扫黑除恶专项斗争阶段性情况和 2017 年度区级决算草案审计等工作。

9 月 6 日召开，区长谢兆村主持。会议研究河长制工作情况和区级行政权力事项调整等工作。

9 月 21 日召开，区长谢兆村主持。会议研究合资成立济南国合信用研究院和全区信访维稳等工作。

9 月 28 日召开，区长谢兆村主持。会议研究全区安全生产工作情况、全区环保工作和省级环保督察保障情况等工作。

11 月 5 日召开，区长谢兆村主持。会议研究开展全区十大重点行业重点领域扫黑除恶专项斗争集中行动、小清河环境综合整治攻坚战工作情况、加快培育八大百亿级产业实施意见编制情况等工作。

12 月 13 日召开，区长谢兆村主持。会议研究追加老年人高龄津贴预算、山东济南人力资源服务产业园有关情况等工作。

12 月 21 日召开，区长谢兆村主持。会议研究区园林局追加资金情况、区级行政权力事项调整情况、全区农村集体产权制度改革工作情况等工作。

【全区政务服务“一窗受理、集成服务”改革工作部署会议】 3 月 15 日召开，区委常委、常务副区长杨传军主持会议，区委副书记、区长谢兆村，市政务服务中心管理办公室巡视员段明心出席会议并讲话，副区长丁晓红、徐爱田出席会议。丁晓红宣读《历下区人民政府关于全面推行政务服务大厅“一窗受理、集成服务”工作实施方案》，区人社局、区市场监管局、燕山街道办事处表态发言，段明心对历下区做好下步工作提出希望和要求。

【区招商引资快速决策领导小组会议】 4 月 3 日，区委副书记、区长谢兆村主持召开。区委常委、常务副区长杨传军，区委常委、宣传部部长、区政府党组成员王海清出席会议。会议听取区投促局关于区招商大使、招商专员、招商顾问选聘情况的汇报，关于全区 2017 年度招商引资专项考核结果的通报，与会人员进行讨论发言，谢兆村对做好下步工作进行安排部署。

【全区落实基础教育设施三年建设规划工作会议】 7 月 30 日召开，区委副书记、区长谢兆村主持召开会议，专题研究全区基础教育设施三年建设规划落实推进工作，区委常委、常务副区长杨传军，副区长丁晓红出席会议。会上，区教育局汇报全区教育设施三年建设规划实施方案，与会人员对未来三年全区范围内需要配建、补建的幼儿园及学校进行逐一研究，谢兆村对做好全区教育设施建设工作提出明确要求。

【全区政府系统廉政建设暨扫黑除恶工作会议】 8月10日召开，区委副书记、区长谢兆村出席会议并讲话，会议由副区长石永先主持，区委常委、区纪委书记、区监察委主任刘海峰，副区长刘佳出席会议。区监察委、区市场监管局、区住建局、龙洞街道办事处4家单位交流发言，谢兆村就做好全区政府系统廉政建设和扫黑除恶工作提出明确要求。

【历下区行政审批服务局组建工作会议】 12月17日召开。区委副书记、区长谢兆村，区委常委、组织部部长续明，副区长丁晓红出席会议。会议由续明同志主持，会议通报区行政审批服务局改革方案情况，宣读组建工作分工方案，区城管局、区行政审批服务局负责人作表态发言，丁晓红重点强调实施步骤和时间节点，谢兆村就做好行政审批服务局的组建工作提出明确要求。

【全区重点工作情况通报会】 12月21日召开，区委副书记、区长谢兆村出席会议并讲话。区委常委、统战部部长杜宝现主持通报会，区人大常委会副主任、民进历下区总支主委荆甫荣出席会议。谢兆村向各民主党派、工商联和无党派人士介绍全年历下区民生社会事业发展情况和城市提升工作，区发改委和区民政局负责人分别通报2018年全区经济运行、民生工作进展情况，听取区级各民主党派、工商联、无党派代表人士和各统战团体的意见建议。与会党外人士对全区经济运行和民生工作取得的成绩给予高度评价，并就优化营商环境、提升教育品质、推动山体公园建设、培育本土民营企业等方面提出意见建议。谢兆村讲话。

重要活动

【走访调研驻区金融企业】 3月7日，区委副书记、区长谢兆村到有关驻区金融企业走访调研，区委常委、宣传部部长、区政府党组成员王海清陪同调研。谢兆村一行走访中国银行山东分行、山东金融资产交易中心，详细了解企业有关情况，与企业负责人进行深入的交流洽谈。谢兆村对驻区企业为全区经济社会发展作出的贡献表示感谢，并表示将一如既往地为企业发展做好服务保障工作，切实解决有关实际困难，努力营造良好发展环境。驻区企业负责人对区委、区政府给予的关心支持表示感谢，表示将充分发挥自身优势，不断拓展双方合作领域，努力实现互利共赢、共同发展，为历下建设全省首善之区贡献力量。

【调度人工智能产业园建设情况】 3月9日，区委副书记、区长谢兆村召开会议，专题调度人工智能产业园建设情况。区委常委、常务副区长杨传军，区委常委、宣传部部长、区政府党组成员王海清，副区长徐爱田出席会议。会议听取规划设计单位改造方案介绍，与会人员分别就规划设计方案发表意见建议，在综合各方面意见的基础上，会议初步确定规划设计方案，最后谢兆村就做好人工智能产业园建设提出明确要求。谢兆村强调，打造人工智能产业园是历下区产业园区建设的重点，区委、区政府高度重视，设计单位要继续深化完善改造设计方案，充分考虑产品展示、商务办公、商业洽谈等环节配比，做好内部改造设计、合理布局，努力实现载体空间利用最大化。改造要突出园区的标示性，体现人工智能元素，努力将其打造成为在省市具有较强影响力的产业园区。要在改造设计方案深化细化的同时，压茬推进好前期各项准备工作，确保改造工作加快实施、按时完成。要高标准打造园区周边环境，彻底改变当前环境面貌，实现周边环境和园区楼宇有机和谐统一，为产业园区健康发展营造良好环境。

【察看山体公园建设及破损山体治理工作】 5月6日，区委副书记、区长谢兆村带队实地察看龙洞片区山体公园建设及破损山体治理工作。谢兆村一行登上琵琶山，行至野峪顶，实地察看登山步道、引水上山工程等山体公园建设情况。谢兆村指出，龙洞片区山体是历下宝贵的生态资源，要牢固树立绿水青山就是金山银山的理念，在山体公园建设和绿化过程中，要更加注重自然生态资源的保护，对山上的一草一木倍加珍惜，要结合主题党日等活动，多组织区直机关干部职工到山上开展垃圾清理、义务植树等各类公益活动。谢兆村一行沿野峪顶、赶牛岭、狸猫山一线，行至老君崖，实地察看一线天破损山体治理情况。在山体治理现场，谢兆村强调，龙洞山区风景宜人，又处于近邻市区的位置，吸引了大量游客，区国土分局要抓好破损山体治理，在保护好生态景观资源的同时，切实保障群众安全，在施工过程中要多设置警示提醒，维护良好的施工秩序，尽快消除各类安全隐患。

2018年6月5日，区委副书记、区长谢兆村（前右）察看经十路周边重点道路环境提升工作

【谢兆村率团赴美国、墨西哥交流访问】 5月10日至17日，区委副书记、区长谢兆村率历下区代表团赴美国、墨西哥进行交流访问，与当地政府及有关企业围绕新旧动能转换科技创新、招商引资和重点项目合作进行深入交流。在旧金山，谢兆村一行参观考察中关村硅谷创新中心和浪潮美国公司，与创新中心及相关科创企业进行交流，深入了解美国科技创新政策和服务体系，并就进一步加强双方合作交流，促进历下区科技创新能力提升等方面达成共识。西雅图是美国华盛顿州最大的城市，在精密制造、信息技术、生物医学等方面均处于全球领导地位。在西雅图访问期间，谢兆村一行现场考察微软公司总部创新研发中心，并与微软（中国）有限公司大中华区副总裁、公共事业部总经理滕文先生进行会谈，滕文先生表示将进一步扩大微软在历下的投资，促进金融科技孵化平台不断壮大。谢兆村一行还拜访西雅图华人生物医学协会，见证历下控股集团与医学协会战略合作协议的签

订，并会见协会理事长田强先生，谢兆村表示希望能借鉴华人生物医学协会在医疗、康养、生物医药等领域的先进理念和成熟经验，探讨双方在更深层次开展合作的可能，实现更多领域的相互交流。谢兆村一行还出席2018西雅图跨境创新周活动，在历下区与外联创新公司共同举办的中美企业协同创新中心合作签字仪式上，谢兆村发表致辞，向参与活动的美国中小企业介绍济南及历下区的有关情况，宣传招商引资优惠政策，希望以这次签约为契机，能进一步深化历下与西雅图商界的对接，通过建立常态化交流机制，推动双方在更广领域、更深层次上实现合作。在墨西哥期间，代表团一行与墨西哥城贸促局及相关企业进行洽谈，双方一致同意进一步扩大企业交流合作，争取更多墨方企业到历下区投资兴业。区投资促进局还与墨西哥城商会签订中墨企业协同合作协议，双方约定就相关可行性项目进行深入交流合作。此外，代表团一行拜访德勤墨西哥公司，与亚洲市场领导合伙人、转移定价合伙人乔治、墨西哥中国服务组经理负责人杨冰举行会谈，德勤公司负责人介绍在墨业务开展及投资商务环境等情况，双方约定在招商引资方面加强交流合作，努力实现互利共赢。

【谢兆村随济南市党政代表团赴武隆区对接扶贫协作】 6月22—23日，区委副书记、区长谢兆村随济南市党政代表团赴武隆区对接扶贫协作。武隆区委书记黄宗华，区委副书记、区长卢红参加活动。代表团一行到武隆区火炉镇木水村实地察看十里荷塘建设项目，召开扶贫协作联席会议。历下区与武隆区后坪乡签订深度贫困乡镇东西部扶贫框架协议，泉城路、大明湖、东关、建筑新村4个街道与武隆区4个深度贫困村签订携手奔小康框架协议。谢兆村在发言中表示，自2016年8月与武隆建立结对帮扶关系以后，历下区落实上级扶贫协作部署要求，立足两地实际，充分发挥各自优势，在资金支持、产业扶持、劳务协作、教育医疗等方面进行深层次对接，有力促进两地的交流合作、共同发展。历下区将以这次联席会议为契机，切实按照中央和省、市部署要求，进一步强化政治担当和责任落实，扎实推进各项帮扶措施，坚决完成好各项工作任务，与武隆携手共进，为落实济南与武隆对口协作要求，促进两地共同发展做出新的更大贡献。武隆区委书记黄宗华首先对济南市及历下区的支持表示感谢，希望双方携手共助武隆打赢脱贫攻坚战、携手共推协作项目开花结果、携手共创对口协作广阔领域，共同开创交往交融、互利共赢新局面。

【调研中国非遗博览会百花洲分会场筹备和保障工作情况】 9月11日，区委副书记、区长谢兆村到中国非遗博览会百花洲分会场调研会场筹备和保障工作情况。副区长丁晓红、明府城管理中心主任朱俊如陪同参加调研。谢兆村实地察看济南百花洲传统工艺工作站及其他场馆准备工作情况，召开现场办公会，听取相关单位筹备工作情况汇报，就下步工作提出明确要求。谢兆村指出，中国非遗博览会开幕在即，历下区百花洲片区作为分会场，承担着重要的筹备和保障工作任务。各相关单位要高度重视，进一步理顺工作机制，明确责任分工，强化协调配合，确保形成工作合力。要设立现场工作指挥部，各相关单位要安排专人现场办公，对发现的问题及时研究处理。谢兆村强调，下一步要从环境整治、交通组织和安全保障等方面狠下功夫。着力做好

2018 年 9 月 11 日，区委副书记、区长谢兆村（右二）调研中国非遗博览会百花洲分会场筹备和保障工作情况

环境综合整治，在做好日常保洁的基础上，进一步加大巡查力度，全面清理垃圾死角，及时清除各类占道经营、违规广告牌匾，规范提升市容秩序。要抓好现场交通组织，对明湖路等重点路段、节点进行交通流量管控，合理调配交通疏导力量，规范停车秩序，引导辖区居民和单位绿色出行，减轻道路交通压力，确保交通秩序规范有序。全面做好安全保障工作，进一步增强警力配备，加强治安巡查，严格落实重要场所安全保卫措施，坚决确保万无一失。

【察看 2018 年全市重点项目建设观摩评议历下区有关项目】 11 月 6 日，区委副书记、区长谢兆村带队察看 2018 年全市重点项目建设观摩评议历下区有关项目，区领导杨传军、靳祥锋、丁晓红、石永先陪同察看。谢兆村一行察看刘智远村城中村改造、历下总部商务中心、济南中央商务区国际金融城南区、黄金国际广场和鲁勤时代广场等参评项目，随后在东关街道办事处召开座谈会，听取有关工作汇报，杨传军、靳祥锋、丁晓红、石永先等区领导分别就察看中发现的问题提出意见建议，就有关工作进行安排部署，谢兆村就全面做好全市重点项目建设观摩评议迎评工作提出明确要求。谢兆村指出，2018 年全市重点项目建设观摩评议活动在即，各相关部门和街道要高度重视，强化举措，紧紧抓住这最后时间，坚持“点、线、面”相结合，全力以赴做好各项迎评准备工作。坚持从“面”上整体把握，确保历下区观摩评议高质高效有序。区委办公室、区政府办公室要从全局精准把控，在保证各观摩项目安排到位的基础上，保障观摩评议各环节顺畅、有序、高效衔接。要坚持从“线”上发现问题，并及时整改落实。各相关职能部门要分工负责，强化巡查监管，从环卫管护、园林绿化、市政道路和门面整治等方面全面摸排，发现问题，立即整改，确保观摩评议沿线整洁美观有序。坚持在“点”上下功夫，精细化打造项目观摩样板。要在现场环境细节上下功夫，无论是从安全施工、文明施工设施保障，还是从展板位置摆放、讲解顺序引导都要精心安排；要在现场讲解上下功夫，讲解人员要围绕项目定位、产业打造、招商政策等多方面，从容自信地娓娓道来，呈现历下特色，展现历下风采。

【察看全区深化全国文明城市创建工作】 2

月10日，区委副书记、区长谢兆村察看全区深化全国文明城市创建工作，区委常委、宣传部部长王海清参加活动。谢兆村到友谊苑小区、泉城路商业街、正觉寺小区和千佛山社区察看环境综合整治和非机动车停车秩序情况，听取有关工作情况汇报，对全面做好深化全国文明城市创建工作提出明确要求。谢兆村指出，全区上下要充分认识全国文明城市创建复查测评工作的重要意义，进一步增强深化文明城市建设的责任感和紧迫感，采取更加扎实有效的措施，确保迎评各项工作落实到位，不断巩固文明城市建设成果。谢兆村强调，要坚持问题导向，抓住影响历下区形象的突出问题，特别是对老旧小区、主次干道、背街小巷等区域，集中力量开展专项整治活动，要以复查测评为契机和抓手，推动城市管理水平和环境面貌再上新台阶；要牢固树立“文明创建永远在路上”的理念，把全国文明城市建设标准和要求渗透到日常工作中，建立和落实好长效机制，不断提升城市管理水平；要进一步强化宣传发动，充分发挥各社区党员先锋模范带头作用，发动居民群众广泛参与，营造浓厚的创建氛围，以最好的状态迎接复查测评工作。

（王　威）

区政府办公室工作

【文字材料】 高度重视文字材料撰写，做到着眼全局，顺应形势、围绕中心、把握热点，准确领会领导意图，不断加强对基层工作的调查研究，着力提升文字材料对实际工作的针对性和指导性。全年累计印发各类公文50余件，编辑整理政府常务会议提报单位各类议题70余篇；围绕经济社会发展，撰写经验汇报材料80余篇，组织起草全区各类会议重要文稿70余篇，成稿近30万字，形成政务信息400篇；深入开展调查研究，共形成10余篇高质量的调研报告，为领导决策提供有价值的参考。

【承办会议】 精简会议内容和时间，合理安排会务流程，健全会议制度，做到会前准备充分、会中服务到位、会后落实及时。细化常务会议议题申报和会议承办工作流程，准确掌握会议精神，形成会议记录和会议纪要，及时发布会议信息，完成区政府常务会 服务保障13次。完成各级领导调研、座谈会议 90 余次，接待外省、市考察团 30 余次，保障各类电视电话会议50余次，做到精心组织、合理安排、认真协调，提高会议质量和水平。

【机要档案】 严格按规定存储、登记、附笺各级政府文件，需传阅的文件呈阅到位，确保文件精神、省市通知及时传达到位。至年底，累计签收国务院、省政府文件363件；签收并处理市政府、区委电文266件；依章依规制发区政府、区政府办公室文件131件，及时按要求进行公开；协调安排区政府领导的政务活动，及时收发区委周程，编发区政府周程43期；按照工作要求设置市政府领导同志批示件办理单，对原有的办公室文件处理单进行改进。

【信息公开】 坚持“以公开为常态、不公开为例外”，全面推进决策、执行、管理、服务、结果公开，不断扩大公开范围、丰富公开渠道、规范内容形式、突出公开要点，2018年，通过区政府门户网站及时主动公开各类政府信息15479条，及时指导、督促各街道、区政府各部门发布2017年政府信息公开工作年报；顺利完成全省基层政务公开标准化规范化试点工作，紧紧围绕“就业创业”“城市综合执法”“市政服务”“户籍管理”“税收管理”五个试点领域，建立健全各项制度，设计制作政府信息公开流程图，编制政务公开事项目录，试点领域的政务公开工作得到有效提升，政府公信力和执行力得到进一步增强；做好区政府门户网站及网站群的保障工作。全力做好全国政府网站普查工作。根据国家和省市安排，对照全国政府网站普查标准，及时做好区政府门户网站的内容保障工作，安排工作人员定期检查网站发布信息，多次下发通知督促各责任单位、部门做好所负责栏目的内容更新。开展区政府门户网站迁建工作。按照《政府网站发展指引》和省市通知要求，区级政府门户网站要统一迁入市政府网站平台。通过多次与市信息中心对接，确定的历下区政府门户网站的迁建要求，6月21日组织全区各单位、部门开展新网站使用专题培训，为新网站的顺利启用做好准备。7月30日，区政府门户网站正式迁入市网站平台试运行，实现新旧网站的平稳过渡。

【政务督查】 全力做好上级重要督查事项的落实，先后参与保障中央环保督察、国务院大督查、省级环保督察等专项督查行动，反馈国务院大督查督办件3件，中央环保督察星级督办件11件，办结市委、市政府领导督办件共50件，回复市委第八巡察组巡察件共10件。对内抓好各项重点工作督查，督办人大代表建议、政协委员提案——共收到人大建议130件，督查室切实采取有效措施，研究解决，实现答复率100%，面复率65.4%，满意和基本满意率100%。督办市区领导批示件——从规范办理制度着手，强化督办回复工作，先后办理12件区政府领导批示件。围绕区政府重大决策和工作部署，做好常规督查——严格落实主体责任制，扎实深入开展专项督查，形成重点工作周调度（12345热线运营情况、城管工作情况等）、月调度（小清河攻坚战等）、季调度（重点工作节点进展情况等）的工作制度。重点工作督查到位的同时，确保日常工作有序进行——编发《历政督通字》，调度各部门工作信息共116篇，编号文件66篇、《历下政务》50期通报各部门工作进展情况等。此外，督查室协调或者参与中央环保督查、省级环保督查回头看，作风监督面对面直播电视问政，小清河攻坚战，区12345市民服务热线运行，全区文秘骨干业务培训等工作。

【信息编发】 围绕全市“打造四个中心，建设现代泉城”中心任务和各项重大部署，密切关注经济社会发展中的新动向、新趋势、新问题，反映历下区经济社会发展情况，深入挖掘亮点，突出优势和特色，为上级领导参谋决策提供大量信息资源。2018年，上报各类信息450余篇，得分4946分，列全市第二名，超过2017全年2369分。根据不同时期社会热点和领导需求，围绕上级政府部署和领导关注的热点、难点，围绕社情民意，及时整理上报各类有价值信息，形成快速调研类信息及时上报上级政府，为领导及时掌握情况、科学决策提供借鉴。2018年，围绕全市打造亿元楼的工作目标，结合历下区实际编写的《历下区调研济南市楼宇经济发展情况存在制约问题应引起关注》被市长孙述涛批示。《历下区推行全科社工落实网格管理深入推进社区治理和服务创新发展》被副市长王桂英批示。历下区参与编写的《济南市以多种方式保障群众温暖过冬的典型做法》《济南市产学研深度融合取得成效、存在的问题及建议》《山东省机械、纺织行业上半年运行情况》等6篇信息被国务院、省政府领导批示，为领导掌握情况提供有价值的第一手材料。网站刊登信息继续保持增长，至10月底，区政务网站刊登信息3016条，同比增长53.4%，信息数量呈现逐年递增趋势。

【应急管理】 应急管理工作在区委、区政府的正确领导下，在区各职能部门的通力协作下，深入贯彻落实《中华人民共和国突发事件应对法》及省、市《突发事件总体应急预案》有关规定，以“一案三制”（制订修订应急预案，建立健全应急的体制、机制和法制）体系建设为核心，以强化应急保障能力和应急管理规范化建设为重点，进一步夯实基层应急管理工作基础，不断提升历下区应急管理工作水平，全区安全形势总体平稳向好。夯实基层基础，健全应急管理体系。按照一流标准，全力打造建设大明湖、东关等7家区级应急管理示范点，升级完善芙蓉街社区、甸柳一中等6家市级应急管理示范点，进一步调整组织机构、完善工作机制、修订应急制度、健全应急队伍、储备应急物资、提升救援能力，健全区、街、居三级基层应急管理体系，充分发挥示范点辐射引领作用，带动全区应急管理再上新水平。同时，加强应急救援队伍建设，从安监、住建、公安、消防、交警等部门抽调技术专家和骨干人员，组建各类应急处置救援队伍70余支，为处置突发事件提供坚实的队伍保障。加强值班值守，确保信息上传下达，严格实施领导带班制和专职人员24小时值班制度，确保应急信息畅通，建立突发公共事件应急管理台账，做到应急事件处置情况全程记录，完成“全国两会”“青岛上合峰会”和法定节假日等重要敏感时期值班任务。对政府总值班室进行改造提升，《值班制度》《信息报告》等6项制度上墙，对电话接听、值班记录、交接值班、值班安排、跟踪督办等五项工作制度予以规范，增添电脑、电话、空调、传真机等硬件设备。强化信息报告，研制“历下区应急平台信息报告系统”，及时上报“2·12燕山公墓火情”“8·23旅游路交通事故”等67条突发事件信息，保障应急信息及时上传下达。加大资金投入，提升应急救援能力。年初列支应急专项经费1000余万元，用于突发事件应急处置、装备提升和应急示范点建设等应急工作。妥善处置洪山路斜坡滚石滑落、奥体中心网球馆西侧燃气管线泄漏等应急突发事件。购置应急救援指挥车，配备高效应急通讯装备系统，实现对突发事件指挥调度、应急救援、信息采集、物资调配等，提高历下区应急救援机动能力。新研发应急信息报送平台系统，进一步畅通区、街信息报送渠道，与市应急信息平台互联互通，实现应急信息快速报告、高效处置，为领导实施应急救援决策提供重要依据。强化业务指导，开展宣传演练。修订应急预案，指导有关街道和部门做好应急预案修编和操作手册制订，新修订《历下区重污染天气应急预案》《历下区金融突发事件应急预案》等6部专项预案。开展应急演练，指导开展城市防汛、消防疏散、森林防火等各类应急演练79次，增强应对突发事件自救互救和应急处置救援能力。加强应急宣传，开展“安全生产月”“5·12防灾减灾日”等主题宣传活动，免费向辖区居民发放火灾逃生、自救互救等宣传资料，开展安全培训，全面提高辖区居民安全意识和自救互救能力。

【政府法制】 对照国务院《决定》《意见》和省市法制工作要点，执行市委、市政府关于《济南市法治政府建设实施纲要（2016—2020 年）》的工作部署，印发《历下区 2018 年度法治政府建设工作要点》和《历下区人民政府 2018 年度法治政府建设情况报告》。2018 年，共审查规范性文件 6 件，提出修改意见 10 余条；清理规范性文件 19 件，其中废止 3 件、失效 3 件，继续实施 13 件。严格落实规范性文件统一登记、编号、公布的“三统一”制度，并按要求报送备案。组织开展全区行政执法人员专项清理与行政执法证件审验，对 1017 个到期证件进行年审，注销 252 个，组织新办理行政执法资格证件的执法人员进行网上集中培训。继续做好行政执法案卷评查，抽取相关执法部门的 60 余份案卷，从实体、程序、文书、制作等方面进行评查，同时将案卷评查的结果以通报形式进行公布，实现以查代训、以查促管。行政复议和应诉工作。依法及时受理行政复议案件，化解行政纠纷，全年共审理行政复议案件 73 件。着力加强行政应诉工作，提升行政应诉人员素质能力，防止因应诉不当导致行政案件败诉。2018 年，区政府本级共办理行政诉讼案件 118 件。法律服务和法制宣传工作。发挥政府法律顾问作用，2018 年，共计提供法律服务 330 余次。履行在重大决策、招商引资项目合同审查，政府重大涉法事务处理，疑难案件办理等方面的职责，为区政府重大行政决策发挥作用。

（王　威）

行政审批服务

【概况】 2018 年，政务服务中心大厅进驻 18 个行政许可部门、126 项行政许可事项、3 项服务类事项，进驻率 94%。1—12 月，政务服务中心管理大厅共接待 12.1 万人次，受理行政审批事项 32589 件，受理办结其他公共类服务事项 5888 件。网上申办 36879 件，网上申办率 99.60%，网上咨询按时回复率 100%。

【区行政审批服务局成立】 根据省委办公厅、省政府办公厅《关于深化“一次办好”改革深入推进审批服务便民化实施方案》（鲁厅字〔2018〕31 号）以及市编办、市法制办《关于转发〈山东省机构编制委员会办公室山东省人民政府法制办公室关于推进相对集中行政许可权改革组建市县行政审批服务局的意见〉的通知》（济编办发

2018 年 12 月 15 日，区行政审批服务局挂牌

〔2018〕68号）精神，12月14日，整合区政务服务中心管理办公室的职责，以及相关部门的行政审批及有关政务服务等职责，组建区行政审批服务局，作为区政府工作部门，加挂区政务服务管理办公室的牌子。主要职能贯彻执行行政审批和政务服务管理工作方针政策和法律法规，拟订有关规范性文件并组织实施。负责市场准入、投资建设、城市管理、民生保障等领域划入区行政审批服务局的行政许可及关联事项和收费事项的办理，并承担相应法律责任。负责编制和完善审批服务标准化规程和办事指南，建立健全工作规范和管理制度，规范行政审批服务行为，创新和完善行政审批服务体制机制。负责规范和优化行政审批、政务服务事项流程，推进行政审批、政务服务标准化建设。负责组织、协调相关行政主管部门，开展现场勘验、专家论证等工作。负责对进驻区政务服务大厅的审批服务工作及人员进行指导、监督、管理和考核，提供相关政务服务和便民服务等。指导、协调各专业大厅相关工作，指导各街道便民服务中心政务服务工作。负责推进行政审批和政务服务体系信息化、综合审批平台和“网上大厅”的建设和管理。负责全区政务服务体系建设工作，协调、指导各街道、部门（单位）行政审批、政务服务和公共服务平台建设工作。承担区行政审批服务改革联席会议的日常工作。负责本部门党的建设、意识形态、宣传思想和群众工作。履行法律、法规、规章规定的其他职责。完成区委、区政府交办的其他任务。

【压缩审批时限】 政务服务中心大厅由56个服务窗口减少到5类27个综合受理窗口，行政许可事项法定时限4240个工作日，承诺时限2396.5个工作日，提速1843.5个工作日，提速56%。

【梳理事项清单】 “一次办好”改革任务稳步推进。5月，公布“三跑”事项清单（零跑腿、只跑一次、你不用跑我来跑）。7月，公布“一次办好清单”（其中依申请行政权力事项651项、依申请公共服务事项250项）。8月底，完成相关指南编制及“一次办好”事项“颗粒化”最小运行单元的分解工作。

（注：依申请是指行政主体只有在行政相对人申请的条件下方能作出，没有相对人的申请，行政主体便不能主动作出行政行为，规范化简称依申请。）

【硬件建设】 增设证照自助打印终端、自助查询终端、自助打印复印机，推广使用二维码查询，为企业群众提供更好的服务。

【服务措施优化】 增加引导帮办人员为企业群众提供“全科式”咨询引导和帮办服务，协调市场监管、税务等，实现涉税业务前置，压缩时限、优化流程，协调区市场监管局、税务分局、公安、银行等部门通过增加企业注册登记窗口、强化网审力度等，确保“企业开办3个工作日办成”要求落地，证照免费邮寄业务全面推开。6月，在全省范围内率先推行证照免费邮寄业务，至年底，共免费寄送证照1.8万余份。

【服务模式拓展】 推行“政银合作”（在农行历下分行网点推行银行网点办理新设企业核名、注册登记业务）实现企业开办便捷化，推广设立商事登记点（在文东街道为民服务大厅试点设立商事登记点）初步实现商事登记服务“一网办”“就近办”“马上办”。

【监督检查】 招募包括区人大代表、政协委员、企业代表、群众代表等在内的 8 名志愿者担任全区政务服务监督员，对全区政务服务工作实施监督。组织窗口工作人员签订《严明工作纪律规范履职行为承诺书》，加大巡查、视频抽检力度，强化群众投诉处理时效。至年底，共组织大厅巡查 1700 余次，办理 12345 投诉单 42 件、现场及电话投诉 32 件按时办结率、群众满意率均为 100%。

（李子龙）

外事侨务工作

【外事工作概况】 外事工作办公室全年办理出访团组 25 批 50 人次，其中，中央双跨团 2 批 2 人次，随省双跨团 1 批 1 人次，随市团组 12 批 12 人次，自组团组 10 批 35 人次，完成接待任务 3 批次。共办理外籍人员来华邀请函 19 件，邀请外国人 36 人次。

【外事接待】 2 月 3 日，加拿大华人社团联席会主席王典奇一行 13 人到历下区考察，并参加“历下区投资环境推介会暨中加合作项目对接会”。考察团成员包括加拿大列治文市代市长、市议员欧泽光先生，以及加拿大著名企业家和部分华商。考察团参观绿地国际金融中心的 CBD 实景沙盘展示，观看“投资历下”宣传片，并听取区投促局、区科技局和历下控股集团关于历下区投资环境和部分重点项目介绍，双方在招才引智、教育养老等方面合作开展探讨。区委常委、常务副区长杨传军，副区长刘佳及相关部门负责人参加活动。

同月 26 日，德国慕尼黑副市长贝里克一行到济南甸柳一中进行校园足球教育及活动交流。代表团参观校园及学校文化校史展，观看足球啦啦操表演和校足球队训练，对小球员们进行现场指导，并与区教育局及学校有关领导就两地青少年足球友好活动进行交流。

6 月 13 日，澳大利亚郡德乐普市议员索菲亚·怀尔一行到历下区考察，先后参观绿地国际金融中心、百花洲历史街区。代表团在绿地国际金融中心观看济南 CBD 沙盘，听取 CBD 建设规划介绍，并与区相关部门负责人进行友好会谈，听取历下区重点项目介绍，为两地日后建立友好合作关系奠定基础。

【对外交往】 根据区情实际和招商引资工作需要，共组织自组团 10 批，分别为济南市实验小学赴美国参加第二十六届“和平信息”英文诗歌写作比赛团组，区政府谢兆村等 5 人赴美国、墨西哥招商引资团组，历下控股集团有限公司赴美国、墨西哥集团重点项目和金融科技项目开展深入合作洽谈业务团组，山东省济南市第八中学赴法国参加尚特皮市第二十五届 U15 女子篮球锦标赛团组，历下控股集团有限公司赴土耳其、英国进行城市建设项目洽谈合作团组，区委书记马玉星等 5 人赴希腊、匈牙利招商引资团组，历下控股集团有限公司赴希腊、匈牙利执行企业重点项目洽谈及合作团组，历下控股集团有限公司赴韩国执行股权投资项目尽调评估任务团组，济南市东方双语实验学校赴澳大利亚友好教育交流团组。

【城市国际化战略】 围绕全区重点工作，以打造“全省首善之区”为目标，全面做好城市国际化综合试点工作。合力打造国际招商引资团队，与区投促局联合在全球招揽 10 名“招商大使”，推荐的英国巴斯市议员马丁·威尔先生当选，将为下一步历下与英国巴斯市的经贸往来和友好合作奠定基础；做好外事礼仪、外事知识进中小学的试点工作，牵头编撰《中小学生涉外礼仪读本》教育读本。6 月 26 日，召开历下区《中小学生涉外礼仪读本》编写研讨会。8 月，举办“2018 年第一期济南市历下区外事干部暨外语人才培训班”，对全区外语人才库和外向型部门学员进行培训。10 月 8 日，在历下区中小学全面启动外事礼仪进校园培训活动，提高外语人才和外向型部门工作人员的外事业务水平。

【侨务工作概况】 推进归侨侨眷关爱工程。春节、中秋节期间，侨务办公室走访慰问归侨侨眷，摸清困难归侨侨眷底数，掌握困难归侨侨眷数据动态变化，救助困难归侨侨眷。宣传侨法，提升服务水平。

【推进社区侨务工作发展】 深入推进社区侨务工作，打造全国为侨公共服务示范区。按照“有牌子、有场所、有人员、有经费、有活动”等规范要求，推动建立社区“侨之家”活动阵地，打造基层为侨服务平台，构建为侨公共服务体系，整合资源扩大为侨服务供给，逐步将“侨之家”打造成为侨务部门为侨服务和涉侨群体自我服务的标志性品牌。搭建服务平台，打造“一居一特色”的侨务品牌；立足侨界需求，多方联动提供志愿服务；密切联系归侨侨眷，凝聚侨心侨力，通过“侨情民意收集册”“归侨侨眷之家”等方式，了解侨界需求，听取侨界民意，让“侨之家”真正成为归侨侨眷的“精神家园”。开展内容丰富、形式多样的活动，引导侨界群众参与社区活动，增强其社区归属感、认同感。文化西路社区举办“心系侨眷 情暖侨心”主题消夏晚会，社区与归侨侨眷形成良好互动，“社区为侨，侨为社区”的双向服务格局逐步形成。

【归侨侨眷关爱工程】 始终关注侨界民生，践行为侨服务宗旨。按照精准扶贫、精准脱贫基本方略的要求，始终带着责任和担当，立足侨界民生，用心、用情、用力开展侨务工作。春节、中秋重要节假日开展走访慰问工作，走访慰问归侨侨眷 90 余户，送去慰问金和慰问品累计 3 万余元。以走访慰问为契机，展开调研，询问走访归侨侨眷生活生产情况，体察侨情，重点听取建议，作好记录；同时解答侨界群众的各类政策咨询，宣传涉侨法律法规及有关政府规章，帮助解决归侨侨眷反映的实际问题。千佛山社区开展“九九重阳节 温暖侨眷心”走访慰问空巢老侨眷。

【侨法宣传】 开展涉侨法规政策宣传、咨询和服务主题活动，充实更新内容，印制侨法宣传服务手册，通过走访慰问、义诊、演出、法律咨询等形式，开展“历下区侨法宣传进社区”活动，为归侨侨眷提供政策咨询和法律服务，通过信访投诉处理、矛盾纠纷调解等，依法维护侨权侨益。以“侨法宣传角”为平台，综合运用好线上线下多种渠道，多元、多形式创造性地开展侨法宣传教育，营造知侨爱侨、依法护侨的良好氛围。

（陈　倩）

地方志工作

【概况】 2018 年，史志工作围绕区委、区政府建设全省首善之区目标，服务全省首善之区建设，按照国务院《地方志工作条例》规定，推进各项工作有序开展，发挥史志工作存史、资政、育人作用。10 月，出版发行《历下年鉴（2018）》，17 个村村志编修工作有序推进，完成《山东年鉴》《济南年鉴》《山东地方志年鉴（2018）》供稿任务。

【《历下年鉴（2018）》出版】 10 月，《历下年鉴（2018）》由中州古籍出版社出版。全面、系统、翔实地记述 2017 年历下区各项事业的发展情况和重大事件，突出反映在推进经济建设、政治建设、文化建设、社会建设等方面取得的新成就。正文分设特载、专记、大事记、历下区概况、组织机构及负责人名录、中国共产党历下区委员会、历下区人民代表大会及其常务委员会、历下区人民政府、中国人民政治协商会议济南市历下区委员会、民主党派与工商联、群众团体、司法军事、综合经济与管理等 24 个栏目。本卷全彩印刷，卷首设立反映历下经济和社会发展成就彩色图片，栏目插入大美历下“一湖一环灯亮工程”图片，卷尾设历下区高新技术企业宣传页，图文并茂，全书共计 58 万字，力求全面体现历下特色，为各级领导决策和社会各界了解研究历下提供详实资料和依据。

【村志编纂】 做好村志编修，对村志编修进行实时联络，采取“走下去”分工到村，了解村志编纂情况和存在问题，邀请专家指导，组织 31 名村志承编工作人员参加培训。至年底，历下区 17 个村庄启动村志编修工作，刘智远村、林家庄、邓家庄、姜家村、石河岭村完成村志志稿评审，龙洞村、盛福村、姚家村、丁家庄 4 个村庄村志正在编纂，八涧堡、义和庄、窑头村、荆山村等其余 8 个村庄正在对村志资料进行搜集整理。同年《刘智远村志》《林家村志》《邓家村志》参评“齐鲁名村志”。

【方志馆建设】 全面做好方志馆建设准备工作，充实方志馆馆藏资源，收集《中国名镇志丛书》（35 册）一套和《中国名村志丛书》（21 册）一套。拓宽地情资料收集视野，收集文字资料、口述资料、图表资料、音像资料和实物资料等多种形式的历下区地情资料。研究探索新馆设计方案，探索科学布局和规范管理模式，组织相关人员赴杭州、南京等地方志馆参观学习，全面做好方志馆开馆建设工作。

2018 年 11 月 23 日，历下区村志审读会

【志鉴交流】 充分利用史志资源，走进社区，服务群众，组织“历史文化进社区”“弘扬历史文化，建设首善之区”主题讲座，为社区居民

赠送《济南泉水故事》50余册；开展志鉴进社区、进学校、进图书馆活动，累计赠书600余本，让更多学生、社区居民了解历下历史文化，发挥鉴政育人教化作用。开展与全国各地市史志系统交流学习，采取交换方式，收集部分全国二轮志书和近年年鉴，志鉴成为宣传历下新“名片”。

（李　燕）

机关事务管理

【概况】 2018年，历下区机关事务管理局围绕中心，服务大局，以持续推进“两学一做”教育活动为契机，抓好机关事务管理、服务和保障工作，提升机关事务管理水平，确保区机关大院的各项工作有序进行。

【智能管理项目建设】 建成两会大屏图书公益阅览设备，可进行图书借阅和电子浏览；建成“四季共享”自助洗车系统；组织实施历下区机关智慧后勤应用平台建设项目，该项目作为智慧历下的一部分先行启动，提升服务水平、开展多样化服务，结合目前智慧城市建设大趋势迈出开创性的第一步；引进车辆智能识别系统，严格审核登记车辆车牌信息，加强车辆进出管理；安装来访人员登记系统，提高防范措施，确保机关安全。

【节约型机关建设】 历下大厦参加创建第三批省级节能示范单位成功，完成大厦光伏发电系统建设安装、历下大厦雨水收集系统采购和垃圾分类统管区域示范建设；区委党校和区政务服务中心能源消耗监控系统已经建设完毕并投入运行。

【政府财政集中支付】 完成录入2018年度36个预算部门和81个工资代发部门年初预算指标10.01亿元。全年各类经费支出8.36亿元，新增固定资产1055.85万元。完成2017年决算及决算公开工作，2018年预算公开工作，2017年内控、资产年报。全年梳理原始报销单据1.3万张，制作凭证1600余份，签发各类支票3700余张，整理装订各类财务档案500余本。配合纪委巡察组、审计局完成14个区直部门的巡察、审计工作。

【公务车辆管理】 完成公车管理“四步”招标，经定标委员会开标，确定车辆维修、保养、燃油、租赁网点；完成全区“三化”中的车辆信息输入和平台化筹备工作。

【老干部保障】 2018年，保障离退休老干部参加重要会议和重要活动15次；保障老干部支部活动12次；发放老干部学习刊物5200余本；走访慰问老干部900余人次；组织离退休老干部主题党日活动，赴红旗渠红色教育基地参观学习；开展适合老年人特点的文体活动，得到老干部们的一致认可。

【日常服务】 切实加强会服、保洁工作人员的管理、培训和保密教育。5月，更换新物业公司后，新会服和保洁迅速进入工作状态，高质量完成区“两会”、全区党的十九大精神专题系列报告会等各类重大会议和日常会议保障工作1600余场。

（宋振东）

泉城路商业街管理

【概况】 2018年，泉城路商业街管委会办公室完成经济收入277万元，以“提升商业氛围、提升管理水平、提升综合环境，促进泉城路繁荣繁华”为目标，深入实践“环境优美、秩序优良、服务优质”的工作思路，不断解放思想、开拓进取，商业街的管理和服务取得显著成绩。10月25日，在第十六届2018年中国（合肥）商业街区行业年会上，泉城路商业街获“中国著名商业街”称号。

2018年9月11日，中国步行商业街工作委员会主任韩健徽（左三）一行对泉城路商业街创建中国著名商业街工作进行指导考察

【日常管理】 开展户外广告和牌匾标识专项整治，拆除违法违规楼宇标识、店招牌匾42处（共计4529平方米），LED滚动屏67处，整治不符合专项规划和规范的户外广告牌匾205处；对泉城路商业街青石板路面做防滑处理1200平方米，快车道石材维修800平方米，慢车道及人行道石材维修580平方米；沿街木质座椅、低灯杆、花箱油漆、维修220组；完成8条街巷杆线整治；对泉城路商业街的齐鲁国际大厦、彩云大厦、省轻工大厦等8座大体量楼体更新改造提升；加快推进生活垃圾分类，出动水车1120余次，出动机扫车450余次，作业时间980小时，出动洗地车90余次，约290余小时，出动多功能清洗车30余次，50余小时，出动压缩车850余次，清运垃圾2125吨，清除小广告7000余处；栽种多个品种花卉42万余盆；快车道绿化带栽种及补栽绿篱苗木1.8万棵。

【“中国著名商业街”创建】 1月18日，泉城路创建“中国著名商业街”工作正式启动。同年9月，创建工作所需全部申报材料、宣传片及画册顺利通过审查。10月25日，在第十六届2018年中国（合肥）商业街区行业年会上，中国步行商业街工作委员会授予泉城路商业街“中国著名商业街”称号。

【“一湖一环”“明湖秀”保障工作】 景区周边实施24小时动态保洁作业，以“明湖秀”为中心向外辐射5公里范围内全部达到一类保洁作业标准。坚持网络化管理模式，分区域设立工作站，部署联合执法点，加大执法力度，配备安保人员70名，采取盯守、巡查相结合的方式，对各类违法占道经营行为实施连续式、高强度的专项整治。重大节假日启动应急值班制度，确保执法无盲区，保障无死角。2018年9月26日，“一湖一环”“明湖秀”安保工作大屏幕监控指挥中心正式投入运行，对接公安系统，加大动静态交通秩序整治力度，利用“一湖一环”区域内的1000余个监控探头，实现全时段、全天候监控，统筹协调“一湖一环”区域内交通安全保卫工作。

【安全生产】 开展防恐消防安全演练，每周对沿街商家进行消防安全检查，定期对沿街商家用电线路、消防设施、供电设备进行监督检查以及维护检修，2018年，对辖区进行消防安全检查48家次。

【“12345”工作】 全年共受理“12345”市民服务热线553件，处结率、回复率均100%，市民满意率92%。

（孔　江）

山大路科技商务区管理

【概况】 2018年，山大路科技商务区管理委员会围绕市委“1+454”工作体系和区委、区政府建设全省首善之区的总体工作部署，重点发展服务业园区建设，重点抓好“双招双引”工作，着力推动重点项目建设，主动服务企业，狠抓基础管理，完善制度建设，促进科学发展等，加大工作落实力度。

2018年6月5日，区委副书记、区长谢兆村（右二）调研科技市场建设情况

【重点服务业园区建设】 加大宣传力度，增强园区知名度，与区发改委、区商务局、区统计局、区市场监管局等职能部门充分合作，大力宣传园区优惠政策、发展动态以及各专业市场和入驻企业相关信息，努力营造良好的经营氛围。参加推介活动，组织各专业市场负责人多次参加中国电子专业市场年会，了解电商发展，加强与发达地区的交流与合作，促进园区长远发展。顺利完成园区企业统计调查工作，主要是协助区发改委和统计局，对园区所有限上企业和部分限下企业业务经营情况进行调查统计，全年走访企业700余家，高质量完成各项数据收集、整理，并及时进行汇总上报。

【人工智能产业园】 对济南科技市场进行整体升级改造、产业换代，稳步推进山东人工智能产业园改造工程各项筹备工作。完成山东省人工智能物联网众创平台二期扩建工作，服务场地2000平方米，签约入驻企业80家，打造集科研开发、生产制造、销售代理、施工设计、金融投资服务于一体的人工智能物联网产业集聚平台。开展济南科技市场清产核资、固定资产处置、职工培训、业户清退以及整体改造项目立项、确定设计方案等工作。山东大学与山东省人工智能物联网众创平台合作成立“山东大学闪亮人工智能研究院”

并入驻产业园。与绿科云城科技发展有限公司合作项目入驻产业园，共建济南 AWS 绿科物联网 + 孵化器，具体负责孵化器企业入驻、运营、企业服务等工作。至年底，注册 5 家企业。

【山东硅谷产业基地建设】 山东硅谷产业基地核心区已建成集众创空间、基金小镇、光电实验室、会议展示、企业发展载体等为一体的“小巨人、大服务”生态化综合服务平台。拥有清华同方知网、山东金融资产交易中心、云媒科技等 13 家实力强、带动力明显的企业，初步形成信息服务、金融服务、光电子三大特色产业。山东硅谷众创空间设置工作席位 140 个，配备办公、研发制作平台等设备，与区市场监管局驻区审批大厅服务中心联合开辟企业注册绿色通道。与中科院、山东大学等合作筹建山东硅谷光电实验室，联合开展人才引进和成果转化。至年底，培育、孵化 3 家光电子企业，引进、培养 20 余名光电子领域专家，开发的手持式拉曼检测仪等高附加值产品打破国外企业对该技术的垄断，电厂燃料智能管理快速检测项目国内领先。

【双创服务平台建设】 加大众创空间建设力度。根据全年任务，将指标分解到各街道办事处，指导办事处挖掘新增众创空间、科技企业孵化器。完成市级备案众创空间 2 家、省级备案众创空间 4 家，认定市级科技企业孵化器 1 家、省级科技企业孵化器 1 家。争取上级政策支持。获得济南市公共技术支撑平台立项 3 项，泉城众创空间支持计划立项 2 项，海外科技企业研发机构立项 1 项，共获得项目资金 490 余万元。组织 26 个项目参加第七届中国创新创业大赛（山东赛区）暨 2018 年山东省中小微企业创新竞技行动计划。济南市创新券科技型中小微企业入库 171 家，新征集创新券服务机构 20 家，2018 年，发放济南市中小微企业创新券科技资源券总额 70 万元。

（范雷刚）

济南明府城管理

【概况】 围绕全市“打造四个中心，建设现代化泉城”中心任务，打造济南明府城百花洲传统工艺工作站，承接第五届中国博览会分会场任务，先后实施百花洲出入口工程，省级文保贡院影壁修缮工程、市级文保明城墙修缮工程，珍珠泉清淤和茶巷、芙蓉街等整治提升改造工程。2018 年，被评为济南市文明单位。

【“曲水流觞”再现百花洲】 4 月 18 日，为期一周的曲水流觞文化节在百花洲历史文化街区举办。在百花洲流杯池畔，串联老济南 4600 年历史文化，千年府城“天下名士修禊大典”举行，明府城百花洲曲水流觞修禊大典将“泉水”和“名士”两大元素有机结合，将自然禀赋和人文历史深度融合，将“天下泉城”和“天下名士”无缝对接，将曲水流觞和曲山艺海融为一体，实现品牌的内涵和外延聚变、嬗变和裂变，展现济南千年历史、民俗文化传承脉络，打造市级文旅节庆品牌。

【百花洲传统工艺工作站成立】 9 月 13 日，济南百花洲传统工艺工作站在古城济南文化积淀最深厚的明府城百花洲正式成立，文化和旅游部副部长项兆伦等领导参加开幕仪式。百花洲传统工艺工作站贯彻习近平总书记关于推进中华优秀传统文化创造性

百花洲工作站雕版印刷

转化、创新性发展的重要论述，秉持传承中华民族优秀传统非遗文化使命，不断增强社会关注非遗文化传承和发展思想意识，不断激发社会文化创新和创造活力，充分发挥省会城市中心的位置优势，搭建基于生活方式的体验、展示、交流、合作平台，引进多个高水平优秀设计团队，丰富传统手工艺项目内容，再现泉城特色的曲艺盛景，做到“现代设计走进传统工艺，让传统工艺走进现代生活”，百花洲正逐步成为具有广泛吸引力和凝聚力的工作站园区。围绕“传统工艺走进现代生活”定位主线，全面辐射山东省700个非遗项目，明府城百花洲成为振兴传统公益成果保护、展示、传承和交流、发布的窗口。建站后举办非遗研学、展演活动150余场次，传统文化交流活动30余场，接洽20余个非遗及传统工艺项目进站及合作，累计接待游客、研学人员近2万人次。

【承接第五届中国博览会分会场布展任务】 9月13—17日，百花洲传统工艺工作站承接第五届中国非物质文化遗产博览会分会场布展任务。会场按照“活态传承、活力再现”的主题和“见人见物见生活”的主线，突破静态展览模式，重点营造场景式、体验式传统文化互动空间。博览会期间，进驻非遗项目126个，接待非遗传承人100余人，累计接待各级参访团60余个、各类游客超过20万人次。观众走进分会场，参与非遗项目及传统工艺体验与互动。平均每天客流量3.1万人次。

【百花洲出入口风貌提升】 5月5日，明府城管理中心根据先期调研，聘请专业设计团队，召开社会多方参与的设计发布会，对设计方案征询意见，选取最优方案进行百花洲出入口风貌提升。市区领导亲自部署，明府城管理中心领导深入一线，靠前指挥督导，在保证工程质量及安全的前提下，提前45天于2018年6月5日完成主体工程。

【茶巷整治】 根据史料记载，文庙西侧原有一个小巷名为“茶巷”，古时不少参加科举考试的考生在文庙考试后回来这里聚会，后在老城扩建改建时被占用。这条路从大明湖路沿贡院墙根往南，临近南段的位置，原来有一个老市场，这就是前济南贡院墙根街便民市场。住在附近的市民称，之前常在这里买菜以及生活用品。明府城管理中心与市规划局研究商定，7月24日，先行实施芙蓉街便民市场提升项目，该项目由明府城管理中心组织专家审议后实施。拆除菜市场，铺设石板路面，两侧墙体恢复原有的水刷石和青砖墙面，新建多处立体绿化带，历时四个半月恢复茶巷历史风貌。现在的茶巷已经看不到老市场的影子，长方形青石板铺成的道路，仿古墙面则由青砖、青瓦垒砌而成，墙面由灰砖做成的高浮雕撑伞女孩也成为茶巷一独特街景亮点，具有济南老街巷的味道。

【文保建筑修缮】 明府城管理中心对片区内的市级文物保护西城墙遗址，采取边考古边修缮的方式进行推进；对省级文保状元墙，结合上年探索出的历史街区内不同产权类别文保建筑的可操作修缮模式进行施工。至年底，2 处文保均修缮完成。

【芙蓉街升级改造】 11 月 8 日至 12 月 31 日，对芙蓉街进行升级改造。工程开展后，出土古水道、露天老石板等，发现新泉 1 处，挖出暗渠 10 米长，完成芙蓉街市政配套设施改造，并使用老旧石板铺设路面，恢复历史原貌。

【珍珠泉泉池清淤】 10 月 8 日至 12 月 8 日，历时两个月对珍珠泉泉池水系进行清淤项目，因项目所处位置在省人大院内，遂将施工改在夜间进行，并在施工中聘请专家，结合《泉评报告》对珍珠泉泉池进行论证，完善清淤方案。共清淤 2214.11 立方米。

（乔　伟）

历下控股集团

【概况】 至 2018 年底，集团注册资本 17 亿元，资产总额 230 亿元，下辖 8 家全资子公司、1 家合资参股公司。2018 年，围绕历下区“奋力开创全省首善之区建设发展新局面”的目标，坚持政府引导、资本纽带、市场导向、重大项目带动，旨在打造集招商引资、项目建设、棚改旧改、投资融资为一体的市场化、专业化、品牌化城市运营综合服务平台。公司初步形成以城市开发、基础设施建设、科技金融、文化旅游、教育医养协同共进的“5+X”业务板块，为济南市和历下区发展建设提供全方位、优质完善的资源配置服务。

【招商引资】 践行中央商务区金融总部产业定位，招大引强，坚守“招商先行，以招商带动项目建设”的理念，招商工作成果显著，2018 年完成签约面积 21.56 万平方米，意向签约金额 37 亿元。在建项目载体招商落位工作基本完成，为后续全面展开中央商务区在建项目的招商销售工作打下坚实基础。累计洽谈金融、总部类企业 80 余家，与 15 家总部企业、金融机构签署了相关意向或入驻协议，并储备大型金融总部类意向客户 35 家。同时，积极协办并参加中央商务区投资发展大会、全国工商联山东分会、鲁商大会历下分会、香港山东周等活动，广拓中央商务区项目招商渠道。

【载体签约】 2 月，历下总部商务中心项目 D 栋与济南金控投资完成签约。9 月，C 栋与山东国惠投资完成签约，完成该项目可售部分 85% 以上面积的销售工作，基本实现集团项目开工即招商引资落位完成的要求。11 月，汇金大厦项目 C 栋与太平投控集团完成购置意向协议签约，并于年底前完成太平投控内部全部报审资料提报工作。年底前，双金大厦项目 A 栋与中银投完成商品房买卖合同商务洽谈及相关 17 项合同附件的对接工作，正式提报中银投集团投决会。至年底，集团在建项目载体招商落位工作全部完成，为后续全面开展中央商务区项目的招商销售工作奠定良好的基础，奠定集团项目招商在济南市、历下区的重要地位，形成良好的行业口碑和品牌。

【意向客户储备】 全年新增山东渤海湾港口集团、山东铁路投资集团、山东国惠投资、山东东明英伦石油、中交建集团山东公司、太平投控集团、恒丰银行总行、利安人寿山东公司、济南城市建设投资集团、济南人力资源服务产业园等招商客户30余家，并与其中15家企业签署战略合作协议，提前锁定意向客户，为集团下一步的中央商务区国际金融城项目招商工作储备优质客户资源，实现下一年度的销售目标奠定良好的基础和开端。

【招商服务】 全年协办或参与中央商务区投资发展大会、全国工商联山东分会、鲁商大会历下分会、澳大利亚齐鲁华人商会、时尚产业高峰论坛、香港山东周并积极推荐集团重点招商项目；协助历下区投促局、金融办等招商部门完成鲁民投、西王财务公司、山东铁路投资集团、恒丰银行、山东文旅集团、源生制药公司、山东颐养健康集团、渤海湾港口集团等多家大型总部企业、金融机构的招商引资洽谈及落位工作。

【城市更新】 严格落实区委、区政府2018年城市更新工作要求，立足更新建设，腾笼换鸟，拆建并举，土地供应1200余亩，实现回款86.25亿元。丁家庄安置房项目竣工验收即将完成。全力推进茂岭山片区、丁家片区、刘智远片区、盛福片区等几大片区的旧城改造、征地拆迁、规划策划、市政基础设施建设和遗留问题解决工作，为历下区产业发展及环境升级提供有力保障。根据市区两级政府工作安排，积极推进人民传媒大厦项目、赵晋案涉案房地产项目历史遗留问题处理工作。

【基础设施建设板块】 12月28日，易通城建集团顺利实现新三板挂牌，股票代码873140。作为山东新三板市政道路工程建筑第一股，易通城建取得历史性突破，为集团各业务板块分批登陆资本市场做出表率。易通城建集团2018年经营业绩表现亮眼，业务规模持续提升，成为济南市唯一一家获评“山东省优秀市政施工企业”的公司。

【科技金融板块】 科金大厦吸引微软济南金融科技企业孵化平台、甲骨文、山东亚信数据、北京中关村中技知识产权集团等一批国际、国内知名企业入驻，聚集7大类、40余家科技服务机构和金融机构。济南金融科技企业孵化平台获评市级孵化平台，招募项目60个，在孵企业21家，科金公司完成对其中4家企业的持股。山东省新旧动能转换创新中心顺利在发改委备案，实现4个国家“千人计划”（山东）加速器千人创业项目，1个院士创新项目落位。同时，科技成果转化基金围绕微软孵化器、千人加速器、创新创业大赛等，集合内部及外部资源，已初步建立基金投资项目库，并筛选入库项目35个。科金公司还荣获济南市五一劳动奖状，获批济南市创新券科技型服务机构和山东省第二批企业上云服务商等荣誉。

【教育医养板块】 9月1日，历山双语学校顺利开学。丽山教育公司克服手续难、工

2018 年 9 月 1 日，历山双语学校启用

期紧等重重困难，在区相关部门的全力支持下，按期完成学校资质手续办理、校园改造建设及筹开运营等相关工作。舜颐安养中心项目顺利举行奠基仪式，规划策划、项目定位等前期准备工作正全面展开，为将该项目打造成全省医养结合示范性项目奠定基础。

【文化旅游板块】 国际时尚创意中心项目一期装修改造工程验收完成，形象初显。明府城公司招商工作稳步推进，成功举办山东时尚产业高峰论坛，同期与齐鲁工业大学、阿里新零售、恩雅科技、山东省联合智能制造研究院、张裕集团等单位签署合作协议，并持续与线上线下零售、酒店管理集团、数据科技智能以及高端服装品牌等多家客户持续对接。实现雅高、悦榕酒店管理集团等 10 余个项目的签约落地，为打造济南文化旅游新名片打下良好根基。

【管理体系建设提升】 聘请知名战略规划咨询团队，完成集团中长期发展战略规划编制，科学谋划集团顶层设计，聚焦 5 大业务板块，明晰集团发展方向与路径。理清 5 家做实二级公司的管控模式和权责界面，通过制度流程执行情况检查等手段，及时纠偏，不断提升集团管理规范化、科学化水平，为集团健康发展保驾护航。

【丁家村安置房项目（省棚改项目）】 项目隶属济南市历下区姚家街道办事处，位于奥体西路以东，大辛河以西，工业南路以南，新泺大街以北，为省棚改及市级重点工程，2018 年度获“山东省建筑工程优质结构”“山东省建筑施工安全文明标准化小区”荣誉称号。项目规划用地面积 10.8 万平方米，总建筑面积 43 万平方米。地上建筑面积 30.27 万平方米（其中地上住宅建筑面积 25.73 万平方米，地上公共服务设施建筑面积 4.5 万平方米，商业服务设施建筑面积 4.09 万平方米，配套医疗卫生、文化体育、社区服务等公共服务设施建筑面积 3383.9 平方米，市政公用设施 1034.38 平方米），地下建筑面积 13.05 万平方米。项目规划15栋25至28层高层住宅，1栋28层公建，车库地下2层及相应配套设施，住宅总套数2525套，至年底，项目建设完成。

【刘智远安置房项目】 项目规划用地面积12.5万平方米，总建筑面积42.2万平方米。地上建筑面积29万平方米，地下建筑面积13.2万平方米。项目主要建设内容包括村民安置住宅、副食品市场、文化活动站等配套公建、地下停车场等设施建设，同时进行道路、中水、给排水、绿化等配套设施建设。项目于2016年7月开工，2018年底所有楼座全面封顶。

【济南历下金融商务服务中心项目】 位于济南中央商务区核心区，南邻经十东路，东邻山东能源集团大厦，南侧可观赏济南转山山体公园，自然环境优美，周边大型企业总部、金融机构总部聚集，是中央商务区内目前发展最成熟的区域。项目由两栋超高层建筑组成，呈南北错落布置，总占地2.8万平方米，总建筑面积24.3万平方米，其中地上建筑面积约16.6万平方米、地下建筑面积约7.7万平方米。主要建设2座塔楼、裙房地下空间及相关配套附属设施，功能定位为省级银行总部。项目于2016年5月开工建设，2017年8月9日B塔主体封顶，12月23日A塔主体封顶。

【汇金大厦项目】 位于济南市中央商务区，属于济南市东部新城的核心区域。东至转山西路，西至人民日报社印务中心，北至经十东路，南至拉菲公馆住宅区。周边交通便利，配套完善，区域发展成熟，是东部新城的黄金地段。项目总建筑面积11.8万平方米，其中地上规划建筑面积8万平方米、地下规划建筑面积3.8万平方米，主要功能以总部商务办公为主。集团于2016年9月底正式接手项目并开工建设，2018年8月30日，实现主体封顶。

【历下区总部商务中心项目】 历下区总部商务中心紧邻中央商务区，项目西至奥体西路，南至解放东路，北至坤顺路，区位优势显要。项目处城市主干道解放东路与奥体西路交叉路口，与经十路相望；视野开阔、企业形象展示性等方面位置优越。鲁信集团、济南金控集团、山东国惠投资公司确定入驻。奥体西路与解放东路分别有轨道交通R3、M1号线，济南快速公交BRT线路亦可直达。项目总占地5.5万平方米，总建筑面积40.89万平方米，其中地上25.95万平方米、地下14.95万平方米，规划4栋商业办公楼和1栋酒店。2018年，项目代表历下区完成全市重点项目建设督查评议活动年初启动、年中评议、年终迎检三次重大迎检任务，得到市区领导高度认可。

【中央商务区4-36地块商业项目】 位于中央商务区黄金地带，北邻主干道解放东路昭示性良好，南邻经十路一带第一批已建及在建项目金融产业聚集效应突出，毗邻轻轨R3线交通通达性高，地理位置优越，区位显要。未来项目内将建设集总部经济、金融、科技相互促进融合发展的产业聚集区，形成产业合力，带动区域发展。项目总占地1.5万平方米，总建筑面积10.28万平方米，规划为高端写字楼项目。2018年底开工建设。

【国际金融城南区项目】 地处济南中央商务区核心区域，位于绸带公园以西，茂岭二号路以东，解放东路以北，共5个地块，占地7.5万平方米，总建筑面积47万平方米，规划建设6栋高端商务写字楼。其中，200米、140米超高层各1栋，100米高层4栋。项目聚焦总部企业、金融机构开展精准招商，已与鲁民投、高速信联、省土地储备开发集团等十几家企业达成入驻意向。

【历下区文体档案中心项目】 项目位于济南市长岭山片区南部，用地面积2.5万平方米，总规划建筑面积9.98万平方米，其中地上建筑面积6.70万平方米、地下建筑面积3.28万平方米，包括档案馆、图书馆、科技馆、文化馆、妇女儿童中心、健康管理中心、全民健身活动中心、公共机附属功能区等8部分设计。其中剧场规模600个座位，定位为小型乙等剧场；多功能厅规模1000座位。

【盛福片区A地块项目】 项目位于济南盛福庄片区，总用地面积6.03万平方米，总建筑面积11.92万平方米，其中地上建筑面积9.05万平方米、地下建筑面积2.87万平方米。项目定位为济南东部新城品质标杆居住社区。总投资18.5亿元。

【中央商务区C地块项目】 项目位于中央商务区绸带公园两侧，占地面积约2.81万平方米，建筑面积9.88万平方米，其中地上建筑面积7.32万平方米，容积率2.6。规划业态包括高层住宅、公寓、办公、地下车位、储藏室等。地下规划建筑面积2.6万平方米。

【受邀参与济南香港金融服务面对面合作交流会】 5月11日，“济南香港金融服务专题对接会”在山东大厦举办。此次活动旨在全面促进济南香港金融服务业合作，推动区域性金融中心建设，全面提升济南市外向型经济发展质量和水平，为省会实施新旧动能转换重大工程注入新的活力。历下控股集团党委书记王业椿代表集团出席会议，并就与香港金融业共同成立融资租赁公司、基金管理公司、保理业务公司等业务提出建议和探讨，摩雷狮资本、香港永裕资本进行相关答复，双方深入交流，积极探讨，为未来进一步合作打下良好基础。

【济南国际高层次人才创业大赛人员到科技金融大厦参观考察】 7月23日，济南国际高层次人才创业大赛人员一行30余人到科技金融大厦参观考察。本次考察由济南市委组织部副部长丁林桥带队，历下区委副书记、区长谢兆村陪同考察。参观结束后，双方就海外人才创业需求与科技金融大厦发展前景进行交流，创业大赛人员一行对大厦引进的高端项目表现出浓厚的兴趣，同时表达进一步合作的美好愿景。

【历下区人民政府 历下控股集团与山东国惠战略合作协议签约仪式举行】 9月4日，历下区人民政府、历下控股集团与山东国惠战略合作协议签约仪式举行。山东国惠党委书记、董事长于少明，区委书记马玉星，区委副书记、区长谢兆村，区委常委、常务副区长杨传军，区委常委、宣传部部长、区政府党组成员王海清出席签约仪式。仪式上，历下控股集团与山东国惠投资有限公司签署预购合同，山东国惠将选址历下总部商务中心E座，打造建设新旧动能转换中心基地，力争在新旧动能转换中先行先试、大胆探索，打造山东省双创孵化中心。历下总部商务中心E座总建筑面积3万平方米，成交总额约5.7亿元，此前鲁信集团、济南金控已签约入驻历下总部商务中心A座、D座，至本次签约该项目实现去化率超过90%。

【历下控股集团与雅高、悦榕酒店管理集团签约仪式举行】 11月26日，历下控股集团与雅高、悦榕酒店管理集团签约仪式举行。副市长孙斌，市政府副秘书长谭伟，市投促局局长张军，市旅发委主任郅良，区委书记马玉星，区委副书记、区长谢兆村，区委常委、常务副区长杨传军，副区长丁晓红，明府城管理中心主任朱俊如，雅高酒店集团大中华区执行董事兼发展副总裁李德强，悦榕酒店集团中国区副总裁王建伟出席签约仪式。历下控股集团与雅高、悦榕酒店管理集团的签约合作，将进一步提高历下经济外向度和国际化水平，优化全区现代服务业发展档次，促进产业转型升级和新旧动能转换。

【济南易通城市建设集团股份有限公司成功取得“新三板”挂牌函】 12月17日，济南易通城市建设集团股份有限公司成功取得全国中小企业股份转让系统即“新三板”挂牌函，股票代码873140。公司历经多年改革发展和磨砺，在市政公用工程、城市地下管网建设、桥梁工程施工、设施养护等领域积累经验，施工能力位居行业前列。为更好地优化发展战略、提升盈利水平，历经无数个日夜奋战，易通城建在各级领导的大力支持和公司全体同事的努力下，在此刻迎来捷报，正式进入资本市场。公司以此次挂牌为契机，充分利用资本市场的力量，在管理创新、模式创新、技术创新、市场开发等方面迈上新台阶、实现新突破。

2018年12月17日，易通城建挂牌

（巩红秀）

责任编校：王海燕　李　燕

中国人民政治协商会议
济南市历下区委员会

大美历下系列图片　（巴戈　摄影）

中国人民政治协商会议济南市历下区委员会

组织机构

中国人民政治协商会议济南市历下区第九届委员会，2017 年 2 月换届产生，委员 230 名。因工作变动等原因，至 2018 年 12 月，委员减至 223 名。区政协内设办公室、学习提案工作处、经济科技工作处、社会文教工作处，服务中心（副处级事业单位），配备行政编制 22 人（含区政协常委会领导单列编制 8 人）、事业编制 7 人。至 2018 年 12 月，实有在岗人员 33 人。

重要会议

【九届二次会议】 1 月 16—18 日，在历下大厦四楼礼堂举行。应出席委员 227 名，实到 217 名。与会委员听取并审议区政协常委会工作报告和提案工作报告；列席区十八届人大二次会议，听取讨论区政府工作报告和其他报告；听取区级各民主党派、工商联、有关人民团体和部分委员大会发言；审议通过提案审查情况报告和大会决议。

【主席会议】 2 月 9 日，区政协召开九届十一次主席会议。会议审议通过《区政协 2018 年工作要点》《关于委员界别活动组开展工作的意见》《关于评选表彰优秀提案、先进提案承办单位、先进提案工作者的暂行办法》。

3 月 2 日，区政协召开九届十二次主席会议。审议通过《区政协 2018 年协商活动计划》《关于加强和改进调查研究工作的意见》《关于开展“三联系三服务”活动的实施意见》《审议区政协九届六次常委会方案》。

4 月 25 日，区政协召开九届十三次主席会议。会议审议通过《区政协双月协商座谈会工作办法（暂行）》《区政协机关纪律和作风建设规定》，听取新旧动能转换协商专题调研组调研情况汇报。

8 月 2 日，区政协召开九届十四次主席会议。会议传达学习省政协召开的习近平总书记关于加强和改进人民政协工作的重要思想理论研讨会精神和市政协党组理论学习中心组集体学习研讨精神；审议通过《区政协九届七次常委会议暨专题议政性常委会议方案》，听取专题议政性常委会筹备工作情况。

10 月 16 日，区政协召开九届十五次主席会议。会议传达学习全国、全省政协系统党的建设座谈会议精神，审议通过《政协济南市历下区委员会大会发言工作规则》《关于加快新旧动能转换提升全区经济发展质量和效益的建议案》《关于做强产业园区培育历下动能新引擎的建议案》《关于创新体制机制扶持中小企业发展的建议案》《区政协九届八次常委会议方案》。

11 月 19 日，区政协召开九届十六次主席会议。会议听取赴湖南省永顺县、重庆市忠县开展扶贫协作和对口支援工作情况汇报；审议通过《区政协九届三次会议大会发言参考选题》《关于构筑立体养老服务体系的建议案》《关于加强生态环境治理的建议案》。

12 月 25 日，区政协召开九届十七次主席会议。会议听取关于成立区政协九届三次会议筹备工作办公室情况汇报、区政协九届三次会议大会发言筹备情况汇报、各专委会 2018 年工作总结。

【九届二次会议委员提案交办会】 2 月 28 日，区政协召开九届二次会议委员提案交办会。区政协主席、党组书记曹辛，区委常委、办公室主任纪亮，区委常委、副区长杨传军，区政协副主席房玉萍、刘军、曾素燕，明府城管理中心主任朱俊如出席会议。

【党组会议】 3 月 1 日，区政协党组召开扩大会议。传达学习中共十九届三中全会精神、《中共济南历下区委关于贯彻落实中央八项规定精神进一步加强作风建设的实施意见》，以及马玉星在全区领导干部会议暨重点工作推进会上的讲话精神。

3 月 22 日，区政协党组召开扩大会议。会议传达学习汪洋在全国政协十三届一次会议闭幕会上的讲话精神和《充分发挥人民政协协商民主的重要作用》理论文章。

6 月 26 日，区政协党组召开扩大会议。传达学习习近平总书记在山东考察时的重要讲话和全市、全区优化营商环境动员大会精神。

8 月 23 日，区政协党组召开扩大会议。传达贯彻区委扫黑除恶推进大会精神，研究部署深化学习习近平新时代中国特色社会主义思想和党的十九大精神贯彻落实意见。

11 月 7 日，区政协党组召开扩大会议，传达学习《关于加强新时代人民政协党的建设工作的实施意见》《关于集中整治形式主义、官僚主义的实施意见》。

【常委会议】 3 月 9 日，区政协召开九届六次常委会议。会议传达学习中共十九届三中全会精神和全区领导干部会议精神；审议通过《区政协常委会 2018 年工作要点》《关于加强和改进调查研究工作的意见》《关于开展“三联系三服务”活动的实施意见》。

8 月 7 日，区政协召开九届七次常委会议。与会人员实地察看山东利宝互助创新产业园、绿城济南中心、山东济南人力资源服务产业园、绿地山东国际金融中心、济南科技金融大厦、黄金时代广场 A 座等 6 个重点项目，围绕“抢抓机遇、找准定位，在新旧动能转换中提升全区经济发展质量和效益”专题开展协商议政。

10 月 19 日，区政协召开九届八次常委会议。会议听取各街道政协委员联络室工作情况汇报，审议通过《政协济南市历下区委员会大会发言工作规则》和九届区政协常委、委员调整名单。

12 月 28 日，区政协召开九届九次常委会议。会议深入学习习近平总书记在庆祝改革开放 40 周年大会上的重要讲话精神，动员各民主党派、工商联，各族各界人士，坚持大团结大联合，切实凝聚起致力于改革发展的磅礴力量，为建设全省首善之区努力奋斗。

献计献策

【专题议政】 围绕“加快新旧动能转换，建设现代化经济体系”课题，组织专家、委员到 10 余家驻区企业开展调研，并召开专题议政性常委会，从拓展城市发展空间、做优做强金融产业、发展“四新”经济、壮大文旅产业、建设一流人才高地等方面提出建议，形成《关于加快新旧动能转换提升全区经济发展质量和效益的建议案》，区委、区政府主要领导给予充分肯定，批转有关部门认真落实。

【咨政建言】 围绕加大改革力度、优化产业结构、扶持支柱税源、实现可持续增长等问题，组织委员专题调研发展改革、财政金融、商贸流通等工作，召开座谈会，听情况、找短板，探索制约改革发展和财税工作的瓶颈问题。为推动产业园区高质量发展，组织委员与区直部门多次深入企业和产业园区，围绕健全机制、产业结构优化与协同发展等方面进行调查研究。为加快促进科技与金融融合，先后到科技企业和金融机构，就加快科技服务业发展、金融产业体系建设、解决科技型中小企业融资难以及壮大科技金融服务平台等内容建言献策。以扶持中小企业发展为重点，组织委员深入调研并召开协商座谈会，针对完善并落实政策、强化平台建设、拓宽融资渠道等方面提出20余条对策建议，为推动民营经济发展提供借鉴参考。

【视察调研】 组织委员围绕城市更新、城中村改造和中央商务区建设，视察重点项目20余个，并实地调研解放东路拓宽、和平路东延等基础设施建设项目，让大家切身感受历下区城市建设日新月异、欣欣向荣的成就和变化，有针对性地提出加快发展的意见建议。围绕加强生态环境治理，先后就环境保护、城市管理等工作开展调研，邀请相关单位负责同志参加协商座谈会，与委员充分协商，面对面交流，就减少扬尘污染、强化水污染防治、提高生态环境管理措施等6个方面提出建议，形成《关于加强生态环境治理的建议案》，为促进相关问题解决提供重要参考。

重要工作

【政治协商】 按照“有事好商量，众人的事情由众人商量”的要求，结合区委、区政府年度工作重点，提出组织好1次政协全体会议、1次专题议政性常委会议、5次双月协商座谈会、6次重点提案办理协商会的“1156”年度协商计划，高质量完成全部协商内容。探索“商量在历下”，指导建筑新村街道政协委员联络室开展以“社区医疗康养服务我来说”为题的基层“商量”，济南电视台、济南日报等媒体进行报道。

【民主监督】 拓展政协委员履行民主监督职能的新渠道，组织政协委员100余人次参与各类督察、行风政风评议、民主评议、旁听法院庭审等活动，自觉履行监督职责，在促进党风廉政建设、转变机关作风、提高工作效能等方面发挥作用。进一步拓宽反映社情民意渠道，真正使政协成为群众诉求的“直通车”、汇集智慧的“蓄水池”，全年征集社情民意信息442件，向省市政协编报233件，总量居全市第一。

【参政议政】 以开放式老旧小区整治、社区卫生服务体系建设、改善交通拥堵、加强食品安全监管等直接关系群众切身利益的问题为重点，深入调研，建言献策，切实把以人民为中心的思想落到实处。围绕群众关心的养老问题，专题调研医养结合和社区康复中心建设，召开双月协商座谈会，为构筑立体养老服务体系建真言、献良策。组织委员围绕学校规划建设、办学办园情况开展专题调研，为推动教育均衡发展做出贡献。高度关注社区文体事业和残疾人事业，大力支持促进创业就业和扶贫协作工作，为增进人民福祉发挥作用。助力平安历下建设，组织委员视察扫黑除恶专项斗争工作，为打赢这场攻坚战凝聚共识、汇聚力量。

2018 年 6 月 6 日，区政协党组书记、主席曹辛（左三）调研科技企业新旧动能转换工作

【提案工作】 区政协九届二次会议以后，共收到提案 165 件，其中以党派和团体名义提出的提案 19 件、委员联名提案 15 件、委员个人提案 131 件。立案 139 件，占提案总数的 84%；26 件超出历下区职权范围的提案转呈上级政协会议，占提案总数的 16%。所有立案的提案分别交由 38 个承办单位办理，各承办单位高度重视提案办理工作，狠抓落实，提案办结率和满意率均达到 100%。

重要活动

【助力营商环境建设】 调研政务服务和营商环境建设，为推进简政放权、提高服务水平、构建新型政商关系出主意、想办法。根据区委《关于开展集中服务企业活动的实施意见》，区政协各主席集中联系、走访企业 49 家，掌握大量第一手资料，帮助企业协调解决一批难题。充分发挥政协人才荟萃、联系面广的特点和优势，宣传历下、推介历下，为招引新产业、大项目、强企业、好人才、高科技，助推区域经济发展作出贡献。

【宣传和文史资料】 加大宣传力度，努力构建多层次、全方位的宣传工作格局。在《人民政协报》《联合日报》《济南日报》以及网站、微信公众号等媒体刊发各类新闻、信息 240 余篇，全面展现政协履职动态和委员履职风采，扩大政协社会影响。做好文史资料编撰工作，编辑出版《明府城史话》（中册）。根据市政协安排，开展改革开放以来“三亲”（亲历、亲见、亲闻）史料征集工作，整理编报《追忆济南七十年之巨变》《开放之路》等文史资料 16 篇。

【委员学习培训班】 按照习近平总书记提出的“懂政协、会协商、善议政”“守纪律、讲规矩、重品行”的要求，切实加强对委员的教育培训。围绕习近平新时代中国特色社会主义思想和新时代人民政协工作主题，邀请省政协和市委党校领导和专家为全体政协委员、街道联络室主任、干事作专题辅导。选派70余名政协委员和政协工作者参加全国政协、省及市政协业务培训。

【三联系三服务活动】按照区政协关于开展联系驻区单位、联系社区（村、居）、联系群众和服务大局、服务基层、服务民生的“三联系三服务”活动要求，各联络室带领委员下基层、进社区，宣传政策、化解矛盾、反映民意、为民服务。委员们响应号召，开展关爱交警、关心环卫工人、温暖城管队员以及捐资助困、送医送诊等公益活动20余场次。

【协助市政协开展“商量”工作】组织政协委员、各界人士、市民代表100余人次参与市政协开展的“泉城夜宴”“地名文化”“公交线网优化”“学前教育”等专题“商量”工作，参加座谈会20余次。

【主题纪念活动】开展庆祝改革开放40周年系列活动，举办书画作品展、各界人士话改革座谈会，进一步统一思想、凝聚共识。开展纪念“五三惨案”90周年活动，组织各界代表缅怀革命先烈，增强爱国主义意识，号召社会各界勿忘历史、牢记使命。在济南解放70周年之际，组织开展“纪念伟大胜利 传承红色基因”主题教育活动，引导大家不忘初心，奋力打好新时代的“济南战役”。

【团结联谊】坚持走访联系制度，主席会议成员带头走访各界别委员，广泛征求对全区工作的意见建议，加强对政协共同性事务协商。为切实保障民族宗教与港澳台侨群众的合法权益，扩大有序政治参与，召开“构建大团结大联合新格局”座谈会，解疑释惑、增进理解、凝聚共识。坚持“请进来、走出去”的工作方针，开展对外联谊活动。全年接待吉林四平市政协、深圳市龙华区、成都市蒲江县政协等20余个考察团，交流工作，推介历下，加强联谊，助力发展。

【市政协领导到历下区调研】1月23日，济南市政协副主席段青英来历下区调研“1+5”（一个市级试点项目，五个区级试点项目，包括历下区的解放东路片区、市中区的马鞍山路街区、槐荫区的经二路街区、天桥区的工人新村南村西社区和历城区的海蔚居委会片区）特色街区综合更新项目工作。区政协主席、党组书记曹辛，区政府副区长石永先，区政协副主席、党组副书记胡秀成，区政府党组成员周敏，区政协副主席刘岩陪同调研。

【市政协领导到历下区调研科技成果转化工作】4月11日，市政协主席、党组书记雷杰来历下区调研科技成果转化工作。市政协副主席李继民，市政协副秘书长、办公厅主任高斌，市政协副秘书长、研究室主任李慎生，市政协副秘书长傅志清，市政协经科委主任韩明东，市科技局局长吕建涛，区委副书记、区长谢兆村，区政协主席、党组书记曹辛陪同调研。

【省政协领导到历下区调研】11月15日，省政协副主席郭爱玲来历下区调研民办幼教工作。省委宣传部副部长、省文明办主任刘宝莅，省政协文史委副主任刁仕军参加调研。市政协副主席崔大庸，市政协副秘书长朋星，区政协主席、党组书记曹辛陪同调研。

（戴元红）

责任编校：王海燕　李　燕

中国共产党济南市历下区纪律检查委员会

大美历下系列图片 （李金亭 摄影）

中国共产党济南市历下区纪律检查委员会

纪检监察

【概况】 2018年，区纪委、区监委树立“四个意识”，坚定“四个自信”，深化国家监察体制改革，履行党章和宪法赋予的职责，推动党风廉政建设，完善监督体系，开展党规党纪教育学习，举办综合业务培训班，加强干部队伍建设。全年接收中央巡视组转交案件45件，党内问责30余起。开展党风政风行风民主评议，查处违反中央八项规定精神问题30起，处理40余人。彻查“保护伞”“关系网”，初核相关案件线索9起17人。全年处理信访举报263件。

【廉政建设】 把握住纪检监察机关的政治定位，把学习贯彻习近平新时代中国特色社会主义思想和党的十九大精神作为首要政治任务。全年开展专题学习30余场次，引领党员对照检查言行，做到学深悟透、学以致用。加强对中央巡视、环保督察反馈问题的整改落实和执纪问责，制定5项牵头整改任务清单，优先处置，对账销号，共接收中央巡视组转交案件45件。其中，初次举报31件，办结31件，立案12起，给予党纪政务处分10人，移送司法机关5人。

区委主要领导与各街道、部门主要负责人签订《党风廉政建设责任书》，各级党委（党组）结合实际，逐级签订责任书。区纪委切实担负起协助区委推进全面从严治党的政治责任，主抓各级党组织主体责任和党组织书记第一责任人，坚持有责必问、问责必严，全年实施党内问责32起，问责党组织16个，问责党的领导干部20人，其中“一把手”5人，给予党纪政务处分7人；开展对二级单位、基层站所党风廉政建设专项检查，巩固抓早抓小、执纪必严的常态化效果，层层传导全面从严治党的责任和压力。

【党风政风行风民主评议】 开展党风政风行风民主评议，切实用好评议结果；联合区直机关工委开展“机关作风效能建设年”活动，密切关注隐形变异“四风”问题，深挖细查顶风违纪行为，加大对违规发放津补贴、燃油费、变相公款旅游、超标准占用办公用房等问题的抽查力度，查处违反中央八项规定精神问题30起，处理48人，给予党纪政务处分47人，其中处级干部8人，通报曝光6批次48人。开展人防工程系统腐败问题专项治理；集中开展对损害营商环境和在城市提升工程中不落实、不担当、不作为等问题的受理；查处侵害群众利益的不正之风和腐败问题2起，处理4人；开展形式主义、官僚主义问题集中整治，查处问题18起，给予党纪政纪处分30人，其中处级干部11人、“一把手”6人；进行各类明察暗访16次。

【案件查办】 定期召开线索调度、处置联席会议，实行执纪监督工作例会和督办制度；深化执纪审查协作区建设，试行“专案组”

制度，发挥好机关（部）室协调作用，推动执纪监督不断提速增效。拓展问题线索来源，起底司法和行政处罚类问题线索2500余条。探索与民生部门问题线索共享和联查机制，发挥综合监督成效。深挖彻查“关系网”“保护伞”，初核相关案件线索9起17人，查实7起10人，其中“保护伞”4起7人，通报曝光6起6人。全年受理业务内初次信访举报263件，上级转办158件，区本级105件，移交问题线索69条。立案203起，结案194件，给予党纪政务处分191人，其中处级干部31人，科级干部56人。移送司法机关11人，其中省指办案件移送3人，起到震慑和警示作用。在全市纪检监察系统率先对一起失职类案件启动容错免责机制，建立失职类问题容错免责的内部前置审查程序。

【监督体系建设】 坚持日常执纪监督与巡察监督、监察监督、派驻监督有机结合，增强监督合力。完善“信、访、网、电”四位一体的信访举报受理平台，把好监督“第一道关口”。探索加强对“一把手”监督的有效方式，全面推开街道和区直部门单位主要负责人向区纪委全委会述责述廉；在全区实施分层廉政谈话，结合村（社区）“两委”换届、干部调整等重要时间节点，区委、区纪委主要负责人和街道、区直部门单位负责人开展廉政谈话、提醒谈话40人次，诫勉谈话18人次。稳步推进国家监察体制改革试点工作，坚持纪法贯通、法法衔接，探索全要素适用12项调查措施，提升审查调查法治化、规范化水平，全年采取留置措施4人。落实《规范归口监督单位“三重一大”事项决策监督的意见》，共监督“三重一大”事项1503次，参加有关会议221次，涉及资金8.92亿元，对30余个事项行使询问权、建议权，给予党纪政纪处分17人。

【党规党纪教育】 抓好《党章》《准则》和《条例》学习。坚持正面教育与警示教育相结合、日常教育与集中培训相结合。先后20余批组织街道及区直部门单位党员领导干部到廉政教育中心、省监狱开展警示教育，做到以案为鉴、警钟长鸣。抓好全区党员领导干部党纪法规和德廉知识测试，开展新修订《条例》在线学习活动，全区上下守纪律讲规矩的氛围日趋浓厚，党员干部抵御风险考验的堤坝进一步筑牢。

【自身建设】 开办纪检监察干部“素质提升大讲堂”，开展各类辅导报告和专题学习11场次、技能大比武1次、综合业务培训班3期，分2批选送全区纪检监察干部到有关高校参加高层次综合业务培训。与街道社区结成帮建对子，让党员干部深入基层联系群众接受锤炼。进一步完善体制机制，严格执行内控和督查督办制度，充分发挥机关、派驻党支部和一线“临时党支部”战斗堡垒作用，切实防范审（调）查期间的廉洁风险、纪律风险，打造讲政治、懂纪律、守规矩、有能力、善作为的纪检队伍。

【综合业务培训】 1月10日—12日，举办为期3天的纪委、监委干部综合业务培训班。区委常委、区纪委书记刘海峰全程参加培训。培训主要围绕党的十九大精神以及党章党规党纪、法律法规、纪律审查等业务内容，旨在推动纪检监察干部补齐短板，适应新的工作要求。刘海峰在开班式上就强化队伍建设、加强学习提出要求。培训期间，全体干部参观山东省军区军史馆，重温入党誓词，接受革命传统教育和触及灵

2018年1月19日，济南市历下区监察委员会挂牌成立

魂的政治洗礼。

【监察委员会挂牌成立】 1月19日，历下区监察委员会挂牌成立。区委书记、区深化国家监察体制改革试点工作小组组长马玉星，区人大常委会主任韩宏伟，区委常委、区纪委书记、区监察委员会主任刘海峰为区监察委员会挂牌。1月19日上午9时30分，在历下区第十八届人民代表大会第二次会议上，经法定程序选举，刘海峰当选为历下区监察委员会主任。根据刘海峰提名，在随即召开的区第十八届人民代表大会常务委员会第九次全体会议上，表决任命石逢平、曹媛为历下区监察委员会副主任，李峰、谢伟、罗振全、贺冰洁为历下区监察委员会委员，随后区监察委员会领导班子成员举行宪法宣誓仪式。历下区监察委员会的成立，标志着区纪委、区监察委员会合署办公正式开始。

【十二届纪律检查委员会第四次全体会议】 2月27日，中共济南市历下区第十二届纪律检查委员会第四次全体会议召开。区委书记马玉星出席第一阶段会议并讲话。区委常委、区纪委书记、区监委主任刘海峰主持会议并传达中国共产党第十九届中央纪律检查委员会第二次全体会议、中国共产党山东省第十一届纪律检查委员会第三次全体会议和中国共产党济南市第十一届纪律检查委员会第三次全体会议精神。在第二阶段会议上，刘海峰代表区纪委常委会作题为《深入贯彻落实党的十九大战略部署，坚定不移推动全面从严治党向基层延伸》的工作报告。与会人员分组讨论上级纪委全会精神、马玉星的讲话和区纪委工作报告。审议并通过区纪委工作报告和全会公报。在职副区级以上领导及各部门单位主要负责人，十二届区纪委委员，区纪委区监委机关、区委巡察机构、区纪委各派驻机构全体人员参加会议。

【述责述廉会议】 3月23日，区直有关部门单位主要负责人向区纪委全会述责述廉会议召开。区委常委、区纪委书记、区监委主任刘海峰出席会议并讲话。10名区直有关部门单位主要负责人围绕履行管党治党政治责任、个人廉洁自律和其他需要报告的情况3个方面，逐一进行述责述廉，就有关问题接受区纪委委员的询问作答，区纪委委员对述责述廉对象进行民主测评。十二届区纪委委员，不是区纪委委员的区监委委员，区纪委区监委机关各部室、归口派驻机构主要负责人参加会议。

【赵寿娟到历下区督导调研】 5月24日，市纪委常委赵寿娟到历下区督导“城市提升工程”工作，对区纪委区监委有关工作进行调研，区委常委、区纪委书记、区监委主任刘海峰陪同调研。督导组实地察看区纪委区监委信访接待室建设使用情况，召开座谈会，听取区纪委区监委关于强化监督执纪问责保障城市提升工程有效推进等有关情况的专题汇报。区纪委区监委有关负责同志、相关室主任参加座谈。

【消防安全演练】 6月7日，区纪委区监委在走读式谈话场所组织开展消防安全演练。演练旨在未雨绸缪、防患于未然，提升执纪审查人员在突发事件中的应急反应能力、应急救援能力、执纪审查安全意识，确保一旦发生安全事故，能够及时组织、快速反应、高效运转，最大限度地保障谈话对象和自身安全。区纪委区监委有关负责人，区纪委纪检监察室全体人员、有关派驻纪检机构纪检干部参与培训演练。

【传达学习习近平总书记视察山东重要讲话精神】 7月3日，区纪委区监委召开专题会议，传达学习习近平总书记在山东视察时的重要讲话精神。区委常委、区纪委书记、区监委主任刘海峰主持。会议认为，习近平总书记的讲话具有战略性、系统性、针对性和指导性，必将为山东发展带来重大而深远的影响。要在全区纪检监察系统兴起学习宣传贯彻习近平总书记重要讲话精神热潮，确保总书记指示要求和省市区委决策部署不折不扣地落实落地。教育引导党员干部从思想上正本清源、固本培元，筑牢思想道德防线，增强拒腐防变能力和抵御风险能力，时刻保持共产党人的政治本色。区纪委常委、区监委委员，各（部）室负责人，归口派驻机构主要负责人参加学习活动。

【扫黑除恶专项斗争监督执纪监察工作推进会】 8月9日，扫黑除恶专项斗争监督执纪监察工作推进会议召开。区委常委、区纪委书记、区监委主任刘海峰出席会议并讲话。会议传达全市扫黑除恶工作调度会有关精神及市委书记王忠林的重要批示，就近期在全区扫黑除恶专项斗争中开展好监督执纪监察工作进行再梳理、再明确、再部署。会议要求，要高度重视，切实把思想认识统一到中央要求上来。坚持严深细实，把上级各项工作要求贯彻好落实好。坚持贯彻“铁军”标准，保证各项工作廉洁高效。8月23

2018年2月27日，中共济南市历下区纪委十二届四次全体会议召开

日上午，全区扫黑除恶专项斗争监督执纪监察工作推进会再次召开。区委常委、区纪委书记、区监委主任刘海峰主持会议并讲话。会议传达学习全市扫黑除恶专项斗争监督执纪监察工作推进会精神、《济南市扫黑除恶专项斗争纪检监察机关与政法机关问题线索移交反馈工作暂行办法》，对《暂行办法》问题线索移送有关规定进行解读。

【技能比武暨“素质提升大讲堂”培训】 10月18日—19日，全区纪检监察系统技能比武暨“素质提升大讲堂”培训班在区委党校举办，市纪委市监委第五纪检监察室副主任张铭东到会指导，区委常委、区纪委书记、区监委主任刘海峰参加活动。活动期间，市、区两级纪委监委长期在审查、调查一线工作的同志，针对案例处置中存在的争议和难点问题，与参训人员互动，进行点评讲解、答疑释惑。培训班围绕新修订的《中国共产党纪律处分条例》《新时代“全面从严治党”的党内法规体系建设再思考》2个专题进行辅导。区纪委常委、区监委委员、区纪委区监委机关，区委巡察机构，区纪委派驻机构全体干部参加培训。

【监察工作向街道延伸动员部署会议】 11月12日，历下区推动监察工作向街道延伸动员部署会议召开。区委常委、区纪委书记、区监委主任刘海峰主持会议并讲话。会议传达省深化国家监察体制改革试点工作小组《关于推动监察工作向乡镇（街道）延伸的指导意见》，以及全市推动监察工作向乡镇（街道）延伸动员部署会议精神，各街道党工委书记对派出监察室筹备工作进展情况进行汇报。会议指出，监察工作向乡镇（街道）延伸是一项严肃的政治任务。党工委主要负责人要亲自抓，纪工委主要负责人要靠上抓，主动作为，确保监察工作向街道延伸在规定的时间节点高标准高质量完成。

【派出街道监察室挂牌成立】 11月22日，历下区监察委员会13个派出街道监察室全部挂牌成立。区委书记马玉星，区委副书记尹红梅，区委常委、区纪委书记、区监委主任刘海峰，以及社会特邀监察员参加集中挂牌仪式。根据《中华人民共和国监察法》、省委指导意见和市委要求，历下区提早谋划、周密安排，区委统筹协调，区纪委区监委履行专责，各街道党工委加强办公场所建设，优选素质过硬干部充实纪检监察队伍，第一时间选举产生街道纪检监察机构党支部。全区街道纪检监察干部由27人增加至41人，其中研究生学历5人，本科学历27人，平均年龄42岁。

【新入职纪检监察干部培训班举办】 11月29日—30日，区纪委区监委在区委党校举办“素质提升大讲堂”暨新入职纪检监察干部培训班，区委常委、区纪委书记区监委主任刘海峰参加活动，为新入职纪检监察干部作《当前反腐败工作的形势与任务》的专题辅导报告。培训期间，组织参训学员到市级廉政文化示范点“泉水人家民俗馆”了解“官有清名、商有厚德、民有佳风”的济南历史文化，到章丘区双山街道学习基层纪检监察机构监督执纪和审查调查工作经验，到三涧溪村接受村党组织“不忘初心、牢记使命”的精神洗礼，激励参训学员感悟历史、对标先进、奋力争先，为新入职纪检监察干部上好第一堂政治课。

【省人防系统腐败问题专项治理工作指导推进组到历下区督导】 12月26日，省人防系统腐败问题专项治理工作指导推进组到历下区督导工作。市纪委副书记、市监委副主任、市人防系统腐败问题专项治理工作领导小组组长刘军，区委书记马玉星，区委常委、区纪委书记、区监委主任刘海峰陪同。省指导推进组听取历下区人防系统腐败问题专项治理工作汇报，并对下步工作作出指示。

（邵　瑞）

巡察工作

【概况】 2018年，历下区委贯彻落实中央、省委、市委关于巡视巡察工作的一系列新部署、新要求，推动全面从严治党不断向基层延伸，管党治党政治责任走向严紧硬。年内安排巡察15个单位，对6个单位党组织进行“回头看”，立案审查36人，给予党纪政务处分28人。

【巡察督导】 制定出台《区委巡察工作规划（2018—2022年）》，统领和规范全区巡察工作。对《区委巡察工作实施办法》进行修订完善，提出把讲政治放在第一位，全面从严治党，突出巡察问题靶向，把巡察重点聚焦在被巡察单位领导班子及其成员，特别是“一把手”。坚持创新方式方法，不断提高巡察监督实效，区委巡察工作始终保持与市委巡察同步同频，年内安排的被巡察单位党组织涵盖人社、教育、住建、城管、卫计等10余个单位，大部分与市委巡察安排一致，便于市委巡察组开展延伸巡察，利于历下区巡察工作下借上势，同步推进、同向发力，提升巡察监督针对性和精准度，扩大震慑效果。

坚持“六围绕一加强”，精准聚焦，靶向定位，年内启动2轮巡察，涉及19个单位和2个街道党组织，对6个单位党组织进行“回头看”。区委巡察工作启动后，六轮巡察涉及39个单位，“回头看”6个单位，发现问题线索62条，立案审查55人，给予党纪政务处分55人。注重用好巡察成果，督促相关部门单位强化整改，建立《会计集中核算实施办法》《部门财务报账人员职责要求》、建立完善公务卡结算、财务报销三人签字等制度机制，推动相关工作长效机制建设和规范化管理。

2018年6月6日，市委常委、市纪委书记、市监委主任程德智（右一）到历下区调研

【巡察干部队伍建设】 把巡察干部队伍建设放在首位，采取内部学习、以干代训、考察交流等方式提升业务能力。把学习宣传贯彻党的十九大精神作为首要政治任务，用习近平新时代中国特色社会主义思想武装头脑、指导实践、推动巡察工作。组织集体学习《山东省党

政机关办公用房管理办法》《党政机关公务用车管理办法》《预算管理制度文件汇编》等文件材料，及时把握有关政策规定。加强党规党纪教育、增强巡察干部的纪律意识，抓好《党章》《准则》和《条例》学习，邀请中央纪委中国纪检监察学院等专家教授作专题辅导。开展党性锻炼，年内先后组织支部党员到三涧溪村、姚家村党群服务中心接受党性教育，每月组织主题党日活动，充分发挥好党支部战斗堡垒作用。组织全体巡察干部到廉政教育中心、省监狱开展警示教育，集中观看《江林案警示录》《失控的“雅好”》《神圣的权力》等警示教育片，做到以案为鉴、警钟长鸣。将部分年轻后备干部安排进巡察组，作为一种干部锻炼的方式。年内 2 轮巡察共安排年轻后备干部 8 人，一线巡察干部平均年龄 36.5 岁，加强巡察力量，在巡察中历练年轻干部。通过狠抓巡察干部队伍建设，夯实组织基础，从严要求管理，打造出一支信念过硬、政治过硬、责任过硬、能力过硬、作风过硬的历下巡察“铁军”。

【第四轮巡察工作汇报】 2 月 2 日，区委巡察工作领导小组召开会议，专题听取区委第四轮巡察工作情况汇报。区委常委、区纪委书记、区监委主任、区委巡察工作领导小组组长刘海峰，区委常委、区委组织部部长、区委巡察工作领导小组副组长续明出席会议。会议听取区委巡察组对区委、区政府信访局，区体育局，区市政局，区委老干部局，区发改委 5 个单位党组织巡察情况的汇报，各巡察组分别汇报巡察工作基本情况、巡察发现的问题及意见建议等方面内容。区委巡察工作领导小组对巡察组的工作给予充分肯定，认为巡察组定位准确，更加突出政治巡察，动真碰硬，履职尽责，严格按要求从党的领导、党的建设、全面从严治党等方面开展巡察，深入发现一批问题。

【区委召开书记专题会听取第四轮巡察工作汇报】 2 月 12 日，区委书记马玉星主持召开书记专题会，听取区委巡察工作汇报。区委副书记、区长谢兆村，区委副书记尹红梅，区委常委、区纪委书记、区监委主任、区委巡察工作领导小组组长刘海峰，区委常委、区委组织部部长、区委巡察工作领导小组副组长续明参加会议。刘海峰代表区委巡察工作领导小组汇报区委巡察工作，重点汇报第四轮巡察工作情况，巡察中发现的主要问题及意见建议。马玉星听取汇报后指出，对区委第四轮巡察工作进行点评并对区委下一步巡察工作提出意见。

【第五轮巡察工作动员会】 3 月 16 日，区委第五轮巡察工作动员会召开。会议由区委常委、组织部部长、区委巡察工作领导小组副组长续明主持，区委常委、区纪委书记、区监委主任、区委巡察工作领导小组组长刘海峰出席会议并讲话。会议宣读《区委第五轮巡察工作计划》，部署十二届区委第五轮巡察工作任务。该轮巡察采取“一拖二”巡察方式，对 10 个单位党组织开展巡察，同时对 5 个单位党组织进行“回头看”。刘海峰从 4 个方面对第五轮巡察工作提出要求，续明就贯彻好会议精神提出意见。区委巡察工作领导小组成员，区委第五轮巡察组全体成员，第五轮巡察涉及单位党组织主要负责人、纪检组织负责人参加会议。

【巡察“回头看”】 根据区委巡察工作统一部署，5 月 28 日起至 7 月 10 日，区委 5 个巡察组分别进驻区贸促会、区残联、区科协等5个单位党组织开展巡察“回头看”。了解掌握巡察反馈意见整改落实情况，切实督促被巡察单位落实整改责任，巩固扩大巡察监督成效。巡察“回头看”主要针对前四轮已巡察的党组织。采取“听”“核”“看”等方式，即听取汇报、核对问题整改台账、察看档案资料等，对巡察反馈意见和边巡边改问题的整改落实情况进行督促检查；坚持“三个不放过”，即认识不到位不放过、整改不彻底不放过、制度不健全不放过，使“回头看”见真章、得实效。“回头看”期间，未发现新的问题线索，除个别党组织民主集中制、“三重一大”决策事项执行不规范、不到位外，大部分被巡察党组织落实反馈问题行动快、方向明、措施实，党员守纪意识普遍增强，机关作风转变明显。

【第五轮巡察工作汇报专题会议】 6月14日，区委巡察工作领导小组召开专题会议听取区委第五轮巡察工作情况汇报。区委常委、区纪委书记、区监委主任、区委巡察工作领导小组组长刘海峰，区委常委、区委组织部部长、区委巡察工作领导小组副组长续明出席会议。会议听取区委各巡察组该轮巡察及“回头看”的情况汇报。区委巡察工作领导小组充分肯定第五轮巡察工作成效，认为该轮巡察更加突出政治定位，严格按要求从党的领导、党的建设、全面从严治党等方面开展各项巡察工作，深入发现一批问题，向被巡察对象和区委、区政府有关部门提出的意见建议切合实际、客观中肯。刘海峰就巡察工作提出要求。

【区委召开书记专题会听取第五轮巡察工作汇报】 8月2日，区委召开书记专题会，听取十二届区委第五轮巡察工作情况汇报，区委书记马玉星主持会议并讲话。区委副书记、区长谢兆村，区委副书记尹红梅出席会议。区委常委、区纪委书记、区监委主任，区委巡察工作领导小组组长刘海峰作专题汇报。区委第五轮巡察工作从3月21日起至7月10日，采取“一拖二”形式，开展巡察和“回头看”区住建局等15个单位党组织。该轮巡察贯彻落实《中央巡视工作规划（2018—2022年）》，全面把握新时代党的建设总要求，坚持“六个围绕”，精准聚焦“三大问题”，把发现问题、形成震慑作为主要任务，坚持从严从实，边巡边改，做出大量富有成效的工作，发挥巡察“利剑”作用。在听取汇报后，马玉星对下步巡察工作提出意见。

【区委第六轮巡察工作部署动员会】 9月27日，区委第六轮巡察工作部署动员会召开。区委常委、区纪委书记、区监委主任、区委巡察工作领导小组组长刘海峰出席会议并讲话。会议宣读《区委第六轮巡察工作计划》、该轮巡察组长、副组长授权及任务分工名单，部署十二届区委第六轮巡察工作任务。该轮巡察采取“一拖二”方式，对2个街道、9个部门单位党组织开展巡察，对1个单位党组织进行“回头看”。刘海峰从4个方面对第六轮巡察工作提出要求。

（邵　瑞）

责任编校：王海燕　李　燕

小资料——历下老字号

燕喜堂

"燕喜堂"的创办人叫赵子俊，山东历城人，20岁那年，在吉元楼饭店当跑堂，后因吉元楼倒闭，赵子俊与其他三位伙计，集资合股在芙蓉街北首开了名为魁元楼的饭庄，开业时间不长，几位合伙人因为意见分歧而停业。赵子俊对此自是心有不甘，于是四下寻资、寻机，想要再次创业。他在"吉元楼"和"魁元楼"时，曾经结识过一些熟客，其中有位叫董丹如的人，是山东银行的董事。他对赵子俊颇有好感，也颇为信任，表示愿意出资帮他重打锣鼓另开张。在董丹如的帮助下，赵子俊集资3000元作为本钱，在金菊巷东首那处宅院办起饭庄，于民国二十一年（1932年）3月正式开张营业。因为时逢南燕北回，所以他就给饭庄起了个"燕喜堂"的店名，寓意燕子报喜，财源广进。

初创时的"燕喜堂"有两座三进四合院，也就是如今的金菊巷1号和3号，另外还有一个跨院。三个院落里共有29间房屋，赵子俊将其中11间当作灶间、库房和员工宿舍，其余18间则作为餐厅对外经营。这18间餐厅可以容纳200名顾客同时就餐，其规模在当时济南老城内算是比较大的。

赵子俊有过干饭庄的经历，为了把"燕喜堂"办红火，他下足了功夫，对菜品质量和特色的要求很高。在烹饪技艺上追求典型的老济南风味，时称"历下风味"，以清汤、奶汤等汤菜见长。燕喜堂饭庄的传统名菜有五星苹果鸡、奶汤鱼肚鲜桃仁、清汆鸭肝、糟煎鱼片、油爆双脆等。酒香不怕巷子深，功夫不负有心人，"燕喜堂"开业之后，顾客盈门，生意兴隆，并逐渐创出自己的品牌，赢得口口相传的品牌效应，开业不足两年，便誉满全城，跻身济南城内餐馆的前列。

上世纪四十年代，赵子俊年事已高，把"燕喜堂"交给儿子赵鑫荣。因年轻时的赵鑫荣经验不足，管理尚欠火候，加之通货膨胀的压力，曾使得"燕喜堂"濒临倒闭，但他终归还是千方百计地坚持下来。1950年"燕喜堂"搬迁至院西大街（今泉城路）路北，并缩小营业范围和经营规模，但饭菜质量尚能维持原有的"历下风味"。

1956年"燕喜堂"公私合营，1958年"燕喜堂"再次搬迁到泉城路路南，并曾一度改名为"红星"饭店。1980年"燕喜堂"重新启用老字号。上世纪九十年代后，"燕喜堂"终因经营不善关门歇业，店址被出让，泉城路拓宽改造时被拆除。随后"燕喜堂"曾在六里山和芙蓉街等多个地方"露"过面，但都好景不长，风华不再。再后来，"燕喜堂"商标几经易手，于2016年被"超意兴"所得，不久，他们就在金菊巷、平泉胡同重新启动"燕喜堂"，并仍是以传承传统鲁菜为主。

责任编校：王海燕　李　燕

民主党派与工商联

大美历下系列图片 （陈希龙 摄影）

民主党派与工商联

中国国民党革命委员会济南市历下区总支委员会

【概述】 2018 年，中国国民党革命委员会济南市历下区总支委员会（民革），共有 7 个支部：八中支部、综合一支部、综合二支部、山师附中支部、中心医院支部、文化艺术支部、老年支部。历下区总支班子成员 11 人，共有党员 179 人。民革历下区总支，在民革济南市委会和中共历下区委的正确领导下，在中共历下区委统战部的帮助下，紧紧围绕市、区政府的中心任务，切实加强自身建设，扎实推进社会服务工作，认真履行参政党职能。

【参政议政】 发挥人才资源优势，建立社情民意小组，针对城市管理、社会法制、新农村建设等方面撰写多篇意见建议和社情民意调查文章，上报 20 余篇，其中被省市各级部门采用 13 篇，为历年最好成绩。

【社会服务】 “星星助学公益讲堂”“暖暖助康公益行”分别是民革山师附中支部、民革市中心医院支部用心打造的社会服务品牌，在历下总支牵头下的两个支部与文化支部党员赵旭担任总经理的美莲广场强强联合，在该广场建立社会服务实践基地，响应历下区委统战部“同心·服务社区在行动”活动号召的同时，也在利用自身优势与专长，弘扬孙中山先生的博爱精神，扎扎实实做好社会服务工作。星星之火可以燎原，发挥自身专长服务社会，为民生提供力所能及的帮助，为社会的发展奉献自己的一份爱心，已经成为历下民革每一名党员的自觉行为。

（展　玲）

中国民主同盟历下区基层委员会

【概述】 截至 2018 年年底，民盟历下区第七届基层委员会（民盟）共有班子成员 11 人，支部 7 个（五中支部、七中支部、八中

2018 年 8 月 2 日，党外人士上半年重点情况通报会

支部、泉城中学支部、商贸学校支部、一支部、二支部），盟员152人。2018年民盟历下区基层委员在盟市委和区委统战部的领导下，本着求真务实、积极进取、有所作为的原则，在组织、宣传、社会服务以及参政议政等方面都取得显著的成绩。全体盟员立足本职、脚踏实地，爱岗敬业，在生活和工作中认真践行社会主义核心价值观，各方面的工作都取得较好的成绩。在盟员的共同努力下，民盟历下基层委员会已经打造成为一个团结合作、认真履职、乐观向上、坚强有力的集体。全年基层委员会多名盟员受到民盟省委、市委领导的肯定和表彰，很多同志因在本职工作中做出了优异的成绩而受到各级部门的奖励。

【参政议政】 民盟历下区基层委员会发挥专业优势，从多行业、多角度入手，撰写调研报告，扩宽建言献策的覆盖面。2018年，落实重点参政议政联系人制度，在建言信息的数量和质量上出精品、出成果。在政协历下区九届二次会议上，由陈頔和刘兴华撰写的《以诚信建设为抓手，促进历下区中小企业发展》作为大会主题发言，获得区委领导和有关部门的高度评价。基层委员会副主委、历下医院院长王振东积极参与并指导参政议政工作，将调研重点放在养老、医疗、教育等熟悉的领域，向市、区两级政协大会提交多篇优质提案，其中退休教师查体、中小学校操场向社会开放等提案，均被市、区两级政府列为“十大民心工程”。选派多位具备参政潜力的年轻盟员参加区委统战部组织的调研宣传工作学习班，建立良好的参政议政团队。

【社会服务】 民盟历下区基层委员会注重社会实践活动，积极反映社情民意。组织盟员到市12345热线进行考察调研，并接听部分热线。部分区政协委员参与区政协组织的“马路治堵”调研会，并积极发言，提出建议，认真履行民主监督的职责。参加市政协牵头组织的关于明府城建设的政协提案的落实情况的现场调研活动。春节期间，基层委员会邀请盟内的书画家，与建新街道办事处和平新村社区群众欢聚一堂，以笔会友，共贺新春佳节的到来。九九重阳节，历下区基层委员会在建筑新村街道花园路社区服务中心，为社区的老年朋友开展义诊活动。环卫工人节期间，民盟历下区基层委员会邀请山东省美容美发协会，依托“美宣”品牌，为历下区城市管理局保洁员送去美容美发服务。积极参与“同心社会服务专业团队”活动，20多名盟员参加多支服务队，龙菲、刘晓红、汪霞等盟员应建新办事街道邀请在社区举办了多场以家庭教育为主题的公益讲座。

（孙纪林）

中国民主建国会历下区总支委员会

【概述】 2018年，中国民主建国会历下区总支委员会（民建）有一支部、二支部、机关支部、夕阳红支部4个支部，班子成员9人，会员99人。2018年民建历下总支的各项工作有新提升，反映社情民意有新成绩。加强思想建设，在携手共进中体现政治定力。通过开展“不忘合作初心，继续携手前行”专题活动、纪念“五一口号”发布70周年活动、纪念改革开放40周年活动，通过学会章会史，进一步坚定理想信念，坚定不移走中国特色社会主义道路。履职尽责，在参政议政中彰显民主党派价值。民建历下区总支，多年来始终把会员的履行参政党职能作为队伍建设的一项重要工作，抓学习、抓调研、抓履职，2018年建言献策，反映社情民意取得了新的成绩。年内，组织发展刘元会、刘建勇、王兆丹、冯韶琦4名新会员，基层组织不断充实和壮大。

【参政议政】 积极参政议政，反映社情民意，共有11篇信息被省政协采用。认真组织会员参加民建中央、省、市委号召开展的各项活动。积极组织会员撰写纪念改革开放40周年征文。一篇征文被市委统战部采用，一篇征文被省民建网站采用。主委刘岩撰写的《裁判文书上网不以实名制》被全国政协采用，《标本兼职不让顺风车悲剧重演》被民建中央采用，有7篇社情民意被省政协采用，《提高互联网加政务服务水平》的建议被市政协评为优秀提案。王宁会员的征文《政协委员谈履职》获得省政协征文大赛优秀奖。积极落实区委统战工作领导小组办公室《关于支持各民主党派区级组织开展优化营商环境民主监督工作的实施方案》，按照对口安排，主动对接解放路街道办事处和区政务服务中心。

【社会服务】 “同心·服务社区在行动”活动开展以来，民建历下区总支经常走进结对子的历山路社区，开展健康讲座、法律服务、了解社情民意等诸多有意义的活动，为居民服务，为社区建设服务，社区居民对“同心·服务社区在行动”活动高度赞扬，纷纷点赞。在“三八”妇女节到来之际，邀请农工党历下区总支主委、济南市中心医院肿瘤科副主任医师窦岩，围绕中老年妇女多发易发的疾病做专题讲座。邀请千佛山医院中医科大夫相宏杰博士到解放路街道历山路社区举行“同心·服务社区在行动，健康知识讲座暨义诊”活动。在端午节来临之际，开展同心·服务在行动——“情暖端午，爱心敬老”活动。在中秋佳节即将来临之际，邀请科润律师所执行主任王付琴律师，给社区居民朋友做关于《家庭财富的保障与传承》为主题的法制讲座。在“宪法日”到来之际，开展以“学习贯彻党的十九大精神、维护宪法权威”为主题的国家宪法日暨全国法制宣传日活动。民建历下区总支开展情系教育爱心助学活动，为汇波小学的学生们赠送了价值20000余元的图书和书包。

（王　宁）

中国民主促进会历下区总支委员会

【概述】 至2018年底，中国民主促进会历下区总支委员会（民进）共有甸柳一中支部、教育联合支部、历元学校支部、文化馆支部、五中支部、综合支部6个支部，有会员120人。组织会员学习习近平新时代中国特色社会主义思想、党的十九大精神和习近平总书记视察山东重要讲话，紧紧围绕全市打造“四个中心”，建设“大强美富通”现代化国际大都市目标，开展学习研讨和实践活动，对照“1+474”工作体系，聚焦打造“大美历下、现代历下、幸福历下”和全省首善之区建设，积极整合6个支部社会资源，加强多支部交流合作，促进历下总支全面发展，打造甸柳民进示范区，让每一位历下民进会员更好地履职尽责。

【参政议政】 民进历下区总支以政协提案、调研报告、社情民意信息等形式发挥参政议政职能。关注教育压力难题。民进历下区总支到历下区教育局和甸柳一小开展关于促进历下区教育集团化进程的调研，提出“名校带动”建议，以区域教育资源平衡缓解部分学校教学压力难题。根据调研中发现的教师编制不足问题，以社情民意信息的形式提出《关于调整中小学教职工编制标准的建议》，被民进省委向民进中央推荐。关注经济发展难题。总支与甸柳街道经委、历下区人才发展中心联合开展关于如何切实做好民营经济服务方面的调研，以社情民意信息形式提出《关于实现总部企业汇总纳税的建议》被省政协采纳。以政协提案的形式提交《关于促进历下区楼宇经济发展的建议》。关注社会发展问题。济南市公交总公司是甸柳街道辖区企业，在“重庆公交坠河事件”引发社会热议时，总支关注结对辖区重点企业热点话题提出《关于保证公交驾驶环境安全的建议》被省政协采纳。在总支开展社区服务活动中听取群众意见形成《关于为社区居委会配备特殊群体专用电梯的建议》，向区政府呈报，传递群众诉求。

【社会服务】 民进历下区总支在社会服务方面努力打造自己的活动品牌，通过特色活动，服务社区居民。民进创城先锋队。定期组织会员与社区居民共同开展美化社区义务劳动，巩固创文明城成果。开明公益课堂。在暑假期间开展以弘扬济南文化、艺术鉴赏、国学知识、亲子活动等为主题的系列公益讲座，寓教于乐，受到社区青少年及家长的认可。法律咨询服务站。每年九月份在甸柳文化广场举办以老年人维权、家庭纠纷为主题的法律义务咨询活动。“为您送健康”义诊月。每年十月份组织老年人常见病防护、糖尿病预防、骨科保健等两到三场不同主题的义诊活动，受到社区老年朋友的欢迎。“邀您共赏好电影”电影月。利用历下区文化局为社区建设的电影院和配备的数字电影设备，在暑假期间举办“邀您共赏好电影”电影月活动，结合“七一”党的生日、“八一”建军节等重要节日，定期为社区青少年播放弘扬爱国主义精神的公益电影，深受青少年的喜爱。“民进送福进社区”活动。春节前夕，总支邀请济南画院、济南市美术馆的书画家团队到社区书写春联与福字，赠予社区居民，同时与社区书画爱好者进行现场交流指导。

（马在欣）

中国农工民主党历下区总支委员会

【概述】 至2018年底，中国农工民主党历下区总支委员会（农工党）有中心医院支部、市立一院支部、济南医院支部、历下医院支部、历下区综合支部和市委医院联合支部共6个支部，党员132人，其中新发展党员12人。深入贯彻落实习近平总书记系列重要讲话精神，以科学发展观为统领，以学习和贯彻十八大精神为主线，不断加强新时期的党支部建设，以参加学习培训、建言献策、开展义诊活动和同心服务社区等为重点，各项工作取得新的成效。济南市中心医院支部被农工党山东省委评为“优秀基层组织”。

【参政议政】 把学习培训作为提升参政议政能力的重要途径，充分发挥农工党员的自身优势，积极主动创造条件，拓展参政议政平台，努力探索新形势下参政议政有效机制。先后参加历下区党外人士培训班、历下区政协委员培训班、历下区上半年工作座谈会等。撰写的提案、建议，涉及交通、医疗卫生、食品药品安全等群众关心的热点问题，具有一定的前瞻性。开展社会调研，历下医院支部积极响应农工党济南市委号召，多次参与济南市医联体建设的调研工作，调研成果得到市委会领导的高度肯定。

【社会服务】 充分发挥农工民主党以医药卫生界高中级知识分子为主的自身优势，开展“同心·服务社区在行动”活动，组织党员50余人次先后在历山路社区居委会、长盛北区居委会、华强大厦、宽厚里等多个地点，开展健康义诊、健康讲座等社会服务工作，受益群众1500余人，受到各方好评。

（郭　雷）

中国致公党历下区总支委员会

【概述】 中国致公党历下区总支委员会（致公党）辖2个支部：历下支部、市中心医院支部，至年底，历下总支班子有主委1人、副主委2人、委员5人，致公党党员100名。2018年，致公党历下总支共发展党员5名。历下总支委加强领导班子建设，从上至下发挥好率先垂范作用，努力营造“爱学习、求进取”的良好氛围，带领党员学习党和国家各项方针政策和十九大精神。基层组织建设方面，历下总支委在吸纳优质党员的同时把握正确导向培育新党员，提升新党员的政治意识、思想觉悟、统战理论知识。加强参政党综合能力建设，培育党员参政意识，组织广大党员积极参加各类统战系统以及致公党省委、市委的学习培训。

【参政议政】 履行参政党职能，坚持培养锻炼党员参政议政能力，提升建言献策质量。在区政协九届二次会议上，主委曲芳提交了《关于加快推进科技金融发展的建议》发言提案；李剑波、陈明、田振华、吴清波、王磊委员分别提交了《规范非机动车停放管理让文明城市更加文明》《关于建立公务用车服务平台加强公车管理使用的建议》《关于为历下区60岁以上老人免费接种流感疫苗的建议》等8件提案。历下总支2018年上报社情民意、建言献策、重大调研共计10篇，上报信息共计7篇。其中“关于完善国家企业环境信用评价办法的建议”“关于完善《中华人民共和国环境保护税法》的建议”被致公党中央采用。《建议在国家水污染物排放标准中增加全盐量指标》一文被评为省政协评为优秀社情民意信息，《关于进一步推动改善农村人居环境工作的建议》被致公党济南市委评为参政议政调研成果一等奖，《关于完善国家企业环境信用评价办法的建议》被致公党济南市委评为2018年度优秀社情民意信息一等奖。历下支部副主委史会剑被致公党中央评为参政议政先进个人称号。

【社会服务】 在历下区委统战部指导和帮助下，积极打造“同心·服务社区在行动”民主党派活动基地，与文化东路街道办事处结对子，建立学习制度、联络制度、调研制度和宣传、咨询、帮扶等活动制度，逐渐将活动基地打造成统一战线成员学习的阵地、服务社区居民的平台、了解社情民意和参政议政的载体。以历下总支为单位，号召共计16名党员报名参加“同心·社会服务专业团队”，并分别分入教育提升、医疗保健、政策咨询三个专业团队中。市中心医院支部充分发挥医疗资源丰富优势，多次组织党员中的专家教授开展丰富多彩的义诊活动。多次到社区为居民普及疾病防治相关知识，开展健康复查、健康宣教、到边远农村送医送药上门服务等活动，树立民主党派基层组织良好的社会形象。2018年6月9日，市中心医院支部与章丘区博山支部缔结友好支部，并开展扶贫义诊等活动。

（曹昕悦）

九三学社历下区委员会

【概述】 至2018年12月，九三学社历下区委员会（九三学社）共有一支社、二支社、三支社、四支社和中心医院支社5个支社，班子成员11人，社员总数190人。紧密围绕中心工作，定期召开相关会议，传达各级精神。通过组织部分社员赴莱芜战役纪念馆开展红色教育，参观改革开放摄影展等活动，加强社员思想建设。九三学社历下区委员会及多名社员被九三学社济南市委员会评为参政议政工作先进集体、社区民意先进集体、宣传工作先进集体和先进个人。

【参政议政】 积极献言献策，通过经验交流和培训，社员的参与意识、积极性、主动性显著提高，信息的数量和质量进一步提升。把反映社情民意的信息工作当作履行参政党职能的重要基础工作和关键环节，报送信息43篇。充分发挥党外人士在协商民主中的重要作用，在2018年1月16日召开的政协历下区第九届委员会第二次会议上，提交提案18件、议案1件、大会发言2篇。历下区主委张健军代表九三学社历下区委员会作《关于推进历下区移动物联网产业发展的建议》大会发言。《关于加强“小饭桌”监管的建议》被评为优秀提案，王敬、朱卫国、孙东、洪之旭被评为优秀政协委员。

【社会服务】 围绕党派的中心工作和要求，成立科学技术服务专业团队，多次组织九三学社社员巡讲团进社区。联合大明湖街道舜井社区先后开展了“不忘初心 携手前行”主题教育活动，收看大型纪录电影《厉害了，我的国》；开展“品味五月五·端午喜乐会”包粽子、缝香包、送祝福活动，组织商圈企业青年员工开展“青春正能量，绽放青年梦”第一届青年文化节活动。5月2日，参加历下区政协、区委统战部组织开展的“勿忘历史·牢记使命”主题纪念活动。5月30日，邀请九三学社中央院士专家朱定真，开展“地球气候的健康与人类健康”为主题的科普巡讲辅导报告会。6月7日，举办“端午情”诗歌朗诵会暨诗人走进柳云社区活动。开展历下九三爱心年系列活动。1月31日，参加捐助崔家庄残困村民扶贫捐赠活动。4月10日，走访布谷鸟特需儿童中心，看望脑瘫儿童。组织社员献血，为中心医院白血病人捐款，在病房设置九三爱心书角。与联合日报一起开展关爱环卫工人，共建美好家园系列活动。8月31日，组织社员开展“情系灾区献爱心”募捐活动，参加在济南市红十字会举行的抗灾救灾捐助仪式，表达对潍坊寿光灾区群众的爱心和关心。

（曲　扬）

工商业联合会

【概述】 2018年，区工商联高举习近平新时代中国特色社会主义思想伟大旗帜，学习贯彻党的十九大精神，贯彻落实“团结、服务、引导、教育”八字方针，围绕“两个健康”，抓基层组织建设和商会活动，发挥工商联服务民营经济的桥梁纽带作用，发挥非公党建工作在民营经济发展的政治引领作用，服务经济社会发展。至2018年底，历下区有基层商会13个，会员2268人。同年，区工商联被全国工商联评为全省工商联系统“五好商会”。

【基层组织建设】 加强会员队伍建设，壮大工商联非公经济人士队伍。把会员队伍建设作为做好工商联工作的支撑点、着力点，按照广泛性和代表性相结合的要求，发展区大型骨干企业会员，注重吸收新业态企业和小微企业入会。5月11日，召开历下区工商业联合会第十一届执行委员会第二次会议，增补45名委员、31名常委、3名副主席、9名副会长，对增补的人员全部进行综合评价。年内发展新会员120名。

【理想信念教育】 发挥党建工作在企业中的政治引领作用，全面提升非公经济组织党建工作水平。教育引导非公有制经济人士坚定“四个自信”（中国特色社会主义道路自信、理论自信、制度自信、文化自信），坚持“四个意识”（政治意识、大局意识、核心意识、看齐意识），不断扩大非公企业党的组织、党的工作和党的声音“三个覆盖”，确保政治方向不迷失，理想信念不动摇。搞好“灯塔在线”竞赛答题活动。充分利用区工商联“历下区总商会”QQ群、非公党支部书记微信群、企业家微信群，大力宣传党的非公有制经济发展的新政策。广泛组织“灯塔——党建在线”竞赛答题活动，激发非公企业党组织和党员参与竞赛答题的积极性。非公党工委直属18个党组织、40个党支部的705名党员参加答题活动，强化对十九大报告的理解和对党章的学习，进一步强化党员意识。搞好对困难党员和老党员的慰问活动。春节期间，走访慰问21名老党员和困难党员，发放慰问金2万元。“七一”之际，对80岁以上的老党员及困难党员共22人每人发放1000元的慰问金。

【调研服务】 按照区委要求开展“大学习、大调研、大改进”活动，上半年走访企业8家，详细了解非公有制企业存在的困难和问题，针对存在的问题提出富有建设性的建议和对策。与有关部门和金融机构协调对接，为非公企业解决困难10余项。建立历下区非公有制经济人士微信群，利用微信群大力宣传工作经验，交流营商信息。组织企业家购买华润置地2个写字楼楼栋，为入驻中央商务区打下良好基础。

【非公党建】 发挥工商联密切联系非公企业和非公人士的优势，主动上门服务，了解企业发展状况。加强党员教育和管理，发挥党员先锋模范作用。举办党支部书记和党务干部培训班，对党务基本知识进行培训，提高企业党务干部的业务水平和增强党性观念；开展以守法诚信为重点的“两学一做”学习教育活动，强化非公企业党组织的“两个作用”，扩大非公企业党的组织、党的工作和党的声音“三个覆盖”。突出抓好非公有制企业聚集区，以园区为龙头，统筹抓好商务楼宇、商业街区等非公有制企业党建工作。加强和改进新形势下非公有制企业党建工作，以守法诚信为重点，以扩覆盖、强党建为目标，以发挥党组织作用为着力点，以突破楼宇党建工作为抓手强化工作指导，取得实效。

【“同心扶贫攻坚”行动】 引导非公有制经济人士发扬新时代企业家精神，富而思源，回报社会，站在讲政治的高度，参加以精准扶贫为主要内容的献爱心活动。1月27日，女企业家协会部分女企业家到济阳县回河镇曹家村和崔寨镇开展扶贫送温暖、助学献爱心活动，为特困家庭和孤儿送去现金、特精粉、大米、花生油、御寒羽绒服等物资，折合人民币1.2万元。新春佳节，女企业家慰问走访东关街道、建筑新村街道、趵突泉街道的14户贫困母亲家庭，送出现金1.4万元以及大米、花生油等食品。4月28日，济南平邑籍企业家首期捐资9万元用于资助平邑一中10名困难学生，企业家承诺今后向每人每年捐助3000元，资助10名学生到高中毕业。平邑籍企业家还对丰阳镇杜家庄村的10户困难家庭进行帮扶，为每家送上1000元现金和花生油、面粉等物品。济南新天科技有限公司为解决费县高科技工业项目落后、人才流失等问题，在费县县委县政府大力支持下，与原费县金轮机械厂合作，成立山东浩克激光科技有限公司，注册资金1000万元，山东浩克激光科技有限公司的成立，有效解决当地的人才和部分待业人员的就业问题。莒南籍企业家为历下区扶贫结对子县踊跃捐献，给湘西永顺县捐献500万元的教学器材及教学资料。5月9日母亲节期间，开展"最美康乃馨"活动，走访慰问4户单亲特困母亲家庭，为每户家庭送上2000元慰问金和一束康乃馨；筹集善款3.11万元，救助22位单亲特困母亲家庭。5月20日，济南市临港籍企业家为临港区实验中学捐资5万元，用于资助学校建设及品学兼优的贫困学生。参与第一书记任职村精准扶贫项目对接交流会，达成食用菌种植项目、分布式光伏发电及煤改清洁能源项目和药用酵母菌培养项目三个扶贫意向项目。

【招商引资】 区工商联开展招商引资工作，利用自身优势和各种方式，宣传历下、推介历下，召开"云+111"历下区惠企政策宣讲会，举办非公有制经济人士培训班，组织专业人员向120余名企业家宣讲国家对非公有制经济发展的相关优惠政策。邀请投融资公司的同志给企业家宣讲融资政策。2018年各街道商会举办各种培训班30余期，参加人员2000余人次。开展法律援助服务，维护保障企业家和企业的权益。协调银行、相关部门解决企业融资难、用工难等问题。

（李庆兴）

【全国工商联主席考察交流会走进历下】 11月7—8日，由全国工商联与山东省人民政府共同主办的首届全国工商联主席高端峰会在济南举行。为巩固峰会成果，9日，"魅力历下——济南市历下区全国工商联主席考察交流会"在历下区举行，10余位全国各地的优秀企业家，走进明府城、科技金融大厦，感受古城古色，了解历下发展状况和区位优势，把握投资机遇，共话济南发展。历下区政协主席、党组书记曹辛，济南市投资促进局副局长王喜东，历下区委常委、统战部部长杜宝现陪同全国政协常委、西藏自治区政协副主席、工商联主席、总商会会长阿沛·晋源等十几位代表活动。

（巩红秀）

责任编校：王海燕　李　燕

小资料——历下老字号

宏济堂

昔日济南有很多药店，其中名气最大的当属宏济堂。

宏济堂的创办人叫乐镜宇。光绪二十八年(1902年)，在乐镜宇还没有成为“行家”的时候，家族为了让他有个出路，给他捐了个山东候补道，他为此来到济南。说来也是巧合，时任山东巡抚杨士骧是他的好朋友，于是，杨士骧便动用官银两千两，委托乐镜宇举办官药局，但好景不长，光绪三十年，杨士骧因私自挪用官银被同僚上本参奏，而后被免职调离山东，官药局因之陷入困境。在这种情况下，乐镜宇不惜举借外债，如数缴还了官银两千两之后，又斥资取得了官药局所有权，并将其更名为“宏济堂”，时间是1907年。

初创时的宏济堂举步维艰，乐镜宇靠着胆识，从无到有，从小到大，硬是让宏济堂日渐红火起来。

“修合无人见，存心有天知。”在原料采购中，乐镜宇制定“五不要”原则，即：“非上等货色不要，有杂质不要，陈货旧货不要，非药用部分不要，非最佳产地的不要。”在制药过程中，他重金聘请同仁堂资深药剂师，坚持“炮制虽繁，必不敢省人工；品味虽贵，必不敢减物力”的家传规矩，严把质量关。在销售环节中，凡用户来抓药，分包分号皆由重金聘用的资深店员核验后盖章才能放行，手续虽然麻烦了些，但却为宏济堂赢得了声誉。除此之外，宏济堂对员工的要求也十分严格，凡是前来应聘者，“不孝敬父母者不要，不忠实朋友者不要，对人无礼者不要，不讲信誉者不要，不讲仁义者不要。”同时，乐镜宇还要求所有员工，都要熟背《药性赋》《大医精诚》《黄帝内经》等，以提高技艺、修养品行。他时常强调，你们不仅要学做买卖养家，还要学做人、学仁术。

“宏德广布，济世养生。”因为经营有方，注重信誉，宏济堂的生意不久就“名满济南，盖无出其右者”，与北京同仁堂、天津达仁堂形成了三足鼎立之势。1934年，宏济堂的营业额已达到北京同仁堂的三分之二。

宏济堂老店最初在院前大街，这处老店在1916年的兵变中被焚毁，随后迁至院东大街。1924年新店落成，门面仿北京同仁堂老店，高大敞亮，并以前院、中店、后厂的独特格局亮相于世。

随着生意的兴隆，宏济堂又先后在经二路纬五路和经二路纬一路设立两家分店，是为宏济堂的西记和中号。这两座分店，都是两层石筑楼房，装饰典雅，古色古香。2008年西记向北平移十多米，至今保存完好；而中号则在2009年片区改造时被拆除，后在原址附近仿照原样重建，现为宏济堂博物馆。至于泉城路上的宏济堂老店，则在1997年5月间，因遭北邻建筑施工所毁被拆除。

责任编校：王海燕　李　燕

群众团体

大美历下系列图片 （李增堂 摄影）

群众团体

历下区总工会

【工会创新】 实现全区工会工作新发展，创新性、领先性、示范性得到市总工会的肯定，街道工会年度工作考核被市总确定为2018年度全市工会重点工作创新项目。智慧工会平台建设被市总工会授予2018年度济南市工会工作创新奖。全市工会“双述双评”半年工作现场会在历下区召开，各项工作继续走在前列。

【基层组织建设】 新建工会组织52家，新增会员7363人。13个街道总工会全部完成换届选举。全力打造“八有”新时代职工之家阵地，举办全区“八大群体”（货车司机、快递员、护工护理员、家政服务员、商场信息员、网约送餐员、房产中介员、保安员）入会启动仪式，以网约送餐员为切入点聚力突破八大群体入会工作。全区13个街道总工会分别选派1名工会干部到工会工作薄弱的组织挂职工会工作指导员，促进基层工会规范化建设。

【劳模选树服务】 做好山东省劳动模范先进个人的推荐评选工作，麦德森文化传媒有限公司王勇等4人获省劳动模范荣誉称号。组织辖区各级劳模代表参观历下区重点项

2018年5月12日，由区总工会、区直机关工委、区体育局联合承办的历下区第五届机关职工运动会在济南奥体中心体育场举行

目建设情况，向劳模汇报、展现历下区新面貌、新变化。组织开展区级在职劳模疗休养活动，得到劳模们的一致好评。尽力做好困难劳模的帮扶救助和劳模服务工作。2018年初，为辖区43名市级以上困难劳模向上级总工会申报困难救助资金36万余元。

【安全生产】 持续推进“查保促”活动深入发展。制定《2018年全区“查身边隐患、保职工安全、促企业发展”群众性安全生产工作意见》，充分发挥各级工会组织的作用，推进“查保促”活动普遍化、制度化、全员化、常态化和长效化，开展群众性安全生产监督检查活动，营造安全和谐发展环境。开展“安康杯”竞赛，区城管局等23家机关和企事业单位积极参与，涉及班组190余个，参与竞赛人数近5000人。

【劳动竞赛】 围绕全区中心工作，深入开展“匠心绘蓝图，竞赛促发展”活动。着重在项目建设、招商引资、产业金融服务、科技创新、棚改旧改和重点工程、新旧动能转换及治霾、治堵、脱贫等行业领域开展劳动竞赛，全区各级工会共开展重点工程、重点工作建功立业劳动竞赛800余项，涉及30余个部门、单位，参加职工2万人。

【四季服务活动】 推动“四季服务”活动常态化、长效化、社会化。筹集63.73万元，开展“夏送清凉”“冬送温暖”活动，走访慰问重点项目、重点行业、重点企业的一线职工3434人；为配合深化文明城市创建，开展“冬送温暖”特别行动，筹集234.76万元慰问5869名创城一线职工；区领导带队走访特困职工6户，发放0.48万元慰问品；为特困职工发放生活救助金、生活帮扶补贴共计14.4万元、水费补贴3.45万元、大病救助金8万元。

【普惠服务】 互助互济保障覆盖80余家基层单位，入会金额30余万元，为30余名职工发放救助金10万余元，有效减轻患病职工的经济负担。创新思路，与区委组织部联合下发《关于历下区干部职工疗休养工作的意见（试行）》，首次组织全区46名一线干部职工疗休养，全年共组织244名一线干部职工疗休养，大大激励广大干部职工干事创业、担当作为的热情。

【职工文体活动】 举办全区职工“学习贯彻十九大，争做出彩好职工”演讲比赛，1名选手进入全市决赛；组织历下区职工参加“首善之区、劳动最美”书画摄影比赛，并举办获奖展；成功举办历下区第五届机关职工运动会，各街道，区直机关各部门、单位3000余名职工参加竞赛；举办全区职工乒乓球团体赛、全区职工羽毛球双打团体赛、职工篮球比赛、职工够级比赛。丰富全区干部职工的业余文体生活，激发干部职工干事创业的工作热情，充分展现干部职工在建设繁荣文明首善之区中的崭新面貌和拼搏向上的团队精神。

（赵　亮）

共青团历下区委员会

【概况】 团区委坚持以习近平新时代中国特色社会主义思想为指导，落实党的十九大精神和习近平总书记一系列重要讲话精神，对标全市“1+454”工作体系，按照“简而实”的工作总基调，找准共青团工作的切入点、结合点、着力点，统筹谋划工作，创新举措，履行职责，充分发挥党的助手和后备军作用，推进全区共青团工作开展。团区委围绕建设全省首善之区中心任务，突出青年特点，提升共青团在中心工作的贡献率，深化思想引领，夯实工作基础，开展多项主题活动，推动各项工作实现新突破。

【基层基础工作】 稳步推进“智慧团建”系统建设，聚焦基础团务管理功能和各级团组织管理员用户定位，分步完善系统信息、分区域推进个人信息录入。加强“青年之家”团属阵地建设，联合区委组织部将“青年之家”项目作为党团共建工作重点，促进“青年之家”建设提升发展。扎实做好团干部“三联四促”常态化下沉基层工作，使走出机关、深入基层、融入青年成为各级团领导机关工作新常态。历下区团委5名下沉干部累计到基层工作40天，直接联系青年100名。

【主题活动】 深化中国特色社会主义和中国梦宣传教育，发挥青少年典型的榜样示范带动作用，开展“争做新时代向上向善好青年”分享会等活动，用青年语言讲好青年故事。广泛开展“思想大解放，青春创时代”大讨论，带动各领域青年广泛参与。结合庆祝改革开放40周年，开展线上线下宣传，组织“我与爸妈比童年”等主题团队日活动，让广大青少年切身感受改革开放带来的巨大变化，不断增强历史使命感。五四青年节期间，联合区委宣传部、区委统战部等部门举办2018“首善之区青年榜样”评选活动，共有130余家单位推荐173名青年参选，超过401万人次参与网络投票，最终评选出50名青年榜样、4个榜样群体，激励广大青年立足本职、脚踏实地，在平凡岗位上做出不平凡业绩。10月23日至25日，市十七次团代会在舜耕会堂召开，历下区25名团代表，肩负着全区近20万青年的使命，严格遵守会风会纪和各项规定，认真学习、热烈讨论，在各方面展现出历下首善之区团员青年的良好风貌。注重从基层、从实干中选拔青年典型，6人被推荐为“2017年度济南市青年岗位操作、技术创新能手”候选人，历下创益园等3个集体被推荐为市级青年文明号，新命名历下人民医院体检中心等20个区级青年文明号集体。推荐身残志坚青年王洪霞增补为济南市第十一届青联委员。举办全区共青团干部综合能力提升培训班，组织全区50名团干部参加培训并进行党性锻炼，开阔视野，增长见识，为下一步开展团的工作打下良好基础。结合开展的“大学习、大调研、大改进”，切实做好团区委所属的青春历下“双微”平台、青年之声等新媒体矩阵和网络宣传阵地建设，在微信公众号开辟“大学习”专栏，切实发挥网络舆论引导作用，普及全区青年4万余人。

【志愿服务】 自“一环一湖”景观照明工程和“明湖秀”实施以后，开展“邀您享夜宴 有我来服务”志愿服务活动，进行环境维护、秩序维护等服务，深受市民游客欢迎。连续七年，联合山东师范大学、山东建筑大学等驻区高校开展“七彩课堂进社区”活动，丰富孩子们寒暑期生活。9月13日至17日，第五届中国非物质文化遗产博览会百花洲分会场召开，团区委联合山东建筑大学、山东师范大学，组织180名优秀大学生志愿者，开展“非遗盛宴等您来 志愿服务喜添彩”志愿服务活动，打造历下区“非遗”传承志愿服务新名片。

【服务中心工作】 在解放阁举行历下区“打

赢新时代济南战役，争当‘济南第一团’青年突击队”誓师大会，区委书记马玉星亲自为青年突击队授旗，大会邀请“济南第一团”部队首长为与会青年就“济南第一团”精神进行专题辅导，进一步激发全区青年为全省首善之区建设的凝聚力和战斗力。深入贯彻落实区委“一统四治”工程要求，联合区委组织部、区发改委、区财政局开展“村村都有好青年”选培工作，发挥青年在乡村振兴中的生力军和突击队作用，树立和培育历下村（社区）青年身边的好典型，着力聚才凝智。组建10人的“团区委新时代文明实践青年榜样志愿服务分队”，以志愿服务、精神宣讲的方式开展好文明实践活动。联合山东建筑大学组织20余名大学生志愿者赴永顺县荣众留守儿童学校开展“青春筑梦，放飞梦想”爱心支教活动，为200余名留守儿童送去丰富多彩的课程和活动，并联合社会爱心企业为当地困难青少年捐助图书、文具等学习用品，总价值约20万元。

【服务青少年】 启动“益满泉城 情暖历下”青少年暖冬系列行动，为近500名困难青少年送上价值10万余元的物资。继续做强擦亮青字招牌，发动青年文明号与贫困青少年家庭结对，救助困难青少年100余名，发放物资累计30万余元开展圆梦行动，救助低保、低保边缘家庭大学生和孤儿共计127人，发放救助金22万余元，同时做好希望工程结对助学工作，资助2名困难女大学新生共1万元。制定并完善历下区未成年人违法犯罪案件陪同询问讯问工作方案，直接参与非历下区户籍且监护人无法到位的未成年人违法犯罪案件陪同询问讯问工作13起、15人次。举办“秋日童话 甜蜜有你”青年交友派对、“往后余生 我只邀你”青年相亲会等活动，直接服务单身青年3000余人次。

2018年5月4日，历下区纪念“五四”主题活动暨2018“首善之区青年榜样”颁奖典礼

【“打赢新时代济南战役，争当‘济南第一团’青年突击队”誓师大会】 2月26日，历下区“打赢新时代济南战役，争当‘济南第一团’青年突击队”誓师大会在解放阁西广场举行。“济南第一团”部队首长，区委书记马玉星，区委副书记、区长谢兆村，区委常委、办公室主任纪亮，区委常委周雷，区委常委、区人武部政委李克，区人武部部长刘雷出席活动。举行誓师大会暨授旗仪式。谢兆村致辞，“济南第一团”部队首长讲话，全区各行各业、各条战线共300余名青年突击队突击手代表发表青春宣言，与会领导向青年突击队授旗，全体青年代

表宣誓。参加活动的领导一同参观解放济南纪念馆。举办“济南第一团”精神专题辅导报告会，“济南第一团”部队首长做专题辅导报告，区有关部门、街道及部分驻区企业同志参加活动。

【纪念“五四”主题活动暨2018“首善之区青年榜样”颁奖典礼举行】 5月4日，历下区纪念“五四”主题活动暨2018“首善之区青年榜样”颁奖典礼举行。区委书记马玉星，区委副书记尹红梅，区委常委、办公室主任纪亮，区委常委周雷在四楼接待室会见2018“首善之区青年榜样”代表。马玉星向青年榜样表示祝贺，勉励他们坚定理想信念，锤炼高尚品格，脚踏实地，勇于奉献，为全省首善之区建设贡献青春力量。会上，公布50名青年榜样、4个榜样群体获奖名单，采取故事短片及现场对话访谈相结合的形式分享青年榜样和群体的奋斗经历及青春故事，对建功夺标、奉献社区、创业创富、创新创优、公益向善5大类50名青年榜样代表进行颁奖，青年榜样代表表演诗朗诵及歌曲演唱等节目。尹红梅致辞。

2018“首善之区青年榜样群体”

姚家街道拆迁青年突击队	建邦文商CCPARK团队
历下区民政局创益园青年群体	“老兵”电影放映志愿服务队

2018“首善之区青年榜样”

姓名	单位
赵　亮	东关街道办事处文化服务中心副科级
郑希鹏	历下公安分局泉城路派出所副所长
宋在忠	历下公安分局姚家派出所主任科员
贾　真	文化东路街道办事处科员
赵　璨	历下区文化局图书馆助理馆员
张昊宇	历下区城管局组织人事科负责人
李　薇	历下区审计局投资审计科科长
邓明明	历下区人民法院助理审判员
张玉涛	历下区安监局科员
宋光强	历下区园林绿化管理局工程施工科科长
金　鑫	历下区政府办公室科员
刘梦雅	历下区人民检察院科员
于金方	历下区食品药品监督管理局东关所副所长
刘　静	历下区人力资源和社会保障局劳动就业办公室科长

续表

姓名	单位
付杨洋	历下区机关事务管理局正科级
滕　飞	千佛山街道历山名郡社区党委书记、居委会主任
张　琳	历下公安分局科院路派出所主任科员
耿　琳	大明湖街道曲水亭社区居委会委员
张润文	大明湖街道舜井社区党委书记
孙少萍	解放路街道后坡街社区党委专职副书记
刘向英	文化东路街道和平路社区居委会主任
马　璇	龙洞街道全运村社区党委书记、居委会主任
赵富建	龙洞街道银座花园社区党委书记
王　勇	山东麦德森文化传媒有限公司董事长
班　雪	山东华杰人力资源管理有限公司董事长
巩成坤	济南仁德家庭服务有限公司董事长兼总经理
陈载源	山东元邦律师事务所主任
王晓江	济南市历下区课外课培训学校副校长
万　喆	山东飞触影视传媒有限公司、中科飞触光电科技有限公司总经理
冯吉超	济南华强广场置业有限公司总经理
赵金凤	山东教服国际出国咨询有限公司董事长
熊思羽	同方知网（北京）技术有限公司山东分公司业务经理
李　硕	山东华森装饰工程有限公司、山东华艺消防工程有限公司、山东红黄绿专用器材厂总经理
胡庆民	山东远邦科技集团有限公司董事长
李　鹏	长生人寿保险有限公司山东分公司总经理
邹振宇	山东电力工程咨询院有限公司副总经理
焦冬冬	新之航传媒集团副总经理
王　静	山东云媒软件股份有限公司董事长
崔　娜	山东丽山教育投资有限公司总经理
李　颖	济南市历下实验小学大队辅导员
李　暖	济南市历下区青龙街小学大队辅导员
李宁宁	济南市历下区龙奥学校班主任
田　东	山东省济南燕山学校总务处副主任
李晓康	济南市历下区燕翔小学班主任

续表

姓名	单位
王朝阳	济南首善家庭服务有限公司董事长
孙宜真	历下区人民医院眼科门诊护士
李　强	山东电力工程咨询院有限公司副主办兼管理团总支书记
常广成	山东大智教育集团股份有限公司总裁办主任
聂　洋	历下区疾病预防控制中心免疫规划科科长
张　岐	历下区第三人民医院外科主任、120分中心主任

【团干部综合能力提升培训班】 8月20日，历下区共青团干部综合能力提升培训班在上海复旦大学正式开班。团区委副书记杜庆姝、兼职副书记徐峻涛参加开班典礼。街道、社区、机关、企业的团干部和社会组织的专业社工，团区委扶贫协作对口帮扶的湖南湘西州永顺县6名优秀的共青团干部，共50人参加培训。培训采取白天专家授课、现场教学，晚上分组讨论、交流感悟的学习方式，突出理论学习与实践运用相结合的日程安排，意在深入学习贯彻习近平新时代中国特色社会主义思想和党的十九大精神，认真落实团十八大精神，进一步提升全区团干部综合素质，开阔视野，增长见识，推动全区共青团工作蓬勃发展。

（于　江）

历下区共青团干部综合能力提升培训班

历下区妇女联合会

【概况】 2018年，区妇联坚持以习近平新时代中国特色社会主义思想为指导，牢记妇联组织是党联系妇女群众的桥梁和纽带，进一步在保持和增强政治性、先进性、群众性上下功夫，用妇联组织独有的方式服务大局、服务妇女群众，引领广大妇女坚定不移听党话、跟党走。创新开展思想引领、依法维权、妇女发展、组织建设和妇儿民生等工作，努力使发展更符合新时代的要求、符合全省首善之区建设的目标、符合妇女群众的期待，推动妇女工作实现新发展。历下区妇女联合会设2个职能部室，宣教部改为组宣发展部，权益部改为家庭儿童权益部。区妇女儿童工作委员会办公室设在区妇联。

【维护妇女儿童权益】“温馨帮办”队伍不断优化，矛盾排查、心理疏导、纠纷调解、法律帮助等服务实现一体化、优质化。至年底，共接访23件（次），处结率100%，未发生重大信访和集体访案件。举办“温暖你我她·维权送法进家庭”三八维权周普法宣讲活动，开展讲座13场，向社区居民发放反家暴维权手册等普法材料4000余册（份）。联合山东省博翰源律师事务所成立“家和”婚姻家庭矛盾调解工作站，维护婚姻家庭中妇女合法权益；开展“幸福护航”婚姻家庭辅导服务行动，联合区民政局，在历下区婚姻登记处建立历下区婚姻家庭辅导中心，推动婚姻家庭纠纷调解工作专业化、规范化、制度化。结合妇联实际开展扫黑除恶专项斗争活动，组织扫黑除恶培训班，将新时代文明实践活动工作与扫黑除恶专项斗争工作相结合，利用多种形式，重宣传、营氛围，强统筹，切实提高辖区群众对扫黑除恶专项斗争的知晓率和参与率。充分发挥辖区巾帼志愿队伍，线上线下相结合，全力做好“扫黑除恶”宣传工作，营造良好的社会氛围。

【巾帼创业】“出彩人家”创建活动深入开展，打造具有历下特色的“出彩人家”城区样板。巾帼志愿帮扶力度不断加大，区女企业家协会、区级巾帼文明岗标兵岗等相继到济阳、东关街道等开展帮扶慰问工作，先后捐资4.3万余元救助困难妇女和儿童。引领女性投身新旧动能转换等重点工作，为历下经济社会发展发挥半边天作用，超额完成招商引资任务。扶持失业女性创业就业，通过开展各类招聘会，提供就业岗位400余个，现场达成就业意向2000余人。举办历下赛区泉水人家女性创业大赛，26家具有一定规模的企业参赛，为女性创业搭建交流平台，活跃历下女性创业氛围。选树典型，示范引领，推荐市级巾帼建功先进集体2个、巾帼建功标兵2名，区级巾帼建功标兵15名、巾帼文明岗标兵岗10个、巾帼文明岗25个。

【文明家庭创建】集中宣传十九大会议精神和习总书记重要讲话精神，引导妇女坚定理想信念，筑牢共创全省首善之区的思想根基。举办纪念“三八”国际劳动妇女节108周年巾帼故事汇。发出《巾帼心向党·建功新时代倡议书》，号召全区各界妇女、巾帼先模以历下主人翁姿态投身全区经济建设；推进家庭文明建设工作，杨洋家庭和杨连远家庭分别获评全国最美家庭和全国五

历下区迎接市妇女儿童发展“十三五”规划中期监测评估督导座谈会

好家庭。

【特色救助网格建设】 2018年“单亲特困母亲救助”行动共投入158.16万元，救助单亲特困母亲1739户次，母亲或子女有重大疾病的158人次，在学子女助学1476户次。开展“爱心历下·冬季暖阳”精准帮扶活动，走访慰问各类困难群众100余户。发挥妇联工作的特色和优势，立足“家庭”、着眼儿童、依托社区，实现以“家庭教育”串联三级妇联组织，开展“爱驻历下”家庭教育送课进社区、村居活动。“六一”前夕，投入12万元走访慰问小学10所、幼儿园5所。承接国务院妇儿工委办公室调研组“性别平等教育进课堂”项目调研活动。扎实做好两规中期评估工作。

【国务院妇儿工委办到济南市东方双语实验学校调研性别平等教育进课堂工作】 3月27日，国务院妇儿工委办公室副主任张立一行3人到济南市东方双语实验学校就“性别平等教育进课堂”项目进行调研指导。市妇联副主席刘雅涵、副区长丁晓红陪同调研。调研组参观学校的“性别平等教育进课堂”成果展示，观摩该校的性别平等教育展示课《男孩女孩 快乐成长》，孩子们与老师互动，得到调研组充分肯定。实地参观结束后，调研组与市、区妇儿工委办公室和教育局等部门负责人进行座谈，指出推进性别平等教育进课堂工作是妇儿工委、教育部门、试点小学贯彻落实党的十九大精神，落实中国妇女儿童纲要目标任务，培育和践行男女平等基本国策的生动实践。希望学校继续丰富和创新性别平等教育内容，将观摩课进行进一步完善，通过教育的文化引领和思想传播功能，推动《中国妇女发展纲要》中关于性别平等目标任务的顺利实现，把男女平等的先进性别文化植入儿童灵魂，播撒到儿童心中。

【历下区各界妇女纪念“三八”国际劳动妇女节108周年暨“巾帼心向党 建功新时代”故事汇举办】 3月8日，历下区各界妇女纪念“三八”国际劳动妇女节108周年暨“巾帼心向党 建功新时代”故事汇举行，全区300余名妇女群众代表参加活动。活动现场，对62名“历下区三八红旗手”、22个“历下区三八红旗集体”、15名“历下区巾帼建功标兵”、10个“历下区巾帼文明岗标兵岗”、25个“历下区巾帼文明岗”等先进集体和先进个人进行表扬。历下区动员全区妇女立足岗位做贡献，强力推进巾帼创业，引领女性发展趋势，女性在重点工作中的贡献率显著提升。落实民生政策，构建救助网格体系，打造温馨帮办基层维权模式，常抓常新巾帼关爱工作。做亮家庭文明创建，巾帼聚力成效显著，妇女群众干事创业热情高涨。

【区妇联十一届十三次执委（扩大）会】 4月3日，历下区妇联十一届十三次执委（扩大）会召开。区委常委周雷出席会议。会议印发全国妇联十一届七次执委会会议精神、山东省妇联十三届一次执委会议精神和济南市妇联十三届八次执委会议精神；通报2017年度历下区先进妇女组织；历下区反家暴工作站、文东街道妇联、区医院妇委会分别交流发言；区妇儿工委办公室主任李晶做工作报告，总结2017年工作，部署2018年的主要工作；最后区委常委周雷从旗帜鲜明讲政治、在提高站位上再强化，强化担当促发展、在服务大局上再提升，立足职能出实招、在保障妇女发展上再强化，健全组织强保障、在推动改革创新上再深化等四个方面，为历下妇儿工作提出明确要求。

【历下区“家和”婚姻家庭矛盾调解工作站成立】 5月9日，历下区“家和”婚姻家庭矛盾调解工作站揭牌仪式在博翰源律师事务所举行。市司法局副局长周瑛，区委副书记尹红梅、区委常委周雷出席活动。尹红梅指出，家庭是社会的细胞，家庭幸福和睦是社会和谐稳定基础。区妇联和博翰源律师事务所联合成立“家和”婚姻家庭矛盾调解工作站，要充分发挥社会组织和专业人员的力量，妥善化解婚姻家庭纠纷，构建和谐婚姻家庭关系。区妇联要适应形势发展的变化，充分利用好联系家庭、联系妇女的群众工作优势，加强与律师事务所的合作，把“家和”调解工作站建设成为化解婚姻家庭矛盾的主平台，不断提升矛盾调解工作水平，为促进社会和谐稳定发挥积极作用。

【2018年家庭文明建设工作推进会召开】 5月14日，历下区2018年家庭文明建设工作推进会在大明湖街道党群服务中心召开。区委常委周雷，市妇联宣传部部长杨文华出席会议。会上表彰10户历下区2017年度“最美家庭”、30户“五好家庭”。区委常委周雷在讲话中指出，在区委、区政府的坚强领导下，全区各级妇联组织紧紧围绕中心、服务大局，准确把握新时代弘扬家庭美德的新内涵、新要求，积极发挥在家庭工作领域中的传统优势，以家庭文明创建为抓手，将注重家庭、家教、家风作为须臾不忘的“必修课”。同时将寻找“最美家庭”作为推动和融合妇联各项工作的着力点和链接点，在拓展活动形式、丰富活动内容和提升活动效果上狠下功夫，取得显著成效。周雷强调，全面建成全省首善之区的奋斗目标，最终要体现在千万家庭的幸福美满上，体现在全区100万人民生活的不断改善上，是全区人民和家庭的共同愿望，也是时代赋予我们的责任担当。希望全区各级妇联组织，把思想和行动统一到区委、区政府的决策部署上来，不断增强创新意识和创新能力，扎实推进家庭文明建设，动员广大妇女和家庭积极参与城市提升行动、优良家风传承、社会主义核心价值观践行，为不断开创全区经济社会发展新局面营造相亲相爱、向上向善、共建共享的和谐稳定氛围。

【杨洋家庭和杨连远家庭分别获得全国“五好家庭”和“最美家庭”荣誉称号】 全国妇联在京举办2018年度全国“最美家庭”揭晓专题节目，其中济南市历下区的杨洋家庭和杨连远家庭榜上有名，分别荣获全国“五好家庭”和全国“最美家庭”称号。

【湘西州妇联考察团到历下区甸柳一居考察调研妇女儿童工作】 8月7日，湘西州妇联党组书记、主席邓建英一行到历下区考察调研妇女儿童工作。市妇联主席刘勤、区委副书记尹红梅陪同调研。考察团一行实地参观甸柳新村街道第一社区为民服务大厅、协商民主议事厅、妇女儿童家园和陈叶翠同志事迹展馆，听取工作介绍，并就“党建带妇建，妇建服务党建”、最美家庭评选、巾帼志愿服务等工作进行交流探讨。考察团对历下区妇女儿童工作开展给予高度评价，表示此次考察对拓展工作思路，搭建两地沟通交流的平台大有好处，下一步将学习借鉴历下区妇女儿童工作经验，推动妇儿工作加快发展。

【历下区妇联干部业务培训班举办】 10月15

日，济南市历下区妇联干部业务培训班开班仪式在历下区委党校举行。区委副书记尹红梅出席开班仪式并讲话，区委党校常务副校长侯晓主持开班仪式。各街道妇联主席、兼职副主席，村、社区妇联主席，委局妇委会主任，区妇联干部参加开班仪式。开班仪式上，尹红梅传达省委常委、市委书记王忠林在济南市妇女第十四次代表大会上的重要讲话精神，指出全区广大妇女要将市妇代会精神切实落实到具体工作和生活中，积极在各个领域、各条战线大显身手、竞相出彩，展现“半边天”的巨大作用和无穷力量。

【全国妇女十二大代表到历下区调研“出彩人家”创建工作】 10月23日，省妇联挂职副主席孙应琢、兼职副主席高淑贞等出席全国妇女十二大代表到历下区调研“出彩人家”创建工作。市妇联副主席刘雅涵，历下区委副书记尹红梅，区妇联、泉城路、大明湖街道办事处负责人陪同调研。代表团一行实地察看泉城路街道芙蓉街5号和王府池子街张家大院，大明湖街道曲水亭街15号佐泉、佑泉，并与示范户居民亲切交谈。在实际考察中，代表团高度评价历下区“出彩人家”创建工作实绩。认为历下区的创建工作符合民生实际、符合区域特色、符合工作大局，真正使广大百姓得到实惠，真正助力历下首善之区的建设。代表们表示通过实地调研，掌握了出彩人家创建工作的第一手资料，将在全国妇女十二大会议中积极建言献策。下一步，历下区妇联将按照出彩人家“庭院美、生活富、家风好、能量正”的创建总目标，带领全区女性发挥女性身上自强不息、敢闯敢干，善良质朴、大爱无疆的优秀品质，在平凡中绽放光彩，让泉城更有温度。

【历下区妇联到永顺县开展东西部协作系列活动】 为把历下区妇联和湘西州永顺县妇联东西部扶贫协作框架协议落到实处，历下区妇联于11月14日至16日组织金马集团、山东超越传奇集团、济南丽人花艺商行、大智家庭教育研究院、济南萝卜桃子文化传播有限公司等辖区企业负责人到永顺县进行对口帮扶，开展“春蕾助学”捐赠及项目对接活动。历下区妇联一行先后来到塔卧镇、颗砂乡、东西部扶贫协作产业孵化园等地参观考察。历下区妇联一行对永顺创新创业以及特色农产品、手工艺产品、红色旅游资源进行深度调研、挖掘，策划推出“永顺好物”应季节日礼物、旅游IP伴手礼等系列产品，并匹配相应资源进行推广。在历下区和湘西州妇联、永顺县妇联的牵线搭桥下，两地在劳务输出、产品输出、家庭教育、乐推养生、困难妇女儿童帮扶等方面达成友好协议，项目对接会取得圆满成功。

（冉　婷）

科协技术协会

【概况】 2018年，历下区科协辖街道科协13个、科普工作小组105个，配有专兼职工作人员131人；区直协会2个，市级分会2个，企业科协8个，园区科协1个。区全民科学素质工作领导小组由区委分管副书记任领导小组组长，领导小组成员单位由20个区直部门和13个街道组成。领导小组下设办公室，办公室设在区科协。历下区连续四次被中国科协命名为“全国科普示范区”。

【科普惠民】 充分发挥社区科普大学在提升

社区居民科学素质中的主阵地作用，继续加快科普大学的建设步伐。2018 年，新建师东新村等 5 所社区科普大学，新增学员 200 余人，至年底，全区科普大学发展到 71 所，学员 3680 人。历下区把社区科普大学建设作为社区科普工作的重要抓手，带动社区普遍开展形式多样、经常性的科普活动。

【科普基础设施】 全年投入 100 万元在建新街道解放路社区建设 1 处 200 平方米的历下区机器人科普体验中心，方案经过数次研究修改，年底完成政府采购招投标，进入施工准备阶段。继续推进科普全媒体阅览屏建设，为社区、学校配备 15 台全媒体阅览屏，经过三年建设，全媒体阅览屏达到一定规模。同时，为大明湖街道舜井社区配备 1 个科普电子阅览室和 1 处科普画廊，在智远街道盛福花园社区新建 1 处户外 LED 全彩显示屏。

【科普活动】 以“科技活动周”为契机，举办专家咨询会、科普报告会，开展“流动科技馆”进校园、科普知识进社区等科普活动，在社会上营造学科学、用科学的良好氛围。在“全国科普日”到来之际，举办“历下区中华通络操大赛”和“历下区第九届社区科普大学运动会”，13 个街道的 600 余名科普大学学员参加比赛。以科普大学为平台开展第二课堂活动，组织社区居民参加插花、太极拳、知识竞赛、电脑培训等活动，丰富社区居民文化生活，深受大家欢迎。

【科技扶贫】 在与重庆市武隆区科协进行的科技扶贫对接工作中，在了解到当地青少年科技教育工作较为薄弱的情况后，区科协争取项目资金，打造重庆市武隆区第二实验小学等 2 处壁挂式科技馆和科普图书馆，以帮助贫困乡村学校开展科普活动，学习科学知识，提升科学素质，助力武隆区打赢脱贫攻坚战，为实现共同富裕做出贡献。

【走访慰问科技工作者】 5 月 23 日，历下区科协陪同市科协和历下区委有关领导，到山东省科学院东院区，参观山东省科学院生物研究所、国家超级计算济南中心，并现场了解山东省计算中心信息医学创新团队的工作情况。看望慰问部分专家及科研人员，并与他们进行亲切交谈。随后，面向科技工作者发放调查问卷，征求他们对生活、工作、科研等方面的意见。走访慰问活动，体现党对人才工作的重

2018 年 5 月 23 日，历下区庆祝“全国科技工作者日”慰问科技工作者座谈会在山东省科学院东院区举行

视，密切了与科技工作者的联系，有利于激发科技工作者创新争先的热情，在全社会营造尊重劳动、尊重知识、尊重人才、尊重创造的良好氛围。

【优秀科技工作者选树】 历下区科协通过各种形式和途径选树优秀科技工作者，宣传他们的先进事迹，激励广大科技工作者争做新时代创新先锋，让科技人才的作用得到有效发挥。全国科技工作者日前夕，历下区科协推选的山东泉港药业有限公司董事长、工程技术应用研究员刘宁被评为济南市青年创新先锋；山东大学控制科学与工程学院教授李歧强、山东省实验小学科技教师孙科进等5人被选树为济南市优秀科技工作者。

【“服务科技创新，助力动能转换——走进企业”活动开展】 按照服务于创新驱动发展的职责定位，围绕历下区委区政府中心工作，制定《服务科技创新，助力动能转换——走进企业活动方案》，通过摸排全区2600家企业，选取82家具备一定社会效益的创新型中小企业进行汇总，联系区科技局和区经信局，了解企业情况，重点对15家优质企业进行走访调研。在走访调研中，宣传科协组织的性质和职能，倾听企业管理者和科技工作者意见和建议，了解企业的技术优势和科技创新点，同时梳理出不同类型、不同规模的企业在发展中存在的问题和制约瓶颈，以及需要政府部门协助解决的难题，据此联系相关行业专家深入企业进行技术指导，为企业之间合作搭桥，加强企业间项目合作交流和项目孵化，促进科技成果转化。在条件成熟的企业成立科协组织，壮大科协队伍，打造企业品牌。针对辖区内具有行业代表性的企业进行梳理分析，最终确定10家企业进行企业科协组织创建预演，为完成全年创建企业科协的任务打下坚实基础。至年底，走进8家企业开展调研，收集近20个需要解决的问题，为企业科技工作者连线相关专业学会，为瑞泉电子对接1名专家，指导中创软件参加企业推介会1次。

【大东科技城园区科协成立】 7月12日上午，通过深入交流达成共识，历下区首个园区科协成立大会在大东科技城隆重举行。大会由历下区科协主席李云鹏主持，山东大东科技城副总经理刘庆博介绍园区科协筹建情况，区科协副主席邢文宣读《关于成立山东大东科技城园区科学技术协会的批复》和园区科协组成人员名单，新当选的山东大东科技城园区科协主席徐凤琴作表态发言，张广勇和尹红梅两位领导为园区科协授牌。山东大东科技城是一家从事科技创业孵化、创业辅导活动的企业，自2000年成立以后，累计共有200余家企业入驻，至年底，驻有80家企业。

【全区中小学科技辅导员座谈会召开】 年初，为推动全区青少年科技教育工作的开展，谋划好新一年的工作，在济南市大明湖小学召开全区中小学科技辅导员座谈会。会上讨论并通过《2018年度历下区青少年科技教育工作要点》。棋盘街小学大队辅导员张凌丽和明德学校科技辅导员李蕾，分别介绍学校开展科技实践活动及“机关王”竞赛活动的经验做法。历下区科协、区教育局的有关领导，就如何做好全区青少年科技教育工作谈重要意见。

【承办第十五届济南市青少年机器人竞赛】 2018年4月28日，第十五届济南市青少年机器人竞赛在山大辅仁学校开幕，共设机器人综合技能比赛、机器人创意比赛、FLL 机器人工程挑战赛、VEX 机器人工程挑战赛、WER 工程创新赛五类传统竞技项目，本次竞赛扩大了墨攻机器人挑战赛、DOBOT 制造大挑战、FEG 智能车比赛等三类展示项目的活动规模，全市中小学 160 余支代表队、420 名选手参加。历下区选派的队伍获得一等奖 9 项、二等奖 9 项、三等奖 12 项的好成绩。

【球幕科普影院校园巡播】 移动式球幕科普影院具有可拆卸、便于移动的特点，能够方便快捷地走进校园，并覆盖到每一个学生。3 月，历下区科协联合区教育局面向全区中小学继续开展球幕科普影院巡播的相关工作。至年底，在青龙街小学等 3 所学校进行巡播，4500 余人次观看，具有震撼的 4D 画面和音响效果让观看的学生仿佛身临其境，记忆深刻，使科普知识的传播更加的生动有效。

【科普讲座进校园活动】 结合市科协“青少年科普报告百校行”活动，邀请山东省青少年科普专家团成员，围绕现代科技中的热点问题，面向燕柳小学等 5 所学校的 950 余名小学生举行科普报告会。深入浅出、通俗易懂、生动有趣的科普报告，引发大家浓厚兴趣，激发同学们学科学、爱科学、用科学的热情。

【推动科普工作从娃娃抓起】 在六一国际儿童节之际，区科协对历下第一实验幼儿园数码港分园和历下区紫苑幼儿园进行走访慰问，将精心准备的 200 册幼儿科普图书赠送给孩子们，并致以美好的节日祝福。科普活动走进幼儿园，能够在孩子们幼小的心灵里播下科技的种子，将科普融入幼儿教育活动中，开启区科普工作新篇章。

【组织建设】 按照中央和省市委关于群团改革的总体部署及科协系统改革实施方案的总体要求，历下区委经过认真研究，批准《历下区科协系统深化改革实施方案》，随后印发《历下区科协机关主要职责和人员编制方案》，在原有职责的基础上，增加并加强相关职责在人员编制保持不变的情况下，领导职数作重大调整，增加 1 名挂职副主席、3 名兼职副主席，科协的领导力量得到明显加强。在挂职和兼职副主席配备过程中，区委组织部门充分考虑科协工作特点，听取科协推荐意见，组建一支专、兼、挂职相结合，产、学、研相融合的新型科协领导干部队伍，较好地解决基层力量不足、专业化不强等问题。

改革后任用的 3 名兼职副主席，分别来自产、学、研三个方向，他们除在各自领域发挥骨干作用外，还能够工作一方，影响一片，在密切联系广大科技工作者方面，发挥独特作用。在全国科技工作者日走进山东省科学院的活动，就是一个很好的例证。改革后，科协组织自身建设得到加强，科协组织影响力也得到提升。5 月 30 日，济南日报刊登题为《激发创新争先热情，投身首善之区建设——写在“全国科技工作者日”》的文章，对历下区科协改革后带来的显著变化进行生动阐释。

【“历下区首届机关王大赛”举办】 为培养青少年学生的创新意识和实践能力，创建历下区青少年科技教育的新品牌，积极筹备开展“机关王”竞赛活动。2018 年 3 月 20 日，开办科技辅导员专题培训班，邀请世界机关王竞赛大陆组委会培训总监何琪林老师为大家讲解2018世界机关王竞赛规则，指导大家搭建机关的技巧，并进行互动答疑。6月19日，在山东省实验小学成功举办历下区首届“机关王”大赛，使这一青少年科技教育的新品牌在历下区落地生根。

【历下区第五届青少年电脑足球机器人积分联赛举办】 举办历下区第五届青少年电脑足球机器人积分联赛。按照年初制定的“2018年度历下区青少年科技教育工作要点”安排，区科协于11月8日举办全区科技辅导员培训班，邀请专家围绕足球机器人的搭建和遥控程序的编写进行专项培训。12月13日下午，“历下区第五届青少年电脑机器人足球积分联赛”开赛仪式在大明湖小学拉开帷幕，20个参赛队伍的科技辅导老师和参赛队员共80余人参加开幕式。

（张　颖）

历下区归侨侨眷联谊会

【概况】 历下区归侨侨眷联谊会（侨联）贯彻党的十九大精神，以发展为主线，围绕“两个服务”聚侨心、集侨智、汇侨力，围绕全区经济社会发展大局和本部门的工作目标，以服务侨界群众和服务中心为抓手，各项工作有序开展。

【归侨侨眷关怀】 始终坚持“以侨为本、为侨服务”的宗旨，不断提高为侨服务能力，全心全意做好为侨服务工作。年初，省侨联主席李兴钰、市侨联主席李中赋冒雪看望1名历下区困难归侨，并送去慰问金和新年祝福。春节期间，对全区13个办事处134户归侨侨眷走访慰问，给老归侨送去家政服务项目，共计价值5万余元。区侨联扶危助困做到实处。真心实意为侨界群众着想，使归侨侨眷感受到侨联大家庭的温暖。为解决日侨周福生医疗费燃眉之急，区侨联迅速向济南籍美国侨商富安集团董事长高永祺先生个人出资设立的“919慈善专款”申请救助，将申请的5000元现金送到医院病房中；为帮助侨眷张仁香申请便民蔬菜店追溯系统补助，与区食药监局、商务局部门联动，特事特办，一个工作日内办理好卫生许可证，赶在截止日期为这个困难家庭成功申请3.2万元补助。济南首家社区侨驿站在解放路街道十亩元社区挂牌成立，为侨界人士搭建交流合作平台。

【侨界老年家庭关爱】 在全区开展调查摸底，最先提出领先全省的75岁以上侨界家庭居家养老服务补贴计划，并得到区委区政府的认可，列入2019年财政预算支出计划。

【联谊活动】 举办迎新春团拜会，辖区老归侨30余人欢聚一堂，共迎新春；致全区归侨侨眷的新春慰问信，在侨界营造浓浓的过节氛围；组织辖区归侨侨眷到济南市国际园博园参加为侨服务春季联谊活动；为济南市侨联示范社区历山路社区居委会的高跷队提供活动经费，支持“魅力历山”和“邻里节”消夏晚会、支持老归侨艺术团开展文化演出活动等。重建老归侨爱心团。组织辖区20余名老归侨来到侨企济阳县仁合果树种植专业合作社调研。在梨园美景中重建历下区侨界爱心团，把团旗交到爱心团团长手中，支持爱心团组织开展系列服务活动。

【服务侨企】 采取座谈交流、多次登门入户等方式，深入企业、社区和侨界群众，面对面听取意见建议，全面了解实际情况，找准问题、摸透实情、制定措施，帮助企业、基层侨界群众排忧解难。围绕推进项目建设，陪同省市区领导到侨资企业和项目单位开展走访调研。迎接省侨联主席、党组书记李兴钰到历下区调研。市委常委、统战部部长王拥华，市侨联主席、党组书记李中赋，区委书记马玉星，区委常委、统战部部长杜宝现，区人大常委会副主任郭向平陪同调研。李兴钰一行察看侨企同程文化尚品位于济南科技金融大厦和中润财富中心的技术中心和多元发展平台，听取有关情况汇报。市侨联党组书记、主席李中赋到区历山路社区和十亩园社区专题调研侨联组织建设和侨情工作，在充分肯定近年来基层侨联工作取得成效的同时，就下步建立社区侨驿站等问题进行座谈交流。区政协主席、党组书记曹辛到区侨届政协委员单位——山东电力工程咨询院有限公司调研，进一步密切与企业沟通联系，为企业健康发展营造良好环境。陪同区人大常委会副主任郭向平及办事处分管负责同志到辖区侨资企业山东同程尚品文化传媒有限公司专题调研。就企业宣传、海外市场拓展，发挥侨联的帮扶作用，促进侨资企业更好更快发展。

【双招双引】 发挥侨联职能作用，超额完成全年招商引资任务，落地济南博疆商贸有限公司、山东骑盾建筑工程有限公司、山东程控建设工程有限公司和山东蜗牛雅藏珠宝有限公司4个项目，注册总资金达2.5亿元。协助青岛酷乐有限公司落户历下。通过洛杉矶总领馆及华人商会引荐，接待美国ACG集团董事长于海燕一行到历下区考察商洽高科技产业投资合作事宜，进行2次对接，并签署合作意向书。在招贤引智方面，区侨联引进推荐海外人才加入侨商会，参加“侨汇泉城”人才库计划，其中部分人才还被聘请为历下区招商大使。经省委批准，区侨联成功推荐2名山东籍海外华商领军人物参加首届山东儒商大会。向市政府引荐洛杉矶总领馆副总领事任发强先生和联合国财务官鞠晓鹏女士，为加大济南开放度扩大人脉。儒商大会期间，区侨联组织出席大会的40余位海外侨领、侨团代表，参加2018海外侨胞故乡行走进济南活动。参观明府城、百花洲和非遗文化工作站，欣赏家家泉水，户户垂柳的济南风光，品尝老济南的风味点心和泉水茶；协助区投促局邀请儒商大会受邀侨界代表参加“魅力历下——儒商代表走进CBD考察交流会”，展示历下区的发展优势，展现侨界助力发展的雄厚实力，达成2个投资意向。

（朱　翼）

小资料—历下老字号

隆祥布店

隆祥布店开办于清乾隆年间，系章丘旧军孟家所经营。不过，早期的“隆祥”并非专营布匹，而是经营杂货，至于何时转行为“布店”的，时下尚无籍可考。

“隆祥”经营的布匹，早先是从章丘设庄收购的土布（寨子布），运抵济南再行销售，后来不断发展至经销各种布匹。

“隆祥”创办人孟兴泰，其重孙孟养轩，是位善于理财经商的高手，他接掌进修堂后，于民国六年（1917 年），在院西大街的高都司巷南口开设“隆祥东记”，其规模与斜对过的老号相当。民国十九年（1930 年），他又在经二路纬四路开设“隆祥西记”，其经营状况与“瑞蚨祥”相匹敌。

民国二十三年（1934 年），“隆祥”在老号门前搭建起牌楼开展促销活动，并印发广告四处张贴、散发，此举“立竿见影”，其营业额得以猛增，呈现出超越“瑞蚨祥”的态势。之后，他们再接再厉，于次年翻建“老号”，也就是位于泉城路原 362 号的隆祥布店。开张后的“隆祥”老号，不仅经销布匹，而且还增设金柜和百货柜，建立作坊，自制和加工金银首饰和银牌、银盾、钻石、珠宝等。开张首日营销额达到 1.3 万余元，而后很长时间都维持在日销额万元左右，由此，隆祥布店便发展成为济南同行业的佼佼者，并逐渐名扬省内外。

“隆祥”自乾隆年间创办至新中国成立前的二百多年间，盛衰兴替时消时长，其鼎盛时期是上世纪三十年代前期，当时仅棉布库存，就有四万匹，这在济南同行业中居于首位。自从日寇沦陷济南之后，在日伪政府的统治下，民族企业倍受歧视，“隆祥”开始走下坡路，直到新中国成立后，才又逐渐恢复生机。

当年泉城路上的隆祥布店，沿街而立，主体北半部为三层，南半部为两层。门面虽然是五开间，但进深却长于面宽，楼顶四周还有女儿墙等装饰。在沿街二层，设有外挑的狭长凉台，三门两窗，铁栏杆护挡。店内是传统的四合院布局，一层二层为营业厅，中间是天井，二层四周有回廊，天井上部轻钢覆顶，侧面有高窗，通风、采光效果甚佳。就整体建筑风格而言，隆祥布店融汇了民族传统和西洋风格，可惜这座建筑在 1993 年被拆除。

责任编校：王海燕　李　燕

司法·军事

大美历下系列图片　（程先好　摄影）

司法·军事

政法

【概况】 2018年，历下区委政法委深入学习贯彻习近平新时代中国特色社会主义思想和党的十九大精神，落实各级政法工作会议精神，牢牢把握维护社会大局稳定主题，深入推进保障公平正义、维护社会稳定、创新社会治理、强化队伍建设等各项工作举措，为全区社会大局和谐稳定提供坚强法治保障。

2018年5月10日，泉城法治论坛新时代“枫桥经验”的济南实践

【维护社会稳定】 2018年，完成“上合”组织青岛峰会安保维稳工作任务。按照省市总要求统筹推进安保维稳工作。完成16轮次实地督导、明察暗访，办结督办单113件，涉及172人，办结率100%；坚持领导包案，筑牢属地稳控、车站监控、驻京值班三道防线，全区181名重点人员无脱管失控；出动参战民警5800人次，人身安检12.46万人次，车辆安检3300余辆次，查验箱包、货物等6.57万余件，查扣违禁品369件。峰会期间，全区社会大局保持平稳可控。做好重要节点安保维稳工作。高质量、高标准完成三级“两会”、习近平总书记考察济南、中央扫黑除恶督导组驻鲁巡视、儒商大会等重大安保维稳任务241项。妥善处置到省政府、龙奥大厦等机关上访事件。快速处置社会面应急突发事件311起，维护全区社会大局稳定。

【维护社会公平正义】 加大执法司法力度，为经济社会发展和人民生产生活创造公正的法治环境。受理各类案件23747件，同比增长79.25%，结案22213件，同比增长49.72%，各项审判执行质效进入全省基层法院前列，审判质量、效率和效果全面进步。推进“基本解决执行难”问题，累计发布失信被执行人信息1466人次，对7620名被执行人限制高消费，采取强制措施拘传136人次，拘留27人次，限制出境10人次，移交拒执罪4案4人，一些多年判决未执行的复杂案件得到有效解决。

依法批捕、起诉各类刑事犯罪嫌疑人355人、673人，监督立案4件4人、撤案4件4人，提前介入、引导侦查37次，监督纠正非法取证、滥用强制措施5件，追捕犯罪嫌疑人6人、追诉16人，审查民事行政监督案件40件，提请抗诉5件，提出检察建议14件。

2018年7月13日，扫黑除恶专项斗争领导小组扩大会议

以扫黑除恶、三年禁毒人民战争、“清贷行动”等专项行动为重点，破获各类刑事案件1596起，打击处理犯罪嫌疑人1029名（其中逮捕510名、直诉519名），抓获逃犯378名，3起命案全部告破（连续12年命案全破）。加强重点行业治安防范管理，对377家旅馆安装人证核查系统；监督79家快递单位、30家物流单位全面落实“三个100%”（100%收寄验视、100%实名收寄、100%过机安检）措施。实施“三区三圈”（政区、景区、站区、校圈、医圈、商圈）重点地区整治工程，深入开展治安要素常态管控，治安防控水平明显提升。

扎实推进“七五”普法，开展主题宣传活动375场，举办法制讲座8场，发放宣传材料5万余册。社区矫正工作不断加强，全年新接收社区服刑人员132人，解除矫正126人，140人无脱管漏管、无重新犯罪。同时与163名刑释解教人员建立帮教关系。2018年，区司法局被司法部授予集体一等功。

【扫黑除恶专项斗争】 按照中央和省、市部署，广泛发动，尽锐出击，以凌厉攻势，严厉打击黑恶霸痞犯罪行为。成立区扫黑除恶专项斗争工作领导小组，设立办公室和工作专班，健全工作领导、业务指导、督导落实等机制。区委、区政府主要领导亲自抓，区委常委会、政府常务会每月专题研究。区级层面组织开展3轮大宣传，布置展板7000余块，发放明白纸宣传册50余万份，发送短信100余万条，张贴发放通告2万余份。建立案件线索双向移送机制，政法机关办案中发现的公职人员涉黑涉恶腐败，充当“保护伞”，不作为、慢作为等问题线索，同时移交纪检监察机关；纪检监察机关办案中发现的违法犯罪线索同时转交政法部门。坚持依法打击和综合治理并重，打掉长期盘踞基层的黑恶势力之后，及时派出综合治理工作组，开展“一领四治”系统工程，加强基层党的建设，推进系统治理、源头治理，有效铲除黑恶势力滋生的土壤，不断增强基层组织对黑恶势力的“免疫力”。

【社会治理与平安建设】深入推进综治中心、雪亮工程、网格化三项重点工作。在基本实现公共区域全覆盖的基础上，并入社会面监控探头6574路，统一技术标准，形成资源共享、覆盖范围广泛的视频监控网络。加大区、街、村居三级综治中心标准化、规范化、实体化建设力度，全区13个街道90个社区（村）完成建设。以综治中心为依托，全面推行网格化服务管理，将全区划为773个网格，配齐专兼职网格长、网格管理员和信息员，将人、地、物、事、组织等要素纳入网格化管理。加强社会治安保险，由区委、区政府出资400万元，按照常住人口60万人、20万户基本基数，通过政府采购方式为全区每户居民购买一份治安保险，保障群众享受优质服务。开展严重精神障碍患者监护补贴工作，将有肇事肇祸行为及危险性评估在3级以上，且家庭困难、监护人无能力落实监护责任和查找不到监护人的87名精神障碍患者，纳入补助范围，每人每年给予3600元监护补助。同时，将精神障碍患者肇事肇祸风险纳入治安保险承保范畴，按照每人每年100元的标准，为全区2102名严重精神障碍患者投保精神障碍患者肇事肇祸责任险。健全矛盾纠纷多元化解机制，发挥区法院诉调中心作用，加强与人民调解、行业调解、专业调解等组织的协调联动，引导更多民商事纠纷以诉讼方式解决，把更多矛盾纠纷化解在诉前、消化在基层。

【执法监督】统筹推进决胜基本解决执行难工作。根据中办、国办《关于加快推进失信被执行人信用监督、警示和惩戒机制建设的意见》和山东省委办公厅、省政府办公厅《关于支持人民法院基本解决执行难问题的通知》，牵头成立专项行动领导小组，协调推动解决有关问题。加大执行工作力度，形成打击失信行为高压态势，累计发布失信被执行人信息1466人次。深入推进涉法涉诉信访改革工作。根据省、市集中化解历史积案的工作部署，督促政法部门深入细致开展排查，督导建立信访人“双档案”，通过领导包案、教育疏导等方式，依法处理信访活动中的违法行为，推动历史遗留积案依法依规有序化解。继续做好国家司法救助工作。结合涉法涉诉信访积案化解专项行动，对区政法部门办理的案件进行梳理排查，初步核实符合救助条件的当事人5名。

【政法队伍建设】以“大学习、大调研、大改进”“三照三转三改三推”活动为契机，加强政治教育和党性锻炼。通过基层蹲点、走访入户等形式，深入基层开展调查研究，广泛听取群众意见建议，查找突出问题，深入总结提炼，形成《新时代“枫桥经验”在历下的实践与探索》等调研文章。组织全区政法综治干部培训班，进一步增强政法综治干部的党性修养、理论素养和专业素质，为培养忠诚、干净、担当的优秀年轻队伍搭建平台。严格落实党风廉政建设责任制，不断完善领导干部廉政档案，严格执行廉洁自律、重大事项报告、请假报备等制度。学习《习近平关于严明党的纪律和规矩论述摘编》《习近平关于党风廉政建设和反腐败斗争论述摘编》及新修订《中国共产党纪律处分条例》等各项规定。在干部任免、重大资金使用、重要项目安排等问题上，坚持集体研究、集体决策，进一步增强决策的民主性和科学性。严格执行中央八项规定，在筹备会议、物品采购、日常接待、办公用房等方面，严格按照标准和要求，不存在超标违规现象。在公车使用方面，严格执行节假日封车制度和车辆使用规定，建立公车出车台账，杜绝公车滥用现象发生。

【全区政法综治干部培训班举办】 6月底至7月上旬，在浙江大学举办2期全区政法综治干部培训班，邀请专家教授围绕党的十九大精神和习近平新时代中国特色社会主义思想、法治思维与依法行政、社会治安综合治理改革创新、“互联网+”时代的创新与发展、媒体应对与网络舆情管理、领导干部管理艺术与人文修养、党风廉政教育与职业风险管理等内容进行授课，通过理论学习、课题研讨、现场教学等形式，切实提高全区政法综治系统干部的党性修养、理论素养和专业涵养，培养和打造一支忠诚、干净、担当的优秀年轻干部队伍，为服务全区经济社会发展提供更加坚实可靠的政法人才队伍保障。

【法学研究及法治论坛举办】 5月8日，举行新时代“枫桥经验”专业研究会成立揭牌仪式暨调研座谈活动。座谈会上，与会代表审议通过《济南市法学会“枫桥经验”专业研究会章程》；市委政法委副书记、市法学会会长辛全龙和区委常委、政法委书记李乐军出席会议并为研究会揭牌。5月10日至11日，在中豪酒店举办“新时代枫桥经验的济南实践”——泉城法治论坛，区委书记马玉星在开幕式上致欢迎致辞，市委常委、市政法委书记秦传滨就本次论坛发表讲话。全市基层政法综治部门、驻济高校的10名优秀论文作者，围绕多元化纠纷解决、居民协商自治、创建调解超市、政法机关参与社会治理、涉法涉诉信访化解、共建共治共享的社会治理格局、基层社会治理机制等问题，分三个单元进行交流发言。本次论坛历下区有关单位共撰写论文15篇，获得一等奖2篇、二等奖5篇、三等奖4篇，历下区法学会荣获优秀组织奖。

【军队停止有偿服务】 根据市委主要领导指示，全力推进历下区驻济部队项目全面停止有偿服务工作，组建工作专班，采取教育说服与司法保障相结合的方式，军地携手，协调军地双方领导召开工作会议，及时解决工作中的难点焦点，推进军队停止有偿服务工作，推进中央军委决策落实，辖区驻军对外有偿服务企业全部按时实现关停。

【人民传媒大厦涉房地产项目遗留问题处置】 借鉴三联彩石山庄处置原则，采取人民调解、司法确认的形式对涉民事房产购房合同进行调解解约。涉民事部分90户，通过人民调解、司法确认，绝大多数退出；涉刑事部分305户，全部处理完毕。

【诚基中心遗留问题处置】 组织400余人集中工作1月余，采取“人民调解、司法确认”方式，完成诚基中心、万豪中心、卓越时代广场3个项目5980套商业用房的退房退款工作，消除涉及3500余户的一大不稳定因素，并为下一步盘活资产创造条件。

（孙　鑫　吴庆楠）

公　安

【概况】 2018年，历下公安分局学习贯彻党的十九大精神，提升群众获得感、幸福感、安全感，提升“反恐维稳、打防管控、规范执法、警务创新、服务发展”五项能力，打赢“敏感时期维稳、专项任务安保、基层基础建设、创建‘三个满意’（党委政府满意、人民群众满意、广大民警满意）”四场硬仗，完成各项公安保卫任务，公安工作和队伍建设实现新提升新发展，在全区党风政风行风评议中荣获第一名。以上合组织青岛峰会安保工作为主线，全年调动警力3.8万人次，完成警卫安保任务286项。成立“民生小案研判室”“反诈中心”“打黑专业队”，强化合成作战，提升打击效能，全年打击处理违法犯罪嫌疑人1029名，破获刑事案件1596起。扫黑除恶专项斗争取得阶段性胜利，打掉涉黑恶团伙19个，成功破获涉黑涉恶案件83起，打击处理犯罪嫌疑人220人，查扣涉黑涉恶资产2.64亿元。以“三区三圈”治安秩序净化提升行动为抓手，深入开展平安建设创建活动，妥善处置到省政府、龙奥大厦等党政机关上访事件，快速处置社会面应急突发事件。处置110警情95698起。全年办理户籍业务158516件，办理居民身份证65574个、居住证204092个、出入境证件37594份、民生平台诉求12699件，为群众提供取得热情规范的服务。牢牢把握党对公安工作绝对领导的根本原则和新时代党的建设总要求，以党建为龙头，打造风清气正的过硬队伍。2018年，历下分局26个集体、54名民警受到上级机关表彰，特警大队被记集体二等功，3人荣记个人二等功。

【“创满意”工作】 紧盯民生警务工作，充分发挥职能优势，健全机制，压实责任，精准发力，靶向攻坚，多措并举，常态长效，全力破解多发疑难诉求，推动“创满意”工作跨越提升。全年受理治安诉求6465件，其中生活噪音类、犬类管理类和窗口服务类诉求满意率分别是99.0%、98.8%和95.2%。建立“一把手”负责机制、例会会商机制、源头化解机制，成立民生警务工作小组，由各单位一把手直接负责，每周汇总，每月分析，对疑难重复诉求集中会商，对治安突出诉求，开展专项整治、集中清理和作风整顿，从源头上减少诉求，赢得满意。针对生活噪音、犬类管理等重点诉求开展实地调研，通过拉网式摸排，按照先易后难、先街面后小区的顺序逐一清零，防止反弹。出动警力1900余人次，整治噪声38次，处罚扰民行为27起，下达警告76份、整改书467份，收缴音响105个。在居民小区、公共场所、公园等开展养犬管理行动，收缴流浪犬473只、无证犬659只，处罚197人，警告400余人，治安管理工作实现根本性好转。围绕优化营商环境和“放管服”改革，制定窗口服务“七个标准化”规范，严格落实户口登记、门楼牌管理等19项业务“一次办成”，坚持大事小事办、一切事情依法办、能办的事马上办、特殊的事登门办的“四办”理念，强化延时服务、限时办结、绿色通道、亲民引导等服务措施，实现受理方式最优、运行路径最短、办结效率最高。

【“四铁”队伍锻造】 按照打造巡特警尖刀队伍的工作要求，特警大队主动提高政治站位，瞄准主责主业，强化使命担当，实施“铁心向党铸忠诚、铁拳出击砺尖兵、铁肩担当保稳定、铁规强警创品牌”的“四铁”（铁一般的信仰，铁一般的信念，铁一般的纪律，铁一般的担当）工程，培塑“四铁”精神，真正锻造成应急支援的拳头和维稳处突的利剑。充分发挥思想政治工作的生命线作用，通过党建引领、干部带头和典型带动，激发党员民警和辅警队伍干事创业的热情；始终坚持准军事化管理，改革训练方法，通过分层施训、岗位专训和实战演训，锻炼出说得出、冲得上、打得赢的尖兵队伍；创新“三四七”（三个远端、四个区域、七大员）工作机制、“三严三不”（严抓管理，箭不松弦；严明纪律，岗不空人；严格备勤，兵不卸甲）工作法和“三级调警”（50人以下的群体访由执勤点常备警力进行处置，50以上300人以下的群体访由执勤点常备警力和机动警力进行处置，300人以上的群体访由分局组织相关警力一起处置）体系，确保取得政区维稳“零漏洞”、警卫安保“零失误”和应急处突“零迟钝”；坚持“严管就是厚爱、厚爱必须严管”的理念，打造出队伍规范化管理品牌、特色小队品牌、一体化实战营地品牌。基层基础建设三年攻坚战以后，特警大队完成各项安保维稳、应急处突和警卫执勤任务，先后被公安部评为“全国公安机关抗日战争胜利70周年纪念活动安全保卫工作成绩突出集体”，被省公安厅荣记集体二等功。

【优化营商环境】 贯彻落实全市公安机关优化营商环境工作要求，凝聚全局思想共识，实施落实“一把手”主责、细化“一张清单”、建立“一套流程”、严格“一事一查”的“四个一”措施，强力推进优化营商环境工作取得实效。成立“优化营商环境”、深化“放管服”改革领导小组和工作专班，召开优化营商环境动员部署会暨“创满意”工作会议，下发工作通知和任务清单，推动工作迅速落实。分解细化“三跑”责任项目和具体流程，推出以微信受理户籍业务为主要内容的“互联网＋户政”民生服务系统，落实先受理、后补缺的“容缺受理”机制，提高办事效率，使群众享受公安机关“优化营商环境”改进窗口服务实惠。实施着装、仪容、用语、仪态、微笑、礼仪、硬件等“七个标准化”服务规范，执行窗口服务“五不准”“五要”纪律规定，改进延时服务、限时办结、绿色通道、亲民引导等服务措施，确保实现不需要见面的事项“零跑腿”，能一次办结的事项“一次办成”。充分运用督导问效、明察暗访、情况通报、教育培训等措施，梳理分析民生警务诉求，整改提升工作，聚焦窗口服务、执法办案、受理审批、打击整治、纪律作风等方面问题，开展纪律作风整顿活动，深入开展“不忘初心、牢记使命”主题教育和“大学习、大调研、大改进”“三照三转三改三推”活动，加强政治建设，严肃纪律作风，提高能力素质，确保各项措施落到实处。

【“医圈”治安秩序净化行动】 历下区辖省级医疗单位16家，市区级医疗机构4家，民营医疗机构22家，病患多、纠纷多、案件多导致报警多、出警多、管理难。分局坚持问题导向，紧盯“医圈”薄弱环节，将重心向医院内部深层次问题延伸。根据医院分布特点和实际问题，以“医患矛盾调处、治安秩序整治、安防能力提升”为重点，强化“风险联评、矛盾联处、安全联防”警医联动机制。针对伤医害医、聚众滋事、涉医侵财等违法犯罪行为，坚持伤医案件从严追究、寻衅滋事坚决处理、涉医侵财一追到底“三个必打”（针对医院医生实施伤害、到医院寻衅滋事、医院内发生的侵财类违法犯罪）原则，坚决依法打击“医圈”违法犯罪，使医护人员“有人撑腰”，受害群众“有地说理”。通过探索创新对医疗机构的常态化、动态化、精细化管控，全区医患纠纷数量持续减少，群体性医患纠纷从2015年的94起下降到2017年的28起，降幅达70.2%，处置成功率100%，未发生因处置不当造成的举报、投诉和信访事件。破获案件85起，抓获违法犯罪嫌疑人107名，固定视频证据583件，涉医案件下降54.3%。警医密切联动配合，有效提升医护人员和病患家属的安全感、满意度，切实深化公安机关“创满意”工作。

【“舜警超脑”助力基层警务提质增效】 实施公安大数据战略，走科技兴警之路，以大明湖派出所为试点，全力夯实基层基础工作，探索实践“一网统建前端感知多维化、一图呈现情指勤督直观化、一码采集要素管理数字化、一脑感知即时预警智能化、一体管控基础工作实战化”五位一体的“舜警超脑”建设，完善全维感知、智能管控的立体防控体系，初步探索出一条治安复杂社区依托数据警务推进警力供给侧改革的新路子，释放取得基层警务新活力。大量建设视频探头、WIFI嗅探、微卡口摄像、人脸识别等终端，实现重要区域“人过留影、车过留牌”，通过对人和物进行抓拍、探测、比对，第一时间发现重点人事物，提升打防精准性、处置主动性和稳控预知性。以三维建模方式绘制社区实景图，实现对房屋结构、楼宇剖面的立体掌控和事件现场的实景研判，第一时间部署警力，疏导人流，处置案事件。开展二维码民意直通行动，在“一标三实”标准数据架构中增加采集项和字段，实现一户一码、一铺一码，形成“公安组织，商户自采，自动上传，实时更新，即时抽查”的基础要素数字化管理新模式，大幅提升信息采集效率。建立“舜警超脑”值机值守、触警处置、每周会商、考核奖惩机制，综合运用视频解析功能，实现对目标人员的快速定位和对可疑车辆的动态预警，形成取得反恐维稳、要素管控、合成打击的实战运行体系。2018年，派出所辖区110警情、发案分别同比下降19%、27%，两抢案件两年“零发案”，群众满意度提升到99.3%。

【扫黑除恶专项整治】 在扫黑除恶专项斗争中，强化组织领导，提高政治站位，严密组织，扎实推进，向涉黑涉恶违法犯罪发起全方位凌厉攻势。坚持“一把手”工程，将专项整治作为重大政治任务，强力保障稳步推进；坚持“重拳打击”，突出打早打小，有黑扫黑、无黑除恶、无恶打霸、无霸治痞，始终保持打击黑恶高压态势；坚持“联查联动”，统筹各方资源，充分发动群众，加强与法检沟通协调，凝聚强大斗争合力；坚持“一盯到底”，健全多渠道、常态化线索摸排机制，严格落实核查责任，决不放过任何线索；坚持“专群结合”，紧紧依靠群众，采取多种形式动员广大群众参与专项斗争，打好“扫黑除恶”人民战争。全年打掉黑社会组织1个、涉恶类犯罪集团6个、恶势力团伙2个、涉恶类共同犯罪18个，破获涉黑涉恶案件137起，抓获犯罪嫌疑人275人，逮捕71人，移送起诉117人，查封、冻结、扣押涉黑涉恶资产2.64亿元。历下公安分局侦办的“胡德华黑社会组织案”被列为全省扫黑除恶典型案例，案件专案组被评为全省扫黑除恶工作先进集体。在全市扫黑除恶专项斗争年终考评中名列前茅，被评为全市扫黑除恶先进集体，专项整治取得阶段性胜利。

【省政法委领导到姚家派出所考察调研】 1月5日，省委常委、政法委书记林峰海到姚家派出所考察调研工作。林峰海了解辖区基本情况，询问取得深化户籍制度改革情况及流动人口管理、身份证异地办理等工作情况，查看“雪亮”工程建设情况，听取有关汇报，对派出所以基层基础建设三年攻坚战为契机，着力打造共治共享社会治理模式的做法给予充分肯定。林峰海指出，社会治安综合治理是在党委、政府统一领导下，维护社会治安持续稳定的一项系统工程。公安派出所要充分发挥主力军作用，科学把握社会治安规律性特点，创新探索社会治理的新模式、新举措、新机制，不断强化社会治安防控体系建设。林峰海还对岁末年初维护稳定工作提出要求。

【省委领导到历下区考察指导烟花爆竹禁放和“明湖秀”安保】 2月25日，省委副书记、市委书记王文涛，市委副书记、市长王忠林，市委副书记苏树伟，市委常委、政法委书记秦传滨，市委常委、秘书长蒋晓光，副市长、市局局长吴德生等领导到历下区考察指导烟花爆竹禁放和“明湖秀”安保工作，慰问执勤民警、禁放志愿者。在省政协机关宿舍区，王文涛、王忠林等听取历下分局关于历下区禁放工作情况汇报，对市局、分局坚决落实市委、市政府工作要求，确保烟花爆竹禁放工作顺利开展表示满意。在天下第一泉大明湖景区，王文涛、王忠林等实地查看“明湖秀”项目现场安保措施落实情况，看望慰问现场执勤民警。

【省委督导组到历下区督导检查上合组织青岛峰会安保维稳】 5月31日，省委督导组在省国家安全厅副厅长张光钢带领下，到历下区督导检查上合组织青岛峰会安保维稳工作。督导组一行先后察看洪山路中石化销售有限公司山东济南第166加油站，检查重点行业安全管理情况；察看泉城路街道办事处综治工作中心建设及安保维稳应用情况；察看鞭指巷社区重点人员管控情况；察看泉城路派出所在泉城广场开展社会化反恐联动工作情况。督导组听取历下区委关于峰会期间历下区安保维稳工作开展情况的汇报。督导组一行对历下区安保维稳工作给予充分肯定，特别是对泉城路派出所社区网格化管理、反恐社会化联动等经验做法给予高度评价。省委督导组组长张光钢对下一步峰会安保维稳工作进行强调部署。

【省委领导到历下区检查安保工作】 10月2日，省委常委、市委书记王忠林到历下区考察节日安保工作，看望慰问执勤的民警和辅警队员。王忠林先后深入到宽厚里、芙蓉街、千佛山公园考察指导节日安保工作。每到一处，王忠林都详细了解景区人流、车流状况，实地查看各项安保措施落实情况，特别对人员密集区域的警力部署、游客疏导、治安防范等工作进行强调安排。在芙蓉街南口，王忠林与执勤民警一一握手，并向坚守在安保一线的广大民警和辅警致以亲切的慰问。王忠林强调，节日安保工作事关全市社会治安大局的稳定，事关人民群众的切身利益，各级公安机关要切实提升政治站位，忠诚担当，恪尽职守，全力以赴做好各项安保维稳工作，确保广大人民群众在安定祥和的节日环境中欢度佳节。

【历下分局特警大队获集体二等功】 历下分局特警大队在上海合作组织青岛峰会安保工作中，牢固树立“一盘棋”思想，紧紧依靠当地，团结配属警力，每日开展高密度、全天候巡查防控，快速反应堵截查控，严密协控重点人员，闻警而动打击违法犯罪，为参战单位和人员树立了标杆榜样。2018年7月3日，历下分局特警大队被山东省公安厅评为全省公安机关上海合作组织青岛峰会安保工作先进集体并记集体二等功。

【破获胡某华黑社会性质组织案】 2018年3月，历下分局根据群众举报线索，会同市局刑警支队，经过10个月的缜密侦查，破获胡某华（男，61岁，济南市天桥区人）等人组织、领导、参加的黑社会性质组织案。1990年以后，犯罪嫌疑人胡某华利用自己好勇斗狠的名声，纠集多名前科人员组成黑社会犯罪团伙，采取威胁、殴打等暴力手段多次实施故意伤害、寻衅滋事、敲诈勒索、聚众斗殴、强迫交易等暴力犯罪，并通过开设赌场、容留吸毒、暴力讨债、勾结司法人员虚假诉讼等途径攫取灰色利益，严重破坏社会秩序，影响恶劣。专案组先后立案22起，逮捕40人，刑事拘留3人，取保候审25人，押回重审2人，抓获逃犯21人，冻结存款870万元，查封房产土地22处，涉案价值2亿余元。

【破获李某兴恶势力团伙案】 2017年12月26日，历下分局龙洞派出所摸排出辖区涉黑恶线索，历下区龙洞街道办事处龙洞庄村民委员会主任李某兴（男，59岁，济南市历下区人）自2013年6月以后，多次安排指使工程协会组织村民进行违法犯罪活动，包括非法集会、示威，贿选村主任，侵吞工程协会工程款，非法将济南城投集团名下土地出租获利，组织村民围堵建筑工地实施敲诈勒索活动等。2018年2月5日，历下分局在市公安局和区委、区政府的直接领导和市公安局有关部门全力配合下，组织900余名警力开展恶势力团伙专案集中收网行动，将19名涉案人员全部抓获并移交法院审理。

【破获“9·11”部督特大电信诈骗案】 2017年12月，马兴龙（男，41岁，济南市天桥区人）到历下分局报案称，2016年通过互联网了解到北京中天建业教育科技有限公司可以代理申报国家专业技术人员职称业务。后到位于泉城路180号齐鲁国际大厦内的公司办事处签订取得《职称申报委托协议书》，并向公司对公账户支付取得职称代评费。后发现该办事处人去楼空，工作人员失联，款项不知去向。接报后，历下分局迅速成立专案组开展侦查工作。经半年多的缜密侦查，2018年9月11日，专案组抓获犯罪嫌疑人25名，一举打掉特大电信诈骗犯罪团伙。经查，犯罪嫌疑人吴某枫（男，29岁、济南市长清区人）、姜某飞（男，25岁，山东省临清市人）、张某忠（男，25岁，山东省临清市人）、兰某发（男，30岁，山东省高密市人）先后成立多家教育咨询有限公司，指使公司人员通过网络及电话等方式向不特定公众虚构其公司具有代办工程师职称的能力，骗取他人信任后签订合同，先后诈骗全国各省受害人1000余人，赃款1000余万元。

【破获“10·15”汽车租赁诈骗案】 2018年10月15日，上海一嗨汽车租赁有限公司济南分公司工作人员报案称其公司车辆被骗走。历下分局经过专案侦查，逐步查明自2018年7月以后，犯罪嫌疑人刘某（男，33岁，山东省东营市人）、公某斌（男，23岁，山东省临沂市人）、裴某林（男，43岁，山东临沂市人）等人通过从汽车租赁公司以租车的名义将车辆骗走再转手倒卖的方式，作案22起，诈骗各类汽车20辆，获取非法利益。专案组先后抓获犯罪团伙成员15人，其中逮捕2人，另上网追逃6人，追回涉案汽车6辆。

（田　野）

交通管理

【概况】 至2018年底，全区机动车保有量290294辆，与2017年同比增加27191辆，增长10.33%；驾驶人保有量364601人，与2017年同比增加19859人，增长5.76%。全年区交警大队共受理道路交通事故7294起，比2017年下降2.53%，区内道路交通死亡事故32起，比2017年上升33.33%；死亡人数34人，比2017年上升36%；造成财产损失3729937元，比2017年下降27%。区交警大队在全市交警综合考评以及勤务面考核中排名位居前列，完成创城复核、援助上海合作组织青岛峰会等重大任务，被市委、市政府命名表彰为“创建全国文明城市突出先进单位”。由市总工会颁发济南市五一劳动奖状。另有一个基层集体和三名个人荣立二等功。

【车辆及驾驶员管理】 优化业务办理流程，搭建户籍、出入境等信息联网共享平台，并协调引进税务、环保、银行、保险等部门联合办公，实现车驾管窗口8大类20余项业务“一窗办”，简化办理流程，提升科技应用水平，特别是机动车无委托“全国通检”、驾驶证省内“异地申领”、网上申领免检标志、4S店“全链条”服务、缴费支付电子化等便民服务措施方便办事群众；适时推出车驾管和违法处理窗口中午不休息，周六、周日照常办公的便民服务举措；新建集违法处理、车驾管业务办理、社会化宣传于一体的无人警局，24小时为民提供贴心交管服务；建立由交通违法处理服务大厅、无人警局、交警中队服务站、汽车4S店、邮政代办点、社区网点和女警社区流动服务队互为补充的“三公里”交管服务网络，坚持开展“送服务上门”活动；会同区安监、交通部门，做好重点车辆和重点驾驶人源头管理工作，落实信息动态传递机制，对辖区企业车辆严重违法行为、驾驶人记满12分、死亡事故负同等以上责任的驾驶人通报有关部门44次，深入企业通报道路交通事故案例，开展交通安全宣传警示教育并录入综合管理平台240余次。年内共办理新车注册21626辆，核发检验合格标志31774个，车辆委托检验手续828笔，补换车辆号牌、行驶证3010笔，驾驶证补证换证9808笔，核发临时号牌1407笔，摩托车初学、增驾5014人，满分学习（满分考试）1252人，驾驶人审验（记分3小时安全教育）2738人。

【停车管理】 协助各街道、泉城路管委会完善停车设施建设，优化道路停车资源，施划非机动车停放区域1200余处，施划长度1.54万米，安装指示牌122面，可停放非机动车4万余辆。重点推动泉城路非机动车“退街进巷进院”管理，撤除原泉城路非机动车停放点位9处，新增街巷停放点位12处，进一步净化泉城路整体环境；加强对道路机动车停车泊位的监管整治。2018年，协助各街办清除私设地锁120个，收缴隔离帽418个、杂物500余件，清理“僵尸车”57辆，恢复停车泊位1000余个；打造历下共享单车管理新模式，规范单车停放秩序。会同共享单车运营企业搭建数据平台，打造“政府规范管理、企业规范运营、市民规范骑行”的共享单车“济南模式”。

协调三家单车企业招聘管理人员共计102人，加派调运车5辆，建立以老城区、“三区三圈”为重点的网格化管理机制；由区停车办牵头协助辖区各办事处一日一调度，一周一讲评，一月一总结，加强监督管理，全年共收缴乱停乱放单车3162余辆。

升级老旧社区管理。发挥街办252名停车秩序督导员的作用，加强对小区乱停车辆的整治，2018年，举报违停车辆18943起；协助各街办推动开放式社区停车“物业化”管理，推动15个社区已实行停车“物业化”管理；设置限时泊位解决停车难。在长盛北区西街设置夜间限时停车泊位，在学校周边道路设置即停即走限时停车泊位95个，在18个路边公厕沿线设置即停即走停车泊位，解决不同群体的临时性刚性停车难问题。

推动辖区党政机关、企事业单位、封闭小区、沿街商铺等内部停车场对外开放，备案开放110余家，向社会提供3万余个泊位。深入挖掘闲置地块、待建工地，开辟临时停车场3处，泊位260余个；利用拆违拆临后的3处空地，新增泊位320个。按照市政府关于《济南市公共停车场三年建设规划》的要求，正在推动建设停车场4处，其中开元山庄小区专用停车楼开工建设，另有3处申报材料上报至市规划局等待批复。

【事故处理及预防】 加大网上在逃人员抓捕力度，提升网逃人员到案率，坚持情报主导警务，运用情报信息技术和手段，成功抓获13名网上逃犯，树立执法权威。全年，受理刑事案件227起（其中危险驾驶犯罪案件214起、交通肇事犯罪案件13起），对227名嫌疑人采取刑事强制措施，审查起诉177起，协助法院逮捕99人，吊销机动车驾驶证190个。

继续采取每案必罚的措施，让当事人承担事故责任的同时，对其违法行为从严追究，从而达到预防事故的目的。全年区交警大队共处罚事故类违法行为3700余起，对不按规定撤离现场处罚125起，侦破一般以上逃逸事故53起、死亡逃逸事故1起，侦破率100%。逃逸事故处罚88起，行政拘留7人。

加大事故处理改革力度，构建线下交通事故赔偿人民调解员办公室、事故法庭和线上道路交通一体化处理平台相结合的多元化纠纷调解体系，事故处理从“一站式”走向“一体化”；协调医院、保险公司、事故救助基金部门，在济南市首创实体工作站，构建“伤者救治、救助基金垫付、保险直赔、轻微人伤快处”四位一体的“警医保”联动体系。辖区交通事故快处比例达82%，轻微伤事故快处率99%。《人民公安报》、省市多家媒体对此进行专题报道。

协调安监、市政、交通以及路权单位，对隐患路段进行整治。全年，共排查整改道路交通安全隐患路段13处。此外，共排查整改辖区交通标志标牌设置不合理8处、标志标线缺失12处、信号灯不规范19处。特别是针对世纪大道凤山路路口“10·5”“11·14”两起大货车事故现场进行摸排调研，完善交通安全设施，在路口设置3处非机动车等候区，新增机非隔离护栏210米、施划标线300余平方米、安装爆闪灯4处。

【交通勤务管理】 完成辖区经十路、历山路、大明湖路、解放路、工业南路，以及开放式社区等背街小巷的交通标线施划及隔离护栏、标志标牌等设施的施工及道路提升改造，总计投入740.59万元，施划热

交通执勤

熔标线21340.58平方米，废旧标线清除（高压水射流型）5124.18平方米，安装轻型护栏779.24米、市政新型道路隔离护栏1644.28米，安装护栏警示灯298个、护栏柱帽578个、标志牌32.38平方米、无障碍点位265个。

实施中队责任区和民警网格化勤务管理模式，在扁平化指挥调度基础上，探索建立新的巡逻管控机制，逐步形成由点成线、由线控面的全天候、全时段、全覆盖的管控机制，主动勤务效能得到提升。全年共受理各类警情14万余起（其中事故警情15902起、拥堵警情12720起，其他警情11万余起），累计主动发现上报警情5108起，抓拍违法停车38万起；推行“人车和谐”的路口秩序管控模式，实行导向车道瘦身扩容、直行左转“双待叠加”等创新手段。全年查处路口行人非动车交通违法28693起、机动车不礼让行人违法行为124490起；实行“平安”“空警”“清缴”系列行动，综合运用“空中+地面”多种方式，查处各类交通违法行为99.58万余起（其中非现场91万起、现场处罚8万起），查处涉酒交通违法行为685起（其中醉驾300起），处罚大货车交通违法12051起，查扣二轮、电动三四轮2848辆，行政拘留149人次，净化了辖区交通环境。

【交通安全宣传】 成立专门的宣教队伍，利用中小学开学季、每周升旗仪式、主题班会、六一儿童节、“少代会”等时机，组织宣传民警深入辖区学校广泛宣传安全出行常识、行人非机动车交通违法的危害性等；定期开展警营开放活动，邀请师生参观区交警大队警营文化及监控指挥中心。全年共计为大专院校、中小学及幼儿园等30余所学校的师生开展各类交通安全知识讲课40余场次，开展警营开放活动20余场次，受众学生4800余人；做好交通安全知识“五进”工作。深入辖区单位，宣传文明出行理念，全年共进党政机关、军队、企事业单位、社区、工地等20余家，开展各类专题交通安全知识宣传20余场次，受众群体800余人次；为重点车辆企业负责人、驾驶员、渣土车驾驶员开展典型事故案例警示教育及交通安全宣传教育，联系辖区美团等外卖企业，为其负责人及外卖骑手开展交通安全知识宣传。针对CBD片区施工工地外来务工人员，组织民警深入工地开展交通安全宣教活动，提高农民工交通安全意识和常识。全年深入各类重点车辆单位开展宣传活动10

余次，受教驾驶员1200余人次；结合“渣土车整治”“二三轮车违法行为整治”，协调辖区沿街单位、重点路口大型LED等电子显示屏80余块，滚动播放行人、非机动车违法行为视频等1000余次。设计制作各类交通安全警示展板、宣传手册、钥匙扣、明白纸等宣传品2万余份。组织省市新闻媒体进行随警作战、采访报道、微博直播，对现场查处的多起严重交通违法行为进行曝光。全年在中央级新闻媒体发稿6篇、省级新闻媒体发稿264篇、市新闻媒体发稿121篇。

（潘万余）

审　判

【概况】 2018年，区法院坚持以习近平新时代中国特色社会主义思想为指导，贯彻落实党的十九大和十九届二中、三中全会精神，紧紧围绕“让人民群众在每一个司法案件中感受到公平正义”的目标，不忘初心、牢记使命，公正司法、担当作为，各项工作稳中有进，整体工作持续向好。

【服务发展大局】 围绕全区中心工作，强化省会城市首位度意识，依法履行审判职能，服务全省首善之区建设。全年共受理各类案件23747件，同比增长79.25%，结案22213件，同比增长49.72%，收案、结案数量在全省155个基层法院中均位居第四位，位居全市基层法院首位；法官人均结案528.81件，位居全省基层法院第四位，各项审判执行质效指标首次进入全省基层法院前列，审判质量、效率和效果有新提升。

依法惩治刑事犯罪，推进平安历下建设。准确把握刑事审判工作面临的新形势新任务，受理刑事案件522件，审结573件，判处被告734人。严厉打击危害人民群众生命财产安全犯罪，审结故意伤害、涉黑涉恶涉毒、电信网络诈骗、“两抢一盗”等案件138件。重拳惩处破坏经济秩序犯罪，办结非法吸收公众存款、集资诈骗等涉众型经济犯罪案件26件，涉案金额2.44亿元。保持反腐高压态势，加大对贪污贿赂犯罪分子的经济剥夺和处罚力度，审结贪污、贿赂、渎职等职务犯罪案件15件。加强人权保障，推进以审判为中心的诉讼制度改革，筑牢防范冤假错案底线，对139名被告人依法适用缓刑、管制或免予刑事处罚。

高效解决商事纠纷，服务全区经济发展。充分发挥商事审判对市场经济的促进作用，依法调节经济关系，激发市场主体活力。聚焦历下区经济发展大局，受理商事案件8098件，审结7686件，保障服务经济持续发展。服务“双招双引”、民营企业发展等重点工作，为涉诉招商引资重点项目提供优质高效司法服务，营造良好营商环境；配合新旧动能转换重大工程，助力市场主体优胜劣汰，推进“僵尸企业”依法处置，依法办理6起破产案件。依法审理金融借款、票据证券、保险期货等金融纠纷案件2732件，维护金融市场秩序，促进历下区金融中心建设。充分发挥知识产权审判主导作用，办理知识产权案件204件，助力创新驱动。落实上级部署要求，审理执行涉军全面停止有偿服务案件7件，保障历下区涉军停偿工作按期完成任务。

公正审理民事纠纷，维护社会公序良俗。在民事审判中，坚持“和为贵、调为先、重修复、扶弱势”的原则，研究和应对新时代民生权益保障的新变化，依法审理涉及群众切身利益的案件，维护群众合法权益。审结婚姻家庭、赡养抚养、继承等家事纠纷案件 1463 件，促进家庭和谐。加强人身权益保护，审结人身损害、交通事故、医患纠纷等案件 871 件。加强劳动权益保护，审结劳动争议、社会保险等案件 755 件，促进劳动关系和谐，实现劳资双方互利共赢。

稳妥处理行政案件，助力法治历下建设。历下区省、市行政机关聚集，涉及省、市行政机关的行政诉讼案件百分之八十在区法院审理，2018 年共受理行政诉讼案件 593 件，审结 541 件。充分发挥行政审判在保护人民群众合法权益，监督行政机关依法行政，促进法治建设的重要作用。坚持在合法性审查基础上，支持行政机关依法履行经济社会管理和公共服务职能，促进“放管服”改革落地见效。研究法律适用，统一裁判尺度，针对受理的 79 件以省、市、区市场监管机关为被告的工商注册登记案件，依法裁判，优化营商环境，规范市场秩序。深入推进行政机关负责人出庭应诉制度，负责人出庭应诉 86 人次，市、区行政机关负责人出庭率不断提高，对化解矛盾纠纷、促进依法行政起到作用。

【扫黑除恶专项斗争】 坚决贯彻落实上级部署，自觉把专项斗争作为重大政治任务，及时研究制定具体工作方案，建立健全工作机制，加强专业力量建设、加强跟踪督导、加强舆论引导，扎实推动扫黑除恶专项斗争深入开展。坚持依法严惩方针，将中央确定的威胁政治安全、把持基层政权等 10 类黑恶势力作为打击重点，既大力查办涉黑涉恶案件，又严把案件质量关。9 月，区法院依法审理扫黑除恶专项斗争开展以后历下区第一起涉黑涉恶案件——李某某等 8 人恶势力团伙案，判处被告人李某某有期徒刑 10 年，并处罚金 10 万元，其他 7 名被告人分别被判处有期徒刑 2 年 6 个月到 8 年不等的刑罚，有效震慑犯罪，取得良好社会效果。中央扫黑除恶第五督导组部分成员到区法院督导检查并旁听案件庭审，对历下区扫黑除恶专项斗争给予充分肯定。

【解决执行难问题】 区委、区政府高度重视“基本解决执行难”工作，印发《关于支持法院基本解决执行难问题的通知》等文件，区人大常委会专题听取基本解决执行难工作进展情况，对基本解决执行难工作给予有力支持。区法院牢固树立坚决打赢这场硬仗的决心和信心，深入开展执行攻坚，切实加大执行威慑力，综合运用罚款、限高、拘留等强制措施，维护人民群众合法权益。

2018 年 6 月 12 日，最高人民法院审管办“基本解决执行难”巡查组对历下法院“基本解决执行难”工作进行实地巡查

2018年，区法院累计发布失信被执行人信息1586人次，对8720名被执行人限制高消费，采取强制措施拘传153人次，拘留41人次，限制出境10人次，移交拒执罪62案62人，查封车辆1965辆、房产897套、飞机2架，查封财产总额54.59亿元，执行工作取得显著成效。全年新收执行案件9146件，同比上升80.11%；结案8847件，同比上升86.21%；执行到位标的21亿元，执行案件收案、结案数量、执行标的额和执行工作综合排名均位居全市基层法院首位，完成最高人民法院组织的基本解决执行难第三方评估考核。

【赵晋案涉房地产纠纷】 区法院开展赵晋案涉案房地产纠纷化解处置工作，制定《赵晋案涉案房地产纠纷司法处置方案及流程》，抽调精干力量80余人组成工作专班，加强对人民调解员的业务培训和指导，坚决完成重大案件司法处置工作。12月，赵晋案涉案房地产纠纷化解处置工作启动以后，至2019年1月10日，人民调解纠纷5709件，司法确认5315件，执行3525件，过付案款14.8亿元，赵晋案涉案房地产纠纷化解处置工作取得阶段性成果。

【接受监督】 接受人大监督，主动将审判执行、司法改革、队伍建设等重要工作向人大报告。2018年，市人大常委会主任殷鲁谦到区法院考察指导工作，对区法院司法改革、法庭建设和诉调对接等工作给予充分肯定；区人大常委会专题听取区法院诉讼与调解对接工作情况报告，区人大主要领导作出批示。办理代表、委员提出的意见建议，多次邀请代表、委员旁听庭审，监督法院工作。区法院主动向政府、政协通报有关工作情况，争取政府、政协和社会各界的关心支持，促进各项工作的发展。广泛接受社会监督，一审普通程序案件陪审率99%；群众参与旁听庭审4万余人次，组织开展法院开放日等活动，让司法更加公开公正。

【诉调对接开展】 落实《山东省多元化解纠纷促进条例》，大力开展纠纷多元化解和诉调对接，着力构建纠纷诉前调解和立案后的“调解+速裁”的诉讼前端分流机制，努力为人民群众提供更多、更快、低成本、高效率的解纷渠道，满足人民群众日益增长的司法需求。吸纳人民调解组织和行业性、专业性调解组织入驻历下区诉调对接中心，把诉讼化解和非诉调解的优势结合起来，充分运用调解手段减少诉讼对抗。配齐配强队伍，完善简案快办、繁案精审的工作机制，努力缩短案件办理周期。自历下区诉调对接中心设立以后，诉前共受理8210件，调解成功1410件，立案后在立案阶段调解和速裁案件3421件，大量矛盾纠纷在诉前和立案阶段得到快速解决。

【司法公开】 不断深化司法公开，优化升级司法公开平台载体，完善平台便民功能。加快诉讼服务中心转型升级，开通网上立案平台，全年网上受理案件8748件，数量居全省基层法院首位。加大弱势群体保护力度，实施司法救助，对符合条件的当事人减免缓诉讼费用15.8万元，发放救助金21.5万元，彰显社会主义司法的人文关怀。探索建立新媒体矩阵，通过微信、微博、今日头条、抖音视频等自媒体发稿6181篇。拍摄《法庭影院》系列微电影6部，印发宣传资料3万余份。推进审判流程信息公开，公开法律文书6026篇。

【自身建设】 坚持以习近平新时代中国特色社会主义思想为指导，深入学习党的十九大和十九届二中、三中全会精神，增强“四个意识”，坚定“四个自信”，坚决做到“两个维护”，履行全面从严治党主体责任、监督责任，建设忠诚干净担当的干警队伍。

加强思想教育，确保正确政治方向。自觉把坚持党的绝对领导作为最高原则，把讲政治作为第一要求，确保在政治上、思想上、行动上同以习近平同志为核心的党中央保持高度一致，把党的领导贯彻落实到法院工作的各个方面。落实管党治党政治责任，坚持把政治建设摆在首位，紧紧依靠党的领导，加强和改进法院工作。

加强作风建设，落实“两个责任”。履行党风廉政建设“一岗双责”，压实全面从严治党“两个责任”，持之以恒贯彻落实中央八项规定精神。组织开展以“汲取教训，严守规矩，强化担当”为主题的纪律作风集中整顿活动，以最坚决的态度，最严厉的措施，抓好纪律作风和廉政建设，教育干警知敬畏、存戒惧、守底线，切实解决司法不规范、不公正、不文明的问题。

加强学习培训，提高业务能力水平。围绕增强“八种本领”，大力加强教育培训工作，增强教育培训的针对性、实效性，举办各类培训班32期，培训干警678人次。加强理论研究和工作创新，深入研究审判实务中遇到的实践课题，组织开展各类调研16次，增强推动工作发展的源动力。落实典型案例指导制度，精心组织开展法律文书、典型案例评选活动，推动案件质量等级评选常态化。

（时　光）

检　察

【概况】 2018年，历下区检察院以习近平新时代中国特色社会主义思想为指导，紧紧围绕全区工作中心，牢牢把握维护社会大局稳定、促进社会公平正义、保障人民安居乐业的总任务，深化司法改革，强化检察监督，各项检察工作取得新发展、新进步。

【打击刑事犯罪】 充分发挥批捕、起诉职能，依法严厉打击危害人民群众生命财产安全、危害社会公共安全的犯罪，注重事前防范严重影响群众安全感的犯罪。重点打击破坏法律实施的犯罪，依法对利用邪教组织破坏国家法律实施的王某某等10人提起公诉；严厉打击拐骗妇女儿童犯罪，依法对被告人张某某、朱某某等5人以涉嫌拐卖妇女儿童罪提起公诉；提前介入，以涉嫌以危险方法危害公共安全罪，批准逮捕在城市交通要道套牌驾车逆向行驶危害公共安全的犯罪嫌疑人王某某、酒后驾车肇事逃逸造成公私财物重大损失和两人轻微伤的犯罪嫌疑人姚某某，在社会上引起强烈反响。严厉打击网络犯罪，办理犯罪嫌疑人李某、刘某等人利用“黑客”技术侵入他人电脑盗取资金案；着力打击倒卖公民个人信息非法获利行为，依法审查起诉被告人刘某等3人侵犯公民个人信息案，切实保护公民个人信息安全。

【扫黑除恶专项斗争】 严格落实扫黑除恶专项斗争行动各项部署，研究制定《扫黑除恶专项斗争工作实施方案》，明确目标任务和工作重点。成立由侦监、公诉、执检等主要业务部门骨干人员组成的专班。坚持对重大涉恶案件，指定专人负责督导，严格审查把关，确保办案质量，强化部门之间的协作配合，增强整体作战效能。建立涉黑案件审查起诉快速通道，成立专门办案小组，集中优势力量，对黑恶势力犯罪案件优先办理、快速办理，对案件进展情况每日一报，分管检察长靠上指挥，持续形成对黑恶势力打击的高压态势。与公安机关密切配合，形成打击合力，依法全面审查，对公安机关移送的故意伤害、寻衅滋事、聚众斗殴等普通刑事案件进行全面审查，深挖其中可能隐藏的“村霸”“街霸”，做到打早打小，除恶务尽。持续开展专项工作宣传，外墙大屏幕滚动播出《致广大居民的一封信》和线索举报电话，利用自媒体平台发布 193 条宣传动态，营造浓厚的舆论氛围。至年底，共提前介入此类案件 11 件，受理审查逮捕案件 11 案 60 人，批准逮捕 11 案 45 人；受理移送审查起诉案件 3 案 28 人，提起公诉 2 案 14 人，一审宣判 1 案 8 人。以涉嫌强迫交易罪、聚众扰乱社会秩序罪、寻衅滋事罪，对龙洞村原村主任李守兴等 8 人提起公诉；以涉嫌强迫交易罪，依法从快批捕以暴力威胁的手段强迫他人退出特定的经营活动的钟利国等 7 名犯罪嫌疑人；以涉嫌敲诈勒索罪，批捕“套路贷”恶势力犯罪团伙犯罪嫌疑人边树龙、崔衍凯、张超，保持对黑恶势力违法犯罪打击势头不减、力度不降。

【检察监督】 加强对执法不严、司法不公等突出问题的监督，做到敢于监督、善于监督、依法监督、规范监督。加强刑事立案和侦查活动监督，监督立案 4 人，追捕犯罪嫌疑人 6 人，追诉 2 人，决定不捕 114 人，不诉 55 人。强化民事行政诉讼监督，共受理民事行政监督案件 21 件，提请抗诉 5 件，摸排公益诉讼案件线索 12 件，办理民事公益诉讼案件 1 件，行政公益诉讼案件 1 件，发出检察建议 15 件。把涉及生态环境、食药安全等贴近民生的领域作为监督重点，对群众反映的某水库污水外溢情况进行现场调查取证，对履行职责中发现的在“美团”“饿了么”等网络餐饮服务第三方平台上，入网餐饮服务者不具有实体经营门店、未按照食品经营许可证载明的经营项目从事经营活动、未按要求进行信息公示或更新等违法情形，存在重大食品安全隐患，向区食品药品监督管理局发出检察建议，责任部门及时落实整改。强化刑事执行监督，开展减刑、假释、暂予监外执行专项检察活动，向司法局发出社区矫正纠正违法通知书 7 份；受理羁押必要性审查案件 21 件，依法提出变更强制措施建议 8 件，均被办案部门采纳；开展强制医疗交付执行监督，联合公安机关，对区法院作出强制医疗决定的 7 名被强制医疗人员全部依法监督收治监管，针对被决定强制医疗的人未及时送交强制医疗问题，发出纠正违法通知书 2 份，均已落实整改，通过专项检察，集中纠正一批突出问题。提高控告申诉检察监督水平。检察院控申部门利用检察服务大厅接待群众多、掌握信息量大的优势，充分发挥职能，对接到的线索仔细归类整理、分析研判，做好与区监察委的工作衔接，第一时间移交线索，坚持打击职务犯罪力度不减，共审查起诉区监察委移送的职务犯罪案件 7 人，判决 2 人，营造风清气正的良好环境。落实便民服务 10 条意见，建强用好 12309 检察服务中心，全面推行以“热心接待，爱心理解，细心记录，耐心解答，诚心服务”为内涵的“五心”工作法，切实做到把问题解决在当地，把隐患消除在萌芽状态，把检察工作做到群众心坎里去。

【维护营商环境】 立足批捕、起诉职能，把保障和促进新旧动能转换作为服务地区发展的中心任务，深化“服务保障企业家权益，助力新时代济南战役”专项活动，着力打击破坏社会主义市场经济犯罪，依法妥善处理涉及民营企业的案件，平等保护各类市场主体，为辖区民营企业发展贡献检察力量。对生产、销售伪劣商品犯罪严惩不贷，以涉嫌销售有毒、有害食品罪批准逮捕马某某生产销售有毒有害减肥胶囊案；进一步加大惩治破坏金融管理秩序犯罪力度，从快批捕姜某等三人非法吸收公众存款2.2亿元；着力打击侵犯知识产权犯罪，集中办理一批社会影响重大的扰乱市场秩序案件，有力震慑犯罪分子。

【社会综合治理】 健全完善刑事和解、检调对接机制，引进律师参与化解涉法涉诉案件工作，创新控申维稳工作机制，共接待群众来访135人次，受理民生检察服务热线148件、群众来信59件，全部及时妥善处置。保障服刑人员刑事申诉权利，派员到省齐州监狱和省第二女子监狱送达检察建议书，与申诉人座谈阐明申诉案件管辖规定，引导依法有序申诉。开展“法治进校园”主题活动，走进历下区盛福实验小学和历下区燕柳小学，通过讲案例、讲法规、讲人生，引导学生保护自己、远离伤害，运用法律思维解决矛盾冲突，向学生传递法治正能量。充分发挥检察室服务发展、服务民生的职能作用，建立每周巡访、专项检查、专人负责等制度，走访社区群众46次，为辖区居民提供法律咨询15次，努力打造群众“家门口的检察院”。深入推进检务公开，充分利用微博微信、今日头条平台，发布各类信息8097条，采取多样形式，发挥新媒体宣传阵地作用。针对人民群众关注关切的热点问题，作出回应，主动公开信息，做好涉检网络舆情的公开、处置、引导工作。

【队伍建设】 以“机关作风效能提升年”活动为契机，有力推进全面从严治党和全面从严治检，做到政治要求从严、思想教育从严、组织建设从严、监督管理从严、法纪整肃从严、责任落实从严，锻造政治过硬、本领高强的历检铁军。以习近平新时代中国特色社会主义思想为指导，在思想上、行动上与以习近平同志为核心的党中央保持高度一致，牢牢把握检察工作的政治方向。引导干警用“四个意识”武装头脑，“四个自信”坚定信念，把对党忠诚落实到司法办案、做人做事各个环节，推动历下检察工作实现新发展。加强和改进领导班子建设，领导班子成员充分发挥模范带头作用，走在前面、深学一层，严格执行党组中心组理论学习制度，制定领导干部素能培训方案。不断健全完善党组会、检察长办公会、检委会等制度，严格执行议事规则，对人事任免、工作决策、项目安排和大额资金使用等重要事项，一律经过集体研究决定，不断与时俱进，提高管理能力和科学民主依法决策水平。

【省检察院领导到历下区调研】 4月19日，省检察院党组书记、检察长陈勇一行考察调研历下区检察院派驻中央商务区检察室工作，省检察院党组副书记、副检察长吕盛昌，市检察院党组书记、检察长宋文娟，市检察院副检察长谭勇等陪同考察调研，区检察院党组书记、检察长曲立春等参加调研。陈勇实地察看派驻中央商务区检察室基础设施建设、办公区和“法律沙龙”“心灵家园”等特色功能区，详细了解派驻基层检察室职责发挥和开展各项业务工作情况，对今后派驻检察室更好的服务中央商务区建设发展提出明确要求，并对具体工作做出部署。

【法治进社区活动】 6月29日，区检察院党组成员、副检察长侯任远带领有关业务科室人员，并联合法律服务工作站人员，到历下区姜家村开展法治进社区活动。活动通过设立宣传展板、发放宣传资料、现场为群众提供法律咨询和服务等形式进行，整个活动气氛热烈，群众参与度极高，收到良好的宣传效果。

【市人大常委会主任到历下区考察】 6月14日，市人大常委会主任殷鲁谦率队到历下区检察院派驻中央商务区检察室调研。市人大常委会副主任许强、秘书长覃俊文参加调研。市中级人民法院党组书记、院长张爱云，市检察院党组书记、检察长宋文娟，区委书记马玉星，区人大常委会主任韩宏伟，区委副书记尹红梅陪同调研。殷鲁谦一行察看派驻中央商务区检察室基础设施建设和“心灵家园”“远程法律服务平台”等特色功能区，了解派驻基层检察室工作职责，询问派驻中央商务区检察室近年来开展各项业务工作情况，对今后派驻中央商务区检察室充分发挥职能作用，服务中央商务区建设，特别是结合辖区实际为入驻企业更好地提供法律服务提出要求。市检察院谭勇，区检察院党组书记、检察长曲立春等参加活动。

【完成区直机关专题警示活动】 派驻中央商务区检察室完成所承办的区直机关专题警示活动，从7月12日开始到8月6日结束共18个工作日，每天上、下午共分两场。活动期间，共接待区委办、区人大机关、区政府办、区政协机关、区纪委、监察委、区法院等50余家区直机关单位的1200余名党员干部参观廉政教育基地。

【邀请历下区人大代表、政协委员参加“走近12309，检察为民新体验”考察活动】 10月26日，历下区检察院邀请省政协委员，区人大代表、政协委员共计14人参加区检察院开展的“走进12309，检察为民新体验”考察活动。区检察院党组书记、检察长曲立春及部分党组成员参加活动。与会人员实地参观区检察院的12309检察服务大厅、检察长接访室、远程视频接访室、律师工作站以及案件管理中心。在随后召开的座谈会上，区检察院党组成员、专职检委会委员刘宝通报全年各项工作情况和12309检察工作开展情况，代表、委员们在发言交流中既对检察工作取得的成绩表示肯定，也为检察工作留下宝贵的意见和建议。

【历下区人民检察院派驻中央商务区检察室获“敬老文明号”荣誉称号】 历下区人民检察院派驻中央商务区检察室充分发挥区位优势，立足检察职能，秉持“以人为本，关爱优先”的原则，通过普法宣传、矛盾调解等形式，努力为老年人提供热情周到服务，依法维护老年人的合法权益，以实际行动弘扬中华民族尊老敬老传统美德。2016年9月，被授予“山东省老年人公益维权服务示范站”。在此基础上，派驻检察室创新为老服务方式方法，拓展对老年人的服务范围和内容，开展敬老文明号创建活动。通过建立健全老年人维权机制，促进社会化、实事化老年人维权工作发展，以实际行动切实提升辖区老年人合法权益维护的实效性，实现基层矛盾纠纷就地受理、有效调处，有效地维护中央商务区社会和谐稳定。2018年11月，历下区人民检察院派驻中央商务区检察室被山东省老龄工作委员会授予“敬老文明号”荣誉称号。

【历下区人民检察院新媒体获全国检察新媒体优秀奖】 由检察日报社、正义网主办的以“改革御风，政法微行”为主题的“2018年度政法新媒体峰会”在京举行。会上，历下区人民检察院新媒体表现优异，荣获“全国检察新媒体优秀奖”。历下区检察院在新媒体宣传中始终坚持倡导检察正能量，2018年，历下检察院新媒体作品入选检察机关恢复重建40周年新媒体作品大赛100个新媒体作品展播；入选正义网100个检察瞬间系列新媒体作品展播，在正义网发布的2018全国检察机关“互联网＋检察”指数榜中，历下检察院“两微一端”排名一直位于全国前列。

【法治宣讲活动】 12月4日是中国第四个宪法日，为进一步深化法治进校园工作和青少年法治教育与实践工作，历下区院未检科干警走进山东省实验小学，向五年级级部的小学生进行一场生动的法治教育课。王瑞检察官以《远离校园暴力，走向美好未来》为题目，通过生动的案例向同学们宣讲校园暴力及预防知识，告诉大家在日常的生活学习中如何远离暴力，健康成长，如何才能做到学法、知法、懂法、守法与用法，成为一名遵纪守法的小学生。

（于世成）

司　法

【概况】 2018年，历下区司法局贯彻党的十九大精神和习近平新时代中国特色社会主义思想，求真务实，开拓创新，强化司法行政队伍建设，发挥司法行政职能作用，为经济社会发展提供优质法治保障。3月，司法部印发《司法部关于为山东省济南市历下区司法局记集体一等功的决定》（司发通〔2018〕27号），为区司法局记集体一等功1次，司法整体工作迈入全国先进行列。

【公共法律服务体系建设】 历下区司法局坚持将公共法律服务体系建设作为推动各项工作的总抓手，创新基层社会治理方式，持续推进公共法律服务体系建设，建成覆盖区、街道、村居的立体化公共法律服务实体平台、网络平台和热线平台。5月，启动公共法律流动服务平台，开展“首善历下，公共法律服务在身边”系列活动，对13个街道实现公共法律服务全覆盖，实现零距离服务群众，切实解决公共法律服务“最后一公里”的问题，实现公共法律服务“一站通”“一线通”“一网通”“一车通”。

【普法宣传】 扎实推进“七五”普法，落实“谁执法谁普法”普法责任制，印发《济南市历下区2018年度重点单位普法责任清单》《深入组织开展宪法学习宣传教育活动方案》《济南市历下区2018年度深化“法治六进”工作实施意见》。以“法治六进”活动为抓手，开展宪法学习宣传活动、扫黑除恶专项斗争、公共法律服务在身边等一系列主题宣传活动375场，重要节点宣传91场，举办法治讲座8场，发放《宪法学习读本》等宣传材料5万余册。开展送法进校园、青少年权益保护、妇女维权、老年人权益保护、国家安全、双打宣传、优化营商环境等普法宣传活动92场。完成洪山宪法主题公园一期工程提升、二期工程方案制定，东关司法所法治文化建设提升，现代逸城法治宣传广场及龙洞村法治宣传一条街的打造，普法主题公园、法律援助广场改造正在实施中，更新27条普法宣传一条街，设立社区普法图书专柜。组织开展全省网上法律知识竞赛。其中，历下区领导干部和公务员组参与答题19081人、企业职工组参与答题人数28887人，均获得济南市第一名。区普法办、区总工会、区直机关工委、区教育局获评“全省网上法律知识竞赛活动先进集体”。

【人民调解】 成立“济南市历下区教育纠纷人民调解委员会”“济南市历下区‘和谐号’众英人民调解委员会”“济南旅游纠纷人民调解委员会”等18个专业性、行业性人民调解委员会。5月，成立由专职人民调解员、资深律师及优秀法律服务工作者组成的“人民传媒大厦使用权合同纠纷调解工作小组”，负责调解人民传媒大厦使用权合同纠纷事件。12月，按照上级部门的工作部署，组织90余人的调解队伍参与赵晋案涉案房地产纠纷化解处置调解工作。2018年，共调解各类矛盾纠纷6521起，涉案金额24.36亿元，调解成功率99.99%，协议履行率100%。

【社区矫正】 进一步加强社区矫正，规范社区矫正执法行为，确保非监禁刑罚执行效果。根据《社区矫正实施办法》及省、市有关规定，成立济南市历下区社区矫正执法大队，以加强社区矫正专职队伍建设为力量源泉，不断提升社区矫正工作水平。在“上合组织青岛峰会”期间，通过出台应急处置预案、召开分析会、重点人员现场报到刷脸、北斗电子定位管理和智能化管理、微信位置共享、天网信息核查等方式完成峰会期间的社区矫正和安置帮教工作安全稳定任务。同时，不断完善数据库建设，推动实现全区社区矫正数据共享。2018年，全年监管社区服刑人员321人，其中接收178人，解除161人，累计接收1551人，累计解除1400人，开展适用矫正前调查评估199件，衔接落实帮教刑满释放人员596人，帮教率100%、安置率92%、安置帮教核实率100%。

【法律援助】 区法律援助中心为历下区3048名低保及低保边缘户换发新的法律援助受援卡。在济南警务区12家干休所设立“法律援助工作站”。区司法局共组织开展法律援助宣传活动36次，发放各类宣传册1万余册，解答各类咨询共1529余件，受理法律援助案件755件，其中民事类457件、刑事类244件、公证类54件，结案658件，发放各类办案补贴95.66万元，挽回各类经济损失3000余万元。

【律师工作】 区司法局切实加强村居法律顾问工作督导，打通服务群众“最后一公里”，通过制定全区统一的“一村（社区）一法律顾问”工作考核办法、工作台账，强化对村居法律顾问综合管理的有效举措，助力村居依法行政。不断推进律师调解、律师参与化解和代理涉法涉诉信访案件和刑事案件律师辩护全覆盖，着力提升法律服务便民性。2018年，新增律师事务所8家、律师18名。至年底，全区共有律师事务所52家，执业律师384人，共办理各类法律事务9008件，参加公益事业和社会活动328次。

【公证工作】 历下公证处继续拓展新证源，提升服务水平。围绕拆违拆临、青后小区爆炸、房屋安置等重点工作开展公证业务1554件，接待咨询2121人次，业务收费共计人民币221万元。

【扫黑除恶专项斗争】 历下区司法局结合司法行政工作职能，成立由主要领导担任组长、分管领导任副组长，相关科室、司法所负责人和3名优秀律师为成员的历下区司法行政系统扫黑除恶专项斗争领导小组，制定《历下区司法局扫黑除恶专项斗争法治宣传实施方案》。投入30万元在全区重点公共部位制作安装61块扫黑除恶宣传牌、宣传栏，印制并发放10万余册专题宣传册，打造一辆以扫黑除恶为主题的流动宣传车，在全区13个街道开展法治宣传活动，提升群众知晓率，营造良好法治环境。对管控重点人员、矛盾纠纷、律师办案线索及时摸排分析督导，确保及时发现、及时化解、不出现脱管漏管现象。

【司法局荣立集体一等功事迹报告会】 7月13日，济南市历下区司法局荣立集体一等功事迹报告会在济南龙奥大厦隆重召开。市委常委、政法委书记秦传滨，市司法局党委书记、局长谢圣仁，历下区委副书记、区长谢兆村，市委政法委副书记孙德龙，市公安局巡视员张伟力，市民政局巡视员潘传利，市中级人民法院副局级审判员（副局）刘玉庆，市检察院党组成员、政治部主任亓浩，市国家安全局有关领导，市司法局党委委员、副局长陈其军，历下区委副书记尹红梅，历下区委常委、政法委书记李乐军，历下区副区长石永先出席会议。会议由谢兆村主持。

市委政法委副书记孙德龙宣读《中共济南市委政法委员会关于开展向历下区司法局学习活动的决定》，号召全市政法系统学习历下区司法局信仰坚定、绝对忠诚，维护核心服务大局的政治自觉；不忘初心、践行宗旨，孜孜不倦一心为民的公仆情怀；开拓创新、争创一流，勇于任事敢打必胜的担当精神；严管厚爱、精诚团结，雷厉风行能力突出的过硬作风。要以历下区司法局为榜样，撸起袖子加油干，扑下身子抓落实，为加快打造“四个中心”，建设“大强美富通”现代化省会城市作出新的更大贡献！

市委常委、政法委书记秦传滨发表讲话，高度肯定历下区司法局牢记使命、执法为民，为全市经济社会发展作出的突出贡献，号召全市政法系统要广泛开展向历下区司法局学习的活动，大力营造学超先进、争创一流的浓厚氛围，汇集起建设平

2018年7月13日，济南市历下区司法局荣立集体一等功事迹报告会在济南龙奥大厦隆重召开

安济南、法治济南和打造过硬队伍、智能化建设的强大力量，不断推动政法各项工作在新起点上实现新突破、取得新成就、实现新发展。

【“三八”维权咨询活动】 3月7日，为进一步帮助广大妇女增强依法维权的意识，提高法律援助知晓率，历下区法律援助中心以“三八”国际劳动妇女节为契机，联合燕山司法所和山东方良律师事务所、山东融冠律师事务所在燕山小区普法主题公园开展以“法律援助惠民生 三八维权社区行”为主题的宣传咨询活动。现场发放法律援助宣传材料1000余册，接受群众咨询30余人次。

【“倡导和谐消费 法援与你同行”普法宣传活动】 “3·15”国际消费者权益日之际，历下区法律援助中心联合解放路司法所、山东元邦律师事务所在解放路街道历山路社区开展“倡导和谐消费 法援与你同行”普法宣传活动。发放法律宣传资料、设立法律咨询台等多种形式向广大消费者进行宣传，接待群众法律咨询50余人次，共发放各类法律援助宣传册200余份。提高广大居民的消费维权意识，促进消费者合理、科学消费，并为推进“法治六进”（进机关、进社区、进学校、进企业、进单位、进乡村）与“七五”普法宣传工作奠定扎实基础。

【重庆市司法局到历下区考察】 3月27日，重庆市司法局党委委员、副巡视员陈秋明，办公室副主任唐涛一行3人到历下区考察公共法律服务体系建设。省司法厅副巡视员李邦喜，市司法局党委委员、副局长皇甫庆森，副区长石永先、区司法局局长潘玉松陪同。考察团一行详细了解历下区公共法律服务实体平台建设、法律援助工作、公证工作和司法行政机关文化建设等情况，随后参观石河岭村司法行政工作室。考察团对历下区的公共法律服务体系建设的创新举措、工作经验和石河岭村司法行政工作室的法治文化建设及局机关法治文化建设给予充分赞赏和肯定。

【威海市法律援助中心到历下区考察】 4月14日，威海市法律援助中心一行在济南市法律援助中心主任张教华、副主任孙彦华等陪同下到历下司法局考察法律援助工作。考察组一行实地查看济南法律援助历下文化广场、甸柳第三居委会法律援助工作站、历下区公共法律服务平台及区司法局机关法治文化建设。座谈中，考察组听取历下区法律援助工作基本情况介绍，双方就法律援助工作开展、刑事案件认罪认罚从宽制度的经验做法、法律援助便民服务窗口建设等方面进行深入探讨。考察组一致认为历下区法律援助工作亮点纷呈、特色工作细致到位，这次考察收获很大，回去要加以推广考察经验。

【区委领导调研全区司法行政工作】 4月23日，区委书记马玉星调研全区司法行政工作，深入践行“大学习、大调研、大改进”活动。区委常委、办公室主任纪亮，副区长石永先陪同调研。马玉星到隆安济南律师事务所、龙洞街道石河岭村司法行政工作室、司法局龙洞街道司法所和司法局机关驻地，实地察看法律服务体系建设、人民调解工作、社区矫正和法治文化建设等情况，主持召开座谈会，在听取司法局主要负责人关于全区司法行政工作情况的汇报后，马玉星发表讲话。

【全区司法行政系统《宪法》学习专题讲座举办】 5月21日，为进一步大力弘扬宪法精神，维护宪法权威，不断增强历下区司法行政系统人员的宪法意识，在龙洞街道燕

2018年5月21日，举办全区司法行政系统《宪法》学习专题讲座

山新居社区举办全区司法行政系统《宪法》学习专题讲座。此次培训邀请山东政法学院副教授、法学博士相焕伟做题为《弘扬宪法精神 推进依宪治国——82宪法第五次修正案解读》的讲座。讲座从解读前提、修宪背景、修宪过程、修宪内容、修宪原则、学习体悟六个方面进行细致讲解。区司法局领导班子成员、全区司法行政工作人员、律所主任、专职人民调解员、法律服务所主任等共200余人参加培训。

【司法部领导到历下区调研】 5月30日，司法部法制宣传司副司长刘汉银、民政部政策法规司副司长李健、全国妇联权益部协调处副处长袁虹一行到历下区调研宪法学习宣传工作。调研组一行实地考察历下区大明湖街道办事处曲水亭街社区居委会、百花洲旅游啄木鸟工作站、历下区龙洞街道石河岭村和历下区洪山宪法主题公园。调研组召开座谈会，听取相关工作汇报，对历下区宪法学习宣传工作、公共法律服务体系的建设以及历下区依托法治宣传教育阵地为载体开展形式多样、特色鲜明的宪法学习宣传活动充分肯定，对下步如何进步做好宪法学习宣传教育工作，使宪法学习宣传教育活动扎实有效地向社区纵深发展提出意见和建议。省司法厅副厅长迟丽华，市司法局局长谢圣仁，政府党组成员、区长助理陈柏林，司法局局长潘玉松陪同调研。山东省司法厅、山东省民政厅、山东省妇联、济南市司法局、历下区司法局相关负责同志参加活动。

【泰安市宁阳县司法局到历下区考察】 6月14日，泰安市宁阳县司法局一行10人到历下区考察公共法律服务体系建设。考察团一行详细了解历下区公共法律服务实体平台建设、法律援助工作、公证工作和司法行政机关文化建设等情况，随后参观石河岭村司法行政工作室和宪法主题公园。考察团对历下区的公共法律服务体系建设的创新举措、工作经验和洪山宪法主题公园的法治文化建设及局机关法治文化建设给予充分赞赏和肯定。

【“法治六进”活动】 9月18日，“法治六进”进企业——“走进公交总公司”普法宣传活动在济南市公交总公司举行。济南市普法

办专职副主任石颖、历下区人民政府副区长石永先一行在济南市公共交通总公司副总经理颜廷虎的陪同下调研六分公司一队站房、参观企业史馆和指挥中心，并围绕依法治企、企业普法宣传等主题进行座谈。座谈会上，双方就普法依法治理工作密切交流，历下区司法局向公交总公司赠送普法书籍，双方签订共建单位合作协议。下一步双方还将开展更为广阔的合作，为进一步强化依法治企的意识，不断提高企业员工的法律素养提供强大动力。

【法律援助志愿者团队开展送法进军营活动】 10月8日至9日重阳节之际，历下区法律援助志愿者团队前往山东省军区济南第十二干休所机关和所辖服务站开展送法进军营活动，为在革命战争年代出生入死、立下赫赫战功的老功臣及其家属举办法律讲座、解答法律咨询。在活动现场，就所关注的婚姻家庭、赡养、继承等方面的法律问题进行针对性地讲述和解答。

（石爱莉）

军　事

【概况】 2018年，历下区人民武装部在济南警备区党委和历下区委、区政府的领导下，坚持以习主席强军思想为指导，适应新体制、新职能、新使命，全区民兵预备役和国防后备力量建设保持稳步发展良好势头，以提高完成多样化军事任务能力为核心的各项工作有新进步。

【战备训练】 坚持把军事训练摆在中心地位不动摇，落实议训、管训制度。组织全区应急作战指挥部建设，引接地方情况信息系统并投入使用，代表济南市迎接省军区考核评估。投入160余万元对应急队伍装备器材进行完善，完成年度训练任务及人数，组织某高炮连参加省军区某靶场实弹战术演习，历经1个月的封闭演练，在实弹射击首轮取得“首发命中、击落拖靶”成绩，被省军区评为“高炮实弹射击优胜单位”。2018年度，区人武部被济南警备区表彰为先进团级单位、“兴武建功”军事训练优胜单位。

【兵员征集】 打造优质兵员历下品牌，突出高学历士兵征集，狠抓廉洁征兵。区征兵体检站作为全省体检规范化试点，迎接省市军地领导观摩。2018年，按照上级要求，完成兵役登记和兵员征集。历下区义务兵优抚金为全省最高标准33188元，新疆、西藏义务兵优抚金66376元，并实行自然增长机制。

【“4·18”山火扑救】 4月18日凌晨1时20分，区人武部接到济南警备区关于动用民兵应急力量扑救山火命令。3时30分，按应急预案标准，完成民兵应急连全员全装集结，出动兵力102人，其中现役和专武干部12人、民兵90人，携带风力灭火机34台、铁扫把70把、铁锹40把等扑火装备。4时45分，区人武部全体现役干部及民兵应急连到达藕池村待机点。5时00分，在受领上级任务后，随即投入扑救山火任务。至11时00分，完成王家庄、梯子山片区火场灭火扑救任务，受到市委书记王忠林等领导的好评。4月20日凌晨，接警备区第二批次民兵应急力量扑救山火命令后，完成市属民兵营一连集结，共出动民兵96人，并于6时出发奔赴火场执行灭火任务，于20日17时返回。

2018 年 4 月 18 日，区人武部动用民兵应急力量扑救山火

【思想政治建设】 以学习贯彻十九大精神为主线的思想政治建设坚强有力，突出党委中心组理论学习，不断深化理论武装。积极抓好“传承红色基因，担当强军重任”主题教育和“三个一线”建设活动。组织参加济南解放 70 周年“五个一”活动，获得演讲比赛一等奖和优秀组织奖；参加“泉城国防杯”主题演讲比赛，获得二等奖；参加济南市第四届大学生军事技能比武，获得团体一等奖。

（孙　娟）

人民防空

【概况】 2018 年，对辖区内防空地下室采取定片区、定人、网格化监督；拆除临时建筑 100 余平方米，并新做房顶 20 平方米；验收两个单位补建防空地下室；完成全区第 20 次“5 · 3”防空警报试鸣工作；对全区 18 所初级中学开展“三防”知识教育进行监督和检查。

【人防工程维护和维修】 对辖区内采取定片区、定人、网格化监督，确保监管人民防空工程无死角；完成地下工程地面拆除重建和综合治理工程的造价咨询、财政评审、招标、施工、政采审计工作；对有关人防工程过街道渗漏水情况进行治理，确保工程安全度汛；对所有商亭式出入口进行公益广告更换，对其他出入口更换不锈钢门 8 扇，并对干道进行清扫。完成拆违拆临工作，拆除临时建筑 100 余平方米，并新做房顶 20 平方米。结合该片区老旧小区改造情况与周边未来城市建设规划，与片区开发单位山东绿地事业部相关负责人座谈沟通，按照人防法与省市区关于拆除早期人防工程补建补偿的有关政策，确定由货币补偿全部转换为按照防空地下室补建的方案；验收 600 余平方米补建防空地下室，对 10 处早期单位人防工程下达消除安全隐患主动报废通知书。

济南市第20次防空警报试鸣日活动

【防空警报器管理】 完成全市第20次"5·3"警报试鸣任务，继续保持警报覆盖率、鸣响率居全市首位，区住建局人防办从3月初到4月底，对辖区内所有警报器进行维护保养，建立维保台账；严格落实"月电话询问、季到位检查"制度，每月向社会化管理员电话询问情况，每季度对警报器逐台检查、登记；对设备硬件进行点对点通话测试，确保通联畅通，对全区老旧警报设备进行更新更换，全部实现智能化，对辖区所有布点进行定岗、定人的安排，确保专人值守，为圆满完成全市第20次"5·3"警报试鸣任务提供坚实的保障。5月3日，完成全市第20次防空警报试鸣，警报器60台全部鸣响，位居全市之首。

【人防知识宣传教育】 4月至11月，开展形式多样的教育活动，发放人防宣传手册1100余册，重点组织社区居民观看人防知识电教片，展示人防知识挂图，适时组织座谈会、户外展示等活动，提高辖区居民对人防的认识。按照防办要求，定时开展"双随机"抽查，对全区17所初级中学开展"三防"知识教育进行监督和检查，定时发放由济南市人防教育领导小组编印的课本教材，初级中学在校生受教育学生19012人。每年5月3日警报试鸣日，58所中小学、74471名师生同步进行防灾应急疏散演习，人防媒体宣传，实现重视数量向重视效果延伸。在住建局信息网站上进行信息报送，使更多人员通过网络了解防空防灾知识。

（丁慧珠）

责任编校：王海燕 李 燕

综合经济与管理

大美历下系列图片 （邢可锋 摄影）

综合经济与管理

发展和改革工作

【概况】 2018年，区发展和改革委员会编制《关于济南市历下区2017年国民经济和社会发展计划执行情况及2018年计划草案的报告》，提出2018年经济社会发展总体要求、主要预期目标和经济社会发展的重点，指导全区经济社会发展。加强区域性经济中心建设，深入贯彻省、市新旧动能转换重大工程部署，推进产业园区建设。牢固树立“抓项目就是抓发展”的理念，推进19个市重点项目建设和68个区重点项目建设。完善社会信用体系建设，扎实开展“双公示”信用信息报送工作，开展信用联合奖惩，建立失信预警信息月报机制，与国合中心、市发改委合作成立济南国合信用研究院。“双库”建设成效显著，“历下智库”汇集高端专家人才100余名，开展总部经济、产业发展、现代服务业等重大领域研究。“产业库”数据资源不断完善，实现产业发展运行监测分析、预警的基本功能。帮扶协作深度融合，不断完善“区县、镇办、村居”三级扶贫网络，有效推动扶贫协作工作开展。农村产权制度改革扎实推进，成立领导小组，建立区、街、村三级包挂改革制度，完成全区20个村居清产核资工作，17个村居完成改革工作。启动全区企事业单位公车改革，制定出台《区属事业单位公务用车制度改革实施方案》《区属国有企业公务用车制度改革实施方案》，公车改革工作顺利推进。开展动物疫病防控、兽药饲料生产经营监管、动物及动物产品检疫分销换证等工作。2018年7月，区发改委党委被市委、市政府评为担当作为“出彩型”好团队。

【经济运行】 完成地区生产总值1494.8亿元，增长8.9%。一般公共预算收入144.2亿元，增长10.3%；税收收入占一般公共预算收入的比重为93.46%，同比提高约1.26个百分点，财政收入质量进一步提高。投资实现“快”增长。固定资产投资增长15.4%。招商引资到位资金146亿元，占年计划107%。实际利用外资33.9亿元，占年计划130.6%。内外贸易“活”力足。净增限额以上批零住餐企业16家，社会消费品零售总额1057.1亿元，增长10.4%左右。新增外贸中小企业71家，外贸出口25亿元。市场主体“扩”规模。新登记各类市场主体2.14万户，渤海湾港口集团、山东铁投集团、鲁民投等大型集团总部纷纷落地，新增市认定的总部企业4家，总部集聚效应进一步增强。建立楼宇物业联络员工作机制，对全区154座5000平方米以上楼宇实行精细化管理，提升楼宇产业化水平。

【区域性经济中心建设】 每季度末调度相关部门，围绕主要经济指标完成情况、项目进展情况和重点项目建设情况向政府督察室提报《关于区域性经济中心建设情况的督察报告》。2018年，“四个中心”建设考核中历下区区域性经济中心建设全市排名第一。

【重点项目建设】 强抓机制完善和管理服务工作，研究制定全区项目建设考核细则，建立台账管理和专报机制，开展项目管理和包装策划系列培训等。加大多方协调力度，19 个项目列入市重点项目。至年底，历下区 19 个市重点项目，累计完成投资 245.47 亿元，占年计划的 114.14%。8 个新开工项目已全部实现开工，11 个续建项目进展顺利。其中，中国人寿大厦、历下区丁家村城中村改造村民安置用房和奥体金融中心 B、C 座 3 个项目完工；历下金融商务服务中心进入收尾阶段；华润万象城、中弘广场 17 号地块等项目主体封顶，正在进行装修；其他项目正在进行主体或基础施工。

全区计划实施的 68 个重点建设项目，累计完成投资 417.95 亿元，占年计划的 132.54%。其中，历下区总部商务中心、中央商务区合作开发项目等 16 个项目实现开工；山大路 197 号地块（天泰中心）、恒大帝景等 6 个项目竣工；博鳌（山东）大厦，奥体金融中心 B、C 座等 23 个项目主体封顶，其他项目正在进行基础或主体施工。

2018 年 6 月 21 日，区委书记马玉星（左三）调研重点项目建设工作

【项目包装策划】 协调帮助办事处和项目单位进行项目包装策划，人工智能产业园完成立项，准备启动改造；优客工场签约入驻东郊饭店项目；长岭山数智科创城等 6 个项目列入省新旧动能转换重大项目储备库；东郊饭店等 18 个项目列入市新旧动能转换重点项目储备库。

【产业规划】 为加快推动产业转型升级、提升经济发展质量，以国家和省服务业“双试点”为契机，牵头印发《关于加快培育八大百亿级产业的实施意见》，制定产业资金管理办法，加快特色优势产业集群集聚发展。围绕产业金融、文化创意、现代商务、商贸流通、科技服务、精品旅游、医养健康、大数据和新一代信息技术等八大百亿级重点产业“一业一策”研究培育政策及细则。研究起草产业园区管理制度规范，协调各产业部门和园区运营单位研究“一园一策”办法，进一步完善产业政策体系。

【申报三大产业集群】 4 月，梳理策划山大路科技信息、明府城文化创意、中央商务区金融总部三大产业集群，申报省、市优势产业集群。

【载体支撑】 以特色产业集群示范区建设为目标，对符合政策要求的创新性强、集聚度高、经济效益突出的服务业企业、重点园区进行走访摸底调研，挖掘创新示范项目，形成《关于对省级服务业特色产业集群示范区引导资金的安排意见》(历下发改字〔2018〕23号),为打造高端、高质、高效的现代服务业集聚区起到推动作用。服务业企业上规入库工作进展顺利,净增规上企业数量7家,超额完成6家考核目标。1—12月,全区230余家规模以上服务业企业实现营业收入300.34亿元,同比增长11.64%,对完成全区主要经济指标形成有力支撑。

【总部经济】 聚焦中央商务区"新总部经济"发挥华润跨国总部基地等龙头品牌示范带动作用,引进和培育双向拓展,新引进渤海湾港口集团、鲁民投、西王集团财务公司等总部机构。按照《关于印发济南市鼓励总部经济发展的若干政策》(济政办发〔2018〕32号)要求,组织街道办事处开展总部企业认定工作。

【人才工作】 组织开展历下区服务业专业人才评选工作,推荐张维东入选2018年度山东省服务业专业人才,获得奖励资金30万元;全面完成对历下区常德军、李侠、郭俊超、刘德明、张旸等5名拔尖人才年度工作评估任务;组织历下区郭俊超(山东好品网络科技有限公司)董事长、焦卫锋(齐鲁交通服务开发集团有限公司)副总经理参加全市企业家新旧动能转换培训班。

【争取上级支持】 为企业争取上级扶持,银座云生活电子商务有限公司、山东二五六网络电子商务有限公司两家年交易额过10亿元的优质企业获评全市第一批"十大千亿产业"重点平台型企业,各获奖励资金100万元。深入企业调研,对27个项目获国家、省、市服务业发展引导资金投入的进行督导。

【重点企业联络员制度】 开展重点企业联络员制度,加强政府与企业双向沟通,倾听企业发展困难和合理诉求,协调解决企业资金补贴、员工落后、子女入学入托等方面问题达90余项。深化园区服务,在重点产业园区内,设立商标品牌维护站、绿色通道办公室,为企业提供全方位、多角度的营商服务。

【智库建设】 围绕历下区总部经济、民营经济、共享经济和现代服务业,进行专项调研并编写报告,为产业发展、政策借鉴、环境优化提供思路借鉴;组织开展《历下区关于加快培育八大百亿级产业的实施意见》专家论证会,推动产业发展、政策发布热点信息梳理工作,全年累计发表智库简报、政策解读等成果312篇,微信推送热点追踪、重点关注栏目等成果350余篇。

【产业库建设】 通过统计、整合、分析楼宇、项目、企业等产业发展要素信息,搭建大数据综合分析平台。通过精准产业数据研究分析,加强产业研判,助力领导顶层谋划和科学决策;以决策辅助系统为支撑,强化行业监测,实时掌控产业发展动态;以历下"E企通"为载体,丰富为企服务手段,着力破解企业发展难题,在优化营商环境的同时,助推产业发展。

【诚信体系建设】 开展"双公示"信用信息报送工作,累计上报"双公示"信用信息7000余条、信用新闻30篇。开展信用联合奖惩,动员全区34个社会信用体系建设成员单位,结合"双公示"信用信息报送工作,建立失信预警信息月报机制,对实施惩戒措施后履行义务的失信被执行人,畅通信用修复渠道。至年底,更新失信被执行人名单3次，涉及失信被执行人7767人次。与国合中心、市发改委三方合作成立济南国合信用研究院。10月，联合召开首届“一带一路”国际合作城市信用联盟会议。

【帮扶协作】 历下区主要对接重庆市武隆区、湖南省湘西州永顺县、济阳县，临沂市沂水县等地区的帮扶协作工作。2018年，完善“区县、镇办、村居”三级扶贫网络，与被帮扶地考察互访30次，参加人数近300人。实行扶贫协作推进情况月报制度，及时总结梳理协作情况和工作动态，拟定帮扶协作计划，强化监督检查，有效推动扶贫协作工作开展。全年拨付重庆市武隆区、湖南省湘西州永顺县被帮扶地区援助资金4600万元，促进企业与被帮扶地区的发展协作。

【农村产权制度改革】 成立由区委书记、区长任双组长的领导小组，建立区、街、村三级包挂改革制度，制定印发《历下区农村集体产权制度改革流程时间配档表和档案材料清单》，联合8部门出台《历下区农村集体资产清产核资实施方案》，下发《关于稳步推进全区农村集体产权制度改革的实施意见》，每天一调度，每周开一次碰头会，全力督促改革进度。分级、分层次举办农村集体产权制度改革工作培训班，就农村集体产权制度改革和清产核资工作进行政策解读和业务培训。组织村居和街道人员到天桥区黄岗村、高新区草山岭村等地学习观摩。深入东三办（姚家街道、智远街道、龙洞街道）调研摸底，针对性地收集问题，及时掌握改革情况。至年底，完成全区20个村居清产核资工作，17个村居完成改革工作，占比85%，超额完成市里下达的年度改革任务。

【公车改革】 启动全区企事业单位公车改革，制定印发《区属事业单位公务用车制度改革实施方案》《区属国有企业公务用车制度改革实施方案》，组织召开企事业单位公车改革培训会，传达上级精神，解读车改政策，企事业单位公车改革顺利推进。

【2018国际电子商务服务产业博览会】 11月，牵头组织历下区电子商务企业参加“第四届国际电子商务服务产业博览会”，参展企业30余家，重点宣传展示VR虚拟现实、物联网智能机器人、人体细胞医疗检测等科技成果。

【动物卫生监督】 开展高致病性禽流感预控、狂犬病疫苗注射等工作，确保无疫情疫病发生。对辖区内兽药经营户，进行不定期检查抽样，确保产品质量。对辖区动物诊疗机构，进行不定期督导检查，营造健康有序的动物诊疗环境。对在流通上市经营的动物产品严格按照检疫规程要求实行报检，查证验物，分销换证，杜绝无检疫证明和不合格的动物产品上市销售。

【安全稳定强力保障】 对150余名区防火队员实行准军事化管理，适时开展扑火战术的训练和实战演练。林火视频监控系统及指挥平台24小时不间断对森林林场及突发火情进行实时监控，确保无重大火情发生。

【赴潍坊市昌乐县考察学习农村集体产权制度改革】 6月20日，区农改小组办公室带领涉农街道分管主任、农业科长、经管站长，各改革村书记、主任、会计等一行80人赴潍坊昌乐县学习考察。考察组成员先后实地观摩学习潍坊市昌乐县宝都街道东南村和五图街道庵上湖村的改制成果资料，查看档案资料，听取改革经验介绍，对改革中遇到的特殊群体成员界定等共性问题有针对性的深度进行探讨交流。

【市农村集体产权制度改革督导组到历下区督导】 6月22日，市农业局总经济师赵玉堂一行到历下区督导农村集体产权制度改革工作。区农村集体产权制度改革工作领导小组办公室和相关街道办事处领导参加活动。督导组首先听取区农村集体产权制度改革工作进展情况的有关汇报，随后深入姚家街道荆山村、仁合居，龙洞街道老石沟村、西蒋峪村，详细了解各村农村集体产权制度改革总体情况，实地查阅农村集体产权制度改革相关档案材料，并与村（居）干部就改革中存在的问题进行深入交流和探讨。

【国际合作城市信用联盟高峰会议在历下区举办】 10月19—20日，由国家发改委国合中心、济南市政府主办，市发改委、历下区等单位承办的“一带一路”国际合作城市信用联盟高峰会议在历下区成功举办，省委常委、市委书记王忠林，国家发改委秘书长丛亮参会并致辞，市委副书记、市长孙述涛参会并主持，蒙古、泰国等8个“一带一路”国外城市，重庆、西宁、成都等31个国内城市参加会议，国际城市合作正式进入信用合作新时代。

（刘　赛）

物价管理

【概况】 2018年，历下区物价局共受理“12345”市民服务热线、“12358”价格举报热线及群众来信来电举报7000余件，在规定时间内处结率100%、满意率100%、回访率100%。通过监督检查，打击各类价格违法行为，规范市场价格秩序，维护群众的合法权益。

【营造诚信规范的市场价格秩序】 邀请上级物价局法律专家和办案能手，对局领导班子和全体价检人员进行业务培训，会同上级执法人员进行联合执法。完成各项价格认证工作，全年共受理各类价格认定案件163件，认定总额338.12万元。拓展价格认证工作范围，有重点地为所在辖区行政事业单位固定资产和有关单位国有资产处置提供价格依据。

【价格宣传】 在街市主要交通干线、门市悬挂横幅标语，发放各种宣传材料和提醒告诫函，宣传《价格法》、市场价格监管的相关法规、政策及价格违法行为的典型案件。继续开展送政策、送培训到基层活动，帮助企业更好地学习价格政策，解决企业工作中遇到的难点，规范企业不正当的价格行为。全面推行行政执法公示制度、执法全过程记录制度、重大决定法制审核制度，对20余项执法内容逐一进行梳理规范。在元旦、春节以及“五一”、中秋、国庆假日期间，密切关注粮食、禽、蛋、菜等群众生活必需品的市场价格供求情况和价格走势。对全区农贸市场、超市以及家电商场进行全面检查，对乱加价、乱收费等价格违法行为及各种形式的价格欺诈行为进行严肃查处。

【扩大明码实价范围】 自绝大多数商品和服务价格放开后，商户可以自主定价，明码标价工作成为物价局的工作重点。2018年，进一步巩固明码标价全覆盖成果，重点是倡导明码实价，逐步扩大明码实价的范围。

对207项执法内容逐一进行规范。在宣传活动中发放《价费项目标准手册》1.2万余册，印发《价格法律法规手册》8000册。

【价格认证鉴定】 坚持“依法、公正、科学”的鉴定原则，紧紧围绕公检法办案需要，坚决履行好刑事涉案财物价格鉴定法定职能。全年受理各类价格鉴证案件200余件，鉴证总金额550.68万元，赴现场进行实物查验80余次。

【价格监测】 2018年，发挥价格监测服务群众、服务基层、服务政府决策的作用，对六大类100余个品种的商品价格进行监测，对可能引发价格异常波动的倾向性、苗头性问题及时预警。全年上报和发布各类价格信息9000余条，发表市场分析预测报告100余篇，被上级和国家刊物采用55篇。走访重点监测点，与监测点分管领导和具体工作人员座谈，提出对价格监测的工作要求，坚决杜绝监测数据迟报漏报。

（陈志军）

审　计

【概况】 围绕新时代、新使命、新作为，以“走在前列”为目标，提高履职尽责政治性和有效性，按照“以高标准引领高质量、以高质量创造高素质、以高素质成就高水平”的审计业务建设与干部队伍管理“四高”总要求，紧紧围绕市委“1+454”（深入学习宣传贯彻党的十九大精神；“四个中心”建设；五项重点工作：招商引资、项目建设、棚改旧改征收拆迁、拆违拆临建绿透绿、城市更新；四大攻坚战：治霾、治堵、脱贫攻坚、新旧动能转换先行区建设）工作体系和区委、区政府中心工作，坚持依法审计，履行审计监督职能，完成全年目标任务。全年完成审计和审计调查项目46个，查处管理不规范资金10.28亿元，提出审计建议96条。向有关主管部门移送案件线索1起，向纪委监委移送案件线索5起、发函1起。2018年，全区党风政风行风民主评议工作中，在区属行政事业单位中获第二名。

【预算执行审计】 聚焦重大政策措施落实、公共资金预决算管理使用，探索利用大数据审计推进预算执行审计全覆盖，提高预算执行审计的层次和深度，区级预算执行审计覆盖的单位总数和问题涉及金额创历年区级预算执行审计最高纪录，查处管理不规范资金10.17亿元，提出审计建议20余条。税收征管通过审计补交税款及滞纳金由上一年度的69.25万元增加到2018年的1733.43万元，同时从不同的角度揭示税收征管存在的7大类问题。

【投资项目审计】 贯彻落实省市区“放管服”改革，推进“一次办好”改革和打造“十最”政务环境的要求，做好政府投资项目和重大民生项目审计监督，进一步规范投资审计监督工作。全年完成投资审计项目649个，审计投资额6.95亿元，节约建设资金0.78亿元。

【经济责任审计】 聚焦党风廉政建设、作风建设和中央八项规定精神落实情况，对重点领域、重点工程、重点项目展开审计。坚持“应审尽审、凡审必严、严肃问责”的要求，加强与纪检监委、组织等部门的请示汇报和沟通协调，运用信息化手段开展审计，加强对审计对象的动态管理，加大事中、事前审计监督力度，有效促进领导干部依法行使权力，规范履行职责，有力推动反腐败工作开展。

【大数据审计中心建设】 坚持走科技强审之路，以系统集成理念着力推进审计信息化建设，强化大数据审计思维、增强大数据审计能力，促进审计业务与大数据技术的深度融合，形成大数据环境下的审计组织模式和审计方法，切实提高审计效能和质量，为实现审计全覆盖提供强力支撑。被省厅确定为首批县级审计机关大数据应用示范单位，建成的政府资金监督服务大数据审计中心入选济南市2018年度“智慧泉城”示范工程。坚持系统集成，本着“循序渐进、逐步集成、系统发展”的思路，高标准建设完成大数据审计中心。适应大数据审计形势发展需要，持之以恒打造高素质专业化审计干部队伍，构建梯队鲜明、能力复合的信息化人才队伍，为应用数字化审计技术、构建大数据审计工作模式提供坚实人才支撑。成立数据分析团队，推进专业化建设，为审计组开展数据整理、分析提供技术支撑。开展实战练兵，在实务中提升审计能力，在实践中积累审计经验，在2018年济南市大数据审计比武中，获得团体第一名、个人前两名的好成绩。坚持应用导向，把资源优势转化为先进生产力。突出以用为本，实现对审计项目、审计人员、中介机构、行政事业单位、区属国有企业信息化管理联网审计全覆盖。在审计力量不足的情况下，改变以往审计监督覆盖面不广、深度不够等问题，审计成果、审计质量有显著提升。

（高　波）

统　计

【概况】 历下区统计局围绕全区工作重点，坚持以提高统计数据质量为核心，扎实做好统计数据服务工作。每月、每季及时向区委、区政府和相关部门提供主要经济指标完成进度，撰写全区预警预测分析，全年撰写统计分析和调研报告50余篇，为领导掌握全区经济形势现状及未来走势提供重要参考；做好《统计月报》《统计与分析》《统计年鉴》编发，及时提供具有较高针对性、及时性和有效性的统计调查资料，提升统计调查公信力。至年底，《统计与分析》印刷发放300余份。通过归纳整理全国15个副省级城区、山东省137个县市区、济南市各县市区主要经济指标数据及排名，与全市、全省、全国先进县市区作比较，做好统计数据的分析对

2018年4月2日，区人大常委会主任、党组书记韩宏伟（中）到区审计局调研

比。开展统计业务培训，结合“大学习、大调研、大改进”活动，采取上门指导、“以会代训”等形式，提升企业、部门和街道统计人员业务能力。选派4名同志参加省、市举办的统计业务培训班；联合槐荫区统计局，组织17名统计干部职工参加为期6天的统计业务能力提升班。

【第四次全国经济普查】 区第四次经济普查领导小组全体成员单位，按照全区统一部署，紧扣重点工作，紧盯重点环节，狠抓数据质量，9月17日，全区全面展开经济普查现场清查工作，以经济普查单位底册为依据，贯彻执行《统计法》和《全国经济普查条例》要求，切实做到依法依规普查，确保数据真实准确。全区800余名普查工作人员，对全区120个普查区、275个普查小区开展全方位“地毯式”单位清查，完成全区普查清查阶段工作，为正式普查开展打下良好基础。此次清查共形成法人及产业活动单位清查底册56261个、个体经营户底册37424个。全区清查法人和产业活动单位34026个，比三经普（第三次全国经济普查）增加18461个，比三经普增长118%，其中底册单位清查找到30725个。清查个体经营户18008个，比三经普增加606个，比三经普增长3.48%。

第四次经济普查工作动员部署会

【投入产出调查】 投入产出调查是国务院要求每五年开展一次的全国性的周期性大型重点调查。在2017年完成调查企业的核查和确认工作的基础上，2018年，对全区47家企业进行正式调查。严格按照此次调查要求，紧抓时间节点，做好阶段性工作安排，实时跟踪企业填报情况；同时通过“一对一”方式加强与企业统计人员的沟通了解和指导，专业人员严把数据质量关，严格审核、保证质量，已全面完成国家级验收。

【上规入库】 全区高度重视上规入库工作，区统计局各专业科室及时与对口部门、街道办事处对接，传达上规入库工作的申报范围和标准、审核时间、审核内容、申报材料、工作要求等内容，及时通报上规入库工作开展情况。充分利用第四次全国经济普查清查阶段成果，将达限未纳统企业纳入规上统计，建立临界企业单位名录库，监测企业运行情况。2018年，全区完成市下达规上单位净增任务。

【各项统计调查】 着力做好“企业一套表”联网直报，全区近800家“四上”企业一套表联网直报率100%。完成各专业年报和工业、服务业、固定资产投资、建筑及房地产、能源、贸易等各行业数据的月、季收集、审核和汇总上报。完成住户调查、小微企业抽样调查、劳动工资、文化产业、大城市月度劳动力、妇儿两规监测、企业用工、采购经理、农民工监测、旅游业抽样调查等各项统计调查任务。组织各专业开展下企业大调研活动。以调研代执法（因为各专业执法证全部作废，只有公务员才能重新考证，统计执法无法进行），各专业有目的地对疑似有问题企业开展质量查询，帮助企业找出问题所在，及时进行整改，为抓实抓好数据质量打下基础。扎实做好基本单位名录库日常维护更新工作。根据部门提供的单位信息资料，按照市局普查办的统一要求和部署，实事求是，严抓数据质量，按时完成2018年基本单位名录库维护季报及2017年年报维护工作，变更单位16400家。

【国家统计局到历下区政务服务中心调研】 1月22日，国家统计局服务业统计司副司长刘富江一行到历下区政务服务中心开展专题调研，就营商环境调查指标体系和调查方案征求各相关窗口意见建议。省统计局副巡视员陆万明，市统计局局长苑子健、副局长张谨国，副区长刘佳等陪同调研。刘富江一行查看区政务服务中心行政审批大厅、国地税大厅等，详细了解企业在历下区注册、纳税等情况。座谈会上，政务服务中心、区统计局主要负责人及窗口负责人结合实际，分别就营商环境调查指标体系和调查方案中涉及的企业注册、公章备案、缴纳税费等内容，提出各自意见建议。刘富江对历下区营商环境工作开展情况给予充分肯定，他指出，要进一步优化完善营商环境调查指标体系和调查方案，为科学决策提供参考。

【培训专题会召开】 4月4日，为确保国家采购经理调查涉及历下区的36家大中型企业源头调查数据质量，区统计局召开培训会，对所有抽中企业的采购经理进行专题培训。培训详细解读采购经理指数的抽样、计算方法以及该指标对宏观经济的预警、预测作用，使采购经理充分认识到自己所承担调查任务的重要性，吃透指标解释及调查制度要求，确保国家调查源头数据质量。对调查制度、指标解释以及调查表中的逻辑关系进行详细讲解，确保企业采购经理不留理解误区，能够准确填报。同时，规范工作制度、要求，严格按调查程序科学开展调查。传达学习国家统计局《2018年采购经理调查数据质量核查抽查方案》《国家统计局山东总队办公室关于开展2018年采购经理调查数据质量核查抽查的通知》等文件精神，并结合实际制定“历下区采购经理调查工作注意事项”，要求各企业严格按照规程参与调查。

（陈娜娜）

国土资源管理

【概况】 2018年，历下分局围绕全市“四个中心”建设目标任务和“1+454”工作体系，贯彻习近平新时代中国特色社会主义思想，务实进取、奋力拼搏，强化责任担当，为全市经济社会发展提供优质服务和有力保障。5月，被中共历下区委、历下区人民政府评为2017年度经济社会发展综合考核先进单位。

【土地资源】 2018年末，历下区各地类土地面积为：行政区域总面积8906.03公顷，其中国有土地6101.8公顷、集体土地2804.23公顷。按照地类细分：其中耕地面积269.1公顷；园地面积21.92公顷，林地面积1874.04公顷，草地面积425.89公顷，城镇村及工矿用地面积6101.8公顷，交通运输用地面积54.4公顷，水域及水利设施用地面积38.04公顷，其他土地面积120.84公顷。

【征地工作】 全年征地25.26公顷；完成历下区300公顷土地规划调整；完成规划预审34宗，落实征地方案32.32公顷；落实耕地保护制度及目标任务，完成区政府、办事处、村三级目标责任书的签订工作，签订比例100%。完成市政府办公厅下达的耕地保护责任目标：历下区耕地保有量为3521亩，按照国土部门地籍变更调查数据对比，完成耕地保有量工作。

【土地监管】 全年完成供地组卷100个，实际供地50宗，总面积112.76公顷。完成批而未供土地下发任务销号90个图斑，面积39.98公顷，完成当年任务的106.35%；闲置土地处置总任务量为6.33公顷，已全部完成。

【国有土地收储】 完成15.02公顷国有土地收储；破解难题，勇于啃硬骨头，研究分析，首创全市第一家综合统一地价收储先河，丁家安置房片区三宗国有土地收储12月28日完成。

【地籍管理】 强力推进三调工作，在完成规定动作的同时结合实际增加自选动作，区三调领导小组落实对三调工作的领导，坚持办公室一周一调度，区领导小组每月督导、通报，分清各个阶段工作任务，把握每个节点关键环节、质量标准，及时发现问题、解决问题。完成方案准备、工作底图制作、内业数据处理以及国家下发的1885个图斑的内业整理工作，完成应勾绘总面积的82%，共计71.33平方公里；外业调查完成甸柳、东关、姚家3个办事处约5.51平方公里的图斑核查；完成9宗不实耕地整改工作，具备销号标准。

【不动产登记】 10月30日，历下区不动产登记大厅正式对外营业，新大厅按照一流管理、一流服务、一流质量的高标准设置，打造全市一流办事大厅，人员补充到位，窗口设置合理，税务、网签同时进驻大厅，实行税证联办，办税办证只排1次队，只提交1套资料，真正实现“一窗受理、全流程服务”；实现新建商品房、一般抵押权首次登记2个工作日办结；涉及实体经济企业的国有建设用地首次登记3个工作日内办结。全年受理14547件，发证21174件。

【地质灾害防治和山体治理】 做好《济南市山体保护办法》的全方位宣传，营造普法、学法、执法、守法的社会氛围；申请财政资金1100万元，对星河北铁矿矿山采空区、藏龙涧崩塌地质灾害点以及扁石山破损山体治理等工程按步骤展开治理工作。完成藏龙涧治理工程。

【土地执法监察】 加大国土资源执法监察，完善管理制度，通过大棚房、设施农用地专项整治、环保督查“回头看”、扫黑除恶专项斗争以及卫片执法监察等行动，构建全方位执法体系。对辖区京沪高速、轨道交通等施工项目进行重点检查；智远办事处义和村存在的未改变用途的闲置阳光大棚拆迁并复耕到位；完成中央环境督察“回头看”22个转办件；注重发现黑恶势力线索，扎扎实实把扫黑除恶落到实处。

【法制宣传教育】将热线办理工作划转到办公室，严格执行制度流程，加强人员队伍建设，及时进行人员调整，选派责任心强、工作能力强的工作人员调整到热线办理工作岗位；历时8个半月，解决三星焊接设备有限公司和海信集团的土地纠纷，破解12年的历史遗留难题。2018年，共办理各类信访案件3209件，其中12336违法举报线索2件、“12345市民服务热线”3187件、信访20件。

（程梦历）

市场监督管理

【概况】2018年，区市场监管局围绕首善之区建设，把纵深推进“一次办成”便民决策、优化营商环境重要部署等工作视为重大政治任务压紧压实，加快推动新时代市场监管理念、制度、作风全方位、深层次变革，辖区市场准入环境、竞争环境、消费环境明显改善，新旧动能转换更添活力，营造了风清气正的宜商宜居氛围浓厚。

【市场准入】以“一次办成”改革、优化营商环境部署为指引，推进“互联网＋政务服务”，简化整合工商登记前后涉及的办证事项，逐步放宽对于经营范围、场所、分支机构登记等条件限制，增设全程电子化自助服务区，设置二维码一扫通和2处快速通道，开启企业登记“政银一体化”星级模式，设立文东街道商事登记点，实行网申预约负责制、一人受理审核制、住所承诺制等业务流程改造以及错时预约、容缺受理、延时服务等新举措，推动平均即办率提高超过5倍，增至80.1%。2018年，公示166项“零跑腿”服务指南，“容缺受理审批”72户，微信办照、全程电子化登记172户，“马上办”“就近办”“上门办”共计7627户，其中“马上办”6844户、政银合作“就近办”126户，当日办结率99%以上。全年，历下新登记各类市场主体21440户，同比增长21.06%，至2018年底，全区实有各类市场主体106733户，同比增长12.96%。

【监管执法】遵行“双随机、一公开”（在监管过程中随机抽取检查对象，随机选派执法检查人员，抽查情况及查处结果及时向社会公开），推进企业信用监管长效机制重大改革，稳步推进经营异常名录信息管理。2018年，列入22189次/户，2217次/户通过履行公示义务或纠正违法行为被移出，均已通过国家企业信用信息公示系统向社会公示。着力开展医疗机构专项计量监督检查、安全防护计量器具专项监督检查等，着力抓农贸市场诚信计量体系建设，严格落实强检计量器具备案登记。“红盾质量维权行动”取得明显进展，完成重点大型商超74个批次商品抽检。走访省、市电视台，行政约谈广告企业和民营医疗机构，助推省供销社申报驰名商标，6家企业申请马德里国际商标，有效商标注册数量28400件，首次跃居全省第一。2018年，动产抵押登记20份，主债权金额30986.4313万元，切实通过融资方式盘活资金周转，帮助群众破解生产经营实际困难。扎实开展“山东省服务名牌”“济南名牌产品”评比，认真推进网剑行动，逐步完善网络经营主体经济户口建档，建立优化网上巡查与实地检查相结合的监管机制。加大力度打击保健品营销和民办学校、民营医疗机构领域违法行为，稳步推进冒用他人身份证和地址虚假注册、利用微信公众号虚假宣传、非法传销三大重点任务，重拳惩治“傍名牌”等侵犯商标专用权、销售假冒伪劣和不合格产品行为，打假溯源利剑专项行动、扫黑除恶专项斗争等取得明显进展。至年底，区市场监管综合行政执法大队依法核查处置案件线索1606件，处结各类案件线索1284件，立案查处249件，办结案件169件，罚没款102万元。

【消费维权】 立足“3·15消费者权益日”，举办“搜狐焦点杯”消费维权知识竞赛，针对辖区22家大型商超，召开以“品质消费·美好生活”为主题的消费维权宣传教育工作会议，修订完善消费投诉举报工作流程，形成《关于加强投诉举报热线工单处理工作的指导意见》，创建在线消费纠纷解决机制。2018年，消费者投诉中心受理工单共计36144件，商品类投诉主要集中在家用电子电器、手机、生活售后服务、健身美容等方面，全年投诉工单办结率100%，消费投诉调解成功率85%，消费者满意率93.01%，为消费者挽回经济损失71万余元。

【特种设备监管】 以减少和杜绝事故发生为目标，落实安全监察监管责任，扎实开展压力容器与气瓶充装单位检查、电梯专项整治、旅游景区大型游乐设施检查等系列活动，辖区登记注册特种设备12186台（其中电梯9063台、锅炉139台、起重机械743台、压力容器2057台、厂车169辆、大型游乐设施14台、索道1条），压力管道2689条，气瓶28991只。全年新增电梯819台（老楼加装46台）、锅炉7台、起重机械264台、压力容器219台、厂车9辆、压力管道38条、气瓶18356只。在各类检查任务中，共出动特种设备安全监察人员479余人次，检查特种设备使用单位129家，消除安全隐患93起，现场下达《特种设备安全监察指令书》14份，受理投诉举报300余起，发放特种设备安全宣传册1500余份，努力构建起特种设备动态监管体系。

2018年6月15日，历下区市场监管局开展特种设备安全宣传“进社区”活动

【全区首家街道商标品牌指导站挂牌成立】 1月4日，全区首家街道商标品牌指导站在甸柳新村街道吉祥苑社区正式挂牌成立。区市场监管局、甸柳新村街道主要负责同志为站点揭牌。商标品牌指导站主要依托地区

市场监管部门和地方政府等组织机构，为辖区内企业在商标注册及运用、品牌培育等方面提供指导服务，在促进企业增强商标品牌意识，提升企业品牌创建、管理以及维权等方面工作水平，推动企业争创名企名品方面发挥了重要作用。商标品牌指导站的建立，对地区深入实施商标品牌战略、发展品牌经济具有重要的带动和促进作用，有利于逐步形成市场主导、企业主体、政府主推、市场监管主力的工作格局，为地区内企业上牌、用牌、创牌、护牌保驾护航。

【“搜狐焦点杯”消费维权知识竞赛】 历下区市场监管局联合辖区各大商场、企业，共同举办“搜狐焦点杯”消费维权知识竞赛。知识竞赛分线上、线下两种形式，据统计，3 月 1 日当天有 2000 余人次参与线上竞赛，58 人获得“搜狐焦点杯”消费维权知识竞赛一等奖。以线上竞赛为基础，历下区市场监管局于 3 月 7 日举办线下答题活动，世茂广场、苏宁电器、华强广场、大润发等 22 个大型企业代表队和历下区市场监管局 52 名一线工作人员参加消费维权知识闭卷考试，根据答题成绩，3 月 12 日，历下区代表队（3 人）参加济南市工商行政管理局、济南市消费者协会组织的现场决赛并获三等奖，赛况由“搜狐焦点网”全程直播。

【“济南市第十二届消费者满意单位”授牌仪式举行】 3 月 14 日，“济南市第十二届消费者满意单位”授牌仪式隆重举行，授予山东苏宁云商商贸有限公司等 16 家企业“济南市第十二届消费者满意单位”荣誉称号，以中国消费者协会“品质消费 美好生活”主题消费维权年为契机，政企共同总结 2017 年度消费维权工作开展情况，并对 2018 年度工作进行展望。

【“工商企业上云”启动】 4 月 20 日，历下区市场监管局和历下区经信局、辖区 120 余家企业代表以及济南市企业上云创新联盟成员（云服务商）等齐聚浪潮科技园，共同参加“济南市工商企业上云大讲堂——历下专场”活动。活动设置浪潮创新展厅参观、云服务商宣讲、现场答疑等 8 项议程，历下区市场监管局围绕“为什么要上云”“上云有什么好处”以及“如何上云”这三个主题进行推介，集中展现“上云”对于构建企业“智慧大脑”的重要作用，切实引导企业抢抓大数据、云计算带来的发展机遇，推动“互联网 +”向“云 +”迈进，培育发展新动能。

【银企信贷推介会召开】 6 月 12 日，历下区市场监管局联合招商银行济南分行，在山大路科技市场群召开银企信贷推介会。银行依托“信用贷款”“配套贷”等新兴业务，支持企业提报项目，充分发挥金融部门联系面广、信息资源丰富的优势，为中小企业提供好咨询服务，大力简化贷款手续，减少办贷环节，提高放贷效率和质量。通过理财、基金、信托、私募等渠道为企业闲置资金提供保值增值方案，政、银、企通力协作，共促首善之区经济建设。

【企业登记政银一体化星级模式启动】 8 月 29 日，历下区市场监管局与中国农业银行股份有限公司济南历下支行签订工商注册登记业务合作框架协议，携手启动政银合作暨工商注册 · 金融服务“一体化”网点，农行网点代办工商注册登记服务正式展开。为确保企业设立登记的专业性和规范性，历下区市场监管局已在前期分批对银行人员开展业务培训，要求相关人员在全面了解和熟悉代理实际操作流程、相关法规及风险控制措施，达到“一口说清、一次办完”服务标准后上岗办理，确保将工商登记窗口的一流服务带到群众身边。

【文化东路街道商事登记窗口试运行】 10月29日，文化东路街道为民服务中心设立的第一个商事登记窗口投入试运行。该商事窗口由商事核名窗口及商事登记窗口组成，开设企业核名、企业注册、企业变更三项业务。在街道设立商事登记窗口打破辖区政务审批窗口的地点局限，最大限度方便辖区及周边街道企业就近办事，“一次办成”工作步伐加快。

【促进市场主体快速增长推进会议召开】 11月2日，全区促进市场主体快速增长推进会议召开，区市场监管局传达省委常委、市委书记王忠林和市委副书记、市长孙述涛对于促进市场主体快速增长工作的重要批示精神，简要介绍历下区市场主体发展情况，宣读《济南市工商局关于印发优化营商环境促进市场主体快速增长的若干措施的通知》，区委常委、宣传部部长、区政府党组成员王海清与各街道办事处签订促进市场主体快速增长责任书。

【济南文化广告创意产业园获“济南市广告产业园区”称号】 根据《济南市广告产业园区认定管理办法》，经园区申报、专家评审、社会公示，11月17日，济南市工商行政管理局同意认定济南文化广告创意产业园为济南市广告产业园，授予“济南市广告产业园区”称号。

【市场主体登记注册推进会议召开】 12月6日，全区市场主体登记注册推进会议召开，区市场监管局通报全区市场主体登记注册有关情况，各街道办事处立足现阶段市场主体快速增长目标任务完成情况进行交流发言。下一步，将依托保证门槛降到位、保证政策帮到位、保证服务做到位等举措，深入挖掘市场主体快速增长潜力，增添发展活力。

【历下区有效商标注册数量首次跃居全省第一】 强化品牌建设市场蓝图，全区逐步形成以驰名商标为龙头、著名商标为骨干、注册商标为支撑的商标发展新体系，鼓励和支持企业以商标品牌为资产进行参股控股，“一企一标”“一企多标”工程持续推进，至年底，国家市场监管总局网站查询结果显示，历下区有效商标注册数量28400件，首次跃居全省第一。

（夏 莹）

食品药品监督管理

【概况】 2018年，区食药监局贯彻党的十九大精神和习近平新时代中国特色社会主义思想，落实习近平总书记食品安全“四个最严”（最严谨的标准、最严格的监管、最严厉的处罚、最严肃的问责）要求，围绕保障辖区人民群众饮食用药安全核心任务，以创建省级食品安全区县为引领，扎实推进食品安全“六大工程”（肉菜市场放心工程、粮油放心工程、餐饮业质量安全放心工程、食品“三小”行业放心工程、农村自办宴席放心工程、餐厨废弃物收运处置放心工程）和“四服务”活动，开展食品安全专项整治、食品安全市范品牌打造、基层执法能力建设、科普宣传教育培训等各项工作，发挥社会共治体系工作能力，综合整治食品经营秩序，食品安全基础不断厚实。

【大中型商超食品质量安全提升】 对辖区内18家大中型商超进行双随机检查，对检查发现的问题反馈给辖区大型商超负责人。根据市局统一部署，开展历下区“放心肉菜示范超市”创建工作指导，至年底，辖区内有4家超市创建成功，对授牌的“放心肉菜示范超市”实施动态管理，加强日常监管，全面提高参加创建示范超市的肉菜质量安全管控水平。

【农贸市场升级改造及监管】 以“食安山东”建设为统领，在全区范围内积极组织开展食品安全管理规范化农贸市场创建工作。制定《历下区食品安全管理规范化农贸市场创建行动方案》，按照标准进行摸底排查，摸清辖区内农贸市场开办者、经营者底数，建立健全监管档案。为农贸市场快检室提供快检试剂，制作食用农产品销售公示牌、畜禽产品双证公示牌、韭菜双证公示牌、市场食品安全管理员公示牌等。至年底，吉祥苑农贸市场和千东农贸市场通过第一批规范化农贸市场考核。

【食品安全示范品牌创建】 以“世茂—宽厚里食品安全示范街区”创建为引领，强力推进餐饮服务食品安全示范街、示范店创建活动，努力打造国内一流的食品安全示范街区。采用微控指数检测方式，对餐饮业户的操作台面、刀板和操作人员手部、工作服等关键部位，使用ATP快速检测仪进行检测，提高食品加工操作安全系数；加大政策扶持、财政投入和人员保障，为食品从业人员统一配发工作服、口罩、帽子1000套，手部免洗消毒液900瓶，加装门窗处的防鼠、防虫、防蝇等三防设施。同时，设立食品安全宣传显示屏，启用“食安宽厚里”微信公众号。以“安全、健康、口碑”为核心，努力将宽厚里示范街区打造成为济南的一张特色名片。

【“明厨亮灶”与“清洁厨房”建设】 以“食安济南”“食安山东”示范创建工作为载体，本着“试点先行，重点突破；因地制宜，逐步推进”的原则，重点做好与食品经营许可证核发工作相结合，与量化分级管理、等级公示工作相结合，与智慧监管工程相结合三方面工作。至年底，全区70余家幼儿园全部纳入区局电子监管平台，实施“明厨亮灶”的餐饮单位800余家，透明玻璃450余家，视频显示350余家。

2018年7月2日，副市长王桂英（前排右二）带队到区食药监局东关食药所调研食品安全智慧监管工作

【科普教育宣传】 以食

品安全创建工作为契机，加强社会宣传力度。围绕食品安全工作的重点领域和薄弱环节，利用新闻媒体、宣传手册、宣传栏、现场宣传、科普大讲堂等形式，广泛开展创建食品安全城市宣传、食药安全科普“五进”（进机关、进农村、进社区、进企业、进学校）宣传、食安宣传周、安全用药月、校园安全行、“你送我检”食品快检活动、透明工厂开放日、透明食堂开放日等主题宣传活动。引导群众安全、科学、健康消费。依托历下区社区科普大学，在40余个科普宣传点开设以食品安全为主题的课程300余节，累计受教人数7万余人次。开展公益性、群众性食品安全宣传教育活动50次，发放宣传手册3000余份、宣传彩页1.5万余份，制作展板100余块，印制宣传条幅易拉宝67条（个），在各级新闻媒体刊发稿件261条，各级政府网站发布信息579条，制作各类工作美篇816条，张贴宣传口号、警示语等1万张（个），受众人数约20万人次，营造良好食品药品安全宣传氛围。

【整治和规范药械市场秩序】 2018年，共检查药品医疗器械生产经营使用单位1092家次，完成药品监督抽样158批次和医疗器械抽样5个批次，责令整改98家次，药械市场秩序得到有力整顿。针对吉林长生疫苗事件，在18家有补种百白破疫苗任务的接种单位实现监管全覆盖，对接种使用疫苗环节的储存冷链进行现场监督，确保质量安全。至年底，全区实施远程电子处方工作的药品零售连锁门店204家，占全部门店的95%，位居全市前列。累计回收家庭过期失效药品1万余盒（瓶），设置家庭过期失效药品回收点107处，数量居全市第一。

（高蒙蒙）

安全生产监督管理

【概况】 2018年，贯彻落实党的十九大和习近平总书记对安全生产工作的系列指示精神，安全生产工作总体保持平稳向好。加强危险化学品和特种设备等各个领域监管，全区发生生产安全亡人事故7起、死亡9人，同比分别下降30%和10%，未发生较大以上安全生产责任事故。

【政府投入持续增加】 以“物防”为根本，夯实安全设施基础。开展高危企业和规模以上企业“双体系”建设，着力培养打造10家区级标杆企业。政府投入资金500余万元，针对电路老化、灭火器配备缺失等一批群众身边的安全问题，聘请专家和专业机构组织开展安全隐患排查和专项整治。以“技防”为重点，完善安全运行机制。投入政府资金2000余万元，组织开展“平安社区智慧消防”建设。在全区88个社区筹建20个应急救援站、68个微型消防站，打造微型消防站、微型消防车、专职安监消防员、水压电气监测系统和无线烟感报警设备“五位一体”的安全社区管理模式，至年底，工作正在全面推进中。

【强化组织领导】 区级层面成立涵盖党委、政府的“大安委会”，建立区级领导包挂街道督导安全生产工作机制，“党政同责、一岗双责、齐抓共管、失职追责”的责任落实体系得到深化。区安办有效发挥综合、协调、调度职能，对各行业领域安全生产工作进行指导汇总。各街道严格落实属地监管责任，探索形成“政府主导、专家参与、企业落实”的安全监管模式。

【危险化学品和特种设备领域监管】以166号加油站为样板，全面推进辖区危险化学品企业双重预防体系建设，至年底，全区22家加油站全部通过评估验收；开展化工产业转型升级“四评级一评价”以及化工产业安全生产转型升级，完成5家化工企业安全评级。开展压力容器、气瓶充装单位集中检查，重点对电梯、锅炉、起重机械以及学校在用的特种设备开展专项检查，全年出动人员479人次，检查单位129家，发现并消除隐患93处，现场下达《特种设备安全监察指令书》14份，隐患全部整改消除。

【交通运输领域监管】开展重点车辆驾驶人源头隐患滚动式清零行动，进一步夯实事故预防源头管理基础工作；推行社会责任追究机制，对2家安全主体责任不落实到位的企业进行追责处罚。全面开展拉网式隐患点段排查，全年共排查道路交通安全隐患路段13处、交通标志牌设置不合理8处、标志标线缺失12处、信号灯不规范19处，年底全部完成整改。全年累计投入民生资金1200余万元，完成3处区域交通微循环和30余处事故隐患点位整治改造，制作系列安全教育主题宣传片和3000余幅交通主体海报，打造温馨宜人的街角交通安全主题公园。

【建筑施工领域监管】重点突出对危险性较大的工程及参建各方主体责任行为的检查，累计巡查工地813人次，下达质量整改通知书172份、安全整改通知书108份、技术资料整改通知书101份、工程鉴定通知单10份、责令停工限期整改通知单13份、法律文书处罚10份，查处隐患条数484条，处理不合格试件53份，办理起重机械使用登记20份，发放安拆告知74份，记录不良行为12次。各种检查发现的质量安全隐患，通过整改督促落实，全数达到安全生产要求。

【消防领域专项整治】始终保持排查整治高压态势，紧盯人员密集、易燃易爆、重大火灾隐患、高层建筑、老旧小区、城中村、“三合一”及群租房等“靶心”，加强集中整治和常态监管。全年共检查单位7293家，发现隐患11143处，督改火灾隐患10829处，下发责令改正通知书3544份，关停37家，查封75家，罚款116.95万元，拘留4人，约谈重点单位负责人81人次，消防隐患整改效果显著。

【学习培训】全面落实“管行业必须管安全，管业务必须管安全，管生产经营必须管安全”的工作要求，先后3次组织区安委会成员单位和执法人员进行学习培训，通过聘请专家授课、事故案例剖析、大会讨论交流的方式，帮助各单位理清工作思路，明确工作重点，将安全生产工作与各单位业务工作有机结合起来，不断强化属地和行业监管责任。同时，为提高企业和群众的自防意识和自防能力，加大宣传培训力度，全年举办7个类别的安全生产宣教活动，开展273次应急演练，组织近万名社区居民参加，不断提高社会宣传的广度和深度。

（庄永琪）

责任编校：王海燕　李　燕

工业·信息产业

大美历下系列图片　（左力军　摄影）

工业·信息产业

工 业

【概况】 2018年，全区规模以上工业企业增加值同比增长20.8%。完成工业产品销售收入317.38亿元，同比增长32.4%。利税78.91亿元，同比增长15.5%。利润7.51亿元，同比增长13.2%。从全区规模以上工业企业生产运营情况分析，全年产品销售收入超过亿元的企业15家，其产品销售收入310.61亿元，占规模总量的97.87%。

【调度监测】 落实局领导包企业联系员制度，建立科室分包联系企业机制，加强同重点企业的联系，主动帮助企业了解政策，为企业出谋划策，建立企业问题长效解决机制，不断提升服务企业水平。通过一月一调度、一分析，加强经济指标和企业运行情况调度，及时捕捉经济运行中的苗头性、趋势性问题，高度关注重点行业和重点企业的运行态势，确保完成全年工业任务目标。

【中小企业发展】 搭建完善公共服务平台、创辅基地运营建设。大力开展济南市小微企业创业创新基地城市示范三年行动计划，加强对山东大东科技城等4家省、市级小企业创业辅导基地管理工作，培育新的服务载体，为济南国商园区资产经营有限公司申报市级创业创新示范基地。支持区域内创业辅导基地建设。鼓励和引导中小企业发展电子商务等新型业态，为中小企业提供政策、融资、市场、科技等方面的信息，使信息化更多覆盖中小企业，为企业的发展切实提供新动力。国家、省、市中小企业公共服务示范平台10家，先后成立历下区中小企业服务联盟和历下区中小企业公共服务中心专家委员会，建立合作交流平台，共享服务资源，共同服务辖区中小企业，降低创业者的创业成本和门槛，打造良好的创新创业生态环境。严格把控申报材料的完整性、真实性，推荐济南邦赢有限公司申报瞪羚企业，推荐山东乾元泽孚科技股份有限公司申报准独角兽企业，推荐山东顺国电子科技有限公司隐形冠军企业3家。推荐8家单位申报双创资金，审核通过7家，共获得378.6万元扶持资金。为中小企业走小而强、小而优、小而精、小而特的发展道路，实现“跳跃式”发展，成为区域创新发展的新引擎和经济增长的新动能提供保障。

【技术改造和创新】 开展技术创新项目申报和调度工作，调动企业技术创新的积极性。通过政策引导，组织企业申报省级技术创新项目，并严格审核企业申报材料，全年共审核38家单位共计72个创新项目，其中有23家单位的44个项目被列入省级创新项目计划，项目技术水平均达到国内先进水平。引导企业加大技术中心建设力度，加大研发投入，大力开发具有自主知识产权的关键技术，逐步形成自己的核心技术或专有技术。以19家企业技术中心为重点，加强企业技术中心管理与建设工作，督促企业报送每年的技术中心年报和半年报，对企业上报数据真实性、合理性进行初审并提交，按期提交率100%。制订企业技术中心培育计划，筛选符合技术中心申报基本要求的企业，并实时跟踪服务。2018年年底，全区技术中心共有19家，其中国家级技术中心4家、省级技术中心6家、市级技术中心9家。济南瑞泉电子有限责任公司获批成为山东省第二十五批省级企业技术中心和山东省第五批省级工业设计中心认定。

【工业固定资产投资】 工业固定资产投资持续增长。2018年，全区共安排工业技术改造投资项目7个（含市重点项目1个），其中中石化6个、热力1个。中石化济南分公司的炼油结构调整提质升级改造项目总投资7.85亿元，9月15日竣工，开始正常生产。除此以外，过亿元项目1个，即济南热力公司热力管网改造项目，全年投资5.7亿元。全年完成工业固定资产投资11亿元。加大对科技型中小微企业、一企一技术、专精特新等惠企政策的推动和宣传。按照省、市相关申报文件及要求，全区以服务业为主的产业结构特点日益明显。申报企业中以软件研发类企业居多，企业拥有的软件著作权数量多、水平高，产业发展势头良好。2018年，共推荐并通过市级“一企一技术”研发中心和创新企业5家，省级“一企一技术”创新企业1家，市级专精特新企业13家。至年底，全区经认定的省、市级“一企一技术”研发中心和创新型企业、“专精特新”中小企业共33家。

【化工企业】 依照参评范围，梳理参评企业，研究制定评级评价实施方案，部署参评企业做好准备工作。督促区安监、环保、市场监管等部门根据参评企业情况确定评级评价内容，确保新一轮评级评价有序开展。组织相关部门严格按照新一轮化工生产企业安全、环保、节能、质量评级和转型升级评价标准，对照指标内容逐项打分，对化工企业逐一评级评价。评级评价结束后，组织成员单位和参评企业同步制定整治方案，进行验收整改，做到“一企一策”。注重抓好成果运用，按照省确定的“三个一批”企业条件，提出关闭淘汰一批、改造升级一批和发展壮大一批企业名单。根据市环保督察整改工作领导小组文件精神，牵头组织区发改委、区环保局、市规划一分局、历下国土分局围绕职能进行整改落实。中央环保督察反馈无相关手续问题，涉及所属辖区内4家化工生产企业，均按照时间节点整改完毕，并按要求进行验收、公示和销号，形成整改销号台账，报市环境保护督察反馈意见整改工作领导小组。结合化工生产企业新一轮评级评价结果运用，协调配合发改、规划、土地和环保等部门共同做好另外3家化工生产企业手续不全问题整改工作，达到四项手续全部齐全。筛选提报高端化工投资项目，在企业申报的基础上，按照化工重点监控点认定标准，对企业申报材料审核把关，推荐中国石油化工股份有限公司济南分公司、中国石化集团资产经营管理有限公司济南分公司、中国石化润滑油有限公司济南分公司3家企业联合申报山东省化工重点监控点。充分发挥QQ群、微信群、系统网络等载体的媒介优势，利用会议、检查、调研等时机，开展电力需求侧管理宣传，普及相关知识和政策，进一步提高辖区内企业开展电力需求侧管理的责任感、认知度。协调国网济南市供电公司营业及电费室，科学制定《2018年电力迎峰度夏工作方案》，加强错峰用电管理，完善电力供需预警机制，确保工业企业的正常生产用电需求。牵头修订完善《区大面积停电应急预案》和《区大面积停电应急预案操作手册》，建立政府、企业和用户间应急协调联动机制，开展各种应急演练，不断提高电网处置应急事件能力。根据工作实际，配合做好全国“两会”等各种重大活动、会议、重要节假日期间和第10号台风“安比”等临时应急保电工作，确保专项保电任务不出现重大问题。做好原材料产业转型升级工作。做好排查整治“地条钢”工作。开展自查自纠，公布监督举报电话，建立健全社会监督机制，及时调查核实制售“地条钢”、违法违规新增钢铁产能和使用中（工）频炉企业。全年共排查整治4次，未发现制售“地条钢”、违法违规新增钢铁产能和使用中（工）频炉企业。按照省经信委12部门《关于商请组织开展打击稀土违法违规行为专项行动的函》的有关要求。组织各办事处对辖区内的稀土开采、冶炼分离、综合利用和贸易企业开展拉网式全面摸排，未发现稀土开采、冶炼分离、综合利用和贸易企业。落实责任单位，设立举报电话，严密组织各街道办事处对辖区内违法违规电解铝项目情况进行拉网式排查，辖区内未发现违法违规电解铝项目。

【户表改造】 扎实做好住宅小区“一户一表”改造，各办事处按照推进会工作部署对辖区内未参加供电“一户一表”的住宅小区广泛开展调查摸底和政策宣传，根据国网济南市供电公司反馈和各办事处确认，全区2019年供电“一户一表”计划改造7001户，为推进改造工作打下坚实的基础。

信息产业

【概况】 全年目标是完成软件产业营业收入91亿元。全区新增上云企业1475家，两年累计新增上云企业2575家，提前一年完成市下达的三年新增上云企业2100家的任务。在2018年度科学发展观考核中，历下区企业上云工作位列全市第一。为确保指标统计工作顺利完成，与13个街道进行对接详细了解各街道软件和信息服务业总体规模、发展现状、支撑载体建设、骨干企业运行及招商引资重点支撑项目情况，与街道一起查找不足、研究措施、解决问题，就各项信息化重点工作进行通报和逐项对接。对重点企业定期跟踪调度，听取服务对象在智慧城市建设、电子政务推进及互联网+创新应用等方面的现状，详细了解企业存在的问题困难和意见建议并提供相应支持。

【“企业上云”】 按照历下区政府下发的《历下区“企业上云”行动计划》，明确工作指标、任务分工、责任到人。建立健全区直、街道联动工作机制，齐抓共管，统筹协调“企业上云”有关问题。对接云服务商，对上云企业数量进行调度，发挥政府引导和企业主体作用，立足优势资源，协同多方力量，鼓励引导各类企业融入云服务平台，共同参与云平台建设与推广。培育云平台服务产业。推荐二五六等一批从事大数据、云计算服务的企业申报云服务商，为上云企业提供丰富的产品和服务。在市经信委公布的云服务商名单中，历下区有37家企业入围，占全市总数的29.8% 。抓好部署落实，向规上工业企业和部分重点企业传达“企业上云”的益处，耐心解释、分析利弊。保证各项工作任务和举措落到实处。组织街道和辖区企业参加宣传活动5次，参与企业240余家，增强街道和企业对上云的认知，有效提升广大企业上云的积极性和能动性。组织企业申报市级财政补贴并聘请第三方机构对财务等数据进行审核。其中184家企业入围济南市2018年上半年企业上云补贴名单，济南广播传媒有限公司等4家企业当选济南市上云标杆企业；236家企业入围济南市2018年下半年企业上云补贴名单，山东畅想云教育科技有限公司等14家企业当选济南市上云标杆企业，历下区市级标杆企业总数达到20家，位居全市首位。其中，中铁十四局集团有限公司和山东供销综合服务平台有限公司同时入选山东省上云标杆企业。

【“两化”融合】 始终坚持把推进“两化”（工业化、信息化）融合作为增强企业核心竞争力、加快转变发展方式的重要抓手，从基础工作着手，由点及面，“两化”融合工作取得明显成效，对企业发展转型和优化升级起到推动作用。全区35家规模以上工业企业和部分重点企业参加省“两化”融合评估，完成年度计划的117%。牢固树立战略意识，大力推进“两化”融合，加快“两化”融合工作建设步伐。通过对传统产业的提升改造，提高产品附加值和生产效益。组织20余名企业管理人员参加省“两化”融合助企行动，听取国家和省市信息化专家针对工业控制、企业信息化管理等内容的专题讲座，对提高历下区“两化”融合水平、增加企业经济效益起到促进作用。鼓励企业应用信息技术，引导企业把“两化”融合作为企业发展的战略主线，高效利用信息技术提高生产效率和管理水平，适时开展工业控制系统信息安全检查。组织企业申报“两化”融合导向计划项目和制造业与互联网融合试点，提高企业生产过程的自动化水平和管理的信息化水平。济南热力集团有限公司、山东省石油化工有限公司、山东云媒软件股份有限公司入围“2018年省级两化融合管理体系贯标试点企业”。

【“智慧历下”建设】 按照市政府办公厅《关于印发济南市加快推进通信基础设施建设工作实施方案的通知》的要求，与中国铁塔股份有限公司济南分公司历下办事处加强合作，共同推进新建通信基站的勘察、设计、选址、合同签订、组织施工等工作。推进重点公共区域免费Wifi覆盖工作，区政务服务中心等19家单位获得奖补资金。由济南市经信委、历下区政府支持的山东省人工智能高峰论坛成功举办，近200名省内外业界代表共聚一堂，探讨大数据和人工智能领域的未来发展，为产业创新提供新方案和新思路。山东巨洋神州科技发展有限公司的“巨洋公安大数据可视化指挥解决方案”入围“2018年山东省优秀大数据产品和应用解决方案名单”。在市经信委公布的“三个十示范工程”名单中，区审计局和康洁、二五六、山东新媒体研究院、中石化济南分公司等5家单位入围。

【杆线整治】 根据《济南市城区杆线专项整治工作方案》要求，在市经信委业务指导下，按照责任清单，联络区城管局、区市政局和各街道，调度电信运营商和铁塔公司，举多方之力，采取各项必要措施，加大杆线整治力度。据统计，各运营商共梳理线缆4万米，捆扎线缆21万米，剪除线缆11万米，入地线缆3.5万米，拔除废弃线杆84根，更新粉刷光缆交接箱1600余个。

【建设项目管理】 2018年，区经信局联合财政局，组织专家对申请信息化建设经费的部门预算进行10批次评审和复审。共有34家单位的66个项目参加评审（申报金额1.32亿元）。其中，49个建议立项，17个不予立项，评审预算金额8664.24万元。建立长效工作机制，加强对项目的监督管理。对历年申报过信息化建设部门经费预算的项目梳理调度，经区财政局批准预算、招标并建设完成的项目，对其牵头单位下发通知，要求其组织相关验收资料以备验收。对在建项目，要求承担单位说明项目进度及资金使用情况。对因故未开工项目，由承担单位出具书面说明，写明未开工原因及预算资金现状。

【政务云搬迁】 为贯彻落实济南市政务上云工作部署要求，加强全区电子政务集约化建设。开展部门政务信息系统调研工作，摸清家底，制定上云方案。制定印发《关于全区机关事业单位信息系统纳入济南政务云计算中心运行管理的通知》，从上云范围、完成时限、信息安全保障、督导检查等几个方面对政务上云工作进行部署。组织召开全区政务上云工作推进会，统一思想，提高站位，明确责任，强化落实，切实加强系统迁云工作的组织保障，强化协作配合，全力以赴抓好落实，确保按时保质完成全区系统迁云工作任务。2018年，完成区纪委、发改委等23个部门的28个迁移系统按配置交付云服务器53台。筹备对区教育局、卫计委两个部门的20个上云业务系统资源需求进行专家评审，落实部门需求，编制上云方案。

【企业扶持】 全年共有420家企业获得上云补贴合计359.63万元。12家企业获得2018年“济南市工业和信息化专项资金”，合计168.98万元。19家单位获得“2018年重点区域wifi免费开放奖补资金”，合计223.12万元。

物流产业

【概况】 2018年，市经信委下达历下区区域性物流中心建设指标为：规模以上物流企业营业收入增幅10%；新增规模以上物流企业3家；物流业招商引资实现5亿元总目标；物流重点项目投资8亿元，当年完成投资0.5亿元。全区完成物流业营业收入52.72亿元，同比增长17.9%。实现新增规模以上物流企业4家，分别是济南优外卖电子商务有限公司、山东二五六网络电子商务技术有限公司、山东安和货运代理有限公司和银座云生活电子商务有限公司。历下区物流业招商引资完成13亿元。

【走访调研】 区经信局联合区直部门和街道办事处对现有物流规上企业加大调研力度，集中对中石油天然气管道有限公司等重点规上企业进行走访，及时了解企业运行状态，针对企业需求做好服务。同时加大对辖区物流企业的挖掘力度。通过与区市场监管局、区投促局、区统计局等区直部门对接，摸底全区物流企业，开展排查和走访工作，与济南优外卖电子商务等企业多次对接。对新入驻历下区的大型物流企业，如渤海湾港口集团等企业做好进一步沟通与服务工作，强力挖潜，为下一步建设历下特色物流中心打下基础。

【服务企业】 建立良好的政企关系和联络机制，重点物流企业走访常态化。开设历下区物流企业微信群，及时传达省市区相关文件精神和各类政策，得到企业认可。将济南华通物流有限公司、山东恒海电子商务有限公司纳入规模以上物流企业并帮助其获得扶持资金；山东天海国际货运代理有限公司、山东济南中外运有限公司申报市级国际货代示范企业；山东二五六网络科技有限公司、山东曹操送电子商务有限公司获评省级物流专项示范工程中的供应链提升示范工程和智慧物流示范工程；山东济南中外运有限公司获评国家3A级物流企业。

凭借利宝产业园供应链总部企业数量多、品质好、影响力大的特色和优势，加大力度对其进行包装和宣传，多次邀请省物流与交通运输协会、市物流办等相关负责人到园区指导工作，并得到省、市领导肯定。帮助山东利宝互助产业园运营管理有限公司申报2018年山东省第七批等级物流园区，并通过专家评审，成功评为山东省Ⅰ级物流园区。

【网约配送员行业工会成立】 为配合济南市“八大群体”入会工作，针对辖区内物流企业，开展多方面调研。根据调研情况，结合历下区物流企业现状和“网约配送员”群体优势，区经信局联合区总工会多次走访恒海电子商务有限公司和优外卖电子商务有限公司，最终与恒海电子商务有限公司达成共识，由山东恒海电子商务有限公司为主，成立工会组织。

【鲁产烟管理】 做好济南市鲁产卷烟销售奖励资金发放，备案烟草局提供的575户卷烟零售企业名单并按照烟草局鲁产卷烟销售奖励分配方案：设一等奖50户，每户奖励3000元（共15万元）；二等奖170户，每户奖励2000元（共34万元）；三等奖355户，每户奖励1000元（共35.5万元）；合计575户，共计发放资金84.5万元。

节能降耗

【概况】“十三五”期间，济南市下达全区万元GDP综合能耗下降目标任务为15%，年均下降目标任务为3.2%。2017年，全区万元GDP综合能耗比上年下降10.67%，超额完成上级下达的节能目标任务，为全市节能目标任务的完成做出贡献。

【年度考核】 对照2017年度节能考核评价标准，对接相关部门，制定迎查方案，准备相关证明材料、统计资料，撰写自查报告，顺利通过年度市节能目标任务考核。市政府办公厅下发“2017年度节能目标责任制考核情况的通报”，历下区考核成绩位列各区县第一位。

【宣传培训】 按照济南市“节能宣传周”活动要求，组织辖区内重点用能企业参加市里组织的节能宣传活动。6月为全区节能宣传周，联合区机关事务管理局在区直机关集中办公场所开展发放宣传手册等相关宣传活动，区节能减排工作领导小组各成员单位结合各自职能，组织开展各种宣传活动。根据2018年区经信局培训计划安排，5月13—18日，组织区直相关部门、各街道主要负责同志，辖区重点用能单位节能工作人员到浙江大学参加“全区新旧动能转换与绿色发展专题培训班”，通过培训开阔视野，拓展思路。10月，组织区直相关部门、辖区重点用能单位、节能公司、绿色制造企业参加在苏州举办的“济南市节能与绿色发展专题培训班”，通过培训，使全区参训人员充分学习和掌握节能管理及技术、

“十三五”节能先进技术和政策法规。

【执法监察】 配合市经济和信息化综合行政执法支队，对林业大厦等多家公共建筑单位开展包括日常监察、用电等情况在内的多项执法行动，进一步加强企业的用电管理，杜绝不合理用电现象。监督山东电影洗印厂配电室在用 1 台属国家发改委《产业结构调整指导目录（2013 年修正版）》中的淘汰类落后产品的型号为 S7-500/10 的变压器更换为新型节能变压器。在对上述单位进行监察的基础上，结合全区三产服务业企业较多的情况，将单体建筑面积在 1 万平方米以上的楼宇、商超等纳入监察范围。

【清洁生产审核】 组织专家对 2017 年开展清洁生产审核工作的济南热力集团有限公司、喜来登酒店等 4 家单位进行审核验收，4 家单位全部通过验收，其中优秀等次 1 个、合格等次 3 个。通过本轮清洁生产审核，4 家单位共实施无低费方案 104 个、中高费方案 18 个，每年产生经济效益 2299.6 万元，每年节水 22.14 万吨，每年节约标煤共 12414.26 吨，每年消减二氧化碳排放 28790.55 吨，取得良好经济效益、环境效益和社会效益，有力促进历下区节能减排工作开展。2018 年，共有济南市中心医院等 4 家单位开展清洁生产审核工作，年底，济南市中心医院、山东齐鲁电机制造有限公司完成清洁生产审核，济南中豪大酒店、济南世茂置业有限公司第一分公司相关工作正推进中。

【成品油管理】 全区共有 22 家成品油销售企业，其中中石化加油站 11 家（128 站市工商局临时划归历下）、中石油加油站 4 家、社会加油站 7 家。有成品油生产企业 1 家（中石化济南分公司）。全区履行历下区成品油市场管理工作领导小组办公室职责，联合区直相关部门、街道，并聘请第三方机构共计 4 次对辖区 7 家社会加油站进行专项检查，对中石化、中石油等国有加油站进行随机抽查，抽查范围全覆盖。在检查中发现有相关站点普遍存在的静电仪失效、配电室线路铺设不规范等问题，要求其严格按照加油站相关安全规定立即进行整改，

必须符合规定要求，并在下一次检查中对前期存在的问题进行复查，确保整改落实到位，切实保障辖区成品油市场的安全运行。年底，全区各加油站点安全运营情况基本良好，台账建立、市场准许资质完善，制度建设基本健全，辖区7家社会加油站均能定期报送进销存及各类台账，配合完成各项检查及工作任务。同时，加大对成品油抽检。联合区市场监管局，委托省、市质检部门共计5次对辖区21家加油站的汽、柴油油品质量及车用尿素进行抽检（有相关站点进行多次抽检），抽检覆盖率100%，抽检合格率100%。

【煤炭管理】 全力推进历下区民用优质燃煤推广，确保完成优质燃煤替代任务目标，按照市政府部署要求，充实调整由区政府分管副区长任组长，政府办副主任、经信局和环保局局长任副组长，各街道和各部门分管负责人为成员的历下区清洁化民用生活燃煤推广工作领导小组，领导小组办公室设在区经信局，负责日常工作，建立定期调度、会议联络等各项工作制度，保障优质燃煤推广工作有效推进。2018—2019年采暖季，全区完成民用优质燃煤推广任务1456户，完成率104%。其中，集中供暖116户，棚改旧改33户，清洁能源及其他242户，优质燃煤替代1065户，共计购买优质燃煤1376.45吨。

【油气管道管理】 主动协调第三方中介机构、区安监局、智远街道、东郊油库和中国石油化工股份有限公司济南分公司，对接油气管线事宜，并调度安监局相关人员和第三方中介机构到东郊油库对接辖区废弃油气管线处理，安全专家现场询问、勘查东郊油库废弃输油管线有关情况，为做好安全监督管理奠定坚实基础。

（鲁明泉）

小资料——历下老字号

“济柴”的前世是“华丰”

华丰机器厂创办于1920年，厂址在潍县，创始人滕虎忱。他虽为厂长，却行为技工，身先士卒授徒传艺，坚持信誉为先、质量第一的经营理念，使“华丰”得到较快发展，经营也由“维修”逐步转向“制造”，陆续生产出织布机、弹花机、轧花机、榨油机、斗式水车等产品，行销18个省市，并在青岛、济南、徐州、郑州等地开设营销部。据潍县史志载，到1937年，全县拥有千台以上织布机的企业达10余家，新式织布机6.5万余台，从业者有20万人，年产普通棉布6000万米，并因此获“十万织布机”的赞誉。

1931年，滕虎忱根据国家工业发展状况和世界工业发展潮流，决意生产柴油机，亲赴上海，高价购置优质机床、摇臂钻、龙门刨、气锤等设备，并购买德国人设计、英国人制造的当时最为先进的15马力柴油机当解剖标本。他不惜重金从青岛聘请来高级工程师，先后研发制造8马力、15马力、25马力、40马力卧式单缸低速柴油发动机，使华丰机器厂成为我国最早生产柴油机的企业，逐渐发展成为江北最大、全国驰名的机器制造厂。

1934年5月，国民政府铁道部分别在南京和北平举办“全国铁路沿线产品展览会”，“华丰”生产的柴油机、榨油机、织布机、救火机、弹花机、水车等得到顾客好评，受到政府奖励。

抗战全面爆发后，滕虎忱原想将企业内迁，因交通不便未能如愿。他在声言绝不与日军合作之后，便向董事会辞去总经理职务，南下内地另谋出路。日军占领潍县后，先是掠走“华丰”部分资产，后又强迫“华丰”与其合资。1941年，日军借口战时需要，以企业在潍县不安全为由，强行将“华丰”迁往济南，也就是今日文化西路济南柴油机厂旧址，将企业更名为“日华合办华丰铁厂股份有限公司”，俗称“历山工厂”，产品也由各种生产机械设备转向修理军械、制造枪炮。

抗日战争胜利后，国民政府接收了“历山工厂”，并先后更名为军政部兵工署胶济区兵工厂接收处第一分厂、联勤总部兵工署四十四厂工务处第一所。期间，滕虎忱曾向国民政府请求发还华丰机器厂的资产，但得到的答复是“戡乱期间，暂征军用”。济南解放后，“历山工厂”被华东军政委员会接管，1950年更名为济南第一机器厂，1953年8月更名为济南柴油机厂，2006年搬迁至长清区现址。

责任编校：王海燕　李　燕

商　务

大美历下系列图片　（孙燕　摄影）

商　务

商贸服务业

【概况】 2018年，历下区商务局围绕市委建设“大强美富通”现代化国际大都市的宏伟目标和区委建设全省首善之区的总体部署，坚持改革创新，切实履职尽责，推动历下商务工作全面健康发展。全年全区社会消费品零售总额完成1057.1亿元，比上年增长10.4%；限额以上社会消费品零售额完成511亿元，增长9.7%，对全市的贡献率为47.4%；净增限上企业18家，超额完成计划任务。货物进出口额67.18亿元，增长5.5%。

【商贸流通业发展】 牵头历下区八大百亿产业中的现代商务、商贸流通两大产业，商务工作在全区的地位和作用更加突出。争创国家级特色街区取得突破。世贸宽厚里和泉城路商业街先后获评“中国商旅文产业发展示范街区”和“中国著名商业街”荣誉称号。持续开展“历下品牌欢乐购”节假日促消费活动，举办首届“十佳”餐饮单位评选活动，成为历下特色品牌。“齐鲁美食汇”项目顺利实施，17家餐饮老字号和新兴鲁菜品牌、15家各地传统名吃、40款山东特产、“伴手礼”落户宽厚里，实现全省各市品牌全覆盖，该项目成为省会城市新名片和全市商务新亮点。

【对外贸易】 加快货物贸易转型发展。支持外贸新业态发展，9610模式下跨境电商企业首次实现海关统计，配套扶持政策及时到位。组织企业参加首届国际进口博览会，共有21家企业参展。推进服务贸易快速启动。印发《历下区关于加快服务贸易创新发展的意见》，为服务贸易稳步发展提供根本遵循。提高园区聚集效应。贸易便利化在国贸电商产业园区着手试点，效果明显。推进对外劳务合作。组织参加“春风行动”等大型招聘会，对外劳务合作有序推进。

2018年6月21日，区委副书记尹红梅（右二）走访调研重点商贸企业

【电子商务】 依托利宝互助产业园，成立全市首家产业互联网联盟，34家联盟单位强强联手，进一步推动互联网与产业融合创新发展。大力开展供应链体系建

设。依托产业互联网，构建 B2B 新型供应链体系建设，历下区 3 家企业通过商务部供应链体系建设中期评估。加快新媒体应用，服务商贸领域发展。组织开展抖音、快手等新媒体学习交流活动，研究探索区块链等新技术在商务领域的应用。

【市场环境】 制定《历下区商务系统 2018 年度行政执法工作实施方案》《2018 年历下区“双打”工作方案》，联合相关部门开展执法整治行动。完成汽车销售备案企业 27 家，促进监管一体化。通过联合办公、联合执法等方式，处理 12345 热线投诉，做到依法监督、及时回复，累计处理 4745 件，办结率 100%。

【服务民生】 深入推进“533”（五深入、三加强、三提升）工程。结合拆违拆临，引导商家新建改造菜市场 23 处、肉菜店 12 家、便民超市 2 家，新增早餐车 11 辆、早餐服务点 50 处。加快推进社区智能化建设。引入飞牛便利店、苏宁小店、无人超市等新业态，建设智能化便利店 25 家、无人超市 1 家。投入 35 万元对全区 20 处菜市场安装免费无线 WiFi。加强肉菜追溯体系建设。制定《在全区规模超市、肉菜店建设肉菜流通追溯系统工作方案》并组织实施。肉菜追溯系统市级节点 52 个、区级节点 126 个。家庭服务业管理水平明显提升。成立家庭服务业联盟，举办全区家庭服务业诚信单位和金牌服务员评选活动。

（曲　扬）

招商引资

【概况】 2018 年，引进市外资金 147 亿元，增幅 30.3%，实际到账外资 33.92 亿元，增幅 51%，总量排全市第二。全年上报全区新签约过亿元项目 169 个，总投资 2628.22 亿元。经市认定历下区签约过亿元项目 76 个，总投资约 1499.72 亿元，到位资金 599.73 亿元，项目数排名第一。全年完成利用外资 5.02 亿美元，完成年度计划的 141.97%。2018 年，区投资促进局获评省级文明单位、2017 年度全市招商引资工作一等奖、2017 年度科学发展观考核先进单位。2018 年 7 月受济南市委、市政府表彰，被评为济南市“出彩型”好团队。其中，局项目促进科被评为济南市工人先锋号，办公室被评为济南市巾帼文明岗。

【招商成果】 2018 年，召开招商引资碰头会 9 次，上会项目 89 个，落地项目 44 个，续谈项目 29 个。其中，产业金融类项目 35 个，总部类项目 15 个，现代商务类项目 7 个，商贸流通类项目 6 个，地产建筑类、科技服务类项目均为 4 个；山东铁路投资控股集团有限公司、齐鲁交通投资有限公司、山东渤海湾港口集团、山东东明英伦石油有限公司、安盛天平财产保险山东分公司、山东锦尔泰精密压铸有限公司、山东颐养健康产业发展集团有限公司、山东高速建设管理集团有限公司等重点企业和行业龙头企业顺利落地，成为下一步区财政收入的有力支撑。

【招商推介】 2018 年，结合历下区对外推介需求及当前趋势，策划制作《2018 历下区投资指南》宣传册、《2018 历下区投资指南》宣传折页、《新动能 · 新高地》中央商务区宣传片等基础资料，并根据需要动态更新；制作招商推介 U 盘，集合区情、宣传片、宣传册、政策等内容，便于携带，在商务洽谈及出访互动中宣传历下区营商环境。与仲量联行、中国国际跨国公司促进会等知名招商中介机构合作，成功举办“聚历下、促发展”济南CBD国际投资发展大会、中国金融峰会暨历下区招商引资推介会等活动，参与山东省首届儒商大会、2018跨国公司（济南）高层对话会、全国工商联主席高端峰会、第十一届中国（济南）国际信息技术博览会、第七届山东文博会等重大区域性招商活动，共签署合作协议45份，总金额1600余亿元。组织参加第二十届中国国际贸易投资洽谈会（厦洽会）、首届中国国际进口博览会等高端展会，在北京、上海、杭州举办招商推介活动，拓展优质资源对接渠道；赴北京、上海、广州、深圳、南京、苏州等地拜访考察企业，对接洽谈项目；在西雅图举办中美企业协同创新合作论坛，为项目对接、双向培育跨境科技创新企业搭建国际化平台。

【招商服务】 出台《历下区建立“服务大使”工作机制推进重点招商项目实施办法》，全区32个部门和单位共计98名工作人员出任服务大使。打造历下企业高管特色品牌，经招标确定济南市第八人民医院、银丰生物、四季车服为服务主体，为历下区重点纳税企业高管人员、招商引资新引进企业高管人员，提供健康管理、就医绿色通道、基因检测服务、车辆清洗、年审服务，使企业高管把更多精力投入经营发展的同时，发挥以商招商的作用，宣传历下区优势资源和优质服务，吸引更多实力企业入驻历下区。

为促进“服务大使”工作机制高效有序运转，更加专业、精准、高效地服务于全区投资企业和项目，服务大使与区内的外商投资企业形成“结对子”的工作模式，对工作台账实行季度报送制。树立以企业为本的服务理念，实地了解外商投资企业在经营过程中遇到的困难和需要解决的问题。

帮助符合政策兑现条件的企业，进行优惠政策的申报工作。根据《济南市人民政府关于积极利用外资若干措施的通知》政策，2018年协助区内符合奖励政策的9家外资企业进行申报、审核，申报政策奖励金额3823.14万元。

【重点项目简介】 **山东铁路投资控股集团有限公司项目** 注册资本为484.57亿元，功能定位为支持山东综合交通特别是高铁等重大基础设施建设，推动产业融合、协作发展的投融资主体；承担山东铁路建设的主体职责，统筹推进铁路发展战略研究、规划编制、项目前期工作，负责铁路项目融资和投资、工程施工管理和建设协调、铁路沿线及站场土地综合开发，参与建成铁路的运

香港推介会

营管理；参与机场、港口等其他交通基础设施建设；利用多种融资工具吸纳社会资本，实现多元化运作经营，预计2023年总资产将达到4000亿元。

齐鲁交通投资有限公司项目　是齐鲁交通发展集团有限公司的全资子公司，注册资本10亿元，是集团公司对外合作平台和投融资平台，肩负投资管理、基金运作、资产管理等资本运营职责任务。作为集团的投融资平台，齐鲁交通投资有限公司投资约8.5亿元购买了银丰财富广场D栋商务办公楼，建筑面积约4.35万平方米，其中3.35万平方米由齐鲁交通发展集团有限公司及其控股子公司办公使用，剩余约1万平方米闲置空间用于对外出租开展招商引资。至年底，与多家国内外知名500强企业对接洽谈，拟将其引进历下区。

山东渤海湾港口集团有限公司项目　山东渤海湾港口集团有限公司是山东省政府批准设立，由山东高速集团控股的国有企业集团，以整合东营港、潍坊港、滨州港三港全部国有及非国有港口资产，统筹各港口所涉岸线、航线资源为目的，统一负责渤海湾港口及岸线的规划、投资、建设和经营管理，注册资本金135亿元人民币。

山东东明英伦石油有限公司项目　山东东明英伦石油有限公司（以下简称“东英石油”）是由英国BP石油公司（以下简称“BP”）与东明石化集团（以下简称“东明石化”）合资设立的零售油销售终端，注册资本金18.6亿元，其中东明石化出资9.5亿元，占股51%，BP以外资形式出资1.43亿美元，占股49%。东明石化作为中国最大的地方炼化企业，已有30年历史，目前总资产达到300亿元。BP是世界五大国际石油公司之一，业务覆盖全球70多个国家，年营收额超过2000亿美元，在广东省和浙江省与中石油、中石化合资经营超过740家双品牌加油站，每日销售超过1200万升汽柴油，服务约40万名客户。

（任晓宇）

国际贸易

【组织会展】　组织辖区企业参加国内外会展，完成市贸促会的重要指标。5月，区委副书记尹红梅随历下区支会，带领企业参加2018年“魅力济南”（福州）投资合作洽谈会、“21世纪海上丝绸之路博览会暨第二十届海峡两岸经贸交易会”。9月，参加广西南宁“第十五届中国——东盟博览会”。11月，参加上海“首届中国国际进出口博览会”等产业招商项目推介会和大型展（博）览会，为企业开拓市场打下坚实基础。

【招商引资】　坚持把招商引资作为贸促会经贸工作的“火车头”，作为主要领导抓经济工作的第一要务，以招商引资的大突破助推经济大跨越。至年底，贸促会完成招商项目3个，招商引资金额1.5亿元，完成进度150%。

【境外市场拓展与项目资金申报】　根据济南市贸促会《关于落实2018年度境外市场拓展项目引导资金申报工作通知》的文件精神，按照市贸促会对于本年度申报工作的新要求，经过市、区层层审批，济南汉格进出口贸易有限公司、山东阿维化工有限公司成功申请济南市开放型经济发展引导资金7.86万元。

（张　苇）

责任编校：王海燕　李　燕

小资料——历下老字号

南圩外的“五大牧场”

昔日“五大牧场”的旧址在南圩子中山门外，也就是今日文化西路东首路南。1934 年出版的《济南大观》是这样记载的：五大牧场在中山圩门外，电话五五四。新建房舍规模较大，设备完善。经理武竹轩系南京金陵大学毕业。内畜纯种瑞士乳羊一百七十余只、纯种荷兰乳牛十余头，至饲养、取乳均能注意消毒，慎重卫生，并聘有专门兽医担任注射防疫检查，牛、羊及其乳汁等项工作营业方面颇称发达。该场除牛、羊乳外，并出售德国纯种狼犬。该场为扩充营业起见，牛、羊奶较他场为廉，牛乳每瓶八分，羊乳每瓶一角。

“五大牧场”创办于 1932 年，创办人是徐眉生、高霁轩、菅华三、武芳林、曹子固。五人当初创办“五大牧场”属于第二职业。

“五大牧场”在创办之初资金较为匮乏，五人凑了 750 元作为开办经费，租赁废弃的白衣庵做场址，饲养 40 头瑞士奶山羊。由饲养山羊经历的武芳林出任经理。关于牧场的名称，因为是由五人发起创办，而且又都是大学毕业生，所以就定名为“五大牧场”。

“五大牧场”成立之初，主要是产销羊奶。奶羊选用的是瑞士品种。为避免近亲繁殖，牧场为羊籍建立了卡片系谱，并实行选种交配。同时，在饲养管理、品种改良、疾病防治等方面，也制定有一些行之有效的管理制度。为了吸收先进经验，他们还订阅多种国内外有关畜牧业的报刊，加入美国哥伦比亚养羊学会。通过两年多的经营后发现，奶羊适合于家庭饲养，不适宜办牧场，于是，投资者们便改变经营方向，饲养奶牛，销售牛奶。

1935 年，他们将其饲养的奶羊全部转让给南京牧场，开始着手筹办饲养奶牛事宜。从日本人开办的牧场中，买回产奶量较高、价格较优惠的奶牛。按照美国人设计的标准修建牛舍、水塔，敷设了管网。由于卫生设施较好，符合当时有关乳品卫生的规定，“五大牧场”曾经在华北地区的评比中获得头名。

由于战事影响，“五大牧场”生产经营逐年下滑，跌入惨淡经营。济南解放后，“五大牧场”的经销逐渐恢复。1955 年 9 月，资方请求公私合营，获准后被并入济南畜牧公司，后逐渐发展形成三个牧场和两个牛奶加工厂，即济南乳品厂和牛奶食品厂。随着国家经济政策和企业自身的发展变化，济南畜牧公司先是改名为济南乳品公司，而后又改名为济南牧工商公司、济南农工商公司，1999 年 4 月更名为济南佳宝乳业有限公司。

责任编校：王海燕　李　燕

历下年鉴

2019 LIXIA YEARBOOK

财税·金融

大美历下系列图片 （于德汶 摄影）

财税·金融

财　政

【概况】 2018年，历下区财政局主动适应经济发展新常态，贯彻全市打造“四个中心”（打造全国的区域性经济、金融、物流中心和科技创新中心）和全区“五区共筑”（经济发展引领区、金融集聚核心区、省会形象展示区、泉城文化传承区、文明宜居样板区）战略部署，把握“稳增长、控支出、强管理、保平衡”工作主基调，坚持以“首善标准”履行财政职能、拓展财源税基、深化预算管理，为全省首善之区建设全面推进、全面提速、全面突破提供有力保障。应对各类不利因素，聚焦关键，主动作为。

【财政收入】 面对政策性减收等多重压力，区财政局充分发挥增收“协调者”作用，综合施策，全年完成财政收入144.2亿元，在全省137个县（市）区中，总量排名第三，在全市11个县市区中，总量稳居首位，是天桥、槐荫、济阳、长清收入的总和；税收比重93.5%，位列全市第一，高于全市10个百分点。加强经济形势分析研判，密切关注国家税制改革、省对市县财政体制调整等政策动向，加强财税收入动态分析和工作研判，强化信息分析，挖掘征收潜力，确保收入组织工作持续稳定。

【财政支出】 全区支出完成80.76亿元，其中用于民生60.43亿元，占支出比重74.82%。有力支持教育均衡发展、卫生健康普惠、城乡社区统筹等全区经济社会各项事业的发展。

历下区2018年财政收支明细表

单位：万元

预算科目	当年完成	上年同期完成	增减额	增减比例
一般公共预算收入合计	1441898	1307865	134033	10.25%
税收收入小计	1347609	1209878	137731	11.38%
国内增值税	128877	145888	-17011	-11.66%
改征增值税	313648	300856	12792	4.25%
营业税	2612	2707	-95	-3.51%
企业所得税	249008	199768	49240	24.65%
个人所得税	119200	97589	21611	22.14%
其中：利息所得税		1	-1	-100.00%
资源税（水资源税）	743		743	
固定资产投资方向调节税				

续表

预算科目	当年完成	上年同期完成	增减额	增减比例
城市维护建设税	78096	73032	5064	6.93%
其中：成品油价格和税费改革收入划出	-20076	-20639	563	-2.73%
房产税	59322	51926	7396	14.24%
印花税	30139	27437	2702	9.85%
城镇土地使用税	17718	17923	-205	-1.14%
土地增值税	127841	128778	-937	-0.73%
耕地占用税	144	12	132	1100.00%
契税	193715	139418	54297	38.95%
车船税	26447	24544	1903	7.75%
环境保护税	99		99	
非税收入小计	94289	97987	-3698	-3.77%
专项收入	57753	58100	-347	-0.60%
排污费收入				
教育费附加收入	33260	31206	2054	6.58%
其中：成品油价格和税费改革收入划出	-8476	-8714	238	-2.73%
地方教育附加收入	16876	16167	709	4.39%
森林植被恢复费		11	-11	-100.00%
水利建设专项收入	7616	10716	-3100	-28.93%
行政事业性收费收入	11478	8850	2628	29.69%
罚没收入	1699	1435	264	18.40%
国有资本经营收入				
国有资源（资产）有偿使用收入	22580	28857	-6277	-21.75%
场地和矿区使用费收入				
水资源费收入	29	183	-154	-84.15%
利息收入	2336	3141	-805	-25.63%
非经营性国有资产收入	16374	21862	-5488	-25.10%
其他国有资源（资产）有偿使用收入	3841	3671	170	4.63%
捐赠收入		166	-166	-100.00%
政府住房基金收入	779	510	269	52.75%
其他收入		69	-69	-100.00%

续表

预算科目	当年完成	上年同期完成	增减额	增减比例
一般公共预算支出合计	807661	626020	181641	29.02%
一般公共服务	151804	111965	39839	35.58%
外交				
国防	1142	1248	-106	-8.49%
公共安全	27090	20640	6450	31.25%
教育	177389	166409	10980	6.60%
科学技术	5314	5950	-636	-10.69%
文化体育与传媒	28305	5155	23150	449.08%
社会保障和就业	101940	89423	12517	14.00%
医疗卫生与计划生育	49483	48679	804	1.65%
节能环保	15753	7534	8219	109.09%
城乡社区	210233	132702	77531	58.42%
农林水	9416	8988	428	4.76%
交通运输				
资源勘探信息等	8111	4983	3128	62.77%
商业服务业等	2275	2760	-485	-17.57%
金融	2850	2649	201	7.59%
援助其他地区	2733	2621	112	4.27%
国土海洋气象等	6692	4808	1884	39.18%
住房保障	259	6880	-6621	-96.24%
粮油物资储备支出				
其他支出	6793	2302	4491	195.09%
债务付息支出	79	324	-245	-75.62%
政府性基金支出合计	856484	61917	794567	1283.28%
教育				
文化体育与传媒	807	361	446	123.55%
社会保障和就业				
城乡社区	853985	59377	794608	1338.24%
国有土地使用权出让收入及对应专项债务收入安排的支出	843948	54263	789685	1455.29%
征地和拆迁补偿支出	632787	37000	595787	1610.24%

续表

预算科目	当年完成	上年同期完成	增减额	增减比例
土地开发支出	203395	14965	188430	1259.14%
城市建设支出	4683	2298	2385	103.79%
保障性住房租金补贴		5114	-5114	-100.00%
其他国有土地使用权出让收入安排的支出	3083		3083	
城市基础设施配套费及对应专项债务收入安排的支出	10037		10037	
城市环境卫生	574		574	
城市公共设施	6731		6731	
其他城市基础设施配套费安排的支出	2732		2732	
农林水				
商业服务业等		5	-5	
资源勘探信息		298	-298	
其他支出	1692	1876	-184	-9.81%

【预算管理】 突出制度规范化建设，严格按照人大批复的预算，对“三重一大”（重大决策、重要干部任免奖惩、重大项目安排和大额度资金使用事项集体决策制度）事项进一步规范审批和操作程序，对资金审批的流程再梳理、再简化，将涉及棚户区改造、新旧动能转换、预算管理等12项政策制度汇编成册，并印发给全区预算单位，从制度上压实预算管理执行基础。突出债务全口径管理，加强债务预算管理，将债务和隐性债务全部纳入全口径地方债务系统动态管理，研究制定以2027年为时限的具体化解方案，债务风险整体可控。突出国资管理创新，推动国资管理向重资金重资产转变，出台管理办法，规范国有资产转让、置换、调拨及报损报废行为；研发信息系统，在全省率先实施国资管理个人年审制度，将管理重心由公家细化到每个人，打造单位管总、专管员组织指导、个人管理使用的工作体系。突出资金效益优化，扎实做好常规性预算管理的同时，精心选取重点民生项目试点开展绩效评价，打好预算管理、采购管理、支出进度提前量，推进269个项目的预算评审工作，审减率15.2%，财政资金使用效率不断提高。

【民生财政建设】 坚持以群众需求为中心思想，优化支出结构，提高资金使用效益，全面保障和改善民生，全区人民群众的幸福感和获得感得到提升。着力优化教育资源配置，有效解决中小学大班额问题，推动校舍改造，免校服、免保教费、免课本费等惠民措施得到落实。提高社会保障水平，为辖区80岁以上老人发放高龄补贴，为养老困难老人提供政府买单居家养老服务，保障优抚、低保、五保等生活困难群体生活补助足额发放，提高城乡居民养老补助标准。推动基本医疗卫生服务均等，保障基本药物零差价补贴、医药卫生体制改革和基本药物制度改革，连续提高城乡居民

历下区财政局预、决算技能竞赛活动

医疗和基本公共卫生补助标准。致力提升城市人居环境，支持河道疏浚、拆违拆临、建绿透绿、开放小区实施环境综合整治及基础市政设施改造提升的开展，大气污染防治、既有建筑节能改造、海绵城市建设、生态惠民均取得扎实成效。

【财税改革与财政管理】 加强资金监督管理，牢固树立“过紧日子”思想，制定差旅费、培训费、公务接待费、临时出国经费等管理办法，形成厉行节约“一个意见，六个办法”制度体系，同时强化财政监督，抓好民生政策和资金落实情况跟踪检查，特别是专项资金检查、会计信息质量检查、“三公”经费使用情况和“小金库”专项治理的监督检查。加强和规范政府债务管理，实施政府债务限额控制，建立健全防范政府债务风险应急机制，有效控制区级政府债务规模，降低政府运行风险。推进区级国库集中支付改革，落实历下区预算单位资金支付责任，在安全支付前提下完善便捷用款和网上审批流程，推动预算资金又好又快落地。全力推进国库集中支付改革以及公务用车管理改革。深化财政投资评审和政府采购监管，逐步扩大评审范围。

牢牢抓实管理责任，推进国有资产管理机制科学化。探索并在全省率先实施国有资产管理个人年审制度，实现资产信息、个人信息与资产年审信息紧密关联，压实管理使用责任。以强化国有资产“具体使用人、责任人”职责为抓手，将国有资产个人年审制度落实到国有资产管理、使用、流转、处置等环节；完善任中、离任审计和资产年度报告的“单位”责任、强化登记变更、资产年审、岗位变动的“个人”责任，将资产信息、个人信息与资产年审信息紧密关联，实现国有资产监管重心由“单位”细化到“个人”，进一步建立健全国有资产管理追踪监管机制和信息化联动监管机制。

【非税收入划转】 按照党中央、国务院决策部署，为降低征纳成本，理顺职责关系，提高征管效率，为纳税人提供更加优质高效便利服务，非税收入征管职责划归税务部门承担；为提高社会保险资金征管效率，将基本养老保险费、基本医疗保险费、失业保险费等各项社会保险费自 2019 年 1 月 1 日起由税务部门统一征收。

（邸　莹）

税　务

【概况】 2018年，贯彻党的十九大精神和习近平新时代中国特色社会主义思想，围绕全面推进新时代税收工作高质量发展的目标，坚持“稳中求进、进中向好、高质发展、真抓实干”的工作原则，以组织收入为中心，推进机构改革、扫黑除恶、征管改革、智能办税、人才强税等重点工作，各项工作稳步推进。

【机构改革】 局班子凝聚改革共识，成立领导小组，下设十个工作组，形成“1+10”（1个领导小组+10个工作组）工作体系，历下区成立“国税地税征管体制改革专项组”，并召开全区税务机构改革座谈会。7月20日，在市税务局和区政府领导的见证下，历下区税务局顺利挂牌，标志着国税地税正式合并。10月25日，召开干部会议宣布“三定”落实情况；10月30日，区税务局派出机构完成挂牌并发布对外公告；10月31日，召开党委会明确党委成员职责分工。

【依法收税】 全面落实年初制定的税收收入计划，坚决依法收好税，坚决不收过头税、坚决落实减免税、坚决打击偷骗税，税收收入平稳增长。2018年，完成各项收入共计308.23亿元，同比增长6.47%，增收18.74亿元。其中，区级收入完成143.38亿元，同比增长10.27%，增收13.35亿元。

【落实优惠政策】 2018年，共落实各项减免税186.14亿元。其中，改善民生减免税10.90亿元，鼓励高新企业技术减免税3.46亿元，促进小微企业发展减免3.08亿元，支持文化教育体育减免1.58亿元，支持金融资本市场减免117.78亿元，支持三农减免1.86亿元，转制升级减免4858万元，节能环保减免2656万元，支持成品油、医疗卫生、交通运输、公益等其他各项事业减免46.68亿元。

【税收分析】 成立税收分析领导小组，重点做好经济运行分析、政策效应分析、税收形势分析及税收风险分析。及时了解宏观经济形势，针对政策性因素做好深入分析，针对政府关注的热点问题进行专题性分析，当好领导决策的参谋助手。对重点行业和特色行业进行针对性的专题调研，在第一手资料的基础上进行加工整理，以形成有理有据有建议的专题分析。在《山东税务研究》《济南税务研究》上发表多篇税收科研文章。

2018年7月20日，国家税务总局济南市历下区税务局正式挂牌成立

【依法治税】 贯彻落实依法行政工作领导小组会议制度和会前学法制度，组织召开依法行政工作领导小组会议，通过学习明确税收违法犯罪行为法律依据与法律责任，强化积极应诉、规范应诉法治意识，进一步提高管理水平与执法能力，提高依法应诉的能力，以适应当前的诉讼形势。组织开展季度税收政策解读会，加强法制信息宣传，及时总结提炼要点编写信息。

【示范基地创建】 召开专题会议，细化法治示范点建设各项评价标准，逐项分解落实到具体工作部门，明晰各部门工作任务及完成时限。职责分明，上下协力，形成齐抓共管的工作氛围。通过跟踪督导、专题座谈，全面把握各部门创建工作开展进度和资料整理情况。及时总结提炼相关信息，搜集相关材料，按要求将争创材料上报市局，以保证创建工作的顺利开展。

【创新内控指标设置】 针对不法分子利用故意错填增值税纳税申报表附表二8b栏次进行虚开专票的违法行为，创造性地提出企业利用增值税纳税申报表虚假申报暴力虚开内控指标建议，通过内控平台查询分析、风险监控的功能对此类违法行为进行有效预防，对相关犯罪分子进行有力打击。在市局指导帮助下，通过设置内控自定义指标测试扫描出1—5月相关数据98条，涉及企业60户，通过分析初步确定其中有41户存在虚开增值税专用发票嫌疑。此自定义指标的设置运行可使各基层局结合本局情况实时对管辖范围内的纳税人进行扫描，及时发现疑点纳税人，解决发现查处相关暴力虚开企业的滞后性问题，可有效防止国家税款流失。该项工作得到省税务局纪检组长周增的肯定性批示。

【“无声大厅”建设】 搭建“历下税务”微信公众服务号，为纳税人提供智能导税服务，实现人机互动，线上交流。通过使用微信叫号、引导，构建起高效、便捷的“无声大厅”。通过微信平台远程实名，纳税人利用手机“刷脸”功能，上传身份信息，微信后台与公安部系统联网，解决特殊情况下人员无法到场实名的情况，化解纳税人办税难题。

【“掌上课堂”设置】 设置学堂专栏，开通“精品课”，将各项业务流程和政策答疑制作成图文并茂的知识课件并制成“二维码”向纳税人推送，设置微信“关键词”自动回复，方便纳税人快速获取。历下税务微信服务自4月15日上线以后，关注人数4.6万人，微信取号量23.9万次，“办税找我”点击量6.7万次,“服务问我”点击量8.1万次，推送文章66篇，阅读量累计超16.22万次，与纳税人后台互动7546人次，回复信息2.4万条，赢得广大纳税人的普遍赞誉，并得到省委常委、市委书记王忠林的肯定性批示。

【“广征差评开展”】 开展税收营商环境调查培训5期，形成税收营商环境自查报告，日常通过微信平台收集整理纳税人意见建议，有针对性地对纳税人认为不合理的工作流程进行调整，对纳税人切身利益需求增加关注，对管理机制设计不到位的进行改进，实际工作中从简化办税流程、减少报送资料、落实优惠政策、创新服务模式入手，进一步减少纳税时间，让征纳双方切实参与到税收工作改革中，共同推动税收现代化、人性化、科学化发展。8月22日，国家税务总局微信公众号推送《求差评、办税预报——税务部门创新服务也是蛮拼的》，报道历下区纳税服务工作“求差评”取“真经”的做法。

【征管流程规范】 做好改革期间征管工作过渡性安排，明确职责分工和处理流程，实现纳税人只跑一次，原国地税工作人员同步处理、同时流转、一次办结，做好新机构征管工作的衔接，为有序推进各项改革工作打下坚实基础。以落实总局《全国税收征管规范》为抓手，制定《退（抵）税费审批工作指引》及《退税审批资料交接单》，对退税审批事项的责任分工、流程流转、资料审批和交接进行明确规定和科学规范，推进审批流程的规范化、制度化。

【个税改革】 成立个人所得税改革专项工作领导小组，统一部署过渡期准备、过渡期改革落实及新税法全面实施 3 个阶段的各项重点工作，通过明晰工作任务、建立工作机制、压实工作责任、加强宣传培训、组建人才队伍等举措，全面落实“六大类”“22 项改革事项”和“27 条具体工作任务”。对 771 户省市区三级财政统发单位开展 4 场政策培训，通过面对面、点对点、上门服务以及信息推送等多种渠道，对区局 4520 户有税额的扣缴单位做到面对面培训 100%，向区局 48038 家个税申报单位推送个税宣传材料。开展纳税人和扣缴义务人专项培训，培训 2000 余人。

【社保费划转】 多次召开局长办公会就相关事项进行集体研究，成立局社会保险费和非税收入征管职责划转工作办公室，印发工作方案，明确任务分工及时间进度。走访财政局、社会保险事业局以及人社局下设管理的历下区医保办、历下区居民养老服务中心、历下区机关事业保险办公室等部门，全面调研，明确征收范围、征收方式、征收流程，分析收入规模、预计趋势等。邀请济南市社会保险事业局历下办事处到税务局开展社保费基础知识培训。做好残疾人就业保障金缴费宣传和有关事项指引，向缴费人明确征收流程和具体要求。

【办税事项当办即办】 严格遵守“一次办好”“一次办成”改革措施，对办税事项“最多跑一次”清单内容进行逐项梳理，纳税人在税务部门办理各类业务，在资料齐全符合法定要求的前提下，实现当场即办；需要审核的在规定时限内办理。推行电子化签章，实行无纸化办税，落实“全程网上办”清单，纳税人可以直接在网上申请办理报告、变更、发票、申报、备案、证明等 61 项涉税事项，纳税人利用网上平台实现非接触式业务办理，税务预审通过电子信息传递。按规定要求落实各项税收政策，为纳税人提供高效便捷的办税服务，确保优惠政策惠及到纳税人，对符合政策的纳税人实行即报即享、应享尽享。

【整合资源一站办理】 按业务类别划分自然人业务和企业业务区域，打通流程节点，归并关联事项，合并同类流程和窗口。整合导税、咨询、窗口、坐席人员，按需调岗，深化业务衔接。取消单一窗口职能，扩大综合窗口业务受理范围，实现各税种业务全面指导、预审全方位覆盖，实现申报、征收、代开、注销、迁移等业务“一窗受理—内部流转—限时办结—窗口出件”。

【新办纳税人“零跑腿”】 与市场监督管理局协作，在其业务办理大厅增设税务咨询窗口，新办纳税人在网上办税平台完成登记信息确认、增值税一般纳税人登记、财务会计制度及核算软件备案、发票票种核定和专用发票最高开票限额申请，进行线上税控设备领购付款，办税服务厅接收信息后，通过邮政快递邮寄税控设备，实现纳税人“零跑腿”。年底，历下所辖新办纳税人通过网上办理登记比例达到80%以上，办理时间缩短40%，有效降低征纳双方的时间成本。

【税源专业化管理】 调整税源管理部门管辖户数，实现第二税务所集中管辖所有千户集团企业，重新划分基础税源管理部门管辖的街道办事处，平均分配各税源管理部门的管辖户数，均衡各税源管理部门的工作量，为构建税源专业化管理团队和与税源专业化管理模式相适应的税收业务流程打下基础。成立税源专业化管理模板制定小组，建立重点行业的税源管理模板，按照“建立模板—采集数据—应用模板—发现问题—强化管理”的流程，实现精细、有序的税源监控。

【征管效能提升】 加强欠税清理，共完成欠税核实1061户，多缴税金核实154户，清理欠税户899户，清理欠税金额9515万元。通过纳税人学堂实行动态推送短信提醒等提升实名认证率，共推送短信61491条，共新增认证纳税人48423户，认证覆盖率由推送前的47.94%提升至70.26%。开展影视行业自查自纠，规范影视行业税收秩序。发放税务事项告知书356户次，科所辅导纳税人自查自纠400余户次，发现涉税风险疑点336条，共辅导27户纳税人补缴税款及滞纳金633.4万元，14名自然人补缴税款43.26万元。

【简易注销模式探索】 以对纳税人风险分级分类为基础，以便利化办税为导向，制定《注销清税申报管理工作指引》，推行企业注销清税申报分类分级管理，按纳税人税收规模、行业特征、风险程度等要素对企业分别以简易注销、检查注销方式进行注销。年底，办税服务厅每月受理注销业务300户左右，其中简易注销230户左右，占每月注销总业务量的77%左右，简易注销办结率100%。

【精细管理税种】 加强货劳税管理。继续全面做好营改增后续管理工作，做好福利企业退税管理工作，深化增值税改革，落实增值税留抵税额政策，做细做实做好增值税发票风险快速反应专项工作。加强所得税管理。全面落实好企业所得税优惠政策，扎实做好高新技术企业认定工作，加强个人所得税全员全额明细申报工作管理。加强国际税收和非居民企业管理，积极落实税收协定政策；做好非居民企业收入分析工作，按月开展资本流动分析，进一步做好“走出去”纳税人基础信息工作。加强土地增值税管理。做好土地增值税清算管理，审核应补缴土地增值税项目2个，补缴入库税款1.32亿元；审核应退项目1个，办理退税1022.55万元。加强水资源税、环境保护税管理。水资源税共申报48户，入库税款739.38万元。环保税开征后，有33户企业进行申报，其中22户为经核实的环保税纳税人，共计入库环保税99.49万元。加强非居民企业税收管理。夯实“走出去企业”征管质效，落实关联交易数据核对工作，落实税收协定政策，做好情报交换和非居民企业收入分析。做好车购税征收工作。2018年，车辆购置税办税服务大厅共征收车辆数量28828辆，征税金额2.8亿元，免征车辆367辆，免征金额567.24万元；退税车辆数 10 辆，退税金额 13.63 万元。

【出口退税便利化】 开展“大走访、大调研、大服务”活动，共派出走访小组 32 次，发放并收回调查问卷 75 份，走访企业 75 户，组织外贸出口企业、生产出口企业、对美出口企业三场分层座谈会。推进出口退（免）税无纸化管理，累计试点户数 188 户，试点企业共申报退税额 21997 万元，占全部出口企业申报退税额的 78.50%；审核通过退免税 21897 万元，占全部出口企业审核通过退（免）税额的 81.40%。审核外贸企业退税资料 1546 余册，审核生产企业退税资料 177 余册，开具代理出口证明、委托出口证明、退运证明、来料加工证明等各类证明 96 份，对外发函 26 份，为出口企业实际办理退税 2.7 万元。成功防范 2 起涉嫌骗税案例，涉及金额 1806 万。

【税收风险管理】 发挥风险应对专家团队作用，定期召开风险应对成员单位例会，编制《金税三期风险应对操作指南》。风险应对任务推送累计入库税款 1.59 亿元，入库滞纳金 230 万元。房地产经纪行业专项检查评估查补税款 9.41 万元，滞纳金 1.38 万元。协查案件 343 户次，涉及发票份数 8420 份，涉及发票金额 9.67 亿元，税额 1.61 亿元，累计按期回复率 100%。处理 3 起稽查专案，其中 2 起入库税款 134.93 万元，入库滞纳金及罚款 55.48 万元。数据质量整改工作中修改异常数据 47565 条。

2018 年 12 月 11 日，区委书记马玉星（右四）到区税务局调研

【数字人事示范建设】 建立数字人事联络员制度，利用数字人事微信群、宣传栏、板报做好宣传培训，每天编发一期“微视频”课件，印制操作流程图表，坚持常监控、常提醒、常督促、常通报，提前 10 天完成省市局对区县局扩围上线的工作要求。强化绩效管理，落实 2018 年国务院大督查自查工作，按照上级推送的重点逐项自查，限期整改，按单销号。拟制《2018 年创新、特色工作任务进度表》，针对 12 个部门的创新、特色工作的开展进度、完成情况进行案头检查督办。

【专项检查】 开展机构改革专项监督检查，对落实政治规矩、机构编制使用、固定资产管理、财经保密纪律和执行中央八项规定精神的情况进行逐项梳理排查，制定问题应对预案。对办公用房、固定资产进行清查，按照专项整治工作时间节点、范围和工作步骤抓好落实，推进改革过程中“六大纪律”以及“四个确保”“六个严禁”“三个不准”等纪律要求的贯彻落实，对存在的问题立即整改，引导全体干部在改革中明纪律、知底线、守规矩。严格考勤制度、请销假制度、值班制度、办公秩序及着装纪律等，以专项检查促进工作作风不断向好。紧盯重要节点，重申省税务局“60个严禁”。对办公用房、公务用车等问题进行调整规范。做好摸排统计党员、公职人员和失联党员、失联公职人员工作，严把拟选任对象政治关、廉洁关，确保选对人用好人。开展“一案双查”以查促廉。深入自查干部作风情况，落实“一岗双责”要求，深入自查“吃拿卡要”、政商交往情况，未发现任何违法违规行为。加大对问题线索的处置力度，进行排查分析研判，做好核实核查，确保线索得到及时、有效、规范处置。

（金灿灿）

金　融

【概况】 全年完成金融业增加值350.6亿元，增幅3.6%；完成金融业税收62.63亿元，增收3.63亿元，增长6.2%，两项指标总量均占全市的42%以上，金融业保持了对区域经济社会发展的有力支撑。全区各类金融机构700余家，其中市级以上金融机构216家，覆盖政策性银行、商业银行、保险公司、证券公司等14个门类，形成传统金融、现代金融、类金融、新金融生机勃勃、共同成长的金融生态体系。

【金融监管】 每月、每季汇总分析融资担保公司和小额贷款公司的经营情况、财务状况并适时提出风险提示。强化行业服务监管，促进金融业健康发展。全力打造产金融合的金融生态圈，依托辖区金融业规模较大、门类齐全、企业聚集的优势，成立全省首家金融企业联盟，涵盖银行、保险、证券、财务公司、交易平台等金融服务机构，首批成员单位75家。引导金融机构参与全区重点片区开发、重点项目建设和招商引资工作，提高服务实体经济效率；为加强行业自律，实现信息共享、业务合作提供高效平台，推动内部融合共建。年底，历下区监管的小额贷款公司8家，融资性担保公司6家，民间融资机构5家、民资登记服务公司1家。2018年，注册资本5亿元的济南金控集团小贷公司正式成立，注册资本10亿元的济南城投民资公司成立，金控典当、金控国际融资租赁有限公司等相继落户。各类地方金融组织的设立，为中小微企业发展提供有力的资金支持，为经济社会健康发展注入新的活力。

【金融风险防范和化解】 在加快金融业发展的同时，着力做好重点领域金融风险防范和处置。采取多种方式加大对各类非法金融活动打击力度，保护广大人民群众的根本利益。成立历下区风险排查小组，联合多部门对辖区369家重点企业逐一进行风险排查、建立台账，排查“青联”“雨汛”“麦润”等互联网金融问题，及时查处“爱福家”“大连山海慧夕阳红旅行社”等数十家非法集资问题，为761名群众挽回经济损失共计1536万元。

【金融集聚区建设】 在“金九条”“招商政策”“安商稳商”等政策的基础上，继续着力加大对银行、保险等金融类企业的扶持奖励，在税收贡献、租赁和购买办公用房等方面给予最大的优惠和支持。年初，兑现2017年度41家金融企业奖励资金1.15亿元。2018年，申请“金九条”扶持政策的金融机构共38家，区级配套资金8980万元，全部发放到位。随着政策叠加效应的日益增强，金融机构、金融企业在中央商务区不断聚集，中央商务区的辐射作用已不局限于济南和省会都市圈，影响力扩大到全省乃至黄河中下游。

【济南易通城建在新三板挂牌】 12月28日，济南易通城市建设集团股份有限公司在全国中小企业股份转让系统（即新三板）挂牌。济南易通城市建设集团有限公司为济南市首家政府平台类企业在新三板挂牌。济南易通城市建设集团股份有限公司成立于2001年，注册地位于历下区，注册资本1.43亿元，主营业务为市政道路工程、城市地下管网建设等市政工程建设施工服务。12月28日，在全国股转系统正式挂牌，证券简称易通城建，证券代码873140，主办券商为中泰证券股份有限公司，股份转让方式为集合竞价，所处层级为基础层。

【全省首家金融企业联盟落户历下】 7月9日，历下区金融办携手驻区银行、保险、证券以及其他金融机构共同发起成立历下区金融企业联盟，旨在促进历下区经济金融领域的交流与合作，发挥各金融机构之间的桥梁和纽带作用，以平台之力合作互助、共促发展。首批金融企业联盟成员单位75家。金融企业联盟旨在把服务作为第一宗旨，把创新作为第一动力，把共赢作为第一目标，强化建章立制，搭建合作平台，推动融合共建，打造良好的金融生态圈。同时积极发挥桥梁和纽带作用，引导金融机构参与历下重点片区开发、重点项目建设和招商引资工作，提高服务实体经济效率。

【金融专题培训班举办】 4月22—27日，组织驻区银行、证券、保险等金融机构以及拟上市挂牌企业共37人赴浙江大学参加“2018年济南市历下区金融高管培训班”。通过学习党的十九大精神、学习企业融资创新渠道、企业上市问题解析等课程，提高大家对金融市场的认知，增强企业进军资本市场的信心，加快历下区建设金融中心的步伐。

【金融机构落户历下】 西王集团财务公司、渣打银行（中国）济南分行、国任财产保险股份有限公司山东分公司、亚太财产保险有限公司济南中心支公司、济南金控国际融资租赁有限公司等18家金融机构先后入驻发展。新设济南市金控小额贷款有限公司1家，历下区小贷公司增至8家，注册资本金达25亿元。全区6家融资性担保公司注册资本金11.26亿元。

【渣打银行】 渣打银行济南分行于2012年6月27日正式成立，成为渣打中国的第21家及山东省第2家城市分行，于2018年2月迁址至历下区龙奥西路银丰财富广场。依托渣打银行全球网络以及多样的金融产品和服务，渣打济南分行致力于成为本地客户的最佳合作伙伴和核心银行，注重与海外网络联动，并发挥渣打银行在“一带一路”以及人民币跨境业务中的优势，帮助客户运用国际资本市场和金融产品，拓宽融资渠道，从方案设计到业务处理，为客户提供无缝解决方案。

【西王集团财务有限公司】 西王集团财务有限公司于2015年8月18日经中国银行业监督管理委员会以银监复〔2015〕516号文件批准筹建，于2015年12月16日正式开业，是山东省第16家、滨州市第一家获批

2018年2月，渣打银行迁址至历下区龙奥西路银丰财富广场

成立的企业集团财务公司。

为进一步发挥财务公司职能，推动财务公司可持续健康发展，提升财务公司对集团服务支持能力，满足集团和成员单位的多元化金融服务需求，全力支持西王集团实体经济的快速发展与壮大，更好地促进集团公司对当地经济及发展的贡献能力，公司申请异地迁址筹建，将注册地变更至济南市历下区银丰财富广场B座3楼及19楼。2018年4月16日获得山东银监局异地迁址筹建批复，7月12日获得异地迁址开业批复，并于7月18日正式入驻历下区银丰财富广场。

至2018年，财务公司共对14家成员单位进行评级、授信，核定授信金额163亿元。认定6家AAA级信用企业、8家AA级信用企业，授信总金额人民币163亿元。通过资金归集为集团增加利息收入0.06亿元，通过贷款投放为成员单位放款让利0.51亿元，通过同业融入资金为集团节约利息支出0.42亿元。共为集团增加收益0.99亿元。

（于莎莎）

责任编校：王海燕　李　燕

城建·环保

大美历下系列图片　（张泉刚　摄影）

城建·环保

住房和城市建设

【概况】 2018年，区住建局统筹推进棚改旧改（征收拆迁）、城市更新、基础设施建设改造、建筑业管理、住房保障管理、规划协调服务和城市建设历史遗留问题处理、基层党的建设和机关作风建设等领域重点工作，攻坚克难、砥砺争先，开创住建工作多点开花、协调推进的良好局面。

【棚改旧改】 2018年，实施11个棚改旧改项目。其中，市级棚改安置房新开工任务1254套，实际完成开工1968套，完成156.94%；征收拆迁总任务1287户，面积31.4万平方米，实际完成1669户，40.43万平方米，完成率分别是129.06%和128.76%，上半年提前超额完成全年考核任务，在全市全年考核中，取得第二名的成绩。在全市率先实施零散棚户区改造项目，实现项目当年启动、当年完成、当年规划、当年建设，彻底改善零散棚户区居民居住条件，为全市零散棚户区改造工作顺利开展积累宝贵经验。省委常委、市委书记王忠林，市委副书记、市长孙述涛分别到历下区零散棚户区改造项目调研，对历下区零散棚户区工作给予充分肯定。

【城市更新】 实施解放东路—全福河“一河一路”特色街区更新提升工程，完成征收拆迁2.83万平方米，对沿街11栋建筑进行立面改造和夜景亮化提升，打造精品园林绿化及河道水系景观效果，全方位提升街区环境形象，凸显城市景观品味。实施133个老旧小区整治改造项目，总面积168万平方米。牵头做好老旧小区电梯加装工作，完成施工29部，正在施工70部。2018年，山东省住建厅在历下区召开老旧小区整治工作现场观摩会，对历下区老旧小区改造提升工作取得的成绩给予充分肯定。

2018年6月29日，济南市历下区建筑施工工地提升行动暨应急救援演练现场观摩会

【基础设施建设改造】 完成328栋楼体、150万平方米既有居住节能改造和冬季清洁取暖改造269万平方米，提前超额完成全年改造任务。高标准实施老龙沟、南圩子壕等4条区投资

和大辛河、羊头峪西沟等5条市投资河道整治工程，完成海晏门沟黑臭段的深度治理，重塑历下区河道内外雅致景观环境。对辖区内145万平方米的防空地下室定片区、定人、网格化监督管理，确保人防工程监管无死角，历下区完成多处早期人防工程的维护管理，人防设施平战结合水平进一步提高。

【建筑业管理】 全年累计受监项目56个，工程单体245个，先后组织开展10余项安全专项大检查，累计巡查工地813人次，全区受监工程质量安全处于总体受控状态，质量合格率和质量安全投诉处置率均100%，全年创山东省优质结构3个、市优质结构11个、省市文明工地8个，全区建设工程安全生产形势持续平稳。制定《历下区建设工程扬尘污染治理综合督查考核办法》，进一步巩固行业主管部门监管与街道属地管理相结合的工作格局，各单位和建设项目落实扬尘治理责任的积极性和能动性不断提高。加大公建节能和绿色建筑宣传推广力度，扎实开展建筑节能墙材验收，不断提高建筑节能减排水平。在全区近30家区管工地，推进建筑工程项目农民工实名制和工资专用账户管理制度，开展治欠保支三年行动工作。全年累计处理农民工工资拖欠案件90余起，涉及金额1500万元，有力保障了农民工的合法权益。

【住房保障与管理服务】 完成公共租赁住房补贴审核49户，发放补贴金额14.71万元，完成2014年一居室轮候家庭资格复审493户。1330户住房困难家庭获得新申请公租房低收入认定，取得摇号资格，通过全市公开摇号，历下区最终有802户获得复审选房资格，即将入住新居。完成租金收缴任务554.58万元，审核续签租赁合同860户，换证206户。严格审核直管公房租赁合同变更手续，共计办理变更手续200余户。做好直管公房房改售房工作，审核单位自管房出售房屋205处，直管公房出售房屋230处。投资500万元，维修老旧直管公房132处，建筑面积7283.29平方米，简易楼综合维修6幢。完善《直管公房防汛抢险工作预案》，不断提高防汛应急能力。进一步加强物业企业管理，完成物业区域划分22件，物业服务合同备案7件，业主大会、业委会备案22件，房屋租赁备案187件，进一步倡树行业新风。

【规划协调服务和城市建设历史遗留问题处理】 强化协调功能，协助规划部门完成茂岭山片区城市设计，千佛山周边、大明湖片区规划策划、园林绿化、旅游发展、夜景亮化、停车场、基础设施等专项规划，深化成果转化，助推区域发展和项目建设。按照《历下区基础教育设施三年建设规划》要求，实施教育设施建设项目27个，其中盛和小学、拉菲公馆配建小学等20所学校建成，中央商务区五幼等7个项目正在加紧建设。作为牵头单位，建立解决城市建设历史遗留问题工作专班，健全工作方案和工作机制，全年处置遗留项目34个。

【优化营商环境】 按照上级深化“放管服”改革、“一次办成”改革有关部署要求，进一步优化服务职能，简化办事流程，共实施房屋租赁备案、城建档案查阅等12项“一次办好”行政权力和公共服务事项。做好涉及市城乡建设委、市住房保障和房产管理局（市城市更新局）、市人防办、市城乡水务局4个部门下放的44项行政权力事项承接工作，并根据全区部署要求，开展有关事项、人员向区审批局的移交划转和审批配合服务工作，取得阶段性成效。12345 热线工单办理方面，从工作机制、办公地点、办公设备和人员配备等方面加大投入保障力度，历下区研究和克服工作中存在的问题和困难，不断提高热线工单的办结质量，2018 年，共受理 12345 热线工单 1.34 万件，通过做好接单、落实、反馈“全链条”服务，群众对住建工作的幸福感和满意度不断提高。

【济南市城市更新局到历下区调研零散棚户区改造工作】 1 月 4 日，济南市城市更新局到历下区调研零散棚户区改造工作，区委常委、常务副区长杨传军出席活动。调研组听取全区零散棚户区改造工作汇报，详细了解 2018 年实施有关项目的进展情况、存在问题和下步打算，就有关问题进行座谈交流和研究讨论。通过调研，市调研组一行对历下区零散棚户区改造前期准备工作给予充分肯定，就做好下步工作提出具体要求。

【环保部有关领导到历下区督导】 1 月 28 日，环保部环境监察局副局长夏祖义带领国务院办公厅督查组一行 5 人，来历下区督查指导煤改气（电）工程质量安全暨确保群众温暖过冬工作。省住建厅副厅长孙青松，市政府副秘书长、环保局局长侯翠荣，市城乡建设委主任蒋向波，区委常委、常务副区长杨传军陪同督查。督查组一行查看明湖小区、窑头小区气代煤电代煤改造工程，进入居民家中，详细了解项目开展情况，征求意见建议，查看相关项目建设资料台账。督查组一行对历下区气代煤电代煤工作的扎实有效开展给予充分肯定。

（孟繁盛）

房屋征收服务

【概况】 2018 年，历下区承担国有土地上房屋征收与补偿（棚户区改造、旧城区改造、基础设施改造、保障性安居工程）重点项目共有 4 个，分别是：解放东路道路改造项目、历下区零散棚户区改造项目、省粮食局旬柳片区旧城改造项目、全福河河道改造工程征收项目。在房屋征收与补偿项目实施过程中，确定征收主体，明确责任主体，强化工作落实；严格限定征收项目范围、合理确定规模和实施时序；严格政策标准，坚持“一把尺子量到底”；严格征收程序，规范征收行为；严格依法依规，善于运用法治思维和法治方式处理复杂问题。建立健全项目立项、规划审批、土地熟化、房屋征收、项目实施、街道参与的工作协调衔接机制；建立公众参与、征询和论证制度。年内完成已启动征收项目未登记建筑调查、认定和处理工作；拟享受最低套型面积资格（以下简称最低面积补偿）认定工作；受理 12345 市民服务热线；协助处理拆迁遗留问题、信访和诉讼案件等工作。

【解放东路道路改造项目】 属于交通基础设施改造项目。项目概况：该项目包括东西两段，西段西起二环东路，东至华阳路，道路长约 1.92 公里，规划红线宽度 40—50 米；东段西起奥体西路，东至奥体中路，道路长约 0.76 公里，规划红线宽 30 米，项目总长约 2.7 公里，总占地 10.63 公顷。项目投资及资金筹措：该项目估算总投资 77214 万元。其中项目资本金为 15443 万元，项目资本金占项目总投资的比例为 20%，具体包括工程费用 21143 万元，征地拆迁等工程其他费用 53744 万元，基本预备费 2327

解放东路改造项目

万元。所需建设资金由市、区财政资金筹措解决。

国有土地上项目征收范围：西起二环东路，东至华阳路两侧沿街建筑（集体土地除外）。征收范围内涉及非住宅房屋 20 户（个），建筑面积 36726 平方米，附属物建筑面积约 2600 平方米。国有土地房屋征收补偿资金费用约 20000 万元。4 月 20 日，征收冻结。5 月 8 日，选定 2 家房地产价格评估机构。5 月 17 日，区政府发布征收补偿方案征求公众意见公告。6 月 22 日，区政府发布征收补偿方案公众意见及方案修改情况的通告。6 月 26 日，区政府下发房屋征收决定公告。受项目用地限制，项目实行货币补偿，签约期限自 2018 年 7 月 15 日至 2018 年 8 月 3 日。至年底，剩余 1 户未签约。

【零散棚户区改造项目】 由于历史原因，老城中仍有部分老旧危房虽经多次改造仍未征收拆迁，成为“孤岛”，为突破这一“瓶颈”，改善民生，历下区启动零散棚户区改造项目，项目以东箭道为突破点，精准发力，启动房屋征收程序。

征收范围：范围分三个地块。其中，东箭道地块征收范围：东至皇亭体育学校，西至华能大厦后院，南至皇亭体育馆，北至明湖小区 14 号楼。按察司街地块房屋征收范围：东至黑北路，西至按察司街，南至泉城路，北至山东黄河河务局宿舍楼。运署街北及零散地块房屋征收范围：运署街北侧地块及按察司街 68 号，城隍庙。

项目征收范围内涉及个人和单位房屋 202 户（个），总建筑面积约 1.1 万平方米。其中，涉及居民住宅 191 户（个），房屋建筑面积约 7800 平方米，附属物建筑面积 2000 平方米；涉及非住宅房屋建筑面积约 300 平方米。

【省粮食局甸柳片区旧城改造项目（二期）】 征收范围：甸新东路 14 号，甸新东路 18 号，二环东路 4739 号。被征收房屋及其附属物：涉及单位和个人房屋 339 户（个），房屋总建筑面积 35019.71 平方。其中，涉及居民住宅 338 户，房屋建筑面积 23664.90 平方米，附属物建筑面积 2142.02 平方；涉及单位非住宅 1 个，房屋建筑面积 9212.79 平方米。2017 年 10 月 13 日，征收冻结。6 月 13 日，区政府下发房屋征收决定公告。

在征收范围内显著位置张贴并发布通告、公告、公示、通知。公布被征收房屋的权属、区位、用途、建筑面积、常住人口的最大年龄及残疾人、征收补偿政策依据、征收目的、被征收房屋房地产评估价格、安置房评估价格、被征收房屋实测面积、征收补偿方案、安置房源（框剪结构高层住宅：3栋；套数：421套；套内面积：43.88—91.47平方米；户型：一室两厅一卫——三室两厅两卫）、安置房选房方案、未登记建筑调查结果和处理结果、符合最低套型面积标准资格（最低面积补偿）的被征收人认定结果、符合房改购房资格认定结果、项目立项批准文件、城乡规划、土地利用规划、项目社会稳定风险评估报告、签约补偿方式流程、网签流程等。做到公平、公正、公开，保障居民的知情权、参与权、选择权、异议权、救济权。为维护公共利益，10月22日，区政府根据征收补偿方案对12户"滞留户"下发房屋补偿决定公告，并依法按规定并送达当事人。现按时间节点推进项目顺利进行。

【全福河河道改造工程征收项目】 征收范围：南至解放东路，北至工业南路全福河道两侧河道建筑。根据调查摸底，涉及非住宅7户，房屋建筑面积约1.19万平方米，附属物建筑面积约1600平方米。项目为水利基础设施建设项目。因受规划限制，规划范围内无法建设安置房，暂定实行货币补偿。拟定2019年启动征收。

【未经权属登记建筑调查、认定和处理】 为维护当事人的合法权益，按照"遵照历史，合理补偿"的原则，保证项目建设活动顺利进行，为依法补偿提供依据。2018年，对全区已启动房屋征收程序的未登记建筑进行调查，并进行测绘，同时向历下区国有土地上房屋征收范围内未登记建筑认定和处理工作组（以下简称区工作组）进行申报。共计60处（零散棚户区58处、甸柳片区2处）。区工作组分别于2018年6月8日、6月12日、7月19日、8月17日、9月26日进行专题研究，并出具未登记建筑认定意见的会议纪要。对信息待核实的，由有关单位按法律、法规、政策进行处理。

【最低套型面积资格认定】 为改善民生，解决低收入群众的住房，按有关规定对各征收项目范围内符合享受最低套型面积资格（最低面积补偿）的居民进行认定。2018年，共认定符合最低面积补偿54户（零散棚户区项目51户、甸柳片区项目3户）。工作中严格政策标准，成立工作专班，明确责任，确保不出现偏差。

【纠纷化解】 全年办理12345市民服务热线4354件，回退3142件，受理1212件。接待群众来访1500余人次；协助有关建设单位解决拆迁历史遗留问题6件次；办理网上信访30件次。法院受理诉讼案件11件。有力维护社会大局稳定。

（杨　勇）

排水管理

【概况】 排水管理服务中心在区委、区政府正确领导下，2018年，整治河道，加强城市防汛，开展世界水日宣传活动，各项工作有序进展。

【河道整治】 开展区属投资河道整治，实施整治老龙沟、南圩子壕、东泺河、山大路边沟等4项工程，涉及管道铺设、清淤疏浚、垃圾外运、挡墙修复等建设内容。承接大辛河、羊头峪西沟、全福河、丁家庄沟、中井洪沟等5条市属投资河道整治，涉及雨污分流、混接点改造等建设内容。投资300余万元，完成海晏门沟黑臭段的深度治理，截污纳管、清除淤泥、外运垃圾，重塑河道内外雅致景观环境，为水清、岸绿、河畅水生态环境提供坚强保障。

【城市防汛】 发挥区、街、村（居）三级联防机制作用，借助防汛指挥平台和对讲平台，打造全区大防汛格局。2018年汛期期间，历下区分别受到“安比”“摩羯”“温比亚”3次台风影响，全区累计总降雨量696.4毫米，比上年同期501.6毫米增多194.8毫米，同比增长38.8%。“温比亚”台风期间，最大一次降雨量143.4毫米，达到大暴雨级别。面对这一严峻的防汛形势，区委书记、区长亲赴指挥中心坐阵指挥调度，要求全区上下高度重视，严阵以待，始终把确保人民群众生命安全放在首位，全力以赴打赢防汛抢险这场硬仗。全区各街道和有关部门全面落实区委、区政府部署要求，在区防汛指挥中心的调度下，严格执行领导带班和24小时值班制度，超前谋划准备、靠前调度抢险，围绕危旧房屋、低洼地段、地下商超等防汛重点区域，分干包片、不眠不休、严防死守、连续作战，充分发扬敢于担当、攻坚克难的坚强意志和舍小家、为大家的为民情怀，确保全区暴雨中零人员伤亡，有力确保全区迎汛安全。

【河道保洁管理】 投资360万元，面向社会购买保洁服务，实施全区23条河道全年保洁全覆盖，河水漂浮杂物、两岸垃圾乱堆乱放、污水溢流等问题得到及时有效治理。

【水资源管理】 检查水土保持生产建设项目42处，查处基建工地20处、洗车站点50处，取缔多处不符合规定的洗车站点。

【区级河湖长制设置】 区委、区政府高度重视河长制建设，将其作为一项重要内容列入2018年政府工作计划，成立由区主要领导为总河长、其他区级分管领导为副总河长的高位指挥体系，统筹协调各街道办事处、各相关部门一把手亲自挂帅、亲力亲为、同轴共转，最大程度整合历下区治水力量，凝聚工作合力，保障人员、责任、措施三到位。为强化对工作的指导，区排水管理服务中心牵头编制《历下区河长制工作方案》，制定《历下区河长制实施方案》，建立区、乡、村（居）三级河湖长制巡查督查工作体系，抽调精干人员充实河长制办公室力量，成功开启“互联网 + 河长制”的巡河湖管理新模式，有效普及巡河APP

2018年3月22日，第二十六届世界水日宣传活动

软件的使用，设置河段长公示牌82块，在河道及沟渠沿线设立文明标语100余块，实现河湖环境的常态化管理。

【世界水日宣传活动】 3月22日是第二十六届“世界水日”，3月22日至28日是第三十一届“中国水周”，全区按照水利部所确定“实施国家节水行动，建设节水型社会”的“世界水日”宣传主题，于3月22日在洪山广场组织开展宣传活动。创新宣传形式，向群众发放印有防汛安全应急知识的折扇50把、印有世界水日主题的宣传袋200个、节水宣传资料500余份，布置展板3块，听取群众的问题建议并耐心答疑解惑。活动有效深化社区群众节约水、保护水、美化水的生态理念，普及防汛应急避险知识和新时期河道管理理念，为弘扬绿色节水、促进人水和谐，营造浓厚的氛围，奠定坚强的群众基础。

（于瑞霞）

城市管理

【概况】 区城管局对标习近平总书记“城市管理工作要像绣花一样精细”的标准和全市“1+454”工作体系，以“城市提升工程”为重点，围绕“建设全省首善之区”的中心目标，稳步推进“以党建为引领，三年构建全国最干净城区”，做好第一年“强基础”的文章，全力全速推动城市管理提档升级，完成全年各项工作。

【城市保洁管理】 城区环境卫生水平继续保持全市第一位次。依托“大业务”指挥体系，通过包路队长星级评比、机关科队驻所服务、“青春在一线绽放”等活动的开展，全区环境卫生水平不断巩固提升，全区主次干道机扫率、可冲洗道路冲刷作业率保持100%。可实施机械化作业的老城区人行道、背街小巷、开放式小区的作业覆盖率90%以上。大力实施网格化管理制度，对老城区道路保洁提升至24小时。同时，按照创建“全省城市深度保洁示范路”标准，全力增加达标道路数量和无烟头示范道路数量。并通过大力开展“城区保洁提升示范街巷”评比活动，逐步实现主次干道与支路街巷同一标准和作业模式。历下区在全市“环卫杯”检查工作中连续11个月取得第一名，年底3个月实现“零扣分”。

【城市提升工程】 作为全区环境综合整治的牵头单位，协调全区各街道办事处和相关业务部门，开展城区主次干道和开放式居民小区环境综合整治、杆线、户外广告牌匾、城市亮化等治理工作。特别是结合“习总书记视察济南”和“全省儒商大会”两大重点保障任务，牵头对经十路、舜耕路、马鞍山路、旅游路、二环东路等重点路段，实施夜景亮化美化工程，总投入投光灯3184盏、线条灯约5500米、洗墙灯约6300米、电缆约6.3万米。在时间紧、任务重的情况下，完成全区89栋楼宇、80万平方米绿化带的亮化任务，集中展示历下夜间流光溢彩、丰富多彩、层次清晰、特色鲜明的城市品质夜景，增加城市空间吸引力。

开展辖区“三高”整治工作，重点围绕百日行动，全面提升“三高”（高速铁路、高速公路、高架路）沿线净化、绿化、美化水平。紧扣“十无双提升”的要求，创造安全畅通、整洁有序、和谐优美的“三高”沿线环境。“三高”沿线综合治理工作全面完成。大力开展“居住小区整治提升月”行动，集中整治住宅小区存在的乱搭乱建、乱停乱放、乱种乱养、乱贴乱挂、绿地占用等突出问题，进一步加强和规范全区住宅小区管理，维护小区秩序，切实改善市民居住环境，实现环境优美、秩序良好、设施完备、管理到位、群众满意的整治目标。

升级环卫保洁新模式

【线杆整治】 全面完成杆线缆捆扎工作。城管局作为牵头协调单位，强化实施“三主抓”工作措施。抓源头，充分协调组织好各杆线权属公司，结合任务台账全面做好整治工作；抓应急，保障好日常整治任务的同时，对于线缆垂落、线杆倾倒等突发情况，第一时间发现、第一时间处理；抓落实，杆线专项整治指挥部办公室对照台账，逐一落实整治点位现场情况并督导考核，确保整治任务完成成效。共梳理捆扎线缆约 310.5 公里，剪除废旧线缆约 172 公里，入地线缆约 75.3 公里，拔除废弃线杆 152 根，为下一步杆线入地打下坚实基础。同时对辖区内主次干道两侧 1635 个光交箱实施彩绘美化任务，以泉城特色画面为标准蓝图，结合绿地景观，实施手绘美化，打造城区新亮点，大幅提升辖区“颜值”。

【环卫保洁新模式升级】 引进纯电动洗扫车 5 辆、大型燃气清洗车 7 辆、中型燃气机扫车 7 辆，对 103 辆作业车加装颗粒物收集器，对原有 16 辆干扫车进行提升改造，全区主次干道机扫率、可冲洗道路冲刷作业率达到 100%。坚持生活垃圾密闭化收集运输管理，日垃圾转运量达 900 余吨，密闭化运输率始终保持 100%。在此基础上，按照政府推动、机关带头、试点先行、全民参与、协同推进的总体思路，对强制分类的主体全面开展生活垃圾分类工作，在原确定 36 个垃圾分类减量工作试点的基础上，又确定 3 个示范片区和 23 个试点社区，逐步扩大垃圾分类覆盖范围，确保到年底全区生活垃圾分类覆盖率达到 100%。

【热线服务】 针对市热线办考核内容主要体现在媒体监督中负面报道和专家评审的特点。重点加强城市管理社会化宣传，多渠道、多层面、多形式宣传城市管理工作。至年底，在各级党报党刊和主流媒体推送宣传报道 200 余篇次，通过“爱济南”等 APP 推送城管资讯 200 余篇次，点击率累计 20 万次以上。其次，对于市热线办即时通知的紧急事项要求明确责任主体、第一时间处理、第一时间反馈，避免市民多次投诉和问题的反复发生。对于市热线办督办的辖区内难点、热线问题能积极落实，及时反馈处理情况，提升满意率。至年底，12345热线共受理热线工单143254件，其中回退53937件、回访86539件，群众满意度94.93%。数字化系统共受理被动案件7563件、主动案件22416件，共计29979件。

【扬尘渣土治理】 重点加强全过程监管，对建设方、总包方、土石方、运输方各环节进行全覆盖处罚、问责、约谈。将原有的110名监管员，增加到150名，全面实施24小时监管。同时，畅通科技化监管机制，由交警部门提供“大数据”支持，共享交通摄像头资源，全面提升全过程监管效率。

【户外广告与牌匾标识管理】 结合城市提升工程，做好经十路沿线道路提升工作，对该区域的楼顶标识、灯柱广告、楼体脏污破旧等进行联合整治，确保城市主动脉风景靓丽、整洁有序。至年底，共整治违规牌匾3000余处，经十路历下段210块违规灯箱、泺源大街200余块违规灯箱一夜之间全部拆除完毕。同时，办理商业牌匾设置技术规范349件，外立面装修审批41件，办结率100%。

【考核评价】 作为城市管理考核工作主要职能部门，城管局紧紧围绕考核工作内容，总结去年考评工作存在的问题，采取针对性措施，确保实现历下区城管考核成绩快速提升，历下区前两季度城市管理综合考评成绩实现“双连冠”。充分发挥区城管委办公室的职能作用，多次邀请市城管考核组到历下区分析问题、进行授课，改进区城管第三方考核模式和方法，改良全区城管考核和12345热线周报，建立每周联席会议制度，通过主动发现问题，大幅减少推诿、重复、延时件的数量，使历下区城管考核成绩快速提升。结合市、区第三方测评机构工作模式，成立以辛安、袁佩颖为成员的11人历下城管监督市民巡访团，长期全程监督参与城管工作。提高历下区的第三方考评扣分标准，通过自我加压，用提高标准、拉高标杆的方式，促进这一考核项的提升。

【小广告乱贴乱画治理】 不断强化非法小广告的发现和清理工作，采取“捆绑式”作业法，由各网格区域内的保洁人员每天在进行道路保洁的同时，对沿街橱窗乱贴乱挂，窗口部位、公共设施上的非法小广告进行清理。至年底，累计出动5万余人次，共清除非法小广告11万余处，覆盖涂写小广告16万余处，查处非法小广告1500余处，市容市貌明显改善。

【环卫公用设施建设】 在加大重点区域加建公厕的基础上，对人流商贸密集区周边部分公厕、果皮箱等设施进行增设提升。至年底，共新建公厕8座，提升公厕35座；共新增果皮箱1354个，针对不同区域，增设卡通形象、古色古香果皮箱304个；在芙蓉街、泉城路商业街投放自主研制的烟头投放器300余处，得到市城管局的肯定和推广。

【城管队伍建设】 区城管局强化党建引领，加强理论学习，筑牢思想基础，锻造城管钢铁队伍。城管局突出主责主业，紧握党建主线，明确工作目标。局党委明确“以党建为引领，三年构建全国最干净城区”工作目标，以贯彻落实党的十九大精神为主线，巩固创建文明城市成果，拉高标杆、自我加压，2018年，以“作业精细化、环境更干净、城管有温度”为品牌，让历下城管这支“老牌强队”焕发新的活力。在全局开展机关科队驻所服务一线活动，全局15个科队，联系全区16个环卫所，采取“集中调研解难题”“结对帮助早、午查”的方式，驻所访实情，上路听呼声，形成“全局一家人、工作一起干”的良好氛围；开展评选“星级包路队长”活动，对全区100名包路队长实施星级评定，分为一星、二星、三星，对高星级队长适当调整绩效工资待遇，对不达标队长实施警告、停发一星队长奖励、撤销队长工作等处罚，更好地发挥城管局包路队长的“网格长”作用，深入推进“网格化、精细化”管理。区城管局组织开展“学习贯彻党的十九大精神暨‘不忘初心，牢记使命’主题教育”，开办学习十九大精神培训班。局主要负责同志带头讲党课，带动各班子成员、各党支部认真履行全面从精致治学责任制，严格落实依托党委理论中心组学习、党支部“三会一课”等“1+6”制度体系，把理论学习、党性教育融入日常、抓在经常。同时，紧抓“灯塔”在线学习，结合工作抓培训，提高学习教育实用性，全局212名党员参学率100%。

【全市城市保洁标准化作业现场观摩会召开】 3月30日，全市城市保洁标准化作业现场观摩会在历下区召开。市城管局政委胥嘉印、副局长秦国芬，市局相关处室负责人、各区县城管局主要负责人等60余人，现场观摩道路深度保洁作业、立面保洁作业、公厕精细化保洁、垃圾桶刷洗站作业、生活垃圾的密闭收集等标准化作业流程。

【黑龙江省政协领导到历下区调研】 6月11日，全国政协常委、黑龙江省政协副主席赵雨森带领调研组一行来历下区就“城市垃圾分类处理工作”进行专题学习考察。赵雨森一行，首先到甸柳一居和平里社区，参观社区内生活垃圾分类，实地察看智能化生活垃圾分类系统；到喜来登酒店参观酒店垃圾分类处理情况。

【环卫工人节表彰大会】 10月24日，历下区庆祝山东省第二十四届环卫工人节表彰大会在南郊宾馆礼堂举行。区委副书记、区长谢兆村、市城管局（城管执法局）党委书记、局长吕灿华出席活动。谢兆村代表区委、区政府向获得表彰的环卫职工表示祝贺，向常年奋战在环卫工作第一线的广大干部职工致以节日的问候。活动现场，对1名“山东省先进环卫工作者”、2名“济南市最佳保洁员”、6位“济南市优秀环卫工人”、9名“济南市优秀保洁员”、8名“最美党员”、10名“最佳保洁员”、4个“最美家庭”、16名“星际标兵”、24名“敬业标兵”、10名“青年标兵”、34名“勇于担当干部”、19名“拾金不昧好职工”、14个“团结奉献好集体”及11个“情系环卫爱心大使”进行表彰。

（张晓翼）

综合行政执法

【概况】 2018年，历下区综合行政执法局深入贯彻学习习近平新时代中国特色社会主义思想和十九大精神。围绕全市“1+454”工作体系，坚持稳中求进的工作思路，按照首善之区建设要求，根据区委区政府对城市管理综合执法工作的整体部署，全面开展综合执法工作，坚决落实优化营商环境有关要求。面对新格局，迎接新挑战，以拆违拆临、大气污染防治、市容环境整治为重点，不等不靠，坚决打赢拆违拆临、蓝天保卫战、城市提升工程三大攻坚战役，城市面貌得到明显提升。

【拆违拆临及拆除违章广告】 按照城市提升行动的要求，建立台账、压茬推进、确保总量、细化分解，落实拆违任务。协调市“双违办”，联合多部门，对拒不配合拆违业户，实施联合惩戒，重点突破历下区皇宫集团、在水一方等“老大难”问题。2018 年，历下区实际拆除各类违章和临时建设 1758 处，面积 150.6 万平方米，完成率 93.3%。有 9 个办事处申请无违建办事处，37 个社区申请创建无违建社区。开展楼顶标识拆除，开展三高沿线整治，广大执法人员发挥特别能战斗的精神，攻坚克难，拆除各类广告标识牌匾 2800 处，拆除各类电子屏 460 块、面积 6 万平方米；立案 155 起。

2018 年 12 月 30 日，皇宫大酒店拆违

【餐饮油烟治理与大气污染防治】 深入开展餐饮油烟整治专项行动，强化监督、严格执法，切实加大餐饮油烟污染整治力度，一方面划定禁止露天烧烤区域，历下区全区范围内禁止露天烧烤；另一方面建立烧烤和餐饮单位管理台账，明确整治重点。执法局对 1937 家重点餐饮经营业户登记造册，其中烧烤经营业户 191 家，全年共处罚油烟超标排放案件 8 起。

【工地管理与扬尘治理】 按照全市扬尘治理部署要求，充分发挥执法职能，加强工地管理，加大夜间施工噪音执法力度。执法局成立夜班专业执法队伍，确保每晚 22 时至早 6 时段，接到热线转办件后，能够及时到达建筑工地，随时处理群众诉求。2018 年，共接到夜间施工投诉 4070 件，立案处罚 83 起。加强工地扬尘治理，向各建设、施工单位发放宣传材料，多次召开联席会议。各执法中队加大对工地的巡查和执法力度，对整改不到位、存在重大扬尘污染的，从重处罚。全年共立案查处扬尘类案件 134 起，扬尘污染整治效果明显。

【占道经营整治】 依托各街道办事处属地管理优势，整合辖区执法力量，强化巡查整治力度，结合巩固创城成果和城市提升工程，一边严管重罚，一边退路进厅，疏堵结合。对泉城广场等重点部位，24 小时盯守执勤。对校园周边游商、店外经营进行清理，严管重罚，高峰期专人盯守。全年，共查处占道经营类一般程序案件案件 165 起，简易程序案件 2776 件。

【受理热线投诉】 以《济南市 12345 市民服务热线条例》为指导，围绕城市管理工作的总体要求，全力以赴做好 12345 市民服务热线办理工作。9 月 1 日，热线条例颁布实施后，通过不同形式，组织热线办理工作人员进行学习培训，逐条解读，把每一条每一款落实到热线办理实际工作中，真正把热线条例读懂弄通做实。全年共受理市民服务热线举报投诉 8718 件，电话咨询 1760 件，处结率 100%，热线办理满意率 96.87%。

【依法行政】 坚持文明执法，全面推进依法行政。坚持日常管理抓落实、执法过程抓细节、案件处理抓规范的总体要求，不断提高依法行政水平。严格对违法行为进行依法处理，全年共查处市容环境卫生、建筑管理、环境保护等各类违法案件 4541 起，其中简易程序案件 2941 起、一般程序案件 1600 起。

根据《国务院办公厅关于推广随机抽查规范事中事后监管的通知》中的有关要求，利用事中事后监管服务平台网站，全面实施“双随机，一公开”监管机制，扩大监管覆盖面、提高监管精度、增加监管透明度、深化监管公信度，集中体现国家治理体系现代化的内涵要求。

按照《山东省公共信用信息管理办法》有关要求和规定，对违法、失信等信息，纳入信用山东网站平台。为充分发挥公共信用信息在行政管理和经济社会活动中的作用，营造守信激励、失信惩戒的良好氛围，促进市场主体依法诚信经营，维护市场经营秩序。

【创城复查与环保督查】 2018 年，按照区委区政府部署要求，坚决完成全国文明城市创建复查和省级环保督察专项工作任务。创城复查期间，广泛动员、全面发力，突出重点、强化整治，充分发挥综合执法职能和作用，全力迎接济南市创建全国文明城市复查工作，共出动执法队员 3000 余人次、执法车辆 290 余车次，清理流动商贩 60 余处，拆除违法广告牌匾 50 余处，持续保持露天烧烤、夜间施工治理工作高压态势，保障创城复查工作顺利完成。省级环保督察期间，执法局高度重视，加强组织领导，成立区执法局环保督察工作领导小组，科学研判、有效整改，充分发挥执法职能，配合、协助各办事处和相关部门及时处理回复环保督察转办件，全面落实整改措施。营造、提升社会共识，推动生态文明建设和环境保护工作进一步深入。

【执法保障】 节假日期间对泉城广场、趵突泉、大明湖等重点场所安排组织执法保障任务，确保场所及周边环境和市容秩序良好。完成中超、足协杯球赛和演唱会以及“一环一湖”“灯光秀”、第五届全国非遗博览会等大型活动执法保障任务 48 次，确保市容美化、道路通畅、环境良好，保证各类活动举办。

【舆论宣传】 与新闻媒体加强联系协作，营造良好舆论氛围，借力舆论支持，通过宣传、报道，为执法工作提供有力的舆论保障，进一步推进执法工作深入开展。将区委区政府“围绕一条主线，实现六大提升”总体思路和“拆违拆临、大气污染防治、市容环境整治”三大战役等重点工作，通过与媒体、网络载体平台的互动，进行全方位、多形式的执法宣传。围绕法规讲解、政策指导、文明行为倡导等内容，开展执法宣传进社区、进校园、进工地等活动，推动社会各界更加深入了解综合执法的职能和有关法规，激发市民群众依法维护城市容貌的自觉性和广泛参与公共管理的责任感。

（李　梁）

市政工程管理

【概况】 在区委区政府的坚强领导下，区市政局聚焦全市“1+454”工作体系，以建设全省首善之区为奋斗目标，立足部门职能，发挥专业优势，凝神聚力、攻坚克难、全力以赴推进市政道路建设管理工作，努力构建市政设施管养工作新格局。

【市政养护】 按照辖区道路情况，结合市交通委“十大行动”和城市提升工程活动，区市政局认真组织，第一时间梳理排查道路设施运行情况，在抓好道路病害处置维修的同时，及时对问题进行维修处置，消除安全隐患，先后开展“城市道路集中整治提升月”活动——千佛山南路等5条样板路的改造建设；“暑期城市道路集中整治提升”活动——益寿路、山师东路等道路的整治提升以及“城市道路集中整治提升年”活动。高标准提升辖区道路设施，持续改善通行环境，保障道路设施运行安全舒适。累计完成沥青路面铺设30.4万平方米；更换提升检查井6179座、雨水箅子2540座；安装路沿石13442米、铺设花砖36136平方米、铺设石板2414平方米；彩色喷绘30368平方米；灌缝11.9万米。千佛山南路道路施工首次提出弹性交通封闭法，将施工给周边交通带来的影响降到最低，收到显著成效，并在全市道路施工中进行广泛推广。榜棚街、南门大街、黑北路以及山师东路等道路的彩色喷绘，极大的提高道路景观效果，实现“一路一风景，一步一景观”，为历下区打造靓丽城区新形象又添助力。

【市政工程】 根据全市治堵工作总体安排，和平路东延、旅游路、解放东路、山大路北段、名士北路、甸新南路、县东巷、浆水泉西路等多条道路列为本年度瓶颈路改造计划。区委区政府高度重视，专门成立2018年重点道路指挥部，多次召开专题会议，现场检查督导，提出具体要求。按照分工，区市政局详细摸排每条道路拆迁底数

浆水泉西路建设竣工通车

和工程难点，协同辖区相关办事处现场对接拆迁征地情况。至年底，各条道路进展顺利，市级旅游路，区级甸新南路、县东巷南段、浆水泉西路4条道路均建设完成并竣工通车。和平路东延道路改造工程经过前期的积极筹备及全面调度，道路范围内的房屋全部拆除完毕，警官学院的选址落实到位，解放东路、山大路北段、名士北路、二环东路怪坡段拆迁征地工作完成，上述各项目建设正在加速推进。

【街巷与开放式小区专项整修及桥梁翻建工程】 为进一步提升城市形象和市政设施服务水平，打造宜居宜业生态环境，按照历下区2018年度环境综合整治工作的部署要求，4月，区市政局全面启动环境综合整治工程，累计完成车行道沥青摊铺5.9万平方米、人行道花砖及石板铺装2.23万平方米，安砌路沿石3796米，改造污水管线3195米、雨水管线1188米，新建（更换）检查井1415座。城区面貌和小区环境实现大幅提升，历下区环境综合整治取得显著成效。同时，对羊头峪西沟12号桥等3座桥梁进行翻建。

【民生服务】 扎实推进2018年“双气进家入户”的工作，至年底，完成双气安装10274户（其中热力8161户、燃气2113户）。以招商引资为重点，立足市政局工作实际，统一调度，全员发动，主动开展招商引资工作，完成项目4个；办理热线工单，及时妥善处理12345热线转办问题18369件次，自主巡查发现并妥善处置市政病害1.6万处，及时率、处结率、回访率、群众满意率均为100%；推进轨道交通建设，R3线（一期）全部完成征地拆迁工作，工程建设进展顺利，14个盾构区间中11个区间实现贯通。R2线（开源路站）完成前期征地手续；年初，启动全区直饮水系统升级改造工作，对原有直饮水台进行扫码取水升级，进一步创新城市管理方法，提升城市形象。8月，历下区102处216个直饮设施的升级改造全部完成，实现泉水直饮系统的科学化、智能化管理。

（田　璇）

园林绿化

【概况】 2018年，区园林局全面实施“一个创新、三个率先、三个提升”重点工作，做好道路绿化、山体绿化等城区绿化建设工程，在全市率先打造千佛山西路垂直绿化示范街，开展公共绿地普查工作和杨柳法桐飘絮治理工作。全年完成城区15条主次干道绿地绿化美化工程，共种植各类苗木3.9万余株，增加绿化面积1600平方米，提升绿化面积4.7万平方米。对城区龙洞片区及东南二环延线（历下段）11座渣土山进行生态治理工程，总治理面积约504.8亩，打造市东南区域绿化景观新亮点。同步完成裸露土地治理12万平方米，拆违建绿14个地块约7248平方米，完成各项工作任务。

【拆违建绿】 全年完成违建14个地块（7248平方米），累计清运渣土和回填土方1.35万余立方米，种植乔灌木952株、麦冬等地被4000余平方米，进一步提升城区绿地品质，改善城区绿化环境。

【城区裸露土地治理工程】 为全面提升城区绿化水平，区园林局采取补植、整体绿化等方式，对城区主次干道、庭院小区、道路背景林等裸露地块全面开展绿化工作。共完成龙鼎大道、经十东路及部分庭院小区、背街小巷约12万平方米的裸土绿化，种植乔灌木3700余株、耐荫植物约28万株，铺种麦冬、草坪9.4万平方米；完成经十路、旅游路等60余条主次干道绿化提升补植，补植乔灌木8.5万余株、绿篱和地被18.6万平方米。有效解决“因裸致脏、由露扬尘”问题，为城区裸露土地穿上“新衣”。针对裸土治理工作，区园林局优先采用“生态有机覆盖物铺装”“环保覆盖物铺装”等新型绿化方式，在裸土绿化覆盖的基础上，推进绿道建设，丰富和拓展城市的绿色空间。打造经十东路背景林下2公里林荫绿道，对全区约5200个树穴进行整治，较大程度上提升城区绿化“颜值”。

【城市节日布花】 为营造热烈、欢乐、祥和的节日氛围，区园林局以“突出特色，厉行节俭”为原则，在东部中央商务区和老城区的龙奥东路、县西巷、马鞍山路等道路两侧更新移动花箱花卉16万盆，更新2处立体花卉造型。“五一”“十一”节庆期间，在全区重点道路栽植时令花卉353万盆。

【内控管理模式创新】 事业单位参照企业化管理模式，转变“金字塔状”的组织形式，实行扁平化管理。主要措施是交叉管理层级，以精干高效为原则，将决策首脑层、分管领导层和业务主管层有效结合起来，将全区划分四个绿化管理区域，将各分管领导的权责由之前的条状切为块状，条块结合。领导班子成员依照领导排名实行区域轮值，其负责工作在之前分管工作基础上，增加划分区域内的主次干道、背街小巷、开放式小区等公共绿地的建设和养护管理工作。划分区域内的每件工作任务、工程建设和问题矛盾均由两位分管领导直接商议，加快信息指令的传递速度，有效监管和制约权力运行，提高办事工作效率。同时建立监管机制。新建立《工程流程一览表》《历下区园林绿化工程监理管理试行办法》《历下区养护流程一览表》《区园林局工作综合考核实施细则》等工作流程和考核办法，加强对权力运行的管理和监督制约。

马鞍山路节日布花

【创新管理模式】 随着城市建设的快速发展，城市园林绿化建设水平日益提高，区园林局大胆创新运营管理体制，不断在园林管理机制、养护技术等方面探索和研究，形成一套较为成熟的城区绿化养护管理市场化经营、市场化养护和市场化服务模式，在激发城市发展活力、提升绿化质量和管理水平方面取得良好的成效。主要措施：公开招标。对道路绿地、山体等，针对片区绿化的性质、面积、建设期长短等分成几个标段，分别拟定管护费用，将具体的绿地养护任务直接面向社会进行公开招标，由具备园林专业的企业通过竞标方式参与养护。同时对养护监理进行社会公开招标。由评标委员会对参与竞标的绿化公司和监理公司做出综合评定和审核，选择综合实力较雄厚的绿化养护企业，园林局与中标养护企业双方签订合同。建立和完善各类绿地养护考核标准，建立《历下区绿化养护管理综合检查方案》等工作流程和考核规范，加强对养护企业的监督、技术指导和检查，园林局根据考核方案和考核办法，每月对绿地养护工作进行检查并评分。

十亩园社区广场

自推行市场化管理以后，历下区园林局在全市养护管理考核排名均为前三名，得到市、区领导的一致好评。

【龙鼎大道裸露土地治理】 为强力推进全区裸土覆绿工作，本着“本土化、野趣化、自然化”原则，按照“行动快、力度大、全覆盖”要求，区园林局根据前期的调查摸底情况，迅速行动，对龙鼎大道6.8万平方米裸露土地进行临时绿化。该项工程于3月16日开工，4月15日全部完工。本次裸土治理工程共栽植樱花、美人梅、百日红等乔灌木148株，栽植模纹绿篱750平方米，铺设草坪5.6万平方米，栽植麦冬11375平方米，以增加“城市绿肺”，改善空气质量，打造天然氧吧。

【垂直绿化示范街打造】 按照全市拆墙透绿工作要求，区园林局完成千佛山西路拆墙透绿项目，打造全市第一条垂直绿化示范街。共种植各类苗木1.2万余株，增加绿化面积约4425平方米，工程同时做好相关道路基础设施建设。

【杨柳法桐飘絮治理】 区园林局从“建、换、控、抑、治”五个方面着手，在全市率先启动飘絮治理工作。对辖区内80余条道路、49个社区杨、柳树进行水枪喷洒，喷洒苗木9579棵；对明湖社区、燕山广场、经十东路等处的苗木注射“抑花一号”抑制剂进行飘絮防控，共计注射9473余棵。

【公共绿地普查】 编制完成《历下区道路绿地系统提升规划（建设）方案》，为未来三年全区道路绿化建设提供科学合理的工作依据。完成公共绿地普查工作，摸清辖区内公共绿地面积、苗木种类等底数，经普查，历下区山体总投影面积约4.3万余亩，定期对25条重点道路土壤进行监测，为完善绿线控制，加强绿化管理提供基础资料。采用数字化手段，开展全区绿化覆盖率统计，并定期监测，准确掌握最新数据。该项目已完成内、外业测绘及数据分析工作，全区绿化覆盖率44.95%。

二环南路东延1号渣土堆治理工程

【植树活动】 3月17日，区园林局在牧牛山公园山顶西南坡以及荆山西路组织开展全民义务植树活动，交警大队、能源集团、民族医院等企事业单位的干部职工300余人，与文东小学、燕柳小学、山东大学等16家单位600余人一起，半天时间共栽植白皮松、黄金槐、海棠、白蜡等种类苗木800余棵，在社会上营造良好的爱绿增绿氛围。

【山大路绿化】 区园林局投资1320万元，开展山大路（解放路—经十路）综合提升工程。共种植各类苗木730株、绿篱2900余平方米。该工程已进入正常养护阶段。

【十亩园中心广场绿化】 区园林局秉承“肯下基层，贴近民心，为民做好身边事”的工作理念，着力开展十亩园中心广场绿化提升工程，将中心广场面积从900余平方米扩容到1300余平方米。更新樱花、百日红、海棠、月季等绿植和大量色叶植物，打造出“三季有花、四季常绿”的效果。同时采用超细彩色透水混凝土施工工艺，解决雨天积水问题，防滑耐磨。绿化提升与彩色地面相得益彰，改善社区生活环境，增进民生福祉。

【渣土山生态治理】 按照尊重自然、顺应自然、保护自然的理念，投资约4180万元，对城区11座渣土山进行生态治理工程，总治理面积约504.8亩，打造济南市东南区域绿化景观新亮点。工程累计完成土石方搬运约23.7万立方米、回填种植土9.8万立方米，开挖和砌筑截排水沟5749.62立方米，新建蓄水池3座，栽植各类乔灌木约1.8万株，种植地被植物1.2万平方米。

【长岭山山体绿化】 区园林局投资350万元，对长岭山实施山体绿化工程。绿化提升面积88729平方米、约134亩。山体共栽植侧柏、黄栌、连翘等乔灌木1.6万余株，修建鱼鳞坑833个，完成施工便道1512平方米、毛石挡墙10立方米，回填土833立方米。工程于12月底已全部完工。

（雷　莉）

环境保护

【概况】 2018年，历下区紧紧围绕建设繁荣文明首善之区的奋斗目标，深入落实“绿水青山就是金山银山”的理念，把绿色发展、低碳发展、循环发展作为基本遵循，统筹经济社会与资源环境协调发展，开启污染防治攻坚战，并取得成效。

【大气污染防治】 开展降尘抑霾、治气除烟等多个专项行动，借力环保督察，扎实推进大气污染防治工作。2018年，全区空气中PM10、PM2.5、二氧化硫、二氧化氮、一氧化碳（95per）和臭氧（8小时-90per）平均浓度分别为104、48、17、42、1700和195微克，较上年分别下降15.31%、21.57%、28.57%、-2.94%、18.27%和-0.26%，空气质量得到进一步改善。

【水污染防治】 2018年，全区六个断面水质较上年有大幅改善，6条河流考核断面COD平均值为32.1mg/L，氨氮平均值为1.44mg/L。较2017年同期，COD改善7.06%，氨氮改善79.5%，水质改善明显。

【防治督察】 环保部启动京津冀及周边地区传输通道2+26个城市大气污染防治强化督察行动以后，历下区共排查出“散乱污”企业22家，按“两断三清”的标准要求，全面完成“散乱污”企业取缔工作。强化督察组共在历下区检查发现工地扬尘防治不到位等问题55件，均已全部按时整改完毕。在第六轮环保部督察中，历下区成为全市唯一一个“零问题”的区县。

【省环保督察和中央环保督察“回头看”】 8月11日—9月1日，共收到省级督察转办件153件，对省督察组交办的环境问题，能当场解决的，立查立改，快速办结；对短时间内难以解决的，明确责任人、整改期限，制定切实可行的整改措施，限时整改到位。对存在问题的企业，严格按照环境保护法相关法律要求进行处罚。11月1日—12月1日，中央督察“回头看”期间，共收到转办件78件，各街道、各有关部门（单位）以问题为导向，明确责任，持续不断深入排查，认真开展自查自纠，并建立长效机制。对生态环境问题突出、态环境质量持续恶化的，依法依纪及时启动约谈和追责程序。

【环境执法监管】 加强对危废产生企业的管理，监督危废的贮存与保管。6月17日，

2018年世界环境日宣传活动

召开全区危废管理工作会议，组织78家企业完成“山东省企业的固废与危险废物申报系统”填报工作，全年预审危废转移128家次，出动执法人员62人次，检查危废涉及单位102家次，查处涉及危废案件2件。

【环保宣传教育】先后组织16次集中采访报道，在各级各类媒体刊发环保新闻700余篇（条）。打造“政务双微平台”，政务双微迈进全国二十强。组织“六五世界环境日”等大型环保宣传15次，辖区新设置6处“环保宣传一条街”。继续加强历下区环境科普教育基地建设，2018年，历下区环境教育基地被评为省级环境教育基地，全年接待各类参观150余场次，累计参观人数3500余人次，真正做到媒体宣传有平台、绿色创建有成效、宣传活动有声色、氛围营造有渠道，全面提升公众参与环保的积极性。

（石　喆）

小资料——历下老字号

百年岁月的“一大食物店”

“济南一大食物责任有限公司”始建于1921年，由浙江绍兴人周志泉在济南创办，时称“天南货栈”，地址位于泉城院西大街，即改造前的泉城路一大食物公司所在地。天南货栈因经营南方特色食物而得名，后因天南货栈招牌竖写的“天”字被顾客误认为是“一大”，故而被称做“一大南货栈”，并流传沿用至今。

“一大南货栈”以质取民、以信取民，历经几十年而不衰，实属难能可贵。一大食物是典型的“前店后厂”的老字号，以经营传统糕点为特色，其中以蜜三刀、罗汉饼、牛舌酥、开口笑等“京八件”糕点最为有名，所售食品都是在老店后面的院子里加工制作，因而能以味美价廉站住脚根。

上世纪40年代中期，周志泉因为家族析产返回原籍，其侄周伯元继任“天南货栈”经理，可干了不几年，就因为家庭原因不想干了。1948年秋，在他欲将“天南货栈”关门歇业的时候，原店员井士义、刘庆云、赵西钧、孙奶正、赵西露等人不甘于此，便共同集资接管、盘点下了店铺，并顺势而为，把“一大南货栈”更名为“一大食物店”。

1956年，公私合营化的“一大食物店”成为济南商业局烟酒公司下属的国营门市部，并几经搬迁最后落脚在泉城路173号。2001年因道路拓宽改造搬迁到经三路纬六路，2005年4月，“一大食物公司”由国有企业改制为民营“济南一大食物有限责任公司”。

责任编校：王海燕　李　燕

教育 · 科技

大美历下系列图片 （张泉刚 摄影）

教育·科技

教　育

·教育综述·

【概况】 2018 年，教育系统坚持以习近平新时代中国特色社会主义思想为指导，坚持以党建工作为引领，以立德树人为根本任务，以特色创建为目标，以减负提质为抓手，以行为养成为突破，主动作为、积极服务、团结协作、科学创新，全面实施素质教育，提升教育教学实效，推进各项工作的不断发展。12 所学校被评为首批济南市三类学校培育校，11 所学校被评为“济南市中小学创客空间”，3 所学校被评为省安全文化建设重点研究基地，教育局被评为国家义务教育质量监测县级优秀组织单位。

【教育保障】 2018 年，教育经费总投入 177524 万元，较上年增加 10981 万元，增长 6.59%。学生平均公用经费基准定额提高到小学每年每人 1100 元、初中每年每人 1350 元、高中每年每人 1530 元，在全省处于领先水平。

2018 年历下区教育经费投入情况一览表

单位：万元

学段分类	公办及公办性质		民办企业办	
	2017 年	2018 年	2017 年	2018 年
学前	23192	25346	6478	7050
小学	74362	81066	268	273
初中	37446	41778	32	42
高中	3047	1622		
职业教育	11631	11448		
特殊教育	1903	1194		
其他	8184	7705		
总计	159765	170159	6778	7365
备注	公办类总计较 2017 年增长 6.51%，民办企业办类总计较 2017 年增长 8.66%			

【学生资助】 全年投入各类教育惠民资助金 1.8 亿元，完善“学前教育资助—义务教育经费保障—高中学校助学金—职业学校助学金及免学费—大学生助学贷款”为主的教育资助工作体系，解除辖区内各类学校家庭经济困难学生就学的后顾之忧。

减免辖区适龄儿童学前教育管理费14255.72万元，为符合条件的100所幼儿园、24000余名幼儿减免幼儿园保教费。为辖区内家庭经济困难幼儿发放学前教育助学金2.58万元，资助家庭经济困难幼儿27人；发放义务教育助学金29.08万元，资助家庭经济困难学生264人；对4名历下户籍在校贫困大学生发放困难补助0.48万元。

提供职业学校助学金23.60万元、高中助学金1.2万元，资助中等职业学校及高中家庭经济困难学生242人次。免除义务教育阶段学生课本费及作业本费994.95万元，惠及全区74500余名义务教育阶段学生。

提供特殊教育学生生活补助77.28万元，对104名公办特殊教育在校生及172名随班就读学生补助伙食费、交通费，并免收课本费、校服费等费用。投入资金470万元。为14710名中小学生提供免费校外综合实践，为区属义务教育阶段在校的71402名学生（区属1、4、7年级及单位办学）免费发放校服，共投入资金3650.55万元。

投入1554.69万元，为义务教育及幼儿园学生提供免费医保，惠及97169名学生及幼儿。投入300万元，举办“百课千讲”公益课堂，为辖区居民提供免费公益培训课程和专家讲座。

【学位供给】 CBD安置区幼儿园项目：规划用地面积6200平方米，总建筑面积6554平方米，规模为18个教学班，项目2018年开工。

中央商务区三幼项目：规划用地面积3333.33平方米，总建筑面积2793平方米，规模为6个教学班，2018年，项目主体完工。

CBD绿地幼儿园项目：规划用地面积4733.33平方米，总建筑面积3950平方米，规模为9个教学班，2018年，项目进入基础施工阶段。

中央商务区五幼项目：规划用地面积7800平方米，总建筑面积5037平方米，规模为12个教学班，2018年，项目开工。

财富中心幼儿园项目：规划用地面积8533.33平方米，总建筑面积6140平方米，规模为15个教学班，2018年，项目主体封顶。

名悦山庄幼儿园项目：规划用地面积3133.33平方米，总建筑面积2275平方米，规模为6个教学班，至年底，项目竣工并投入使用。

西蒋峪龙鼎幼儿园项目：规划用地面积8000平方米，总建筑面积1.27万平方米，规模为27个教学班，至年底，项目进入基础施工阶段。

西蒋峪宿舍幼儿园1项目：规划用地面积5733.33平方米，总建筑面积2359平方米，规模为9个教学班，至年底，项目竣工。

西蒋峪宿舍幼儿园2项目：规划用地面积4600平方米，总建筑面积3520平方米，规模为12个教学班，至年底，项目竣工。

海尔绿城幼儿园项目：规划用地面积5400平方米，总建筑面积3664平方米，规模为12个教学班，至年底，项目竣工。

龙奥御园幼儿园项目：规划用地面积3733.33平方米，总建筑面积3952平方米，规模为9个教学班，至年底，项目主体施工。

东城御景幼儿园项目：规划用地面积4200平方米，总建筑面积2793平方米，规模为6个教学班，至年底，项目竣工并投入使用。

东方天澍幼儿园项目：规划用地面积3533.33平方米，总建筑面积3000平方米，规模为12个教学班，至年底，项目竣工。

舜兴东方幼儿园项目：规划用地面积3533.33平方米，总建筑面积3000平方米，规模为12个教学班，至年底，项目竣工。

平顶山东幼儿园项目：规划用地面积3600平方米，总建筑面积3950平方米，规模为9个教学班，至年底，项目竣工投入使用。

洪山小学（辅仁北校区）：规划用地面积1.67万平方米，总建筑面积4537平方米，规模为24个教学班，至年底，项目竣工投入使用。

东城御景配建小学：规划用地面积2.51万平方米，总建筑面积1.08万平方米，规模为24个教学班，至年底，项目竣工并投入使用。

刘智远城中村配建小学：规划用地面积3.52万平方米，总建筑面积1.67万平方米，规模为36个教学班，至年底，项目单体竣工。

燕柳小学（改造项目）：规划用地面积3533.33平方米，总建筑面积2100平方米，规模为6个教学班，至年底，项目竣工并投入使用。

CBD安置区九年一贯：规划用地面积4.21万平方米，总建筑面积2万平方米，规模为54个教学班，项目主体开工。

转山南九年一贯：规划用地面积2.74万平方米，总建筑面积3.2万平方米，规模为54个教学班，至年底，项目主体施工。

西蒋峪龙鼎学校：规划用地面积2.87万平方米，总建筑面积3.7万平方米，规模为54个教学班，至年底，项目主体封顶。

2018年历下区新建重建教育设施情况一览表

序号	教育设施名称	学校类型	建设类型	建设位置	占地面积（亩）	建筑面积（㎡）	可增加办学规模	状态
1	CBD安置区幼儿园	幼儿园	新建	茂岭山东侧	9.3	6554	18	在建
2	中央商务区三幼	幼儿园	新建	奥体西路西	5	2793	6	在建
3	CBD绿地幼儿园	幼儿园	新建	奥体西路西	7.1	3950	9	在建
4	中央商务区5幼	幼儿园	新建	经十路北	11.7	5037	12	在建
5	财富中心幼儿园	幼儿园	新建	转山西路东	12.8	6140	15	在建
6	名悦山庄幼儿园	幼儿园	新建	旅游路南	4.7	2275	6	使用
7	西蒋峪龙鼎幼儿园	幼儿园	新建	龙鼎大道西	12	12700	27	在建
8	西蒋峪宿舍幼儿园1	幼儿园	新建	龙鼎大道西	8.6	2359	9	在建
9	西蒋峪宿舍幼儿园2	幼儿园	新建	龙鼎大道西	6.9	3520	12	在建
10	海尔绿城幼儿园	幼儿园	新建	龙鼎大道东	8.1	3664	12	在建
11	龙奥御园幼儿园	幼儿园	新建	龙鼎大道东	5.6	3952	9	在建
12	东城御景幼儿园	幼儿园	新建	奥体西路东	6.3	2793	6	使用
13	东方天澍幼儿园	幼儿园	新建	洪山路东	5.3	3000	12	在建
14	舜兴东方幼儿园	幼儿园	新建	洪山路东	5.3	3000	12	使用

续表

序号	教育设施名称	学校类型	建设类型	建设位置	占地面积（亩）	建筑面积（㎡）	可增加办学规模	状态
15	平顶山东幼儿园	幼儿园	新建	二环东路东	5.4	3950	9	使用
16	洪山小学	小学	新建	洪山路西	25	4537	24	使用
17	东城御景配建小学	小学	新建	奥体西路东	37.7	10800	24	使用
18	刘智远城中村配建小学	小学	新建	凤凰路东	52.8	16700	36	在建
19	燕柳小学	小学	改扩建	文化东路北	5.3	2100	6	使用
20	CBD 安置区九年一贯	小学/初中	新建	茂岭山东侧	63.2	20000	54	在建
21	转山南九年一贯	小学/初中	新建	旅游路南	41.1	32000	54	在建
22	西蒋峪龙鼎学校	小学/初中	新建	龙鼎大道西	43.1	37000	54	在建

【平安校园建设】 制定《2018年济南市历下区教育和体育局关于开展学校安全百日攻坚行动的方案》。修订完善《教育系统突发事件应急预案》《教育局防震减灾应急预案》《重大火灾事故应急预案》和学校火灾事故、防外来暴力侵害事故、防踩踏事故等10余个应急预案。

投资1552万元，为中小学幼儿园配备专职保安458人，加强校园“人防”建设。加强学校重点部位、重要区域、重点场所安全设施建设，逐步推广和运用电子门禁。52所学校、110所幼儿园大门口全部安装防冲撞设施，加大物防科技含量。强化安全科技支撑，中小学幼儿园视频监控点达7210个，提升校园“技防”质效。

按照区委、区政府的部署要求，建立公安、教育“校圈”联防机制，建立各学校、幼儿园之间安保联防机制。落实《关于深化历下区“校圈”治安秩序净化提升行动的实施方案》，推进“校圈”防范建设，落实学校安全工作六位一体管理机制，联合开展定期排查学校及周边隐患和对校园及周边治安秩序、交通秩序的管理整治，打造“平安校园”。

4月，迎接省安委会安全大检查。5月，组织全区学校幼儿园开展5·12防震应急疏散演练。8月，组织开展开学前校园及周边全方位安全隐患大排查，对校车进行安全检查，对校车管理及驾驶人员进行安全教育；开学第一天，由区政法委、公安、交警、办事处、教育局联合组织开展校园及周边安全大检查；开展消防安全百日攻坚行动。9月12日，迎接市教育局开展的2018年秋季开学专项督导检查。10月，迎接市教育局第三发组织开展的安全大检查，开展学校使用燃气和用电安全排查整治。11月，开展危险化学品安全大排查，对相关学校进行系统登记和备案。强力推进消防安全“百日攻坚”专项行动。组织开展扫黑除恶专项斗争暨防治校园欺凌培训和学校师生11·9消防安全教育培训及疏散演练月活动。

【党建工作】 全系统有党委2个（含甸一中大学区党委）；局党委直管党组织85个（机关党组织1个，中小学党组织63个，“两新”党组织21个）。其中，党总支19个，党支部138个（含总支下设支部），民办教育机构联合党支部21个。党员2866人，在职党员2018人。

组建首席党建指导员队伍，开展党建业务大练兵，抓实党务干部队伍建设。以校长职级制改革为契机，所有学校党政领导班子成员双向进入、交叉任职，夯实党组织的政治核心作用。设立历下教育第一个“大学区党委”（甸柳中学学区党委）。以党建引领区域内的公办中学、小学、幼儿园、两新组织、社区教育五大教育体融合发展。学区党委研发启用的“党员精品e课”公益学习教育平台，11月20日上线，录制课程205节，人气超25.5万，受到党员的欢迎。促进基层党组织工作机制运行规范化，在学校党组织开展“五星级”支部创建活动，评选五星级党组织16个，四星级以上党组织达到80%以上。

·学前教育·

【概况】 至年底，全区有注册幼儿园105所，普惠性幼儿园87处，占总园数的83%，在园幼儿28467人，其中普惠园人数25320余人，占全区在园幼儿的89.06%（此数是省级平台上，实际上有一部分双轨园非普惠幼儿，占普惠人数的10%左右，实际普惠率80%以上）。历下区省级示范幼儿园51处（其中省十佳6处、市十佳24处），占幼儿园总数的49%，75%以上的幼儿园达到一类以上办园等级，居全省之首。同时学前三年入园率一直保持100%。

2018年历下区学前教育阶段基本情况一览表

幼儿园性质		学校数量	在园幼儿人数	其中享受普惠	适龄幼儿入园率%	省十佳	市十佳	省示范	市一类	市二类	市三类
政府办		27	9627	9627	100	4	9	5	7	2	0
单位办	街道办	5	1110	973	100	0	0	2	0	0	3
	事业办	15	4872	3882	100	2	7	3	2	1	0
	企业办	2	1185	929	100	0	1	1	0	0	0
	部队办	3	509	508	100	0	1	0	2	0	0
民办		53	11164	9401	100	0	6	10	16	21	0
合计		105	28467	25320	100	6	24	21	27	24	3

【学位供给】 新开济南市历下区东城御景幼儿园、历下区黄金山水郡幼儿园、历下区甸新家园幼儿园3所公办（普惠性）幼儿园，学前教育资源得到进一步扩充。

【师幼素养提升】 举办“一师一优课”的评比活动和教学能手、新苗优质课评比活动，并在此之前进行相关培训，聘请省级专家讲课、指导，评选出10名区教学能手和40节市级优课，历下区40余名教师获得新苗优质课奖项，40节优佳课获济南市优课，28节优佳课获山东省优课。组织开展“学前教育宣传月”活动，以“最美幼儿缘”为主题，开展评选活动，根据结果向市级推选出“百佳园长”4名、“百佳教师”3名、“百佳游戏”3个。举行第三届幼儿合唱比赛和第九届幼儿舞蹈大赛，全区62支幼儿园代表队参加比赛，比赛内容贴近幼儿特点，将寓教于乐的理念渗透到大赛中，为孩子们的快乐成长增添助力。

【教师培训】 制定详尽的教职工培训计划，分别进行为期一周新任教师培训、幼儿园骨干教师培训、幼儿园安全管理专项培训、省级远程研修等活动，培训2600人次。加强区中心教研组、区名师工作室的带动作用，间周进行一次区级教研。根据各教研组的教研方向，分别对优化“幼儿园一日活动”和“优化户外活动”“数学活动游戏化的研究与实践”等方面做深入研究。采取“划片包干、内容分解、研究小组引领、递进研磨，专家把舵、大组跟进”等方式，转变理念、内化行为。借助区域联动、园际联动的教研模式，引领更多的园所专业成长。历下区先后有11名教师参与山东省幼儿园教材的编写，20余人参加济阳、平阴、商河等地送教下乡活动，50名教师获省、市优质课一二等奖，3名教师获评山东省特级教师称号，1名教师获“齐鲁名师”殊荣，15名教师获省、市教学能手殊荣。

【检查监督】 推行区域、协作组、幼儿园协同的“三级行政管理网络体系”和区本、中心教研组、园本“三级教研管理网络体系”，使年检、视导、晋级、复查、安全等各项常态化工作有效推进。制定《关于对2017年幼儿园年检的通知》，联合区直有关部门成立年检小组，1—5月，对99所幼儿园的园舍设备、行政管理、卫生保健、教育教学等方面工作进行全面检查，合格率99%。历下区1所省十佳园、4所一类园、9所市二类园均顺利通过省市验收。

·义务教育·

【概况】 全区共有小学27所（其中单位办2所）、初中8所、九年一贯制学校14所（其中单位办2所、私立学校2所）。小学在校生54364人（其中单位办学7104人、私立学校1260人），初中在校生20924人（其中单位办学5212人、私立学校433人），特殊教育学校在校生74人，全区共有义务教育阶段在校生76362人。

2018年历下区义务教育阶段在校生基本情况一览表

学校性质	类别	学校数量	在校生数	随迁占比%	在校生分年级情况					适龄儿童入学率%
					一年级	七年级	随迁子女	随迁占比%	九年级	
区属	小学	25	32398	24.76	6252		1062	16.90		100
	初中	8	8597	40.29		2924	1506	51.50	2599	100
	九年一贯	10	21284	16.67	2023	2319	1000	23.03	2070	100
	特教学校	1	74	0.00	10	7	0	0.00	11	100

续表

学校性质	类别	学校数量	在校生数	随迁占比%	在校生分年级情况					适龄儿童入学率%
					一年级	七年级	随迁子女	随迁占比%	九年级	
驻地单位办学	小学	2	2989	6.79	498		6	1.20		100
	九年一贯	2	9327	15.09	687	1517	145	6.58	1896	100
民办	九年一贯	2	1693	35.74	211	149	148	41.11	139	100
合计		50	76362	22.59	9681	6916	3867	23.30	6715	100

【素质教育】 全区德育工作围绕素质教育，面向新时代，把握“定向、引领、开局、破题”工作思路，整体规划，重点突破，在机制建设、队伍提升、品牌推进等方面推出一系列新举措，不断推进未成年人思想道德建设。顶层定向、规划引领，确定全区各学校德育三年规划；建立德育项目合作体，打造德育品牌，全区学校建立起“生活德育的探索和实践”“德育课程一体化建设”等7个德育项目合作体；为全面贯彻习近平新时代教育思想和党的教育方针，激发全区中小学生面向新时代的热情和活力，组织开展“寻根筑梦，礼敬新时代”主题教育活动；继续加强德育队伍专业化建设，推动优秀传统文化进校园，提升德育工作者加强传统文化工作的工作意识、工作水平和专业化能力，先后组织50名德育干部参加历下区传统文化专题培训，组织51名优秀班主任到山东大学进行传统文化培训；召开“以面向新时代，荣耀再出发”为主题的“名班主任工作室建设年度交流研讨会”。联合团区委、区少工委开展“五个一”工作评比活动。1所学校被评为省优秀少先队中队，1人被评为省优秀少先队员，2人被评为省优秀少先队辅导员。承办第十七届山东省青少年机器人竞赛，举办历下区第三十二届青少年科技创新大赛。有11件、23件作品荣获省、市级青少年科技创新大赛一等奖，4件作品被推荐参加全国青少年科技创新大赛评比，创全省区县之最。继续做好中小学生心理健康教育工作，2018年，有67名教师获得国家三级心理咨询师资格，全区总计341人。深化家校合作机制，被省教育厅表彰为“山东省家庭教育示

2018年3月4日，区委书记马玉星（中）调研全区教育工作

范基地”。充分发挥学校体育、艺术社团的作用，深入开展体育艺术“2+1”活动。广泛开展阳光体育班级联赛和校园足球比赛，历下区被列为“全国校园足球改革试验县（区）”，与教育部签署“校园足球备忘录”。组织举办“第十四届中小学文化艺术节”和“中小学舞蹈、器乐专场比赛”等活动，提高学生身体素质和艺术修养。与卫计委签订学校卫生服务协议，为每个学校配备兼职校医，整体提高学校卫生医疗保健水平。开展创建“全国食品安全城市”“健康城市暨省级健康促进示范区”等活动，实施“健康促进学校”创建工程。

【教师队伍】 贯彻落实《中小学教师职业道德规范》，制定实施《2018年历下区中小学校师德师风建设工程实施方案》，开展“树师德、正师风”等活动，提高师德建设水平。严格执行《济南市中小学教师继续教育学分管理办法》，加强全区中小学教师继续教育信息化管理，完善继续教育制度。发挥名师、骨干教师辐射带动作用，组建由“草根专家”、学科带头人、中心组成员领衔的教科团队；通过结对帮扶、承担课题、示范引领、带“研究生”等方式，进一步加强优秀教师群体培育和专业发展，优化骨干教师梯队建设。开展集体备课、结对培训、公开课观摩指导、交流研讨、教学评比等活动，全面提高教师专业素质。开展“新苗评优总结表彰及展示”活动，促进青年教师的专业成长。参加全国性的教研学习交流活动，拓宽教师眼界视野。深化与浙江大学等知名院校的合作机制，先后组织10余次、700余人次管理干部、骨干教师参加全国性的教科研交流活动和多层面的学习培训。

【教学质量】 加强德育课程一体化研究，发挥课堂主渠道作用，将立德树人目标融入各学科教学之中，实现课程育人的目标。承办济南市“实践英语，传播文明”的网络直播活动。创新教研方式。以问题为导向，紧紧围绕课堂教学和课程改革，组织开展专题式、问题式、互动式、反思式等教研活动，促进不同梯队学校的成长和发展。深入开展“一师一优课”和“一课一名师”活动，推荐1000节课参加市级“晒课”和优质课评选活动。开展课程建设，形成微视频资源库、作业及评测练习题、学科特色课程、分层指导课程、学业水平评量诊断等可选择的教育资源，构建可供学生选择的课程体系。继续深入推进信息技术与课堂教学深度融合。通过“智慧教室”与“IES云端补救”学习平台，结合课堂教学与“云端翻转课堂”学习，利用信息技术的力量连结课前、课中和课后，全力打造高效课堂，进一步提升教学水平。在各项考试中，位居全市第一。4所重点高中推荐生，历下区录取学生134人，占比67%，实现区委、区政府提出的“继续保持全市领先地位”的目标。

·高中教育·

【概况】 普通高中1所——德润高级中学，三个年级共18个班，在校生近900人，全部为走读生。2018年，学校先后获“2018山东省最具特色学校”“第二批全国师德创新建设与实践基地校”等称号，成功入选济南市首批特色学校名单。2016级的学考和2017级首次合格考成绩斐然，稳居全市前列，受到市教育局、教研院的高度肯定和表扬。

【师德培育】 教师严格按照《教育法》《教

师法》和《中小学教师职业道德规范》要求，依法执教，爱岗敬业，关爱学生，不对学生进行体罚，不进行有偿家教或诱导学生参加有偿补课，做学生喜爱、家长敬重的好老师。采取多种方式积极与家长沟通，除家访、家长会和邀请家长到校交流外，老师们还会与家长们电话沟通并利用QQ和微信与家长交流学生的学习生活情况，让家长能够及时了解孩子在校学习生活情况和思想动态。

【智慧校园平台使用】 为家长及时了解学生在校情况提供便利途径。重视班主任队伍的选拔和培养，重视家长在学生成长中的作用。每一位班主任都是业务能力强、工作认真负责的骨干教师。在工作中态度端正，对班级管理和学生教育尽职尽责。学校成立“家长学校”，定期组织家长培训。先后组织家长学习新高考政策、学考信息、高三时间管理和综合评价系统等方面的内容。学校成立各级家委会，定期组织校级家委会会议，让家长们了解学校规划和教学工作安排。加强作业研究，利用智学平台实行分层作业。教师精心设计、合理安排，保证每一位学生有针对性地巩固和复习所学的知识，不做重复机械性作业，不做不适合自己学情的作业。各学科老师每天统筹规划作业时间，力争每科的作业时间不多于半小时，作业总量不影响学生的睡眠。

【服务学生】 学校创造条件为学生提供延时服务和生活保障。学校食堂每日提供午餐和晚餐，保证学生饮食安全健康，在周一到周五每天中午、每晚18点半到20点半开放阅览室，周六提供延时服务，暑假开放教学设施4周。学校重视社会主义核心价值观和理想信念的教育，在升旗仪式的国旗下演讲和各班班会中，组织学生学习社会主义核心价值观，引领学生坚定理想信念。学校重视学生的法制教育，各位老师在课堂教学过程中会注重法制渗透，学校组织宪法学习等专题班会，邀请专家到校做法制报告。

【素质教育】 “爱心义卖”活动、设计寒暑假家庭作业、高一年级的元旦包水饺活动、校内义务劳动岗设立与竞岗等，重在培养学生责任心、自理生活能力和爱心，帮助学生扣好人生第一粒扣子，打好人生底色。开设传统文化课程，组织学生进行传统文化学习活动，每日午间进行中国古诗文经典诵读，组织学生进行传统节日研究和制作手抄报。学校对接高校，为学生开设大师讲堂，由高校的知名学者给学生作讲座，开阔学生视野、激发学生进取心。

【心理健康教育】 学校重视学生的心理健康教育，开设心理健康课程，配有专业的心理辅导老师、心理辅导室、音乐治疗室等，成立镜像心理社团，每周进行社团活动，每年心理健康日组织“5·25”心理健康日活动。组织丰富多彩的社团活动，包括艺术节、体育节、篮球赛及班级文化评比等活动，丰富学生生活，培养学生艺体情操，提高学生能力。

【实践活动】 学校每年的寒暑假组织社会实践、研学旅行、职业体验等实践活动，开展时间管理、职业规划等培训，提升每一位学生的自我管理能力。学校设计淄博、滨州、泰安等多条线路的研学旅行，让每一位学生可以根据自己的实际参加学校研学旅行，受到学生和家长的一致好评。

【安全教育】 重视安全教育。落实“1530”安全教育模式，每天放学前1分钟、每周五放学前5分钟、双休假期和节假日放假前30分钟，对学生进行安全提醒和安全教育。班主任每天按时到位巡视班级安全情况进行每日安全提醒。各班设有安全员，发现安全问题及时上报。组织学生进行安全平台学习。每天上、放学时间，学校有保安及领导、党员值班，提醒学生注意出、入校安全及交通安全，疏导校门口车辆，确保师生出入平安。

【导师制度建立】 建立导师制度，定期与学生谈话，了解学生的学习情况和心理状态，针对每个孩子制定差异化的培养措施，并及时与家长进行沟通和交流，让每一个学生受到关注，健康发展。针对学习困难的学生，开设专项补课，帮助每位学生力争一次顺利通过学考（合格考），成为合格的高中毕业生。

·职业教育·

【概况】 山东省济南商贸学校成立安全、卫生、防欺凌、扫黑除恶专项工作领导小组，制定安全管理制度、安全工作考核与奖惩机制，实行安全责任一票否决制。定期开展疏散演练，做好安全隐患排查工作。

济南科技中等职业学校利用校园广播网、微信平台等进行安全教育，着力落实“1530”安全教育措施，及时跟进十大主题安全教育工作，加大设施设备、门卫等重点部位管理力度，全年未发生任何责任事故。

【师资队伍建设】 2018年，科技中等职业学校40余名教师全部下企业实习实训、调查研究，加强校本培训力度，采取老带新、强带弱方式，带动年轻教师专业成长。

商贸学校2018年1人参加国家级校长培训，10人参加国家级教师培训，4人参加国家级企业实践，10人参加省级骨干教师或班主任培训，14人参加市级专业培训；教师王林清荣获全国信息化大赛教学设计一等奖；20人在省级以上刊物发表论文；3人主持省级以上课题，共有11人次参加5项课题。教学成果获国家级二等奖1项，省级特等奖1项、一等奖1项、二等奖4项，市级三等奖1项。

【教学方法创新】 实施管理分工负责制，坚持每日一次巡课、教师评学和推门听课制度。突出“学中做、做中学”。科技中等职业学校无人机专业的同学拍摄并制作精美的校园VR全景图和实训室全景图；电工技能实训的同学对实训室进行照明线路改造等。开展技能大赛。商贸学校2018年荣获省级一等奖3项、二等奖1项，市级一等奖1项、二等奖2项、三等奖4项，国赛团队二等奖1项，其中模拟沙盘赛项获得国赛选拔赛主办权。科技中等职业学校2018年荣获国赛三等奖1项，省级三等奖1项。学生综合素质稳步上升，依据济南市抽测成绩和期末考试成绩，文化课合格率为94%，技能合格率为100%，健康体质测评合格率为84.01%。春季高考班本科上线5人，第一届“3+4”中职本科贯通培养试点专业学生过线率100%，15级三二连读专业学生转段通过率99.5%。努力提高学生顶岗实习质量，加强实习就业工作，科技中等职业学校实习率、毕业率、就业率均为100%。

【校企合作】 深化产教融合、校企合作，开创富有特色的职教科学发展之路。科技中等职业学校通过举办专家论坛、人才培养座谈会，与企业人力资源负责人共同研讨人才培养，整合校企资源，在贯通培养、产教融合、校企合作等方面做大量开创性工作。商贸学校学习借鉴其他学校校企合作办学成功经验，开展现代学徒制试点，探索适合学校的校企合作模式。开展企业文化进校园，邀请企业专家、优秀毕业生进讲堂活动；组建校企合作冠名班，现拥有冠名班2个；通过跟岗实习、顶岗实习直接让学生走进企业。学校分别与济南良友富林大酒店、济南泉城大酒店、济南美得乐大酒店、青岛澳柯玛股份有限公司制造分公司等多家企业建立长期合作关系。

·民办教育·

【概况】 辖区内注册学校共计190余所，济南市AAAAA学校8所，AAAA学校14所，AAA学校55所，AA学校66所，A学校15所，整改学校17所，责令停止办学学校18所。

【网格化管理和专业化发展】 成立历下民办教育协作体，制定《历下区民办教育协作体运行章程》，促进民办教育实现网格化管理和专业化发展，实现民办教育资源共建共享，构建便捷、系统、高效的管理体系，在全市起到带头示范作用，受到上级领导的充分肯定。

【办学水平提升】 创新民办学校监管评估模式。2018年，采取政府购买服务的方式，委托第三方社会组织对辖区内190余所民办培训机构开展为期近2个月的办学水平评估专项检查，评出AAAAA学校8所，AAAA学校14所，AAA学校55所，AA学校66所，A学校15所，整改学校17所，责令停止办学学校18所。有效促进平安校园建设和民办教育管理水平和教学质量的提升。

【校外培训环境净化】 2018年，与民政、人社、公安、市场监管局联合下发《关于开展校外培训机构专项治理工作的通知》《关于开展校外培训机构专项治理行动的实施方案》，组织开展校外培训机构违规办学查处工作，共查处校外违规办学机构近200所。在市局专项督查工作中，民办教育协作组协助整治行动成为一大亮点，得到督查组的好评。

·社区教育·

【概况】 由社区教育中心牵头承办的“百课千讲”民生公益培训项目继续深入广泛开展。“百课千讲”公益大课堂被评为全国最受百姓喜爱的“终身学习品牌项目”，同时获评全国“特别受百姓喜爱的终身学习品牌项目”。“慧爱父母学堂”获评全国“全民终身学习品牌项目”。1人获评“全国百姓学习之星”，历下区获评“全国数字化学习先行区”。

【学习型城区建设】 2018年，“百课千讲”民生公益培训活动送课到“家门口”100个社区、中小学和幼儿园，受益者10万余人次，赢得社会广泛认可，被誉为社区教育公益培训的“历下模式”。

【社区教育新模式】 利用社区教学场地、社会办学师资、课程等优质资源，在人群密度大的社区探索开展社区大学及网络学习平台建设试点项目，通过线上网络教育与线下教学活动相结合的形式，让专业教师走进校园、走进社区，面向老年人、就业创业人员、青少年、假期学生四大人群开展社区教育课程及实践活动，构建全民终身学习服务体系。10月中旬，历下区在省教育厅组织的全省社区教育工作研讨会议上进行典型发言。

【审批机制完善】 根据教育行政审批“只跑一次腿”“一次办好”事项梳理工作要求，进一步梳理明确民办非学历初等和中等培训学校，民办初等学历教育学校设立、变更事项、分类、合并、终止等30个事项审批流程，编制《工作手册》和《服务指南》，将民办教育类行政审批事项及办理流程全部录入山东省行政权力事项动态管理系统，向社会提供更加规范便捷高效的政务服务。至12月，共受理申请设立学校41所，学校变更事项100余次。

·特殊教育·

【概况】 历下区特殊教育学校——济南市黎明学校，始终秉承“以生为本，满足特殊需要，用爱为智障学生搭建生存进步的阶梯”的办学理念，将“学会生存、学会合作、开发潜能、适应社会”的培养目标融入教育教学之中，推行人性化管理，亲情式服务，通过缺陷补偿、矫正行为、康复身心、培养能力、职业培训，为有特殊需要的残疾学生提供最优质的教育和服务，努力实践“一切为了残疾学生的快乐成长”的办学宗旨。2018年，学校被评为2018年学校工作考核评估优秀单位、历下区教师职业道德建设先进单位、历下区未成年人思想道德建设先进单位。学校承办济南市特殊教育联合共同体活动，承接区安全工作现场会。

【特色课程】 学校承担1个省级课题《基于提升智障学生个性心理品质核心素养的绘本教学研究》和2个区级课题：《培智学校基于生活德育感恩教育实践研究》《沙盘游戏对特殊儿童情绪调节效果的研究》。

【康教结合】 心理活动课的开设是学校工作的又一亮点和特色。学校立足学生特点，深入挖掘教师潜能，在五、九年级每周一课时，进行团体沙盘游戏辅导课，目的是通过沙盘游戏对特殊儿童进行情绪调节，效果虽些许，但给家长和老师带来的却是惊喜。组织教师参加中国教育技术协会中小学专业委员会（特殊教育）信息技术应用成果课堂实录、微视频评比，1人获一等奖、3人获二等奖、3人获三等奖。2人参加市电教优质课评比，分获一、二等奖。在市特殊教育学科德育优秀课例评选中1人获二等奖。6人参加区首届微课作品评比，4人获二等奖、2人获三等奖。1人参加省级骨干教师培训班获得优秀学员称号。1人获由《齐鲁晚报》评选表彰的“我身边的好老师”中“十佳好老师”殊荣。编撰印刷适合智障学生的校本课程教材17本，已正式使用。由学校李胜新老师担任编写组组长，青岛出版社出版的山东省培智学校数学教材——《培智学校学生用书·生活用书》投入使用。

【特奥风采】 代表山东省参加中国残联的特奥篮球比赛，男女篮分获团体第三名，且均获得铜牌，个人技术赛获1金2银1铜的好成绩。参加第四届市特殊教育学校运动会，获团体总分第三名，并获得优秀组织奖，两位教练员获得市级优秀教练员称号。

科　技

【概况】 2018年，历下区以建设全省首善之区为奋斗目标，以"1+454"工作任务为重点，推进区域性科技创新中心建设。全区认定高新技术企业93家，高新技术企业总数达到177家。全区完成省级备案众创空间6家、市级备案众创空间2家，认定省级科技企业孵化器3家、市级科技企业孵化器1家，技术合同成交额12.4亿元，万人有效发明专利拥有量101.84件，吸引省内外高校院所和知名企业在历下成立成果转移转化机构11家。山东人工智能产业园装修改造工作有序推进，完成设计、立项、招标等工作。济南市科技金融大厦继续引入高端科技服务机构和金融机构，打造科金大厦B区，完善技术成果转移转化服务体系。区科技创新服务平台完成整体架构建设和详细设计并正式上线运营。

【区域自主创新能力建设】 济南果品研究院被省科技厅认定为省级工程技术研究中心。全区列入市级领军企业项目1项、资金100万元，小巨人企业项目3项；山东中创软件商用中间件股份有限公司、济南市半导体元件实验所两家单位获得山东省军民融合项目立项，项目资金245万元；全区组织实施区级科技计划项目21项，支持经费460万元。

【大院大所引进】 全区共吸引省内外高校院所和知名企业成立成果转移转化机构11家。山东大学与山东省人工智能物联网众创平台合作成立"山东大学闪亮人工智能研究院"；大连理工大学国家技术转移中心山东中心落户科技金融大厦，负责大连理工大学科技成果在山东地区的转化；落实与中国科学院大学合作协议，组织19家企业参加中科大培训中心举办的"人工智能高科技人才能力提升高级研修班"；利用济南果品研究院闲置场地和科研资源优势，在现有众创空间的基础上进行改造提升，打造健康产业新动能示范园；济南大学与山东政通科技有限公司成立山东政通科技有限公司技术中心。

【山东人工智能产业园建设】 园区装修改造工作有序推进，改造设计、立项、招标工作已完成，正在进行工程施工。与绿科云城科技发展有限公司共建济南AWS绿科物联网+孵化器，注册5家企业。与中国科学院大学进行接洽，合作建设人工智能专家工作室。山东省人工智能物联网众创平台建成2000余平方米高科技展厅，实现新入驻企业30家，组织专家、企业共同编写人工智能大学教材《人工智能概论》。

【济南市科技金融大厦建设】 科技金融大厦A区引入7大类50余家高端科技服务机构和金融机构，新引进山东省产权交易中心，成立济南科技金融协会、科技企业挂牌上市专家委员会和互联网金融研究院。打造科金大厦B区，扩大产业园规模，新增场地面积6000平方米，引进高层次人才项目（山东）加速器、山东亚信数据科技有限公司及新旧动能转换技术支持与创新交付中心3个项目。

【历下区科技创新服务平台建设】 平台完成整体架构建设和详细设计并正式上线运营，已有科技企业、科研机构、科技中介、专家人才等580个会员注册入驻。平台线上发布387项成果，为84家企业提供项目评估诊断及科技项目申报服务；线下服务企业191家，为51家企业提供现场指导服务；协助企业申报专利、软件著作权453件，指导5家企业与山东建筑大学等3家高校院所建立产学研研发中心。

【知识产权工作】 全区发明专利申请4864件，位列全省第二；发明专利授权1894件，位列全省第二；万人有效发明专利拥有量101.84件，位居全市前列。银座集团股份有限公司被确定为国家级知识产权保护规范化培育市场。开展知识产权宣传工作，举办“4·26”知识产权宣传周和各类专题业务培训，增强企业知识产权保护意识。加强知识产权保护，联合执法抽查各类商品4400余件，发现并立案处理涉嫌假冒专利产品101件。开展知识产权专项资助，对7家专利代理机构进行资金扶持，提高专利代理机构开展工作的积极性。推进知识产权梯次培育工程，组织3家企业申报济南市知识产权（专利）优势培育企业，组织9家企业参加国家知识产权示范企业和优势企业考核、申报，引导和推动企业提升知识产权管理水平。

2018年山东省暨济南市知识产权活动周启动仪式在历下区举办

【双创工作】 全区完成省级备案众创空间6家、市级备案众创空间2家，认定市级科技企业孵化器1家、省级科技企业孵化器3家。获得济南市公共技术支撑平台立项3项，泉城众创空间支持计划立项2项，海外科技企业研发机构立项1项，共获得项目资金490余万元。26个项目参加第七届中国创新创业大赛（山东赛区）暨2018年山东省中小微企业创新竞技行动计划。济南市创新券科技型中小微企业入库171家，新征集创新券服务机构20家，发放济南市中小微企业创新券科技资源券总额187万元。

【人才工作】 葛平兰获得首届“创业齐鲁·共赢未来”高层次人才创业大赛优胜奖，同时入围泰山产业领军人才计划。开展优秀人才推荐和人才计划申报，获得泉城产业领军人才计划（创业人才、创新团队）4项、泉城5150引才倍增计划（创业类）2项，3人获得济南专业技术拔尖人才称号，2人获得济南市青年学术技术带头人称号。

【防震减灾】 开展地震防御，在5·12汶川地震纪念活动中，开展“行动起来，减轻身边的灾害风险”“情系汶川十周年，同心同行共筑共建”等一系列地震科普宣传。全年组织学校、幼儿园等参观地震科普馆6次，进社区宣传防震减灾科普知识10次，参加爱济南新闻客户端举办的“友善济南和谐社区”2场。组织参加市地震局举办的“社区地震科普宣传员培训班”活动，完成“六个一”工作，通过市地震局的督导检查验收。开展地震应急工作，在丁家小学、景山小学、盛福花园社区等分别举行地震应急演练和模拟地震应急疏散等活动，辅仁学校被认定为第二批地震应急避难场所，全区已建有公园式应急避难场所2处，校园式避难场所6处。开展地震监测与宏观观测工作，保障地震监测台（站）仪器正常运转，监测数据及观测信息做到实时传输及按时上报。

2018年历下区获省级科技计划项目立项名单表

序号	项目单位	项目名称
1	山东中创软件商用中间件股份有限公司	安全可靠业务流程平台研发及应用
2	济南市半导体元件实验所	航空航天用外延金工艺研究

2018年度历下区获市级科技计划项目立项名单表

序号	项目单位	项目名称
1	山东中创软件商用中间件股份有限公司	面向安全可靠及物联网换届监控的智能化中间件平台
2	山东巨洋神州科技发展有限公司	新型纯硬件分布式图像处理器系统研制开发
3	山东恒宇电子有限公司	基于VOC可燃气体检测技术的只能公共交通安全防护预警系统
4	山东和宁信息技术股份有限公司	智慧教育云平台

2018年泉城“5150”引才倍增计划（创业类）表

姓名	创办企业
江晓东	山东铨优大数据科技有限公司
张　涛	山东碧汀智能科技有限公司

2018年泉城产业领军人才支持计划（创新团队）表

创新团队领军人才	依托单位
张　鑫	山东建大工程鉴定加固研究院
吴茂玉	中华全国供销合作总社济南果品研究院

2018年泉城产业领军人才支持计划（创业人才）表

姓名	创办企业
王明瑞	山东乐普韦尔自动化技术有限公司
周　军	山东亚历山大智能科技有限公司

2018年历下区高新技术企业名单表

序号	单位名称	技术领域
1	山东诺恩信息科技有限公司	电子与信息
2	山东济炼石化工程有限公司	其他高技术
3	山东金智成建设有限公司	其他高技术
4	山东翔里光电科技有限公司	电子与信息
5	济南伊科金属制品有限公司	光机电一体化
6	山东鲁盾智能科技有限公司	电子与信息
7	山东仕达思生物产业有限公司	光机电一体化
8	山东百丞税务服务股份有限公司	其他高技术
9	山东鸿讯信息技术有限公司	电子与信息
10	山东网络电视有限公司	电子与信息
11	济南邦赢信息技术有限公司	其他高技术
12	山东省冶金科学研究院	新材料
13	山东远邦科技集团有限公司	电子与信息
14	济南瑞泉电子有限公司	光机电一体化
15	山东省环保产业股份有限公司	环境保护
16	济南亚太智能科技股份有限公司	其他高技术
17	济南无线电十厂有限责任公司	电子与信息
18	山东新中天信息技术股份有限公司	电子与信息
19	山东华唐环保科技有限公司	新能源、高效节能
20	山东远盾网络技术股份有限公司	电子与信息
21	济南科特电加工技术有限公司	光机电一体化
22	山东省水利勘测设计院	其他高技术
23	山东乾元泽孚科技股份有限公司	新材料
24	济南启天电子有限公司	其他高技术

续表

序号	单位名称	技术领域
25	秦恒建设发展有限公司	新能源、高效节能
26	山东佳泽睿安信息技术有限公司	电子与信息
27	山东固源信息科技有限公司	电子与信息
28	济南晶恒电子有限责任公司	电子与信息
29	济南霍立克环保科技有限公司	环境保护
30	济南达能动力技术有限责任公司	新能源、高效节能
31	同力科技发展有限公司	其他高技术
32	山东恒宇电子有限公司	电子与信息
33	山东恒堃机械有限公司	光机电一体化
34	山东仁科测控技术有限公司	光机电一体化
35	山东二五六网络电子商务有限公司	电子与信息
36	山东威盾信息科技有限公司	光机电一体化
37	济南英网科技发展有限公司	电子与信息
38	山东省城乡规划设计研究院	其他高技术
39	山东冠通智能科技有限公司	电子与信息
40	山东正中信息技术股份有限公司	电子与信息
41	山东亚华低碳科技有限公司	其他高技术
42	济南人通信息科技有限公司	电子与信息
43	山东鸿业信息科技有限公司	电子与信息
44	山东林之硕智能科技有限公司	电子与信息
45	山东圣恩城市建设工程有限公司	新能源、高效节能
46	济南爬山虎信息技术有限公司	电子与信息
47	山东朵拉信息科技有限公司	其他高技术
48	济南置真电气有限公司	光机电一体化
49	山东顺国电子科技有限公司	电子与信息
50	山东汇中环保工程有限公司	环境保护
51	山东矩阵软件工程股份有限公司	电子与信息
52	山东神华山大能源环境有限公司	环境保护
53	中建八局第一建设有限公司	新能源、高效节能
54	济南森华工程技术有限公司	环境保护
55	济南市半导体元件实验所	电子与信息
56	山东政通科技发展有限公司	电子与信息

续表

序号	单位名称	技术领域
57	济南三宇仪表设备有限公司	光机电一体化
58	山东中创软件商用中间件股份有限公司	电子与信息
59	济南市勘察测绘研究院	地球、空间、海洋工程
60	山东中宝环境工程有限公司	环境保护
61	山东和合信息科技有限公司	电子与信息
62	山东问清环境科技有限公司	环境保护
63	山东智筑侠信息科技有限公司	其他高技术
64	山东和宁信息技术股份有限公司	电子与信息
65	山东数字电视有限公司	电子与信息
66	山东巨洋神州科技发展有限公司	电子与信息
67	山东紫软信息科技有限公司	电子与信息
68	山东地矿新能源有限公司	其他高技术
69	济南汇通远德科技有限公司	电子与信息
70	山东泉港药业有限公司	生物、医药技术
71	济南黄台煤气炉有限公司	新能源、高效节能
72	山东耐威科自控技术有限公司	新能源、高效节能
73	山东德全信息系统工程有限公司	电子与信息
74	山东建固特种专业工程有限公司	其他高技术
75	山东乐通达物联网科技有限公司	电子与信息
76	山东省睿识射频识别工程技术有限公司	电子与信息
77	济南瑞通铁路电务有限责任公司	电子与信息
78	山东建大工程鉴定加固研究院	其他高技术
79	济南盛泰电子科技有限公司	环境保护
80	济南新天科技有限公司	其他高技术
81	济南格利特科技有限公司	生物、医药技术
82	山东省淮河流域水利管理局规划设计院	其他高技术
83	山东亿科景信信息科技有限公司	其他高技术
84	山东田中机械设备有限公司	光机电一体化
85	山东华普信息科技有限公司	电子与信息
86	山东创德软件技术有限公司	电子与信息
87	山东电力工程咨询院有限公司	其他高技术
88	山东大众云学教育科技有限公司	电子与信息

续表

序号	单位名称	技术领域
89	山东安合信达电子科技有限公司	电子与信息
90	山东元鸿勘测规划设计有限公司	其他高技术
91	中建八局第二建设有限公司	新能源、高效节能
92	济南辰禾机器有限公司	光机电一体化
93	济南三土电子有限公司	电子与信息
94	国动网络通信集团山东有限公司	电子与信息
95	山东五格信息科技发展有限公司	电子与信息
96	山东伏波教育科技有限公司	电子与信息
97	山东大众海蓝信息科技有限公司	电子与信息
98	山东瑞清臭氧设备有限公司	环境保护
99	山东铁正工程试验检测中心有限公司	其他高技术
100	银丰生物工程集团有限公司	生物、医药技术
101	山东景运信息科技有限公司	电子与信息
102	山东鼎软天下信息技术有限公司	电子与信息
103	山东鲁格健康科技有限公司	生物、医药技术
104	山东联友石化工程有限公司	其他高技术
105	山东亿安生物工程有限公司	生物、医药技术
106	济南雷森科技有限公司	电子与信息
107	山东中邦新材料科技发展有限公司	新材料
108	山东炫火信息技术有限公司	电子与信息
109	山东通亚智能科技有限公司	电子与信息
110	山东省公路设计咨询有限公司	其他高技术
111	山东盛世博威通信技术有限公司	电子与信息
112	山东龙源电力工程有限公司	新能源、高效节能
113	山东中测校准质控技术有限公司	其他高技术
114	山东国晟华文信息技术有限公司	电子与信息
115	山东东特环境检测技术有限公司	环境保护
116	山东运筹软件有限公司	电子与信息
117	济南方联信息科技有限公司	电子与信息
118	济南钟华铭网络科技有限公司	电子与信息
119	山东海看网络科技有限公司	电子与信息
120	山东安乃达电子科技有限公司	电子与信息

续表

序号	单位名称	技术领域
121	山东奥深智能工程有限公司	其他高技术
122	山东贝赛信息科技有限公司	电子与信息
123	山东鲁达信息科技有限公司	电子与信息
124	山东云媒软件股份有限公司	电子与信息
125	山东康众宏医药科技开发有限公司	生物、医药技术
126	山东创先信息技术有限公司	电子与信息
127	山东中兴电动工具有限公司	光机电一体化
128	山东博鹏信息科技有限公司	其他高技术
129	山东创安交通预警工程有限公司	其他高技术
130	山东优在网络科技有限公司	电子与信息
131	山东中科电力股份有限公司	新能源、高效节能
132	鲁信科技股份有限公司	其他高技术
133	山东华埠特克智能机电工程有限公司	电子与信息
134	山东智教信息科技有限公司	电子与信息
135	山东清硕环境科技有限公司	环境保护
136	山东正信医讯网络技术有限公司	电子与信息
137	山东中网云安智能科技有限公司	电子与信息
138	山东铭翔环保科技有限公司	环境保护
139	济南银华信息技术有限公司	电子与信息
140	山东赛文信息系统有限公司	电子与信息
141	山东省环科院环境工程有限公司	环境保护
142	山东谷联网络技术有限公司	电子与信息
143	山东正龙万誉信息科技有限公司	电子与信息
144	山东高第数据服务有限公司	电子与信息
145	山东贤蕴信息科技有限公司	电子与信息
146	山东智慧燃气物联网技术有限公司	光机电一体化
147	山东泉建工程检测有限公司	其他高技术
148	山东广电信通网络运营有限公司	其他高技术
149	济南果壳视界信息科技有限公司	电子与信息
150	济南顶商信息科技有限公司	电子与信息
151	济南海基科技发展有限公司	电子与信息
152	济南圣通电力线缆有限公司	新材料

续表

序号	单位名称	技术领域
153	济南捷润信息技术有限公司	电子与信息
154	济南银雁金融配套服务有限公司	其他高技术
155	济南鼎信龙跃信息科技有限公司	电子与信息
156	山东省地矿工程集团有限公司	新能源、高效节能
157	济南中能电力工程有限公司	其他高技术
158	济南白兔商标软件有限公司	电子与信息
159	济南伊斯达自控工程有限公司	光机电一体化
160	山东赛蒙斯生物技术有限公司	光机电一体化
161	中铁十四局集团电气化工程有限公司	其他高技术
162	山东百润电子商务有限公司	电子与信息
163	济南领驭节能工程有限公司	新能源、高效节能
164	山东百库教育科技有限公司	电子与信息
165	济南泉方科技有限公司	电子与信息
166	济南威临盛世信息技术有限公司	电子与信息
167	山东地政信息技术有限公司	电子与信息
168	山东云安通信息技术有限公司	电子与信息
169	济南市人防建筑设计研究院有限责任公司	其他高技术
170	山东中博恒信科贸有限公司	电子与信息
171	山东同源和环境工程有限公司	环境保护
172	卓华光电科技集团有限公司	光机电一体化
173	山东海强环保科技有限公司	新能源、高效节能
174	山东省环境保护科学研究设计院有限公司	环境保护
175	山东神码中税信息科技有限公司	电子与信息
176	济南恒大视讯科技有限公司	电子与信息
177	山东中创软件工程股份有限公司	电子与信息

（王云峰）

责任编校：王海燕　李　燕

文化 · 卫生 · 体育

大美历下系列图片　（邢可锋　摄影）

文化·卫生·体育

文　化

【概况】 做好文化产业发展规划，统筹推进文化产业加快发展。突出文化品牌创建，启动区文体活动中心建设，获得省级文化惠民消费示范区创建资格，丰富群众精神文化生活。加快状元府、将军庙等文物建筑修缮，做好第五届中国非遗博览会保障工作，打造国家级传统工艺工作站，开发具有历下特色的旅游产品，促进文旅产业融合发展。举办第五届“中国梦”摄影展、第三十五届消夏晚会等大型群众文艺活动。加强基层公共文化辅导培训，举办公益文化大讲堂等。开展“书香历下·全民阅读”活动，营造书香历下良好阅读氛围。加强历史文化展示工程，明府城百花洲经常举办非遗、传统手工艺展示、传习活动。推进区、街、居（村）三级公共文化服务体系建设，持续加大基层文化建设投入。启动第二届文明旅游志愿服务“蝴蝶行动”，获评历下区2018年度“十大创标服务实事”。文化产业方面获得山东省文化消费示范县（市、区）创建资格。完成制作87处文保单位保护范围及建设控制地带档案。根据“证照分离”试点改革电影行政许可证核发告知承诺工作要求，更正、规范模板等材料，进一步优化营商环境。加强文化市场执法监管，开展扫黄打非进校园、进社区、进企业系列活动。

【文艺作品创作】 由文化馆业务人员周文作词、徐鹏作曲创作的表演唱节目《我爱历下我的家》，徐鹏作曲的女声独唱《妈妈的小白杨》参与消夏晚会开幕式演出。由文化馆业务人员张莉演唱的原创歌曲《美在历下》、潘冉演唱的原创歌曲《大济南》申报济南市优秀原创作品评奖。

【文化市场执法检查】 2018年，历下区文化市场综合行政执法大队出动执法人员2200余人次，出动电动车、汽车等各型车辆770余辆次，检查文化市场经营场所2000余家（次）；立案查处违规经营网吧4家，责令整改216家，检查出版物市场及流动摊点200余家（次），立案查处出版物违规经营业户4家，取缔无证流动图书商贩摊点13处，查缴非法出版物（书刊）600余册；检查娱乐场所40余家（次）；现场监管各类营业性演出17场，立案处理3家违规营业性演出案件；会同济南市文化市场综合行政执法局强制拆除、自行拆除“小锅盖”4个。会同公安局、工商局取缔非法“小锅盖”非法销售点5个；办理文化部督办擅自从事营业性演出经营活动案件1起；国家扫黄打办转办案件1起，追缴非法出版物250本，处理“12345”群众举报案件41件；查处1起文物法人违法案件，对2家涉案单位分别处以50万元人民币和20万元人民币的处罚。对全区100余处文保单位单体建筑开展文保单位三防（消防、防雷、安防）专项行动，提出整改措施300余条。

【“扫黄打非”专项整治】 开展文化市场执

法监管和“扫黄打非”。围绕十九大提出的牢牢掌握意识形态工作领导权的总体部署，结合“扫黄打非”进校园、进社区、进企业系列活动，组织实施“护苗”“净网”行动，坚决查缴政治性非法出版物，清查宣传淫秽色情出版物及网络信息。历下区“扫黄打非”工作领导小组办公室将“扫黄打非”工作作为加强本地区基层组织意识形态工作的重要组成部分，促成建立以农家书屋为依托的“扫黄打非”工作站100余处，其中历山名郡社区工作站被全国“扫黄打非”领导小组办公室评选为全国百家先进工作站。

【文物保护】 至2018年底，历下区查明的文物点有87处，其中国家级文保单位1处、省级文物保护单位32处、市级文物保护单位35处、区级登记保护文物保护单位19处。新发现1处。有汉（东魏、北齐）、隋、唐、宋、元、明、清等早期朝代遗址、古民宅、古桥梁、古墓葬、摩崖造像、石刻、名园、名泉、名人故居，又有民国、中华人民共和国现当代革命纪念地等等，类型齐全，历史延续性强，是历下区灿烂文明史的纪实写真。文物保护科共进行陈冕状元府，鞠思敏故居，同元楼及传统民居，金菊巷燕喜堂1、3、5、7、9、11号院，小兴隆街20号，双忠祠，慈云观，东花墙子街16号，孙家公馆，灵官庙，将军庙，龙神庙，西城墙遗址，泰运昌辰旧址，后宰门基督教堂，贡院影壁墙等17处各级文保单位的抢救性修缮方案的上报与审核；完成陈冕状元府、鞠思敏故居、同元楼及传统民居、八旗会馆、小兴隆街20号、金菊巷燕喜堂、双忠祠、慈云观等8处文保单位的恢复性修缮方案的招投标工作。组织专业力量对辖区内文保单位进行实地测绘，完成制作87处文保单位保护范围及建设控制地带档案；完成市、区两级54处文保单位3D模型档案建立；完成制作历下文物图图鉴拍摄和印制；彻底掌握全区文保单位现状，充实区文保单位“四有”档案库。

【非物质文化遗产展演与保护】 全年举办各类面向群众的非物质文化遗产活动，旨在弘扬优秀传统文化，宣传普及国家针对非遗保护知识及相关政策法规，提高群众非遗保护和传承意识。非博会期间，举办非遗社区行20余场，5—7月，举办非遗进社区活动6场。5—10月，非遗展演季每周末展演2场（周六、日），共计48场。7—8月暑假期间，开展非遗皮影戏展演活动22场。举办刻瓷和插画非物质文化遗产培训班，开展刻瓷培训4课时，培训60人次。开展插画培训2课时、开展茶艺培训2课时，共计8课时，培训80人次。特色非物质文化遗产展览、展示有单孟渤刻瓷展、李亚宁葫芦烙画展、王天明微雕师生展、粽叶飘香——端午节非遗活动、中秋节非遗活动等。

【公共文化服务】 保障公共文化服务场地和设施向社会免费开放，基本公共文化服务项目免费向市民提供。开放大排练厅、小排练厅、器乐排练厅、辅导教室、礼堂等场所。每日开放8小时以上。免费开放软件设施，向活动团队提供音乐制作、舞台灯光音响、指导提升等文化服务。

【“线上借书 线下投递”】 与山东步客互动网络科技有限公司合作，1月，推出松鼠智佳——“线上借书，线下投递”服务项目，通过线上图书借阅与社区智能借还书系统，让借书像“点外卖”一样便捷。凡是持有历下区图书馆借书证的读者只需下载松鼠智佳APP，绑定历下区图书馆借书证，就可以线上借阅图书并生成订单。平台接收订单后，工作人员即打包并安排配送图书（用户可在平台实时查看物流信息），读者收到消息通知后在指定的智能取还书柜凭短信或二维码取书。读者阅读完图书后可在任意松鼠智佳智能取还书柜还书，同时可在松鼠智佳客户端进行物流信息实时跟踪。

【群众文化】 **第五届历下区“中国梦 幸福梦 和谐梦”摄影大赛** 第五届历下区2018年“中国梦 幸福梦 和谐梦”摄影大赛由历下区委宣传部、历下区文化局、历下区文化馆主办，旨在弘扬历下区优秀传统文化，用镜头讲好历下故事，并挖掘宣传具有民俗特色、地域特色的春节文化，丰富群众文化生活，展现历下人勇于追梦、勤于圆梦的精神风貌，同时也为广大摄影爱好者提供文化交流和展示的平台。本次摄影比赛共征集摄影作品6000余幅，由专家评选出90幅获奖作品展出。

历下区第十六届元宵灯会 3月1日至3日，由历下区文化局、文化馆联合各办事处组织举办历下区第十六届元宵花灯会。元宵灯会是历下区传统群众文化活动品牌，举办元宵灯会是宣传社会主义核心价值观，加快推进“大美历下、现代历下、幸福历下”建设的一项重要工作。本次灯会在各办事处设1处交通方便的展出地点，方便社区居民观赏，打造“十分钟文化社区”，让群众在家门口赏灯。花灯主要反映历下历史文化特色，注重群众性、互动性、趣味性，使花灯更加贴近群众，进一步丰富传统节庆文化内容。

书法绘画展览 联合济南市文化馆举办的“不忘初心、牢记使命”陈叶翠同志先进事迹图片展在龙奥大厦、历下区政府等场地展出。参与由济南市文化馆举办“我们的中国梦——童梦飞扬”庆“六一”少儿创意绘画展，历下区入选30余幅作品，均获得优优秀奖。参与济南市文化广电新闻出版局主办的“不忘初心、牢记使命”纪念建党97周年济南市群文美术书法展。

2018年历下区第十六届元宵灯会建筑新村分会场

培训辅导 推进艺术普及，打造历下“文化公益大讲堂”活动品牌，开办声乐、摄影公益培训班。举办声乐培训班6期，培训1000人次。举办“中国梦历下区公益摄影大课堂”，开讲30余课时，受众5000余人次。面向社区群众、机关干部、企事业人员开展公益摄影培训，旨在贯彻首善历下、幸福历下的宗旨。

2018年6月29日，历下区第三十五届历下消夏晚会开幕式

提升市民艺术素养，丰富人民美好文化生活。

历下区第三十五届消夏晚会 6月29日，历下区第三十五届消夏晚会开幕式在山东省博物馆南广场举办，拉开历下区消夏晚会系列活动序幕。本次活动由中共历下区委、历下区人民政府主办，历下区委宣传部、历下区文化（旅游）局、山东省博物馆、历下区各街道办事处、历下区文化馆、济南电台新闻频道承办。当晚演出参与人数200人，观众5000余人次。

【历下区图书馆第一届理事会第二次会议】 2月9日，历下区图书馆第一届理事会第二次会议在历下区文化中心405会议室召开。历下区文化局副局长刘娟及历下区图书馆理事会执行理事、历下区图书馆馆长张雨等全体理事出席会议。会上，理事们听取审议《历下区图书馆2017年度工作总结及2018年度工作要点》《历下区图书馆2017年度财务报告》及《公共图书馆法》解读。与会理事一致对2017年图书馆各项工作及财务执行情况给予充分肯定；对《公共图书馆法》的颁布实施进行讨论；同时就图书馆在2018年如何推进全民阅读、拓展公共文化服务等方面建言献策，提出切实意见和专业建议。

【“一路阅读，一路书香”朗诵比赛举办】 3月23日，由历下区文化（旅游）局主办，历下区图书馆承办的“一路阅读，一路书香”朗诵比赛暨2018年济南市读书朗诵大赛选拔赛圆满落幕。读书朗诵者与爱好者齐聚历下区图书馆，共同奉献一场声音与文学相结合的艺术盛宴。本次比赛，主办方邀请贺华、王勇、李海然3位相关领域专家担纲评委，对选手的表现进行现场打分与点评。44组参赛选手纷纷亮相，带来的朗诵作品从原创诗文到诵读经典，既有诗词小作又有名家名篇。经过紧张比赛和层层选拔，最终决出一等奖3名、二等奖4名和三等奖5名以及优秀奖若干名。

【世界读书日读书推广活动】 4月22日，举办亲子阅读推广活动。活动邀请“开心益课”创始人、山东省委暨济南市委讲师团宣讲员小牛老师到馆与家长孩子们进行零距离交流。本次活动分为两场，活动对象分别为低学段儿童和中学段儿童，各有20组亲子家庭参加。在工作人员的带领下，小组通过角色朗读、游戏互动、故事会、好书推荐等4个环节，带领亲子家庭体验亲子共读的乐趣，了解和掌握亲子共读的方式，培养孩子形成良好的阅读兴趣和习惯，同时增进父母与孩子间的情感。

【“我的书屋·我的梦”征文活动】 8月25日，历下区图书馆开展的“我的书屋·我的梦”少年儿童阅读实践征文活动及“知识改变命运·读书创造未来”主题征文活动截止投稿。自征文通知发布之后，受到广大读者的积极反响，收到少年组征文36篇、成人组征文40篇，合计76篇。最终评选出一等奖2名、二等奖4名、三等奖6名及优秀奖若干，由历下区图书馆颁发证书及奖品以示鼓励。

（张　楠）

旅　游

【概况】 加快旅游休闲产业详规制定。根据全域旅游发展要求，通过政府购买服务的方式完成《详规》编制，通过专家组评审验收，并上报区政府进行审核。借助网络媒体和旅游微信公共服务平台，大力宣传推介历下特色旅游资源。启动“四季历下”新媒体采风活动。加大精品旅游线路研发力度，借助2018中国山东（济南）国际旅游交易会，发放历下旅游指南（中英文版），提升历下旅游知名度。深入推进文明旅游活动。组织开展“微笑温暖泉城·游一湖一环做文明游客百日行动”和历下区第二届文明旅游志愿服务“蝴蝶行动”，参与市旅发委的“旅游啄木鸟”活动，全区已有旅行社、景区等10余个行业单位旅游志愿者5000余人。在着力打造明府城百花洲文化旅游街区的基础上，借助“一环一湖”夜景亮化工程，为市民和游客提供夜间休闲旅游的良好氛围。加强旅游行业监管，搞好对旅行社、星级酒店、景区的监督检查，与各旅行社签订安全生产责任书，扎实推进历下区旅游行业“安全生产月”活动，确保旅游安全。至2018年底，全区有A级以上景区四家：5A级天下第一泉景区、4A级千佛山景区、2A级黄金谷山水画廊景区、A级芙蓉街关帝庙景区。辖区内注册的旅行社132家，分社37家；出境旅行社30家（约占全市总量45%），非出境旅行社102家（约占全市总量50%）；旅行社服务网点88处。星级饭店20家；山东省旅游局挂牌的旅游商品购物店4家。宽厚里、百花洲、红尚坊、泉乐坊等特色购物街区，山东省博物馆、奥体中心、府学文庙等非A级景区也是历下区旅游市场的重要场所。2018年，历下区实现旅游消费总额271.66亿元，同比增长13.04%；接待游客1847.21万人次，同比增长9.03%。

【泉水宴美食节】 9—10月，举办历下区泉水宴美食节。泉水宴美食节主要通过“历下文化旅游”微信公众号宣传，制作《济南泉水宴美食地图》《济南泉水宴美食手册》《济南泉水宴推荐短视频》，将泉水文化与本地食材、饮食文化、特色环境有机结合，创新发展泉水宴菜系。支持旅游企业推广泉水宴，讲好泉水故事，发展泉水美食。线下邀请媒体、自媒体达人、美食专家与大众网友共同组成泉水宴美食品鉴团，组织泉水宴探店寻访活动，体验产品，了解烹饪背后的美食文化故事，推广泉水宴美食餐厅。作为泉水旅游的重要城区，推出泉水宴以餐饮为主线，推进历下区“旅游+”发展，逐步实现旅游行业上下游产业的紧密关联，全面打造济南泉水旅游核心区。

【第二届文明旅游志愿服务“蝴蝶行动”】 历

2018 年 4 月 27 日，历下区第二届文明旅游志愿服务“蝴蝶行动”

本书立足历下区的历史文化、人文风情、自然风光、泉水特色，追本溯源，让游客能抛开网上千篇一律的旅行攻略，细细咀嚼，感受真实、古老、文艺、惬意、现代的历下味道，实现一书在手，玩转历下，《大美历下》口袋书对推广历下旅游，既有宣传意义，又极富收藏价值。

（张　楠）

下区文化（旅游）局把文明旅游作为全域旅游发展的重要一环，将文明旅游纳为全区旅游工作的重点项目之一。4 月 27 日，策划并实施开展第二届文明旅游志愿服务“蝴蝶行动”，不断提升“蝴蝶行动”的品牌力量，分别走进历下区的各大街区、商超、社区、景区、学校、博物馆、星级饭店等旅游行业一线单位，开展文明旅游志愿服务活动，全区注册旅游志愿者 3000 人。通过“蝴蝶行动”帮助游客更好地游览济南，不断把全省首善之区建设事业推向前进。蝴蝶行动获评全市“文明旅游突出贡献”“文明旅游先锋组织”“文明旅游工作先锋项目”，以及历下区 2018 年度“十大创标服务实事”。

【印制历下泉水文化口袋书】 为进一步宣传历下区深厚文化底蕴，推广历下区丰富旅游资源，展现历下区独特魅力，经深入挖掘、整合历下区特色泉水文化，策划具有鲜明地方特色，详尽、实用、好看、好玩的历下区文化口袋书——《大美历下》。

文学艺术

【概况】 2018 年，全区各类文学艺术活动丰富多彩。年初，组织文艺志愿者开展走进转山西路社区迎春送福活动、书法家到东关街道菜市社区送福活动，到燕山街道和平路社区开展“书法大联盟志愿来助残”活动，到名士豪庭第二社区“挥毫迎新春泼墨送祝福”活动等 10 余场次，现场挥毫泼墨，写字作画，共创作“福”字、春联 1000 余幅，为社区居民和一线社区工作者送去新年祝福。围绕中心工作，开展文化惠民活动。举办“仁德儒风·工整墨彩”孟庆柱重彩中国画展，纪念建军 91 周年暨济南解放 70 周年戎翰盛世书法联展“不忘初心·砥砺前行”历下区、高新区“春望”美术作品展，纪念改革开放 40 周年名家书画展，“祖国颂”书法临帖作品展，山东省第十一届国际大众艺术节历下区文艺专场展演；组织志愿者服务队到十亩园小学开展“到人民中去·墨香校园”书法支教活动，为菜市社区外来务工人员子女举办书法美术培训班，开展“翰墨飘香·情满社区”送书画进社区等活动。为著名音乐家殷丛丛成立合唱音乐工作室，开展“殷丛丛合唱课堂进社区”活动，先后在甸柳三居和燕山燕南社区开展合唱教学活动；在甸柳三居成立全国首家“快书社区”，邀请全国著名快书艺术家阴军先生为社区快书爱好者义务授课；为龙洞街道设计安装弘扬中国传统文化的书画文化墙，提升城市形象，营造文明和谐的浓厚氛围。区文联编辑出版《历下文脉名家书画作品集》。

【首届济南三月三曲水流觞文化节】 4月18日是传统农历三月三上巳节。晚八时，在历史文化街区百花洲流杯池畔，由明府城管理中心、区文联联合承办的“济南首届三月三曲水流觞文化节”正式拉开帷幕。市旅发委主任郅良，市文联党组书记刘溪，区人大常委会主任韩宏伟，区委常委、宣传部部长王海清，副区长丁晓红，济南明府城管理中心主任朱俊如等观看演出。

【“首善之区·劳动最美”书画摄影展】 4月27日，区委统战部、区文联、区总工会举办“首善之区·劳动最美”书画摄影展。区委常委、统战部部长杜宝现，区委常委周雷出席书画摄影展开幕式。本次展览全面展示劳动者的新风采、建设者的新面貌、历下发展的新历程、文明建设的新成果；充分展示首善之区一线劳动者的风采，让劳动最光荣、劳动最崇高、劳动最伟大、劳动最美丽在全区蔚然成风。各街道、基层社区、民主党派和无党派人士踊跃参与，共上报书画、摄影作品近千幅。活动期间，部分获奖作品在历下大厦展出。区文联、区总工会主要负责同志参加开幕式。

【电影《小满》拍摄】 由区文联与北京华飞影视文化有限公司联合制作的青春励志题材文学电影作品《小满》，于5月21日举行开机仪式。副市长王桂英，市文联党组书记刘溪，区委常委、宣传部部长、区政府党组成员王海清，副区长丁晓红，明府城管理中心主任、党工委书记朱俊如参加仪式，演职人员，新闻媒体等300余人参加活动。

2018年5月21日，电影《小满》开机仪式

该剧以二十四节气的小满命名，讲述几个学舞蹈的孩子在济南故土成长、辛酸追梦的故事，主要拍摄地点全部集中在历下区，弘扬主旋律，见证改革开放40周年名城济南的变迁史，该片于6月底杀青。

【区音协换届】 8月16日，历下区音乐家协会在历下区雁翔苑失地农民服务中心二楼多功能厅举行第三次会员代表大会，进行换届选举。历下区人民政府副区长丁晓红出席会议。会上，与会领导共同为区音乐家协会揭牌。会议选举张莉为新一届音乐家协会会长、张凯等9人为副会长，选举产生理事19人；聘请姚桂芳为名誉主席，聘请王信义、陈雷、殷丛丛为艺术顾问。丁晓红就进一步做好全区音乐工作提出明确要求。

【“纪念改革开放40周年”书画展举办】 10月17日，区政协、区文联联合举办“纪念改革开放40周年”书画展。区委书记马玉星，区委副书记、区长谢兆村，区政协主席、党组书记曹辛，区委常委、区委办公室主任纪亮，区委常委、区委宣传部部长、区政府党组成员王海清，区政协副主席房玉萍、刘岩、刘军、郭振南参加活动。书画展以纪念改革开放40周年为主题，以深入贯彻习近平新时代中国特色社会主义思想和党的十九大精神为主线，共展出90余幅品味高雅、艺术精湛的书画作品。这些作品主题鲜明，把握强劲的时代脉搏，热情讴歌改革开放四十年的伟大成就，反映改革开放四十年的时代变迁，抒发历下区社会各界人士爱国爱党爱家乡的赤子情怀，展现为实现中国梦而奋斗的美丽画卷。区政协工作机构、区文联负责人参加活动。

【廉政文化进机关进家庭书画摄影作品展举办】 12月24—29日，区文联、区直机关工委在历下大厦一楼西厅举办“不忘初心、牢记使命”廉政文化书画摄影作品展活动。区委常委、区纪委书记、区监察委主任刘海峰，区委常委、办公室主任纪亮参观展览。此次活动征集书法作品116幅、绘画作品26幅、摄影作品395幅，其中展出书画和摄影作品100余幅。作品内容突出廉政文化主题，题材健康，立意新颖，构思巧妙，寓意深远，格调高雅，注重政治性、思想性和艺术性的统一。活动以开放式的教育形式，弘扬以廉立身、以廉治家、以廉教子的优秀文化传统，把廉洁教育融入日常工作和家庭生活，不断深化廉政文化建设和传播，进一步增强廉政文化的教育熏陶、示范导向作用，营造风清气正的氛围，提升廉政教育质效。

【历下文学地图征文座谈会举办】 1月20日，“历下文学地图”征文座谈会在历下区文化中心七楼会议室举行。朱文兴、戴永夏、周长风、侯琪、侯林、魏静群、孙葆元、朱春娃等省市著名作家，《济南时报》副刊部主任钱欢青出席会议。会上，历下区作家协会主席杨曙明介绍“历下文学地图”征文活动的创意由来，《济南时报》副刊部钱欢青主任对征文内容提出要求。与会作家随后献言献策，在所发稿件应考虑读众的接受能力；针对青少年读众，避免平铺直叙，增加文学性和趣味性；应扑下身子深入挖掘，写出特色和新意，不可“炒冷饭”等多个方面，给出建设性意见。

【赠书助学】 4月23日是第23个世界读书日，为倡导全民阅读，营造人文历下浓厚的书香氛围，历下区作协走进燕山中学、甸柳一中开展赠书助学活动，向学生捐赠《历下倾城》《济南的味道》等4种图书共计6000余册，同时捐赠第7期《历山》杂志和《人民文学》（历下专刊）《山东文学》（历下专刊）近500本。以此鼓励中学生们参与阅读、享受阅读、获益阅读，在读书中获取知识的营养，塑造健康的人格，让思想更为隽永，精神更为高尚。

【原创作品朗诵会举办】 为推动全民阅读、

促进“书香历下”建设，5月26日，历下作协在区文化中心二楼尼山书院举办“五月的鲜花”原创作品朗诵会。活动中，17位作协会员登台，以配乐诗文朗诵的形式，朗诵以《五月的鲜花》为题的原创作品。后经现场评委品评，5篇作品脱颖而出，获优秀奖，其余参赛者获纪念奖。

【“铭记初心——纪念济南解放70周年”文艺演出举行】 9月22日，历下区在十亩园街1号文化中心礼堂举行“铭记初心——纪念济南解放70周年”文艺演出。文艺演出由历下区委宣传部主办，解放路街道办事处、大明湖街道办事处、历下区文联、历下区文化局、历下区教育局、历下区作家协会联合承办。演出以弘扬中国优秀传统文化、革命文化和社会主义先进文化为主线，融和合唱、朗诵、乐器演奏、现代京剧等艺术形式，激情赞颂济南解放70年的光辉历程。

【开展文学创作辅导活动】 10月20日，山东文学社服务基层作家创作培训班走进历下作协，开展辅导活动。山东省作协副主席、《山东文学》主编刘玉栋，历下作协主席杨曙明等相关领导出席培训活动，历下作协及济南周三读书会的50余名基层作家和文学爱好者参加培训。本次培训是山东文学社为贯彻落实省委宣传部、省作协党组提出的“加大为基层作者服务力度”的工作指示，帮助基层作者提高文学创作和鉴赏水平，发现、培养、提携文学新人所举办的系列培训活动中的第一站。《小说选刊》编辑部主任顾建平、中国煤矿作协副主席荆永鸣就“自媒体时代的文学写作”“小说的经验叙述”进行详细讲解，并现场答疑，针对时下报告文学优劣的衡量标准、优秀散文及散文家的素养、突出小说思想的方法等问题进行解答。其间，历下作协还穿插举行“铭记历史——纪念济南解放70周年”征文颁奖活动，为24位作家颁发奖牌。

【“历下名人故事”征文活动】 3月1日，区作协与《齐鲁晚报》副刊部合作举办“明府城史话”征文活动。面向全国文学爱好者征集描写济南老城区文化、历史、建筑、风俗的散文作品。与《生活日报》合作举办“历下名人故事”征文活动，每周一期刊登记录济南籍或曾在济南定居的名人在济南期间的故事。8月1日至9月15日，举办“纪念济南解放70周年”征文比赛。征文结束后，邀请专家对作品进行品评，最终评出一等奖3人、二等奖8人、三等奖13人。

【“原创文艺作品研讨会”举行】 11月27日，历下区音乐教育协会组织的“社区文化创作基地”授牌仪式和“原创文艺作品研讨会”在名士豪庭举行。同时，历下区文联、姚家街道办事处在名士豪庭社区居委会举行“名士豪庭社区文化创作基地”授牌仪式，召开“唱响幸福社区 原创文艺作品”研讨会。出席授牌仪式的嘉宾有：山东省老年学会会长方宏建，著名词作家、山东省社科院教授王荣栓，济南市音乐家协会主席陈雷，历下区文联主席王亚非，姚家街道办事处副主任武延波，历下区老龄办副主任杨以雨，区音协主席张莉，山东运河经济文化研究中心李金陵，名士豪庭社区党委书记、居委会主任郭萍等。还有媒体代表新华社《半月谈》山东办事处主任韩清军、《山东青年报》主编张广春、老朋友杂志社记者王大茜、名士豪庭艺术团有关负责人及部分社区居民代表80余人参加授牌仪式。

【齐鲁实验学校“哆来咪”工作室成立】 11

月26日，齐鲁实验学校“哆来咪”工作室成立仪式暨首场音乐会——杨思思师生古筝音乐会在报告厅举行。区音协主席张莉、山东师大基础教育集团宣传企划部部长陈斌斌应邀出席并为工作室授牌，齐鲁实验学校执行校长孙艳梅、党支部书记戴秀宏及各部门负责人与学生、家长代表共同参加活动。

【区音乐家协会古琴专业委员会成立】 12月12日，济南市历下区音乐家协会古琴专业委员会成立。济南市音乐家协会副主席兼秘书长王利、历下区文联主席王亚非、历下区音乐协会主席张莉出席仪式。陶渊斋主人、山东陶渊斋文化传媒有限公司创始人李晓光为大家焚香，香气缭绕中，山东艺术学院客座教授、历下区非遗传承人、广禾堂创始人姚金呈先生为大家抚琴。同时，山东省插花研究会会长乔伯良进行现场插花展示，经过一双妙手，三瓶插花慢慢成形，摇曳生姿，与古琴曲交相呼应。张莉为古琴专业委员姚金呈授牌，宣布济南市历下区音乐家协会古琴专业委员会成立。

【区音乐家协会志愿者服务站揭牌仪式暨黎明学校迎新年联欢会举办】 12月29日，区音乐家协会志愿者服务站揭牌仪式暨黎明学校迎新年联欢会举行。联欢会由区文联、区教育局主办，区音乐家协会、济南广播电视台、济南市黎明学校承办，主题是“爱心公益润童心 喜迎元旦贺新年”。

（徐黎明）

卫生与计划生育

【概况】 历下区卫生与计划生育局持续深化医改，推进健康城市建设，促进计划生育工作转型发展，提高基本公共卫生和基本医疗服务质量水平，全方位、全周期维护和保障人民群众健康。至2018年底，全区有医疗卫生机构692所，其中：医院64所，基层医疗卫生机构614所，专业公共卫生机构8个，其他机构6个。有医疗机构床位15949张，卫生人员26924人，卫生技术人员22702人。全区出生人口6335人，合法生育率99.98%，性别比稳定在107.50以内，孕产妇死亡率13.46/10万人，5岁以下儿童死亡率2.15‰，婴儿死亡率1.88‰。

承接老龄化与成人健康研究、老年健康影响因素跟踪调查等国家、省级监测项目，承办历下区“全省世界家庭医生日‘我承诺我服务’”主题活动、山东省第27个世界精神卫生日“健康心理，快乐人生——关注儿童青少年心理健康”主题宣传活动、山东省“健康中国行”科学健身主题宣传活动，顺利通过“全国基层中医药工作先进单位”复审，通过历下区“省级健康促进示范区”评估验收，获得济南市创建全国文明城市先进单位、济南市监督执法技能竞赛团体二等奖、济南市传染病防治工作岗位技能竞赛三等奖、济南市卫生计生监督执法微课比赛团体三等奖等荣誉。

【医政医管】 开展第二轮“改善医疗服务行动计划”，推进医疗机构建立健全预约诊疗、远程医疗、临床路径管理、检查检验结果互认、处方点评、日间手术等工作制度。创新改善医疗服务模式，以“互联网+”为手段，推进就诊信息互联互通，优化医疗服务流程，建设智慧医院。鼓励医疗机构探索“互联网+医疗服务”，构建覆盖诊前、诊中、诊后的线上线下一体化医疗服务模式。加强临床微生物学实验室建设，完成32家医疗机构病原微生物实验室及实验活动备案校验工作，其中一级实验室55个、二级实验室28个。完成37家医疗机构共115个实验室的现场考核和申报任务，其中一级实验室78个、二级实验室37个。

【公立医院综合改革】 继续深化城市公立医院综合改革，加强财政保障，建立科学补偿机制，继续实施公立医院取消药品加成，实行零差率销售。强化医院内部管理机制，改善医疗服务水平，推行按病种收费和临床路径管理，进一步减轻群众就医负担。逐步推进人事制度改革，完成区属医院法人治理结构建设，初步建立决策、执行、监督相互协调、相互制衡、相互促进的管理体制和治理体制。

【医联体建设】 围绕“服务、责任、利益、管理”四个共同体，推进紧密型医联体建设。历下区人民医院长期聘请山东大学齐鲁医院、济南中心医院等三甲医院专家定期进行会诊、查房、手术、带教，开展高血压、糖尿病、冠心病和脑血管疾病分级诊疗试点，逐步提高基层医务人员的医疗水平。历下区第二人民医院与山东省千佛山医院达成一对一帮扶协议，山东省千佛山医院定期指派千佛山医院心内科、内分泌科、神经内科、中医科、小儿科主治医师到东关办事处社区卫生服务中心和龙洞办事处社区卫生服务中心，指导医疗服务。2月，历下区第三人民医院与济南市中心医院签订合作协议，成立“区域医疗联合体”。

【基层公共卫生】 完善基层医疗卫生服务体系，按照“一办一中心”的目标，落实用房和资金，消除社区卫生服务中心建设空白，2018年新增7家社区卫生服务机构。至年底，全区共设置社区卫生服务机构56家（社区卫生服务中心11家、社区卫生服务站45家），其中公立医院承办机构35家（省级医院4家、市级医院8家、区级23家），部、省高校承办或厂矿转型和企业医院承办5家，社会力量承办16家。按照“政府主导、卫计负责、各部门协作”的原则，与街道办事处、居委会、历下区残联、历下区教育局等联合，共同开展家庭医生签约服务。组织家庭医生签约“进社区、进学校、进家庭”活动，加强对家庭医生签约服务的宣传，提高群众知晓率。加强家庭医生服务团队建设，打造以社区卫生机构骨干人员为主要力量，医院专科大夫为技术支撑的团队服务模式，组建家庭医生服务团队173支，为辖区居民提供基本医疗、基本公卫和健康管理服务。全面拓展实施2.0版本签约服务，明确家庭医生开展全人群签约、全人群健康评估、重点人群干预的职责，根据签约居民的需求指导社区机构制定多样化的个性化健康服务包，提升居民获得感，2018年，签订服务协议社区居民17.38万人，签约服务率29.39%，重点人群签约率65.51%。累计拨付基本公共卫生服务资金3249.95万元。建立居民健康档案48.75万人份，删除重复档、死档11.28万份，提升档案质量。65岁以上老年人建立健康档案78422人份，健康管理35340人。实施国家基本药物制度取得成效，30所社区卫生服务机构实施国家基本药物制度，除中草药外的所有药品均实行零差率销售。

【中医药事业】 规范中医诊所备案工作，编制《历下区中医诊所备案明白纸》和《历下区中医诊所备案告知书》，至2018年底，历下区备案中医诊所75家。推进基层医疗机构国医堂建设，至年底，共建成国医堂13家。加大中医药事业政策扶持，拨付14.8万元，按照主任中医师、副主任中医师补助150元/天的标准，聘请中医专家对口帮扶社区卫生服务机构。历下区共有48家社区机构能够提供中医药服务，其中40家社区卫生服务机构能开展6种以上中医适宜技术。顺利通过“全国基层中医药工作先进单位”复审。

【医养结合】 召开历下区建设省级医养结合示范先行区启动会议，制定《历下区建设全省医养结合示范先行区工作方案》，成立由副区长任组长，23个部门、13个街道办事处为成员单位的领导小组，建立定期联席会、定期调度、定期通报工作制度。建立全区老年人健康养老需求综合评估中心，依托社区卫生服务机构、社区居委会开展入户基线调查，进行综合分析，为老年人提供标准化和个性化相结合的健康养老专业指导，为全区制定医养结合政策提供数据支撑和科学依据。推进居家社区医养结合，通过在社区建立家庭医生服务点、与社区日间照料机构签订合作协议等形式，定期深入社区为老年人开展医养结合服务。2018年，全区日间照料中心34家，其中32家与社区卫生服务中心（站）签订医养结合协议，签约服务率达94%。加快医养健康产业重点项目建设步伐，重点打造历下三院医养结合综合服务楼、社区卫生服务中心以康复为主的老年病房以及示范基地、示范街道等项目建设，不断满足辖区老年人多层次、多样化的健康养老服务需求。全区培育医养结合特色创建项目13个，其中5项列入山东省医养结合项目库、8项为市级医养特色项目。8月，顺利通过山东省医养结合示范创建中期评估。

【计划生育】 稳妥有序落实全面两孩政策，落实生育服务管理制度，推行一站式服务，2018年，办理生育登记手册10453个，审批生育证69个，生育证办结及时率100%。打击“两非”，做好综合治理出生人口性别比工作，加大宣传工作力度，发放打击“两非”宣传品近万份，在辖区医疗机构统一设置禁止“两非”醒目标志、管理制度、举报电话，营造良好的社会宣传氛围。与辖区医疗机构签订《打击“两非”协议书》，实行部门间的信息互通、比对，严把孕情跟踪管理、B超使用管理、终止妊娠药物管理、终止妊娠手术管理“四个关口”，出生人口性别比保持在正常范围内。全面深化流动人口卫生计生均等化服务，开展流动人口精准化健康教育，为流动人口发放健康工具包等健康用品，开展健康咨询、健康义诊，每季度开展不少于一次的针对不同人群的精准化流动人口专项健康讲座。开展流动人口健康促进示范企业、学校、家庭创建活动，评选出流动人口健康促进示范企业1家（山东银座商城股份有限公司银座商城）、流动人口健康促进示范学校1所（济南汇波小学）、流动人口健康促进示范家庭2个。继续落实计生特扶家庭帮扶措施和各项国家法定奖励政策，加大对计生特殊困难家庭的生育关怀力度，为300余名计生特殊困难家庭健康人员查体，春节、中秋等重大节日开展走访慰问计生特扶家庭活动，发放慰问金65.52万元。进一步规范妇幼健康服务管理工作，坚守母婴安全底线，加强出生缺陷防治，实施妇幼卫生民生工程项目，全面推进妇幼健康服务工作的开展。

【疾病预防控制】 2018年，历下区无甲类传染病报告；乙类传染病报告11种计1718例，发病率为206.26/10万人，同比下降

2018 年 5 月 19 日，全省世界家庭医生日“我承诺我服务”主题活动启动

5.65%；丙类传染病报告 6 种共计 4875 例，发病率 620.31/10 万人，同比上升 40.98%。手足口病报告 2191 例，发病率 278.79/10 万人，同比上升 47.24%。常规免疫保持高水平接种率，各项基础免疫接种率均在 95% 以上。提升硬件设施建设，为全区数字化门诊配置电子核签系统，辖区各接种门诊便民服务水平走在全省前列。慢病监测工作有序开展，依托社区，做好慢病健康教育宣传，加强健康促进，以“一评二控三减四健”为重点，普及健康生活方式。扩展和完善慢病监测体系，提高心脑血管、死因监测等工作质量和效率。继续开展辖区居民城市癌症早诊早治项目。进一步推进精防体系建设，做好重症精神病人的管理治疗。探索艾滋病防治工作新模式，历下区开展“世界艾滋病日”宣传活动。由济南市历下区卫生和计划生育局主办，历下区疾病预防控制中心承办“筑梦新时代，爱拼才会赢”知识竞赛活动，邀请省市区领导以及历下区艾滋病防治委员会 43 个成员单位共同参与。

【卫生计生监督】 2018 年，历下区卫生和计划生育监督所以“健康山东卫监行动”“卫生计生综合监督提质增效年”为载体，加大行政执法力度。严厉打击非法行医，陆续开展强化医疗市场监管、中医备案诊所、一级医疗机构综合执法检查和打击非法行医“春蕾”行动等专项监督检查，非法行医立案 26 起，约谈 1 家中医备案诊所。加强传染病防治监督检查，对全区 492 家各类医疗机构的预防接种、疫情报告管理、医疗废物处置、消毒隔离等情况进行全面监督检查，促进医疗机构落实相关法律法规。开展重点公共场所卫生监督、夏季重点公共场所卫生执法监督、景区周边公共场所卫生监督和国庆节前公共场所卫生监督专项行动，监督检查各类公共场所 1269 家次，确保公共场所卫生安全质量符合国家标准要求。加强生活饮用水监督监测，开展生活饮用水和涉水产品卫生监督专项检查，检查供水单位 153 家，抽检 307 件，对检查中发现的问题全部下达监督意见书，立案处罚 2 家。规范学校卫生监督管理，保障学生健康权益，全年监督检查各类学校 87 家次。加强放射诊疗许可及日常监督检查，组织做好放射诊疗建设项目职业病危害评价，全年监督检查放射诊疗机构 110 家，各类放射诊疗设备 137 台。推进“双随机一公开”（在监管过程中随机抽取检查对象，随机选派执法检查人员，抽查情况及查处结果及时向社会公开）工作机制，落实 2018 年国家监督抽检计划，全年共接收双随机任务267单。

【爱国卫生与省级健康示范区创建】 组织协调各街道、部门，开展爱国卫生运动，落实长效管理机制，围绕“关注小环境 · 共享大健康”主题，举行第30个全国爱国卫生月活动，宣传爱国卫生和健康知识，免费发放健康宣传资料、健康宣传品等5000余份。巩固和扩大卫生先进创建成果，推荐上报山东新闻大厦等4家省级卫生先进单位。推进全省健康促进示范区建设，开展“骑迹2018——绿色出行 · 全民健身”“关爱大学生健康 · 健康促进走进校园”等活动，年内评选出东关街道办事处等2家健康机关（单位），山东省荣军总医院等3家健康医院，济南市中心医院等4家无烟医院，燕子山小区中心广场1处健康广场（公园），山东银座股份有限公司银座商城等2家健康市场（超市、商场），小洪山公园1个健康步道，市场监督管理局餐厅1家健康餐厅（食堂），刘建华等4户健康家庭，高立香等5名健康大使。顺利通过省级健康促进示范区验收。

【“世界家庭医生日”主题宣传活动举办】 5月19日，第8个“世界家庭医生日”主题宣传活动在泉城广场举行，主题是“我承诺 我服务”。省卫生计生委党组成员、副主任马立新，市卫生计生委党委书记、主任马效恩，历下区人民政府副区长刘佳等参加活动。设置展板、发放材料、播放宣传片等，宣传家庭医生签约服务政策，社区卫生服务机构现场开展健康咨询、义诊和健康检测等服务。

【“新时期妇女健康需求”现场调查完成】 8月，历下区顺利完成“新时期妇女健康需求”现场调查。调查工作由国务院妇儿工委办公室、国家卫健委妇幼司发起，在辖区转山西路社区、燕山新居社区、泺河社区、东关社区开展调查。调查问卷内容涉及青春期、育龄期1、育龄期2、更老年期四个年龄段，共发放1680份，旨在调查了解和分析新时期对不同生命周期妇女影响最大、最常见的健康问题，以及妇女健康意愿和保健需求，从而提出优先、可行、有效的干预措施及政策建议。

【“健康中国行——科学健身主题宣传活动”举办】 8月30日，由省卫计委、省体育局、省教育厅、省总工会、团省委、省妇联六部门主办，济南市政府协办，济南市卫生计生委、历下区政府承办的“健康中国行——科学健身主题宣传活动”启动仪式在

山东省“健康中国行”科学健身主题宣传活动现场

大明湖超然楼东广场举行。活动以“我运动 我健康 我快乐——为健康行走”为主题，由省、市代表队，历下区卫计局代表队，13个街道的16个代表队进行5公里环湖健步走。

【独生子女父母五项奖励扶助金发放】 11月22日，发放历下区独生子女父母五项奖励扶助金：农村部分计划生育家庭奖励扶助1979人，发放资金189.99万元；农村双女绝育户奖励扶助164人，发放资金15.74万元；城镇低保独生子女父母奖励扶助104人，发放资金9.98万元；计划生育特别扶助（伤残、失独）奖励扶助917人，发放资金604.16万元；历下区农村计划生育独女户奖励扶助243人，发放资金17.5万元。

（郝　媛）

红十字会工作

【概况】 历下区红十字会立足实情，弘扬“人道 博爱 奉献”的红十字精神，传播红十字文化，深入开展“三救三献”（应急救援、应急救护、人道救助和献血液、献造血干细胞、献人体器官组织）工作，努力实践为政府分忧、为群众解难，充分发挥党和政府在人道救助领域联系群众的桥梁和纽带作用。

【姜育恒“爱的痕迹”助学活动举办】 举办姜育恒“爱的痕迹”助学金发放活动。全年分两次发放助学金82万元，资助学生148人，此项救助活动连续开展10年，受助学生达1258人，资助金额531.4万元，取得良好的社会效益。制作让爱传递——济南市历下区致谢姜育恒“爱的痕迹”助学金10周年公益专题宣传片。开展筹资工作，提高救助实力。为进一步壮大人道救助基金，增强救助实力，救助更多的学生，红十字会与“爱的痕迹”助学金发起人姜育恒加强沟通联系。

【关爱弱势群体】 开展“博爱送万家”新春慰问活动。春节前夕走访慰问辖区部分特困家庭、遗体（角膜）捐献家庭、造血干细胞捐献者共32户，带去慰问金6000元和各项慰问品。看望老年公寓孤寡老人，发放100袋大米、100袋面粉、50桶油、温暖箱15个。开展为麻风病患者送温暖活动。在第65届“世界防治麻风病日”暨第31届“中国麻风节”之际，红十字会联合区疾控中心到济南市皮肤病防治医院看望历下区麻风病人及康复人员，给他们送去苹果、鸡蛋、大米、花生油等，鼓励他们树立信心，克服生活中的困难，主动配合治疗。联合“喀秋莎”艺术团，到历下区老年公寓为老人们表演精彩节目，丰富老年人精神文化生活。组织大学生志愿者到敬老院开展关爱老人志愿服务活动，为老人们带去关爱和温暖。

【卫生救护知识普及】 结合世界红十字日、世界急救日、世界艾滋病日等重要纪念日开展集中宣传活动。历下区参加济南市红十字会“爱救在身边”应急救护技能大赛活动，在全市17支参赛队伍中获得第三名和优秀组织奖，参赛队员个人分别获得历下区个人心肺复苏二等奖、创伤救护一等奖、创伤救护二等奖、创伤救护三等奖。通过参加技能大赛巩固和提高应急救护技能及实战经验，为下一步历下区应急救护培训工作打下良好基础。举办应急救护知识竞赛答题活动。利用纪念第71个“5·8”世界红十字日和第十个防灾减灾日，组织辖区居民、中小学生共计2000人参加全国红十字防灾避险知识答题竞赛活动。举办历下区第一期针对机关干部的救护员培训班，有44名机关干部报名参加培训并通过考试取得历下区红十字救护员证。进一步提高历下区机关干部面对突发事件的应急处置能力和自救互救技能。全年普及应急救护培训6200余人，培训救护员44人。

【造血干细胞志愿捐献者血样采集及实现捐献】 充实中华骨髓资料库，呼吁更多的人加入到造血干细胞志愿捐献志愿者队伍中，让血液病患者多一份延续生命的希望，联合山东大学“髓缘”志愿服务队，开展历下区以“让生命在爱中延续，让爱心髓缘涌动”为主题的造血干细胞捐献宣传活动，现场有41人采集血样成为造血干细胞捐献志愿者，有3人成功捐献造血干细胞。至年底，全区累计有造血干细胞捐献志愿者651名，成功实现捐献10人。

【广泛宣传红十字会事业】 组织辖区医疗单位和志愿者走进社区，开展义诊、健康咨询、发放红会宣传资料，广泛宣传红十字会“三救三献”工作及红十字会基本知识，编印红十字会相关知识宣传资料1.2万份。全年组织各类宣传活动4次，发放宣传资料6万余份。

【遗体器官（角膜）捐献】 弘扬“人道、博爱、奉献”的红十字精神，凝聚正能量，引领群众步入慈善和奉献的人爱大道，鼓励更多的人加入到无偿捐献的队伍中，经区政府决定，在国家、省、市对三项捐献工作部署的基础上，制定历下区奖励表彰制度，对捐献者无私奉献的大爱善举给予充分的肯定和褒奖。全年成功捐献造血干细胞3例，遗体（角膜）捐献登记41人，实现遗体+角膜捐献4例，遗体捐献3例。

【红十字青少年工作】 5月，在历下区素质教育实践中心建立历下区红十字会青少年应急救护培训基地。推动历下区应急救护知识进校园活动，提高青少年应对自然灾害和意外突发事件的自救互救能力。组织区教育局组织燕山中学、甸柳一中等6所学校600名学生参加全国红十字防灾避险知识竞赛答题活动。组织山师阳光爱心社大学生志愿者到老年公寓开展关爱老人志愿服务活动，为老人们带去关爱和温暖；联合山东大学药学院开展以“关爱生命，点燃希望”为主题的造血干细胞血样采集活动，用行动诠释“人道、博爱、奉献”的红十字精神。

（张　民）

历下区人民医院

【概况】 2018年，区医院在岗职工639名（在编职工269名、非在编职工370名），其中卫生专业技术人员565名（高级职称25名、中级职称90名、初级职称434名）。参与区委区政府扶贫协作、扫黑除恶、反邪教、“放管服”等中心工作。成立集中采购办公室，改造疾病筛查办公室、放射科阅片室、口腔科、氧气间等，引入爱玛客公司，完成诊间结算系统的上线，医疗服务更便捷，流程更优化。

2月26日，区医院与安康医院建立医联体，探索以医养老合作模式。12月28日，历下区政府、区医院与中石油济柴动力有限公司、千佛山街道办事处社区卫生服务中心签署协议正式接收千佛山街道办事处社区卫生服务中心。燕东社区卫生服务站搬迁改造完成。全区社区卫生机构2018年家庭医生签约共25618人，其中重点人群签约14103人，签约率63%。2018年，门诊量83.16万人次，同比增长9.45%；出院患者8361人次，同比增长16.82%；手术量3823台（不含门诊手术），同比增长26.42%；门诊手术1422台。全年门诊次均医疗费219.2元，较上年同期下降3.29%；住院次均医疗费8807.81元，较同期下降13.5%。

【二级甲等医院复审现场评价通过】 12月10至11日，济南市卫计委组织专家对区医院综合管理、医疗医技、护理质量、院感防控、药事管理、后勤保障等工作进行现场评价，共检查部门单元107个，访谈333人次，考核59人次，抽查病历23份，检查处方及化验单110张，追踪检查项目11项，观看手术1台，发放满意度调查问卷150份。专家组对医院的质量管理、就诊环境、文化建设、早癌筛查、后勤保障、远程心电、区域影像阅片、康复治疗、护理PDA应用、“零容忍”制度、智能药品调剂等工作予以充分肯定。区医院以A级条款达标率32%的优异成绩通过二级甲等医院复审现场评价。

【医疗质量改进】 完善科室质控小组，专人负责科室日常质控工作。组织院级质量检查四次，对全院医疗医技、护理院感、药剂、设备、业务学习等情况进行检查，检查结果奖惩兑现。针对出现频次较多的问题，开展抗菌药物使用率、危急值管理两次专项整治；将核心制度落实情况纳入质量检查和日常督导中；加大“零容忍”制度落实力度。

病区全面推广使用手持PDA（移动护理查房系统），实现患者身份确认、风险评估、医嘱核对和执行的信息化管理及生命体征等数据的即时准确录入。采用查检表的形式完善院科两级护理质控，把核心制度、岗位职责以及应急预案融合到查检表项目中，通过项目合格率量化考核护理工作质量，确保护理安全。

建成区域影像阅片中心，与10家社区卫生服务机构建立网络专线，实现互联互通。盛福社区与放射科之间已实现远程阅片，确保社区影像诊断及时、准确。通过座谈、讲座等方式，加强医技科室与临床之间的沟通。开展床旁超声检查722例、各部位CT增强检查366例。临床药师深入临床科室，参与查房、会诊，指导心血管及抗菌药物临床应用；继续开展重点药品监控，重点监控药品使用量占比下降至10.32%。院感管理进一步规范。对医院感染重点环节进行监测，尝试运用智能管理软件循环式督导，整改问题85条，院感发生率远远低于国家标准。对医院感染知识实行碎片化培训、无纸化考核。区医院参加山东省医院感染管理知识竞赛，荣获团体二等奖。规范传染病和公共卫生管理，报告食源性疾病377例。进一步健全完善应急管理体系，适时调整应急队伍，应急物资及装备指定专人管理，定期更新。

【服务民生】 开展“光明工程”，完成糖网筛查7655人次，免费实施白内障手术3119例；为小学适龄儿童窝沟封闭2212人次；为低保及低保边缘家庭、环卫工人等群体免费查体5267人次；健康证查体5.9万人次，幼教查体4952人次；低保及低保边缘救助人群门诊就医7.7万人次，出院570人次。新开展民生工作：在园儿童涂氟15395人次，60岁以上老人养老评估1821人次。

成立疾病筛查办公室，开发疾病筛查系

统，实现线上录入患者资料。全年完成胃肠镜筛查 4792 人次，肺 CT 筛查 4791 人次，甲状腺、乳腺筛查 6904 人次。共筛查出各类恶性肿瘤 32 例，需密切观察 445 例，均进行治疗或随访，提高癌症早诊早治率，取得良好的社会效益，推动消化、两腺、影像等专业的发展。

开展形式多样的健康教育活动，更新宣传栏 159 期，发放健康教育处方、宣传折页 64923 份，心内科、糖尿病科、儿科等举办健康教育课堂 105 次，组织开展各种义诊活动 8 次，健康教育进社区、进学校活动 130 场次，受众 32766 人次。

【主办第三届中国微循环学会眼底病研讨会】4 月 21 日，由中国微循环学会眼微循环专业委员会眼底病学组和区医院主办，中国微循环学会眼微循环专业委员会、欧美同学会医师协会眼科分会、北京协和医院眼科、济南市第八人民医院协和眼科中心、《中国现代医生》杂志、《转化医学杂志》等协办的“第三届中国微循环学会眼底病研讨会暨 2018 中国眼科前沿——精准医学·创新学术论坛”在泉城济南举办。詹启敏院士指出，将糖网病、年龄相关性黄斑病变等与眼微循环障碍、微血管病相关的眼科疾病作为研究方向和治疗目标，为更多的眼科患者带来光明。加强合作交流，整合相关优势资源，加快促进微循环相关基础研究向临床应用转化。大会将成立“一带一路”国际眼科联盟。研讨会主席、济南市第八人民医院院长王振东在会上发言，从 2012 年起区医院开展历下区大规模的糖尿病视网膜病变筛查，已免费筛查 4 万名，建立 3 万份筛查档案。大会围绕糖尿病视网膜病变、年龄相关性黄斑病变与眼微循环等临床难点和热点问题展开研讨，致力于推广标准临床治疗规范和国内眼科各专业在临床和基础研究方面的技术新进展和经验沟通，加强与国内外著名眼科的学术交流，提高年轻眼科医师解决临床问题的技巧和能力。

【区医院成为国家心力衰竭医联体成员单位】1 月，在中国医学科学院阜外医院张健主任的倡议下，由国家心血管病专业质控中心专家委员会心力衰竭专家工作组、中国医师协会心力衰竭专业委员会联合发起向国家心血管病中心申请成立国家心力衰竭医联体。3 月，获得国家心血管病中心的批复函，国家心力衰竭医联体在国家心血管病中心领导下正式成立。由国家心血管病中心、国家心血管病专业质量控制中心、中国医师协会心力衰竭专业委员会联合主办“国家心力衰竭医联体山东省中心成立大会”，10 月 28 日，在山东省济南市举行。区医院成为国家心力衰竭医联体成员单位。联盟的工作宗旨是：建立心力衰竭诊治质控平台，促进心力衰竭规范化诊治，强化心力衰竭专科培训，普及和推广心力衰竭疾病防治技术和发展新技术，减少地区间心力衰竭的防治水平差异，提高全国心力衰竭的防治能力，带动全国心力衰竭及相关学科的共同发展。

【区医院成为全国“心脏康复中心第一批建设单位”】为规范心脏康复诊治，最大程度降低心脏病患者再住院率和死亡率，中国医院协会、中国心血管健康联盟、中华医学会心血管病学分会心脏康复学组联合决定，在全国建立心脏康复中心。通过组建多学科管理团队，推行协同诊疗模式，实施心脏康复的规范化诊疗和患者长期随访管理，提高心脏病患者的生存生活质量。12 月 3 日，发起心脏康复中心申请建设项目，经康复中心建设项目专家委员会评审决议，在全国170家注册医院中，审核通过134家心脏康复中心予以授牌，区医院成为山东省入选的14家医院之一。心脏康复中心总部于12月15日，在深圳对第一批次心脏康复中心建设单位举行授牌仪式。区医院是“国家心肺预防与康复中心协作网”成员单位之一。区医院心脏康复中心的授牌和学术组织的加入，推动区医院心脏康复及心内科整体诊疗水平的发展。进一步规范心血管疾病的1、2期心脏康复，推动和落实心血管病患者的五大处方，逐步开展3期心脏康复，实现对心血管疾病的全程治疗与管理。

【新技术新业务开展】 康复科和针灸理疗科整合发展，与社区卫生服务机构联合，开展社区康复；口腔科完成升级改造，业务收入、门诊量分别增长19.4%和8.5%；透析科成功开展CRRT和蛋白A免疫吸附治疗技术，并开设肾病病房；心内科开展心脏康复，提高心血管疾病防治水平，区医院被中国心血管健康联盟授牌成为首批心脏康复中心建设单位（山东省唯一一家二级医院）。采购DR、彩超、口腔综合治疗台、OCTA、四肢动脉硬化检测仪、双能X线骨密度仪和盆底康复仪等53套医疗设备，为临床明确诊断治疗提供更加科学的依据。

（侯传会）

体　育

【概况】 2018年，全区体育事业坚持“首善之区、健康历下”理念，唱响全民健身主旋律，举办历下区第五届机关职工运动会、“体彩杯”历下区“一统四治”德治工作推进组暨历下区第八届全民健身运动会村民运动会、历下区第八届全民健身运动会等群众体育赛事，被济南市体育局授予“济南市第八届全民健身运动会优秀组织奖”。加强全民健身设施建设，在甸柳新村、姚家、智远等街道办事处安装健身设施30余件，推动“10分钟健身圈”建设和超期服役健身设施更换，满足群众健身需求。组织国民体质监测活动。举办首届历下区全民健身工作教育培训班。在姚家、智远、龙洞3个街道办事处举办15场广场舞培训，全年共培训三级社会体育指导员94人，参加多期省、市举办的国家级、一级和二级培训班。不定期对辖区内所有高危场所进行安全检查，确保各游泳场馆安全措施扎实落实。坚持体教结合，组织参加济南市“八大联赛”、山东省第24届运动会等赛事，均取得优异成绩。体育彩票销量又攀新高，全年共销售8.11亿元，名列全省区（县）前茅。

【群众体育】 1月1日，历下区体育局组织80名健身爱好者参加由山东省体育局、济南市体育局主办的2018年“中国体育彩票杯”山东省暨济南市元旦全民健身系列活动，表演太极功夫扇，并组织200人的登山队伍参加环绕千佛山一圈、全程约5公里的登山健康跑活动。

1月13日，“中国体彩杯”2018年历下区第八届全民健身运动会山地越野挑战赛在佛慧山景区鸣锣开赛，全程大约9公里。本次赛事由历下区体育局主办，采取线上报名的方式，共计800名体育爱好者参加，男女各取前20名奖励。

3月1日，历下区体育局在甸柳文化广场开展以“我们的节日”为主题的国民体质监测进社区活动。社区居民通过闭眼单脚站立、选择反应时、坐位体前屈等项目的体质测试，全面衡量体质情况，并根据体质健康检测结果，结合运动医学专家的指导，掌握适合个人的健身方法，提高健康水平。

4 月 28 日，由历下区委统战部主办、历下区体育局承办的历下区统一战线趣味运动会在济南奥体中心举行。运动会设趣味投篮、沙袋投准等 8 个单人项目和众星捧月、龟兔赛跑、龙舟赛、拔河 4 个集体项目。历下区委统战部机关、区级各民主党派、各统战团体的 12 支代表队 170 余人参加。

4 月 29 日，由历下区体育局和中联华夏艺术有限公司主办的历下区第八届全民健身运动会 2018CIDU 中联艺术山东第九届国际舞蹈（体育舞蹈）锦标赛在济南皇亭体育馆举行。全国各地 80 支代表队、2700 余名选手参加拉丁舞、摩登舞、中国舞、流行舞等项目的角逐。赛事设立 5 万元奖金，参赛单位发优秀组织奖，综合评选金舞奖、银舞奖、铜舞奖。同时，赛事进行网络直播，累计 8000 余人次在线观看。

5 月 12 日，历下区第五届机关职工运动会在济南奥体中心体育场举行。本届运动会由中共历下区委、历下区人民政府主办，历下区总工会、历下区直机关工委、历下区体育局承办。区委书记马玉星，区人大常委会主任、党组书记韩宏伟，区委副书记尹红梅，区领导纪亮、杨传军、续明、杜宝现、李乐军、王海清、李克、周雷、郭向平、郭宝龙、荆甫荣、丁晓红、曾素燕、侯晓、朱俊如出席。运动会开幕式由副区长丁晓红主持，区委常委周雷致辞，马玉星宣布运动会开幕。运动会设置传统项目和趣味项目，涵盖广播体操汇演、砥砺前行、传递正能量、党旗代代传等 7 个集体项目和快乐足球、百发百中等 20 余个个人项目。区直机关 64 个部门和 13 个街道办事处的 3000 余名职工参加。

8 月 8 日，历下区体育局在甸柳文化广场举行 2018 年历下区“全民健身日”健身展演活动暨历下区第八届全民健身运动会群众健身项目比赛，共有 15 支表演队伍 378 人次参加柔力球、广场舞、太极等项目。

9 月 16 日，2018 年历下区第八届全民健身运动会国际象棋比赛在济南市景山小学开幕。本次比赛面向社会公开报名，有 30 支代表队 100 位选手参加。

10 月 13 日，“体彩杯”历下区“一统四治”德治工作推进组暨历下区第八届全民健身运动会村民运动会（智远）在历下区明德中学举行。区副区长丁晓红参加开幕式并宣布运动会开幕。刘智远村、义和庄、林

2018 年历下区体育局在智远街道办事处安装健身路径

家庄等代表队带来第八套广播体操、合唱、扇子舞等项目展演，1000余名村民运动员参加趣味投篮、钓鱼跑等6个个人项目和智慧拼图、众星捧月等4个集体项目。刘智远村、盛福庄、林家庄3支代表队获得团体总分前三名。

10月25日，历下区体育局在甸柳文化广场举办2018年山东省百万老年人打太极业务骨干展示——济南市历下区主会场暨历下区第八届全民健身运动会24式太极拳展示活动，共有35支队伍580人参加。经过12轮精彩的展示，甸柳一居太极队等获得一等奖，大明湖西南门太极队等获得二等奖，开元太极队等获得三等奖。

11月10日，“体彩杯”历下区“一统四治”德治工作推进组暨历下区第八届全民健身运动会村民运动会（姚家）在山东政法学院举行。区委常委、组织部部长续明，副区长丁晓红及有关部门领导参加开幕式。现场，姚家村、浆水泉村、十里河村等7支代表队进行第八套广播体操、威风锣鼓、花样跳绳等项目展演。本届运动会设男女青年组（中年组）、家庭组和邻里组，男女青年组（中年组）个人项目设60米快乐大脚、钓鱼跑等11个项目，家庭组和邻里组集体项目设后背上的亲情、众星捧月等4个项目，有1000余名村民运动员参加。最终，姚家村、十里河村、丁家村三支代表队获得团体总分前三名。

11月21日，“体彩杯”历下区“一统四治”德治工作推进组暨历下区第八届全民健身运动会村民运动会（龙洞）在济南奥体中心举行。区委常委、副区长杨传军，区委常委、宣传部部长王海清，副区长丁晓红及有关部门领导参加开幕式。龙洞村、老石沟村、孟家村等6个村13支表演队展示第八套广播体操、广场舞、中华通络操等项目。本届运动会设男女青年组（中年组）、家庭组和邻里组，男女青年组（中年组）个人项目设60米快乐大脚、钓鱼跑等11个项目，家庭组和邻里组集体项目设后背上的亲情、智慧拼图等4个项目，有1000余名村民运动员参加。孟家村、龙洞村、老石沟村三支代表队获得团体总分前三名。

【竞技体育】 历下区运动项目管理中心以“发现和培养体育后备人才，促进体育事业的发展”为着力点，坚持体教结合，邀请市级教练员深入历下区各中小学进行举重、摔跤、体操等重点项目选材工作，2018年，输送11名优秀后备人才。在历下区各中小学扶持建立训练基地，利用假期加大训练强度，关心爱护运动员，注重与学校、老师、家长等多方面的沟通与交流。定期监督检查教练员开展业余训练工作，细化训练工作任务，使之清晰化、具体化。组织各项目运动员注册、选拔、参赛工作。

山东省第二十四届运动会 山东省第二十四届运动会3月开赛，10月12日开幕式，10月20日闭幕。历下区200余名运动员参加田径、游泳、射击、射箭、羽毛球、网球等项目并获得45枚金牌、24枚银牌、13枚铜牌。

济南市射击锦标赛 历下区组织18名运动员参加济南市射击锦标赛获得1枚金牌、2枚银牌、2枚铜牌，组织33名运动员参加济南市摔跤锦标赛获得3枚金牌、4枚银牌、3枚铜牌，组织72名运动员参加济南市篮球锦标赛获得4个组别的冠军，组织60名运动员参加济南市排球锦标赛获得5个组别的冠军，组织参加济南市射箭锦标赛获得两枚金牌，另外还参加跆拳道、武术散打的比赛。

历下区“八大联赛”举办 4月至11

月，历下区体育局联合教育局组织举办历下区“八大联赛”（田径、篮球、排球、足球、网球、羽毛球、乒乓球等），有50余所学校2000余名运动员参赛，选拔出各项目团体前三名和个人前三名参加2019年的济南市“八大联赛”。

【体育彩票发行】 2018年，历下区体育彩票共销售8.11亿元，完成销售任务的172%，名列全省区（县）前茅。其中，电脑彩票销售7.42亿元，完成销售任务的168%，同比增长57%；即开彩票销售3221万元，完成销售任务的108%，同比增长7%；手机投注销售3702万元，同比增长144%。新建53个体彩销售网点，完成目标任务的378%。全区网点分片包干，细化管理，领导班子不定期巡查。历下区体彩办公室积极组织冠名“体彩杯”赛事和公益活动，重视健身路径等公益金建设项目宣传。落实基层网点人文关怀，组织体彩销售人员进行学习交流，加强知识培训，开展互助组帮扶活动，提升网点运营水平，参加公益活动，增强历下区体彩销售团队凝聚力。3月27日，历下区体彩办公室组织90名各体彩站点的志愿者，参加“擦亮‘公益体彩’践行‘雷锋精神’”活动。志愿者们走进历下区泉城路街道办事处鞭指巷社区，聆听全国道德模范房泽秋的事迹报告，并开展健身路径清理和社区服务活动，以实际行动传播体彩正能量。

【全民健身工作教育培训】 11月12日，浙江大学——济南市历下区全民健身工作教育培训班开班式在浙江大学华家池校区举行。历下区区直有关部门、各街道以及体育局的40余名党员干部参加。在为期5天的教育培训中，党员干部们接受了新旧动能转换、全民健身、体育文化、产业知识和党性锻炼等方面的教育培训。

（祝　莹）

小资料——历下老字号

玉谦旗袍：芙蓉泉畔的百年老店

“玉谦旗袍”创办于清同治年间（1862 ~ 1874 年），最早店家在章丘，后来迁址到济南老城内芙蓉街的芙蓉泉边。“门前圣水芙蓉泉，旗袍世家数百年。”这幅嵌在“玉谦旗袍”店门两侧的楹联，不仅道出它已有百年多的历史，同时还告诉人们它的具体方位。

“玉谦旗袍”创始人叫于立业，而后世代相传，时下的店主是第五代传人于仁谦。于氏先祖制作服饰的历史可追溯至满清的道光年间（1821 ~ 1850 年）。他们最先是缝制长袍马褂，而后到了同治年间又增加了制作旗袍和四季便服等，且缝制质量远近闻名。迁址来到芙蓉街之后，于家传人凭着精湛技艺和诚信为人，在老城内外数十家旗袍店中脱颖而出，誉满泉城。

上世纪 50 年代之后，由于历史的局限，“玉谦旗袍”曾被摘匾过很多年。1956 年公私合营时，它被并入济南市第一服装合作社。1966 至 1976 年间，旗袍曾被视作“封建糟粕”而远离人们的生活，直到改革开放之后，这种漂亮的服饰才又重新回到人们的视野之中。

出生于 1958 年的于仁谦，受到父亲的耳濡目染，从小就迷恋针线，早在上世纪 70 年代初，他就跟着父亲开始学习制作衣服。在父亲精心指导下，他的制作技艺日臻成熟，成为“玉谦旗袍”第五代传人。

量体裁衣是“玉谦旗袍”的最大特色。于仁谦虽是店经理，但所有订制的旗袍他都要亲自测量、亲自裁剪和参与制作。为了尽可能让订做的旗袍合身合体，他把测量尺寸从早先的 20 多个，扩展到 40 多个。如今他创立的经纬立量法，需要测量 60 多个尺寸。除了继承父亲的传统手艺之外，于仁谦身上也具备现代人的创新意识，他在朋友帮助下将玉谦旗袍店简介制成网页，到互联网上卖衣服，如今，通过网络传来的订单，尤其是来自国外的生意已成为店里重要“活”源。于仁谦认为，旗袍已经不仅仅是一件衣服，而是一种文化的象征。

2010 年 10 月，“玉谦旗袍”被列入济南市第三批非物质文化遗产名录；2013 年 5 月，被列入山东省非物质文化遗产；2014 年 3 月，被认定为“山东老字号”。

责任编校：王海燕　李　燕

社会生活

大美历下系列图片 （邢可锋 摄影）

社会生活

民 政

【概况】 2018年，继续深化居家养老，探索“X+1”（1个街道级居家养老服务综合体平台，以X个街道辖区内的社区卫星站为补充）模式。运用网上年检系统平台，完善申报、自查和审核工作流程。率先使用省、市研发的“界桩巡查”APP，将界桩巡检、多媒体采集、界管员考核相结合，实现数据分析自动化处理。高标准完成村、社区“两委”换届选举，完成全国社区治理和服务创新实验区结项验收。

【基层自治组织建设】 村、社区“两委”换届选举。指导街道劝退6名村委会竞选人员；组织对1180名报考人员进行审核，最终确定172人。组织新一届村、社区干部培训班，先后有120余名村“两委”成员和190余名城市社区干部参加培训。3月，组织全区第三期社区实务能力训练营，培训社区干部70人，让社区干部掌握专业理念和实务技巧，真正从治理视角下实施治理创新。

全国社区治理和服务创新实验区结项验收。先后编印历下区全科社工工作指导手册、历下区公益银行技术指导手册、历下区社区民主协商工作规范、历下区优秀社区工作法汇编、历下区社区社会组织案例汇编，完成创建实验区结项验收报告和纪实汇报片拍摄。建立历下公益银行总部、街道分行、社区储蓄所三级管理服务体系，通过激励机制促进社区志愿服务常态化。实验区工作坚持强化理顺基层治理主体结构，实现社区党组织、自治组织、社会组织、共建组织、志愿组织作用充分发挥，实现由单一管理向多元治理转变，由垂直管理向横向治理转变。民政部专家验收组对历下区的实验情况给予充分肯定。结合“深化一次办成改革”，主动推进全科社工服务，开展网格化管理服务，为社区居民提供优质服务、快捷服务。市民政局在历下区召开全市全科社区工作者观摩推进会，历下区的做法得到其他区县

2018年11月6日，济南市副市长王桂英（右三）到历下区调研民政工作

领导的一致好评。

社区治理主体能力提升。通过采取创新社区治理服务政策、培育发展社会组织、加强社区人才队伍建设、动员社会力量参与等，有效履行职能，提高政府主导能力。通过提高服务能力、组织居民能力、策划活动能力、开展民主协商能力、资源链接能力，完善基层自治组织的功能，提升社区引导组织能力。通过提高承接政府服务能力、加强社团建设能力、引导居民策划活动能力、孵化社区社会组织能力，充分发挥社会组织的作用，提升协同能力。通过需求自我代言、活动自我策划、行为自定公约、参与社区服务等，完善社区社会组织的功能，提升参与能力。不断独立开展活动，社团领袖管理能力、组织居民的能力、活动技能传授能力在实践中不断增加。推进城郊村居“一领四治”，围绕“推动协同共治，统筹资源、搭建平台、拓展服务、激发活力，提高村民群众的幸福指数”的工作目标。结合工作职能，统筹各方面资源和力量，形成多元参与、共创共建的共治新机制。加强村党组织领导的充满活力的村民自治机制，做实民主决策、民主管理、民主监督，提升村民群众自我管理、自我服务、自我监督、自我教育能力，建设民主村居。

【社会救助】 严格落实低收入家庭信息比对机制，对申请低收入家庭的信息进行核查，共计核对、审批低收入家庭2000余户。其中10月报房管局统一摇号的新增低收入家庭1265户、2589人。累计发放医疗救助资金576.1万元，惠及766名大病患者；医院垫付15594人次，垫付金额2715.3万元；发放残疾人“两项补贴”1274.1万元，为辖区11名孤儿发放孤儿保障金14.8万元。“六一”儿童节为每名孤儿发放1000元的慰问金，共计1.2万元。根据历下区《教育救助实施细则》，发放教育救助金21.2万元，惠及125名困难家庭子女。

【婚姻登记】 2018年，历下区婚姻登记处共办理结婚登记5763对，离婚登记3322对，补证登记2228对，群众满意率和登记合格率均100%。

【双拥共建】 做好退役士兵政策落实工作，严格执行政策，全面维护退役士兵权益，接收退役士兵登记11324人（符合市安置人员5891人、区安置人员5433人），推荐安置公益性岗位15批1315人，为1839人开具培训介绍信，配合区房管局为868人申请公租房，救助生活困难1293人。率先开展全市退役军人和优抚对象信息采集工作，11月1日，全市退役军人和优抚对象信息采集工作现场观摩会在历下区召开。

【服务用房建设】 2018年，财政安排预算3400万元，通过新建、扩建等方式，对29处社区服务用房进行改造提升，竣工4处，开工20处，未动工5处。

【人才队伍建设】 邀请专家团队开展实务能力培训，举办创投大赛，更新社区干部服务理念，推广新技术落地社区；引导社区干部参加专业社会工作学习考试，对考取社工证书的按月给予补贴，激励社区干部提高专业水平，年底持证的社区干部276人，占53%。继续向专业机构购买服务项目，派驻社区开展服务。

【创新服务机制】 推广全科社工服务。在全区推广“一口受理、双网融合、四全社工、四个手段”的“1244”全科社区工作者服务模式，推进社区治理力量下沉，实现社区服务提质增效。历下区的做法得到副市长王桂英的高度评价，要求在全市推广。8月，全市“全科社工”现场观摩会在历下区召开。在区、街道、社区三级建立“公益银行”志愿服务机制，对志愿服务实行积分兑换，以服务换服务，以服务换实物，激发多方力量参与社区公益活动，实现共治共享。探索“四方五步”协商民主。引导社区居民树立民主意识、程序意识、规则意识，通过协商有效解决社区问题，实现从“替民做主”到“让民做主”。通过试验区创建，有效链接社区资源，开辟公共空间，弘扬社区公益，和谐社会关系，提升社区温度，增强社区魅力，走出社区治理创新历下模式，7月，通过全国实验区终期评估。10月，在全国社区治理培训班上，副区长丁晓红代表区委、区政府做典型经验交流，得到民政部副部长顾朝曦和与会专家的一致好评。

【救助金发放】 1月，春节期间，对全区1387户低保对象按照每户2000元的标准发放救助金；894户边缘困难群众和417户因其他原因造成临时困难的家庭，按照每户1500元标准发放救助金，辖区11名孤儿按照每人3000元标准进行救助，共发放一次性救助金477.35万元；共发放取暖补贴101.5万元，其中低保1289户、每户616元，边缘户716户、每户313元。

【养老服务】 2018年，区委、区政府的养老1号文件，被省民政厅在全省转发推广，民政部和省市领导多次现场调研并给予充分肯定。继续深化居家养老，探索“X+1”模式，对1400余名困难老人实行政府托底居家养老服务；建立区、街、居三级定期评估机制，确保服务质量。提升社区养老，建成8处街道综合养老服务中心，改造提升25处社区日间照料中心，引进上海爱照护、安康通等国内知名公司运营管理模式，探索专业化、连锁化、市场化运营模式。规范机构养老，全区现有养老机构10家，养老床位843张，入住老年人613名，其中历下区户籍老年人351名，占57%。强化消防和食品安全监督，开展消防安全、食品卫生排查；投入专项资金为养老机构购买生活设施，安装监控和报警安全设备，为养老机构发放取暖补贴和运营补贴，切实增强住寓老人幸福感和安全感。

【社会组织管理】 3月，对全区2017年12月31日之前登记的社会团体和民办非企业单位开展社会组织年检。运用网上年检系统平台，完善申报、自查和审核工作流程，重点核查社会团体和社会组织财务规章制度、按照章程开展活动、党建及社团换届等业务工作。应检社会组织298家，参检251家，参检率为84%。

【区划地名】 率先使用省、市研发的“界桩巡查”APP，将界桩巡检、多媒体采集、界管员考核相结合，实现数据分析自动化处理，边界管理工作更直观、更便捷。根据济南市人民政府办公厅《关于印发济南市2019年度城市管理考评工作方案的通知》（济政办字〔2018〕78号）要求，将全区路名牌保洁工作纳入城市管理考核平台。启动村居地名文化保育活动。通过寻访村居老人、村碑，收集老照片、村志等形式搜集老村的历史变迁、民俗文化、重要事件、著名人物等有价值的地名文化资料，从而为传承历下区历史及优秀地名文化打下良好基础。开展地名档案建设项目，引进专业档案管理人员与历下区普查队伍相结合，全面梳理两次地名普查及日常区划地名工作中产生的档案资料。

2018年10月22日，省民政厅副厅长冯建国（前排右二）考察甸柳第二社区

【北京市考察团到历下区观摩考察】 5月21日，北京市考察团一行8人到历下区考察学习养老服务工作，省民政厅副厅长张孟强、市民政局副局长成文元、区政府副区长丁晓红陪同考察。实地查看甸柳新村街道第二社区综合养老服务中心。

【全区城郊村居基层治理工作联席会议】 5月22日，全区城郊村居基层治理工作领导小组“共治”工作推进组联席会议在历下大厦三楼第二会议室召开。会议由副区长丁晓红主持召开，“共治”工作推进组各成员单位分别汇报“共治”工作开展情况以及下步的工作打算，丁晓红就深入推进村居“共治”工作提出明确要求。

【全省养老服务业专题研讨班成员到历下区观摩学习】 11月9日，参加全省养老服务业专题研讨班的17个地市的70人到历下区观摩甸柳新村街道第三社区综合养老服务中心、第二社区综合养老服务中心、鲁商福瑞达颐养中心和大明湖街道综合养老服务中心养老服务工作。

【历下区养老服务中心、历下三院暨升华学校开工奠基仪式举行】 12月12日，历下区养老服务中心、历下三院暨升华学校开工奠基仪式隆重举行。市副市长王桂英，市政府副秘书长韩振国，市民政局副局长杜红波，市爱卫办主任马红薇，市民政局社会福利处处长孔彬出席奠基仪式；区委书记马玉星，区委副书记、区长谢兆村，副区长刘佳、丁晓红等参加活动。

（吴旭敏）

人力资源和社会保障

【概况】 全年安置新增城镇就业66615人，登记失业率1.89%，继续保持全市首位；居民基本养老保险参保人数30600人，其中待遇领取人员10662人，享受政府代缴政策的低保及残疾人员累计达到1348人；灵活就业人员医疗保险累计参保29786人，占参加养老保险总人数的90%；保持基层服务岗位1300个，用于解决大学生就业，组织服务期满人员开展推荐留用工作，累计留用664人，全年申报基层服务岗资金5700余万元；举办“魅力历下·创业沃土”系列活动，为在校大学生提供创业培训，启动首届大学生艺术节；为引进的569名研究生发放租房和生活补贴342.6万元；做强山东济南人力资源服务产业园，启动中央商务区核心园建设，全年实现税收约5000万元，集聚效应凸显，逐步成为新的增长点。

【就业创业】 高效推进高校毕业生就业服务工作，征集就业见习岗位150余个，可供1400余人参加就业见习。扎实做好就业困难人员援助，发放补贴1893.6万元。建立社保、统计、工商三部门联合审查机制，为757家小微企业和个体工商户发放补贴1270.9万元。开展劳动者就业培训1092人次。发放创业担保贷款1.1亿元，带动就业5150余人，回收贷款3690万元，确保“放的出去，收的回来”。“春风行动”为困难群众提供就业岗位5000余个，现场达成就业意向1700余人。完善创业培训体系，组织创业培训1236人次。完善济南科技市场等创业孵化基地，山财大大学生创业园成功孵化200余个创业项目，实现税收300万元。

【社会保障】 完成机关事业单位原养老保险统筹期间个人缴费返还部分的本金及计息统计工作，共计返还资金5500万元。完成全区退休人员调待，为全区6012名退休职工发放调资金额876万元。全面推进被征地农民社会保障工作，落实被征地社保补贴资金9754.85万元，资金落实率99.13%。妥善完成代发工作，累计代发原农村代课教师教龄补贴5997人次、129.21万元，原乡村医生补助1640人次、76.16万元，乡村老放映员补助24人次、0.65万元。配合市社保局做好社保卡换发工作，全区退休人员社保卡发卡进度完成97%，位居全市前列。持续加大民营医院监管力度，聘请专家对民营医院发生的费用进行网上审核，审核率100%，确保基金安全。

【人事工作】 招录招聘公务员、教师、非在编人员472人。安置退役士兵公益岗位1125人，安置军转干部30人。完成5家公司剩余人员分流，分流安置前30名和剩余53人。完成住建局和国土局的人员分流划转，共划转公益三类工作人员13人。开办“习近平新时代中国特色社会主义思想和党的十九大精神培训班”，全区48家单位800余名科级干部参加。强化出国（境）证件管理，对区政府归口57家单位4000余名工作人员进行重新梳理备案，审批科级干部出国（境）338人次。

【人才工作】 引进“2017年泉城重点产业紧缺人才”505名，发放人才补贴523.2万元。5项外国专家项目成功入选“2018泉城高端外专计划”。16名高层次人才成功申报山东惠才卡，6人入选第十二批济南专业技术拔尖人才和第七批青年学术带头人。完成教育初级职称评审。开设临时审核窗口，完成3项考试报名资格审核，共受理考生资料一级建造师920人、经济师1265人、造价工程师961人。

【劳动关系】 开展和谐劳动关系创建活动，成立历下区协调劳动关系三方委员会。组织开展“农民工工资支付情况”“清理整顿劳动力市场秩序”等四项专项检查。制定农民工实名制管理办法、农民工工资专用账户管理办法，并覆盖全部工程建设领域。为2543名劳动者追讨工资、保险、经济补偿金等328.1848万元，按期结案率100%。

推进基层调解组织规范化建设，新建非公企业劳动争议预防调解组织6家。受理劳动争议案件1403件，较上年同期增长28.6%，涉及劳动者1403人。其中“一裁终局”案件占35%，比上年同期提高五个百分点。

【“放管服”改革】 在全区人社系统大力开展行风建设。对涉及人社领域的19项业务41个环节进行优化简化，各项业务办理期限平均缩短10个工作日。对31项行政权力和公共服务事项进行细化整合，梳理41项“一次办好”行政权力项目、16项“一次办好”公共服务项目。

【人力资本助推新兴产业生态圈建设】 通过打造山东济南人力资源产业园（燕山园区和CBD核心园区）为代表的平台，实施“聚、孵、合、拓、智”五位一体的服务模式，有力汇聚各方人才，发挥人力资本的集聚效应。至2018年底，全区人力资源服务机构80家，占全市近三分之一，服务用工单位8600余家，服务就业人数15.5万人次，规模和质量均居全市首位。引进院士、国家长江学者、“千人计划”、国家杰出青年等国家级高端领军人才16人。历下区发挥产业园平台作用，为产业金融、文化创意、现代商务、科技服务、大数据与新一代信息技术、医养健康、商贸流通、精品旅游等八大产业发展提供人才和智力支撑，在全市乃至全省率先形成新兴产业生态圈。

【“假如我是他”服务实践暨“四百工程”行动】 9月18日，印发《关于全面加强全区人社系统行风建设“假如我是他”服务实践暨“四百工程”行动实施方案》（历下人社发〔2018〕6号）文件，以深化“假如我是他”服务实践为引领，以实施百日攻坚行动、争创全省百佳窗口、争做百名先锋、建设百分百满意“四百工程”为载体，抓住打通为民服务最后一公里这个“牛鼻子”，全面加强全区人社系统行风建设。

【“魅力历下·创业沃土”创业大赛】 11月7日，历下区人力资源和社会保障局、山东大学、山东师范大学、山东财经大学、山东建筑大学、山东中医药大学共同主办的“魅力历下·创业沃土”第七届创业大赛决赛暨首届山东省大学生创业文化节在山东大学成功落幕。文化节设有创业成果展示区和投融资路演对接推介会两大分会场。创业成果展区涉及文化产业、物联网、智能硬件、体育产业等多个领域的32个优秀项目参展，并集中展示历下区就业创业优惠政策、法规、服务支持、配套设施等内容。投融资路演对接推介会活动通过主题分享、创新研讨会、资源对接等主题内容，集中解决初创企业早期遇到的资源不足和融资困难等突出问题，为创业团队和投资机构搭建一个展示、交流、资源对接的平台。

【就业精准扶贫协作】 2018年，多次赴湘西州永顺县、重庆武隆区开展扶贫对接，举办技能培训班，培训贫困人口100人，并为当地提供就业岗位1000余个。着力安置两地建档立卡贫困人员，年底在旺旺集团安置永顺县贫困来济务工人员27人，在山东新闻大厦、小鸭集团、耀华玻璃、黄老泰食品厂安置武隆来济务工人员52人。为永顺县建立扶贫车间1处，并出资25万元为车间购置20台自动化针车机。

【下岗失业退役军人就业创业服务月招聘会举办】 8月25日，在历山剧院举办下岗失业

2018年9月12日，济南市历下区人社局·湘西州永顺县就业扶贫车间揭牌仪式

退役军人就业创业服务月招聘会。招聘会是下岗失业退役军人就业创业服务月活动之一，主题是“服务退役军人，助推就业创业”，通过就业服务、创业服务、培训服务以及专场招聘，为有就业创业意愿和服务需求的下岗失业退役军人提供服务。中国人寿保险、山东裕兴化工、博科生物等45家用人单位参加招聘会，提供350个就业岗位，30余名退役军人参加招聘。

（刘　奕）

人民生活

【概况】 全区城镇居民人均可支配收入56586元，同比增长8.2%，总量和增幅均居市内四区首位。新增城镇就业6.7万人，城镇登记失业率控制在2%以内。居民基本养老保险参保人数达3.06万人，城乡居民医疗保险参保人数达16.65万人，社会保险覆盖面不断延伸。累计发放低保金845万元，困难特殊群体帮扶力度持续加大。历山双语、甸新佳园等5所学校、幼儿园投入使用，增加学位7470个，全面化解“大班额”问题。推进“健康历下”建设，新增社区卫生服务机构5所，养老补助、大病救助等民生工作深入落实。文体设施进一步完善，新增社区健身场所3个、健身路径30条，区文体档案中心项目正在加速建设。对重庆武隆、湖南永顺等地区进行点对点结对帮扶，拨付各类援助资金4630万元。社会治理、平安法治等各项事业再上新台阶，济南历下医养结合中心开工建设，新增4处街道综合养老中心，社区服务日益完善。

（陈　娜）

老龄事业

【概况】 2018年底，历下区60岁以上老年人口13.3万人，占全区户籍人口的19.37%。在老龄化日益严峻的大背景下，区委、区政府不断强化为老服务工作力度，着力保障和改善老年民生，全区老龄事业持续健康发展，取得一项又一项殊荣。区老龄办荣获山东省“银龄安康工程一等奖”和济南市“老龄宣传工作一等奖”“老年教育工作一等奖”三项殊荣；趵突泉街道为民服务中心为老服务窗口、检察院派驻中央商务区检察室被评为第三届山东省“敬老文明号”；区政务审批大厅为老服务窗口、东关街道社会事务科、历下公安分局治安大队户政管理科继续被认定为山东省“敬老文明号”；姚家街道姚家村被评为“山东省敬老文化教育示范点”，泉映晚霞艺术团历下分团被评为“山东省优秀老年艺术团体”。

【老年人关爱工作】 2018年，老龄资金预算7051万元，将涉老工作列为全区民生实事重点内容，紧紧抓在手中，扎实落到实处。春节、重阳节前夕，区四大班子领导分别走访慰问辖区困难老人家庭、百岁老人、部分老年公寓，为老人送去慰问金、慰问品，并代表区委、区政府向老人们致以节日问候和美好祝愿。区老龄办、区民政局、区委老干部局等有关部门以及各街道均开展走访慰问养老机构和孤寡、空巢、离退休老干部等活动，送去米、面、花生油等节日礼品，及时把党和政府的关怀和温暖送到老人身边。

【组织建设】 2018年，历下区作为社区老年协会建设试点区，追加预算100万元，把加强城乡社区老年协会建设作为全年全区为老服务的一项重点工作加以推进。5月，全市老年协会建设现场推进会在历下区召开，历下区的经验做法得到市领导及兄弟单位高度评价，并要求在全市推广。至年底，全区113个社区建立了老年协会，发展会员5万余人。

【惠老政策】 2018年，为1.8万余名老年人发放高龄津贴6560余万元；推进银龄安康工程建设，增加投入340万元，为11万余名老年人投保“老年人意外伤害保险”，实现全区60岁以上老年人百分之百全覆盖。邀请辖区医疗机构的专家、教授深入社区面向老人开展健康查体、心理咨询、义诊等医疗活动共计30余次，增强老年人体质，提高老年人防病治病的意识。联合老年志愿服务团、青年志愿服务队等团体深入老年公寓和社区，举办文艺演出、心理慰藉等形式的为老志愿服务活动20余次；向困难老人、老年文艺团体赠送《当代健康报》《老年生活报》《生活日报》共计500余份，受到老年人欢迎。

【合法权益维护】 联合区司法局开展司法援助，法律援助老年人40件次；开展“防范诈骗非法集资活动”4场，增强老年群众防范诈骗犯罪的意识和能力；共为老年人办理《山东省老年优待证》6200余个。

【精神文化生活】 至2018年底，全区家庭电视老年大学报名人数3.5万人，老年人足不出户就可学习书法、绘画、声乐、舞蹈等老年大学课程。联合区文化局、体育局、老干局、各办事处社区等涉老部门，围绕春节、元宵节、劳动节、八一建军节、重阳节等重大节日，开展迎春联欢会、元宵猜灯谜等社区文艺活动10余场；以庆祝改革开放40周年、迎接济南解放70周年等为主题开展系列文艺演出活动5场；围绕老年人的兴趣爱好开展书画、摄影、读书、才艺等活动8场，陶冶老年人情操，丰富老年人的文化生活。根据老年人的特点，组织各单位、社区广泛开展老年人运动会、老年趣味运动会以及乒乓球、柔力球、门球、象棋等竞技赛10余场，强健老年人体魄，加强历下区老年人之间的沟通交流。

【老龄工作宣传】 加强老龄宣传，传递社会正能量。把老龄宣传列入老龄工作考核内容，把户外宣传、网络宣传、新闻媒体宣传与重大节日宣传进行有机结合。开展孝善文化进社区活动，与市老龄办一起在趵突泉办事处南新街设立历下区孝亲敬老宣传一条街。历下区加强与国家、省市等新闻媒体的沟通。据统计，国家及省市电视台，各级报刊、杂志、网站等媒体刊载历下区老龄新闻、信息300余篇（次），营造尊老敬老助老的良好社会氛围。

【走访慰问】 弘扬“尊老、爱老、敬老”传统美德，老人节期间，区四大班子领导走访慰问历下区辖区老人。区委书记马玉星走访慰问福瑞达国际颐养中心的老人，叮嘱相关部门切实做好关爱老年人工作，让他们在优雅舒适的环境中颐养天年。区委副书记、区长谢兆村走访慰问百岁老人宋王氏，到华森养老院看望老年人，要求照顾好老人的日常生活，为老人营造舒心温馨的生活环境。区人大常委会主任、党组书记韩宏伟视察甸柳街道第三社区居委会老龄工作，走访慰问燕柳老年公寓住寓老人和独居老人闫翠娥，对全区老龄工作的开展给予充分肯定，鼓励工作人员再接再厉，真正把老人们的利益放在首位，营造尊老爱老的氛围，设身处地为老年人的幸福着想，不断提高老年人的生活质量。区政协主席、党组书记曹辛到甸柳街道察看甸柳为老服务情况，走访慰问东关颐乐老年公寓，并指出，尊老爱老是中华民族的传统美德，也是全社会的共同责任。要高度重视老龄工作，支持老龄事业发展，全面落实老年人优待政策，真正实现老有所养、老有所医、老有所乐，让老人们生活得更有尊严、更加幸福。

【老龄工作会议召开】 4月11日，历下区老龄工作会议在历下大厦三楼中心会议室召开。会议总结历下区2017年老龄工作，安排部署2018年各项任务，并通报表扬2017年度历下区老龄工作先进单位。区委副书记、区老龄委主任尹红梅，副区长、区老龄委常务副主任丁晓红出席会议。尹红梅要求，要坚持以习近平新时代老龄工作思想为指导，加快老龄事业和产业发展，研究制定具体措施，落实好各项惠老政策，不断提高老年人生活质量。并从保障和改善老年民生、加快养老服务体系建设、推动老龄事业健康发展等三个方面就如何做好下步工作提出明确要求。

2018年2月7日，区委书记马玉星（左四）走访百岁老人

【全国老龄办到历下区调研】 10月12日，国家卫生健康委员会党组成员、全国老龄办常务副

2018年4月26日，老年人才艺展示暨“五一”国际劳动节慰问环卫工人活动

主任王建军到历下区调研养老服务工作。省老龄办主任丁希滨、市委副书记苏树伟、区委副书记尹红梅参加调研。王建军一行首先到福瑞达国际颐养中心，参观医疗室、膳食中心、护理区，听取颐养中心基本情况、服务特色等方面介绍。王建军对福瑞达国际颐养中心探索医养结合模式，打造多层次立体化的健康养老服务给予充分认可。王建军一行到东关街道泺河社区进行调研，听取社区基本情况介绍，观看社区老龄宣传片、查阅相关资料，全面了解历下区社区老龄工作推进、活动开展等情况，对社区老龄工作给予高度评价。市、区老龄办，东关街道主要负责同志参加调研。

【全市城乡社区老年协会建设现场推进会在历下区召开】 5月11日，全市城乡社区老年协会建设现场推进会在历下区召开。参会人员参观甸柳新村街道三居、姚家街道姚家村老年协会两个试点单位老年协会建设情况，听取老年协会前期开展的经验介绍。在经验交流会上，区老龄办主任霍涛、平阴县老龄办主任杨曙光做典型发言。全市各区（县）老龄办主任、分管老龄负责同志、部分社区老龄工作人员就本单位老年协会工作开展中遇到的实际困难、工作困惑与历下区老龄办领导进行面对面沟通交流。市老龄办主任庞涛对下步老年协会建设提出明确要求。

【老年人才艺展示暨“五一”国际劳动节慰问环卫工人活动举行】 4月26日，以庆祝改革开放40周年、迎接济南解放70周年为主题的区老年人才艺展示暨“五一”国际劳动节慰问环卫工人活动在历下文化广场隆重举行。此次活动由区老龄办和甸柳新村街道等部门联合举办。市老龄办副主任张良华、副巡视员王汝明，副区长丁晓红出席活动。济南市“泉映晚霞”志愿团历下分团和甸柳社区的160余名老年人表演舞蹈、戏曲、合唱、时装表演等15个丰富多彩、精彩纷呈的节目，在“五一”国际劳动节来临之际为辛勤的“城市美容师”环卫工人们呈上一场文化盛宴。演出期间，区老龄办、甸柳新村街道向辖区部分环卫工人代表赠送茶叶、洗涤等日常用品。

（潘清波）

残疾人事业

【概况】 2018年，区残联全面贯彻落实“十九大”精神，围绕残疾人“整体赶平均，共同奔小康”和区委“建设全省首善之区，打造大美历下、现代历下、幸福历下”目标，夯实组织基础，深入调研学习，强化班子队伍、党风廉政建设，惠民生、保康复、稳就业、促发展，推动残疾人事业持续健康发展，各项工作取得新进展。全年审核困难残疾人生活补贴10039人次，救助366.51万元，审核重度残疾人护理补贴36470人次，救助796.30万元；发放一户多残、单亲、孤残家庭扶助金916人，每人每年2000元共计183.2万元；发放贫困精神残疾人服药补贴379人，精神病病人员住院25人，补贴75.56万元；大病救助残疾人135人，救助72万元；救助康复训练残疾儿童204人，救助资金293.16元；奖励残疾大学生和残疾人子女大学生118人，救助29.16万元；为32名残疾人个体户发放养老、医疗保险25.63万元；为117户残疾人家庭实施无障碍设施改造，投入14.75万元；安置残疾人就业214人，累计安置就业2177人；举办各类技能培训班9期，培训残疾人206人次，举办招聘会4场，安置残疾人就业214人。至年底，全区在就业年龄段有就业能力的残疾人2804人，就业2194人。

【残疾人康复】 为全区1500名有各类康复需求的持证残疾人和残疾儿童实施精准康复服务，在各街道、社区成立残疾人康复指导站、康复站，配齐康复指导医生、康复服务员，残疾人精准康复服务一人一档，服务数据做到精准化、具体化；探索“社区+居家”模式，选择1～2个街道对“社区+居家”精准康复服务模式进行试点，让残疾人不出社区就能享受到基本康复服务。

【残疾人就业】 树立“家庭增收就是残疾人增收”新思维，开展安置重度残疾人网上就业试点，挖掘常规渠道潜力，多渠道开发残疾人就业岗位；扶持培养王勇、李峰、刘宏伟等创业标兵并建成麦德森集团、新中天公司、宏伟推拿等3处残疾人文化产业扶贫示范基地，安置就业71人，辐射带动残疾人就业300余人。推动残疾人文化产业发展，全区有22家从事文化产业的各类经济组织，从业残疾人75人。

【残疾人医保】 会同医疗保险办公室对全区残疾人的医疗保险情况进行核查，做到“应保尽保”。区残联与人社、财政部门协作完成数据测算，商定实施方案，完成前期准备工作，待征缴窗口开启后即可组织人员全面开展，实现参保率100%。

【两项调查】 为全面完成“两项调查”（残疾人精准服务需求调查、残疾人小康进程监测调查）任务，区残联成立专项工作领导小组，分片包干，确保按时、保质、保量完成“两项调查”工作。具体实施中创新工作方法，增加预算75万元，其中40万元用于办公综合服务平台建设、35万元用于购买社会服务引入专业公司开展调查，区残联统一调度，全程督导，做到“零失误、零差错、零投诉”。

【宣传教育】 3月3日是第十九个全国“爱耳日”，围绕“听见未来，从预防开始”主题，结合历下区实际情况，开展一系列宣传教育活动。活动开展深入扎实，具有较强的针对性、有效性和吸引力，得到社会和居民的广泛关注及响应。充分运用社区液晶滚动显示屏、宣传栏、板报、横幅等宣传载体，通过专题讲座、座谈会等形式，广泛宣传安全用耳知识及此次“爱耳日”教育活动的重要意义，让更多的残疾人朋友学习和了解有关听力健康的相关知识，提高爱耳护耳意识，关心听力健康状况。并邀请社区卫生服务中心的医生，深入到辖区居委会，发放宣传册，为听障患者们讲解爱耳护耳方面的相关知识，声情并茂、浅显易懂的爱耳护耳知识讲座，受到参与者的一致好评。组织带领听力残疾人及家属到历下区人民医院听取康复知识讲座，向听障患者普及听力残疾的预防与康复知识及注意事项。历下区康复中心特设临时门诊由历下医院耳鼻喉专家免费为参加活动的听障者进行听力检测并进行现场讲解与指导治疗。通过检查，听障患者深入了解到自身的听力状况，结合自身情况对下一步治疗情况有深入了解。全区残疾人家庭人均可支配收入达到2.8万元，困难残疾人生活补贴目标人群覆盖率、重度残疾人护理补贴目标人群覆盖率、“一户多残”残疾人家庭生活困难补助目标人群覆盖率均达到100%，基本医疗保险参保率、残疾儿童少年接受义务教育比例、残疾人基本康复服务覆盖率、辅助器具适配率均达到或超过十三五残疾人事业发展规划标准。

【智慧残联“一网通办”被评为全市十佳惠残服务品牌】 历下区残联信息化平台建设（智慧残联）“一网通办”被评为全市十佳惠残服务品牌，2018年，二期投入75万元资金，有效提升系统信息化应用水平和自动化、无纸化办公程度及网页和手机客户端无障碍建设水平。将区残联的信息化建设融入市残联，基本实现信息完整、政策落实、服务到位、办事方便等功能，年底，在全区全面推广和铺开，为残疾人提供更加便捷的服务。

（高吉收）

民族宗教

【概况】 2018年，贯彻落实党的民族宗教政策，依法加强民族宗教事务管理，发挥各民族群众、宗教界人士及信教群众作用，共同确保辖区民族团结、宗教和谐稳定。加强城市民族工作“示范窗口”建设，推荐3个单位参加“全市示范单位”评选。为体现党和政府的关怀，结合走访慰问，进门入户宣传党的民族宗教政策，征求意见。春节前夕，与各街道对接，深入街道（社区）、少数民族企业、宗教活动场所走访慰问，共配送5万元慰问品并致以新春祝福。在伊斯兰教“开斋节”“古尔邦节”期间，为南关清真寺送去4万元慰问金。着力提升少数民族群众的生产生活水平，按照全市扶贫工作要求，专门预算3.95万元对少数民族困难家庭、困难少数民族大学生进行帮扶救助。为伊斯兰教阿訇、师娘和天主教修女等13名低收入宗教教职人员发放生活补助费4.68万元。根据政策规定，为10名符合条件的群众更改民族成份。为保障穆斯林群众饮食安全，在重大节日前，对全区较大的超市、综合性副食品市场及清真食品经营单位进行检查，依法维护穆斯林群众的合法权益。

贯彻党的宗教工作方针政策和法律法规，妥善处置宗教方面问题矛盾。引导宗教界发扬爱国爱教、团结进步、服务社会的优良传统，至年底，宗教场所示范单位5处，占全部宗教场所的63%。10月下旬至11月，为更好地管理服务宗教界，在区政协的工作推动下，与宗教界代表人士就进一步提升宗教活动场所规范化建设进行交流座谈。

【民族政策“落地生根”】 3月，联合区公安国保大队开展对韩国基督教渗透活动专项打击行动。发挥清真寺、阿訇的作用，加强对穆斯林群众的引导，通过国旗、宪法和法律法规等“四进”清真寺活动，加强联防联控，防范控制伊斯兰教“沙化”“阿化”和清真概念泛化等问题，推动伊斯兰教中国化。春节前，刘佳副区长亲自带队对千佛山“兴国禅寺”新年祈福活动筹备情况进行重点巡查，召开除夕祈福活动安全工作协调会，全面部署安排工作，实行定岗、定责、定人，整合力量确保场所活动安全有序。2名执法人员联合街道办事处对乱建大型露天宗教造像、私设功德箱借教敛财等佛道教商业化及基督教私设“聚会点”等情况进行暗访摸排，向问题责任单位发送整改意见函，建立台账并逐级上报。5月25日，省民委（宗教局）主任（局长）马传凯等一行4人到历下区进行调研督导，对伊斯兰教宗教活动场所安全稳定、少数民族流动人口服务管理等工作进行检查调研，提出更加明确的任务目标和要求。规范宗教团体和宗教活动场所各类网络平台信息发布，审核工作制度化、规范化，保障信息发布严肃性、准确性和权威合法，进一步提高网络信息安全管理水平，对宗教团体和宗教活动场所信息传播平台进行认真摸底统计，并建立详细工作台账，加大监管力度。6月中下旬，按照分级负责的原则，集中开展2次宗教政策法规大宣讲活动，对13个街道党工委书记、分管领导，民族宗教工作领导小组成员单位分管领导同志，108个村（社区）党组织主要负责同志及分管同志、民宗干部300余人进行政策法规大宣讲活动。7月，按照全区干部培训计划安排，联合区委统战部、区委党校共同举办全区民族宗教干部培训班，各相关部门、各街道分管领导及工作人员近40人集中参加培训班。8月22日，联合相关部门对位于千佛山风景区的非法宗教造像“杨柳观音”依法予以拆除。10月，再次召集涉及这些情况的街道、主管单位进行自查整改，督促其落实到位。

【互学互联】 5月中旬，江苏省盱眙县委常委、统战部部长张柏一行5人考察团到历下区考察学习千佛山兴国禅寺佛教场所管理、规划建设等方面的特色做法。7月初，江苏省海门市委统战部常务副部长、民宗局局长朱洪一行6人到历下区考察学习民族工作进社区、城市少数民族流动人口管理服务等方面的特色做法，考察组先后到新疆喀什餐厅、南关清真寺、趵突泉街道办事处进行实地考察，对区民族工作给予充分肯定并表现出极大兴趣，希望今后能加强相互交流沟通，进一步学习、借鉴好的管理经验和特色做法。8月22日，陕西省联合调研组及省、市相关领导到历下区千佛山兴国禅寺进行调研。11月14日，江西省安福县政协考察团到历下区就宗教场所的保护开发利用方面的工作情况进行考察学习。

【专项督查】 贯彻落实《食品安全法》《山东省清真食品管理规定》等相关法规条文及市局工作安排要求，进一步规范辖区清真食品市场，消除清真食品生产经营领域的各类不安全因素，切实维护好国庆、中秋节及“十九大”期间民族团结、社会稳定。历下区民宗局在关键时期、特殊节点，本着对广大民众负责、维护民族团结的态度，协调区食药监局，形成监管合力，将清真食品检查纳入日常监管，并集中力量对银座超市、菜市场、清真食品进行全面、细致的专项检查，针对发现的问题，联合检查组在进一步宣传《山东省清真食品管理规定》的同时责令相关单位整改到位，基本形成动态管理机制。

【民族团结】 开展全区第十八次民族团结进步宣传月活动，投资1万元，动员各街道、社区走访慰问少数民族困难群众，制作展板、宣传彩页、海报，悬挂条幅进行民族团结宣传教育，切实增强各族群众的共同体意识。动员各村（社区）推动建立嵌入式社会结构和社区环境，推进服务平台建设，加大对少数民族流动人口服务和管理力度。2月5日，济南市景山小学与西藏白朗县东喜乡小学开展结对书信活动，进一步深化青少年民族团结教育。9月至10月，安排5所中小学进行具有民族特色的儿童剧《加油！不完美小孩》演出，为“民族团结共同发展、深入交往交流交融”打下良好基础，同时拓宽各民族交流渠道，让各民族更好地共居共享共事共乐。

【规范管理】 提高网络信息安全管理水平，对宗教团体和宗教活动场所信息传播平台进行认真摸底统计，并建立详细工作台账，加大监管力度。

【安全管理】 全力做好2018年全国“两会”期间全区民族宗教领域安保维稳工作，召开安保专项工作会议，针对涉及民族宗教领域安全稳定方面的工作进行部署，坚决做到“五个不发生”“三个零”。召开专门会议进行督促落实，强化责任，畅通渠道，及时掌握宗教领域方面的各类舆情，结合新《宗教事务条例》的学习和贯彻，切实做好场所管理，确保全区安全稳定大局。为做好青岛上合峰会涉民族宗教领域安全保障工作，自年初开始按照省、市区安保工作会议要求，多次进行周密安排部署，全程检查调度、主动掌握安保动态。会议期间，局领导班子带头坚持24小时值班，坚持零报告制度。开展矛盾纠纷排查化解，随时掌握民族宗教领域舆情，及时向区委、区政府和市局进行动态汇报。妥善处置民族宗教方面的矛盾和纠纷，峰会期间未发生任何不稳定情况。

【维护国家安全】 3月，联合区公安国保大队开展对韩国基督教渗透活动的专项打击。发挥清真寺、阿訇的作用，加强对穆斯林群众引导，通过国旗、宪法和法律、法规等“四进”清真寺活动，加强联防联控，防范控制伊斯兰教“沙化”“阿化”和清真概念泛化等问题，推动伊斯兰教中国化。

【十九大安保维稳】 为贯彻“一切围绕十九大、一切服从十九大、一切捍卫十九大”总体要求，切实做好党的十九大期间民族宗教领域安保维稳工作，副区长刘佳高度重视、亲力亲为，对辖区民族宗教领域安保维稳工作进行全程检查调度。民宗局与区公安分局联合召开历下辖区宗教领域（宗教场所）安保维稳工作专项会议，提出在安全方面做到“三个不发生”，在维稳方面做到“六个”排查、整改、防范到位。在十九大召开期间，坚持领导带班，全月安排专人专班值守，认真落实值班制度。开展矛盾纠纷排查化解，与区委宣传部网信办协调配合，加强对涉及民族宗教因素言论的引导和管控，随时掌握民族宗教方面的动态，及时向区委、区政府和市局汇报舆情。通过共同努力，维护民族、宗教领域安全稳定、文明和谐的良好秩序。

（甄婷婷）

小资料—历下老字号

“裕鲁当”的历史烟云

“裕鲁当”是上世纪三十年代老济南规模和名气最大的当铺，位于按察司街南首路东，两扇高大的黑漆大门，上方墙内嵌着时任山东省政府主席韩复榘题写的石刻横匾，门口还搭建有过街木牌坊，上书“裕鲁当”三个大字。

上世纪二十年代，日本帝国主义不仅在军事上进逼中国，而且在经济上也力图控制中国，山东是其侵略的重点。史载，当年济南的当铺很多都是日本人开办的，尤其是在商埠，日商当铺，如瑞丰当、吉来当、庆来当等，更是横行霸道。他们估价低、利息高，条件非常苛刻。为遏制日本当铺对济南市民的重利盘剥，韩复榘以“裕国便民”为宗旨，于1932年6月，在济南开办“裕鲁当”。“裕鲁当”为官方注资，开业后颇受市民欢迎。

《1934·济南大观》对“裕鲁当”有简明扼要的介绍：“山东裕鲁当，设城内按察司街，系山东省官典，资本金定国币三十万元。以救济民生为宗旨，以《董事会组织法》组织之。韩复榘主席为监督，辛铸九为董事长，薛映书为经理。”

与其他当铺相比，“裕鲁当”的条件较为优惠，开业后很兴旺，1934年12月，在“进德会”（经七路济南机床一厂为其旧址），注资20万元开办“裕鲁分当”。此举使得济南当铺业得到较快发展，对当时横行于济南的日商当铺予以巨大冲击，令他们愤恨不已。1937年12月，在侵华日军沦陷济南之前，韩复榘为保存实力，不顾国民政府之明令，弃守济南，并在逃离时，命令部队放火烧毁了省政府、日本领事馆、火车站、进德会、劝业场等重要建筑物，其中也包括“裕鲁当”。

1939年3月，日伪当局在“裕鲁当”原址成立“裕民当”，董事长为苗兰亭，副董事长是日本人冈本先次郎。抗日战争胜利后的1946年春，国民政府没收了“裕民当”，在原址开办“惠鲁当”。1948年9月，随着济南解放，“惠鲁当”被人民政府接收，随之停止营业，原址挪作他用。

济南百花公园内有处闵子骞墓园，墓园内竖立有很多往昔的石碑，当年韩复榘题写的那块“裕鲁当”石匾，如今完好地保存在那里。

责任编校：王海燕　李　燕

街　道

大美历下系列图片　（邢可锋　摄影）

街　道

泉城路街道

【概况】 泉城路街道位于历下区省府前街19号，辖区面积1.85平方千米，东临省人民代表大会常务委员会，南依泉城广场，西靠五龙潭，北拥大明湖，三区交界，地处老城，“金街”泉城路贯穿东西，是省政府机关驻地。辖区总人口1.2万人。下辖芙蓉街、贡院墙根、鞭指巷和临湖4个社区。辖区历史文化底蕴深厚，有芙蓉街、鞭指巷等古街老巷44条，腾蛟泉、玉环泉、双忠泉、芙蓉泉等泉水50余处，“家家泉水，户户垂杨”的古城特色景观在该街道集中体现，是济南尚存不多的历史街区。2018年，街道先后获济南市三八红旗集体、济南市实施银龄安康工程先进单位等荣誉称号。

【经济发展】 街道推行三个“三个一”（见363页条目）调研机制，主动安商。制作宣传手册和宣传视频，依托“智慧泉城”“泉巷”等平台，多维度包装推介辖区招商载体。全年重点企业收入完成6.3亿元，增幅31.91%，总量位居第五，涨幅位居第四；固定资产投资同比增长22.3%，完成全年计划的185.81%，位居全区第一；限额以上社零额完成71.91亿元，总量位居第三，同比增长34.84%，涨幅位居第一；规上服务业营业收入完成37.82亿元，位居第三，同比增长14.55%。新引进1亿元（含）～10亿元项目2家，落地6家；10亿元（含）～100亿元目标任务1家，落地1家。

【城市建设】 打造宜居宜业宜游的城市环境。下达通知书，整改不符合设置要求的楼顶标识、LED单色滚动屏；组织助拆不按期拆除的违规设施，在全区牌匾整治工作中率先清零。攻坚院落违建，全年累计拆除违章建筑185处、1.89万平方米；坚持整治前“问需于民”、整治中“问计于民”、整治后“问效于民”的原则，有序推进老旧小区整治，重点打造鞭指巷13号、泉城路327号、寿佛楼13号3个整治改造示范项目，辖区人居环境不断改善。多次组织芙蓉街商户代表和居民群众代表召开座谈会，推动芙蓉街整治提升改造。把生态文明建设摆在重要位置，突出工地监管，抓餐饮油烟管理，落实河长、湖长制，环境质量持续改善。

【民生服务】 做好低保和救助工作，确保公开透明。建立健全居家养老、社区养老和社会化养老优势互补的养老服务体系，辖区92名老年人享受居家养老服务，升级改造1000平方米的街道综合养老服务中心，加快建设万科泉城嘉园社区嵌入式专业养老服务机构，满足辖区居民多元化养老需求。全面做好劳动保障服务工作，实现城镇新增就业2612人，位居全区第六，完成年计划的242%。发放小额担保贷款1030万元，完成年计划的187%。落实优生优育服务和特扶困难家庭救助等计划生育工作，加强流动人口动态监测和服务保障工作。与临沂富官庄镇开展扶贫对接，签订扶贫协作框架协议，提供扶贫资金100万元，用于帮助富官庄镇基础项目建设。

【安保维稳】 落实安全生产责任制，加大宣传培训力度，开展安全生产专项行动，突出抓好芙蓉街、龙泉商城等重点部位、重点领域的安全隐患专项整治。完善“街道—社区—居民（商业）网格—微网格”四级网格设置，将重点人群全部纳入网格化管理，社会治安管理关口前移，完成重要时期安保维稳任务。坚持扫黑除恶专项斗争与综合治理相结合，投入经费16万余元，制作大型展板百余块、小型展板千余块。发挥“民情商圈”网格化管理优势，发放宣传材料1.6万份，编发简报15期，组织各类主题和宣传活动50次，召开全区扫黑除恶专项斗争工作现场观摩会1场。

【党建工作】 深化“星亮泉城”党建品牌，开展“党员亮身份，公开践承诺”系列活动，引入“党员帮办”社会化服务项目，将工作力量、服务资源最大限度下沉到网格，开展各类特色活动200余次，实现辖区事项“一网打尽”、服务群众“一网通办”。开展“一社区一品牌”活动，4个社区结合实际分别推出党建品牌，基层党组织凝聚力、向心力不断增强。244家企业单独组建或联合建立党支部，党建触角不断延伸，基层组织力全面激活。高标准建设2600平方米的街道党群服务中心，形成集教育、管理、培训、服务等功能于一体的综合服务平台。加强党风廉政学习教育，筑牢思想防线，机关干部参加并全部通过党纪法规和德廉知识考试。

【“星亮泉城”党建品牌】 创新党建工作理念，打造“星亮泉城”党建品牌，统筹党建领航、网格驱动、多方聚力、智慧融合4方面，让197名党员及志愿者、9个党建子品牌、43个“民情商圈”网格、93个基层党支部、274家“两新”企业和数个党建阵地都在党建星空图上星辉闪耀，连点成线，将服务群众生活各个方面的事务串联起来；聚线成面，用红色线条密织“为民服务网”，全面提升基层党组织的战斗力和凝聚力。

【三个“三个一”工作法】 第一个“三个一”即每周一企业、每周一院落、每周一党员群众。大兴调研之风，到企业、院落、居民家中知行情、知民意，放下架子、沉下身子、耐下性子、磨开面子，体会群众的困难疾苦，深入实地了解调研，时刻把百姓的冷暖挂在心上。第二个“三个一”即每周一调度、每周一专题、每周一聚焦。各机关支部、各社区党委将每周党员调研情况

2018年6月25日，泉城路街道优化营商环境动员大会

汇总梳理，围绕重点工作、重点问题进行专题研讨，党工委根据调研专题进行重点突破，聚焦问题、聚焦责任、聚焦落实，研究制定解决方案，及时深入细致落实。第三个“三个一”即一个党委、一个支部、一个党小组都要形成一个课题。通过“党员干部一条线，串起百姓家中事”的“党员帮办”模式，激发党员干部的创造性思维，激活基层党建工作的新动能，开展红色引领、丰富多彩、贴近民生的主题活动，形成独具泉城特色的党建引领示范新品牌。

2018年4月1日，张现水劳模工作室揭牌

【“智慧泉城”平台建设】 拓展升级“智慧泉城”信息系统平台，深化系统平台专业化应用，完善城市党建工作、业务办理流程、拆违拆临管理、对外服务与互动交流、监督监管等方面的需求，全面提升办事处管理服务水平。平台建设有助于解决传统管理服务模式手段单一、信息收集困难、网格化建设缺乏信息化手段支撑等问题，提升街道事务管理与为民服务水平。

【“泉巷”综合服务平台升级】 “泉巷”综合服务平台对老城区内58个景点、名泉和街巷进行历史文化挖掘和文案编写，实现语音讲解功能，为辖区内商户提供资源整合服务，通过信息传递、活动落地、衍生品合作等形式，为商户营造更好的商业氛围，提供更广阔的宣传渠道，完成文、旅到商业的引流，形成文、旅、商的最终闭环。深度挖掘辖区特色资源，在展现泉城路街道办辖区特色的基础上，打造泉城特色品牌辖区，为辖区参与者提供更优化的服务。挖掘辖区内旅游资源，提供不同主题旅游路线，旅游配套服务设施，景点介绍等信息，为游客提供系统而富有特色的辖区旅游服务。

【“张现水劳模工作室”揭牌】 4月1日，泉城路街道创建劳模城管服务品牌暨张现水劳模城管工作室揭牌仪式在红尚坊举行。张现水劳模城管工作室是济南市首个以劳模个人命名的城管工作室，它的成立有利于进一步弘扬劳模精神，集聚集体智慧，破解城市管理难题。

【省妇联领导到街道指导考察】 10月23日，省妇联挂职副主席孙应琢、省妇联兼职副主席高淑贞等出席中国妇女第十二次全国代表大会部分代表到泉城路街道调研“出彩人家”创建工作。代表团一行听取街道“出彩人家”创建工作情况介绍，实地察看街道“出彩人家”示范点建设情况，并与各示范户居民进行交谈。代表团一行对街道“出彩人家”创建工作给予充分肯定，并对下步工作提出要求。区委副书记尹红梅陪同调研。

（修　伟）

大明湖街道

【概况】 大明湖街道位于济南市历下区西北部，面积1.48平方千米，东至东护城河，与解放路、东关街道办事处相邻；西至天地坛街、院前街、曲水亭街，与泉城路街道办事处相邻；南至南护城河东段，与千佛山街道办事处相邻；北至大明湖公园东门，与东关办事处相邻。下辖6个社区居委会（县东巷居委会、县西巷居委会、曲水亭街居委会、按察司街居委会、舜井居委会、南北历山居委会），至年底，辖区总人口3.1397万人。街道是省人大、省政协和山东黄河河务局等省、市、区级机关事业单位的驻地。辖区有解放阁、珍珠泉、舜井等名胜，有曲水亭街、后宰门街、按察司街等济南老街巷。每一处名胜、每一条老街巷，都承载着济南这座城市的悠久历史和深厚的文化底蕴。

【经济发展】 增强服务意识，实行领导干部包挂重点企业制度，为企业提供全方位保障服务工作，对新迁入的重点税源企业，逐一上门走访，协助完成相关手续的办理，优化营商环境。在“招大引强”上下功夫，新发掘年纳税50万元以上重点企业10家，引进注册资金1亿元以上企业10家、10亿元以上企业1家。加强综合治税。查遗补漏，实现税收应收尽收，颗粒归仓。全年地方财政收入完成3.03亿元，完成年计划的86.02%；限上销售额完成42.12亿元，完成年计划的109.3%；固定资产投资完成2.01亿元，完成年计划的118.06%；引进市外投资8564万元，完成年计划的122.34%；规上服务业营业收入完成2.76亿元，完成年计划的110%；软件产业营业收入完成2.21亿元，完成年计划的110.6%。全国第四次经济普查工作中，街道高效高质完成第一阶段清查工作，受到国家、省、市、区四级统计系统的肯定。共清查并录入平台法人、产业单位2723家、个体1467家，查遗补漏47家。

【民生服务】 按照“改善环境，完善功能，提高服务”的要求，加强社区建设。舜井、南北历山以及按察司街社区的办公用房全部改造提升完毕。曲水亭社区建设手续持续推进。引进上海爱照护养老服务公司，打造1200平方米的综合养老服务中心，创建国内先进、全省一流的养老服务品牌。建立健全救助帮扶长效机制，加强对低保、低保边缘、残疾人等困难群体的帮扶救助，精准施策、精准扶贫，同时自筹资金，兜底救助。全年为1440户、2142名低保人员发放低保金106万余元，全年救助大病患者93人次共计38.88万元。街道把优化营商环境作为“一把手工程”，研究制定具体措施，逐项逐人落实责任，推出“一次办成”事项清单，增加“一次办成”流动服务岗等新举措。加大就业再就业、劳动监察、退休人员管理工作力度，新增就业再就业3621人，完成全年任务的262.39%；申报小额担保贷款55件，贷款700万元，完成年指标任务120%。与临沂市沂水县夏蔚镇持续开展扶贫帮扶，投入扶贫协作资金100余万元，在田园综合体、青山羊养殖、净水厂建设、大樱桃推广等方面开展帮扶共建，尽快实现脱贫目标。同时，对接重庆武隆区沧沟乡大水村扶贫工作，为贫困区挂职干部做好交流保障工作，筹集扶贫慈善捐款4.15万元。

【城建城管】 完成拆违拆临工作，共计拆除498处，2.11万平方米，同时拆除各类门楣、立面、大型楼顶标识、LED电子显示屏192处，1.22万平方米。延伸整治老旧小区，整治提升黑虎泉北路161号等19处托管单位宿舍，结合辖区实际安装19处便民晾衣架，对47栋居民楼进行节能改造，外墙加装保温层面积23.19万平方米，辖区开放式老旧小区全部整治完毕。做好大明湖路城市更新工程工地的降尘、覆盖等扬尘治理工作。落实整改4件省环保督查件。执行河长制，对护城河、曲水亭河按照要求进行巡查，对水资源保护、水污染防治、水环境整治等工作全面开展巡查，对问题按照规定上报、及时处理，大气污染等问题得到有效遏制。开展防汛防灾工作。雨情就是命令，街道严格落实汛期24小时值班制度，提前进行防汛演习，做到防洪有组织、预防有措施、抢险有能力。开展危房排查和修缮工作，共排查危旧房屋24处，涉及居民17户。采取“盯守+巡查”模式，在宽厚里、曲水亭、大明湖3个重要点位安排专人盯守，重大活动和节假日期间实行从早8点到晚12点全时段巡逻，确保隐患排查无盲区、无死角，完成“明湖秀”“一湖一环”等重大活动、重要节点安保维稳工作。

【维稳工作】 把安全生产工作作为重中之重，走访检查辖区单位60家、270余次，签订安全承诺书600余份，下达检查文书60份，配合区安监局处罚3家违规施工单位。持续推进惠民工程，投资52万余元在辖区安装电动自行车充电桩130个，创新性的建设应急救援站和微型消防站6处，有效保障辖区安全稳定，全年没有发生安全责任事故。坚持“主动服务、认真化解”的原则，解决群众需求，提高群众满意度。受理12345群众致电4745件，转办2890件，办理1855件，办结率100%。坚持以事要解决为根本，以信访积案化解为重点，实行公开接访和领导包案制度，全年共接访40次，维护辖区和谐稳定。完成全国两会、青岛上合峰会等重大活动、重要会议和重要节点的信访维稳工作，实现5个“零”的目标。解决遗留多年的张宗宝和田恒奇的信访问题。深入开展扫黑除恶专项斗争宣传发动工作，形成强大宣传攻势。向辖区单位和居民印发《扫黑除恶专项斗争工作明白纸》《扫黑除恶专项斗争宣传手册》等宣传资料共计39000份，在辖区显著位置悬挂横幅、

2018年10月2日，区委书记马玉星（右二）督导宽厚里节日安全工作

宣传展板413块，打造扫黑除恶专项斗争集中宣传一条街2处、主题广场3处，让辖区居民在休息的同时，接受宣传教育。

【党建工作】 树立党建工作是主责主业的理念，坚持“阵地跟着党员走”原则，提出并制定“1126”党建工作思路，以深入学习贯彻落实党的十九大精神为主线，提升党群服务中心内涵，继续推进商圈党建和人户分离“飞地”党建两项特色工作，完善6个社区党群服务站建设，基层党建工作走上新台阶，取得新成绩。推进“两学一做”学习教育常态化制度化。按照“1+6”制度要求，制定街道《关于严格规范党的基层组织生活的实施意见》，规范“三会一课”、主题党日、组织生活会和民主生活会等活动内容。全年街道开展主题党日活动10次，各社区开展活动90余次，“三会一课”开展达1100余次。开展“大学习、大调研、大改进”，共梳理各科室、社区工作中的重点问题清单100余条，领导班子、各科室、社区形成调研报告30余份。按照“三照三转三改三推”要求，各党支部开展组织生活会深刻剖析，提升工作能力。全年吸收预备党员5名，推选发展对象2名，推选入党积极分子9名。继续以“政治引领、为民服务、共驻共建”为主线进行延伸提升，街道党群服务中心先后迎接省、市、区各级参观检查200余次，接待参观人员3000余人。完成世茂商圈党群服务中心提升，打造“红立方”商圈党建品牌，作为全区党建巡视项目接受区委检阅。2018年，街道共有“两新”组织党支部26个，覆盖“两新”组织153家、党员102名。在盛福花园小区租用面积60平方米的办公室，建立盛福党群服务分站，开展“党建+”服务活动，实现“飞地”党建阵地落地，人户分离党员管理工作破题推进。开展村居“一统四治”工程。曲水亭社区、县西巷社区与姚家街道窑头村、浆水泉村对接，利用社区经验和资源，发挥优势，帮联共建，取得初步成效。

【重点项目建设】 抓住“旧城更新”机遇，改善群众居住条件，提升城市形象，拓宽发展空间，对东箭道、按察司街南头、运署街北等6个零散地块共1.41万平方米进行拆迁，用时80天，全部完成签约，并全部外迁，拆出明湖速度、历下速度，实现当年启动、当年签约、当年规划、当年建设，彻底解决遗留几十年的“城市孤岛”问题，趟出一条零散棚户区改造的新路子，省委常委、市委书记王忠林，市委副书记、市长孙述涛先后实地调研，给予充分肯定。明湖路更新工程全部完工；宽厚里街区更新项目，计划投资650万元在宽厚里广场建设景观喷泉，项目招标完成；黑西路更新提升项目四标段一期工程年底完工，二期项目工商银行立面开工建设。

【老旧小区整治创出明湖样板】 明湖小区建于20世纪90年代，是典型的老旧开放式居民小区。基础设施不完善，无双气、无储藏室、无车库、无专人管理，造成小区内占用公共场所、违章搭建、破墙开店、乱贴乱画等不文明行为时有发生，楼道内杂物堆积、脏乱差现象严重。街道采用“减加除乘”法，改造提升明湖小区，共计33.9万平方米，老旧小区实现华美蝶变，在全市率先走出一条开放式老旧小区管理的新路子。

【打造“红立方”商圈党建品牌】 大明湖街道党工委以党的十九大精神和习近平新时代中国特色社会主义思想为指导，探索商圈党建工作有效方式和途径，针对辖区商圈实际，按照“党务服务、组织带动、资源整合、公益活动、双向培育、助推发展”的统筹发展思路，本着“红色引领、立体服务、方寸聚力”的“红立方”商圈党建理念，通过实施党务共管、组织共建、资源共享、活动共办、人才共育、互助共进“六个共”的工作模式，健全完善组织支撑、制度支撑、活动支撑、服务支撑的“四大支撑”体系，明确凝聚商圈共建力量、增强“两新”组织党建工作有效性、促进企业和员工实现“两个健康”发展三个目标，实现工作对象、工作方式、工作模式的三个转变，优化党建引领、活动吸引、凝聚人心三条路径，统筹推进街道与商圈企业共驻共建，逐步推进两新组织党组织扩覆盖，实现党建工作与经济发展同频共振。

（刘心悦）

东关街道

【概况】 东关街道位于历下区西北部，地处三区交界处，东至山大路北段与历城区接壤；南起山大南路延长线，沿历山路至省征兵接待站，分别与建新、解放路办事处相连；西接历黄路与天桥区接壤；北至胶济铁路与天桥区搭界。辖区面积2.66平方千米，辖7个社区居委会（泺河、菜市新村、长盛小区北区、长盛小区南区、东仓、历山、历园新村），总人口6.7万人。辖区内有历山路、明湖东路、东关大街3条主干道，名街巷10余条，有省地矿局、齐鲁师范学院、省物价局、省胸科医院、济南医院等10余家省市部门和科研单位。街道办事处行政编制21人、事业编制49人，共计70人。

【经济发展】 全年完成财政收入2.52亿元。固定资产投资7.2亿元，完成年计划的110%，同比增长28.5%；社会消费品零售总额9.42亿元，完成年计划的129%；规模以上服务业营业收入12.07亿元，完成年计划的143%；对外出口9720万元，完成年计划的131%；招商引资项目1亿元—10亿元企业10家，其中包括3000万美元企业1家、10亿元—100亿元企业1家，完成全年任务的330%。

【重点项目建设】 东关街道加大项目建设，用项目促发展，用项目支撑投资，用投资拉动经济增长，提升街道经济总量。以“项目建设年”活动为契机，严格落实在建项目专人全程帮促责任制，坚持“周调度”“月小结”，定期召开街道重点项目联席会，对项目进展、工作落实等情况全面调度，重点研究解决项目推进难题，切实做到情况掌握、统筹协调、包帮服务、问题调处“四到位”，形成重点项目齐头并进的良好局面。完成济南海晏门棚户区改造项目，彻底解决10余年的省教学仪器厂旧城改造项目，妥善处理长达15年的绿地·明湖城项目遗留问题。万科·海晏门地块建设4栋住宅楼，至3月22日，452户居民回迁，402户办理回迁手续，29层商务综合楼年底封顶。省教学仪器厂征收工作全面完成，开展净地清零工作。绿地·明湖城项目完善自身方案设计，形成完整的泉水评价报告、人防设施补建方案，补齐建设环评等相关手续。3月27日，开始做支护施工，进入施工阶段。

【民生服务】 探索以居家养老为基础、社区养老为依托、机构养老为补充的“三元”养老模式，在完善泺河颐乐老年公寓、历下

2018年5月11日，长北社区举办“爱心汇聚，公益永续”活动

二院老年公寓、济南医院老年公寓3家养老机构的基础上，加大对民办养老机构鲁商·福瑞达颐养中心的扶持力度，全面保障老年人养老需求。为辖区符合条件的百余名空巢、残疾、独居特困老人提供居家养老服务，为1.2万名60岁以上老人购买银龄安康保险。落实低保救助、大病救助、教育救助、无退休金老年人补助等各项救助政策。为辖区276户低保家庭发放救助金260万元，为88名大病困难群众发放医疗救助金78万元。推进“大众创业、万众创新”，完成就业指标1410人，达到全年计划的102%。

【维稳工作】“两会”和上合组织青岛峰会等重要敏感时期，加强组织领导、重点盯控，推动信访积案化解，将化解信访积案作为安保维稳工作的有力抓手，建立动态管理台账，实行“六对一”包案制度，约谈稳控，倾听诉求，强化情绪疏导，加强思想教育，建立矛盾纠纷调处机制，牢筑“大调解”防线。稳步推进综治工作，对街道综治工作中心进行升级改造，打造信息化指挥中心。组织广大党员群众投身扫黑除恶专项斗争，开展大型政策宣传活动8次，制作展板200块，上街入户宣传资料3万余份，凝聚起党员干部群众同黑恶势力作斗争的强大正能量。高度重视生产安全，对建筑工地、人员密集场所、“九小场所”开展消防安全“拉网式”排查。

【城市建设】树立精益求精、精细化管理的城市管理理念，实行社区城管工作站网格化管理，建立健全问题清单、整改清单与责任清单，有效消除城管工作盲区。严抓“三高”（高速铁路、高速公路、高架路）沿线整治，拆除胶济铁路沿线违章200平方米，铺设花砖3400平方米，种植冬青、五角枫等绿化苗木1.2万株，粉刷沿线楼体和广场外墙4396平方米。联合北园街道对天桥、历城、历下三区交界、界限不清、疏于管理的黄台车站货场片区整治提升，彻底改变铁路沿线环境脏乱差的现象。推进拆违拆临，拆除大型户外广告牌匾40处、80余块，小型广告牌匾240余处，拆除违章建筑122处、8.8万平方米。对菜市、泺河、历山、历园进行老旧小区改造，总计面积21.67万平方米，完成泺河小区23栋楼建筑节能改造10余万平方米。开展杆线整治行动，对辖区垂落、散乱线缆进行捆扎4.5万米，在泺河社区、历山路62号院、黄台南路24、26、46号院进行杆线入地，铺设弱电管线2200余米。保障“一湖一环”、明湖秀景观亮化工程，确保不留盲区、不留死角，打造与“泉城夜宴”相称的环境景观。按照“还路于民、还绿于民”的原则，拆除在水一方、奔腾汽车等占压河道建筑，对山大路北段进行更新提升。抓住河道整治，建立健全街道、社区两级河长体系，制定河道综合整治方案，成立专项协调小组，对辖区内的10条河道按照黑臭水体整治标准开展专项行动，高标准建设600余米东泺河景观提升工作，做到既美观休闲又符合泄洪要求。

【党建工作】 把学习贯彻十九大精神作为重大政治任务和做好一切工作的总纲、灵魂和主线，牢固树立“四个意识”，自觉坚定“四个自信”，做习近平新时代中国特色社会主义思想的坚定信仰者、自觉践行者、坚定捍卫者。坚持“关键少数”带头学，每周安排固定时间进行中心组理论学习，读原著、学原文、悟原理，真正筑牢理想信念，切实发挥好以身作则、以上率下的示范引领作用。开展“大学习、大调研、大改进”工作和“三照三转三改三推”活动，组织各基层党组织和广大党员干部通过理论研讨、交流学习、调研查摆、对标反思等形式，深入查找理想信念、党性修养、宗旨意识、发展理念、工作方式和责任担当等各方面突出问题，激发出干事创业、担当作为的激情和干劲。

在“两新”组织层面，探索利宝产业园“四联四共”工作机制（即“组织联合共建、阵地联用共享、活动联抓共创、发展联动共融”），建设先锋地带——利宝互助创新产业园党群服务中心，打造园区“利宝E家”党建品牌。在社区层面，打造以长北社区“同心筑梦·先锋为民”、泺河社区“合心源”、菜市新村社区“四共同心·友善一家”为代表的党建品牌，实现“一居一品一特色”，创新共建共治共享的社区服务新模式。

深入推进基层组织建设领域扫黑除恶专项斗争，通过牵头领办、分类整治、制度规范、挂牌销号等有力措施，重点抓好软弱涣散党组织长南社区党委整改转化。扎实开展社区“两委”换届“回头看”“二次体检”，采取集中学、专家辅导学、典型示范学等形式提升新一届社区“两委”干部的党性党悟和理论素养，通过观摩巡视、述职评议、座谈交流等方式进一步检验服务水平和履职能力。开展村居治理“一统四治”工程，长北社区、菜市新村社区分别与刘智远村、邓家村“1+1”结对，促进城市社区与城郊村居间党建互动、资源互享、优势互补。

（蒋民明）

建筑新村街道

【概况】 建筑新村街道总面积2.68平方千米，东至山大路、西至历山路、南至和平路、北至花园路，东北与历城区接壤。辖区设5个社区居委会（和平新村社区居委会、历山东路社区居委会、花园路社区居委会、绿景嘉园社区居委会、解放路社区居委会），总人口约5.7万人。驻有山东省话剧院、济南市中心医院、济南市环境监测中心等大型单位50余家，山大路信息科技商务区核心地带位于辖区内。建新街道党工委瞄准建设全省首善之区的奋斗目标，荣获全区科学发展综合考核二等奖，圆满达成街道“单项争优秀、整体上台阶，半年换面貌、两年创水平”的奋斗目标。辖区华强广场、浪潮名筑一品、铁职二期等重点项目相继开发运营，“山东硅谷产业基地”逐步培育壮大，产业业态不断丰富。

【经济发展】 全年街道区级财政累计完成3.4亿元；固定资产投资10.87亿元，完成全年计划的108.7%；引进市外投资目标任务4.59亿元，完成全年计划的102%；软件产业营业收入6.6亿元，完成全年计划的110%。重点服务业营业收入任务9.5亿元，全年完成9.55亿元，增幅3.14%；销售额任务27.5亿元，全年完成28.1亿元，增幅0.47%；零售额任务19.79亿元，全年完成18.13亿元，增幅12.79%；外贸出口指标5080万元，全年完成7652万元，增幅13.46%。全国第四次经济普查清查阶段共填报法人单位3726家，其中产业活动单位252家、个体工商户2334家。

【重点项目建设】 以项目建设带动城市建设再上新水平，优化城区空间布局，强化产业发展定位与城市功能规划同步落实，注重项目推进速度和土地利用效率，建立健全项目跟踪服务机制，实现专人专职服务重点项目，保障各重点项目推进。采取有力措施加快推动铁职二期和鲁艺东区项目拆迁工作，优先保障重大项目建设，形成以拆迁促建设的良好局面。铁职二期项目D1地块安置房全部竣工，验收合格后交付使用。5座商品楼全部售出，正常入驻，底商全部销售。鲁艺剧院东棚户区项目，A1商业地块汇中大厦开挖地槽，B1住宅地块华夏海龙1#、2#、4#、6#楼完成内部装修，地下车库、底商装修接近完工，年底完成幼儿园的内部装修和小区配套建设。建筑新村南路历山永祥里花园项目，进行土石方施工。

【民生服务】 秉承以人民为中心的发展理念，践行“办实事，见真心”宗旨，全面保障和改善民生。全年发放“4050”社保679人次，补贴110万余元；申报创业担保贷款180件，发放贷款1400万元；为121家小微企业、21家个体工商户发放一次性创业补贴296.7万余元；为431名灵活就业人员办理保险接续手续；共管理退休人员档案9000份、灵活就业人员档案1800份；为辖区6477名退休职工发放新的社保卡，发放率为98%；居民医保参保缴费2889人；接收安置退伍军人公益岗人员19批次，共计113人。为148户低保家庭发放低保金133万余元，为低保及低保边缘家庭发放各类救助补贴71万余元；为75户因病致困的家庭发放大病救助金46万余元；为84名居民提供居家养老服务，累计服务时长4万余小时。完成“全科社工”试点工作，推动公共服务创新，将社区原先“一站式”服务模式升级为“一口式”受理、“全科式”服务，街道和平新村社区代表历下区迎接全国社区治理和服务创新实验区结项验收，“益+”工作模式在全市进行书面交流。推行“互联网+政务服务”，研发街道综合服务管理平台和手机APP“E事通”，对各类事务管理系统和数据库资源进行整合共享，推进政务服务线上线下同步办理。

【城市建设】 把城市提升与精致管理相结合，优化城区空间布局，把“拆违拆临”定位为城市更新起点，按要求摸排上报“违建”台账总计4.33万平方米，拆除完毕，“拆违”期间封堵违规开门开窗37家。推进即拆即绿、建绿透绿工作落到实处，按照“景观化”“生态化”原则，栽植绿植百余株，新增绿化近2000平方米。对山大南路建新辖区全长900余米道路立面及牌匾进行统一改造提升，涉及商户200余家，新装牌匾和立面铝塑板总计4900平方米，更换台阶900平方米，墙体真石漆喷涂3400平方米。加大环境综合整治力度，建筑工地扬尘沙土治理，严格按照“定格、定员、定则、定岗”原则，落实网格化监管责任，督促施工单位严格按照“六个百分百”规范施工。开展餐饮业油烟专项整治工作，以环保督查“回头看”为契机，对照前期问题台账，开展复查复检，治理“散乱污”和各类油烟污染源，使各类餐饮店油烟排放全部达标，确保街道在全市75个街道办事处每月一次的油烟扰民考核中始终位列第一。街道城管科、执法中队、城管工作站密切配合，通过集中整治和盯守结合，辖区露天烧烤全部取缔。规范非机动车停放秩序，安排专人管理辖区重点区域的非机动车停放现象，多次联合交警中队，集中整治山大路、解放路、山大南路等重点区域乱停乱放非机动车现象，沿街车辆停放秩序明显好转，文明停车意识不断增强。加快老旧小区专项整治，按照济南市老旧小区整治改造标准和范围，整治改造辖区内26个老旧小区，累计粉刷墙面3.5万平方米，安装监控探头111部，弱电入地9637米，铺设沥青地面5220平方米，恢复绿化面积320平方米。加大老旧小区安全隐患排查治理工作，改造开放式老旧小区7座居民楼的电器线路。做好气代煤、电代煤及清洁燃煤推广宣传工作，走访辖区349户未安装暖气等取暖设施的居民，并登记造册，为下一步工作打下基础。

【维稳工作】 落实属地责任，化解矛盾纠纷、消除安全隐患，确保改革发展稳定大局，共受理12345市民服务热线5486件，12319三方考核案件666件，办结率100%。在三级“两会”、全国“两会”、上合组织青岛峰会等重要敏感时期，做好稳控工作，确保不发生进京非访事件和会场闹访事件，完成“零非访”“零集访”目标任务。实施治安综合治理“雪亮工程”，落实网格定期通报制度，推动社会治安维护、安全生产治理等工作协同开展，将805名退伍士兵纳入网格管理。开展安全生产大排查快整治严执法集中行动，对辖区重点单位、人员密集场所、建筑工地、学校、幼儿园等场所检查200余次，排除安全隐患300余处，切实承担起“促一方发展、保一方平安”的重任。开展扫黑除恶专项斗争，围绕“政治站位、依法严惩、综合治理、深挖彻查、组织建设、工作运行”6个方面内容，发挥职能优势，广泛宣传动员，深挖彻查涉黑涉恶线索。街道先后张贴扫黑除恶宣传展板323块，开展入户宣传4轮，发放明白纸4万余张、宣传品1千余份，举办集中宣传活动12次。

【党建工作】 把基层组织建设摆在突出位置，以学习教育为重点，以队伍建设为抓手，以制度规范为原则，不断提升基层组织力。履行管党治党职责，开展社区党建观摩、社区薪酬评定、党员赋分管理等工作，完善党建考核评价制度，层层压实责任。落实主体责任，履行领导班子集体意识形态工作的主体责任，坚持“一把手”带头，班子成员各负其责，严格落实“一岗双责”，将意识形态工作落到实处。定期召开班子会议，每月开展1次理论中心组学习，街道开办的“同心党校”，定期邀请专家学者、优秀党支部书记、优秀党员等，举办专题党课。把意识形态工作纳入党工委工作责任制，纳入目标管理，纳入社区党委考核述职的重要内容。加强党建骨干队伍建设，完成社区“两委”及各基层党组织换届，举办社区“两委”干部培训班、临沂党性教育、党务干部培训班等专题教育。开展“大学习、大调研、大改进”和“三照三转三改三推”活动，建立“建新大学堂”，结合“灯塔——党建在线”“党员e家”等平台，开展丰富的主题党日和集中教育活动。实行党建项目化管理，探索创建“未来社区”，高点定位，科学规划，以党建红色驱动为核心，以“铸魂耕心”党建项目为主线，打造近2000平方米的解放路社区党群服务站。开展“三帮三促”（帮班子促能力提高，帮忧困促和谐稳定，帮创业促带富发展）活动，与智远街道盛福村、姜家村结对共建，举办联合党课、七一共建晚会、党建观摩等活动，推动村居“一领四治”。抓住廉政建设，强化日常监管，严肃执纪问责，组建优化营商环境市民巡查团，做好党风廉政建设和反腐败各项工作。对违法乱纪不良现象保持高压态势，处理作风问题信访件2起，查办案件6起，其中协助区教育局纪委查办案件2起，开除不合格党员2名，辖区政治生态持续优化。街道和平新村社区党委、山大路商圈党委获得全市担当作为“出彩型”好团队荣誉称号，绿景嘉园社区党委第二党支部书记杜鑫德获得全区最美党员荣誉称号，山大路商圈党委“SV芯”党建工作法获得“全区优秀党建工作法”称号。

【优化营商环境】 贯彻落实市、区优化营商环境工作要求，紧抓招商引资这条经济工作“生命线”，不断优化企业投资发展环境。围绕群众到街道办事“最多跑一次”工作目标，对全区“一次办好”政务服务事项清单进行全面梳理，形成“一次办好”受理清单，编制形成6大类共109项街道服务清单。按照《全面深化“零跑腿”、“只跑一次”、“你不用跑我来跑”改革实施方案》工作要求，加快服务标准化建设，推进改革措施全面铺开。结合历下区和街道“十三五”发展规划，针对华强、科技市场二期经营特点，实行“主题招商”策略，明确目标、任务、招商重点和对策措施，在引进金融、高科技等高端优质项目上有所突破，提升辖区经济的层次和能级。街道招商引资引进注册资金1亿元—10亿元项目8个、10亿元—100亿元项目1个。

【省政法委领导检查指导“雪亮工程”指挥中心运行情况】 1月5日，省委常委、政法委书记林峰海一行通过视频连接、远程交流的方式，对建新街道“雪亮工程”指挥中心运行情况进行检查指导。2014年，“雪亮工程”监控系统在辖区安装550个高清摄像头，投入使用后，街道工作人员运用监控网络对辖区街面人流、小区楼院、重点单位、学校周边环境进行及时管控，时刻做好防火、防盗、防汛等应急处突准备。完成节假日、重大会议敏感时期的维稳工作，确保和谐有序的辖区环境，保障辖区社会公共安全。通过“雪亮工程”，街道架构起治安防控体系“天网”，震慑违法犯罪行为，增强群众安全感，街道联合派出所利用监控破案34起，抓获犯罪人员38人，挽回经济损失25万余元。林峰海一行在观看街道“雪亮工程”系统实际操作演练和汇报后表示，街道“雪亮工程”系统建设标准高，运行稳定，主动发现处置问题，将维稳、应急等工作纳入系统，以后要继续更好发挥“雪亮工程”作用，维护地区安定团结。

【建新街道联合辖区扶贫企业走进济阳】 2月9日，建新街道联合辖区扶贫企业走进济阳回河街道小常村，开展送温暖、送关怀的慰问活动，走访20户困难家庭。山东省慈善总会、省广播电台走访慰问其中3户空巢老人。工作人员为贫困户送去米、面、油、被子等生活用品，并为3户孤寡老人分别捐赠600元的生活费，详细了解他们的生活、生产和家庭收入情况，询问他们在生活、教育、医疗等方面遇到的困难。该慰问活动共捐助价值5200元的生活用品和1800元的慰问金。

【“12333全国统一咨询日——全民参保”主题宣传活动举办】 3月30日，由山东省人社厅信息中心联合省社保局、济南市人社局、历下区人社局组织开展的全省“12333全国统一咨询日——全民参保”主题宣传活动在建新街道华强广场举办。政策宣讲、现场咨询、有奖问答、主题文艺演出等一系列活动为居民提供专业的讲解和美好的视觉盛宴。咨询现场发放职工养老保险、居民养老保险、职工医疗保险、居民医疗保险、职工生育保险等政策宣传海报和宣传折页800余份，为200余名群众提供政策咨询和解答。山东省人力资源和社会保障信息中心、山东广播电视台、市人社局、历下区人社局相关负责同志参加活动。

【殷鲁谦到山大路察看道路移交管理情况】 4月2日，市人大常委会主任殷鲁谦一行到山大路察看道路移交管理情况，现场听取市交通运输委工作人员的相关情况汇报。2013年，为完善城市基础设施，优化城市路网，缓解山大路周边道路拥堵情况，实施山大路北段建设工程。工程南起解放路，北至花园路，全长1.7千米，主要优化道路断面、增设非机动车道，同时新建道路排水、路灯照明、绿化景观及交通设施，完善市政管网配套，工程于当年年底完成通车，有效缓解道路交通拥堵情况。当下施工路段为花园路至黄台南路段，按照规划形成35米宽断面，长约650米，将完善雨污水等下游管线，工程快速施工。区委书记马玉星、区人大常委会主任韩宏伟、副区长石永先、建新街道主要负责同志陪同察看。

【全国社区治理和服务创新实验区结项验收组验收工作】 7月23日，全国社区治理和服务创新实验区结项验收组到建新街道和平新村社区进行终期验收工作，实地考察三年间和平新村社区在社区治理与创新方面的经验和做法，听取全科社工、公益银行、协商民主、社团组织及基层党建工作开展情况汇报，并进行居民满意度调查。验收组召开社区居民座谈会，了解居民对社区自治、社区建设、社区环境、社区服务等方面的意见建议，并进行居民满意度调查。省民政厅基层政权和社区建设处处长赵文波，省民政厅基层政权和社区建设处四级调研员张蕾，市民政局副局长苏楠，市民政局基层政权和社区建设处处长陈吉彬，区政府副区长丁晓红，区民政局局长苏凤清，街道党工委书记包昆，街道党工委副书记、办事处主任王若曦及区政府办、区民政局分管领导陪同考察。

【“建新大学堂”揭牌仪式暨“山东硅谷精英人才系列讲座”首场报告会举办】 10月31日，建新街道在华强党群服务中心举办“建新大学堂”揭牌仪式暨“山东硅谷精英人才系列讲座”首场报告会。

活动由建新街道党工委书记王若曦主持，区委组织部副部长、组织员办公室主任王鑫，区科技局副局长、山大路科技商务区管委会主任刘红梅，山东大学新闻传播学院党委书记、管理学教授王德胜出席。

2018 年 11 月 5 日，建新街道成立新阶层人士华强分会

山大路商圈 40 余家企业负责人及高层管理者参加。王鑫为“建新大学堂”揭牌。大学堂邀请到山东大学新闻传播学院党委书记王德胜教授为“山东硅谷精英人才系列讲座”作题为《转型变革时期企业家管理境界的提升》的开班首场报告。

【历下区新的社会阶层人士联谊会华强分会成立大会暨第一届会员大会召开】 11 月 2 日，建新街道在华强国际中心召开历下区新的社会阶层人士联谊会华强分会成立大会暨第一届会员大会，大会共有 36 名会员参加。大会审议并通过《历下区新的社会阶层人士联谊会华强分会第一届会员大会选举办法（草案）》，选举出历下区新的社会阶层人士联谊会华强分会第一届理事会 11 名理事。第一届理事会 11 名理事召开一次会议，通过《历下区新的社会阶层人士联谊会华强分会会长、副会长、秘书长选举办法》，选举出以许贵宾任会长，万喆、耿广萍、翟兆国任副会长，徐东晓任秘书长的领导班子。区委统战部副部长高振华与街道党工委副书记、政协委员联络室主任胡新梅为华强联谊会揭牌。高振华代表区委统战部向华强联谊会成立表示祝贺并讲话。成立大会结束后，街道邀请历下区心和心理咨询中心的国家二级心理咨询师姚莹莹为会员们开展以“从心开始”为主题的心理专题讲座，受到与会会员的热烈欢迎和好评，为以后活动开展打下良好开端。

（王　丽）

千佛山街道

【概况】 千佛山街道位于历下区西南部，东至历山路，西至朝山街、南门大街，南至旅游路，北至黑虎泉。辖区面积 4.9 平方千米，辖区总人口 6.5 万人，下辖 7 个社区居委会：佛山苑社区居委会、棋盘街社区居委会、千佛山社区居委会、济柴社区居委会、历山名郡社区居委会、千佛山西路社区居委会和千佛山东路社区居委会。辖区地处济南市的商业黄金地段，商场、酒店较多，大型酒店有索菲特大酒店、玉泉森信酒店、泉城大酒店、舜和商务酒店等。大型购物中心有银座商城、历下大润发超市等。大型综合性楼盘有历山名郡，大型开放式住宅小区有佛山苑小区、棋盘小区，封闭式的小区有绿苑邦泰、开元山庄等。辖区内著名的景观有黑虎泉泉群、千佛山、开元寺遗址等风景名胜。辖区内主要街道东西向的有经十一路、经十路、文化西路、泺源大街、司里街、所里街等，南北向的有历山路、佛山街、南门大街、朝山街等。驻区省市机关、企事业单位、大专院校等单位 60 余家。

【经济发展】 全年实现地方财政收入5.5亿元，完成目标任务101.79%，辖区传统行业支撑作用明显，税收贡献率达到73%以上。新引进过亿元企业20个，实现全部落地，完成注册资金20.6亿元，其中山东共创吉祥实业有限公司注册资金2亿元、中健健身集团有限公司注册资金1.6亿。累计完成固定资产投资6.85亿元，占全年任务的105.45%。社会消费品零售总额122.25亿，增幅4%，占年计划的101.18%。规模以上服务业营业收入超24亿元，超额完成全年目标任务。外贸出口额完成3621万元，占全年任务的109.37%。辖区主要经济指标运行保持在合理区间，呈现稳中有进的增长态势。

【民生服务】 贯彻落实省市区决策部署，始终把民生改善作为全办工作重点，全年累计发放各类救助款项176万元。召开"春风行动"专场招聘会，吸引32家用工单位和500余名求职者参加，安置就业1405人，累计安置退役士兵公益岗19批109人，办理小额贷款全年共上报27件，放款300万元。办理《生育服务手册》323本、《独生子女证》89本，发放各类计生奖励救助96.04万元。推进优化服务，《全面深化"零跑腿"、"只跑一次"、"你不用跑我来跑"改革实施方案》取得良好实效。

【城市建设】 按照"凡违必拆，凡拆必尽"的原则，累计拆除违建124处、共9.67万平方米，拆除户外广告100余处、5300余平方米，完成全年拆违任务。配合开展鱼翅皇宫酒店违章建筑拆除联合执法行动，拆除酒店西边员工宿舍、主副楼一层员工宿舍及冷库等违建部分，计9000平方米。完成历山路南首2100平方米高标准街头公园建设，综合整治千西路，进行拆墙透绿，拆除围墙1800米，绿化面积4500平方米，砌围墙1800米，安装铁艺护栏1420米，将其打造成一条具有千佛山特色的文化景观道路。全面启动老旧小区综合整治工作，整治面积22.8万平方米，设计打造棋盘小区局部交通微循环，建设棋盘街文化墙等亮点工程。全面落实网格化管理机制，实现网络内管理24小时全覆盖、不间断、无死角。集中整治和日常管理相结合，出重拳治理马路游商、店外经营反弹回潮等问题。受理"12345"热线电话8266件，回复5500件，回退、转办2766件，办结率100%，回访率100%。办理省级环保督查件11件、中央环保督查回头看1件，全部按时办结。

【社区建设】 落实市、区两级关于烟花爆竹禁放的有关指示精神，加大社会面、特殊场所的宣传引导力度，加大检查力度，细化《查禁违规燃放烟花爆竹专项整治行动工作方案》，累计出动4500余人次，早八点到晚十二点半不间断巡查，确保辖区实现烟花爆竹禁放目标。严格落实安全生产责任制，推行安全生产"网格化"管理制度，落实"一岗双责"、社区"两委"监管责任、包联干部巡查责任，实现安全生产工作全覆盖。组织全办工作人员、社区居民等开展公共安全体验培训、公众安全培训、消防安全培训、安全生产月咨询等各类活动5次，累计参与800余人次，夯实安全管理基础，营造辖区良好安全氛围。聘请消防安全生产专家对辖区单位安全和消防火灾隐患进行第三方排查。组织辖区单位和街道机关人员进行安全消防常识培训，累计培训20余次，培训3000余人。投入40余万元建设微型消防站4处、消防安全二级站2处，辖区消防安全的水平得到进一步提高。

【维稳工作】 完成全国“两会”期间、上合组织青岛峰会期间的维稳任务。贯彻中央、省市区“扫黑除恶”专项斗争工作会议精神，落实“一把手”责任担当，开展各种形式的活动，做好各个环节的工作。成立街道专项工作领导小组，明确工作重点，按照“街道、社区、网格”三级责任体系分解各项工作任务，确保各项工作有序推进。建立街道每日报告制度，每日由包联社区的处级领导，各社区书记，综治、信访等部门汇总当日工作情况，对工作中发现的问题和突发事件及时进行研究，确保及时发现问题、及时解决问题。全面摸排重点隐患，坚持专群结合、群防群治，实行跟踪管控，对重点人员进行24小时监控。同时，集中力量对辖区不稳定因素进行全面排查，确保小事不出社区，大事不出街道。

【党建工作】 学习教育和监督执纪两手抓，党的建设全面加强。全办上下围绕学习贯彻习近平新时代中国特色社会主义思想和党的十九大精神，结合中心工作和重点任务，不断加强理论中心组学习，组织“三会一课”、主题党日活动等，切实增强领导班子贯彻落实党的基本理论、基本路线的自觉性，强化政治担当，明确前进方向，全面提高领导班子及干部队伍水平。组织参加民兵训练，向部队输送4名优秀青年，武装工作取得较好成绩。围绕街道全年重点工作，依托组织人大代表开展“护航十九大，代表在行动”等活动载体，全程跟踪“六个佛山”建设等重点工作，推动街道各项事业进一步发展。发挥基层党组织政治功能，抓好组织建设领域的扫黑除恶工作，健全领导体系，按时完成软弱涣散社区党组织整顿工作，扎实开展“两委”换届“回头看”；通过创新服务品牌、创新工作机制、创新组织设置，打造“爱心敲门”服务品牌，完善协商民主工作机制，建立“名郡先锋”特色党组织；执行党工委议事规则，坚持民主集中制，确立重大事项事前通报、过程监督、事后审核的机制；强化作风建设制定《作风建设十不准》，“三重一大”坚持事前集体研究，事后及时通报，营造街道风清气正的干事氛围。

【扫黑除恶工作推进会召开】 8月17日，千佛山街道召开扫黑除恶工作推进会。扫黑除恶会上分析当前扫黑除恶专项斗争的工作形式，以及对如何开展下一阶段的扫黑除恶工作进行深入探讨。会议要求，统一思想，提高认识，切实增强深入推进扫黑除恶专项斗争的责任感和紧迫感；深入摸排，突出重点，配合公安机关严格依法打击黑

2018年8月17日，千佛山街道召开扫黑除恶工作推进会

恶势力犯罪；强化措施，攻坚克难，始终保持扫黑除恶的高压态势；加强领导，明确责任，切实将扫黑除恶专项斗争工作开展好，确保工作部署和措施落到实处。

（杨雨佳）

趵突泉街道

【概况】 趵突泉街道位于济南市中心地带，因闻名遐迩的趵突泉得名。街道驻地设在东双龙街2号。辖区东至南门大街、朝山街、青年东路、舜耕路；南至千佛山南路；西至趵突泉公园、南新街、山东大学西校区、南郊宾馆西侧；北至南护城河、趵突泉公园。面积2.7平方千米，辖6个居委会（趵突泉社区居委会、朝山街居委会、泺文路社区居委会、青年东路社区居委会、文化西路社区居委会、舜耕路社区居委会），总人口5.3万人。

【经济发展】 全年完成区级财政收入14.1亿元，完成限额以上社零额40.39亿元，完成规上服务业营业收入125525万元，新引进过亿元企业15家，完成注册资金23.4亿元。实行重点企业联络员制度，保持与辖区重点企业信息交流，定期走访辖区企业，宣传政策法规，核实企业经营状况，确保上报数据准确翔实。加大摸底排查力度，及时维护辖区企业数据库，掌握企业和行业动态，提供贴身服务，协助企业进行业务调整，助推企业走出低谷。发扬“店小二”精神，提高为企服务水平，推进“放管服”改革，做到让服务对象“零跑退”“只跑一次”。夯实招商基础性工作，向企业宣传和落实好市区关于招商引资的优惠政策和奖励办法，帮助解决重点纳税企业在用房、用人、子女就学等方面的难题，增强招商、安商、稳商能力，吸引更多优质企业入驻。天安时代广场、祥恒广场、舜耕中心等一大批高档商务楼宇密集招商，省电视台、省人寿等重点骨干税源持续增收。多措并举，推进第四次全国经济普查各项工作。把街道划分为6个普查区，每个普查区再细分为2至3个普查小区，每个社区配备指导员、普查员7～9名。街道成立经普领导小组，先后召开培训会5次、工作推进会4次。抽调15名机关骨干、8名社区人员组成精兵强将，逐门逐户，开展“地毯式”清查摸底。采取“专人负责审核、人机审核结合”的方式，加强普查数字与数据库的比对，做好查漏补缺工作，在规定的时限内，将辖区内1184家法人单位、157家产业活动单位、548家个体工商户的清查普查表录入完毕。

【重点项目建设】 在建项目山东大学齐鲁医院妇儿楼一期工程，由专人负责，定期实地查看，及时掌握项目进度，掌握企业投资情况的第一手资料。针对落地的重点项目，加大服务力度，做好招商和培养税源工作。科学谋划泺文路西片区改造，推进早日立项启动，为辖区经济发展储备动力。

【民生服务】 深化“泉映党辉”“泉润民心”服务品牌，有序开展社会救助、帮扶工作。街道建立起以城乡最低生活保障为主体，医疗、教育、残疾、高龄等各项补贴为补充的社会救助体系，年内实地走访困难家庭1000余次，发放低保金、残疾人两项补贴、高龄补贴、孤儿营养餐、春节一次性生活补贴等600余万元，为各类困难群众发放救助物资近80万元。对不符合市、区大病救助条件的大病居民实行一事一议、兜底救助，为16户困难家庭发放大病救助金8.93万元。上半年为10546名60岁以上老人购买“银铃安康”保险。累计为27名残疾人发放二代证，完成残疾人专项调查523人，上交募捐捐款25000元，上报申请残疾人家庭无障碍改造3户。年内实现就业再就业1571人。发放困难就业人员社保补贴399人次，共计66.44万余元，失业登记117人。办理居民养老保险437人，职工接续养老保险773人，居民医疗保险参保人数1838人，其中低保重残129人。办理门规106人。共管理退休人员6454人、遗属38人，办理退休63人，办理丧葬费、一次性救济补助51人。安置退役士兵公益岗73人（其中党员28人），共拨付退役士兵公益岗安置工作专项经费307.5万元，对辖区内15名自主择业军转干部及59名企业军转干部做台账管理。完成约80万元的小额担保贷款。

【城市建设】 街道按照“拆前有规划、拆后有绿化”的工作原则，开展大量的群众工作，先后拆除封堵泺源大街朝山街北口和三合街周边沿街门头房，拆除舜耕路2号院违章建筑，高标准改造提升院内环境；联合山大趵突泉校区后勤处，对南村宿舍连片违章搭建集中拆除，年内共拆除违建7.1万平方米，建绿透绿3000平方米，建设街心口袋公园2处，以泉城特色和泉水文化为主题，全面整治提升趵南路、朝山街、南券门巷等主次干道。加强日常巡查力度，实行24小时不断岗，取缔占道经营、店外经营、乱伸舌头经营、流动商贩、露天烧烤等不法现象，严查私搭乱建和违规设立广告牌匾、灯箱。提高洒水频次，增加清扫次数，确保辖区路面卫生整洁。规范交通文明志愿岗管理，加强对辖区停车秩序的安保巡查力度，维护辖区道路秩序。推进老旧小区整治线杆落地工作，年内完成南券门巷和东、西双龙街沿线的强弱电线杆落地工作，有效清理空中“蜘蛛网”问题。改造提升辖区内正觉寺二区、三区，趵突泉小区17.49万平方米的老旧小区，为趵突泉社区801户、泺文路471户居民进行集中供暖改造，切实改善辖区人居环境。

【社区工作】 街道指导6个社区完成“两委”换届，组织开展社区干部业务培训10次，组织舜耕路、青年东路社区参加全国民政系统“社区工作法”推荐工作，为每个社区配备1—2名专业社工，充实社区人员力量，提高社区队伍素质。提升改造舜耕路社区党

2018年8月青年东路社区组织开展暑期活动

群服务中心，打造为党建观摩示范点。扩建改造青年东路社区居委会办公用房，新办公用房面积达1560平方米，涵盖党群服务、为老服务、全科社工等多个功能区。在“四社联动”的基础上，以打造全科社工为契机，完善网格制度，探索社区建设工作的新路子，先后打造“泉润夕阳·乐享舜耕”为老服务、青年社区青少年夏令营、冬令营等活动品牌，开展以老人、孩子为重点服务对象的多种志愿服务活动，打造睦邻和谐的人居环境。

【党建工作】 街道党工委坚持政治引领，抓好“1+6”制度体系落实，扎实推动“两学一做”制度化常态化，全年组织班子集体学习14次，街道所属党组织开展学习讨论22次、党组织书记讲党课13次，确保党的最新理论在街道学深悟透，“灯塔——党建在线”竞赛成绩在全区持续领先。开展“大学习、大调研、大改进”，开展“三照三转三改三推”活动，学习贯彻落实习近平总书记视察山东重要讲话精神，坚定党员干部思想理念，强化责任担当，提高能力素质。推动“三包一联”书记突破项目在舜耕路社区试行，取得良好示范效果。探索“两新”组织党建工作，坚持以“创新方法、创新机制、创新载体”的理念统领“两新”党建工作，寻找工作切入点，以企业、楼宇等为载体，采取单建、联建等方式，选派党建工作指导员，构建扁平化、全覆盖的组织结构，不断扩大党的组织和工作覆盖，形成“聚沙成塔”的合力效应，非公企业党组织覆盖率100%。党工委聚焦组织力提升，强化社区党组织建设。5个社区党委下属的党支部均完成换届，为实现“党建引领，支部建在网格上”的社区治理模式打下基础。推动党员积分化管理，发挥QQ群、微信群的作用，组织党员线上学习、讨论。实施“泉映党辉、泉润民心”项目，在党员关爱活动的基础上，整合各类服务资源，开展社会性、群众性、公益性活动，为辖区居民提供教育、文化、餐饮、养老、家政等服务，打造“15分钟服务圈”。

【精神文明建设】 街道开展新时代文明实践分中心建设工作，成立分中心建设领导小组并召开建设工作推进会，详细安排部署新时代文明实践分中心建设任务，明确各科室、社区职责分工，形成职责明确、上下联动、齐抓共管的工作格局。街道挖掘推荐24名文明传习员，并组建一支街道志愿服务分队和6支社区志愿服务小队，开展一系列各具特色的文明传习实践活动，巧解卒中之惑、讲述志愿服务之路、开办国学亲子体验课等等，切实聚民心、唤大众。

【扫黑除恶专项斗争】 提高政治站位，加强组织领导，第一时间成立趵突泉街道扫黑除恶专项斗争工作领导小组，先后6次召开专题会议进行工作调度，结合辖区实际，研究部署专项斗争活动开展情况，全面抓好各项工作的落实。按照“有黑扫黑，没黑除恶，没恶治乱”的工作要求，加强对重点行业、重点场所的日常监管，突击检查辖区内的重点人群，利用社区居委会干部、社区民警、治安积极分子等力量，全面开展打击黑恶势力和宗族恶势力等黑恶犯罪线索摸排工作，至年底，未在辖区内发现黑恶犯罪情况。开展形式多样的宣传活动，营造扫黑除恶专项斗争的强大舆论声势，做到家喻户晓，人人皆知。至年底，开展入户宣传2轮，发放明白纸20000余份，手机短信、微信转发4000余条，集中宣传9次，制作展板350块、横幅60条，发放宣传单4500份，社会面LED宣传30处，沿街解答群众3000余人。

【维稳工作】 建立健全信访维稳工作机制，落实领导带班和包挂制度、应急处置机制、24小时值班制度和问责追责制度，定人、定岗、定责。纪工委对值班情况进行重点督导，确保维稳时期值班人员不脱岗、不空岗、不误岗。完善值班情况、应急处置台账，确保有迹可循、有责可追。拉网排查，夯实基础信息。街道严格落实“抓早、抓小、抓苗头”纠纷排查化解机制，严查、彻查辖区不稳定因素。抽调骨干力量组建矛盾纠纷摸排小组，进门入户开展矛盾风险排查，重点排查涉稳人员和涉拆违拆临人员，对各类矛盾登记在册、梳理分类，形成“一人一档”的台账机制。街道与区610、综治办、派出所、社区共同构筑重点人员稳控网络，互联互通互动，确保将重点人员稳控在当地。针对重点稳控人员，社区加装摄像头并派专人盯守，街道包挂领导负责谈心谈话，派出所严格管控活动动向，确保重点人员24小时不离视线。在青岛上合峰会、非博会、儒商大会等历次重要会议期间，全力保障好辖区安全稳定，未出现一例非访事件。加强对辖区的69名退役士兵的管理，严格请销假制度，在重要会议期间做到在岗、在位，未出现涉军人员非访事件。

【解决历史遗留问题】 街道党工委主动靠前对接供电部门，主动靠上做好群众工作，用时1个月，解决正觉寺二区11、12、13号楼285户居民20余年不交电费难题，如期完成一户一表改造任务，就近安装智能缴费终端，为供电企业解决多年的收费难题，排除用电安全隐患，让居民用上放心电，实现多方共赢。

趵突泉街道协调帮助解决青年东路1号院存在的20余年使用权纠纷，多次召开会议，协同派出所、执法局、历下法院，做群众工作，劝退多家租赁使用单位，清退房屋，逐步拆除院内违章建筑，保障国家重点项目医用综合楼按时施工。

（郭双双）

解放路街道

【概况】 解放路街道位于济南市历下区中心地带。东起解放路十字路口，与建新街道相连；南起历山路大润发，与文东街道相邻；西至青龙桥，与泉城商业街相接；北至省军区接兵站，与东关街道相连。面积2.06平方千米，下辖5个社区居委会：十亩园社区居委会、后坡街社区居委会、历山路社区居委会、解放桥社区居委会、青龙街社区居委会。常住人口4.3万人。

【经济发展】 2018年，完成地方财政收入5.6亿元，占年计划116.76%；固定资产投资完成9.73亿元，占年计划的176.91%；社会消费品零售额完成5.2亿元，占年计划的127.91%；市外投资计划2.9亿元，上报2.46亿元，占年计划84.8%；到账外资计划2000万美元，上报3700万美元，占年计划的150%；新引进1亿—10亿元企业9家，占年计划的225%；新引进10亿～100亿元企业2家，占年计划的200%。

经济普查清查工作进展顺利，街道清查工作进入PAD录入阶段。完成清查法人及产活单位1175家，占底册数的62.53%；完成个体户702户，占底册数的45.79%，完成底册1879家单位情况核查，占底册数的

100%。

【重点项目建设】 推进绿城·济南中心项目“筑巢引凤”工作。签约中国移动、东明英伦石油、恒丰银行等知名企业入驻。推进征收拆迁项目。省粮食局泺源大街片区旧城改造项目，涉及居民楼6栋、办公楼1栋，被征收居民249户（含公房46户）。签约188户，未签约61户，其中44户公房以及5户因法院查封未签约，9户下达征收补偿决定，3户有纠纷。交验空房216户，未交房33户，其中公房27户、个人6户。8月17日，进入分批次拆除阶段，省粮食局老干部活动中心二层共建楼、4号楼拆除完毕，筹备3号楼的拆除工作。历山宾馆项目规划总建筑面积10.4万平方米，涉及4栋楼、208户居民。市政府印发的《中疏规划细则》令项目前期的规划设计方案无法进一步实施，历下控股集团修改方案，街道盯紧靠上，对接省化工协会、省化工规划设计院、历山宾馆3家单位，竭力商讨拆迁方案，为安置房建设创造有利条件。

【民生服务】 全年发放低保金105.84万元，解决52户大病家庭的燃眉之急，安置城镇就业2190人，申报创业贷款71人，其中64人的640万元创业贷款发放到位；为15名义务兵家庭发放优待金50.08万元；登记退役士兵891人，安置退役士兵专项公益岗116人，为144名退役士兵申报一次性困难救助，共计发放救助86.4万元；为124户贫困残疾人家庭发放残联便利卡及救助物品价值2.6万元；重阳节期间为辖区30位困难老年人发放救助物品价值9000元。推动老旧小区供暖工作。后坡街社区16栋居民楼、十亩园东街1栋居民楼施工建设，下河涯街3栋居民楼上报相关手续。全面推进社区及日间照料中心建设工作。东舍坊日间照料零星改扩建工程开工建设，年底完工。打造健康社区。为社区居民建立健康档案，建立居民健康档案1.5万余份；在各社区建立家庭医生工作室，每周定期有全科大夫轮流坐诊，为居民提供便捷高效的健康服务。聚力精准扶贫。街道与沂水县高庄镇、永顺县芙蓉镇开展结对帮扶。辖区企业码帮粮品帮助高庄镇拓宽农副产品销售渠道，大智教育集团在高庄镇中学开展感恩励志演讲、举办中考备考指南等讲座。在大智教育集团的帮扶下，高庄镇两所中学2018年中考分别取得全县第一名和第二名的好成绩。侑亿人力资源管理公司、阳光大姐服务中心分别与永顺县芙蓉镇发树村、大坝村签订扶贫协议，从农特产品销售、劳务帮扶、技术培训等方面展开有针对性的扶贫工作。

【城市建设】 城管中心整合内部资源，以城管、执法、保安人员为班底，设立3个城管工作站。重点整治露天烧烤，聘请20名保安，采取24小时工作制，协助城管对烧烤业户蹲点盯守，截至年底，辖区17家烧烤业户均实现室内烧烤、室内经营。集中力量，打赢“拆违拆临”攻坚战，扫除城市发展障碍。分阶段、分批次上报四期台账，总计5.25万平方米，至年底，四期台账全部清零。统一标准，整治楼顶标识及广告牌匾，全面整治辖区户外广告牌匾，共拆除户外大型广告牌匾、楼顶标识60余块，7000平方米，LED灯箱牌匾100余处，整治牌匾、墙体广告200余处。提升环境，推进老旧小区综合整治。街道对青后一区、二区、三区、四区、五区5个开放式小区进行老旧小区综合改造，截至年底，工程完工60%。对青后片区35栋楼、13万平方米，实施外墙保温工程。探索老旧小区加装电梯新模式，完成 15 部电梯加装前期协商工作，其中 8 部电梯工程竣工、7 部电梯进入施工或规划手续审查等阶段。强化巡查，全面助力环保攻坚。网格监管中心对辖区污染源进行日常巡查，共计巡查 650 余次，其中及时发现并解决污染源问题 50 次。开展空气质量微观监测站点建设工作，共安装空气子站 3 处，街道环境空气质量数据在全区排名前三名。在省级环保督查期间，解放路街道共接收转办件 4 件，均处理完毕。开展污染源普查清查工作。委派 9 名普查员到辖区实地工作，详细填写污染源相关信息并上报系统平台。至年底，上报数据均一次成功，无退回现象。全年 12319 接件 1017 件，办结率 100%，12345 接件 4177 余件，满意率及回访率居全区前列。

【党建工作】 2018 年被确定为“基层党组织组织力提升年”，明确提出“1234”的党建工作思路，突出社区党组织和“两新”党组织两个重点领域，开展“大学习、大调研、大改进”，做好“三照三转三改三推”活动，落实“1+6”制度体系，不断加强辖区各基层党组织政治功能。强化学习教育。运用现场授课、实地观摩、组织基层党支部书记和科级干部参加培训、组织机关党总支换届选举等多种途径，领会感悟习总书记重要讲话精神，系统学习党务知识，使党风廉政建设深入人心。扩大“两新”组织双覆盖。采取单独组建、联合共建、派驻联建等方式，有效扩大党的组织覆盖和工作覆盖。至年底，街道新建“两新”组织党组织 16 个，组织覆盖率达 82%，工作覆盖率达 100%。实施项目化管理。购买 5 名专业社工担任党建联络员，每名联络员联系一个社区的“两新”组织，指导各党委、党支部建立完善党内生活制度，规范开展党内组织生活。成立“两新”组织党建联盟。联合辖区“两新”组织组建党建联盟，形成共解问题强服务、共享资源谋发展、共创品牌促提升的党建工作新格局。抓好队伍建设。加强骨干培养，历山路社区党委书记董继红被评为济南市担当作为“出彩型”好干部，大智教育集团党委书记王现芹和金融超市党委书记牟月新被命名为济南市担当作为“出彩型”好书记。大智教育集团和山东金融超市被评为全市“两新”组织党建工作示范点。“1+4”楼宇党建工作法被评为历下区优秀党建工作法，大智教育集团直属党支部被评为历下区过硬党支部。实施“一统四治”工程。按照部署要求，解放路街道

2018 年 4 月 4 日，区委常委、组织部部长续明（中）到解放路街道调研辖区“两新”组织党建工作

十亩园社区、历山路社区与龙洞街道孟家村、石河岭村之间，通过现场指导、座谈沟通、主题党日活动等方式开展帮联工作，促进双方党建水平、和谐指数、发展实力等方面实现全面提升。

【维稳工作】 全年共接访19批、90人次，网上信访26件，交办件6件，全部进行妥善处理。强化安全防范。在法定节假日和关键时期，做好安全值守及安全防范工作。建立微型消防站5个，购置消防四轮电动车3辆。强化安全检查。至年底，共检查单位160余次，现场检查记录160余份。全面开展安全隐患“大排查、快整治、严执法”集中治理行动，对发现的安全隐患责令其限期整改，形成长效机制。推进综治中心建设。收回130余平方米的外租房屋，投入20余万元全方位打造综治中心，形成以综治中心为平台的网格化管理、信息化运用为一体的工作机制，筑牢辖区平安建设的第一道防线。街道成立扫黑除恶专项斗争领导小组，通过印制宣传资料、悬挂条幅、制作展板等形式广泛宣传，发动辖区居民群众参与线索摸排，通过细致摸排，辖区未发现相关线索。将持续整顿软弱涣散基层党组织作为扫黑除恶专项斗争的重要内容，针对十亩园社区办公用房面积未达到500平方米的问题，街道经沟通协调，借用七家村37号（民政局原婚姻登记处办公用房）作为十亩园社区临时办公场所，目前已进入装修招投标阶段。

（徐　晓）

文化东路街道

【概况】 文化东路街道位于历下区老城区东南部，东起山大路，西至历山路，南至大佛头，北跨和平路，辖区总面积6.62平方千米。下辖社区居委会14个：和平路社区居委会、山师东路社区居委会、师东新村社区居委会、环山路社区居委会、山大路社区居委会、科院路社区居委会、羊头峪社区居委会、文化东路社区居委会、山师大社区居委会、清华园社区居委会、中创开元山庄社区居委会、万豪社区居委会、建达南苑社区居委会、建达北苑社区居委会。辖区总人口11万人 。

【经济发展】 区级财政收入全年完成7.28亿元，增幅6.16%。在全社会固定资产投资方面，全年任务6亿元，全年完成7.89亿元，占年度任务的131.46%。在限额以上社会消费品零售额方面，全年任务38.95亿元，全年完成45.88亿元，同比增长25.58%。

【民生服务】 为辖区72户低保户发放低保金60万元；发放大病救助金29万元；发放高龄津贴733万元；为1.5万老年人购买“银龄安康”保险1.8万份；登记退役军人信息采集5662人，安置退役士兵公益性岗位163人。加强就业创业服务，新增城镇就业3189人，完成全年指标的231.09%，办理失业登记380人。10月，人力资源和社会保障部调解仲裁司副巡视员郭晓宪一行到人社大厅调研，对街道作为全国基层劳动人事争议调解示范点所开展的工作给予高度认可。

【城市建设】 推进城市精细化管理。加快拆违建绿步伐。严控新增违建，争创1—2个无违建社区，加强违法违章建设的查处强度和社会监督力度，做到及时发现及时处理，使其消除在“零”状态。全年累计拆除违建面积6万余平方米。推进拆违工作后美化绿化工程，打造近绿、亲绿、透绿、赏绿的良好氛围。加强辖区环境治理。加强对占道经营、建筑渣土、防污治霾、户外广告、防汛抗洪等进行专项治理，提升山师东路、山师北街等重点路段环境管理秩序，为调整良好营商环境奠定基础。拆除违规LED显示牌141块；拆除违规设置的户外广告牌匾165块、2524平方米，整治重要路段、片区、窗口部位358处，取缔占道经营350余处，清理店外经营782处。推进辖区道路杆线整治，完成8处既有居住建筑节能改造项目，完成22处17万平方米老旧小区整治工作。强化动态监管实效。严格队伍管理，成立文东地区6个城市管理工作站，规范执法行为，履行执法程序，做到严格规范文明执法。建立健全网格环境监管制度，设置13个四级网格体系，配备26名专、兼职环保网格监管员，进行日常监管巡查，在全市网格化环境监管工作推进会作典型发言。利用街道数字指挥平台监控、12345、12319热线投诉机制手段，促进城市管理工作高效化、有序化开展，共受理办结12345市民服务热线16435条，回访率100%；受理办结数字化城管案件2950件，100%办结。

【社区建设】 组织新一届社区“两委”干部进行理想信念、业务技能等方面培训，加快全方位型党组织创建和“一居一品”特色社区建设步伐。落实科院路社区、建达南苑社区、建达北苑社区等办公服务用房改造提升，新增科院路社区服务用房729平方米、恒大帝景1800平方米办公服务用房。街道综合养老中心建设持续推进，环山路社区、师东新村社区、文化东路社区日间照料中心投入使用。历下区政务服务中心在人社中心设立全区第一个“商事登记窗口”，深入推进“一次办成”和“放管服”改革。

【维稳工作】 严格按照上级关于开展扫黑除恶专项斗争工作的各项要求，紧密结合辖区实际，形成“一个中心三个强化”工作体系，通过多种途径和渠道进行宣传发动。积极推进诚基、万豪退房退款工作，依照“登记无遗留、验房无偏差、退款无错漏”的标准，全办上下全力以赴、攻坚克难，截至12月底，符合条件的5130套商铺已全部完成实地验房，目前退房退款工作基本完成。突出抓好诚基、万豪重点社区安全稳定，开展矛盾纠纷大排查39次，排查出不稳定因素50件，全部调处完毕并建立台账，做到发现得早、化解得了、控制得住、处置得好。

2018年3月30日，文化东路街道政务服务进楼宇现场讲座

【党建工作】 持续推进“工委 + 专委”模式，召开党工委扩大工作会议，新吸纳省标准化研究院为党工委兼职委员单位，充实街道“大工委”工作力量。巩固社区老典型、老品牌，注重挖掘每个社区优势特色，提炼出“一核四维双网”（一核即搭建以新时代文明实践分中心和实践站为核心的活动阵地；双网即“网格”+“网络”相结合的双网宣传方式；四维即“瞄供需、建队伍、激活力、广辐射”运作模式）志愿服务工作法、“三声三视”（一是倾听群众呼声，思想上重视；二是善闻百姓心声，态度上正视；三是解决诉求回声，落实上审视）协商民主工作法等社区党建典型工作法。街道集中开展“两新”（新经济组织、新社会组织）组织建组织、扩覆盖工作，“两新”覆盖率达到 100%，着力打造山东智保联保险有限公司党支部“两新”党建示范点，推出“红动能”党建品牌。投入 30 万元打造创展中心楼宇党群服务中心，协调争取 500 平方米的恒大中环广场党群服务阵地。探索出“织密一张网、紧抓三大员、助推五服务、实现双促进”的“1352”楼宇党建工作思路，开展楼宇党群服务活动 30 余场，实现“以活动聚人气、以服务凝人心”的楼宇党建工作目标，激发楼宇企业发展新动能。

（马从林）

燕山街道

【概况】 燕山街道位于济南市历下区中部，东至燕子山路，与甸柳新村街道办事处相邻；西至山大路，与建筑新村街道办事处、文化东路街道办事处相邻；南至经十路，与文化东路街道办事处相邻；北至益寿路，与历城区相邻。面积 2 平方千米，下辖燕子山小区、燕文、燕南、燕山路、燕北、和平路北、益寿路 7 个社区居委会。辖区居民总人口 4.5 万人。燕山街道党工委被中共山东省委组织部授予“全省干事创业好班子”荣誉称号。

【经济发展】 全年完成重点企业收入 3.68 亿元；完成固定资产投资 7.81 亿元，占年计划的 104.19%；完成到账外资 1.91 亿美元，合 12.4 亿人民币，占年计划的 953.85%；完成规上服务业营业收入 15.6 亿元，增幅 7.49%；完成限额以上社零额 5.69 亿元，同比增长 0.47%；完成限额以上销售额 88.6 亿元。新引进过亿元企业 12 家（包含 1 家世界 500 强企业），9 家 1 亿元（含）—10 亿元企业、3 家 10 亿元（含）—100 亿元企业，占年计划的 300%；完成引进市外投资指标 2.9 亿元。第四次全国经济普查清查阶段完成登记法人及产业活动单位 4433 家、个体工商户 954 家。

【民生服务】 办事处率先在全区实行“一窗受理、集成服务”改革，调整原人社服务大厅 14 个业务窗口和五大功能区，设立综合受理窗口、特殊人群绿色窗口和“马上办”窗口，群众只需在服务大厅一个窗口即可完成所有业务的办理，实现群众办事“最多跑一次”。实现就业再就业 3085 人，占年计划的 223.55%；123 人参加灵活就业人员社保补贴，发放补贴总额 20 万元。登记招聘单位 118 家，登记招聘就业岗位 10628 个，登记求职人数 952 人。创业担保贷款上报审核共计 119 件、1190 万元，放款 90 件、900 万元，带动就业 270 人。发放居民基本养老金 899 人，共计 419 万元。发放节日慰问、最低生活保障、慈善救助、临时救助等救助救济资金 104.07 万元；发放高龄补贴315万元；为839个计划生育家庭落实独生子女父母奖励费4.5万元，发放其他城镇居民独生子女奖励扶助金12.7万元。退役士兵一次性困难救助12批117人，共发放救助金70.2万元；退役士兵公益岗上岗安置16批133人。

【城市建设】 街道成立7个拆违工作推进组带领责任科室、责任社区同步推进“拆违拆临”工作。全年完成5批87个项目的拆除工作，共拆除违建8.2万平方米。经十路环境整治共拆除违章广告牌匾240余处、3600平方米。老旧小区整治共完成31处1128户，建筑面积15.55万平方米居民小区改造测量、设计、预算及政府招标采购。完成建筑面积10.29万平方米的28栋居民楼外墙节能改造。10月30日，全省老旧小区整治改造现场会在燕山街道举办。主攻“建绿透绿”，为辖区增加绿化面积3000平方米，集中整治燕子山小区西路街头花园、东源路南北绿化，燕子山小区东路全线绿化贯通。配齐配强环保办公室、环保网格中心硬件，5位外勤环保网格员担任社区城管站站长、副站长，双向推动城市管理、环境保护工作，形成燕山街道辖区城管环保双覆盖、全天候管理的运作模式。

【社区建设】 街道按照换届选举程序完成第十届社区“两委”换届工作，7个社区共选出35名社区居委会委员和7名专职副书记，其中，中共党员32人，30岁以下8人，大学本科25人，研究生1人，取得初级社工师资格16人，取得中级社工师资格9人。各社区新老“两委”班子完成交接，正常开展工作。继续在各社区推行“全科社工”服务模式，对新当选人员进行“全科社工”培训。为试点的燕南、燕子山小区、和平路北3个社区网格员配备平板电脑，方便入户走访，现场处理居民的需求。推进燕子山路23号燕山路社区办公服务用房改造提升工程。

【党建工作】 严格落实“三会一课”制度，制定每周五支部集中学习日制度，编印《党内学习资料汇编》和《党工委理论中心组学习资料汇编》，规范党内组织生活，提升党员党性意识、宗旨意识，加强支部建设。组织党员参加“灯塔——党建在线”党的十九大精神学习竞赛答题，在7个月的竞赛答题中，燕山街道党员参与度和答题正确率最终排名全区第四。组织党工委理论中心组集中学习4次，班子成员深入社区、庭院调研52次，形成调研报告10篇，召开专题务虚会，查找问题32项；召开巡视整改专题民

2018年11月22日，区监察委员会派出燕山街道监察室揭牌

主生活会，查摆剖析问题，收集班子问题5类15条，梳理班子成员问题78条，制定整改措施，整改落实到位。调研走访辖区“两新”组织，走访非公企业293家，组织覆盖236家。提升社区党群服务中心建设，投资250万元，在燕子山路23号打造900平方米的街道党群服务中心和燕山路社区服务用房，在解放路41号打造700平方米的益寿路社区党群服务站。

【扫黑除恶专项斗争】 街道召开扫黑除恶专项斗争工作动员部署会，统一思想，明确任务，健全组织，开展社区知识讲座，宣传到户，共发放《致广大居民朋友的一封信》7000余份，制作横幅80余条、宣传展板100余块；与公安派出所紧密配合，对娱乐场所进行不间断巡查，累计关停4家公司；专项治理经济领域问题，防止黑恶势力扰乱市场经营；加强组织领域扫黑除恶工作，开展扫黑除恶主题党日活动，对社区“两委”成员进行“二次体检”，党工委书记与社区书记专题谈话2次，提高基层人员对扫黑除恶工作的认识。

【固垒工程】 街道党工委通过广泛调研、座谈，提出打造“固垒工程”的工作思路，把辖区基层党组织建设成为宣传党的主张、贯彻党的决定、领导基层治理、团结动员群众、推动改革发展的坚强战斗堡垒，破解社区面临的党员组织管理无抓手、老旧小区缺乏管理、居民诉求复杂多样、群众活动缺乏组织引导等问题。在社区庭院内建设“庭院党群之家”，探索将党的领导转化为社会治理优势的基层党建新模式，以密切党群关系作为切入点，增强居民自治能力、社区公共服务能力，发挥党员先锋模范作用，提升基层组织组织力。打造4处“庭院党群之家”，为辖区党员打造家门口的学习活动场所，为庭院居民提供自主协商议事平台，为困难群众提供力所能及的各类服务，有效化解潜在社会矛盾。

（杨玲玲）

甸柳新村街道

【概况】 甸柳新村街道位于历下区东部，辖区面积1.4平方千米，东至二环东路，西至燕子山路，南至经十路，北至益寿东路。甸柳小区是办事处的构成主体，小区建成于1984年，是济南市第一个用于拆迁安置的开放式居民小区。街道下辖8个社区居委会，即第一社区、第二社区、第三社区、第四社区、第五社区、甸北社区、吉祥苑社区、甸南社区。党工委下辖8个社区党委，共76个党支部，其中，3个机关支部、35个社区党支部、38个“两新”组织党支部，党员1773人。辖区有居民楼285栋，总人口6.4万人。辖区内规模较大的省市级单位有50余家，中小学4所。

【经济发展】 2018年，重点企业收入方面共完成4.31亿元。招商引资方面，引进注册资金1亿元（含）—10亿元项目任务是3个，完成18个；引进10亿元—100亿元项目任务是1个，完成1个；市外投资任务是2.9亿元，全年上报12.34亿元，其中，鼎峰中心项目上报2.34亿元，公交总公司新能源汽车购置项目上报10亿元；实际到账外资任务是2000万美元，国家电投集团山东能源发展有限公司全年实际到账3515万美元，全部为中国银行（香港）有限公司跨境支付，完成年计划的176%。固定资产投资方面，任务是6.8亿元，全年完成13.13

亿元，占年计划的 181.42%。规模以上服务业营业收入方面，全年任务是 72 亿元，完成 79.57 亿元，增幅 16.5%。社会消费品零售额方面，全年任务是 5.6 亿元，完成 5.68 亿元，同比增幅 1.44%。社会消费品销售额方面，全年任务是 6.1 亿元，完成 6.72 亿元，占全年计划的 110.16%。外贸进出口方面，全年任务是出口 6750 万元，完成 1.11 亿元，占年计划的 163.98%。软件产业营业收入方面，全年任务是 2 亿元，完成 2 .2 亿元，完成年计划的 110 %。

【重点项目建设】 鼎峰中心项目封顶，开始内部装修。省粮食局甸柳片区旧城改造项目，一期二汽改 C 地块完成土地收储，省粮食局甸柳 B 地块地上物拆除完工；11 月中旬，二期省粮食局甸柳 C 地块非住宅安全拆除，D 地块 6 栋居民楼 338 户被征收居民，签约、交房 328 户，签约率 97%。

【民生服务】 第四社区和吉祥苑社区创建第二批省级“四型”就业社区。辖区新增就业再就业 1959 人，充分就业 1942 人，完成全年目标 144%；为 100 名创业者办理贷款 1000 万元，完成全年目标 181%；为 12 家小微企业和 20 家个体工商户发放创业补贴 34.8 万元；开展离校未就业毕业生实名登记，实名登记 61 人，为 530 余人次应往届毕业生群发历下区公开招聘社会服务岗、优惠政策、招聘会信息等短信。1—12 月，共发放各类救助及保障金 148.9 万元。利用信息化平台集中为辖区管理的 5239 名退休人员换发新社保卡。组织辖区 84 名城镇未参保集体企业退休人员进行免费体检，为 86 名养老保险接续人员办理退休手续，接收企业退休转社区人员档案 365 份，为 82 名死亡退休人员办理丧葬费、一次性救济费和余额继承。做好特殊群体参保工作，为 23 名低保人员、26 名重残人员办理居民基本养老保险补贴。为 34 名低保人员、46 名重残人员办理居民基本医疗保险免缴手续。登记退役士兵 1040 人，安置公益岗 88 人。打造甸柳新村街道第三社区综合养老服务中心，面积 1606 平方米、床位 31 张，并投入运营，该中心致力于打造“以养老评估为前提，以居家养老为基础，以社区养老为依托，以机构养老为补充，以医养结合、慢病管理为特色，以智慧健康养老为支撑”的六位一体医养结合中心，为辖区老人提供更专业、更贴心的服务。辖区建成 2 处综合养老服务中心、5 个日间照料中心、2 处机构老年公寓，辖区居民不出社区就能享受养老服务。落实“放管服”及“一次办成”改革要求，推进公共服务便民化，全年累计服务 1.8 万人次，接待各类咨询件 3000 人次。

【社区建设】 社区实现“全科服务 + 网格化”管理。加强社区居委会的自治功能，构建“社区居民代表会议决策、社区居民委员会执行、社区居务监督委员会监督”的自治机制。在社区、社会组织、社工“三社联动”的基础上，引导社区志愿者和社会力量参与社区建设，形成“社区（治理主导）—社会组织（治理主体）—社工（治理主力）—社区志愿者（治理辅助）—社会力量（治理保障）”的社区治理体系，构建独具特色的“3+2”五社联动格局。规范业务流程，创新服务模式，探索“一二三”全科社工工作法。即实行一个机制（一专多能，全科服务）、实现两个目标（单个社工办最多的事儿，上门群众跑最少的腿儿）、实施三项支撑（网格化、信息化、标准化）。通过“一单串联 + 闭环服务”，打破以往一名工作人员只负责一项工作、只办理一项业务的传统模式，改变各个条口分散管理、各自为政、业务单一的情形，将原先社区“一站式”服务升级为“一口清”导办、“一窗式”受理、“全科式”服务模式。全年各个社区累计接待群众9000余人次，办理业务超过4000件，日均办30余件，100%有回应，100%不空跑，100%满意率。

【城市建设】 率先在全区完成“三高”沿线环境综合整治，拆除经十路沿线、文化东路沿线、和平路沿线、解放路沿线和二环东路沿线违规大型楼体广告标识200平方米；排查拆除违规大型楼顶广告标识1000余平方米。投入170万元，对吉祥苑商街业户牌匾进行整治提升，面积3000平方米。整体提升居民区环境和道路景观效果。全面推进老旧小区整治改造。11月底，完成对第三社区12.24万平方米范围的整治提升，涉及居民1627户。主要工程为粉刷楼体14栋，更换楼前落水管160处，安装楼前宣传栏12处，更换楼梯间水泥外窗523个，整修楼前院内花砖1500平方米，安装南墙提升格栅1000平方米，安装防盗门32个，安装监控10部，弱电线落地35处，更换楼牌70个，整修楼道灯630个，补植绿地500平方米，实现房屋居住安全、基础设施完善、环境洁净美观的整治改造目标。全年四期拆违拆临工作共拆除违建4.64万平方米；封门堵窗52余处，2200平方米；拆除户外楼体标识广告和公益公告9300余平方米；拆除违规LED电子广告屏310块，1.53万平方米；整治主、次干道线杆12千米，120栋居民楼楼间、楼体内线路捆扎规整8400米；完成拆违拆临工作任务。2017年中央环保督察“回头看”期间收到的14宗环保督查案件，实现全部销号。作为区首批强制垃圾分类试点街道，在甸新家园和平里小区、三箭吉祥苑小区和中建文化城小区3个居民区安装垃圾分类设备。按照“济南市冬季清洁采暖气代煤电代煤工作实施细则”要求，为辖区内符合条件的18家住户申请采暖补贴2.16万元。继续完善“一中心、两站、三级管理”工作模式，消除城管工作盲区，提高工作效率。完成2018年山东省环保督察件9件；1—11月，共回复12345热线1677件，回复率达到100%，满意率99%。

【维稳工作】 做好矛盾纠纷排查调处工作，全年排查出矛盾纠纷51起，调处成功51起，调处率达100%。推进信访维稳工作，共接待群众来访72人次，所有信访事项全部得到解决，办结率达100%。开展“扫黑除恶专项斗争”宣传活动，重点做好三级“两会”及上合组织青岛峰会期间维稳工作，实行班子成员包案责任制，深入开展各类风险隐患“滚动式”摸排，完成各项安保维稳任务。

【安全生产】 春节期间，在辖区内悬挂横幅90条；发放《禁止燃放烟花爆竹、共享泉城碧水蓝天——致历下区广大市民一封信》1.8万封，春节期间未发生一起烟花爆竹燃放事件。排查各类安全风险、事故隐患，对辖区内主要生产经营单位进行安全生产执法检查78次，隐患排查196次，全面彻底整治安全隐患。打击非法违法生产经营行为，做到从严查处、严厉打击，坚决防范各类生产安全事故发生。

【党建工作】 抓住基层党建工作责任落实，全面推进城市基层党建科学化水平不断提升。落实城市基层党建重点任务。落实“三会一课”、主题党日制度，多次组织开展“学习十九大精神”“发挥先锋模范作用，助力城市提升‘十大行动’”等主题党日活动，持续推进“两学一做”学习教育常态化制度化。实施“打造社区干部主题教育基地传承发扬陈叶翠精神”书记突破项目，按照“1+1”双重教育模式设计理念，再现陈叶翠同志奉献社区的点滴。按照开展村居治理“一统四治”工程活动要求，通过调研走访、座谈交流等形式，摸清帮包村姚家和丁家 2 个村的基本情况，并与 2 个村分别签订责任协议书。全面推进各领域基层党建工作。社区“两委”换届后，建立健全社区干部日常管理考核、请销假、财务支出、联系汇报等 8 项制度，与 8 个社区 66 名“两委”成员签订《任职承诺书》。部署“大学习、大调研、大改进”活动，组织党工委理论中心组学习 10 次，召开务虚会 2 次；组织开展调研 19 次，形成调研报告 10 篇；查找出需要解决的问题 10 项，制定整改措施 10 项，完成问题整改 10 项。组织开展“爱甸柳、作贡献、强作风、争一流”主题实践活动，激励街道全体党员干部在“全省首善之区、仁和乐居甸柳”建设中开拓进取、再立新功。

【甸柳新村街道总工会成立暨第一次代表大会召开】 1 月 3 日，甸柳新村街道总工会成立暨第一次代表大会召开，街道机关、社区居委会和驻区企业的 57 名代表参加会议，区总工会党组书记、常务副主席张秋力出席会议。

安康医院养老中心开放运营

【甸柳新村街道完成社区党委换届选举】 1 月 8 日，甸柳新村街道完成社区党委换届选举工作，8 个社区共选举产生新一届党委班子成员 42 人、纪委班子成员 24 人。

【2018 年新春送温暖活动举行】 1 月 23 日，举行历下区暨甸柳新村街道 2018 年新春送暖活动，向大病特困家庭、困难群众家庭、困难残疾人家庭、特扶困难家庭以及环卫工人代表发放救助金和慰问金。共发放自筹救助慰问金 25 万元。副区长丁晓红、区残联理事长何力明、区民政局局长苏凤清等出席活动。

【为离退休人员换发社保卡】 4 月，甸柳新村街道人社中心开展离退休人员换发社保卡工作，发卡对象为该街道管理的 5058 名企业离退休转社区人员，新社保卡与旧社保卡相比，采用国家标准的 cpu 卡，卡内信息更安全，并可用于人力资源和社会保障各项领域。

【街道民兵应急排参加区人武部集结点验】 4月8日，根据区人武部的指示精神，街道民兵应急排30人，身着荒漠迷彩服，携带背囊，在山东省电子职业技术学院内进行集结，接受区人武部领导点验。检验民兵应急排建设情况及应对突发事件快速集结的反应能力。点验中，应急排队员步伐整齐、口号响亮、精神饱满，到点率达100%，且装备齐全、反应快速，到位率、个人作风纪律得到区人武部的好评。

【举办志愿者急救知识培训】 4月13日，甸柳新村街道邀请济南市急救中心主治医师黄珂、孙士县到办事处开展志愿者急救知识培训。街道、社区、辖区单位等13支党群服务队及部分居民志愿者，共计100余人参加培训。通过培训，提升了志愿者们在灾害、意外事故和危重病发生时的救助能力。

【历下区2018年第一期创业培训班举办】 6月19—22日，甸柳新村街道在街道办事处大会议室举行为期4天的“历下区2018年第一期创业培训班（甸柳专场）”，共34名学员参加。通过培训，激发辖区居民创业热情，提高居民创业质量，拓宽居民创业渠道，以创业带动就业，全民提升辖区居民就业率。

【“秋日童话 甜蜜有你”第五届辖区青年联谊会举办】 10月20日，“秋日童话 甜蜜有你”2018年甸柳新村街道区域化共建活动暨甸柳新村地区第五届辖区单位青年联谊会在山东电力工程咨询院二楼中心会议室举行。主要针对甸柳辖区单位的单身青年，旨在为适龄的优秀青年朋友们提供一个放松心情、娱乐休闲、沟通交友的平台，共吸引150余名单身青年朋友参与。

【社区干部主题教育基地】 甸柳新村街道党工委确立“打造社区干部主题教育基地 传承发扬陈叶翠精神”的党工委书记抓基层党

2018年6月26日，陈叶翠精神教育基地建成

建突破项目，成立由班子成员、相关科室和第一社区书记、主任为成员的领导小组，党工委书记挂帅任组长，多次召开现场会、推进会、座谈会，通过聘请专业团队、到荣成郭永怀纪念馆现场学习、完善“四个一”工作法、梳理陈叶翠同志事迹等多项措施，最终确定教育基地“1+1”双重教育模式的设计理念，以精神学习感悟和实践领悟区两大教育区为建设方案，实现向党的生日献礼的目标。

【甸柳三居综合养老服务中心建成】 山东康桥养老服务有限公司运营，济南安康医院与甸柳办事处第三社区居委会合作筹建的综合养老服务中心正式开放运营。与山东省科学院计算中心合作，开发康桥智慧健康养老信息平台，实现“互联网 + 养老模式”的全覆盖。挂牌“山东大学附属济南市中心医院合作医院”，专家坐诊，提升医疗保障水平。

（尚牧合）

姚家街道

【概况】 姚家街道地处济南市东部新城核心区域，东起奥体西路，与智远街道相邻；西至二环东路，与甸柳街道相邻；北起经一路延长线，与历城区搭界；南至浆水泉水库，与龙洞街道相望。解放东路、工业南路、经十东路横贯东西，二环东路沿西而过。辖区总面积 17.48 平方千米。辖姚家、丁家、窑头、十里河、仁合、荆山、浆水泉 7 个行政村，友谊苑、三箭平安苑、中润世纪城、名士豪庭、现代逸城、华阳、解放东路、名士豪庭第二社区、蓝天苑、浆水泉路、万科城、化纤厂路、华能嘉苑、浆水泉西路 14 个社区居委会，辖区常住人口近 21 万人，流动人口近 10 万人，现有居民小区 156 个。街道党工委下设 181 个直属党组织，共有党员 4067 名。地理位置优越，配套设施完善，发展载体众多。辖区风景优美，有浆水泉水库、砚泉、黄金谷山水画廊、燕翅山、五顶茂岭山等自然风光；人文资源丰富，有山东博物馆、山东美术馆、山东财经大学、山东省行政学院等单位。

【经济发展】 全年完成地方财政收入 20.03 亿元，完成全年目标任务的 125%，增幅 42.04%；全年市外资金引入 77.1 亿元，完成全年目标任务 103.58%，增幅 59.4%；其中，引进注册资金过亿元的企业 20 家，世界 500 强企业 3 家；外资引进实际到账 2 亿美元，完成全年目标任务的 188%，增幅 185%；软件业指标完成 2.2 亿元，完成全年目标任务的 110%；全社会固定资产投资完成 140.67 亿元，增幅 66.25%；规模以上服务业营业收入 22.82 亿元，增幅 19.35%；限额以上批零住餐业销售（营业）额 199.53 亿元，限上社零额完成 131 亿元，增幅 4%。

【招商引资】 抓住地处“中央商务区”重要战略机遇期，发挥资源优势、政策优势、区位优势、后发优势和环境优势，整合、调动各种招商引资资源力量，通过政府引导、主动服务、全方位参与，发挥重点企业主力军作用，瞄准发达国家和国内发达地区，以引进大项目和有助于形成产业聚集、产业升级、形成新经济增长极的项目为重点，加大招商引资力度，提高招商引资质量，扩大招商引资规模。转变招商工作方式，开展以商招商、亲情招商、产业招商、专业招商、小分队招商，精细组织好小型招商推介会，突出小型“圆桌式”招商，提高招商项目的“对接率”和“成功率”。利用好一系列鼓励性政策，做好项目对接，争取资金支持、促使大项目落地。全年引进注册资金过亿元的企业22家，其中世界500强企业3家。

【民生服务】 街道开展第五届“暖冬行动”，救助困难家庭210户，发放救助金38.55万元。开展各类帮扶救助工作，救助低保户、低保边缘户共272人，发放救助金115.3万元；为95名老年人提供居家养老服务；全年发放高龄津贴466万元；做好退役军人及其他优抚对象信息采集工作，张贴和发放信息采集通知1000余份，为5647名退役军人及其他优抚对象进行信息登记。集中安置退役士兵公益性岗位17批次197人，成立姚家街道直属民兵连，将125名退役士兵编成2个直属民兵连，实现对辖区退役士兵公益岗人员动态管理；做好居家养老服务、残疾人服务、公墓管理、就业服务等工作；稳健做好城镇就业、创业担保贷款申请、办理失业登记、4050灵活就业困难人员补贴发放、小微企业帮扶、企业退休职工档案管理、居民遗属补助申领、居民丧葬补助、居民社会保险、居民医保门规等工作。针对拆迁安置农民较多的实际，稳步推进丁家村、姚家村失地农民参保工作。

【城市管理】 坚持“零容忍”做好拆违拆临工作，全年完成908处、46.7万平方米的三期拆除任务，其中工业南路与茂陵山路交叉口8500平方米违建、二环东路与解放东路交叉口违建顽疾均拆除。整改落实山东省第一环保督察组交办案件57件，数量占全区办案总量的三分之一，其中重点案件4件。打响城市提升十大行动攻坚战，抓住建绿透绿，开展荆山山体绿化、浆水泉西路拆违建绿等整治活动；拆除各类违章广告牌匾440余块，规范交通停车秩序、杆线秩序、商贩经营秩序，市容市貌得到提升。坚决防治大气污染，对辖区60个建设工地实施在线监测和视频监控全覆盖；摸底辖区550家餐饮服务单位，监督落实油烟净化排放。强化政府监管责任、企业主体责任，建立社区安全居民参与模式，引入第三方强化安全生产监督检查，合理布局打造智慧消防站8个，提高辖区安全监管覆盖面，确保辖区平安稳定。

2018年11月22日，济南市历下区监察委员会派出姚家街道监察室揭牌

【重点项目建设】 全年市级在建重点项目12个、区级在建重点项目16个，新增市级重点项目4个，预计新开工项目7个，策划项目4个。其中，华润万象城、绿地金融中心、文博金融

中心、三翔大厦、丁家村安置房、山水郡9期等项目推进中；华润万象天地、平安金融中心项目等重点项目开工，并按投资计划完成投资；开展中央商务区安置房、复星等项目准备工作。

【征地拆迁】 街道作为解放东路拓宽改造项目征地拆迁主要责任单位，与历下区直有关单位通力配合，历时3个月，完成道路红线内全部建筑物的拆迁清运，为解放东路拓宽改造快速推进奠定基础。推进姚家村、丁家村安置房分配工作，结合集体产权制度改革和解放东路拓宽等工作，反复研讨安置房分配方案，成立领导小组和现场分房办公室，确保分房工作有序推进。发挥规划牵头引领作用，统筹做好茂岭山片区“城市双修”项目的规划策划和安置房选址工作。落实“绿水青山就是金山银山”的发展理念，研究推进浆水泉旅游风景区规划，把浆水泉及周边打造成首善之区的灵性之源、休闲度假的理想之地、健身康养的灵魂之所、创新创意的源头活水。

【创城工作】 制定《姚家街道文明城市创建工作任务分解表》，细化工作任务；党政主要领导包挂村居、深入一线、加强督导，街道机关干部沉到社区（村居）、路段担任监督员、志愿者、宣传员和劝导员；发动党员、志愿者、楼组长等参与到复查迎查中。加大创城宣传力度，设置公益广告4000余块；在餐饮企业及单位食堂张贴放置文明餐桌宣传品2000余件；发放《致居民的一封信》3500余份，组织社区、村居入户宣传3000余户次，在全街道掀起共建文明城市、共享发展成果的创城热潮。持续做好专项整治，清理垃圾死角300余处，清理堆放杂物280余处，清运垃圾600余车次。清理姚家西路、浆水泉路、茂陵山路等路段以及友谊苑小区、姚家镇政府宿舍等小区内僵尸车40余辆，加大非机动车、机动车乱停乱放整治力度。在8月全市创城工作暗访考核中，姚家街道获得全市第二、全区第一的佳绩，完成年度全国文明城市复查迎检工作。

【社区建设】 推进新开工的万科城社区、化纤厂路社区、华能社区和浆水泉西路社区建设速度，协调万科集团、山东高速集团、山东钢铁集团、济南恒川房地产开发有限公司等单位无偿提供4个社区办公用房，均在700平方米以上。街道加大社区办公用房建设的支持力度，打造一站式服务社区党群服务中心，统一标识、统一外观、统一配置，同步配套建设舞蹈室、电子阅览室、计划生育服务站、图书室、健身房等服务设施。组织社区党组织书记赴杭州、广州、深圳、烟台等地区学习社区建设先进经验2次，邀请区委党校教授理论授课3次，社区干部综合素质得到提升。深化制度规范建设，健全居委会主任例会、一次性告知、限时办结、A/B角工作制、首问负责制、公务用车管理、考勤等多项制度，形成用制度管人、用制度管钱的监督制约机制。开展社区特色品牌创建，加强社区文化社团建设，新姚家社区报、墨香艺海、聚爱同行、老朋友书画院、中国红、名仕汇、泉young友谊等特色品牌持续涌现。

【维稳工作】 在全国“两会”“上合峰会”等重大会议和活动期间，落实24小时值班、信息日报等制度，全面排查梳理不稳定因素，抓好重点人员和重点群体稳控工作，实现重要敏感时期零非访、零滋事的目标。对辖区信访人员逐一走访约谈，分门别类

2018年8月20日，姚家街道召开扫黑除恶专项斗争推进大会

研究、推进化解工作，全年化解积案7起。建立完善网格化综合治理体系，划分综合网格101个、专属网格99个。依托网格化管理排查矛盾纠纷56起，办结率达到95%以上，上报预警20次均未出现过激行为。全面开展扫黑除恶专项斗争，制定详细工作方案，高频率调度工作进度，广泛进行宣传发动，发放《一封信》6.4万余份、《宣传册》2500册，张贴宣传展板471张、喷绘31处，设立门形展架12组、线索举报箱19个，营造人人皆知的浓厚氛围。

【党建工作】 学习党的十九大精神和习近平新时代中国特色社会主义思想，开展"大学习、大调研、大改进"和"三照三转三改三推"活动，形成调研报告24篇；严肃组织生活，落实"1+6"制度体系，落实主题党日制度，开展主题党日活动。狠抓换届纪律，落实谈心制度，营造风清气正的换届氛围。加强工作培训，倒排换届关键节点，确保换届选举工作有序衔接、顺利完成。落实区委"一领四治"工程，把加强党的领导贯穿基层治理全过程，在工作中注重自治、法治、德治、共治有机统一、整体推进，提升基层党组织的战斗力、凝聚力。姚家村作为市、区两级党建观摩点，受到上级肯定。划定11处"两新"党组织筹建工作热点区域，实现"两新"组织走访调研全覆盖，实现"两新"党组织覆盖企业230余家，超额完成全年任务。在基层组织领域开展"两委"换届"回头看"，逐人进行资格联审倒查，确保"两委"成员质量过得硬、群众信得过；派驻工作组推进2个软弱涣散党组织整顿工作，通过摸村情、理思路、解难题，有效激活"组织末梢"。

【解放东路拓宽征地拆迁】 7月底，姚家街道展开行动介入拆迁工作，以新时代泰山"挑山工"精神啃征地拆迁"硬骨头"，坚持党建统领、担当有为，组建素质过硬队伍为拆迁提供组织保证，倡议雷厉风行、效率优先，利用科学工作方法确保征地拆迁工作快速推进，历时3个月，实现道路红线内36家单位全部完成签约和地上物的拆除清理工作，拆除总面积13万平方米，用实干实绩展示"姚家速度"，确保解放东路拓宽按期完成施工，该项工作受到区委书记马玉星亲笔批示表扬。

（李磊磊）

智远街道

【概况】 智远街道下辖1个二级单位——济

南高新历下工业园。辖区东接历城区临港经济开发区，西临济南市高新技术开发区和姚家街道，南至莲花山，北至胶济铁路。总面积 25.95 平方千米，总人口 7 万人。辖刘智远、义和庄、林家庄、盛福庄、八涧堡、邓家庄、姜家庄 7 个行政村，济炼、盛福花园、中海紫御东郡、盛景家园、盛福百合、盛福明城、中奥 7 个社区居委会。

【经济发展】全年招商引资引进市外资金 14 亿元，完成进度的 108%。新引进 7 家注册资金 1 亿元以上企业、2 家国内 500 强企业，分别为山东省公路建设（集团）有限公司（由中国化学工程集团有限公司控股）和中航油石化管道有限公司山东分公司。生物干细胞医药企业山东源生制药有限公司入驻。全年完成地方财政收入 2.94 亿元（不含炼油厂 11.09 亿元）。全社会固定资产投资完成 49.12 亿元，增幅位居全区第二，进度为 105%；规模以上服务业企业营业收入完成 2.61 亿元，进度为 137%；软件产业营业收入 2 亿元，进度为 133%，以上指标均超额完成全年任务。辖区续建项目 4 个，新开工项目 6 个，开工面积 125 万平方米，建设面积 156 万平方米，年底竣工 33 万平方米，计划总投资 49 亿元，完成 53 亿元。

【城市建设】落实科学发展观，加强城管队伍建设，增强城管队伍的凝聚力、执行力、战斗力，促进城市管理工作全面发展。加强日常巡逻检查，增加巡逻频率，以“零容忍”的姿态推动辖区街面秩序管理工作，累计查处、取缔占道经营 650 余次，清理违规悬挂的软质条幅 400 余处，整治违规停放机动车 1221 辆。扎实开展拆违拆临工作，共拆除八涧堡路、涵源大街、机床四厂路、刘智远村内违章建筑 3.20 万平方米。开展楼顶标识及广告牌匾整治提升工作，共拆除广告牌匾 538 块、LED 显示屏 241 块，拆除面积 7149.22 平方米。对辖区内黄台南路北侧、八涧堡铁路桥东北侧两处铁路沿线进行环境提升，共清除垃圾、杂草等地上物 1 万余立方米、绿化面积 2.69 万平方米。取缔义和庄村内、刘智远村内、盛福庄菜市场的违规餐饮业户，共取缔违规餐饮业户 12 家。加强工地管理，实施工地帮包责任人制度，每个工地配备 1 名环保网格员为帮包责任人，覆盖裸露土地 4.5 万余平方米。

【民生服务】开展居家养老服务，1—12 月，享受居家养老服务对象 29 人，累计服务时间 1.93 万小时，为生活困难的居家养老服务对象发放补贴卡，金额合计 1.58 万元，其中享受一类服务的 1 人、享受二类服务的 5 人、享受三类服务的 10 人、享受四类服务的 4 人、享受五类服务的 9 人。全年就业指标新增 4642 人，完成全年目标任务 610%，其中充分就业 4578 人，占计划 602%。共帮扶创业实体办理小额担保贷款业务 30 例、发放贷款 28 家，发放金额 28 万元。全年享受 4050 就业困难人员就业援助服务的人员达 201 人次，141 人领取社保补贴，合计发放 89 万余元。2018 年发放低保金 459788.3 元、低收入认定 956 户大约 2700 人。

【社区建设】加强社区养老设施建设，结合新建社区居委会装修，力高社区新建中奥社区日间照料中心，面积 120 平方米；绿成百合小区新建盛福百合社区日间照料中心，面积 260 平方米；盛福苑公租房新建盛福明城社区日间照料中心，面积 650 平方米。搭建社工人才和志愿服务发展、交流、学习平台，打造社区、社工专业人才、社区社会组织、社区志愿者的“四社联动”机制，建达社工针对社区60岁及以上独居老人开展“盛福怡家”独居老人家庭社区应急支援网络建设项目，针对社区内独居老人家庭在居家安全及应急支援等方面存在的问题，以社会支持理论为指导，采用家庭个案辅导、结对帮扶等工作方法，整合社区内外资源，协助独居老人家庭建立和完善应急支援网络，增强独居老人运用网络资源解决紧急问题的能力。

【维稳工作】 2018年，完成省信访信息系统转办交办各类信访案件58件，按时办结率100%；完成中央巡视组交办件36件，办结率100%。街道认真做好全国“两会”、青岛组织上合峰会、改革开放四十周年系列庆典活动期间等重点敏感时期的社会稳定和重点人员稳控工作。稳控时期，完善了应急预案、维稳领导小组、应急队伍、重点人员稳控小组、稳控值班表及领导接访等工作措施，通过努力，两会及青岛峰会期间有进京意向的都全部稳控在当地，没有重点人员进京上访、进青岛聚众的情况发生。

【扫黑除恶专项斗争】 积极开展辖区扫黑除恶工作，2018年，辖区共制作展板2460余块、横幅268余条，集中宣传发动54次，开展四轮入户宣传发动工作，发送短信、微信、美篇573余次，发放宣传资料48890份，利用社区公布栏、电子屏广泛宣传发动，使扫黑除恶专项斗争人人熟知，9月份通过大力开展扫黑除恶各项活动，建立扫黑除恶工作台账，健全扫黑除恶工作机制，做好了迎接中央督导组的各项工作。10月份至12月份，做好扫黑除恶督导整改工作，并在辖区10大重点行业、重点领域集中开展扫黑除恶行动，12月份，开展辖区农村地区扫黑除集中行动和扫黑除恶主题宣

2018年12月12日，济南历下区养老服务中心、历下区第三人民医院、历下区盛华学校开工奠基仪式

传月活动，不断将扫黑除恶专项斗争引向深入。

【党建工作】 加强主责意识，履行党建工作职责，召开23次专题会议研究部署党建工作，制定《关于推进党员星级管理方案》《村、社区“两委”班子及成员述职和民主评议工作实施意见》等文件23份。建立领导干部包联村居党建工作责任制，带领班子成员与村居党组织负责人签订责任书，明确分工，责任到人。推行“三问”工作机制，围绕重点工作“问事”，结合工作推进“问效”，依据工作结果“问责”，推进任务落实。结合开展扫黑除恶专项斗争，全面“二次体检”村、社区“两委”班子成员，清退不合格村干部3名。建立健全教育管理长效机制，结合“大学习、大调研、大改进”，开展专题培训32次，参与党员4100余人次，撰写学习心得2160篇。

【基层党建特色品牌】 智远街道党工委结合“一领四治”工程的开展，立足村、社区不同特点，打造“四墙三街两广场”，建立邓家庄、姜家庄、盛福庄、八涧堡村四面“孝文化墙”；拓展党性教育主阵地；打造林家庄党建红色大道、中海紫御东郡社区“红帆”大道、盛福花园社区英模人物红色长廊，推动红色元素家喻户晓；打造邓家庄“孝德广场”、林家庄法治广场，形成崇德尚法浓厚氛围。

（周洪源）

龙洞街道

【概况】 龙洞街道位于经十东路以南，北起燕山新居、石河岭村礼耕路、规划北路与高新区相邻；西起洪山、回龙山、官山撅连线以东，与姚家办事处名士豪庭河道为界；南以龙洞山顶分水岭和市中区矿村为界；东到奥体东路，省立医院东院区、龙洞隧道西口，与高新区接壤。总面积约24平方千米（其中四分之三为山区），辖龙洞庄、孟家庄、老石沟、西蒋峪、石河岭、中井庄、下井庄7个行政村（其中下井庄由东部新城中央商务区管委会管理）和转山西路社区、银座花园社区、奥体西苑社区、全运村社区、燕山新居社区、和苑社区、龙鼎社区、转山社区、辅仁社区9个社区（其中龙鼎社区、转山社区、辅仁社区3个新建社区在建设中），总人口8万人。

【经济发展】 全年完成地方财政收入20.32亿元；固定资产投资84亿元，完成87亿元，占全年计划的96.55%；招商引资24.48亿元，完成24亿元，占全年计划的102%；社会消费品零售总额40.62亿元，完成33.55亿元，占全年计划的121%；重点服务业增加值50亿元，完成50亿元，占全年计划的100%。全年招商引资1亿元—10亿元企业任务5个，完成13个，主要有民生阳光有限公司、中博威信息科技股份有限公司、中烨科技有限公司、山东机场投资控股有限公司、齐鲁交通养护股份有限公司、山东晓兰清驰汽车科技有限公司、山东融领建设开发有限公司、山东岚桥融资租赁有限公司（外资4800万美金）、齐鲁交通材料技术开发有限公司、西王财务有限公司、山东铁路投资控股集团有限公司等。黄金时代广场、奥体金融中心、财富中心、齐鲁百老会、人民传媒大厦等重点项目取得进展。

【城市建设】 在市容整治方面，拆除楼顶违规广告牌50处，面积8000平方米；联合交警整治和苑社区乱停车现象，加强支次道路停车秩序管理，共张贴提示单900余份；处罚占道经营商贩189家，取缔燕山新居夜市摊点；整改线缆凌乱问题9处，整治线缆900米；粉刷锦屏家园墙体，粉刷20栋沿街居民楼、4栋公建楼，对龙锦大市场进行外立面更新；协调建委对全运村至太平庄破损道路重新硬化维修。在环境保护方面，组织人员开展渣土夜查工作，在老石沟岭南、御园南侧、防火站南侧、大华北侧设置渣土检查点4处，防止渣土乱倒问题，并对辖区内裸露渣土进行全面排查，共覆盖58万平方米；创新工地监管模式，为辖区工地增派工地管家16名，环保网格员巡查监管工地，巡查2338次，整改问题190个，协同执法中队加强工地监管，对出现严重违规的工地共罚款250万元；严查辖区散乱污企业，防止违规刻石机反弹，及时取缔龙洞西山刻石机；安装空气质量检测网格微站，共安装33个空气检测微站；协调环保监管所、市政所、排管中心，查处大辛河污水问题8件；与相关部门配合联动，妥善处理环保督察转办件21件，督促恒大龙奥御园项目部整治并绿化小虎峪内渣土堆。在拆违拆临方面，督促姚家村村民拆除转山上搭建的钢结构厂房，面积2.41万平方米；对全运村违建业主实施失信联合惩戒，拆除锦兰园阳台违建23处，拆除玺园违建16处。督促拆除锦屏小区东侧山上村民搭建的板房集装箱；督促大华紫郡工地拆除河道棚盖418米；拆除违建13.04万平方米。

【民生服务】 全年为53户低保户发放低保金4.6万余元。为314人提供居家养老服务，服务时长1.75万小时，发放补贴1.58万元。救助残疾人50人，发放救助物品1万元。为20名享受城镇低保金的各类残疾人发放“我的兄弟姐妹便利店”救助物品，合计4000元；改善辖区残疾人生活状况，把民生工作落实到残疾人家庭，对13户低收入重残家庭进行无障碍设施改造；开展残疾人辅具补贴工作，为4名低保及未成年重度残疾人申请个性化辅具。为13名残疾人办理辅具补贴。开展重度残疾人大病救助工作，全年救助5人次。为6名精神残疾人办理免费服药。为3名精神残疾人办理免费住院。为14名符合条件的残疾儿童办理康复救助；为11名符合条件的残疾儿童办理康复救助送训补贴手续。为28名符合条件的残疾人办理医疗救助卡。发放儿童送训补贴及三、四级残疾人医保补贴。爱耳日期间，组织辖区残疾人参加市残联活动。做好残疾人两项调查。为辖区4109名符合条件的老人办理“银龄安康工程”老年人意外伤害保险。各村由集体出资5万元，为1200名年满40至80周岁符合条件的老人，办理“银龄安康工程”老年人意外伤害保险；3月，在辖区内老石沟村组织“春风行动”招聘会，参加单位88家，提供就业岗位2600余个，分别涉及电子、机械、家政、物业、保洁等数十个就业领域；开展就失业登记人员资料审核、上报及日常管理工作，完成新增就业3288人，占全年任务的433%以上；受理并审核上报就业困难人员、“双零”家庭和灵活就业人员认定资料，做好各类人员就业援助和动态管理，引导各类用人单位吸纳困难群体就业，认定资料准确率达到100%，动态消除零就业家庭。享受4050社保补贴人员116人，发放社保补贴67万余元；为12家用人单位提供招聘登记服务，为150名求职劳动者做职业介绍，匹配成功100%；帮助和促进失业人员再就业，根据辖区居民的实际需求，有针对性地在辖区内开展适合失业人员求职的技能培训班，培训失业人员 85 人，课程以中西式面点和家政服务为主；小微企业补贴 9 家，发放补贴资金 21.60 万元；岗位补贴 7 人，发放补贴 1.40 万元；个体工商户补贴 24 家，发放补贴资金 7.20 万元；发放小额担保贷款 800 余万元。实名登记高校毕业生 29 人，全部就业，就业率达到 100%，就业服务率 100%。为辖区内 10011 名居民办理养老保险参保手续，参保信息准确率 100%。

【村居建设】 年初完成 2017 年底开展的龙洞辖区内的村、社区换届选举工作，并对社区居委会人员进行业务培训；提升改造全运村社区、奥体西苑社区，奥体西苑社区改造提升完成，全运村社区基本完成，龙鼎社区、转山社区、辅仁社区建设中。

【维稳工作】 完成全国“两会”、上合组织青岛峰会等重要政治敏感时期的信访维稳工作，未发生一起进京到青上访、滋事事件，未发生一起因信访问题处置不当造成的重大恶性事件和群体性事件，保持辖区和谐稳定。解决突出信访问题，妥善处置影响社会稳定的矛盾纠纷，维护广大人民群众的合法权益。完成中央第七巡视组交办的 32 件信访件，办结率 100%；完成网上信访系统信访件 52 件，受理率和办结率达到 99% 以上，满意率 100%；办理人民来信 22 件，及时受理率和办结率均达到 98% 以上，参评率达到 65% 以上，对信访部门满意率达到 85% 以上，对责任单位满意率达到 80% 以上。与城投等相关部门多次协调对接，召开“南四村”（孟家村、老石沟、西蒋峪、龙洞村）负责人碰头会，传达政策要求，商讨解决方案，推进解决切实关系“南四村”群众切身利益的生活保障用地问题，招投标确定生活保障房建设法律顾问和策划公司，与 4 个村紧密对接。

【党建工作】 年初制定《龙洞街道党建三年规划》《2018 年度党建工作计划》，组织签订《党建目标责任书》，从党员管理、组织制度建设、组织阵地建设、人才队伍培育等方面谋篇布局，确保抓党建工作的持续性。严格落实“三会一课”、党员日常管理、组织生活会和民主生活会、主题党日、党员参加党内组织生活纪实等制度，制作“四簿一册”，规范登记统计，制定《龙洞街道村、社区基层党建工作考核办法》，将六项制度和大项活动落实情况作为考核内容，每季度进行考核通报，使党建工作考核切实成为提升党建水平、夯实村居工作的有效抓手；推进“两新”组织扩覆盖。以完善组织架构为目标，推进街道“两新”组织扩覆盖工作稳步进行，辖区共有 52 个独立和 6 个联合“两新”党支部，覆盖企业 88 家，覆盖率达到 45%。7 月，奥体西苑党群服务站建成投入使用。11 月，全运村党群服务站建成投入使用。12 月，按照“一厅七室”及不低于 1000 平方米的标准打造街道党群服务中心投入使用。推进新建社区党群服务站建设，促进党群服务站全面推开实行，逐步实现党建阵地标准化、规范化、特色化。

【农村集体产权改革】 龙洞街道多次召开专题会议进行研究，成立街道党政主要负责人任组长、各村包村领导任副组长、各村第一书记为成员的领导小组，确立“包村领导为各村改革第一责任人”的制度，推动农村集体产权制度改革各项工作有序开展。制定印发《龙洞街道农村集体产权制度改

2018年7月11日，农村集体产权制度改革会议

革实施方案》《成员资格认定指导意见》《清产核资指导意见》和改革配档表，明确任务、夯实责任。因村民大部分都外出务工，不具备开村民大会的条件，龙洞街道在清产核资、成员认定、推选股东代表等每个环节都入户征求意见，广泛征求村民意见，把政策规定送到家中，让制度改革真正贴合群众心思。年底，龙洞街道辖区西蒋峪村、龙洞村、孟家村、老石沟村、石河岭村和中井村6个村全部参与农村集体产权制度改革，涉及人口1万人。12月中旬，龙洞街道在历下区率先完成改革任务。

【失地农民养老保险金发放】 推进失地农民社保补贴工作进展，3月，召开各村工作部署会议后，劳保中心及时跟进，及时发现问题解决问题，召开各村调度会议4次，联系区人力资源和社会保障局领导入村培训、解释政策10余次，辖区内26批3000余万元社保补贴资金全部落实到位。在做好失地农民社保补贴的同时，完成辖区内居民养老保险工作，共为辖区内10011名居民办理养老保险参保手续，其中上半年新增18人，处于缴费期7916人，享受养老金领取待遇1679人，待遇终止349人，参保信息准确率达到100%。

【新一届村居党员培训】 龙洞街道开展新一届村、社区“两委”暨街道全体党员集中培训。学习领会党的十九大精神及习近平总书记系列重要讲话精神，进一步增强新一届村、社区“两委”班子及广大党员的宗旨意识、法制意识，筑牢反腐倡廉思想防线，充分发挥先锋模范作用，有效夯实党的基层堡垒。结合街道、村居工作实际，龙洞街道在历下区委党校开展新一届村、社区“两委”暨街道全体党员集中培训。培训共分为3月1日至2日和3月5日至6日两期，集中培训辖区机关、村居（两委）、非公企业的350余名党员。该培训针对街道党员队伍的现状与需求，安排十九大精神理论学习，安排依法治村、反腐倡廉教育、社会治安管理等方面的内容。邀请区委党校、区纪委、区司法局、区公安分局等单位负责人，围绕“认真学习深刻领会党的十九大精神”“法治是乡村治理的唯一选择”“贯彻依法治国方略预防违法犯罪”“尊崇党章，做新时代美丽村居带头人”“加强党性修养，做合格共产党员”等课题进行授课，贴近基层实际，具有很强的针对性和指导性。同时以支部为单位，设立分组讨论环节，街道领导班子全程参与。经过集中培训，辖区党组织的凝聚力和战斗力得到提升，党员队伍的党性修养和综合素质得到提高，把培训中学到的理论、获得的认识，服务实践、指导实践，推动各项工作更好的开展和落实，为建设健康、智慧、平安、和谐龙洞和繁荣文明首善之区提供坚强的组织保证。

【“一统四治”工作】 加强村居基层治理。落实“一统四治”工程，发挥党建主线引领，构建“自治、法治、德治、共治”一体化推进的基层治理新体系，实现城郊村居各项工作全面晋位升级。以龙洞村为试点，牵头打造以“一统四治”为主题的党建文化长廊和“司法一条街”，展示村概况及“一统四治”工程推进重点举措，按照“村村有特色，一村一品牌”的工作思路，在其他4个村进行复制推广，使辖区6个村均有坚强红色阵地。

【创建全国文明城市复查工作】 成立文明城市复查工作领导小组，全面打造和谐、文明、清洁龙洞，完成文明城市复查的工作任务。调动全部力量，建立科学机制，投入迎查一线工作。完成旅游路与转山西路路口、洪山广场、喜来登酒店等3个测评点位的迎查工作。重点在转山西路、洪山路等辖区显著位置，精心打造宣传亮点7处，进一步发挥公益广告在社会主流价值、引领文明风尚中的重要作用，同时制作安装社会主义核心价值观、志愿服务、关爱未成年人等内容的“讲文明树新风”公益广告374套，精神文明建设、四合一等内容的宣传展板410余块，张贴禁止吸烟提示牌270块，张贴垃圾分类标示贴860套，营造浓厚的宣传氛围。以文明城市复查工作为契机，充分发挥组织协调作用，通过实行领导科室包挂社区、“双管”单位及市直区直共建单位协力合作、齐抓共管等措施，及时解决实际存在的各种突出问题，让居民群众切实感受到创建全国文明城市带来的实惠和变化，切实提升居民群众的知晓率、参与率和满意率，真正实现全民参与，共驻共创。

【扫黑除恶专项斗争】 龙洞街道围绕“有黑扫黑、无黑除恶、无恶治乱”目标和任务，将扫黑除恶专项斗争摆到全办工作突出位置。成立专项斗争领导小组，多次召开专项斗争动员部署及推进会议，定期调度掌握情况，推动街道扫黑除恶专项斗争各项工作有序进展。针对龙洞辖区村居实际，制定一系列相应的实施方案和推进措施。2月5日，联合公安机关打掉一个以原龙洞村主

扫黑除恶宣传

任李守星为首的聚众扰乱社会秩序犯罪团伙，共抓获8名犯罪团伙成员，打击辖区重点工程建设领域内的违法犯罪。街道抓住时机，包村领导到村召开党员大会和村民代表会，并入户宣传扫黑除恶的政策，揭露李守星问题的本质，讲解案件的社会危害性，让大家懂法、守法，引导群众有事通过合法途径解决，不做违法的事情。同时利用横幅、电子屏、展板、宣传海报、宣传单页、主流媒体、新兴媒体等多种载体，在超市等人群密集地区展开宣传，多形式、多渠道进行扫黑除恶专项斗争的宣传发动。在龙洞村打造党建长廊，提升龙洞村的村容村貌。打造普法宣传一条街，深入推进“依法治村”行动，增强村民守法意识。街道建立以政法办牵头，其他各科室、村和社区联动的一体化协助推进机制，确保扫黑除恶事事有人管，人人有专责，敢于硬碰硬，推动扫黑除恶工作落到实处。按照年初确定的“基层组织建设年”目标，持续巩固基层基础，发挥党组织在村居治理中的领导核心作用，增强基层党组织向心力、凝聚力、战斗力。学习领会马玉星书记到龙洞村督导工作时的重要指示，按照上级扫黑除恶的工作部署，不断建立健全打击防范治理黑恶势力的长效机制。进一步为群众解决实际困难，尤其是南四村群众共同关心的生活保障地、房产证等问题。密切联系群众，真心服务群众，最大限度地为居民解决实际困难，抓好村居基层治理工作，打赢为期三年的扫黑除恶专项斗争。

（王龙斌）

责任编校：王海燕　李　燕

人　物

大美历下系列图片　（邢可锋　摄影）

人　物

先模人物

王　勇　男，1980年9月出生，中共党员，肢残3级，医学博士。现任山东麦德森文化传媒有限公司党支部书记、董事长，济南市残疾人联合会主席团副主席，世界中医药联合会内经专业委员会副主委，济南市肢体残疾人协会主席，济南市残疾人文学艺术界联合会主席等。

2009年，王勇开始自己的创业之路。经过10年的努力，集团已发展形成出版印刷、文化传媒、教育培训、医药健康、体育艺术五大板块，旗下拥有山东麦德森文化传媒有限公司、济南睿诚文化发展有限公司等11家企业。同时，作为中医药领域的专业人才，王勇利用“互联网＋大数据”技术，打造国内首个中医古籍数字化信息检索应用产品——“博览医书”1.0版本，填补国内产业空白。王勇始终关注社会公益事业，公司成立以后，为200余名残疾人提供就业机会，公司现有残疾员工30余人。他乐善好施、累计捐赠物资达500余万元。他倡导“文化助残，精神扶贫”的公益理念，组织协办近百场助残活动，为残疾人提供良好展示平台。

王勇先后被评为“中国大学生自强之星标兵”、“第28届中国创业创新新闻人物”、山东省“爱心助残大使”，获第八届“山东青年创业奖”、山东省青年五四奖章、济南市劳动模范、济南市担当作为“出彩型”好干部等荣誉称号。2018年，获中国残疾人联合会“中国残疾人事业助残新闻人物”特别提名、山东省劳动模范荣誉称号。

冯雪梅　女，1970年11月出生，中共党员，现任济南市历下区税务局社会保险费和非税收入科科长。

冯雪梅自参加工作以来，认真贯彻执行《税收征管法》及其实施细则，遵守上级部门的各项法律、法规，自我加压，履职尽责，踏踏实实坚守在工作岗位上。平时严格要求自己，清正廉洁，无私奉献，发挥地税部门营业税管理的优势，向本局领导和国税相关部门献计献策，通过经常性的商议，做好无缝连接。在国地税机构改革中，做好工作对接和配合，在新的工作岗位努力学习新业务新知识，做好同政府相关部门的协调沟通，为社保费和非税收入的划转做好充分的准备。她始终以一名共产党员的标准严格要求自己，廉洁自律，率先垂范，以高度的责任感与强烈的事业心奋战在纳税服务工作一线，在二十余年的从税经历中，她始终坚守“恪尽职守、乐于奉献”的工作理念，主动想事，认真做事，设法成事，得到广大纳税人认可。

冯雪梅曾获历下区劳动模范、历下区“三八红旗手”、济南市地税系统优秀共产党员、山东省营业税改征增值税工作先进个人、山东省先进工作者等称号，并记三等功一次。2018年，获山东省劳动模范荣誉称号。

韩爱民 女，1967年8月出生，中共党员，现任济南市青龙街小学校长、高级教师。

韩爱民把对教育事业、对学生的满腔挚爱化为扎实而严谨的教育行动。她推动阳光教育实践，强调“遵循规律，静心育人”，彰显教育的温暖、丰富、积极、开放等特质，构建了内容充实操作性强的阳光教育体系。她实施以“尊重人、温暖人、成就人”为目的的阳光管理，落实校务公开和民主决策，彰显管理的引领与服务职能；坚定实施心理健康工程、思维优化工程、师能提升工程，打造又红又专的阳光教师队伍。她在全省率先开发德育课程——小主人修身课程，让德育更可亲更高效；她主张“童年有童年的样子”，通过“四大实践岗位”和“五大特色节日”让学生全员参与，尽情探索，尽力展示，享受童年精彩，实现健康快乐成长。她坚持科研兴校，先后主持完成四个省级规划课题，一脉相承、螺旋上升的课题研究，保障并推动了学校和教师科学发展。在韩爱民校长的带领下，学校曾获“全国优秀创新学校”“国家级语言文字示范单位”“山东省规范化学校”“山东省德耀齐鲁道德示范基地”“济南市文明单位”“济南市课程改革先进学校”、首批“济南市行为规范示范校”“济南市家长满意学校”等多项荣誉。

韩爱民曾获山东省先进工作者、山东省教科研工作先进个人、济南专业技术拔尖人才、济南市优秀教育管理者等荣誉称号。2018年，获山东省劳动模范荣誉称号。

杨京涛 男，1978年12月出生，中共党员，现任山东省华森置业有限公司总经理、党支部书记。

杨京涛以出色的工作能力，心系公司的高尚情操和无私奉献的精神，追求着自己人生的理想，践行着自己的入党誓言，赢得领导和同事称赞。工作中，憨厚、朴实的他积极向老同志虚心请教，很快成为单位的业务骨干。不管寒暑，他总是坚持在生产的第一线，认真解决各种维修难题。通过他的不懈努力，为单位节省设备购置费、维修费数万元。因集团业务发展，成立山东华艺物业管理有限公司，他申请去一线工作，发扬任劳任怨、吃苦耐劳的工作精神，对工作认真负责，从不计较个人得失。工程部人手少，劳动量大，工作起来经常加班加点到深夜，第二天仍旧照常上班。有时作业要爬房顶钻地沟，常常“晴天一身灰、雨天一身泥”，但却毫无怨言，他深信职业不分贵贱，只要有一颗敬业的心，行行都能出状元。他靠着对工作的勤奋与努力，在平凡的岗位上实现不平凡的人生价值，连年被授予集团标兵称号。

杨京涛曾获济南市“五一劳动奖章”，山东省“富民兴鲁奖章”。2018年，获山东省劳动模范荣誉称号。

（区总工会）

国家级先进集体一览表

获奖单位	荣誉称号	授奖单位
历下区	全国科普示范区	中国科学技术协会
历下区	全国数字化先行区	中国成人教育协会社区教育专业委员会
区检察院	全国检察新媒体优胜奖	最高检检察日报社和正义网
区司法局	集体一等功	司法部
区交警大队车辆管理所	全国一等县级车管所	公安部
区教育局	国家义务教育质量监测优秀组织奖	教育部基础教育质量监测中心
区教育局	“慧爱父母讲堂”获评国家级全民终身学习品牌	中国成人教育协会
区卫生和计划生育局	全国流动人口动态监测调查优秀单位	国家卫生和计划生育委员会
历下区个体私营经济服务中心	2015—2017年全国百县万家新设小微企业周年活跃度调查工作表现突出的基层调研工作点	中国个体劳动者协会
泉城路商业街	中国著名商业街	中国步行街商业工作委员会
世贸宽厚里	中国商旅文产业发展示范街区	第四届中国商旅文产业年会
建筑新村街道历山东路社区	全国防震减灾示范社区	全国减灾办公室
千佛山街道历山名郡社区	第二批全国“扫黄打非”进基层示范点	全国“扫黄打非”工作小组办公室
文化东路街道	2018年全国工会职工书屋示范点	全国工会职工书屋建设领导小组办公室 全国总工会宣传教育部
燕山街道和平路北社区	第七批“全国民主法治示范村（社区）”	司法部 民政部
甸柳新村街道第一社区	国家民政部优秀社区工作法	民政部
龙洞街道石河岭村	第七批“全国民主法治示范村（社区）”	司法部 民政部

省级先进集体一览表

获奖单位	荣誉称号	授奖单位
历下区	山东省第一批综合减灾示范区	山东省减灾委员会
历下区	全省“国家宪法日、宪法宣传周暨山东省法治宣传教育月”主题宣传活动先进县（市、区）	山东省普法办公室

续表

获奖单位	荣誉称号	授奖单位
区机构编制委员会办公室	全省机构编制信息工作先进单位	山东省机构编制委员会办公室
区机构编制委员会办公室	《机构与行政》宣传工作先进单位	大众报业集团（大众日报社） 山东省机构编制委员会办公室
区委宣传部	全省先进县级党委（党组）理论学习中心组	中共山东省委宣传部
区直机关工委	全省网上法律知识系列竞赛活动优秀组织单位	山东省普法办公室
区信访局	全省十九大安保维稳工作先进集体	中共山东省委 山东省人民政府
区信访局	无非访区	山东省政法委 山东省公安厅 山东省信访局
区总工会	全省网上法律知识系列竞赛活动优秀组织单位	山东省普法办公室
区总工会	2018 年度山东省工会优秀审计项目	山东省总工会经费审查委员会
区总工会	工会财务会计管理规范单位	山东省总工会
区妇女联合会	“幸福进家”活动先进单位	山东省妇女联合会
区政务审批大厅为老服务窗口	山东省“敬老文明号”	山东省老龄工作委员会
区机关事务管理局	山东省省级节约型公共机构示范单位	山东省机关事务管理局
区法院民一庭	集体二等功	山东省高级人民法院
区检察院派驻中央商务区检察室	第三届山东省“敬老文明号”	山东省老龄工作委员会
区普法办公室	全省网上法律知识系列竞赛活动优秀组织单位	山东省普法办公室
区人武部	高炮实弹射击优胜单位	山东省军区
区公安分局治安大队户政管理科	山东省“敬老文明号”	山东省老龄工作委员会
区公安分局特警大队	全省公安机关上海合作组织青岛峰会安保工作先进集体并记二等功	山东省公安厅
区交警大队千佛山中队	2016—2017 年度无偿献血先进单位	山东省献血办公室 山东省血液中心
区发改委	全省第三届森林消防专业队伍技能竞赛三等奖	山东省森林消防办公室
区教育局	全省网上法律知识系列竞赛活动优秀组织单位	山东省普法办公室
区卫生和计划生育局	全省卫生健康统计工作先进单位	山东省卫生和计划生育委员会
区疾病预防控制中心	2016—2017 年全省传染病信息与突发公共卫生事件报告管理工作先进集体	山东省疾病预防控制中心
区劳动就业办公室	山东省就业工作先进集体	山东省人民政府

续表

获奖单位	荣誉称号	授奖单位
区老龄办公室	山东省“银龄安康工程一等奖”	山东省老龄办公室
济南易通城市建设集团股份有限公司	山东省优秀市政工程施工企业	山东省城市建设管理协会
大明湖街道办事处	山东省富民兴鲁劳动奖状	山东省总工会
大明湖街道团工委	山东省五四红旗团委	共青团山东省委
大明湖街道曲水亭社区	全省综合减灾示范社区	山东省减灾委员会 山东省民政厅
大明湖街道县西巷社区	省级卫生先进单位（2018—2020）	山东省爱国卫生运动委员会办公室
东关街道办事处	全省安全生产工作先进街道	山东省人民政府安全生产委员会
东关街道办事处	劳动争议调解综合示范单位	山东省人力资源和社会保障厅
东关街道社会事务科	山东省“敬老文明号”	山东省老龄工作委员会
东关街道菜市社区	山东省省级“四型就业社区”	山东省人力资源和社会保障厅
东关街道长北社区	山东省省级“四型就业社区”	山东省人力资源和社会保障厅
东关街道长南社区	山东省省级“四型就业社区”	山东省人力资源和社会保障厅
东关街道历山社区	山东省省级“四型就业社区”	山东省人力资源和社会保障厅
东关街道历园新村社区	山东省省级“四型就业社区”	山东省人力资源和社会保障厅
东关街道历园新村社区	第七批“全省民主法治示范村（社区）	山东省司法厅 山东省民政厅
东关街道历园新村社区	山东省社会科学普及示范社区	山东省科学界联合会
建筑新村街道	山东省省级卫生先进单位	山东省爱国卫生运动委员会办公室
建筑新村街道历山东路社区	山东省省级“四型就业社区”	山东省人力资源和社会保障厅
建筑新村街道花园路社区	山东省省级“四型就业社区”	山东省人力资源和社会保障厅
建筑新村街道和平新村社区	山东省省级“四型就业社区”	山东省人力资源和社保障厅
千佛山街道历山名郡社区	山东省省级卫生先进单位（2018—2020）	山东省爱国卫生运动委员会办公室
千佛山街道历山名郡社区	山东省计划生育协会青春健康教育示范基地	山东省计划生育协会
千佛山街道历山名郡社区	第二批省级示范性“青年之家”	共青团山东省委办公室
千佛山街道历山名郡社区	第二批全省“扫黄打非”进基层示范点	山东省“扫黄打非”工作领导小组办公室
趵突泉街道为老服务窗口	山东省“敬老文明号”	山东省老龄工作委员会
解放路街道青龙街社区	山东省省级“四型就业社区”	山东省人力资源和社会保障厅
燕山街道	2014—2017年度山东省群众体育先进单位	山东省体育局
燕山街道	全省干事创业好班子	山东省委组织部

续表

获奖单位	荣誉称号	授奖单位
燕山街道燕南社区	山东省省级“四型就业社区”	山东省人力资源和社会保障厅
燕山街道和平路北社区	山东省省级“四型就业社区”	山东省人力资源和社会保障厅
甸柳新村街道综合养老服务中心	山东省医养结合示范单位	山东省卫生健康委员会 山东省民政厅
甸柳新村街道第四社区	山东省省级“四星就业社区”	山东省人力资源和社会保障厅
甸柳新村街道吉祥苑社区	山东省省级“四星就业社区”	山东省人力资源和社会保障厅
姚家街道姚家村	山东省敬老文化教育示范点	山东省老龄工作委员会
姚家街道姚家村	山东省省级卫生村	山东省爱国卫生运动委员会

市级先进集体一览表

获奖单位	荣誉称号	授奖单位
历下区	全市招商引资工作一等奖	中共济南市委 济南市人民政府
区委统战部	全市统战理论政策研究先进单位	中共济南市委统战部
区委统战部	2018 年度全市统战宣传工作先进单位一等奖	中共济南市委统战部
区委统战部	2018 年度全市统战信息工作先进单位一等奖	中共济南市委统战部
区委老干部局	改革开放 40 周年合唱汇演优秀组织奖	中共济南市委老干部局
区委党校	节约型公共机构示范单位	济南市机关事务管理局 济南市财政局 济南市人民政府节能办公室
区总工会	第四届“书香三八”读书活动优秀组织单位	济南市总工会
共青团历下区委	2017 年度红旗团委	共青团济南市委
区政府办公室	全市政府法制信息工作先进单位	济南市人民政府法制办公室
区政府办公室	全市政务信息成绩突出单位	济南市人民政府办公厅
区政府办公室	全市政务公开工作标兵单位	济南市人民政府办公厅
区政府办公室	全市政府网站信息内容建设工作标兵单位	济南市人民政府办公厅
区法院姚家法庭	优秀法庭	济南市中级人民法院
区法院民事五庭	集体三等功	济南市中级人民法院
区法院立案庭	济南市人民调解工作先进集体	济南市中级人民法院
区道路交通事故纠纷人民调解委员会	济南市人民调解工作先进集体	济南市中级人民法 济南市司法局

续表

获奖单位	荣誉称号	授奖单位
区婚姻家庭纠纷人民调解委员会	济南市人民调解工作先进集体	济南市中级人民法院 济南市司法局
区诉前民事纠纷人民调解委员会	济南市人民调解工作先进集体	济南市中级人民法院 济南市司法局
区司法局基层工作科	济南市人民调解工作先进集体	济南市中级人民法院 济南市司法局
区司法局	模范职工小家	济南市总工会
区交警大队	创建全国文明城市突出贡献单位	中共济南市委 济南市人民政府
区交警大队	济南市五一劳动奖状	济南市总工会
区交警大队	全市无偿献血工作先进集体	济南市卫生和计划生育委员会 济南市精神文明建设委员会办公室
交警大队交通科	济南市工人先锋号	济南市总工会
区交警大队女警社区服务队	济南市巾帼文明岗	济南市妇女联合会
区交警大队交通科综合服务大厅	济南市巾帼文明岗	济南市妇女联合会
区交警大队解放路中队	集体二等功	济南市公安局
区交警大队千佛山中队	济南市建功立业竞赛先进集体	济南市总工会
区交警大队泉城路中队	集体三等功	济南市公安局
区人武部	先进团级单位、“兴武建功”军事训练优胜单位	济南警备区
区发改委	济南市担当作为“出彩型”好团队	中共济南市委 济南市人民政府
区发改委	济南市青年文明号	共青团济南市委办公室
区食品药品监督管理局	创建全国文明城市先进单位	中共济南市委 济南市人民政府
区消费者协会	“搜狐焦点杯”消费维权知识竞赛三等奖	济南市工商行政管理局
区投资促进局	济南市担当作为“出彩型”好团队	中共济南市委 济南市人民政府
区投资促进局办公室	济南市巾帼文明岗	济南市妇女联合会
区投资促进局项目促进科	济南市工人先锋号	济南市总工会
区财政局	创建全国文明城市先进单位	中共济南市委 济南市人民政府
区财政局	2017年度基层财政管理工作综合考评先进单位	济南市财政局
区财政局	全市财政企业财务信息工作先进单位	济南市财政局

续表

获奖单位	荣誉称号	授奖单位
区财政局	济南市会计管理工作先进单位	济南市财政局
区住建局	创建全国文明城市先进单位	中共济南市委 济南市人民政府
区城管局	济南市安全生产先进单位	济南市安全生产委员会
区执法局	创建全国文明城市先进单位	中共济南市委 济南市人民政府
区执法局燕山中队	济南市工人先锋号	济南市总工会
区园林局	创建全国文明城市先进单位	中共济南市委 济南市人民政府
区园林局	济南市五一劳动奖状	济南市总工会
区园林局政工科	济南市劳动工资统计先进单位	济南市统计局
区文化局图书馆	济南市农家书屋建设先进集体	济南市文化广电新闻出版局
区卫生和计划生育局医政与疾病预防控制科	济南市医政（医务）管理工作先进集体	济南市卫生和计划生育委员会
区疾病预防控制中心	食品安全风险监测工作先进集体	济南市卫生和计划生育委员会
区疾病预防控制中心	慢性非传染性疾病防控工作先进集体	济南市卫生和计划生育委员会
区疾病预防控制中心	“我家的健康食谱”优秀组织奖	济南市卫生和计划生育委员会 济南市教育局
区疾病预防控制中心慢病科	济南市健康教育机构先进集体	济南市卫生和计划生育委员会
区卫生和计划生育监督所	全市卫生计生综合监督规范年活动先进集体	济南市卫生和计划生育委员会
区卫生和计划生育监督所	全市卫生计生监督执法技能竞赛团体二等奖	济南市卫生和计划生育委员会
区医院放射科	第二届医学影像诊断技能比赛团体二等奖	济南市卫生和计划生育委员会
历下区体育局	济南市第八届全民健身运动会优秀组织奖	济南市体育局
区民政局	济南市“两新”组织党建工作示范点	中共济南市委组织部
区民政局	济南市担当作为“出彩型”好团队	中共济南市委 济南市人民政府
区人力资源和社会保障局党委	济南市担当作为“出彩型”好机关党组织	中共济南市委 济南市人民政府
历下区劳动就业办公室	全市人社系统新时代担当作为“十优”好团队	济南市人力资源和社会保障局
区老龄办	济南市老龄宣传工作一等奖	济南市老龄办公室
区老龄办	老年教育工作一等奖	济南市老龄办公室

续表

获奖单位	荣誉称号	授奖单位
历下控股集团	济南市五一劳动奖状	济南市总工会
历下控股集团	济南市劳动关系和谐企业先进单位	济南市厂务公开民主管理暨创建劳动关系和谐企业协调小组
历下控股集团工会	济南市模范职工之家	济南市总工会
泉城路街道	济南市三八红旗集体	济南市妇女联合会
泉城路街道	2018 年度济南市实施银龄安康工程先进单位	济南市老龄工作委员会办公室
泉城路街道鞭指巷社区居民委员会	全市民主法治示范村（社区）	济南市司法局 济南市民政局
大明湖街道	“第三届中国鲁菜美食节”突出贡献奖	济南市商务局
大明湖街道	2018 年度济南市实施银龄安康工程先进街道乡镇	济南市老龄工作委员会办公室
大明湖街道	2018 年度济南市固定资产投资统计工作先进单位	济南市统计局
大明湖街道	2017 年度济南市固定资产投资统计工作先进单位	济南市统计局
大明湖街道县西巷社区	济南市最美志愿服务社区	济南市精神文明建设委员会办公室
大明湖社区党工委办公室	2018 年度济南市劳动工资统计工作先进单位	济南市统计局
大明湖社区县西巷社区居委会	2018 年度济南市实施银龄安康工程先进村	济南市老龄工作委员会办公室
大明湖街道县东巷社区	健康社区	济南市爱国卫生运动委员会办公室
大明湖街道县东巷社区居民委员会	全市民主法治示范村（社区）	济南市司法局 济南市民政局
大明湖街道按察司街社区	健康社区	济南市爱国卫生运动委员会办公室
大明湖街道曲水亭社区	健康社区	济南市爱国卫生运动委员会办公室
大明湖街道曲水亭社区居民委员会	全市民主法治示范村（社区）	济南市司法局 济南市民政局
大明湖街道曲水亭社区党委班子	济南市担当作为“出彩型”好团队	中共济南市委 济南市人民政府
大明湖街道舜井社区团总支	济南市五四红旗团支部（总支）	共青团济南市委
大明湖街道舜井社区	济南市担当作为“出彩型”好团队	中共济南市委 济南市人民政府
大明湖街道舜井社区	济南市模范职工小家	济南市总工会

续表

获奖单位	荣誉称号	授奖单位
大明湖街道世茂商圈党委	全市首批“两新”组织党建工作示范点	中共济南市委组织部 中共济南市委非公有制经济组织和社会组织工作委员会
东关街道	法人单位纳入国家统计联网直报工作先进集体	济南市统计局
东关街道城管科	济南市工人先锋号	济南市总工会
东关街道党工委办公室	劳资统计工作先进单位	济南市统计局
东关街道长盛北区社区	济南市担当作为“出彩型”好团队	中共济南市委 济南市人民政府
东关街道社保就业科	模范职工小家	济南市总工会
东关街道菜市新村社区居民委员会	全市民主法治示范村（社区）	济南市司法局 济南市民政局
解放路街道人民调解委员会	济南市人民调解工作先进集体	济南市中级人民法院 济南市司法局
建筑新村街道	健康机关	济南市爱国卫生运动委员会办公室
建筑新村街道	健康城市细胞工程建设先进单位（无烟单位）	济南市爱国卫生运动委员会办公室
建筑新村街道党委办公室	2018 年度济南市劳动工资统计先进单位	济南市统计局
建筑新村街道财政所	济南市 2017 年优秀财政所	济南市财政局
建筑新村街道山大路商圈党委	济南市担当作为“出彩型”好团队	中共济南市委 济南市人民政府
建筑新村街道山大路商圈党委	全市首批“两新”组织党建工作示范点	中共济南市委组织部 中共济南市委非公有制经济组织和社会组织工作委员会
建筑新村街道和平新村社区	济南市担当作为“出彩型”好团队	中共济南市委 济南市人民政府
建筑新村街道和平新村社区	健康社区	济南市爱国卫生运动委员会办公室
建新街道和平新村社区居民委员会	全市民主法治示范村（社区）	济南市司法局 济南市民政局
建筑新村街道花园路社区	健康社区	济南市爱国卫生运动委员会办公室
建筑新村街道绿景嘉园社区	银龄安康先进社区	济南市老龄办
建筑新村街道绿景嘉园社区人民调解委员会	济南市人民调解工作先进集体	济南市中级人民法院 济南市司法局
建筑新村街道解放路社区	2018 年度泉城金融卫士志愿者先进宣传站	济南市金融办 济南市地方金融监管局
千佛山街道	济南市担当作为“出彩型”好团队	中共济南市委 济南市人民政府

续表

获奖单位	荣誉称号	授奖单位
千佛山街道	济南市计划生育协会工作先进单位	济南市计划生育协会
千佛山街道安监科	济南泉城119先进集体	济南市消防委员会
千佛山街道安监科	“安科杯 安全济南 有你有我”短视频有奖征集大赛B组(其他类)优秀奖	济南市安全生产监督管理局
千佛山街道城管科	青年文明号	共青团济南市委
千佛山街道历山名郡社区	济南最美社区	济南市民政局
千佛山街道历山名郡社区	众YI空间365促进社区治理现代化	济南市法学会
千佛山街道历山名郡社区	济南市计划生育协会工作先进单位	济南市计划生育协会
千佛山街道千西社区	创建全国文明城市先进单位	中共济南市委 济南市人民政府
千佛山街道千西社区	2018年度济南市实施银龄安康工程先进村	济南市老龄工作委员会办公室
千佛山街道千佛山东路社区居民委员会	全市民主法治示范村（社区）	济南市司法局 济南市民政局
趵突泉街道泺文路社区居民委员会	全市民主法治示范村（社区）	济南市司法局 济南市民政局
趵突泉街道	健康促进机关	济南市爱国卫生运动委员会办公室
趵突泉街道	2017年度全市道路交通安全综合治理先进镇办	济南市道路交通安全综合治理委员会
趵突泉街道	2017年济南市1%人口抽样调查先进集体	济南市1%人口抽样调查工作协调小组办公室
趵突泉街道舜耕路社区	健康促进社区	济南市爱国卫生运动委员会办公室
趵突泉街道舜耕社区	绿色社区	济南市环境保护局 济南市民政局
趵突泉街道舜耕路社区	济南市计划生育协会工作先进单位	济南市计划生育协会
趵突泉街道青年东路社区	济南市计划生育协会工作先进单位	济南市计划生育协会
解放路街道	济南市计划生育协会工作先进单位	济南市计划生育协会
解放路街道历山路社区	创建全国文明城市先进单位	中共济南市委 济南市人民政府
解放路街道历山路社区	济南市非物质文化遗产传承示范社区	济南市文化广电新闻出版局
解放路街道历山路社区	健康社区	济南市爱国卫生运动委员会办公室
解放路街道后坡街社区	2018年度济南市实施银龄安康工程先进村	济南市老龄工作委员会办公室
解放路街道历山路社区居民委员会	全市民主法治示范村（社区）	济南市司法局 济南市民政局

续表

获奖单位	荣誉称号	授奖单位
文东街道建达南苑社区人民调解委员会	济南市人民调解工作先进集体	济南市中级人民法院 济南市司法局
文东街道和平路社区居民委员会	全市民主法治示范村（社区）	济南市司法局 济南市民政局
文东街道山大路社区居民委员会	全市民主法治示范村（社区）	济南市司法局 济南市民政局
文化东路街道	创建全国文明城市先进单位	中共济南市委 济南市人民政府
文化东路街道	济南市五一劳动奖状	济南市总工会
文化东路街道	济南市模范职工之家	济南市总工会
文化东路街道计划生育科	济南市计划生育协会工作先进单位	济南市计划生育协会
燕山街道人力资源和社会保障服务中心	2017 年度全市人力资源和社会保障优质服务窗口	济南市人力资源和社会保障局
燕山街道燕南社区	创建全国文明城市先进单位	中共济南市委 济南市人民政府
燕山街道	创建全国文明城市先进单位	中共济南市委 济南市人民政府
燕山街道	劳动工资统计工作先进单位	济南市统计局
燕山小区燕子山小区社区	济南市担当作为“出彩型”好团队	中共济南市委 济南市人民政府
燕山街道燕子山社区居民委员会	全市民主法治示范村（社区）	济南市司法局 济南市民政局
甸柳新村街道安监科	济南市“安全生产月”活动优秀组织单位	济南市安全生产委员会
甸柳新村街道计生科	济南市计划生育协会工作先进单位	济南市计划生育协会
甸柳新村街道党办	济南市劳动工资统计工作先进单位	济南市统计局
甸柳新村街道城管科	济南市工人先锋号	济南市总工会
甸柳新村街道	济南市银龄安康工程先进单位	济南市老龄工作委员会
甸柳新村街道吉祥苑市场科	精品示范农贸市场	济南市精神文明建设委员会办公室 济南市市场监督管理局
甸柳新村街道吉祥苑市场科	诚信示范农贸市场	山东省精神文明建设委员会办公室 山东省市场监督管理局
甸柳街道第一社区	济南市担当作为“出彩型”好团队	中共济南市委 济南市人民政府
甸柳街道第四社区	健康社区	济南市爱国卫生运动委员会办公室
甸柳街道第二社区	健康社区	济南市爱国卫生运动委员会办公室
甸柳街道第三社区	济南市银龄安康工程优秀村	济南市老龄工作委员会

续表

获奖单位	荣誉称号	授奖单位
甸柳街道第三社区居民委员会	全市民主法治示范村（社区）	济南市司法局 济南市民政局
姚家街道办事处	创建全国文明城市先进单位	中共济南市委 济南市人民政府
姚家街道办事处	2017年度法人单位纳入国家统计联网直报工作先进单位	济南市统计局
姚家街道办事处	征兵工作先进单位	济南市人民政府 济南市警备区
姚家街道办事处	2018年度实施“银龄安康工程”先进街道	济南市老龄工作委员会办公室
姚家街道姚家村	先进基层党组织	中共济南市委
姚家街道姚家村	工人先锋号	济南市总工会
姚家街道名士豪庭第二社区	济南市担当作为“出彩型”好团队	中共济南市委 济南市人民政府
姚家街道名士豪庭第二社区	健康社区	济南市爱国卫生运动委员会办公室
姚家街道三箭平安苑社区	文明社区	济南市精神文明建设委员会
姚家街道友谊苑社区	文明社区	济南市精神文明建设委员会
姚家街道友谊苑社区	平安村居（社区）	济南市社会治安综合治理办公室
姚家街道现代逸城社区	2018年度实施“银龄安康工程”优秀社区	济南市老龄工作委员会办公室
姚家街道名士豪庭社区	健康社区	济南市爱国卫生运动委员会办公室
姚家街道现代逸城社区	文明社区	济南市精神文明建设委员会
姚家街道现代逸城社区	健康社区	济南市爱国卫生运动委员会办公室
姚家街道人力资源和社会保障服务中心	被征地农民养老保险工作先进单位	济南市人力资源和社会保障局
姚家街道名士豪庭第二社区居民委员会	全市民主法治示范村（社区）	济南市司法局 济南市民政局
姚家街道仁合社区居民委员会	全市民主法治示范村（社区）	济南市司法局 济南市民政局
智远街道济炼社区居民委员会	全市民主法治示范村（社区）	济南市司法局 济南市民政局
龙洞街道和苑社区居民委员会	全市民主法治示范村（社区）	济南市司法局 济南市民政局
龙洞街道西蒋峪村民委员会	全市民主法治示范村（社区）	济南市司法局 济南市民政局
龙洞街道和苑社区	全市民主法治示范社区	济南市司法局 济南市民政局
龙洞街道转山西路社区	绿色社区	济南市环境保护局 济南市民政局

国家级先进个人一览表

姓名	工作单位	荣誉称号	授奖单位
骆延梅	区卫生和计划生育局	全国生育状况抽样调查优秀个人	国家卫生和计划生育委员会
李　凯	区卫生和计划生育局	全国流动人口动态监测调查优秀个人	国家卫生和计划生育委员会
杨连远	文化东路街道	全国“最美家庭”	中华全国妇女联合会
张梅瑞	区建筑新村街道人民调解委员会	全国人民调解工作先进个人	司法部
胡春颖	千佛山街道	全国流动人口动态监测调查优秀个人	国家和卫生计划生育委员会
杨　洋	甸柳新村街道	全国“五好家庭”	中华全国妇女联合会
李　娜	甸柳新村街道甸北社区	全国流动人口动态监测调查优秀个人	国家卫生健康委员会办公厅

省级先进个人一览表

姓名	工作单位	荣誉称号	授奖单位
王　勇	山东麦德森文化传媒有限公司	2018年山东省劳动模范	山东省总工会
冯雪梅	济南市历下区税务局	2018年山东省劳动模范	山东省总工会
韩爱民	济南市青龙街小学	2018年山东省劳动模范	山东省总工会
杨京涛	山东华艺物业管理有限公司	2018年山东省劳动模范	山东省总工会
滕　飞	千佛山街道	齐鲁和谐使者	山东省人民政府
滕　飞	千佛山街道	全省担当作为好书记	山东省委组织部
董继红	解放路街道	齐鲁和谐使者	山东省人民政府
吕晓蓓	区检察院	山东省“三八”红旗手	山东省妇女联合会
刘　卫	区机构编制委员会办公室	《机构与行政》宣传工作先进个人	大众报业集团（大众日报社）山东省机构编制委员会办公室
韩　涛	区公安局	二等功	山东省公安厅
郑秀喜	区委党校	全省党校系统优秀教学奖	中共山东省委党校
高连刚	区宣传部	2017—2018年度全省优秀理论教育工作者	中共山东省委宣传部
张　柯	龙洞街道	《人民权利报》宣传先进个人	山东省人大常委会办公厅
闫立彬	大明湖街道	济南市创建全国文明城市工作一等功	山东省人民政府
吕晓真	大明湖街道	山东省青年志愿服务先进个人	共青团山东省委
董继红	解放路街道	齐鲁和谐使者	山东省人民政府

续表

姓名	工作单位	荣誉称号	授奖单位
牛亦慧	区市场监管局	全省工商和市场监管系统“百优企业登记服务标兵”	山东省工商行政管理局
解　飞	区市场监管局	全省工商和市场监管系统“消费维权先进个人”	山东省工商行政管理局
张敏敏	区医院	山东省医院感染管理知识竞赛二等奖	山东省护理协会
王　迎	区体育局	2014—2017年度全省群众体育先进个人	山东省体育局
赵立学	区财政局	《心中的幸福》荣获庆祝改革开放40周年征文三等奖	九三学社山东省委员会
何延华	区疾病预防控制中心	免疫规划业务工作先进个人	山东省疾病预防控制中心
刘倩婷	区疾病预防控制中心	2016—2017年度全省传染病信息与突发公共卫生事件报告管理工作先进个人	山东省疾病预防控制中心
范晓红	区疾病预防控制中心	2016—2017年度山东省慢性非传染性疾病防制工作先进个人	山东省疾病预防控制中心
郑　燕	区疾病预防控制中心	2016—2017年度山东省慢性非传染性疾病防制工作先进个人	山东省疾病预防控制中心
郭　萍	姚家街道	山东省巾帼建功标兵	山东省妇女联合会

市级先进个人一览表

姓名	工作单位	荣誉称号	授奖单位
刘　卫	区机构编制委员会办公室	全市机构编制系统调研成果三等奖	济南市机构编制委员会办公室
杜宝现	区委统战部	2018年度全市统战理论政策研究优秀成果一等奖	中共济南市委统战部
刘明信	区委统战部	2018年全市统战信息工作先进个人	中共济南市委统战部
王　岩	区政府办公室	全市政府法制信息工作先进个人	济南市人民政府法制办公室
董玉玲	区政府办公室	市政务信息工作成绩突出个人	济南市人民政府办公厅
纪宏伟	区政府办公室	全市政务公开工作成绩突出个人	济南市人民政府办公厅
陈　润	区政府办公室	全市政务公开工作成绩突出个人	济南市人民政府办公厅
付之鹏	区政府办公室	全市政府网站信息内容建设工作成绩突出个人	济南市人民政府办公厅
张婧譞	共青团区委	济南市创建文明城市先进个人	中共济南市委 济南市人民政府
王贵文	区信访局	十九大安保维稳工作先进个人，记三等功	中共济南市委 济南市人民政府
滕　燕	区财政局	创建全国文明城市先进个人，并记三等功	中共济南市委 济南市人民政府
牟冬青	区财政局	济南市会计领军人才	济南市人民政府

续表

姓名	工作单位	荣誉称号	授奖单位
赵文文	区财政局	济南市会计领军人才	济南市人民政府
孙　芳	区财政局	济南市重点工作表现突出个人（招商引资类）	济南市人民政府办公厅
何军民	区财政局	会计管理工作先进个人	济南市财政局
宋佳民	区财政局	会计管理工作先进个人	济南市财政局
郑大伟	区财政局	全市财政企业财务信息工作先进个人	济南市财政局
赵立学	区财政局	信息工作先进个人	九三学社济南市委员会
顾朝霞	区教育局	济南市担当作为“出彩型”好干部	中共济南市委 济南市人民政府
林　松	区交警大队	创建全国文明城市先进个人，并记个人二等功	济南市公安局
曹兴国	区交警大队	创建全国文明城市先进个人，并记个人二等功	济南市公安局
仉元华	区交警大队	创建全国文明城市先进个人，并记个人嘉奖	济南市公安局
钟　梁	区交警大队	创建全国文明城市先进个人，并记个人嘉奖	济南市公安局
黄笑晨	区交警大队	创建全国文明城市模范市民	中共济南市委 济南市人民政府
刘贝利	区交警大队	创建全国文明城市模范市民	中共济南市委 济南市人民政府
秦卓弘	区交警大队	个人二等功	济南市公安局
王寿荣	区交警大队	个人三等功	济南市公安局
王新潮	区交警大队	个人三等功	济南市公安局
隋立新	区交警大队	个人三等功	济南市公安局
赵恒敏	区交警大队	个人三等功	济南市公安局
杨　勇	区交警大队	个人三等功	济南市公安局
王　芳	区交警大队	个人三等功	济南市公安局
常云霞	区交警大队	个人三等功	济南市公安局
李先利	区交警大队	个人三等功	济南市公安局
王寿荣	区交警大队	个人三等功	济南市公安局
李晓斌	区交警大队	济南市五一劳动奖章	济南市总工会
王教文	区交警大队	青年岗位操作能手	济南市总工会
曹兴国	区交警大队	全市无偿献血工作先进个人	济南市卫生和计划生育委员会 济南市精神文明建设委员会办公室
石秀娟	区文化局图书馆	济南市农家书屋建设先进个人	济南市文化广电新闻出版局

续表

姓名	工作单位	荣誉称号	授奖单位
吴爱军	区卫生和计划生育局	健康大使	济南市卫生和计划生育委员会 济南市爱国卫生运动委员会办公室
吴爱军	区卫生和计划生育局	全市医政（医务）管理工作先进个人	济南市卫生和计划生育委员会
陈双峰	区卫生和计划生育局	全平安医院建设先进个人	济南市卫生和计划生育委员会
刘　杨	区卫生和计划生育局	全市药事工作先进个人	济南市卫生和计划生育委员会
石　霞	区卫生和计划生育监督所	济南市卫生计生系统“岗位技术能手”	济南市卫生和计划生育委员会
仲崇蔚	区卫生和计划生育监督所	济南市卫生计生系统“岗位技术能手”	济南市卫生和计划生育委员会
张先勤	区卫生和计划生育监督所	济南市卫生计生系统“岗位技术能手”	济南市卫生和计划生育委员会
田　梅	区卫生和计划生育监督所	济南市卫生计生监督执法办案能手	济南市卫生和计划生育委员会
仲崇蔚	区卫生和计划生育监督所	济南市卫生计生监督执法办案能手	济南市卫生和计划生育委员会
王　佳	区卫生和计划生育监督所	济南市卫生计生监督执法办案能手	济南市卫生和计划生育委员会
华重阳	区卫生和计划生育监督所	济南市卫生计生监督执法办案能手	济南市卫生和计划生育委员会
范　莉	区疾病预防控制中心	济南市传染病防治工作岗位技能竞赛“组织贡献奖”	济南市卫生和计划生育委员会
孙　芳	区疾病预防控制中心	济南市传染病防控工作先进个人	济南市卫生和计划生育委员会
范晓红	区疾病预防控制中心	食品安全风险监测工作先进个人	济南市卫生和计划生育委员会
陈娜娜	区疾病预防控制中心	全市健康教育工作先进个人	济南市卫生和计划生育委员会
郑　燕	区疾病预防控制中心	牙防工作先进个人	济南市卫生和计划生育委员会
吕洪森	区园林局	创建全国文明城市工作先进个人	中共济南市委 济南市人民政府
孟德奇	区园林局	创建全国文明城市工作先进个人	中共济南市委 济南市人民政府
付　强	区园林局	2017年度济南市重点工作表现突出个人	中共济南市委
张　亮	区园林局	济南市五一劳动奖章	济南市总工会
陆　芳	区市场监管局	济南市三八红旗手	济南市妇女联合会
杜　君	区市场监管局	参政议政先进个人	民盟济南市委员会
张玉云	区执法局	创建全国文明城市二等功	中共济南市委 济南市人民政府
韩　涛	区执法局	创建全国文明城市嘉奖	中共济南市委 济南市人民政府
李传龙	区执法局	拆违拆临工作突出个人	中共济南市委 济南市人民政府

续表

姓名	工作单位	荣誉称号	授奖单位
李　军	区执法局	交通拥堵治理工作突出个人	中共济南市委 济南市人民政府
吴庆学	区司法局	济南市人民调解工作先进个人	济南市中级人民法院
田　田	历下区东关街道长北社区人民调解委员会调解员	济南市人民调解工作先进个人	济南市中级人民法院 济南市司法局
郑少英	甸柳街道甸柳一居社区人民调解委员会	济南市人民调解工作先进个人	济南市中级人民法院 济南市司法局
马　蓓	智远街道济炼社区人民调解委员会	济南市人民调解工作先进个人	济南市中级人民法院 济南市司法局
杨奎香	姚家街道名士豪庭第二社区人民调解委员会	济南市人民调解工作先进个人	济南市中级人民法院 济南市司法局
吕洪涛	龙洞街道人民调解委员会	济南市人民调解工作先进个人	济南市中级人民法院 济南市司法局
王培梁	区诉前民事纠纷人民调解委员会	济南市人民调解工作先进个人	济南市中级人民法院 济南市司法局
陈　军	区诉前民事纠纷人民调解委员会	济南市人民调解工作先进个人	济南市中级人民法院 济南市司法局
王玉梅	区婚姻家庭纠纷人民调解委员会	济南市人民调解工作先进个人	济南市中级人民法院 济南市司法局
王启太	区诉前民事纠纷人民调解委员会	济南市人民调解工作先进个人	济南市中级人民法院 济南市司法局
王宝明	区婚姻家庭纠纷人民调解委员会	济南市人民调解工作先进个人	济南市中级人民法院 济南市司法局
闫　勇	区法院	三等功	济南市中级人民法院
谭树杰	区法院	三等功	济南市中级人民法院
于骐宁	区法院	三等功	济南市中级人民法院
段勇强	区法院	全市法院“三零法官”荣誉称号	济南市中级人民法院
温进才	区法院	全市法院“三零法官”荣誉称号	济南市中级人民法院
王　玉	区法院	全市法院“三零法官”荣誉称号	济南市中级人民法院
吕　静	区法院	“2015—2017年度”济南市档案工作科学化管理先进个人	济南市档案局
王建军	区法院	十九大安保维稳工作先进个人（嘉奖）	中共济南市委 济南市人民政府
宁　爽	区法院	巾帼十佳法官、济南市三八红旗手	济南市中级人民法院 济南市妇女联合会
孙　静	区法院	全市法院“优秀办案能手”	济南市中级人民法院
闫　勇	区法院	济南市人民调解工作先进个人	济南市中级人民法院 济南市司法局

续表

姓名	工作单位	荣誉称号	授奖单位
王艳萍	区检察院	泉城巾帼建功十佳检察官	济南市人民检察院
王艳萍	区检察院	济南市三八红旗手	济南市妇女联合会
王　瑞	区检察院	济南市检察机关首届未成年人检察业务竞赛标兵	济南市检察院
朱玉杰	区公安分局	二等功	济南市公安局
李晓丹	区公安分局	二等功	济南市公安局
郑秀喜	区委党校	第四届全市党校系统社科优秀科研成果评比活动优秀科研成果一等奖	中共济南市委党校
李德华	区委党校	第四届全市党校系统社科优秀科研成果评比活动优秀科研成果二等奖	中共济南市委党校
吴玉玲	区委党校	第四届全市党校系统社科优秀科研成果评比活动优秀科研成果二等奖	中共济南市委党校
王官喆	区委党校	第四届全市党校系统社科优秀科研成果评比活动优秀科研成果三等奖	中共济南市委党校
夏静静	区委党校	第四届全市党校系统社科优秀科研成果评比活动优秀科研成果三等奖	中共济南市委党校
石晓玉	区委党校	市劳动工资统计工作先进个人	济南市统计局
杨振环	区市场监管局	济南市创建全国文明城市先进个人	中共济南市委 济南市人民政府
杜　君	区市场监管局	盟务工作先进个人	民盟济南市委员会
马士成	区医院	济南市医学影像医师技能竞赛三等奖	济南市卫生和计划生育委员会
刘思广	历下控股集团	济南市五一劳动奖章	济南市总工会
于海荣	文化东路街道	2018 年度济南市实施银龄安康工程先进个人	济南市老龄工作委员会办公室 济南人寿保险股份有限公司济南分公司
滕　飞	千佛山街道	济南市担当作为“出彩型”好干部，记三等功	中共济南市委 济南市人民政府
滕　飞	千佛山街道	泉城法治论坛“新时代枫桥经验的济南实践”主题征文，获“三等奖”	济南市法学会
李亚华	千佛山街道	青春健康教育工作先进个人	济南市计划生育协会
李　慧	千佛山街道	济南市计划生育协会先进工作者	济南市计划生育协会
刘　静	千佛山街道	济南市计划生育协会先进工作者	济南市计划生育协会
李　振	千佛山街道	济南市计划生育协会先进工作者	济南市计划生育协会
王　红	千佛山街道	济南市计划生育协会先进志愿者	济南市计划生育协会
庞向英	千佛山街道	济南市计划生育协会先进志愿者	济南市计划生育协会
李　明	千佛山街道	济南市计划生育先进会员	济南市计划生育协会

续表

姓名	工作单位	荣誉称号	授奖单位
刘筱阳	千佛山街道	济南市计划生育先进会员	济南市计划生育协会
滕　飞	千佛山街道	济南市计划生育协会优秀会长	济南市计划生育协会
何　姗	千佛山街道	济南市计划生育优秀秘书长	济南市计划生育协会
王　娟	大明湖社区	济南市“青年岗位操作能手”	共青团济南市委员会
矫　娜	大明湖社区	济南市 1% 人口抽样调查先进个人	济南市 1% 人口抽样调查工作协调小组办公室
矫　娜	大明湖社区	济南市固定资产投资统计工作先进个人	济南市统计局
闫立彬	大明湖社区	济南市担当作为“出彩型”好干部，记二等功	中共济南市委 济南市人民政府
王俊超	大明湖社区	2018 年度济南市固定资产投资统计工作先进个人	济南市统计局
刘　媛	大明湖社区	2018 年度济南市社区好青年	中共济南市委组织部 共青团济南市委 济南市农业局 中共济南市委农村办公室 中国人民银行济南分行营业管理部
贯　龙	解放路街道	全国文明城市先进个人	中共济南市委 济南市人民政府
孙红丽	解放路街道	全国文明城市先进个人	中共济南市委 济南市人民政府
唐　浩	解放路街道	济南市第三届乡镇财政业务技能竞赛个人二等奖	济南市财政局
唐　浩	解放路街道	济南市乡镇财政业务会计核算技术能手	济南市财政局
徐　晓	解放路街道	2018 年度济南市劳动工资统计工作先进个人	济南市统计局
张立晔	解放路街道	计划生育协会工作先进会员	济南市计划生育协会
孙文倩	解放路街道	计划生育协会工作先进会员	济南市计划生育协会
董继红	解放路街道	全国文明城市模范市民	中共济南市委 济南市人民政府
董继红	解放路街道	济南市担当作为“出彩型”好干部，记三等功	中共济南市委 济南市人民政府
董继红	解放路街道	济南市三八红旗手	济南市妇女联合会
董继红	解放路街道	济南市三八红旗标兵	济南市妇女联合会
吕　伟	解放路街道	创建全国文明城市模范市民	中共济南市委 济南市人民政府
吕　伟	解放路街道	计划生育协会先进工作者	济南市计划生育协会

续表

姓名	工作单位	荣誉称号	授奖单位
王群群	解放路街道	计划生育协会先进工作者	济南市计划生育协会
何建梅	解放路街道	计划生育协会优秀会长、秘书长	济南市计划生育协会
许蓓蓓	解放路街道	计划生育协会优秀会长、秘书长	济南市计划生育协会
魏　萍	解放路街道	计划生育协会工作先进志愿者	济南市计划生育协会
张　娴	解放路街道	计划生育协会工作先进志愿者	济南市计划生育协会
魏旭彤	解放路街道	计划生育协会工作先进志愿者	济南市计划生育协会
薛　倩	建筑新村街道和平新村社区	创建全国文明城市模范市民	中共济南市委 济南市人民政府
杨　蟲	建筑新村街道	“四上”法人单位上规入库工作先进个人	济南市统计局
杨少辉	建筑新村街道	“四上”法人单位上规入库工作先进个人	济南市统计局
王申君	建筑新村街道	济南市计划生育协会先进工作者	济南市计划生育协会办公室
王一泽	建筑新村街道	济南市计划生育协会先进工作者	济南市计划生育协会办公室
强　蕊	建筑新村街道花园路社区	济南市计划生育协会工作先进志愿者	济南市计划生育协会办公室
董宇翔	建筑新村街道和平新村社区	济南市计划生育协会工作先进志愿者	济南市计划生育协会办公室
高立香	建筑新村街道	济南市计划生育协会先进会员	济南市计划生育协会办公室
谢　红	建筑新村街道解放路社区	济南市计划生育协会先进会员	济南市计划生育协会办公室
王　燕	建筑新村街道	济南市计划生育协会优秀会长	济南市计划生育协会办公室
陈梦瑶	建筑新村街道	济南市计划生育协会优秀秘书长	济南市计划生育协会办公室
王一泽	建筑新村街道	济南市计划生育协会工作优秀信息员	济南市计划生育协会办公室
徐　辉	建筑新村街道绿景家园社区	济南市青春健康教育工作优秀师资	济南市计划生育协会办公室
高立香	建筑新村街道	健康大使	济南市爱国卫生运动委员会办公室
谢　红	建筑新村街道解放路社区	健康大使	济南市爱国卫生运动委员会办公室
董宇翔	建筑新村街道和平新村社区	健康大使	济南市爱国卫生运动委员会办公室
强　蕊	建筑新村街道花园路社区	健康大使	济南市爱国卫生运动委员会办公室
徐　辉	建筑新村街道绿景嘉园社区	健康大使	济南市爱国卫生运动委员会办公室

续表

姓名	工作单位	荣誉称号	授奖单位
孙学玲	建筑新村街道历山东路社区	济南市好市民	济南市精神文明建设委员会
王承谦	建筑新村街道解放路社区	创建全国文明城市模范市民	济南市精神文明建设委员会
杨　萌	建筑新村街道历山东路社区	济南社区科普大学优秀管理人员	济南市科学技术协会
徐　辉	建筑新村街道绿景家园社区	济南市1%人口抽样调查先进个人	济南市1%人口抽样调查工作协调小组办公室
孔爱华	甸柳新村街道	济南市计划生育协会优秀会长	济南市计划生育协会
郭忠贞	甸柳新村街道	济南市计划生育协会优秀秘书长	济南市计划生育协会
杨晓婵	甸柳新村街道	济南市计划生育协会先进工作者	济南市计划生育协会
李妍非	甸柳新村街道	济南市银龄安康工程先进个人	济南市老龄工作委员会
周　琪	甸柳新村街道	济南市商品市场监测工作先进个人	济南市商务局
王庆玲	甸柳新村街道第二社区居委会	创建全国文明城市模范市民	中共济南市委 济南市人民政府
万红霞	甸柳新村街道甸南社区居委会	创建全国文明城市模范市民	中共济南市委 济南市人民政府
李　钢	龙洞街道	劳动工资统计先进个人	济南市统计局
郭　洁	智远街道	创建全国文明城市工作先进个人	济南市精神文明建设委员会
范小超	智远街道	创建全国文明城市工作先进个人	济南市精神文明建设委员会
赵义涛	智远街道	创建全国文明城市工作先进个人	济南市精神文明建设委员会
杨奎香	姚家街道	健康大使	济南市卫生和计划生育委员会 济南市爱国运动委员会办公室
郭　萍	姚家街道	创建全国文明城市模范市民	中共济南市委 济南市人民政府
苏曰泰	姚家街道	创建全国文明城市模范市民	中共济南市委 济南市人民政府
杨奎香	姚家街道	创建全国文明城市模范市民	济南市精神文明建设委员会办公室
王　宇	姚家街道	创建全国文明城市模范市民	济南市精神文明建设委员会办公室
夏会敏	姚家街道	创建全国文明城市模范市民	济南市精神文明建设委员会办公室
孙岐远	姚家街道	最美志愿者	济南市精神文明建设委员会办公室

续表

姓名	工作单位	荣誉称号	授奖单位
梁念宁	姚家街道	2018年济南市重点工作表现突出个人	中共济南市委办公厅 济南市人民政府办公厅
张　祺	姚家街道	“双招双引”工作表现突出个人	中共济南市委办公厅 济南市人民政府办公厅
李淑静	姚家街道	济南市“三八红旗手”	济南市妇女联合会
李　静	姚家街道	创建全国文明城市工作模范市民	济南市精神文明委员会办公室
赵　平	姚家街道	济南市农家书屋十周年活动先进个人	济南市文化广电新闻出版局
梁立国	姚家街道	健康大使	济南市卫生和计划生育委员会 济南市爱国运动委员会办公室
唐小凡	姚家街道	“济南慈善奖”慈善先进个人	济南市老龄工作委员会办公室
耿　莹	姚家街道	实施“银龄安康工程”先进个人	济南市老龄工作委员会办公室
杨　亮	姚家街道	济南市乡村（社区）好青年	济南市委组织部 共青团济南市委
吴卫强	姚家街道	健康大使	济南市卫生和计划生育委员会 济南市爱国卫生运动委员会
赵文博	姚家街道	全市棚改旧改（征地拆迁）工作表现突出个人	中共济南市委办公厅 济南市人民政府办公厅
于　召	姚家街道	创建全国文明城市工作先进个人	济南市精神文明建设委员会办公室
于　召	姚家街道	济南市城市管理局数字化城管办理能手	济南市城管局
刘建华	姚家街道	济南市“最美家庭”	济南市妇女联合会
郭　萍	姚家街道	济南市十大巾帼建功标兵	济南市妇女联合会

（各单位提供）

责任编校：王海燕　李　燕

历下年鉴
2019 LIXIA YEARBOOK

附　录

大美历下系列图片　（邢可锋　摄影）

附　录

文件选编

中共济南市历下区委
济南市历下区人民政府
关于加快推进养老服务业发展的意见

历下发〔2018〕1号

近年来，我区养老服务业快速发展，产业规模不断扩大，服务体系逐步完善，但仍面临供给结构不尽合理、市场潜力未充分释放、服务质量有待提高等问题。随着人口老龄化程度不断加深和人民日益增长的美好生活需求逐步提高，老年群体多层次、多元化的服务需求持续增长，对扩大养老服务有效供给提出了更高要求。为不断提升我区养老服务社会化、市场化、专业化水平，加快推进全区养老服务业转型升级，经区委、区政府研究，提出如下意见：

一、指导思想

全面学习贯彻习近平新时代中国特色社会主义思想和党的十九大精神，持续深化简政放权、放管结合，优化养老服务改革，积极应对人口老龄化，繁荣养老市场，提升服务质量，加快推进养老服务业供给侧结构性改革，切实增强全区老年人获得感、幸福感和安全感。

二、基本原则

深化改革，激活市场。进一步降低准入门槛，营造公平竞争环境，积极引导社会资本进入养老服务业，充分激发各类市场主体活力。

改善结构，突出重点。扎实开展“X+1”居家养老服务模式，实行政府托底保障；加快发展以“六助”功能、短期托养、医养结合为重点的社区养老服务；大力培育嵌入式、小微化、连锁化、医护型机构养老服务综合体。

强化监管，优化环境。完善监督机制，健全评估制度，推动行业科学化、标准化建设，加强行业自律，促进规范发展，维护老年人合法权益。

三、主要内容

按照“9073”养老体系构架，加快推进全区养老服务业发展，全方位建设以居家为主、社区为辅、机构为补充、智慧健康养老为支撑的多元化养老服务体系。

（一）居家养老

根据全区经济社会发展状况和老年人养老服务需求，不断提高居家养老服务水平，实现政府购买服务全面覆盖最困难、最需要帮助的居家老年人；引导有条件、有需要的居家老年人自费购买居家养老服务。为享受居家养老服务的高龄、失能、半失能困难老年人家庭开展无障碍设施改造。

1. 居家养老服务对象、服务标准和服务内容

（1）服务对象。根据购买服务的不同主体，分为政府购买服务和自费购买服务两类。

政府购买服务对象。户籍和居住地均在历下区的60周岁及以上老年人，符合下列条件之一的，均可享受政府购买居家养老服务。

——60周岁及以上、社会散居的无劳动能力、无生活来源、无法定赡养人或者法定赡养（抚养）人无赡养（抚养）能力的老年人。

——60周岁及以上、家庭人均月收入低于济南市历下区最低月工资标准1.5倍的失能、半失能、重大疾病的孤寡老年人。

——60周岁及以上、家庭人均月收入低于济南市历下区最低月工资标准1.5倍的失能、半失能、重大疾病的独居老年人。

——60周岁及以上、家庭人均月收入低于济南市历下区最低月工资标准的失能、半失能、重大疾病的空巢老年人。

——60周岁及以上、享受低保或低保边缘，且与二级及以上残疾子女居住的老年人。

——60周岁及以上、家庭人均月收入低于济南市历下区最低月工资标准的重度失能老年人。

——60周岁及以上、计生失独家庭中的失能、半失能、重大疾病老年人。

——60周岁及以上、家庭人均月收入低于济南市历下区最低月工资标准的二级及以上残疾老年人。

——75周岁及以上、家庭人均月收入低于济南市历下区最低月工资标准2.5倍且与二级及以上残疾子女居住的老年人。

——80周岁及以上的孤寡老年人。

——80周岁及以上、持有四级及以上伤残军人证、伤残警察证、伤残国家机关工作人员证的老年人。

——80周岁及以上、市级以上劳模中的空巢、独居老年人。

——80周岁及以上、家庭人均月收入低于济南市历下区最低月工资标准2倍的空巢、独居老年人。

——90周岁及以上、家庭人均月收入低于济南市历下区最低月工资标准2.5倍的老年人。

自费购买服务对象。指除政府购买服务对象外，有服务需求、自愿自费购买服务的老年人，可向社区居委会提出申请，由区民政局或街道办事处协调服务机构提供服务。

（2）服务标准。对确定为政府购买服务的老年人，根据其年龄、生活能力、经济条件、居住环境、认知能力、特殊贡献等情况，按照评估分值高低，分别给予一、二、三、四、五类居家服务。为享受一至三类居家服务的老年人发放养老补贴卡，养老补贴卡不能提现，持有养老补贴卡的老年人，可到街道办事处指定的快餐店或社区综合养老服务中心、日间照料中心就餐，区民政局负责养老补贴卡的审批工作，街道办事处负责养老补贴卡充值与发放工作。

（3）服务内容。主要通过政府购买家政服务公司、社会工作组织、医疗机构和社会其他服务机构服务的方式，充分调动社区志愿者等公益性组织力量，向老年人提供生活照料、家政服务、康复保健、助医助餐、紧急救援、精神慰藉等服务。

2. 工作流程

按照公平、公正、公开的原则，申请居家养老服务的老年人向居住地所在社区居委会提交申报材料，社区居委会摸底调查并公示，由第三方机构对老年人进行能力评估，经街道办事处资格复审后，递交区民政局审批，社区居委会公示审批结果。

3. 资金保障

区政府设立专项资金，为居家养老工作提供资金保障。按照每位居家养老服务对象每月100元的标准拨付街道作为业务经费，由各街道、社区开展为老服务，为居家养老服务对象安装家庭无障碍设施或提供理发、修剪指甲、购买生日蛋糕等特色服务；按照每位居家养老服务对象每月120元的标准拨付居家养老服务公司管理经费。

（二）社区养老

推进社区日间照料中心向综合养老服务中心转型升级，加快发展以短期托养、医养结合为重点的社区养老服务，积极引导社区养老向居家养老延伸辐射，实现二者融合发展。

1. 目标任务

各街道应积极通过新（扩）建、租赁等形式大力推进街道综合养老服务中心建设。2020年前，建成15处具备助餐、助浴、助医、助洁、助行、助急等“六助”功能为一体的综合性街道养老服务中心和80处社区日间照料中心，实现社区养老服务设施全覆盖。2018年年底前，先期完成10处街道综合养老服务中心、23处社区日间照料中心的建设任务。

2. 建设、功能和运营要求

（1）建设要求

——设施要求。每个街道至少建立1处综合养老服务中心，选址应符合环保、消防安全、卫生防疫等有关规定，尽可能选择与辖区医院、社区卫生服务站、便民服务中心等临近的场地就近建设。场所设置应以满足老年人生活照料、康复护理所必需的用房为主，包括老年人休息室、浴室、卫生间、厨房操作间、活动（康复）室等，有条件的应设置室外活动场所。

——规模要求。街道综合养老服务中心建筑面积应在1500平方米以上，短期托养床位应在10张以上。

——标识要求。全区统一确定街道综合养老服务中心服务标识，形成统一的服务理念、规章制度、服务色调、服务流程等。街道综合养老服务中心名称统一为“**街道综合养老服务中心”。

（2）功能要求

——日常服务。通过市、区两级养老服务信息平台，为老年人提供家政、生活照料等服务。

——短期托养。为老年人提供日托、全托或为家属需要喘息服务的老年人提供短期托养服务。

——康复护理。为老年人提供术后康复、中医理疗、健康保健等服务。

——餐饮配送。为老年人提供就餐、配送餐等服务。

——文化娱乐。为老年人提供文化、娱乐等服务。

——示范指导。根据整个街道老年人基本情况，统筹指导辖区内其他社区养老服务设施的建设和运营。

各街道综合养老服务中心在具备上述功能的基础上，可结合老年人实际需求，因地制宜探索开展“养老服务套餐”等特色服务。

（3）运营要求

——运营主体。街道综合养老服务中心采取公建民营方式，委托有丰富养老服务经验的社会力量作为运营主体。街道应与运营主体签订合同，明确权责义务，建立激励与退出机制。在前期建设或改建时应广泛征求运营主体或专业养老公司对设施改造、功能设置的意见建议，切实提高设施和服务的适老化、专业化水平。

——人员要求。街道综合养老服务中心应配备与开展服务相适应的管理人员、专业技术人员和服务人员，其中专职工作人员不少于5人。提供短期托养服务的，至少要有2名以上专业护理人员，护理人员应持证上岗。

——安全要求。街道综合养老服务中心应符合消防相关要求，配备与其服务要求相适应的安全设施以及照明、防滑、紧急呼叫、卫生消毒等防护措施。为老年人提供膳食加工配置和集中用餐的，应符合环保、卫生等要求，并取得食品经营许可证书。为老年人提供集中用餐的，应有相对独立的就餐空间。提供全托服务的，应取得相应运营资质。

3. 资金保障

在省、市养老服务业专项资金补助的基础上，对符合条件的街道综合养老服务中心和社区日间照料中心，区财政按建设规模分别给予一次性建设资助和运营资助。新建、扩建工程一般不超过每平方米4000元，改造提升工程一般不超过每平方米2500元；房屋建筑面积超过1000平方米以上的，设施设备按每平方米480元资助，建筑面积在600—1000平方米（含）的，设施设备按每平方米360元资助，建筑面积在300—600平方米（含）的，设施设备按每平方米240元资助；建筑面积300平方米以上，由社区居委会自行运营的按照每平方米每年150元标准给予运营资助，由第三方专业组织运营的按照每平方米每年360元标准给予运营资助。

（三）机构养老

深化放管服改革，深入开展服务质量建设专项行动，加快规范机构养老发展，完善提升养老机构饮食起居、医疗保健等综合性服务功能。

1. 目标任务

2019年前，建成1处建筑面积不少于10000平方米、床位不少于300张，具备长期照护、短期托养、日间料理等功能的区级医养结合型养老服务综合体，采用招投标、委托运营等竞争性方式确定运营方，2018年完成规划选址、初步建设等工作，2019年建成并投入使用。大力发展社区嵌入式、小微化、医护型养老机构，满足辖区老年人就近养老需求。引导医疗机构利用闲置床位改建为养老机构，提高护理型养老床位比例，重点满足失能、半失能老年人需求。鼓励民间资本对企业厂房、商业设施等资源进行整合改造建设养老机构，切实提高全区养老机构覆盖率。

2. 工作措施

高标准建设区级综合养老服务机构，充分发挥公办养老机构托底保障作用。降低准入门槛，设立盈利性养老机构，按“先照后证”的简化程序执行，达到法人登记条件的，可先申请登记注册机构，再申请设立养老机构许可。非盈利性养老机构在取得民政部门设立许可证后，依法办理相应登记。养老机构从事餐饮服务活动，应当依法取得营业执照等合法主体资格后，再申请食品经营许可证。建立健全养老机构消防安全、食品卫生、人员管理等各项规章制度，加强工作指导和监督检查。扶持现有养老机构基础设施改造提升，改变部分机构消防设施落后的现状。增设养老机构户外设施，确保老年人户外活动空间。完善公建民营养老机构管理办法，改革运营方式，鼓励实行服务外包，政府投资建设和购置以及新建居民区按规定配建并移交给民政部门的养老设施均可实施公建民营。支持有条件的养老机构加挂社区养老服务中心牌子，成立社区服务部，向社区老年人开放公共服务设施，提供社区居家养老服务。

3. 资金保障

在省、市养老服务业专项资金补助的基础上，对符合条件且入住率达 30% 以上的养老机构，区财政按每张床位 5000 元的标准给予一次性建设补助；按照自理老年人每人每年 360 元、半自理老年人每人每年 600 元、完全不能自理老年人每人每年 720 元的标准发放养老机构运营补助；按照每人每年 1100 元的标准发放养老机构取暖补助。

（四）智慧健康养老

按照“政府主导、发挥智慧健康养老智慧化支撑作用，企业运营、提升智慧健康养老多元化服务水平，社会参与、满足智慧健康养老个性化照护需求”的工作思路，加快推进医养结合，以信息化手段整合老年人需求信息和各类社会服务资源，形成线上线下相结合的社区居家养老服务体系。

1. 智慧养老。创新“互联网 +”养老服务，发展智慧养老服务新业态，开发和运用智能硬件，推动移动互联网、云计算、物联网、大数据等与养老服务相结合，重点推进老年人健康管理、紧急救援、精神慰藉、服务预约、物品代购等居家服务，开发更加多元、精准的私人订制服务。支持适合老年人的智能化产品、健康监测可穿戴设备、健康养老移动应用软件（APP）等设计开发。打通养老服务信息共享渠道，推进社区综合服务信息平台与户籍、医疗、社会保障等信息资源对接，促进养老服务公共信息资源向各类养老服务机构开放。

2. 健康养老。开通医养结合绿色通道，家庭医生签约服务覆盖所有常住老年人群，支持养老机构开办康复院、医务室等医疗卫生机构，民政、卫计、人社等部门要密切配合，积极对接上级业务部门，将符合条件的养老机构内设医疗卫生机构按规定纳入城镇基本医疗保险定点范围。鼓励符合条件的执业医师到养老机构、社区老年照料中心内设的医疗卫生机构多点执业。推进养老服务机构、社区老年照料中心与周边的医疗机构对接合作，实现资源共享，加大家庭病床设立力度，积极为老年人提供便捷医疗服务。

四、具体措施

（一）提升服务质量

1. 加快养老服务阵地建设。根据济南市养老服务设施专项规划，加快配建新旧小区为老服务设施，为社区居家老年人提供优质便捷的服务。新建小区按照每百户不少于 20 平方米的标准配套建设养老服务设施，老旧小区按照每百户不少于 15 平方米的标准，通过置换、租赁、购置等方式配建养老服务设施。

2. 提升养老服务人才素质。发挥人才支撑作用，加快建立职业化养老护理员、专业技术和高级管理人才队伍。扩大养老服务人才来源渠道，鼓励卫生专业技术人才、退休医务工作者从事养老服务；开展大学生公益岗、家政服务员、社会志愿者、低龄老年人护理技能培训。探索推行养老志愿服务积分制，志愿者参与养老服务贡献与社区公益积分情况挂钩，累计积分可兑换日用物品、家政服务、健康监测等生活类服务。根据经济社会发展状况，稳步提高养老服务从业人员薪酬水平。加大宣传力度，表彰奖励优秀养老服务人才，通过设立“社会开放日”“亲情聚会”等方式，弘扬尊老爱老孝老的社会风尚。

3．推进养老服务品牌创建。支持家政服务、物业管理企业拓展服务领域，规模化承接、连锁化运营社区居家养老服务设施。发挥品牌引领作用，支持养老服务领域整合现有资源，培育和引进高品质的机构、社区和居家养老服务品牌，形成百花齐放、百家争鸣、优胜劣汰的良性竞争机制。加大养老服务品牌建设力度，制定星级标准评价体系。2019 年前，扶持和认定一批具有辐射带动作用和推广价值的养老服务名牌，不断提升品牌影响力，增强养老服务发展活力。

（二）加大政策扶持

1．创新投融资方式。鼓励银行业等金融机构根据养老服务业发展导向和经营特点，制定养老服务业信贷政策，开发针对养老服务业的特色信贷产品，为养老服务业提供差异化信贷支持。通过政府引导、市场运作手段，带动社会资本投资养老服务业。鼓励采取政府和社会资本合作模式建设或发展养老机构，为社会资本投资参与养老服务业提供全方位支持。

2．完善财政支持政策。调整优化现有建设运营补助政策，逐步将侧重点由“补砖头”“补床头”向“补人头”转变，切实发挥好财政资金的使用价值。加大对失能老年人的服务保障，不断提高困难失能老年人护理补贴、困难老年人高龄津贴、服务补贴等保障制度。

3．加强土地保障力度。统筹利用新建小区和闲置资源发展养老服务，有关部门应按程序依据规划调整其土地使用性质，对养老服务设施用地做到应保尽保。新建住宅小区规划和土地出让时，要充分考虑周边区域养老服务需求，保障养老服务设施优先于开发项目设计、建设、验收和交付，对不按要求配建和同步交付的，依法不予办理项目综合验收备案手续和不动产登记手续。

（三）加强服务监管

1．加强服务质量评估。培育发展第三方评估组织，加强养老服务质量评估，建立服务机构、服务员、服务对象诚信档案，促进服务行为规范化，形成政府指导、行业自律、社会监督相结合的监管体系。对于以任何形式违规套取居家养老服务资金的服务对象，一经发现，永久终止该服务对象申请由政府购买的居家养老服务资格；对于以任何形式违规套取居家养老服务资金的服务员，永久终止该服务员在历下区从事养老服务工作资格；对于一年内有 3 人次及以上、以任何形式违规套取居家养老服务资金的服务员所属管理运营公司，将追回全年管理费并立即终止合同。按照属地管理的原则，加强对本辖区养老机构和运营主体服务质量、安全管理情况的监督检查。定期开展养老机构、运营主体等级评估，对人员、设施、服务、管理、信誉等情况进行综合评价并向社会公布，评估结果与落实优惠政策挂钩。大力推行老年人能力评估，为养老机构补贴发放、居家养老服务类别划分提供标准依据。老年人能力评估工作经费列入区财政预算保障。

2．规范收费项目标准。街道综合养老服务中心、社区日间照料中心应以公益性免费服务项目为主，收费服务项目，可根据服务成本制定合理的收费标准。服务标准和收费项目应在服务中心显著位置予以公示。对于公建民营的服务收费，区民政部门、各街道要加强监管和价格指导，在与运营主体签订的委托合同中必须明确收费要求和违约条款。严防出现向老年人变相推销产品、收取高额或不合理费用等问题，对于乱收费等行为，查证属实的，应与运营主体终止合同，并根据合同条款进行相应处理。

3. 建立联合执法机制。民政、消防、食药监等部门要加强协调配合，建立联合执法机制，加强对养老服务机构运营和服务的监管，保障老年人合法权益和人身安全。对养老服务机构消防、食品等安全情况定期开展监督检查，及时整改安全隐患，防止各类安全事故发生。发现安全隐患整改不达标或拒不整改的，由相关部门按照程序依法作出处罚或强制关停，并做好老年人的安置工作。引导养老机构、为老服务组织与服务对象签订服务协议，对养老服务中虐老欺老等行为，要依法严厉查处。

五、组织领导

（一）成立领导小组。成立由党委、政府主要领导任组长，区委组织部、宣传部、发改委、民政、财政、审计、人社、国土、规划、住建、卫计、食药监、文化、体育、老龄、市场监管、安监、消防等有关部门及各街道主要负责人为成员的历下区加快推进养老服务业发展领导小组，领导小组定期召开工作会议。

（二）强化责任落实。各有关部门要把全面放开养老服务市场、提升养老服务质量摆在重要位置，认真落实重点任务分工，对政策落实情况进行跟踪分析和监督检查，确保各项工作落地见效。民政部门要发挥牵头协调作用，切实履行监督管理、行业规范、业务指导职责；区委组织部要将养老服务工作纳入街道科学发展观考核；发展改革部门要将养老服务业发展纳入经济社会发展规划、相关专项规划和区域规划，支持养老服务业发展；财政部门要加大财政投入力度，优化资金补助结构和使用效益。其他各有关部门要各司其职、各负其责，及时解决工作中遇到的问题，形成齐抓共管、整体推进的强大合力。

本意见自颁布之日起施行，由区民政局负责解释并组织实施。

中共济南市历下区委办公室

2018 年 2 月 12 日

中共济南市历下区委 济南市历下区人民政府 关于稳步推进全区农村集体产权制度改革的实施意见

历下发〔2018〕17 号

为全面贯彻落实《中共山东省委、山东省人民政府关于稳步推进农村集体产权制度改革的实施意见》（鲁发〔2017〕40 号）和《中共济南市委、济南市人民政府关于稳步推进全市农村集体产权制度改革的实施意见》（济发〔2018〕21 号），结合我区实际，提出如下实施意见。

一、充分认识农村集体产权制度改革的重大意义

产权制度是社会主义市场经济的基石，完善社会主义市场经济体系，加快现代农业发展和新农村建设，必须健全农村产权制度，加强产权保护。改革开放以来，我国农村在坚持土地集体所有制的基础上，通过实行土地的家庭承包经营等不断推进农村产权制度的建设和改革，为农业长期稳定发展、农民持续增收提供了有力的支撑。全区上下要从战略和全局的高度，深刻认识农村集体产权制度改革的重大意义，切实把思想和行动统一到中央决策部署上来，统一到省、市委工作要求上来，不断增强推进农村集体产权制度改革的责任感、使命感和紧迫感，明确方向，认清目标，把握原则，强化措施，确保全区农村集体产权制度改革工作顺利推进。

二、准确把握农村集体产权制度改革的总体要求

（一）**指导思想**。全面贯彻落实党的十九大精神，坚持以习近平新时代中国特色社会主义思想为指导，统筹推进“五位一体”总体布局和协调推进“四个全面”战略布局，按照市委、市政府关于农村改革的总体部署要求，围绕“四个中心”建设和全省首善之区建设中心任务，认真践行新发展理念，大力实施乡村振兴战略，以明晰农村集体产权归属、维护农村集体经济组织成员权利为目的，以推进集体经营性资产改革为重点，以发展股份合作等多种形式的合作与联合为导向，坚持农村土地集体所有和家庭承包经营基础性地位，探索集体经济新的实现形式和运行机制，不断解放和发展农村社会生产力，促进农业发展、农民富裕、农村繁荣，为推进城乡协调发展、巩固党在农村的执政基础提供重要支撑和保障。

（二）**基本原则**。一是坚持正确改革方向。充分发挥市场在资源配置中的决定性作用和更好发挥政府作用，明确农村集体经济组织市场主体地位，完善农民对集体资产股份的权能，促进集体经济发展和农民持续增收。二是坚持依法有序和守住底线。严格工作程序，坚守法律政策底线，坚持农民集体所有不动摇，不得将集体经济改弱了、改小了、改垮了，防止集体资产流失；坚持农民权利不受损，不得将农民的财产权利改虚了、改少了、改没了，防止外部资本侵占和内部少数人控制。三是尊重农民群众意愿。坚持群众路线，充分发扬民主，不搞强迫命令。坚持公开、公正、公平，提高改革透明度，充分保障农民的知情权、参与权、表达权、监督权。四是坚持因地制宜和分类推进。综合考虑各村（居）经济发展水平和实际情况，选择广大农民群众普遍接受的改革方式，因村施策，一村一策，分类指导，稳慎推进，既不搞齐步走，也不搞一刀切。五是坚持和加强党的领导。坚持农村基层党组织的领导核心地位不动摇，调动广大党员干部和农民群众的积极性、创造性，围绕巩固和加强党在农村的执政基础来谋划和实施改革，确保各项举措有效落地。

（三）**改革内容**。农村集体资产包括农民集体所有的土地、森林、山岭、荒地等资源性资产；用于经营的房屋、建筑物、机器设备、工具器具、农业基础设施、集体投资兴办的企业及其所持有的其他经济组织的资产份额和无形资产等经营性资产；用于公共服务的教育、科技、文化、卫生、体育等方面的非经营性资产。上述三类资产是农村集体经济组织成员的主要财产和农业农村发展的重要物质基础。对资源性资产，继续按照已有部署抓好确权登记颁证，做到应确尽确；对非经营性资产，建立健全台账管理制度，探索实行集体统一运行的管护机制，更好地为集体经济组织成员提供公益性服务；对经营性资产，以股份或者份额形式确权到户，量化到本集体成员，将其对集体资产股份占有权和收益权落实到位，在此基础上发展多种形式的股份合作。

（四）改革范围。改革覆盖全域内所有涉农村（居），各街道要根据村（居）所有集体资产不同情况，区别对待，分类施策。无经营性资产的村（居）要在全面清产核资、界定成员资格、明晰产权关系的基础上，成立集体经济组织；有经营性资产的村（居）要在全面清产核资、界定成员资格、明晰产权关系、量化集体资产的基础上，成立集体经济组织，进一步加强组织运行管理，管好用好集体资产，发展新型集体经济。

（五）任务目标。各街道全面启动农村集体产权制度改革，2018年9月底前，所有村（居）全部完成清产核资工作；12月底前至少完成12个村（居）的改革任务；2019年，全区完成改革任务，村（居）成立新型集体经济组织，基本建立符合市场经济要求的集体经济运行新机制。通过改革，逐步探索建立归属清晰、权能完整、流转顺畅、保护严格的中国特色社会主义农村集体产权制度。科学确认农村集体经济组织成员身份，明晰集体所有产权关系，发展新型集体经济；管好用好集体资产，促进集体资产保值增值；落实集体收益分配权和对集体经济活动的民主管理权利，形成有效维护农村集体经济组织成员权利的治理体系。

三、扎实做好农村集体产权制度改革重点工作

（一）全面开展农村集体资产清产核资。该项工作是顺利推进农村集体产权制度改革的基础和前提。农村集体所有的三类资产均要实施清产核资，并将所有权确权到农村集体经济组织成员集体，不得打乱原集体所有的界限，由农村集体经济组织依法代表集体行使所有权。重点清查核实资源性资产、非经营性资产和经营性资产及现金、债权债务等，依法依规处置清产核资中的各类问题。资产规模较大或群众争议较多的村（居），可根据农民意愿聘请第三方协助开展工作。清产核资结果向全体成员公示，经成员大会或代表大会确认后，建立健全集体资产管理台账和登记、保管、使用、处置、备案等制度。清产核资工作由农村产权制度改革小组协调指导，街道和村（居）两级负责组织实施。完成清产核资的村（居），按要求查缺补漏，健全档案信息，并予规范管理。

（二）合理确认集体经济组织成员身份。该项工作是农村集体产权制度改革的关键环节。要依据有关法律法规，坚持尊重历史、兼顾现实、程序规范、群众认可的原则，统筹考虑户籍关系、农村土地承包关系、对集体积累的贡献等因素，协调平衡各方利益，科学做好农村集体经济组织成员身份确认工作，建立健全村（居）集体经济组织成员街道登记备案机制，有效解决成员边界不清问题。街道要探索制定成员身份界定指导性意见；村（居）制定成员身份界定具体程序、标准和管理办法，并经集体经济组织成员大会协商确认后实施。成员身份界定涉及农民切身利益，敏感复杂，关注度高，既要得到多数人认可，又要防止多数人侵犯少数人权益，特别要保护好农村妇女的合法权益。

（三）有序推进经营性资产股份合作制改革。村（居）将集体经营性资产以股份或者份额形式量化到本村（居）集体成员，作为其参加集体收益分配的基本依据。要将"集体经济组织成员人人有股，按贡献大小适当体现差距"作为股权设置的基本原则。股权设置提倡以成员股为主，根据村（居）

资产状况可只设人口股，也可以人口股为主，兼顾成员对集体经济的贡献，分别设置人口股和农龄股（劳龄股）等。是否设置集体股及集体股所占比例，由集体经济组织成员大会或代表大会讨论决定，集体股收益应主要用于偿还村级债务、扩大再生产、处理遗留问题、为成员缴纳各种费用和村（居）必要支出。提倡集体经济组织对成员股权实行静态管理，即不随人口增减变动而调整。提倡农村集体经济组织成员家庭新增人口通过分享家庭内拥有的集体资产权益的办法，按章程获得集体资产份额和集体成员身份。农村集体经营性资产的股份合作制改革，要体现成员集体所有和特有的社区性，只可在农村集体经济组织内部进行。

（四）**建立健全农村集体经济组织**。农村集体经济组织作为集体资产管理的主体，依法代表成员集体行使集体资产所有权。所有改革的村（居）均要健全农村集体经济组织，可根据成员结构、资产情况等，建立经济合作社或股份经济合作社。农村集体经济组织在村（居）党组织的领导下，完善治理机制，制定组织章程，依法履行集体资产经营管理职能，并向股东颁发股权证书。区农村集体产权制度改革工作领导小组办公室负责发放农村集体经济组织登记证书，农村集体经济组织据此向有关部门办理银行开户等相关手续。

四、强化农村集体经济组织运行管理

（一）**严格股权管理**。建立集体资产股权登记制度，健全农村集体资产股权名册和管理台账。落实农民对集体资产股份的占有、收益权利，组织实施赋予农民对集体资产股份有偿退出及抵押、担保、继承权改革试点，积极探索总结可复制、可推广的典型经验。指导农村集体经济组织结合实际，制定成员持有集体资产股份继承的具体办法。稳慎探索农民集体资产股份有偿退出的范围、条件和程序，现阶段成员持有股权的转让及有偿退出要封闭运行，不得突破本集体经济组织范围，仅可在本集体内部转让或者由本集体赎回，同时要防止出现持股份额较大的股东。

（二）**完善治理结构**。新成立的集体（股份）经济合作社均应成立社员（代表）或股东（代表）大会，依法选举理事会（董事会）、监事会及理事长（董事长）、监事长。社员（代表）或股东（代表）大会是集体经济组织的最高权力机关，重大事项须经社员（代表）或股东（代表）大会三分之二以上代表审议通过后方可实施。理事会（董事会）、监事会成员不得相互交叉兼职。提倡村（居）党组织书记或村（居）民委员会主任兼任集体（股份）经济合作社理事长（董事长），但原则上兼职不兼薪。集体（股份）经济合作社要设立财务管理机构，健全财务管理制度，规范会计核算行为，落实民主理财和财务公开，切实维护社员（股东）的监督管理权。妥善处理村（居）党组织、村（居）民委员会和农村集体经济组织三者之间关系。在基层党组织领导下，探索明确农村集体经济组织与村（居）民委员会的职能关系，有效承担集体经济经营管理事务和村（居）自治事务。有需要且具备条件的地方，提倡实行村（居）民委员会事务和集体经济事务分离。

（三）**健全分配机制**。新成立的集体（股份）经济合作社应坚持“盈余共享，风险共担”的原则，健全集体收益分配制度，明确公积金、公益金提取比例及使用范围，按照集体（股份）经济合作社章程规定的顺序和成员拥有的股权比例进行盈余分配，实行同股同利，确保成员收益分配权落到实处。年终财务决算和收益分配方案由理事会（董事会）提出，提交社员（代表）或股东（代表）大会讨论决定。坚持效益决定分配的原则，集体经济组织根据当年经营收益情况制定年度收益分配方案，无收益不得分配，严禁相邻村（居）间相互攀比或举债分配。

（四）**发展集体经济**。创新农村集体经济组织资产经营管理机制，以市场的思维和方式参与市场竞争，多途径发展壮大集体经济。对经营性资产，可由集体经济组织自主开发经营，也可通过承包、租赁、拍卖、托管、股份合作等多种方式由其他主体经营或与其他主体联营；对资源性资产，可集中开发或者通过公开招投标发展现代农业。鼓励生态环境独特、人文历史悠久的村（居）依托其生态、文化、旅游等资源禀赋，在符合规划的前提下，利用闲置的各类房产设施、集体建设用地等，探索发展观光休闲农业、乡村旅游等新产业、新业态。鼓励各类资本共同参与村级集体经济发展，探索建立多元化投融资机制，做大做强优势特色产业，加快培育农业“新六产”。

五、健全农村集体资产管理机制

（一）**加强财务管理**。区农村集体产权制度改革工作领导小组办公室要加强对农村集体资金资产资源的监督管理，稳定和加强街道农村财会人员队伍，规范会计委托代理服务行为，履行业务指导和监督审计职责。加快农村集体资产监督管理平台建设，推动财务管理制度化、规范化、信息化。加强农村集体经济组织审计监督，做好定期审计与专项审计衔接，建立问题移交、定期通报和责任追究查处制度，防止侵占集体资产。对集体财务管理混乱的村（居），区委、区政府及时组织力量进行整顿，防止和纠正发生在群众身边的腐败行为。

（二）**规范产权流转交易**。加强农村产权流转交易服务和监督管理，根据农村产权要素性质、流转范围和交易需要，健全交易规则，规范交易流程，完善运行机制，确保公开公平。在积极引导权属清晰的承包土地经营权、集体林权、“四荒”地使用权、农业类知识产权等农村产权流转交易的基础上，着力推动农村集体资产和成员股权入市交易，逐步实现农村产权要素全覆盖。维护集体组织成员集体收益分配权，在试点基础上探索支持引导其依法自愿有偿转让上述权益的有效办法。

（三）**强化街道农业（经管）管理队伍建设**。区委、区政府坚决贯彻落实上级关于加强基层经管体系建设的一系列部署要求，以推进农村集体产权制度改革为抓手，进一步强化农业（经管）队伍建设，根据农村人口数量充实配备专职工作人员和必要办公设备，加大经费支持力度，确保责任和人员落实到位。建立健全容错机制，落实激励保障等措施，不断增强基层农经人员投入改革、奉献改革的事业心和责任感。街道农业（经管）队伍要充分发挥其在落实党的各项农村政策、维护农村和谐稳定等方面的重要作用。

六、加强对农村集体产权制度改革工作的组织领导

（一）**强化组织保障**。相关单位要充分认识农村集体产权制度改革的重要性、复杂性和长期性，切实将此项改革作为全面深化农村改革的重中之重，保持历史耐心，增强担当意识，加强组织领导，确保改革措施落实。建立健全区级协调指导、街道组织实施和村（居）具体操作的推进机制。街道党工委书记要担任本级农村集体产权制度改革工作领导小组组长，承担领导责任，推动改革工作积极、扎实、稳妥实施。

注重改革的系统性、协同性，确保政策的连续性、稳定性，与正在推进的相关改革做好衔接，积极发挥改革的综合效应。

（二）**精心组织实施**。区农村集体产权制度改革工作领导小组负责对全区改革工作的组织领导。领导小组办公室负责牵头实施，梳理改革任务，明确部门责任，加强业务指导。领导小组各成员单位要按照职责分工，主动参与配合，抓好政策落实。强化宣传引导，充分利用各种宣传媒介，大力宣传改革目的意义和政策措施，提高干部群众的政策认知度，增强参与改革的积极性和主动性。加大培训力度，着力提高各级干部和相关工作人员的政策水平及业务能力，切实增强改革的执行力。加强档案管理，改革过程中形成的会计、权属、经营、分红等方面材料，要按照相关规定收集、归档并有效利用。强化风险评估，对改革过程中可能引发的矛盾争议要提前制定工作预案，切实将问题化解在萌芽状态和初始阶段。落实工作经费，将改革所需经费纳入财政预算，保障改革顺利推进。

（三）**加强政策支持**。进一步完善财政引导、多元化投入共同扶持集体经济发展机制，逐步增加政府对农村的公共服务支出，减轻农村集体经济组织的负担。税务部门负责依法落实国家有关税收优惠政策，对农村集体经济组织符合规定条件的土地、房屋权属转移免征契税；对符合规定条件的销售合同以及产权转移书据免征印花税；对符合规定条件的农业生产行为免征增值税；免收确权变更中土地、房屋等不动产登记费；对新成立的符合条件的农村集体经济组织落实相关税收优惠政策；对符合条件的集体经济组织落实小微企业等相关税收优惠政策。国土资源部门负责统筹安排农村集体经济组织发展所需用地，探索推进农村集体经营性建设用地出让、租赁、入股以及与国有土地同等入市、同权同价。金融部门负责引导金融机构完善相关融资、担保等政策，健全风险防范分担机制。政府拨款、减免税费等形成的资产归农村集体经济组织所有，可量化为集体成员持有的股份。

（四）**加大督导力度**。完善农村集体产权制度改革考核机制，将其纳入对各街道的经济社会发展综合考核，切实发挥考核奖惩机制的导向、评价、激励、约束作用。要建立改革事项工作台账，定期开展督导调度，对重视程度不够、工作不力、进展缓慢的街道实施重点督导，并在全区范围通报有关情况。要严肃工作纪律，坚决查处和纠正弄虚作假、侵害集体经济组织及其成员权益等行为，对利用改革之机低价变卖转移财产、挥霍浪费等造成集体资产流失的，或利用职务之便为本人、亲属谋取私利的，要依法依规追究相关人员责任，涉嫌犯罪的，移送司法机关依法处理。

本意见自发行之日起施行。此前印发的有关文件规定，凡与本意见不一致的，按照本意见执行。

中共济南市历下区委办公室

2018 年 6 月 14 日

中共济南市历下区委
济南市历下区人民政府
关于转发《深化“一次办成”改革进一步优化营商环境的若干措施》的通知

历下发〔2018〕21号

区属各党委、党工委（党组），各街道办事处，区直机关各部门、各单位：

为进一步优化营商环境，市委、市政府印发了《深化“一次办成”改革进一步优化营商环境的若干措施》（济发〔2018〕23号），现转发给你们，请结合实际，认真抓好贯彻落实。

中共济南市历下区委
济南市历下区人民政府
2018年6月29日

深化“一次办成”改革进一步优化营商环境的若干措施

为深入贯彻落实习近平新时代中国特色社会主义思想和党的十九大精神，贯彻落实习近平总书记考察山东重要讲话精神，针对我市营商环境存在的突出问题，对标先进城市，加大改革力度，深化“一次办成”改革，提效率、增便利、激活力，进一步优化我市营商环境，现制定如下措施。

一、推进商事登记便利化

1. **企业开办“一次办成”**。优化工商登记办理流程，实行企业登记注册“一人受理审核制”，由登记窗口的同一工作人员负责受理、审核全过程业务，通过网络化手段在后台进行公安、银行、税务、社会保障等部门间数据的实时共享交换，在材料齐全符合法定形式的前提下，新开办企业3个工作日内完成营业执照办理、公章刻制、银行开户、涉税办理、社保登记等事项。（牵头单位：市工商局、市公安局、人民银行济南分行营业管理部、市国税局、市地税局、市人力资源社会保障局、市政务服务中心管理办公室）

2. **简化分支机构设立程序**。对快递、连锁商业等需在多县区设立分支网点的行业，可以自愿选择在市工商局或所在县区局登记，具备条件的，可以实行“一照多址”，简化设立分支机构的备案手续，完善末端网点备案制度。（牵头单位：市工商局）

3. **实行住所（经营场所）申报承诺制**。商事登记申请人就住所（经营场所）产权权属、使用功能及法定用途做出符合事实和规定的承诺，凭住所（经营场所）承诺书申请登记，不需提交其他证明材料。登记机关不再审查其产权权属、使用功能及法定用途。审批监管部门应加强对市场主体住所（经营场所）的事中、事后监管，查处违法违规、违反承诺行为。（牵头单位：市工商局、相关审批监管部门）

4. **实施工业产品生产许可证“一企一证”**。对具有营业执照的生产企业同时申请生产多种纳入工业产品生产许可证管理目录的产品，由审批发证部门一并实施审查并颁发一张工业产品生产许可证，变“一企多证”为“一企一证”。（牵头单位：市质监局）

5. **压缩不动产登记办理时限**。对夫妻间析产、个人姓名变更、不动产查封登记、异议登记等实行即时办结；对新建商品房类买卖涉及的税收、不动产登记实行 2 个工作日内办结；对涉及实体经济企业的不动产登记实行 3 个工作日内办结。对因法定事宜或纠纷确需延长办理时限的，必须明确告知申请人办理依据、办结时限等信息。（牵头单位：市国土资源局、市地税局）

二、提高建设项目审批效率

6. **推行“拿地即开工”审批模式**。企业投资项目在办理用地手续的“时段”，实行容缺受理，提前介入进行审核、审批，待建设单位取得建设工程用地规划许可证或土地移交书后，即可办理施工许可。采取“拿地即开工”模式，从取得使用土地批准文件到获取施工许可证为止，工业项目政府审批时间不超过 15 个工作日，其他投资建设项目不超过 30 个工作日。（牵头单位：市政务服务中心管理办公室）

7. **精简审批事项和条件**。参照国务院办公厅开展工程建设项目审批制度改革试点要求，精简不合理、不必要的审批事项，取消施工合同备案、建筑节能设计审查备案等事项，将消防、人防等设计并入施工图设计文件审查。（牵头单位：市编办、市政务服务中心管理办公室、市法制办）

8. **扩大区域综合评价适用范围**。在各开发区、功能区和连片开发区域，对环境影响评价、水土保持方案、地质灾害危险性评估、地震安全性评价、雷电灾害评价、节能评价、文物保护、交通影响评价、泉水影响评价等事项，全面推行区域综合评价评估，由建设单位“逐一”编报，变为由各功能区、开发区或连片开发区“统一”编报，实现区域整体评价评估成果区域内建设项目共享共用。（牵头单位：各县区政府、各开发区）

9. **实施工业“零土地”技改项目建设承诺制**。对工业企业在不涉及新增建设用地和原有土地上改建、扩建的单体建筑面积不超过 20% 的前提下建设的技术改造项目，由企业作出符合消防、安全、节能等国家强制性要求以及规划审批要求、产业准入条件的承诺，并办理质量安全监督手续后，依法依规自主进行建设施工，竣工后接受相关行政部门验收。（牵头单位：市政务服务中心管理办公室）

10. **试点企业投资项目建设承诺制**。在济南新旧动能转换先行区试点项目建设承诺制，企业在获得用地后对建设工程做出符合消防、安全、节能等国家强制性要求及产业准入条件的承诺，依法依规自主开展勘察、设计，通过技术性审查合格并办理质量安全监督手续后允许建设施工，施工过程接受动态监督，竣工后接受相关行政部门验收。（牵头单位：济南新旧动能转换先行区管委会）

11. **推行建设项目联合验收**。按照企业自愿申请、部门各负其责，工作并联推动、验测合一进行的原则，对具备竣工验收条件的建设工程涉及的综合验收事项，实施统一受理、统一现场验收、统一送达验收文件。对于验收涉及的测量工作，实行“一次委托、统一测绘、成果共享”。（牵头单位：市政务服务中心管理办公室）

三、构建高效政务管理体制

12. **成立统一的市场监管机构**。根据党政机构改革部署和时限要求，组建专门市场监管机构，实施企业注册到经营全过程统一监管，从根本上解决多头管理、重复执法问题。（牵头单位：市编办）

13. **成立统一的电子政务与数据资源管理机构**。根据党政机构改革部署和时限要求，组建专门的电子政务与数据资源管理机构，负责指导全市电子政务、政务公开和大数据发展职责，协调推进全市政务数据和公共数据资源目录制定、归集管理、整理利用、共享开放，建设完善“一网通办”的市级政务服务平台和电子证照信息库，推动数据资源在政府管理和社会治理领域的共享应用。（牵头单位：市编办）

14. **开展“全链条”审批服务模式**。大力推进“一次办成”改革，把分散在不同部门的事项按链条进行优化整合，实现“一件事情一链办理”。在户籍办理、车辆和驾驶人证照办理、事物公证、社保缴纳、劳动就业、民政救助、残疾人证办理、养老机构设立、民办教育机构设立、个体诊所设立、药品零售企业设立等领域，推行“一份服务指南、一张申请表单、一套申报材料、一次完成一件事情多项审批服务”的“全链条”审批服务模式。（牵头单位：市政务服务中心管理办公室）

四、加强企业经营要素保障

15. **探索工业“标准地”出让**。在各开发区、功能区和连片开发区域，前期已经完成区域综合评价的土地，挂牌出让时明确公告规划建设标准、固定资产投资强度、年土地亩均产出、年土地亩均税收、能耗标准、环境标准等指标体系。以承诺制代替审批制，企业取得“标准地”并做出承诺后即可开工建设。（牵头单位：各县区政府、各开发区、市国土资源局、市规划局）

16. **大力推进工业标准厂房建设**。由政府主导，在各开发区、功能区统一规划建设具有通用性、配套性、集约性等特点的标准厂房，给予免除城市基础设施综合配套费等优惠政策，采取限价、限销售对象等方式对外租售，为工业企业集聚发展和外来工业投资项目提供生产经营场所，实现工业项目“拎包入住”。允许工业企业按栋、按层购买标准厂房或先租后买，所交租金可抵扣房款。（牵头单位：各县区政府）

17. **允许工业用地地上建筑物分割转让**。工业项目在接受投资、合资、对外投资合作中，确需建筑物产权分割转让的，允许以楼层为最小单位办理分割确权。（牵头单位：市国土资源局）

18. **解决中小微企业融资难融资贵问题**。建立“政银”信贷风险分担机制，对合作银行对支持小微企业贷款产生的风险给予补偿，最高给予合作银行本金损失40%的补偿。单户企业由风险资金给予补偿的贷款额上限为300万元。实施中小微企业融资费用补助，对中小微企业流动资金贷款按年度实际融资费用的40%（小微企业按照50%）给予补助，单户企业年补贴额最高不超过30万元。（牵头单位：市经济和信息化委、市财政局）

19. **加大担保机构业务补助及奖励力度**。支持担保机构发展，降低融资担保费用，对为我市中小微企业提供融资担保服务的担保机构，给予不超过200万元的业务补助，并按照当年新增中小微企业担保业务增量给予不超过200万元的奖励，政

府性融资担保机构年化担保费率原则上不超过1.8%。（牵头单位：市财政局、市经济和信息化委）

20. **方便企业获得电力**。简化企业用电申请环节，压缩用电报装时限，低压用户合并现场勘查和装表接电环节，普通高压用户取消设计审查和中间检查环节，高压用户在竣工验收时仅需提供用电工程竣工报告和交接试验报告。根据省电力体制改革安排，推动企业参与省内或跨省区电力交易市场，开展增量配电网改革试点，降低企业用电成本。（牵头单位：济南供电公司）

21. **方便企业获得天然气**。压缩报建时间，将集中报建客户报建办理时限压缩至5个工作日以内。主城区小型工商客户在15个工作日内完成安装并通气，普通工商客户在30个工作日内完成安装并通气；各区县距离中压管道1km范围内，50个工作日内完成工程并交验，距离中压管道1km以外范围，90个工作日内完成工程并交验。研究制定天然气直供政策，推动天然气生产管输企业向工业集中区等用户提供直供服务，对直供用户天然气价格可在政府定价基础上由供需双方协商下浮。（牵头单位：市城乡建设委）

22. **方便企业获得供水**。进一步压缩办理时限，在报装手续、现场勘查、工程设计、工程安装等环节逐项承诺时限，将企业供水办理全流程时间缩短至60个工作日以内。（牵头单位：市城乡水务局）

23. **改善物流车辆通行条件**。研究物流车辆市区通行分类管理措施，加大对新能源物流车、冷链配送车辆、标准化配送车辆的便利通行支持力度。协调解决物流车辆过黄河收费问题。（牵头单位：市交通运输委）

五、减轻企业税费负担

24. **加强税收优惠支持**。不折不扣落实国家出台的系列税收优惠政策，对符合政策的纳税人实行即报即享、应享尽享。实施新旧动能转换重大工程税收优惠，按程序先行先试临时性的期末留抵退税政策、去产能和产业升级企业停产期间城镇土地使用税政策、海关特殊监管区内企业享受“内销选择性征税”政策或一般纳税人资格政策、科技人员职务科技成果3年内获得的现金奖励减半计入工资薪金所得计征个人所得税政策、技术先进型服务企业减按15%的优惠税率征收企业所得税政策。（牵头单位：市国税局、市地税局）

25. **简化报税程序**。推广涉税事项表证单书要素化管理、提供预填式一键申报，缩短企业办税时长。简化纳税人优惠备案和合同备案，税收优惠资料由报送税务机关改为纳税人留存备查为主。探索简并纳税申报期限，对房产税、城镇土地使用税申报实行一年一报，对商事登记制度改革后的新办企业首次货物劳务税及附加推行有税申报。对无税控设备的纳税人推行简易注销方式，实现纳税人在线自行申报和办理注销。（牵头单位：市国税局、市地税局、市财政局）

26. **减轻涉企收费负担**。实行涉企行政事业性收费目录清单制度，除清单目录内13项收费外，其他一律不得征收。取消一批市定涉企保证金，清理规范行政审批过程中的各类中介服务事项和收费，杜绝供电、供热、供气、供水等公共事业、垄断行业向市场主体乱收费行为。（牵头单位：市财政局、市编办、市物价局）

27. **全面实施政府采购信用担保**。在政府采购过程中，取消企业以现金形式缴纳投标（报价）保证金、履约保证金的做法，全面开展投标担保、履约担保、融资担保等信用担保方式，降低企业参与政府采购

的成本。（牵头单位：市财政局）

六、建设诚信法治环境

28. *严格兑现招商承诺*。由市投资促进局和县区投资促进局牵头，统一受理各类招商政策兑现方面的投诉要求，协调财政、规划、国土等部门按照职责兑现依法签订的招商引资承诺。因公共利益或者其他法定事由确需撤回或者变更的，应当依照法定权限和程序进行。（牵头单位：市投资促进局）

29. *加强企业信用监管*。加强市场主体信用信息收集、储存和应用，加大企业信用信息公示力度，建立信用联合惩戒机制、经营异常名录、失信企业黑名单等制度。企业设立、项目建设、“标准地”出让等采取承诺制审批的企业承诺，全部上网进行公示，未能达到承诺要求的，依法停止事项并予以处罚。（牵头单位：市工商局、市发改委）

30. *严厉打击破坏营商环境犯罪行为*。依法打击借征地、拆迁、补偿向投资者索要钱物、强揽工程、强行供料、强买强卖、阻挠建设等妨碍企业正常经营、侵害企业正当权益等违法犯罪行为。对属于涉黑恶犯罪团伙，组织专案力量实施打击。（牵头单位：市公安局）

31. *包容审慎监管新经济、新业态*。对网络社交、跨境电商、无人零售、社交电商、无车承运人、快递、养老等新经济业态，实行包容审慎监管，采取建议、提醒、约谈等方式，督促市场主体合法经营，预防和避免违法行为发生；对轻微违法，但未对社会、人身造成危害的行为实施柔性执法，依法减轻或免于行政处罚。（牵头单位：相关监管部门）

32. *维护企业家合法权益*。支持企业家探索创新，宽容企业家合法经营中的失误，依法慎用查封、扣押、冻结等强制措施，规范涉案财产处置。建立我市企业家参与涉企政策制定制度，凡是政府部门制定的涉企政策性文件，都要征求企业家意见或请企业家代表参与制定。（牵头单位：市法院、市工商联、有关政策制定部门）

七、完善评估惩戒体系

33. *建立营商环境监测评价体系*。参照世界银行营商环境评价指标体系，从企业全生命周期、企业投资环境、城市高质量发展水平等方面，选取开办企业、办理施工许可、市场开放度等指标，建立我市营商环境监测评价体系，全面系统进行测评、分析，深入查找问题症结，推进相关部门进一步减环节、优流程、压时限、提效率。（牵头单位：市发改委、市统计局）

34. *建立营商环境投诉举报平台*。依托12345市民服务热线组建全市统一的营商环境投诉平台，精准发现影响和破坏营商环境的问题，加强督促整改、反馈落实和跟踪监控。企业对损害营商环境的投诉举报，在5个工作日内予以答复，并建立与纪检监察机关的信息共享、线索移交、查处曝光机制。（牵头单位：12345市民服务热线办公室）

35. *建立营商环境问责惩戒机制*。纪检监察机关加强对优化营商环境落实情况的监督检查，坚决查处有令不行、有禁不止，上有政策、下有对策等行为。加大对不担当、不作为、乱作为等突出问题的整治力度，问责情况纳入党风政风行风正风肃纪民主评议，对典型问题进行通报曝光。（牵头单位：市纪委监委机关）

以上改革措施自发布之日起施行，此前有关规定与此不一致的，以此为准。

中共济南市历下区委办公室
济南市历下区人民政府办公室
关于印发《历下区城市提升工程实施方案》的通知

历下办发〔2018〕17号

区属各党委、党工委（党组），各街道办事处，区直机关各部门、各单位：

《历下区城市提升工程实施方案》已经区委、区政府同意，现印发给你们，请结合实际认真贯彻执行。

中共济南市历下区委办公室
济南市历下区人民政府办公室
2018年5月7日

历下区城市提升工程实施方案

为巩固全国文明城市创建成果，进一步改善城乡面貌和人居环境质量，彰显区域特色，提升城市品位，改善城区形象，全面推进全省首善之区建设，决定在全区范围内深入开展城市提升工程。现制定如下方案。

一、总体要求

（一）指导思想。以习近平新时代中国特色社会主义思想为指导，全面贯彻落实党的十九大精神，按照省、市部署要求，紧紧围绕“打造四个中心，建设现代泉城”中心任务，对标全市“1+454”工作体系，着眼建设宜居宜业宜游城市，以巩固全国文明城市创建成果为抓手，以打造城市特色街区为突破点，深入开展以“十大行动”为主要内容的城市提升工程，加快推进城市更新步伐，提升城市管理水平，努力打造“环境优美、整洁有序、和谐文明”的省会城市核心区形象，不断增强人民群众的获得感、幸福感、安全感。

（二）基本原则

——坚持以人民为中心，保障改善民生。充分尊重群众意愿，把维护人民群众根本利益、提升群众生活质量作为出发点和落脚点，不断满足人民群众日益增长的美好生活需要，集中力量解决社会关注、群众反映强烈的突出问题。

——坚持多措并举，突出疏堵结合。采取改造改善、规范提升等综合措施，疏堵结合、疏导在先，加强示范引导，加强沟通协调，维护社会稳定。

——坚持科学规范，依法有序推进。严格整治标准，坚持依法治理，坚持点、线、面结合，整体推进城乡环境综合整治，全面改善城乡人居环境。

——坚持上下联动，强化条块结合。强

化属地主体责任，强化部门协作配合，充分调动基层工作积极性，引导社会公众广泛参与，形成工作合力。

——坚持标本兼治，注重长效管理。坚持立足当前、着眼长远，在集中整治的基础上，切实建立健全长效管理机制，巩固整治成果。

（三）工作目标。通过集中整治，城区环境部分区域脏乱差问题得到有效解决，市容市貌显著改善，基础设施承载能力进一步提升，城市管理长效机制建立健全，市民文明素质不断提高，人民群众满意度显著增强。

二、重点工作

（一）城市生态绿化提升行动

1. 推进城区裸露土地绿化。以全区绿地系统建设规划编制为契机，加快推进城区裸露土地绿化工作，确保在2018年5月底前完成城市近郊、公共区域、主次干道等重点区域绿化任务。按照“显山露水”的要求，高水平做好道路提升、拆墙透绿和街景打造等重点工作，确保山大路、千佛山西路、佛慧山北入口等重点工程按期完工。全面提高绿化养护标准，切实做好绿化保洁、苗木修剪、补绿增绿，探索实施喷灌滴灌等灌溉方式，保持通透清爽的绿化效果。（牵头单位：区园林局）

2. 加强山体公园建设。遵循“生态、自然、野趣，节简、安全、易游”的要求，全力推进奥体文博片区等3处山体公园建设和老君崖等8座山体绿化提升，努力做到乔、灌、花、藤、草相结合，常绿树与落叶树混交造林，加快形成多树种、多色彩、季相变化丰富、成片有型的山体容貌景观，为广大市民提供更多健身休闲活动场所。（牵头单位：区园林局）

3. 加强河道生态环境治理。以河道生态治理为重点，切实做好东泺河等5座污水处理厂运行保障。结合城中村改造、拆违拆临等工作，继续推进雨污分流改造，消除河道黑臭水体，加快推进大辛河、全福河等7条河道综合整治工程，建设绿色生态河道，美化生态环境。（牵头单位：区排管中心、区市政局、区环保局）

（二）城市环境卫生提升行动

1. 加强城市道路保洁。树立更高标准，着力在细节上下功夫，进一步延伸保洁范围，充分发挥机械化作业优势，增加人工作业频次，实现道路精细化保洁全覆盖、无盲区。对主次干路、支路保洁细化分级，主次干路达到“六净一洁一见本色”的标准，支路街巷达到“一净五无”作业标准，可水冲道路机扫率达到95%以上，洒水冲刷率98%以上。继续落实特殊时期“两冲七扫七洒”作业频次的要求，逐步深入开展“无烟头”示范道路创建活动，在现有大明湖路等5条道路基础上，再增设马鞍山路等5条以上无烟头示范道路。（牵头单位：区城管局）

2. 加强生活垃圾密闭化收运管理和分类处理。坚持生活垃圾密闭化收集运输管理，细化日常作业管理，科学安排作业时间，坚持做到生活垃圾日产日清，垃圾桶定点放置，垃圾收集及时、不扰民、车走地净。加大垃圾死角清理力度，高度关注城乡结合部、河道水系、绿化带内、围挡背后等重点部位，保持整洁的城区环境。积极开展生活垃圾分类试点工作，建立完善分类投放、收集、运输和处理系统及考评体系，建立激励引导机制，在党政机关、军队单位、医院和学校率先实行生活垃圾强制分类，确保到年底全区生活垃圾分类覆盖率达100%。（牵头单位：区城管局）

3. 加强环卫设施建设管理。按照“改

造一批、新建一批、开放一批”的工作思路，新建公厕8座，修缮提升公厕30座，增加“第三卫生间”，并配套建设一批“环卫工人歇脚点”，将其提升打造成“城管爱心驿站”。加快推进旱厕改造，倡导鼓励社会厕所免费对外开放，完善公厕标准化作业管理，进一步提高公厕便民服务质量。加强垃圾中转站管理，完善生活垃圾中转站渗滤液处理设施。坚持垃圾桶、果皮箱每日“一擦拭两清掏”保洁模式，针对旅游景点、商业区等人员较密集区域增加擦拭、保洁频次，及时更换老旧破损设施。加强环卫作业车辆管理，做到车容整洁、外形完好、标志清晰。（牵头单位：区城管局）

4. 强化扬尘污染治理。坚持区领导检查大气污染联防联控工作常态化。强化行业监管，深入工地一线，压实主体责任，坚决落实盯守、巡查、停工等建设扬尘污染治理各项措施。完善并执行工程开工前扬尘治理设施联合审验制度，施工工地全部安装扬尘在线监测和视频监控设施，并与监管部门联网。进一步明确扬尘治理主体责任，凡未纳入市政道路管理范围的所有在建及维护道路、临时施工道路等，由所在街道办事处负责落实扬尘治理措施。推行道路长负责制，各街道办事处确定一名领导作为辖区内建设工程项目总帮包责任人，对辖区内各类建设工程扬尘治理工作负总责；每个工程项目明确一名相关工作人员为项目帮包责任人，对建设工程项目扬尘治理工作具体负责。认真贯彻落实《济南市城市建筑垃圾管理条例》，强化源头管理，加强对工地开工、渣土外运的前置审核，开展渣土车“净车”行动，持续加大违规运输行为查处力度，坚决落实渣土运输密闭化要求，严查渣土车带泥上路，坚决杜绝运输过程污染发生。（牵头单位：区住建局、区城管局、历下交警大队、区环保局）

（三）市容秩序整治提升行动

1. 继续保持拆违拆临高压态势。严格按照全市拆违拆临工作部署和《关于在全区开展“零违法”建设专项工作的实施意见》要求，按时完成80万平方米违法建设拆除和100万平方米分类处置任务。始终坚持“先公后私、以公带私”原则，对涉公违建不讲条件、坚决拆除，对涉私违建耐心细致做好群众工作，按照分类处置的原则稳妥实施。（牵头单位：区综合行政执法局）

2. 整治杆线。整治范围由中心城区向辖区全境延伸，由主次干路向住宅小区和支路街巷延伸。2018年年底前，新建、改建、扩建道路弱电线缆全部入地，既有主次干道道路两侧及延伸路口、公园景区周边等重要区域范围内架空线缆完成入地改造，支路街巷和居民住宅区内架空线缆可入地的全部入地，不易入地和暂不能入地的采取捆扎、套管等方式实施整治，达到强弱分设、平整对称、捆扎均匀、标识清晰、色调统一、牢固安全、美观协调的要求，无空中蜘蛛网现象。（牵头单位：区城管局、区经信局）

3. 整治户外广告牌匾。严格落实《济南市户外广告和牌匾标识专项规划》，严打严控新增违法违规户外广告。2018年5月底前，基本完成各类建（构）筑物顶部楼宇标识及店招牌匾的拆除整治，清理取缔各类违法违规设置落地移动式灯箱广告以及灯杆、线杆上附着式灯箱广告和乱扯乱挂的条布幅广告。2018年年底前，基本完成辖区主要街道、重要片区牌匾标识的整治提升，规范英文标识。（牵头单位：区城管局、区综合行政执法局）

4. 整治非法小广告。坚持打防并举、疏堵结合、标本兼治、综合整治的原则，对非法小广告印刷者、经营者、发布者查证属实后，依法实施源头打击。继续采取“捆绑式”作业办法，按照保洁路段分配至每名道路保洁员，对辖区主干线地面及立面2米以下的各类非法小广告进行重点清理。探索实施政府购买服务方式，聘用专业清除公司，实现清除工作常态化，确保清除后建（构）筑物表面干净整洁，与原色保持一致。广泛动员社会力量参与非法小广告治理，合理设置便民信息栏。2018年年底前，涂写、刻画、张贴非法小广告行为得到有效治理，市容环境面貌明显改善。（牵头单位：区城管局、区综合行政执法局）

5. 整治占道经营。落实属地管理责任，依法对违规马路市场、各类占道游商、固定门店店外“伸舌头”经营等行为进行集中治理，对主次干道、重点场所、窗口部位占道经营行为坚决予以取缔。加大农贸市场和社区便民店建设力度，引导各类商贩进入合法市场、店铺有序经营，2018年8月底前，完成对全市主要干道和重要部位的整治。（牵头单位：区综合行政执法局、区商务局）

6. 整治露天烧烤及油烟扰民。落实属地管理责任，整合执法力量，严肃查处露天烧烤、油烟扰民违法违规行为，对餐饮油烟超标排放、拒不整改的从重处罚。2018年9月底前，全面完成“禁烧区”范围内露天烧烤行为整顿取缔工作。严格落实全市露天烧烤及油烟扰民投诉处理考核方案要求，对市区露天烧烤及油烟扰民投诉处理考核发现的问题及时整改，确保工作落实到位、不留死角。（牵头单位：区综合行政执法局、区环保局）

7. 整治背街小巷。坚持全面提升、重点打造、示范引导、以点带面的原则，紧盯突出问题，落实属地管理责任，重点对西城墙根街、曲水亭街等背街小巷开展市政设施、立面治理、功能照明、建绿增绿、环境卫生、市容秩序整治行动，重点解决路面不平，井盖井箅缺失、破损、松动，市民出行照明等问题难题。整治乱搭乱建、店外店、乱拉乱扯、乱停乱放等现象，以点带面，全面提升背街小巷环境面貌。（牵头单位：区城管局）

8. 健全完善城市道路设施。全面加快和平路东延、山大路北段等8条断头路、瓶颈路改造，确保各重点道路改造工程按期完工。加强城市道路养护，对城区主次干路、支路、人行道坑槽及缺失歪倒立沿石进行修补，更换破损花砖或彩混路面，推广安装防沉降、防异响、防盗窃井盖，基本消除主次干道隐患井盖。健全城市交通设施，优化提升信号、电警监控、诱导屏等交通设施，清理整治废旧设施设备、杆件、架空线缆，拆除废弃交通标志，有序开展标线覆新工作，保证交通标线完好、规范、清晰；结合道路等级、区域特点和城市景观要求，整治现有隔离设施，做到统一美观。（牵头单位：区市政局、历下交警大队）

9. 推进城市亮化。配合全市景观照明规划编制，做好辖区内景观照明亮化设施的维护和监督管理，重点提升商业繁华地段、公共活动场所、城市窗口部位等区域夜景亮化水平。加大日常巡查力度，对辖区景观亮化设施、霓虹灯标识因破损、断亮等情况产生的灯光视觉污染进行专项治理，保障好辖区景观亮化的亮灯率和完好率。（牵头单位：区城管局）

（四）居民居住环境整治提升行动

1. 加强老旧小区改造。加强对已完成整治的老旧住宅小区维护管理，今年新完成133个、建筑面积约168.2万平方米老旧小区整治任务，完善治安防控、消防、环卫等基础设施，改善小区环境设施和实施立面出新，整治弱电线路，稳步推进既有多层住宅加装电梯，在具备条件的小区庭院建设文化、景观、休憩于一体的美丽微景观，力争把老旧小区建设成为功能完善、环境整洁、管护到位、群众满意的美丽社区。加大城中村治理力度，完善基础设施，加强环境卫生和市容秩序管理，实施绿化、美化、亮化工程，改善市民居住环境。（牵头单位：区住建局）

2. 加快推进棚户区改造。尽快完成省教学仪器厂、粮食局宿舍等 8 个项目拆迁扫尾，切实做好摸底和群众工作，积极动员居民外迁，彻底改善居民居住条件。结合双气入户、节能改造、供水设施移交、拆违拆临和便民设施建设等工作，全面改善绿化、供水、供电、供气、通信、电视、消防、治安、停车及公交等配套基础设施。清除非法小广告等视觉污染，统一设置空调架、防盗窗等外立面构架，消除安全隐患。采用粉刷、装饰、垂直绿化等多种方式，提升立面美观度，与周边环境保持和谐统一。整治环境卫生，合理配置景观绿化、园林小品、公共照明、文体设施。充分保留原有的地形地貌和标志物，注重对历史文化碎片的整理和挖掘，着力打造各具特色的区域文化空间和载体。（牵头单位：区住建局）

（五）重点区域提升行动

全面开展公园景区周边环境整治行动，切实做好“一湖一环”“明湖秀”活动安全保障等工作，确保表演期间安全有序、环境整洁、秩序井然。同时，加快推进趵北、黑西路和解放东路街区更新，进一步细化前期策划设计方案，高标准实施“一河一路”城市景观建设，努力将其打造成为“城市双修”的示范样板。（牵头单位：泉城路商业街管委会办公室、区住建局、区城管局）

（六）“三高”沿线环境整治提升行动

按照“三高”（高架路、高速公路、高速铁路）沿线环境综合治理提升百日行动的部署要求，实施安全隐患大治理、道路设施大维护、垃圾死角大清理、容貌秩序大提升、各类经营场所大治理、违建临建大拆除、沿线大绿化，重点对胶济铁路东关段、八涧堡段以及二环东高架财经大学以南区域和二环南高架龙鼎大道下桥口周边的既有建筑、附属设施及园林绿化进行统筹规划设计和改造提升，全面提升沿线净化、绿化、美化水平，达到“十无双提升”的要求，塑造城市门户新形象。2018 年 5 月 15 日前完成胶济铁路沿线环境治理工作，6 月中旬前全面完成“三高”沿线综合治理，创造安全畅通、整洁有序、和谐优美的“三高”沿线环境。（牵头单位：区城管局）

（七）重点企业形象提升行动

1. 整治厂容厂貌。以重点企业联系人制度为抓手，加强与各大企业、物业单位的沟通联系，在积极帮助企业解决难题、做好服务保障的同时，争取企业在牌匾拆除、门前五包、社区共建等方面的支持，因地制宜搞好绿化、美化和亮化，重点做好建筑工地扬尘污染防治，努力提升企业形象。（牵头单位：区经信局、区住建局、区城管局、区环保局）

2. 营造提升企业文化氛围。突出企业形象，擦亮展示窗口，着力弘扬工匠精神和劳模精神，充分展现企业发展历史、核心优势、企业文化、经营理念、重大成就，展示广大职工蓬勃向上的精神风貌和企业浓厚的干事创业氛围。（牵头单位：区经信局、区商务局、区科技局、区金融办）

3. 加强企业安全生产。督促企业落实

安全生产主体责任，严格执行各项制度和操作标准，做好安全隐患的自查自纠，切实抓好企业治安、消防、房屋及生产安全，真正做到责任到位、投入到位、培训到位、管理到位，确保全区安全生产形势持续稳定。（牵头单位：区安监局）

（八）城中村提升行动

加快推进丁家、刘智远改造步伐，确保按期完成拆迁和安置房建设。尽快解决遗留问题，全面启动中井、义和改造进程，力争在全市率先完成所有城中村改造任务。在已完成改造的17个城中村，全力开展文明宣传教育，引导上楼的村民改变原有生活习惯，自觉维护整洁有序的居住环境。加强基层组织建设，深化农村基层协商民主，抓住两委换届完成、新班子刚上任的有利时机，切实加强对村两委的组织领导，不断夯实基层基础。（牵头单位：区委组织部、区委宣传部、区民政局、区住建局）

（九）和谐稳定提升行动

1. 强化信访维稳。加强信访矛盾纠纷排查协调，从源头上减少信访问题产生。积极畅通诉求表达渠道，坚持开门接访，推进网上信访，实行领导接访、约访和下访。深入开展信访积案集中化解，实行分类施治，综合治理，严格按照“三到位一处理”要求解决突出信访问题，提高信访工作社会公信力。（牵头单位：区信访局、区维稳办）

2. 强化源头管控。加强对枪支弹药、危爆物品、剧毒、放射性和生物化学品、管制刀具、散装汽油等危险品的监管和把控，严格落实寄递物流渠道安全管理三个100%制度，加强对车辆的安全检查，把好各类问题人员和危险物品进出关口。（牵头单位：历下公安分局、历下交警大队）

3. 强化社会治理。深入开展“扫黑除恶”，严厉打击各类违法犯罪行为，夯实安全稳定的社会基础。强化安全事故防范，抓好建筑施工工地隐患排查，高度重视食品药品安全，加大对公众聚集场所和重点区域的消防安全隐患排查，坚决防止重特大事故发生。充分发挥12345市民服务热线连心桥作用，进一步提高畅通率和回复率，利用大数据系统对社会各界反映的各类诉求及意见建议实时统计，精准分析，提高市民满意率。（牵头单位：区委政法委、历下公安分局、区安监局、区食药局）

4. 强化网络管理。认真贯彻落实全国网络安全和信息化工作会议精神，全面做好重大主题网上宣传，不断增强正面宣传的感染力和吸引力。建立网络综合治理体系，提升网络安全保障能力；加强网络犯罪打击，进一步净化网络环境。（牵头单位：区委宣传部、历下公安分局）

（十）文明素质提升行动

1. 加强理想信念教育。深入学习宣传贯彻习近平新时代中国特色社会主义思想和党的十九大精神，把习近平新时代中国特色社会主义思想和党的十九大精神作为全区各级党委（党组）中心组学习重要内容，纳入党校教育培训必修课。组织领导干部、专家学者和党校教师深入基层一线，进学校、进机关、进社区、进企业、进家庭，开展巡回宣讲。加强社会主义核心价值观宣传阵地建设，建立各具特色的社会主义核心价值观主题公园、街区、场馆等，形成彰显城市文明风尚的标志性宣传阵地群。（牵头单位：区委组织部、区委宣传部、区委党校）

2. 规范文明行为体系。继续围绕重点领域，持续巩固文明城市创建成果，大力开展陈叶翠等先进事迹宣传，健全完善文明行为规范体系，引导居民自觉履行文明义务。积极推荐参评“道德模范”，开展多种形式的宣传活动，营造崇德向善、见贤思齐、德行天下的浓厚氛围。（牵头单位：区委宣传部、区文明办）

3. 加强志愿服务工作。建立健全志愿服务工作协调机制、信息统计和发布制度、指导帮扶和激励制度；完善志愿服务体系，加强志愿服务站点建设；深入开展关爱空巢老人、绿色环保等志愿服务活动，大力开展党员志愿服务活动，推进文明旅游志愿服务，打造特色志愿服务品牌。（牵头单位：区委宣传部、区文明办、团区委）

4. 整治道路交通秩序。深入开展文明交通行动，加强文明交通宣传力度，广泛开展“小手拉大手”文明交通伴我行主题实践、礼让斑马线、寻找“泉城好司机”和建设文明路段、文明路口等活动，形成“车让人、人让车、车让车、人让人”的文明交通秩序。全面整治各类不文明交通行为，广泛开展文明交通志愿服务活动，完善文明交通志愿服务长效机制。（牵头单位：区文明办、历下交警大队）

5. 提高窗口服务水平。加强对窗口行业的标准化、规范化、人性化服务管理，广泛开展“展示窗口形象、提升服务质量”主题教育活动，全面提升行业文明管理、文明服务水平。（牵头单位：区文明办、区政务服务中心管理办公室）

三、保障措施

（一）加强组织领导。各街道、各部门要从讲政治、顾大局的高度认识开展城市提升工程的重要意义，切实增强责任感使命感，突出问题导向和目标导向，扎扎实实落实好城市提升工程的各项任务要求。各级领导干部要勇于担当、敢于碰硬，顶住压力、一抓到底。各街道、各部门主要负责同志要亲自挂帅，靠上抓、带头干，做到既挂帅、也出征，既抓大、也抓小，既抓部署、也抓督查。

（二）明确工作责任。各牵头单位要依据本实施方案抓紧制定具体的工作方案，进一步明确具体任务、措施、步骤及完成时限，深入基层加强指导，及时协调解决工作中遇到的困难和问题，切实保障各项工作落实到位。各街道对辖区内城市提升工作负首责，要细化工作分工，将辖区每条道路、每栋建筑、每个公园、每片绿地、每处景观、每个楼院都落实到具体责任人。要牢固树立“一盘棋”思想，加强沟通，密切配合，相互支持，形成合力，做到横向到边、纵向到底，全区域覆盖。要做好城市提升工程与先前制定的具体工作计划、规划的衔接，做到目标只能提高，时间只能提前，标准只能提升。

（三）强化舆论引导。要充分发挥新旧媒体的舆论导向和监督作用，加大对开展城市提升工程的宣传力度，引导社会各界积极支持和参与，让群众评判检验提升成果。要及时总结推广先进经验和典型做法，以点带面促进工作开展。要依托 12345 市民服务热线及时听取群众意见建议，受理群众投诉，并在新闻媒体设立曝光台，加大曝光力度。

（四）严格督查考核。两办督查室要会同区直有关部门组成联合督查组，强化对工作落实情况的督查督办。要强化激励和问责，对表现突出的单位和个人予以表扬；对工作落实不力的予以通报批评；对不认真履行职责、工作不力造成不良后果的有关责任人员严肃问责。要将城市提升工程纳入全区城市管理综合考评体系，由区城管考评办牵头进行考评，按照有关规定进行奖惩。

中共济南市历下区委办公室
济南市历下区人民政府办公室
印发《关于开展集中服务企业活动的
实施意见》的通知

历下办发〔2018〕25号

区属各党委、党工委（党组），各街道办事处，区直机关各部门、各单位：

《关于开展集中服务企业活动的实施意见》已经区委、区政府研究同意，现印发给你们。请认真研究，抓好贯彻落实。

中共济南市历下区委办公室
济南市历下区人民政府办公室
2018年5月30日

关于开展集中服务企业活动的实施意见

为深入贯彻党的十九大精神，落实市委、市政府集中服务企业活动工作部署，构建“亲”“清”新型政商关系，促进企业做大做强，不断开创全省首善之区建设的新局面，经区委、区政府研究决定，以前期重点企业联络员制度为基础，在全区开展集中服务企业活动。根据上级有关文件精神，结合我区实际，提出如下实施意见。

一、组织领导

（一）**领导小组架构**。全区集中服务企业活动由区委领导，区政府组织实施。依托全区重点企业联络员工作领导小组，成立集中服务企业活动领导小组，马玉星、谢兆村同志任组长，尹红梅、王海清同志任副组长。领导小组下设办公室，王海清同志兼任办公室主任，殷保钦、王辉勇、封秀焕同志任办公室副主任。领导小组办公室设在区发改委，负责落实领导小组决策部署，承担活动组织实施工作。

（二）**工作架构**。按照市委、市政府开展市级领导集中服务企业活动的要求，实行“区领导包联，联络员服务”的模式，区领导包联企业，各街道办事处、区直部门有关同志负责企业的日常走访联络工作。

二、重点任务

（一）**把握发展情况**。采取现场调研、集中座谈等方式，全面调研企业生产经营情况，摸清企业发展面临的问题、原因及诉求，为经济决策提供第一手资料。

（二）**强化政策服务**。传递中央、省、市惠企政策以及我区招商引资、安商稳商等政策措施，深刻查摆有关政策出台后认识不深、传达不畅、落实不力等问题，打通政策落实“最后一公里”。

（三）**协调解决现实问题**。梳理企业在行政审批、企业融资、用地保障、人才引进、涉企收费、品牌建设等方面存在的问题，有针对性地为企业提供“一对一”“个性化”服务。

（四）加大宣传力度。大力宣传我区优越的发展环境，提高企业对首善之区、民生历下等发展战略的认知度，引导更多优质企业集聚历下扎根发展。

三、工作机制

（一）建立工作调度机制。区领导承担集中服务企业任务，原则上每月调度一次企业基本情况，每季度开展一次登门走访或座谈会商，协调解决企业生产经营中遇到的困难和问题。各重点企业联络员、街道办事处参加走访。

（二）建立情况通报机制。各联络单位应每月汇总报告活动开展情况，并报重点企业联络员工作领导小组办公室，领导小组办公室负责对企业联络情况跟进督查，发现问题，提出建议，督促整改。对每季度调度走访联络企业情况、问题排解情况及时通报。

（三）建立问题协调机制。对于能够现场解决的问题，要现场解决。对于现场难以解决的问题，由联络单位协调相关街道、部门和单位研究解决。确有必要的，提交领导小组办公室研究解决。有关问题解决情况由各联络单位反馈至相关企业，并报区委督查室、区政府督查室和领导小组办公室备案。

（四）建立动态分析机制。区发改委、区统计局要建立企业运行监测平台，定期分析企业运行相关情况，及时向领导小组办公室提供监测预警数据。区发改委、统计局要根据全区经济运行情况及时对企业名单进行调整完善。各街道办事处要加强企业监测分析，及时将成长性好、竞争力强、行业细分领域地位稳固的中小企业纳入集中服务范围。

四、工作要求

（一）强化责任落实。承担服务任务的区级领导要高度重视，明确责任，切实把集中服务企业活动作为一项重要任务来抓，定期到所包联的企业开展调研，听取情况汇报，进行现场办公，做到重点工作经常联系、日常工作定期联系、紧急工作及时联系。

（二）抓好工作督导。领导小组办公室负责对企业联络情况特别是企业反映问题解决情况跟进督查，有关情况要及时向领导小组报告。加强督查结果运用，各街道办事处、有关部门集中服务企业活动情况，要及时转交区考评办，作为科学发展综合考核和部门单位业务工作考核的重要依据。

（三）严格服务纪律。与企业联络过程中，要严格遵守中央八项规定及上级要求，不给企业增加负担。时刻将企业诉求放在心上，积极做好各类宣传，为驻区企业提供热情、主动、周到的服务。

济南市历下区人民政府办公室关于印发济南市历下区第三期学前教育三年行动计划的通知

历下政办发〔2018〕22号

各街道办事处，区政府各部门、单位：

《济南市历下区第三期学前教育三年行动计划》已经区政府研究同意，现印发给你们，望认真组织实施。

济南市历下区人民政府办公室

2018年6月20日

济南市历下区第三期学前教育三年行动计划

（2018—2020年）

为全面贯彻落实《山东省政府办公厅关于加快学前教育改革发展的意见》（鲁政办字〔2018〕71号）文件要求，全面构建起“广覆盖、保基本、有质量”的学前教育公共服务体系，结合我区学前教育实际，特制定本计划。

一、总体要求

（一）指导思想

以习近平新时代中国特色社会主义思想为指导，全面落实党的十九大及中央、省、市有关会议精神；按照建设全省首善之区的总体要求，牢牢把握走在前列的目标定位，坚持统筹规划、公益普惠、机制创新、以人为本的原则，努力解决“入公办园难”“入民办园贵”问题，在“幼有所育”上不断取得新进展。

（二）主要目标

强化政府职责，合理布局本区学前教育资源，大力发展公办幼儿园，扶持普惠民办幼儿园，按规定配置保教人员，规范办园行为，提升幼儿园保教质量和办园水平，进一步改善各类幼儿园办园条件，基本满足居民多样化学前教育需求。

1. 公益普惠性幼儿园比例稳步提高。到2020年，普惠性幼儿园覆盖率（公办幼儿园和普惠性民办幼儿园在园幼儿数占在园幼儿总数的比例）达到80%以上。

2. 各类幼儿园标准化水平大幅提高。到2020年，全区达到市级二类园及以上占幼儿园总数的95%，达到市级一类园及以上占幼儿园总数的70%，达到省级示范园及以上占幼儿园总数的50%。

3. 幼儿园保教人员素质不断提高。到2020年，专任教师学历达标率98%，专业达标率到92%，保教人员按规定配置，并持有符合岗位要求的专业岗位证，具备学前教育的正确理念和较高的专业素养。

二、保障措施

（一）增加政府投入，大力发展普惠性幼儿园

将学前教育经费列入财政预算，增加对学前教育的财政投入，以政府补贴的方式减免在园幼儿保教费、提高幼儿园生均公用经费，新增教育经费向学前教育倾斜。到2020年，财政性学前教育经费占同级财政性教育经费的比例达到10%，并逐年提高。

1. 加大新建公办（公办性质）幼儿园力度

2018年新建5所、2019年新建3所、改建1所、2020年新建3所公办（公办性质）幼儿园，鼓励优质公办（公办性质）幼儿园兴办分园或合作办园，以满足城区适龄儿童入园需求。

2. 做好居住区配套幼儿园规划建设及管理工作

（1）新建小区配套幼儿园规划建设纳入区公共设施建设规划，并做到与住宅小区同步规划、同步建设、同步进行竣工验收、同步交付使用。分期建设的居住区，要保证配套幼儿园优先建设、优先交付使用。

（2）配套幼儿园建成后，由住建部门牵头，组织规划、国土、消防和教育等有关部门进行竣工验收。

（3）以划拨方式取得土地使用权的居住区，配套幼儿园建成并验收合格后，应举办“交钥匙”仪式。开发建设单位须在3个月内将幼儿园作为公共教育资源无偿移交政府主管部门统筹安排，举办公办（公办性质）幼儿园，并做好相关手续和资料的交接工作。

（4）以出让方式取得国有土地使用权的居住区，需要配套建设幼儿园的，教育和规划部门要确定配套建设幼儿园的用地规模、建设规模、建设期限、投资来源等，明确幼儿园建成后的移交条件和移交方式，作为规划条件和开发项目建设条件，在土地出让方案中予以明确；教育部门应要求土地使用权取得人提交项目用地承诺书，并对承诺书的履行进行监督。开发建设单位投资或代建完成后，按照约定程序和条件，将配建幼儿园移交教育部门管理或监督使用。幼儿园建成后，开发单位应优先将产权无偿移交给政府主管部门举办公办幼儿园，或将幼儿园使用权无偿移交给政府主管部门，由主管部门委托或选用具有资质的、社会信誉度高的学前教育专业机构、社会团体和个人等社会力量通过独资、合资、合作等形式举办普惠性幼儿园。

3. 建立学前教育经费保障制度

设立财政性学前教育专项资金，用于进一步解决“入园贵”和保障普惠性幼儿园正常运转及稳定发展。

（1）继续实施并完善减免幼儿保教费政策

继续对历下区常驻户籍人口、常住非户籍人口和符合条件的外来务工人口，在历下区注册幼儿园入园的幼儿实施减免保教费政策。

（2）继续实施并完善幼儿园生均公用经费补助制度

从2018年起，公办（公办性质）幼儿园生均公用经费标准提高到700元/年/生，普惠性民办幼儿园生均补助标准提高到平均2600元/年/生。

（3）继续实施幼儿园达标升类奖励制度

继续对幼儿园达标升类的进行奖励。创建为市十佳园、省级示范园、市级一类的幼儿园，按照每处6万元、5万元、3万元标准一次性给予奖励，同年验收两项荣誉类别以上的，按照最高级别给予奖励。

（4）继续实施并完善对普惠性幼儿园安保资金的奖补制度

对所有普惠性幼儿园按照在园幼儿数每年一次性给予3～5万元的安保资金补助，主要用于幼儿园的安保器械及安保人员的工资发放。

（5）继续实施学前教育资助制度

继续对低保家庭适龄儿童、孤儿和残疾适龄儿童接受普惠性学前教育执行保教费减免政策的同时，每生每月补助300元生活费；对困难家庭的幼儿实施学前教育资助政策。

（二）加强师资队伍建设，提高幼儿教师素质

1. 实行园长和幼儿教师资格准入制度

幼儿园园长资格由区教育行政部门认定，报市教育行政部门备案，幼儿园教师要取得教师资格证，幼儿园其他各类人员资格都要符合国家有关规定。全区各类幼儿园工作人员严格实行持证上岗。

2. 加强师资配备

区机构编制部门要会同教育部门按照国家和省市有关标准合理确定师生比，核定公办幼儿园教职工编制、逐步配齐幼儿园教职工。

建立学前教育机构教师资格准入制度。坚持“凡进必考”的原则，公开招聘幼儿教师。

3. 完善师资培训制度

制定和落实学前教育师资培训计划，将园长和幼儿教师的培训纳入区教师继续教育规划。到2020年，对全区所有的幼儿园园长和教师进行全员定期培训（轮训）。积极探索以园为本、促进教师专业发展的培训方式。

4. 积极落实幼儿教师待遇

切实维护幼儿教师权益，完善落实幼儿园教职工工资保障办法、专业技术职称评聘机制和社会保障政策，稳定幼儿教师队伍。公办幼儿园班主任教师与中小学班主任教师补贴相一致；公办幼儿园非在编教师与在编教师实行同工同酬；采取有效措施提高公办园聘任教师的工资水平。民办幼儿园应依法保障教师工资待遇。

（三）加强管理指导，提高保教质量

1. 强化学前教育管理

严格执行幼儿园准入制度。按照山东省教育厅等7部门《关于印发山东省学前教育机构登记注册管理办法的通知》（鲁教基发〔2015〕6号）要求及审批程序审批幼儿园。对于无证园，发现一处，处理一处。建立幼儿园保教质量评估监测体系和幼儿园年检制度，加强对各类幼儿园的监督和指导。各类幼儿园要遵循幼儿成长规律和学前教育规律，面向全体幼儿，关注个体差异，坚持以游戏为基本活动，保教结合，寓教于乐，坚持科学保教方法，防止和纠正学前教育“小学化”倾向，促进幼儿健康快乐成长。

2. 规范幼儿园收费管理

规范普惠性幼儿园收费标准，实行幼儿园收费公示制度，接受社会监督。

3. 加强幼儿园食品卫生管理

加强对学前机构的食品、卫生保健工作的管理，完善各类规章制度并进行培训、指导和监督。

4. 加强学前教育机构安全管理

学前教育机构安全实行属地管理。严格执行《关于进一步加强学校幼儿园安全防范工作建立健全长效工作机制的意见》（公通字〔2010〕38号）和《山东省中小学幼儿园安全管理暂行办法》（鲁政发〔2010〕87号）有关规定，加强安全设施建设，配足配齐保安人员，健全各项安全管理制度和安全责任制度。有关部门按职能分工，建立全覆盖的幼儿园安全防护体系，切实加大工

作力度，加强监督指导。幼儿园要提高安全防范意识，加强内部安全管理。幼儿园所在单位、街道办事处、社区居委会要共同做好幼儿园安全管理工作。

（四）加强领导，完善工作机制

1. 建立政府统一领导、教育部门主管、各有关部门分工负责的工作机制。

区政府为学前教育事业发展的责任主体，统筹制定全区学前教育的发展规划，制定相关政策并组织实施。各街道办事处负责规划辖区内学前教育发展，协助管理辖区内各类特别是民办学前教育机构。

区教育局要完善政策，充实管理、教研力量，加强学前教育的监督管理和科学指导。区编办要按国家编制标准确定公办幼儿园教职工编制。区发改委要把学前教育纳入当地经济社会发展规划，支持幼儿园建设发展。区财政局要将学前教育经费列入区级财政预算，制定支持学前教育的优惠政策，不断提高经费投入水平。区住建局、区国土分局要落实城镇小区配套幼儿园的规划、用地。区人社局要制定幼儿园教职工的人事（劳动）、工资待遇、社会保障和技术职称（职务）评聘政策。区物价局、财政局、教育局要根据职责分工，加强幼儿园收费管理。区综治办、区公安分局要加强对幼儿园安全保卫工作的监督指导，整治、净化周边环境。区卫计局要监督和指导幼儿园食品及卫生保健业务工作，促进儿童身心健康。区综治、公安、民政、市场监管、教育、卫计、物价等部门要建立联合执法机制，规范办园行为，对未经审批的幼儿园予以取缔。区民政、市场监管、安监、食药等部门要根据职能分工，加强对幼儿园的指导和管理。区妇联、残联、卫计等单位要积极开展对 0 ～ 3 岁幼儿早期教育、家庭教育、残疾幼儿早期教育的宣传指导。

2. 建立学前教育督导评价制度

把学前教育事业发展的目标规划、经费投入、教师工资福利、学前教育机构规范管理、保教质量等纳入区政府对各部门的年度目标绩效考核中，加强督查，落实责任，促进全区学前教育事业持续健康发展。

3. 建立学前教育奖惩机制

按照学前教育三年行动计划的安排，区政府对全区学前教育三年行动计划进展情况进行专项督查，组织宣传和推广先进经验，对发展学前教育成绩突出的单位予以表彰奖励，营造全社会关心支持学前教育的良好氛围。

区委文件选编

文号	发文单位	文件名称
历下发〔2018〕1 号	区委、区政府	《中共济南市历下区委　济南市历下区人民政府关于加快推进养老服务业发展的意见》
历下发〔2018〕4 号	区委、区政府	《中共济南市历下区委　济南市历下区人民政府关于大兴调研之风深入开展调查研究的意见》
历下发〔2018〕5 号	区委	《中共济南市历下区委关于印发历下区 2018 年度政治协商计划的通知》
历下发〔2018〕14 号	区委、区政府	《中共济南市历下区委　济南市历下区人民政府关于实施“一统四治”工程加强和完善城郊村居基层治理的意见》

续表

文号	发文单位	文件名称
历下发〔2018〕17号	区委、区政府	《中共济南市历下区委　济南市历下区人民政府关于稳步推进全区农村集体产权制度改革的实施意见》
历下发〔2018〕21号	区委、区政府	《中共济南市历下区委　济南市历下区人民政府关于转发〈深化“一次办成”改革进一步优化营商环境的若干措施〉的通知》
历下发〔2018〕32号	区委、区政府	《中共济南市历下区委　济南市历下区人民政府印发历下区关于加快培育八大百亿级产业的实施意见的通知》

区委办公室文件选编

文号	发文单位	文件名称
历下办发〔2018〕11号	区委办	《中共济南市历下区委办公室印发关于加强和改进人民政协民主监督工作的实施意见的通知》
历下办发〔2018〕13号	区委办	《中共济南市历下区委办公室关于在全区开展“大学习、大调研、大改进”的通知》
历下办发〔2018〕17号	区委办、政府办	《中共济南市历下区委办公室　济南市历下区人民政府办公室关于印发历下区城市提升工程实施方案的通知》
历下办发〔2018〕21号	区委办、政府办	《中共济南市历下区委办公室、济南市历下区人民政府办公室印发关于在加强和完善城郊村居基层治理中开展“三帮三促”活动的实施方案的通知》
历下办发〔2018〕25号	区委办、政府办	《中共济南市历下区委办公室　济南市历下区人民政府办公室印发关于开展集中服务企业活动的实施意见的通知》
历下办发〔2018〕28号	区委办、政府办	《中共济南市历下区委办公室、济南市历下区人民政府办公室印发关于贯彻落实“一次办成”深入推进“放管服”改革实施方案的通知》
历下办发〔2018〕36号	区委办、政府办	《中共济南市历下区委办公室　济南市历下区人民政府办公室关于印发历下区行业协会商会与行政机关脱钩实施方案的通知》
历下办发〔2018〕44号	区委办、政府办	《中共济南市历下区委办公室　济南市历下区人民政府办公室印发关于落实食品安全党政同责的实施意见的通知》
历下办发〔2018〕46号	区委办、政府办	《中共济南市历下区委办公室　济南市历下区人民政府办公室印发济南市历下区生态环境损害赔偿制度改革实施方案的通知》
历下办发〔2018〕53号	区委办、政府办	《中共济南市历下区委办公室　济南市历下区人民政府办公室印发关于进一步深化医药卫生体制改革的实施意见的通知》
历下办发〔2018〕55号	区委办、政府办	《中共济南市历下区委办公室　济南市历下区人民政府办公室关于印发历下区全面实行湖长制工作方案的通知》

历下区政府文件选编

文 号	发文单位	文 件 名 称
历下政发〔2018〕2 号	区政府	《济南市历下区人民政府关于餐饮质量安全提升工程的实施意见》
历下政发〔2018〕8 号	区政府	《历下区关于促进知识经济发展的实施办法》
历下政发〔2018〕12 号	区政府	《济南市历下区产业发展专项资金管理办法（试行）》
历下政字〔2018〕18 号	区政府	《济南市历下区人民政府关于调整部分区级行政权力事项的通知》
历下政字〔2018〕19 号	区政府	《济南市历下区人民政府关于公布政务服务事项中介服务项目清单的通知》
历下政字〔2018〕32 号	区政府	《济南市历下区人民政府关于做好第四次经济普查工作的通知》
历下政字〔2018〕35 号	区政府	《济南市历下区人民政府关于调整部分区级行政权力事项的通知》
历下政字〔2018〕56 号	区政府	《济南市历下区人民政府关于调整部分区级行政权力事项的通知》

区政府办公室文件选编

文号	发文单位	文件名称
历下政办发〔2018〕11 号	政府办	《关于规范学生校外托管机构管理工作的指导意见（试行）》
历下政办发〔2018〕18 号	政府办	《群众和企业到政府办事“零跑腿”、“只跑一次”、“你不用跑我来跑”事项清单》
历下政办发〔2018〕22 号	政府办	《济南市历下区人民政府办公室关于印发济南市历下区第三期学前教育三年行动计划的通知》
历下政办发〔2018〕39 号	政府办	《历下区建设工程扬尘污染治理综合督查考核办法》
历下政办发〔2018〕43 号	政府办	《历下区保护发展森林资源目标责任制考核办法》

（区委办公室、区政府办公室）

统计资料

全区主要经济指标（一）

单位：万元

指标名称	1—12 月完成	同比 ±%
区域总税收	2979692	6.5
区级税收	1347609	11.38
一般公共预算收入	1441898	10.25
增值税收入	442525	
营业税收入	2612	
企业所得税收入	249008	
非税收入	94289	
一般公共预算支出	807661	29.02
区级财政支出	757196	27.28
一般公共服务支出	151804	35.58
教育支出	177389	6.60

全区主要经济指标（二）

单位：亿元

指标名称	1—12 月完成	同比 ±%
地区生产总值	1494.8	8.9
其中：二产增加值	233.1	15.5
三产增加值	1261.7	8.0
金融业增加值	350.6	3.6
批发零售业增加值	204.8	5.3
房地产业增加值	135.4	-9.9
规模以上工业增加值	-	20.8
规模以上工业主营业务收入	317.38	32.4
社会消费品零售总额	1057.1	10.4
其中：限额以上社会消费品零售额	511.2	9.7
固定资产投资额	-	15.4
其中：房地产投资	275.76	16.2

续表

指标名称	1—12月完成	同比 ±%
进出口总额	67.18	5.5
出口总额	25.03	-28.9
进口总额	42.15	48.2

注：固定资产投资总量数据市局未反馈。

全区主要经济指标（三）

指标名称	1—12月完成	同比 ±%
实际利用外资（亿元）	33.92	51.09
城镇居民人均可支配收入（元）	56586	8.2
工商管理登记		
期末实有企业（个体）总户数	106733	12.96
本期新发展企业（个体）户数	21440	21.06
期末实有内资企业户数（不含私营）	3455	-1.29
本期新发展内资企业户数（不含私营）	181	8.38
期末实有私营企业户数	57323	11.59
本期新发展私营企业户数	11239	13.02
期末实有个体工商户数	45212	16.12
本期新发展个体工商户数	9932	32.06
期末实有外资企业户数	743	8.47
本期新发展外资企业户数	88	12.82
期末实有注册资本总额（亿元）	8828.03	21.82
新增注册资本额（亿元）	1246.26	-0.39

（区统计局）

小资料—历下老字号

亨得利钟表

中国有很多“亨得利”，但最早的“亨得利”创办在上海，时间是清同治十三年（1874年），是中国最早经营钟表的专业商家。

1918年上海“亨得利”总店筹资6900银元，选派浙江宁波人郑章斐来到济南设立分号。郑章斐来到济南后，经过实地考察，把济南首家亨得利钟表店选在商埠的凤翔街口，并于同年3月16日开张营业。

开张后的济南“亨得利”，由于市场行情看好，财源广进，货源充足，品种齐全，分别于1920年在院西大街设立“亨得利”东店，1923年在普利门设立“纽约表行”，1924年在经二路纬四路设立“大西洋钟表眼镜行”，“亨得利”在济南站稳了脚跟，独占济南的钟表市场。此后，郑章斐还在青岛、泰安开办“亨得利”分号。1932年，又在经二路纬四路西北角租赁的土地上，建起三层营业楼房，并于1934年5月启用，启用当月的营业额高达两万余元，此后每月都保持在6000元以上，成为全国同类商家中的佼佼者。

“亨得利”名为钟表行，其实经营范围不仅仅限于钟表，同时还经营眼镜、乐器、银器、唱机、唱片、高级钢笔、望远镜等，并兼有钟表维修。史载，其当年经营最红火的时候，由于资本金充足，因而货物齐全，库存量也较大，仅是手表库存量就在3000只以上，多的时候能达到六、七千只，而且还都是进口的瑞士手表。

侵华日军沦陷济南之初，面对市场冷清和经济萧条，便下令强迫各家商店尽快开门营业。当时济南“亨得利”便将“亨得利”东号和大西洋表店的所有存货，都集中到“亨得利”老号，勉强开业经营。抗日战争胜利后，通货膨胀，物价暴涨，“亨得利”的经营每况愈下。1949年9月，也就是济南解放刚几天，不甘心失败的国民党军队，派飞机对济南城区进行狂轰乱炸，“亨得利”老号不幸中弹，不仅房屋倒塌，货物被毁，而且还死伤了员工二十多人，损失极为惨重，至此，“亨得利”在济南的四家表行，只有大西洋钟表眼镜行勉强维持经营。

责任编校：王海燕　李　燕

索　引

大美历下系列图片　（邢可锋　摄影）

索　引

说明：

1. 本索引为主题性索引。
2. 索引标目按汉语拼音字母（同音字按声调）顺序排列。
3. 标目后数字为内容所在页码。
4. 同一主题内容在文中多次出现的，在其标目后用不同页码表明。
5. 特载、政策法规选编、统计资料等栏目不作主题索引。

A

B

C

D

E

H

J

K

L

M

N

P

Q

R

T

W

X

Y

Z